U0915846

ZHUHAI YEARBOOK

珠海年鉴

珠海市人民政府 主办 ★ 珠海年鉴编纂委员会 编

2020

SPM 南方出版传媒

全国优秀出版社 全国百佳图书出版单位 广东教育出版社

·广州·

珠海市政区图
中山市
江门市
珠海市
斗门区
金湾区
香洲区
澳门
澳门特别行政区
礼乐街道
横栏镇
西区街道
东区街道
沙溪镇
南朗镇
大鳌镇
南区街道
大涌镇
新会区
睦洲镇
三江镇
五桂山街道
板芙镇
三乡镇
古井镇
珠海国家农业科技园区
（珠海市斗门生态农业管委会）
沙堆镇
崖门镇
神湾镇
坦洲镇
莲洲镇
白蕉镇
斗门镇
井岸镇
白藤街道
乾务镇
富山工业园管委会
红旗镇（珠海市航空产业园管委会）
平沙镇
三灶镇
南水镇
珠海经济技术开发区管委会
（高栏港经济区管委会）
珠海经济技术开发区
唐家湾镇
珠海国家高新区管委会
香湾街道
梅华街道
翠香街道
狮山街道
前山街道
吉大街道
拱北街道
南屏镇
湾仔街道
珠海保税区
珠海保税区管委会
横琴新区
横琴镇
横琴新区管委会
横琴岛
澳门半岛
路环岛
澳门国际机场
珠海金湾机场
珠海九洲机场
港珠澳大桥珠澳口岸人工岛
三灶岛
南水岛
高栏岛
高栏列岛
大杧岛
荷包岛
大襟岛
交杯岛
大冈岛
二冈岛
黄麻洲
小青洲
赤鼻岛
黄茅海
磨刀门
崖门水道
虎跳门水道
鸡啼门水道
泥湾门水道
九洲洋

审图号：粤S(2019)03-002号

珠海市交通图
中山市
新会区
斗门区
金湾区
香洲区
珠海市
澳门
澳门特别行政区
江门市
礼乐街道
横栏镇
西区街道
东区街道
沙溪镇
南区街道
南朗镇
大鳌镇
大涌镇
睦洲镇
三江镇
板芙镇
五桂山街道
古井镇
沙堆镇
崖门镇
三乡镇
唐家湾镇
神湾镇
白蕉镇
坦洲镇
斗门镇
井岸镇
白藤街道
莲洲镇
乾务镇
红旗镇
平沙镇
南水镇
横琴镇
湾仔街道
南屏镇
拱北街道
前山街道
梅华街道
翠香街道
香湾街道
狮山街道
吉大街道
珠海国家高新区管委会
珠海国家农业科技园区
(珠海市斗门生态农业管委会)
富山工业园管委会
(珠海市航空产业园管委会)
珠海保税区管委会
横琴新区管委会
珠海经济技术开发区管委会
(高栏港经济区管委会)
珠海金湾机场
澳门国际机场
珠海九洲机场
高栏港
九洲港
香洲港
三灶岛
南水岛
横琴岛
交杯岛
大杧岛
高栏岛
荷包岛
大襟岛
赤鼻岛
小青洲
马骝岛
二囡岛
大囡岛
黄麻洲
蛇洲
三角山岛
高栏列岛
长连排岛
杠仔岛
黄茅海
黄茅海通道
港珠澳大桥
珠海大道
中山东外环高速
西部沿海高速
香海大桥西延线
珠台高速
珠机城轨
高栏港支线
广珠铁路
江门市
中山市
崖门水道
磨刀门
西江
南海
高栏港至上海
九洲洋

广东省地图院　编制

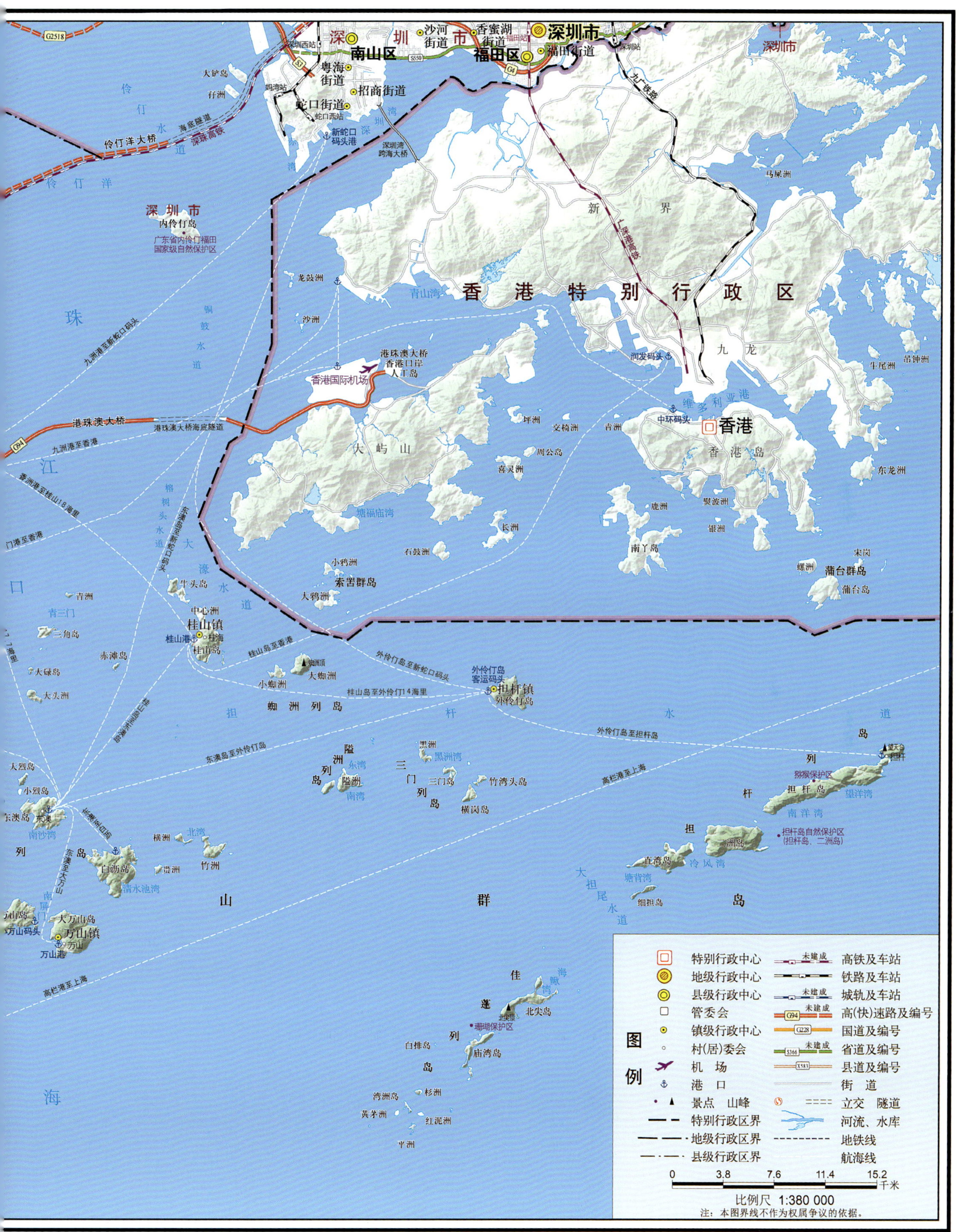

审图号：粤S(2019)03-004号

数字珠海 2019

· 土地面积 1736.46 平方千米

· 年末常住人口 202.37 万人

· 地区生产总值 3435.89 亿元

· 人均地区生产总值 17.55 万元

· 第一产业增加值 57.36 亿元

· 第二产业增加值 1528.73 亿元

· 第三产业增加值 1849.79 亿元

· 第一、第二、第三产业构成 1.7 ∶ 44.5 ∶ 53.8

· 固定资产投资总额 1971.88 亿元

· 社会消费品零售总额 1233.36 亿元

· 货物出口总额 1654.55 亿元

· 货物进口总额 1254.33 亿元

· 实际吸收外资金额 24.24 亿美元

· 地方一般公共预算收入 344.49 亿元

· 地方一般公共预算支出 615.74 亿元

· 九项民生支出 436.1 亿元

· 居民消费价格指数（上年 =100）102.3

· 全社会用电量 189.91 亿千瓦时

- 货物周转量 253.93 亿吨公里
- 旅客周转量 99.05 亿人公里
- 规模以上港口货物吞吐量 1.38 亿吨

- 邮电业务总量 316.93 亿元
- 固定电话用户 52.3 万户
- 移动电话用户 386.9 万户

- 金融机构存款余额 9047.24 亿元
- 全体居民人均可支配收入 52495 元
- 城镇常住居民人均可支配收入 55219 元
- 农村常住居民人均可支配收入 29069 元

- 全体居民人均住房建筑面积 32.0 平方米
- 城镇常住居民人均住房建筑面积 31.0 平方米
- 农村常住居民人均住房建筑面积 40.3 平方米

- 普通高等学校全日制在校生 13.93 万人

- 医疗卫生机构实有床位 10233 张

- 城镇污水处理率 96.62%
- 城镇生活垃圾无害化处理率 100%
- 城市人均公园绿地面积 21 平方米
- 国家级自然保护区面积 4.6 万公顷

庆典活动

2019 年 10 月 1 日，“我爱你中国”主题灯光秀在珠海大剧院举行
（郑蔼芳 摄）

2019 年 10 月 1 日，珠海市庆祝中华人民共和国成立 70 周年升旗仪式在九洲城广场举行
（文 燕 摄）

2019 年 9 月 13 日，珠海市实验中学新疆班 450 名学生开展“我和国旗同框”活动 （朱 习 摄）

2019 年 9 月 20 日，中山大学附属第五医院医护人员手持红旗向伟大祖国致敬 （张 洲 摄）

2019 年 9 月 27 日，珠海市庆祝中华人民共和国成立 70 周年文艺晚会在珠海大剧院举行 （程 霖 摄）

为迎接澳门回归祖国 20 周年，珠澳两地青年共同举办多场主题快闪活动。图为 2019 年 12 月 1 日在新横琴口岸广场举行的快闪活动（市青联供稿）

2019 年 12 月 13 日，澳门大学学生祝福澳门明天更美好（吴长赋 摄）

2019 年 12 月 16 日，“一路欢歌 扬帆起航”大型融媒体直播活动在珠海和澳门的海湾上举行。图为游轮驶过濠江（李建东 摄）

2019 年 3 月 5 日，“辉煌 40 年——珠海建市 40 周年大型光影焰火秀”在珠海大剧院周边及香洲港海域举办 （市委宣传部供稿）

彩色烟花漫天绽放 （赵崇幸 摄）

二次创业

2019 年 6 月 14 日，全市科技创新大会在珠海度假村酒店召开　　（市科技创新局供稿）

2019 年 4 月 25 日，珠海市委书记郭永航（左二）调研珠海纳金科技有限公司　　（高新区供稿）

2019 年 10 月 18 日，中国工程院院士、自然资源部第二海洋研究所研究员、南方海洋科学与工程广东省实验室（珠海）主任陈大可（左）被选为珠海市首位顶尖人才，获颁“珠海市高层次人才证书”

（市科技创新局供稿）

2019 年 11 月 24 日，珠海中科先进技术研究院创新科技园项目落户珠海高新区

（市科技创新局供稿）

2019 年 11 月 5 日，格力电器股份有限公司在珠海总部举行格力电器 & 格兰富专利许可签约仪式　（宋显晖　摄）

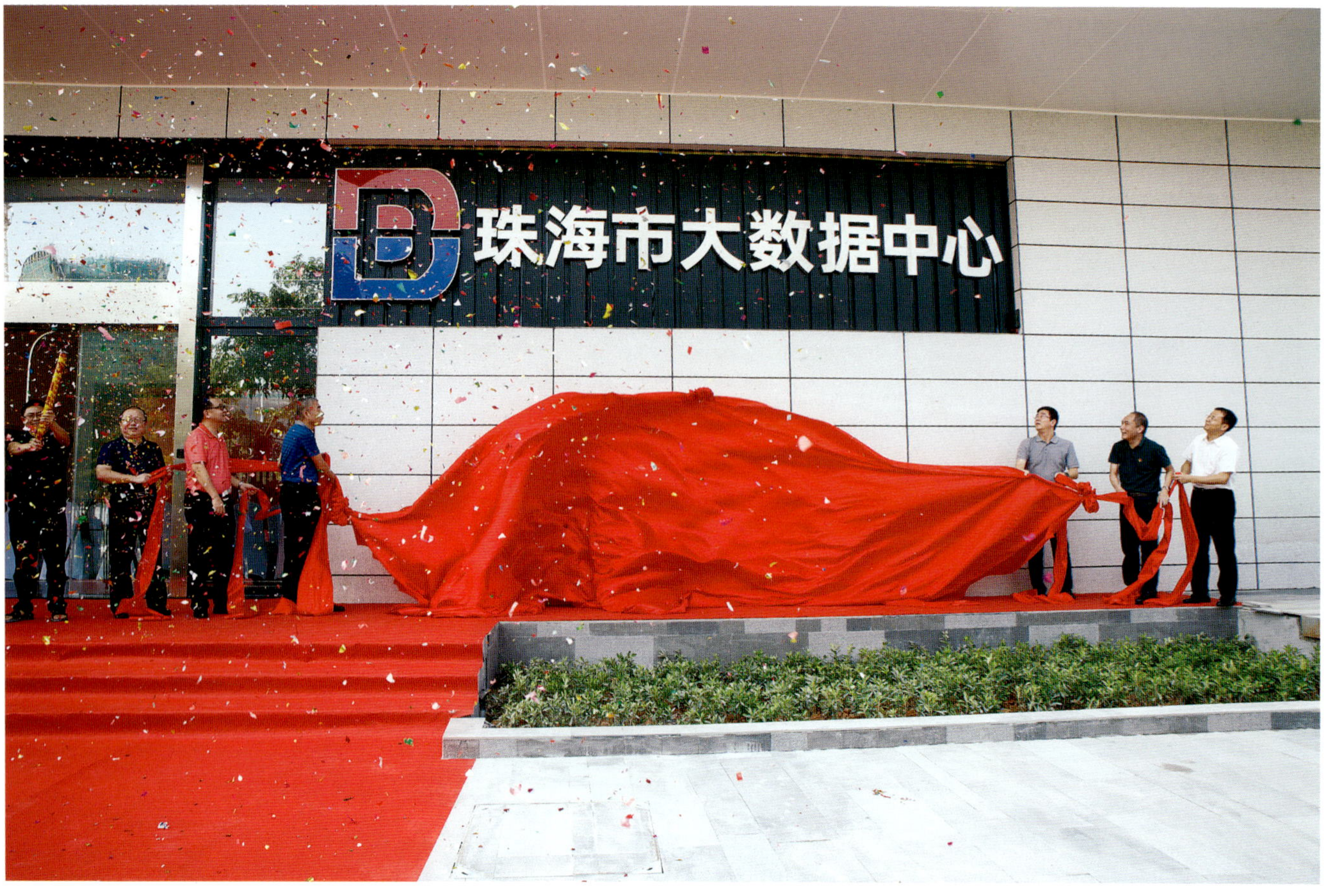

2019 年 9 月 30 日，位于珠海高新区科技创新海岸的珠海市大数据中心落成启用　　（珠海城建集团供稿）

2019 年 12 月 15 日，珠海云航智能技术有限公司打造的“筋斗云 0 号”自主航行货船成功首航　　（钟 凡 摄）

2019 年 11 月 29 日，被列为广东省、珠海市重点建设项目的珠海金湾机场改扩建工程动工。图为动工仪式现场（钟 凡 摄）

2019 年，珠机城际轨道一期工程通过广东省交通运输厅组织的初步验收。图为 11 月 1 日，珠机城轨一期工程珠海站启动联调联试（蒋训龙 摄）

2019 年 11 月 8 日，洪鹤大桥 4 座主塔全部封顶（郑蔼芳 摄）

2019年10月12日，总投资50亿元的景旺电子科技（珠海）有限公司高多层/HDI产业化项目在高栏港区举行动工仪式　　（高栏港区供稿）

2019年12月7日，第三届高端人才珠海创新创业交流大会暨中国海外学子报国行活动在珠海国际会展中心举办。图为人才交流会现场

（市科技创新局供稿）

2019年10月22日，第三届21世纪海上丝绸之路中国（广东）国际传播论坛在珠海国际会展中心举行

（市委宣传部供稿）

2019 年 3 月 12 日，珠海市委书记郭永航（前排右一）到苏兆征故居陈列馆、淇澳村史馆调研，强调进一步增强历史文化、红色文化、改革开放文化自信，为二次创业贡献史志力量（赵崇幸 摄）

2019 年 9 月 21 日，粤港澳大湾区帆船赛暨粤港澳帆船友谊赛在珠海香炉湾海域举行

（市文化广电旅游体育局供稿）

2019 年，珠海市启动医联体试点建设。图为广昌社区农村卫生服务中心（服务站），该中心提供 24 小时医疗服务（程 霖 摄）

2019 年 4 月 3 日，珠海市代表团访问澳门，就全面深化珠澳合作、共同建设粤港澳大湾区澳珠极点等进行深入交流。图为代表团考察澳门大学横琴校区国家重点实验室建设（赵崇幸 摄）

2019 年 12 月 25 日，由横琴人寿推出的国内首款“澳门专属”跨境医疗保险——大湾区跨境医疗保险（澳门版）在珠海正式上市（赵崇幸 摄）

2019 年 5 月 27 日，珠海市人民政府与澳门科技大学在澳科大会议厅签署框架合作协议 （赵崇幸 摄）

2019 年 3 月 15 日，珠海市横琴新区管委会与澳门大学签署合作协议，共建横琴·澳门大学产学研示范基地 （张 婷 摄）

2019 年 12 月 17 日，澳门高校国家重点实验室横琴分部暨横琴先进智能计算平台澳门分中心揭牌仪式在横琴举行 （市科技创新局供稿）

2019 年 10 月 21 日，2019 澳珠企业家峰会在珠海国际会展中心举行　（钟　凡　摄）

2019 年 11 月 24 日，第二届粤港澳大湾区金融发展论坛在珠海国际会展中心举办　（赵崇幸　摄）

2019 年 11 月 8 日，澳门街坊会联合总会广东办事处横琴综合服务中心举行揭牌仪式 （赵崇幸 摄）

2019 年 12 月 10 日，珠海市商务局与普华永道签署战略合作框架协议，助力珠澳经济社会融合发展（普华永道供稿）

2019 年 12 月 10 日，澳门产业多元十字门中央商务区服务基地投入运营 （华发集团供稿）

2019 年 7 月 9 日，2019 年“琴澳同心 · 筑梦飞翔”澳门大学生暑期横琴实习计划启动　（钟　夏　摄）

2019 年 12 月 12 日，首批获得横琴执业资格认可的港澳建筑领域专业人士及企业在横琴新区综合服务中心领取备案认可书。图为澳门栢杰工程顾问有限公司获授认可书

（吴梓昊　摄）

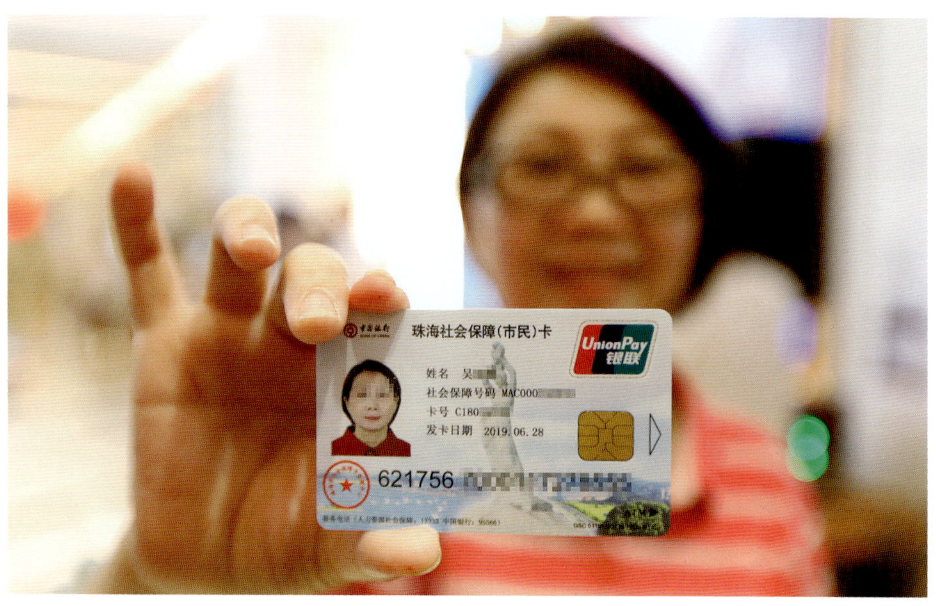

2019 年 7 月 4 日，澳门居民参加珠海医保颁发社会保障卡仪式在横琴新区综合服务中心举行。图为澳门居民吴女士展示她领到的珠海社会保障（市民）卡　（李建东　摄）

扶贫攻坚

2019 年 11 月 9—12 日，珠海市委书记郭永航（前）赴云南省怒江对接扶贫协作工作。图为郭永航视察珠海市帮扶怒江州兰坪县民族手工艺制品厂

（赵崇幸　摄）

2019 年 8 月 22 日，珠海市委副书记、市长姚奕生（中）赴云南省怒江对接扶贫协作工作　（市农业农村局供稿）

2019 年 8 月 22 日，珠海怒江扶贫协作 2019 年第二次联席会议在云南省怒江举行　（市农业农村局供稿）

珠海帮扶茂名的产业扶贫项目“澳寒羊”养殖基地获评“2019 年度中国脱贫攻坚与精准扶贫十佳案例”

（市农业农村局供稿）

2019 年 11 月 30 日，珠海·怒江东西部扶贫协作名特优农副产品展销会在珠海市香洲区星园市场举行。图为《消费扶贫供销协议》签约现场

（钟 凡 摄）

珠海年鉴编纂委员会

主　　任　姚奕生

副 主 任　阎　武

委　　员（以姓氏笔画为序）

于思浩　王小彬　王玉琪　王世林　王延军　王学军　王玲萍　王朝晖　王智斌　戈晓宇　凤亦凡　方小勇
邓　文　邓伟东　石学斌　卢晓波　玄　阳　刘　泉　刘光强　劳志伟　李　兴　李　波　李　勇　李小忠
李丛山　李红平　李奕根　李勇刚　李喜妍　何宏恺　邹　桦　闵云童　沈　岩　张经纬　张梅生　陈　珩
陈振毅　陈耀平　武　林　林日团　林康栋　林粤海　罗增庆　周　成　郑安兴　荆洪文　胡丹雯　侯文涛
施胜勇　徐超龙　高树林　崔旭明　梁兆雄　程智涛　程锦潮　潘伟明　穆　竑　戴伟辉

《珠海年鉴》编辑部

总　　编　郑安兴

副 总 编　王世林

主　　编　潘杜鹃

编　　辑　曹　琨　冯建华　曾维浩

装帧设计　冯建华

《珠海年鉴·2020》主要撰稿人（以姓氏笔画为序）

刁志煌　于丛丛　马沛臻　王　娜　王小英　王晓霞　方　胜　方　慧　尹　艳　邓　浓　邓　斐　邓国念　甘松华
龙丽丽　叶秋明　叶嘉骏　白　群　冯玉宇　皮小军　朱德祥　伍信谊　庄丽杰　刘小珠　刘广兴　刘利亚　刘金觉
刘晓畅　刘慧赟　关夏莲　许　珺　许国水　许建东　那吟北　孙　艳　麦晓琳　苏玉怀　李　扬　李　兴　李　苑
李　萌　李　萍　李　琳　李日虹　李凌岩　李馨博　杨　扬　杨　帆　杨毓婷　肖一亭　吴利锋　吴海华　吴慧璇
邱　青　何文松　余乐富　邹佳平　沈小婷　张　浩　张天添　张中定　张申际　张述桐　张金清　张晋文　陈　义
陈　菲　陈　静　陈小英　陈素璧　陈海燕　陈家佳　陈清模　陈惠琴　陈新年　苗　萍　范金海　林志健　林俊清
林耿梅　林晓聪　罗祖娟　金　璐　周　靖　冼超文　郑秋玉　赵　彧　赵颖梅　胡宁溪　胡章涵　胡皓鹏　柳　源
钟　楠　钟育娴　钟洁丹　钟淑清　侯　锐　施　怡　姚灿钿　姚雪培　姚煜奎　聂红斌　桂子叶　贾传恩　夏思红
钱雪琴　徐　琳　徐志勇　徐敏莹　高　超　郭月秀　郭泓杉　郭婷婷　唐　纯　唐任超　唐锦瑜　陶　丽　黄　剑
黄　翔　黄中坚　黄孝永　黄海彦　黄惠霞　黄善平　黄毓飞　黄毅龙　曹玉华　曹振飞　曹雅锐　康念辉　梁　倩
梁启敏　梁淑廉　彭小军　彭美苑　智　然　程　斐　程淑芹　曾　兵　曾示男　曾泳桃　谢　华　谢　芳　谢王艳
谢益云　靳碧海　赖雪琳　蔡秋园　廖　慧　翟丹丹　熊　伟　熊明国　黎玮茵　戴　暄

编辑说明

一、《珠海年鉴》是珠海市人民政府主办、珠海年鉴编纂委员会编纂的大型综合性、资料性市情工具书，1986年创办，本卷为第34卷。

二、《珠海年鉴》的编纂以马克思列宁主义、毛泽东思想、邓小平理论、“三个代表”重要思想、科学发展观、习近平新时代中国特色社会主义思想为指导，坚持辩证唯物主义和历史唯物主义的立场、观点和方法，旨在全面、系统、准确地反映珠海市自然、政治、经济、文化、社会等方面的基本情况，为读者了解和研究珠海市提供基本资料。

三、《珠海年鉴》采取分类编辑法，主体内容设类目、分目、条目3个结构层次，部分分目下设次分目，条目为年鉴的基本单位。类目与分目、次分目标题使用不同版式，条目标题一律以黑体字加【 】号。少数包含多方面资料的条目则在文内用楷体标题标明各段资料的主题。

四、《珠海年鉴·2020》着重反映2019年珠海市的基本情况。全书采用大16开本，设特载、年度关注、大事记、概貌、政治、经济、文化、社会、生态环境、行政区、经济功能区、人物、文献·法规、统计资料、附录等15个类目，56个分目；收录177幅图片46张表格。

五、本年鉴采用的文稿，均由珠海市各有关单位专人撰写或提供资料，并经主管领导审定。统计数据采用法定计量单位，主要统计数据经供稿单位与统计部门核对。有些对应指标数据在上年卷刊出后做了调整的，本卷里不再说明，以本卷刊出的珠海市统计局提供的“统计资料”为准。

六、附录中收录“市直党政群机关名称及简称”，其中包含的单位名称在年鉴正文中不再于其全称后加注简称。

七、全书配备双重检索系统，前有目录，后有索引，具有比较完善的检索系统。

目录

特载

在中共珠海市委八届八次全会上的讲话……1
政府工作报告……4

年度关注

“不忘初心、牢记使命”主题教育扎实推进……11
珠澳合作 20 年……12
粤港澳大湾区创新高地建设……16
2019 年珠海市十件民生实事完成情况表……17
2019 年荣誉榜……21

大事记

1 月……24
2 月……24
3 月……25
4 月……25
5 月……25
6 月……26
7 月……27
8 月……27
9 月……28
10 月……28
11 月……29
12 月……30

概貌

基本市情……32
· 位置和面积……32
· 建置沿革……32
· 行政区划……33
· 人口……33
· 气候……33
· 土地资源……33
· 水资源……33
· 海洋资源……33
· 矿产资源……33
· 植被和生物资源……33
· 历史文化……33
· 侨乡侨情……34
· 民风民俗……34
· 风景名胜……35
· 民族……35
· 宗教……35
· 方言……35
· 市树、市花与市鸟……36
· 社会组织……36
2019 年珠海市组织机构及负责人……36
经济和社会发展……44
· 概况……44
· 综合经济实力跃上新台阶……44
· 珠澳深度合作迈出坚实步伐……44

· 改革开放向纵深推进 …… 45
· 现代服务业加快发展 …… 45
· 实体经济发展蹄疾步稳 …… 45
· 重点项目建设提速增效 …… 45
· 城乡协调发展格局加快形成 …… 46
· 文化教育卫生水平提升 …… 46
· 社会治理工作加强 …… 47
精神文明建设 …… 47
· 庆祝中华人民共和国成立 70 周年和澳门回归祖国 20 周年社会宣传活动 …… 47
· 公民思想道德建设 …… 47
· 群众性精神文明创建活动 …… 48
· 公共文明水平提升 …… 48
· 未成年人思想道德建设 …… 48

政 治

中国共产党珠海市委员会 …… 49
重要会议 …… 49
· 市委八届六次全会 …… 49
· 市委八届七次全会 …… 49
重要工作 …… 49
· 中央和省重要精神传达学习贯彻 …… 49
· 党的建设推进 …… 52
· 全面深化改革推进 …… 53
· 经济建设推进 …… 53
· 精神文明建设推进 …… 54
· 创新驱动发展推进 …… 54
· 城市建设推进 …… 54
· 党风廉政和作风建设推进 …… 55
· 法治建设推进 …… 56
· 生态文明建设推进 …… 56
· 社会稳定工作推进 …… 56
· 统一战线工作推进 …… 56
· 政法工作推进 …… 57
· 食品卫生工作推进 …… 57
· 安全生产建设推进 …… 57
· 人大、政协工作推进 …… 57
· 对口帮扶工作推进 …… 58
组 织 …… 58
· 党的十九大精神学习贯彻 …… 58
· 干部队伍建设 …… 58
· 基层党组织和党员队伍建设 …… 59
· 人才队伍建设 …… 60
宣 传 …… 60
· 理论工作 …… 60
· 新闻宣传 …… 60
· 新闻出版 …… 61
· 文化事业 …… 61
· 文化发展体制改革 …… 62
· 对外宣传 …… 62
统一战线 …… 63
· 多党合作 …… 63
· 民族宗教统战 …… 63
· 党外知识分子和新的社会阶层人士统战 …… 63
· 非公经济领域统战 …… 64
· 台港澳及海外统战 …… 64
· 党外代表人士队伍建设 …… 65
政策研究 …… 65
· 调查研究 …… 65
· 文件文稿起草 …… 65
· 决策咨询 …… 65
体制改革 …… 65
· 改革谋划推进 …… 65
· 督查机制改革 …… 65
· 考核评估机制改革 …… 65
· 改革要点宣传 …… 65
· 以横琴为主平台推动珠澳深度合作 …… 66
· 横琴新区、保税区、洪湾片区一体化发展推进 …… 66
· 投资建设项目管理体制机制改革 …… 66
· 资源配置体制机制改革 …… 66
· “数字政府”改革建设 …… 67
· “放管服”改革 …… 67
· “乡村振兴”美丽田园样板打造 …… 67
· 城市社会治理基础单元改革 …… 67
· 教育资源配置专项改革 …… 67
· 公立医院改革 …… 67
· 监察体制改革 …… 67
机构编制 …… 68
· 地方机构改革 …… 68
· 人员转隶安置 …… 68
· 市、区权责划分 …… 68
· 部门间协调机制建立 …… 68
· 机构编制改革运行评估 …… 68

· 机构编制资源配置优化 ……69
· 机构编制管理制度规范 ……69
· 机构编制管理方式创新 ……69
机关党建 ……69
· 概况 ……69
· 党的政治建设 ……69
· 党的思想建设 ……69
· 党的组织建设 ……70
· 党的作风建设 ……70
· 党的纪律建设 ……70
· 敢为天下先——珠海机关基层党组织创新事例展 ……70
老干部工作 ……71
· 概况 ……71
· 老干部工作“三项建设” ……71
· 老干部“两项待遇” ……71
· 增添正能量活动 ……72
· 珠海老年教育 ……72
· 市关工委工作 ……72
党　校 ……73
· 概况 ……73
· 干部培训 ……73
· 党校教学 ……73
· 党校科研 ……74
党史工作 ……74
· 概况 ……74
· 党史编研 ……74
· 党史宣教 ……74
· 革命遗址大普查 ……75
· 党史工作新格局 ……75
珠海市人民代表大会……75
· 概况 ……75
· 市九届人大七次会议 ……75
· 市九届人大常委会会议 ……76
· 人大立法 ……78
· 人大监督 ……78
· 人大代表工作 ……79
珠海市人民政府……79
重要会议 ……79
· 市政府常务会议 ……79
· 市政府工作会议 ……81
政务信息公开 ……83
· 政务信息主动公开 ……83
· 政务信息依申请公开 ……83
· 政府信息管理 ……83
· 政务信息平台建设 ……83
· 政务信息公开监督保障 ……83
信　访 ……84
· 信访工作组织实施 ……84
· 信访形势研判 ……84
· 接访服务 ……84
· 信访复查复核 ……84
· 信访督查工作 ……84
· 信访法治建设 ……85
政务服务 ……85
· 政务服务管理 ……85
· 公共资源交易 ……85
· 市民热线服务 ……85
中国人民政治协商会议珠海市委员会……85
· 概况 ……85
· 市政协九届三次会议 ……85
· 市政协常务委员会会议 ……85
· 市政协主席会议 ……86
· 协商议政 ……86
· 政协民主监督 ……87
· 参政议政 ……87
· 文史宣传交流 ……87
· 台港澳及海外联谊 ……87
纪检监察……88
· 概况 ……88
· 市纪委八届四次全会 ……88
· 纪检监察体制改革 ……88
· 审查调查 ……88
· 反腐败国际追逃追赃 ……88
· “四种形态”运用 ……88
· “四风”整治 ……88
· 民生领域侵害群众利益突出问题整治 ……89
· 涉黑涉恶腐败和“保护伞”查办 ……89
· 廉洁宣传教育 ……89
· 巡察工作 ……89
· 第一届特约监察员聘请会议 ……89
民主党派和工商联……89
· 中国国民党革命委员会珠海市委员会 ……89
· 中国民主同盟珠海市委员会 ……90

· 中国民主建国会珠海市委员会 …………………… 91
· 中国民主促进会珠海市委员会 …………………… 92
· 中国农工民主党珠海市委员会 …………………… 93
· 中国致公党珠海市委员会 …………………… 94
· 九三学社珠海市委员会 …………………… 95
· 台湾民主自治同盟珠海市支部委员会 ………… 95
· 珠海市工商业联合会 …………………… 96
群团组织 …………………… 97
珠海市总工会 …………………… 97
· 概况 …………………… 97
· 工会组织建设 …………………… 97
· 职工合法权益维护 …………………… 97
· 劳动关系协调 …………………… 97
· 劳动竞赛和劳模管理服务 …………………… 97
· 困难职工帮扶 …………………… 98
· 职工服务 …………………… 98
· 工会阵地建设 …………………… 98
· 珠港澳工会交流活动 …………………… 98
· 五一"心连心"特别节目录制 …………………… 98
中国共产主义青年团珠海市委员会 …………… 99
· 概况 …………………… 99
· 从严治团 …………………… 99
· 青少年思想政治引领 …………………… 99
· 青年创新创业 …………………… 99
· 志愿服务 …………………… 99
· 社会治理参与 …………………… 100
· 珠港澳青年交流合作 …………………… 100
· 珠澳青年庆祝澳门回归祖国20周年系列活动 … 100
· 2019寻找"珠海好青年"主题活动 ………… 101
珠海市妇女联合会 …………………… 101
· 概况 …………………… 101
· 妇女组织建设 …………………… 101
· 妇女创就业服务 …………………… 101
· 网络宣传平台建设 …………………… 102
· 妇女普法维权 …………………… 102
· 家庭文明建设 …………………… 102
· 困难家庭帮扶 …………………… 102
· 妇女交流合作 …………………… 102
· 珠海（横琴）妇女创新创业孵化基地成立 … 102
珠海市科学技术协会 …………………… 103
· 概况 …………………… 103
· 粤港澳大湾区科技交流 …………………… 103
· 技术创新方法培训与推广 …………………… 103
· 创新创业活动周 …………………… 103
· 创想梦主题活动 …………………… 103
· 重点人群科普 …………………… 104
· 主题科普活动 …………………… 104
· 科普能力建设 …………………… 104
· 社区科普活动 …………………… 104
· 青少年机器人大赛 …………………… 104
· 第三十五届青少年科技创新大赛 ………… 104
珠海市社会科学界联合会 …………………… 104
· 概况 …………………… 104
· 决策咨询 …………………… 105
· 社科类社会组织管理 …………………… 105
· 社科普及 …………………… 105
· 社科成果 …………………… 105
珠海市文学艺术界联合会 …………………… 105
· 概况 …………………… 105
· 文艺创作 …………………… 105
· 文艺交流 …………………… 105
· 文艺评奖及文艺品牌活动 …………………… 106
· 文艺惠民与文艺志愿者服务 …………………… 106
· 庆祝中华人民共和国成立70周年系列文艺活动 …………………… 106
珠海市归国华侨联合会 …………………… 107
· 概况 …………………… 107
· 归侨侨眷参政议政 …………………… 107
· 侨商企业服务 …………………… 107
· 侨界文化交流 …………………… 107
· 侨界扶贫济困 …………………… 107
· 侨联海外联谊 …………………… 108
珠海市青年联合会 …………………… 108
· 概况 …………………… 108
· 青联改革 …………………… 108
· 青联扶贫 …………………… 108
· 青联服务 …………………… 108
· 青联统战 …………………… 108
· 2019第十一届"中国心·粤澳情——启动之行·珠海"暨庆祝澳门回归20周年活动启动礼 … 109
珠海市残疾人联合会 …………………… 109
· 概况 …………………… 109
· 残疾人就业服务 …………………… 110
· 残疾人教育扶助 …………………… 110

· 残疾人康复服务 …… 110
· 残疾人组织联络 …… 110
· 残疾人文体活动 …… 110
· 残疾人发展环境建设 …… 111
· 残疾人服务设施和基层基础建设 …… 111
· “共享芬芳·共铸小康”仁美书画展 …… 111
中国国际贸易促进委员会珠海市分会 …… 111
· 概况 …… 111
· 国际经贸展览组织管理 …… 111
· 国际商事法律服务 …… 111
· 乌拉圭主题推介会 …… 111
· 2019 智利企业家中国横琴行 …… 112
珠海市红十字会 …… 112
· 概况 …… 112
· 应急救援 …… 112
· 应急救护培训 …… 112
· 人道救助 …… 112
· “三献”工作 …… 113
· 红十字志愿服务 …… 113
· 红十字宣传 …… 113
· 原妙杯·2019 年珠澳大学生红十字应急救护知识技能交流赛 …… 113
外事·侨务 …… 113
外　事 …… 113
· 概况 …… 113
· 珠海与南太平洋岛国交流合作 …… 113
· 友好（交流）城市缔结 …… 114
· 珠海与友好（交流）城市交流合作 …… 114
· 珠海与欧美国家交流合作 …… 115
· 中共珠海市委外事工作委员会第一次会议 …… 115
侨　务 …… 115
· 归侨侨眷政策落实 …… 115
· 侨胞接待 …… 115
· 涉侨事务管理 …… 115
台港澳工作 …… 115
对台工作 …… 115
· 概况 …… 115
· 市委台港澳工作领导小组全体会议 …… 116
· 珠台经贸 …… 116
· 政党及基层交流 …… 116
· 横琴台商总部大厦建设协调推进 …… 116
· 珠台经济文化交流合作实施细则编制 …… 116
· 台商公益活动 …… 116
· 台湾青年实习就业创业 …… 116
· 对台宣传 …… 116
· “两岸一家亲”文化交流营 …… 117
· 台湾青年文化之旅 …… 117
· 两岸青年香山文化体验之旅 …… 117
· 珠海台湾青年之家挂牌 …… 117
· 台胞台商服务 …… 117
港澳工作 …… 117
· 概况 …… 117
· 珠港澳高层访问 …… 117
· 粤港澳大湾区建设 …… 117
· 澳门经济适度多元发展促进 …… 117
· 珠港澳青年交流品牌活动 …… 118
· 港澳青年在珠创新创业 …… 118
· 第九届珠澳合作发展论坛 …… 118
· 因公赴港澳审批办证系统升级 …… 119
法　治 …… 119
地方立法 …… 119
· 概况 …… 119
· 重要领域立法 …… 119
· 粤港澳大湾区立法推进 …… 119
· 立法工作机制完善 …… 119
· 备案审查 …… 120
政法工作 …… 120
· 概况 …… 120
· 矛盾纠纷化解 …… 120
· 扫黑除恶工作 …… 120
· 执法司法工作 …… 121
· 综治领导责任制落实 …… 121
· 综治“中心＋网格化＋信息化”建设 …… 121
· 重点地区整治 …… 121
· 严重精神障碍患者救治救助 …… 121
· 平安珠海创建 …… 121
· 社会治理体制改革 …… 122
· 社会领域制度建设 …… 122
· 基层社会治理 …… 122
· 社会治理多元参与 …… 123
· 社会心理服务体系建设 …… 123
· 社会治理“五大工程” …… 123
法治政府建设 …… 123
· 依法治市 …… 123

· 立法制度建设 …… 124
· 行政复议和应诉 …… 124
· 政府法律顾问工作 …… 124
· 规范性文件管理 …… 125
· 行政执法监督 …… 125
公　安 …… 125
· 概况 …… 125
· 重大活动安保 …… 125
· 扫黑除恶专项斗争 …… 125
· 违法犯罪打击 …… 126
· 治安防控体系建设 …… 126
· 社会治理 …… 126
· 公共安全监管 …… 126
· 和谐警民关系构建 …… 126
· 民生服务创新 …… 127
· 智慧新警务建设 …… 127
· 法治公安建设 …… 127
· 大案要案 …… 127
检　察 …… 127
· 概况 …… 127
· 刑事检察 …… 128
· 职务犯罪检察 …… 128
· 民事行政检察 …… 128
· 公益诉讼检察 …… 128
· 未成年人检察 …… 129
· 控告申诉检察 …… 129
· 刑事诉讼监督 …… 129
· 粤港澳大湾区建设服务保障 …… 129
· 检察改革深化 …… 129
法　院 …… 130
· 概况 …… 130
· 刑事审判 …… 130
· 民事审判 …… 130
· 行政审判 …… 130
· 执行工作 …… 131
· 廉政建设 …… 131
· 司法改革 …… 131
司法行政 …… 131
· 概况 …… 131
· 基层法治基础建设 …… 131
· 社区矫正 …… 132
· 安置帮教 …… 132
· 法治宣传 …… 132
· 法律服务 …… 132
· 强戒管理 …… 133
仲　裁 …… 134
· 概况 …… 134
· 机制体制改革 …… 134
· 粤港澳大湾区和横琴自贸区仲裁制度建设 …… 134
· 知识产权仲裁调解理论研讨 …… 134
· 仲裁与司法协调机制建设 …… 134
· 仲裁交流与合作 …… 134
· 珠海仲裁委员会互联网金融仲裁平台正式启用 …… 135
军　事 …… 135
珠海警备区 …… 135
· 概况 …… 135
· 思想政治建设 …… 135
· 战备训练 …… 135
· 国防动员 …… 135
· 综合保障 …… 135
· 双拥共建 …… 136
武警广东省总队执勤第二支队 …… 136
· 概况 …… 136
· 思想政治建设 …… 136
· 执勤战备 …… 136
· 军事训练 …… 137
· 综合保障 …… 137
· 从严管党治党 …… 137
武警广东省总队珠海支队 …… 137
· 概况 …… 137
· 执勤训练 …… 137
· 部队建设 …… 137
· 后勤保障 …… 138
退役军人事务 …… 138
· 概况 …… 138
· 退役军人培训与就业创业服务 …… 138
· 退役军人社保接续 …… 138
· 双拥共建 …… 138
· 优抚政策落实 …… 138
· 祭奠革命先烈活动 …… 138
· 退役军人服务保障体系建设 …… 138

· “珠海市最美退役军人”评选 …………………… 138

经 济

经济监督管理…………………………………… 139
经济体制改革 …………………………………… 139
· 营商环境改革 ………………………………… 139
· 商事制度改革 ………………………………… 139
· 工程建设项目审批制度改革 ………………… 139
· 不动产登记改革 ……………………………… 139
· 纳税便利化改革 ……………………………… 139
· 信用环境优化 ………………………………… 139
· 融资平台建设 ………………………………… 140
· “数字政府”建设 …………………………… 140
· 知识产权保护和应用 ………………………… 140
· 营商纠纷多元化解机制 ……………………… 140
· 中小投资者权利保护 ………………………… 140
· 破产案件处置机制建设 ……………………… 140
· 市场准入限制放宽 …………………………… 140
· 公平竞争审查制度全覆盖 …………………… 141
· 国资国企改革 ………………………………… 141
· 混合所有制改革 ……………………………… 141
· 国企薪酬体制改革 …………………………… 141
· 民营经济发展 ………………………………… 141
· 科技型企业发展 ……………………………… 141
· 新型政商关系构建 …………………………… 142
· 口岸建设和开放 ……………………………… 142
· 口岸营商环境优化 …………………………… 142
· 跨境电商综合试验区建设 …………………… 142
· 珠港澳经贸合作 ……………………………… 142
· 国税地税征管体制改革 ……………………… 142
· 预算编制改革 ………………………………… 142
· 绩效管理改革 ………………………………… 142
· 各类用地升级改造 …………………………… 143
发展规划管理 …………………………………… 143
· 发展规划编制 ………………………………… 143
· 投资管理 ……………………………………… 143
· 重点项目投资 ………………………………… 143
· “十四五”规划编制 ………………………… 143
国有资产监督管理 ……………………………… 143
· 概况 …………………………………………… 143
· 国企市场化改革 ……………………………… 144
· 国企薪酬改革 ………………………………… 144
· 监管职能转变 ………………………………… 144
· 混合所有制改革 ……………………………… 144
· 国有企业上市发展 …………………………… 144
· 国有“僵尸企业”处置 ……………………… 144
· 国企法治建设 ………………………………… 144
· 国有企业发展 ………………………………… 144
· 国有资产监管 ………………………………… 145
· 公共服务保障 ………………………………… 145
· 重大项目投资建设 …………………………… 145
· 珠澳合作交流 ………………………………… 145
· 澳门产业多元十字门中央商务区服务基地建设 …………………………………… 146
· 澳门大学－华发集团联合实验室揭牌 ……… 146
审 计 …………………………………………… 146
· 概况 …………………………………………… 146
· 审计改革 ……………………………………… 146
· 审计机制 ……………………………………… 146
· 专项审计 ……………………………………… 146
· 政策跟踪审计 ………………………………… 147
· 公共投资审计 ………………………………… 147
· 经济责任审计 ………………………………… 147
· 资源环境审计 ………………………………… 147
· 大数据审计 …………………………………… 147
· 审计整改 ……………………………………… 147
· 审计服务 ……………………………………… 147
· 大数据应用于产业用地绩效审计 …………… 147
市场价格监管 …………………………………… 147
· 企业用电成本降低 …………………………… 147
· 非居民管道燃气价格降低 …………………… 148
· 行政事业性收费规范 ………………………… 148
· 收费目录清单管理 …………………………… 148
· 政府定价经营服务性收费目录清单“一张网”建设 …………………………………… 148
· 港口收费标准降低 …………………………… 148
· 物业服务收费管理 …………………………… 148
· 停车收费规范管理 …………………………… 148
统 计 …………………………………………… 148
· 概况 …………………………………………… 148
· 统计服务 ……………………………………… 148

· 法治统计 …… 148
· 统计改革 …… 149
· 第四次全国经济普查完成 …… 149
· 第七次全国人口普查台港澳和外籍人员普查登记试点调查 …… 149
· 珠澳统计合作 …… 149
市场监督管理 …… 149
· 概况 …… 149
· 商事制度改革 …… 149
· 商事主体信用监管 …… 149
· 质量强市战略实施 …… 150
· 知识产权强市建设 …… 150
· 国际化标准体系建设 …… 150
· 计量和认证认可管理 …… 150
· 质量安全监管 …… 151
· 特种设备安全监督管理 …… 151
· 食品安全管理 …… 151
· 药品、医疗器械、化妆品安全管理 …… 151
· 网络市场监管 …… 151
· 广告市场监测 …… 152
· 市场价格监管 …… 152
· 反不正当竞争执法 …… 152
· 消费者权益保护 …… 152
应急管理 …… 152
· 概况 …… 152
· 城市安全风险管控 …… 152
· 工贸行业安全监管 …… 152
· 危险化学品安全监管 …… 153
· 安全生产执法监察 …… 153
· 应急支援与预案管理 …… 153
· 森林渔港火灾救援管理 …… 153
· “三防”建设 …… 154
· 应急指挥信息化建设 …… 154
· 应急管理宣传科普 …… 154
· 应急管理培训 …… 154
· 珠中江三市应急救援联动协作机制 …… 154
· 焰火晚会应急保障 …… 154
自然资源管理 …… 154
· 建设用地管理 …… 154
· 土地储备开发 …… 154
· 土地市场 …… 154
· 闲置地管理 …… 155
· 自然资源调查和确权 …… 155
· 信息化测绘 …… 155
· 中国地理信息产业大会 …… 155
· 土地执法监察 …… 155
· 矿产资源管理 …… 155
· 城乡规划编制与评优 …… 155
· 规划编研 …… 155
· 国土空间总体规划 …… 155
· 第七届全国城乡规划实施学术研讨会暨2019年中国城市规划学会城乡规划实施学术委员会年会 …… 156
· 地质灾害防治 …… 156
· 自然保护区 …… 156
财　税 …… 156
财　政 …… 156
· 概况 …… 156
· 财政支出 …… 156
· 民生保障 …… 156
· 财政服务大湾区建设 …… 156
· 财政服务经济社会发展 …… 156
· 财政改革 …… 157
· 财政管理 …… 157
税　务 …… 157
· 概况 …… 157
· 减税降费 …… 158
· 依法治税 …… 158
· 税收征管 …… 158
· 纳税服务 …… 158
· 增值税发票风险管理 …… 158
· 税收共治 …… 158
· “智能＋税务”新体系构建 …… 158
· 大湾区个人所得税优惠政策落地 …… 159
· 珠海首家人智一体赋能型办税大厅 …… 159
金　融 …… 162
综　述 …… 162
· 概况 …… 162
· 货币信贷 …… 162
· 跨境人民币结算 …… 163
· 货币发行及反假货币 …… 163
· 支付清算 …… 163
· 账户管理 …… 163
· 征信管理 …… 163

· 国库业务 …… 163
· 反洗钱监管 …… 163
· 金融消费权益保护 …… 163
· 国际收支 …… 163
· 经常项目 …… 163
· 资本项目 …… 163
· 警银汇联合工作室成立 …… 164
· 粤港澳大湾区金融纠纷调解合作研讨会 …… 164
· 现金服务“网格化”管理创新 …… 164
· 中国银行澳门“跨境钱包”暨受理业务首发 …… 164
金融管理与服务 …… 164
· 概况 …… 164
· 金融合作体系建设 …… 164
· 金融领域开放合作 …… 164
· 珠港澳金融市场互联互通 …… 165
· 企业融资扶持 …… 165
· 基金管理 …… 165
· 金融风险防控 …… 165
· 跨境投融资便利化 …… 165
· 《珠海市企业上市挂牌奖励实施细则》修订 …… 165
· 澳珠企业家峰会 …… 165
· 上市挂牌公司 …… 165
银行业 …… 166
· 概况 …… 166
· 服务实体经济 …… 166
· 横琴银行业 …… 166
· 现代金融服务大湾区建设 …… 166
· 普惠金融服务 …… 166
· 金融消费者权益保护 …… 166
· 金融机构扫黑除恶专项斗争 …… 167
· 金融机构打击非法集资 …… 167
· 银行业违规行为行政处罚 …… 167
· 工商银行珠海分行 …… 167
· 农业银行珠海分行 …… 167
· 中国银行珠海分行 …… 167
· 建设银行珠海分行 …… 167
· 交通银行珠海分行 …… 167
· 珠海华润银行 …… 167
· 珠海农商银行 …… 168
证券期货业 …… 168
· 概况 …… 168
· 证券期货业协会管理 …… 168
· 金融知识宣传 …… 168
保险业 …… 168
· 概况 …… 168
· 保险业服务大湾区建设 …… 168
· “三农”保险 …… 168
· “大爱无疆”附加补充医疗保险 …… 168
· 保险便民服务 …… 168
· 保险产品 …… 168
· 双保单模式 …… 168
· 保险消费者调解渠道拓展 …… 169
口 岸 …… 169
口岸管理与服务 …… 169
· 概况 …… 169
· 口岸规划建设 …… 169
· 口岸对外开放 …… 169
· 通关模式改革创新 …… 169
· 口岸营商环境优化 …… 170
· 中国（珠海）国际贸易“单一窗口”建设 …… 170
· 口岸通关服务和管理 …… 170
· 反走私综合治理 …… 170
· 海防工作 …… 170
拱北海关 …… 170
· 概况 …… 170
· 海关服务大局 …… 170
· 海关服务地方 …… 170
· 海关“贴心服务” …… 171
· 海关合作开放 …… 171
· 通关监管 …… 171
· 后续监管 …… 171
· 海关缉私 …… 171
· 海关征税 …… 171
· 海关科技信息化建设 …… 172
海 事 …… 172
· 概况 …… 172
· 水上安全监管 …… 172
· 海事服务 …… 172
· 海事应急处置 …… 172
· 船舶污染防治 …… 172
· 香洲渔港搬迁交通组织 …… 173
· 粤港澳大湾区首个海岛海上搜救中心成立 …… 173

· 庆祝澳门回归祖国20周年烟花汇演水上交通管制 …… 173
出入境边防检查 …… 173
· 概况 …… 173
· 边检信息化建设 …… 173
· 港珠澳大桥口岸管理 …… 173
· 口岸管控 …… 174
· 口岸处突联防工作 …… 174
· 边检总站换装授衔 …… 174
· 珠澳边检执法合作 …… 174
城乡建设 …… 174
综　述 …… 174
· 概况 …… 174
· 海绵城市建设 …… 174
· 西部生态新城起步区建设 …… 175
· 金湾C片区公共文化中心建成 …… 175
城市建设 …… 175
· 概况 …… 175
· 园林绿化建设 …… 175
· 绿道网建设 …… 175
· 地下综合管廊建设 …… 175
· 市政设施管理 …… 175
· 环卫保洁 …… 175
· 生活垃圾分类 …… 176
· 生活垃圾处理 …… 176
· 违法建设专项治理 …… 176
· 建设工程施工噪声污染和施工扬尘专项治理 …… 176
· 涉水执法整治 …… 176
· 城区大气环境污染管理防治 …… 176
· 市容环境综合整治 …… 176
· 户外广告整治 …… 176
· 数字城管 …… 177
· 便民小市场 …… 177
市政供水与排水 …… 177
· 概况 …… 177
· 供水基础设施建设 …… 177
· 水质监测 …… 177
· 水环境建设 …… 177
· 市政排水管理体制机制改革 …… 177
供　电 …… 177
· 概况 …… 177
· 供电保障 …… 178
· 供电服务 …… 178
· 电网规划与建设 …… 178
· 对澳门供电 …… 178
· 海岛用电服务 …… 178
· 横琴供电局挂牌 …… 178
供　气 …… 179
· 概况 …… 179
· 老旧小区燃气管道加建 …… 179
村镇建设 …… 179
· 乡村振兴政策制定 …… 179
· 乡村产业发展 …… 179
· 农村人居环境整治 …… 179
· 美丽乡村专项行动 …… 180
· 乡村振兴样板村打造 …… 180
· 乡村基础设施建设 …… 180
· 农业科技推广成果 …… 180
· 农村综合改革 …… 180
· 农村集体土地所有权登记发证数据库更新备案 …… 181
· 村庄规划设计 …… 181
· 乡村绿化美化 …… 181
· “珠海·乡约杯”全国高校乡村住宅建筑设计大赛 …… 181
对口支援帮扶 …… 181
综　述 …… 181
· 概况 …… 181
· 对口扶贫（支援）地区名优特农副产品展销会 …… 181
· 广东扶贫济困日 …… 181
省内精准扶贫 …… 181
· 概况 …… 181
· 产业扶贫 …… 181
· 就业扶贫 …… 182
· “两不愁三保障” …… 182
东西部扶贫协作与对口支援 …… 182
· 对口支援云南省怒江傈僳族自治州 …… 182
· 对口支援四川省甘孜藏族自治州理塘县、稻城县 …… 182
· 对口支援西藏自治区林芝市米林县、米林农场 …… 182
· 对口支援重庆市巫山县 …… 182
开放型经济 …… 182

综 述 …… 182
· 概况 …… 182
· 引进外资 …… 182
对外贸易 …… 183
· 概况 …… 183
· 出口贸易 …… 183
· 珠海企业携新产品参加广交会 …… 183
· 珠海农业无人机系列产品参加广交会受关注 …… 183
· 进口贸易 …… 184
民营经济 …… 186
· 概况 …… 186
· 私营企业 …… 186
· 个体工商户 …… 186
· 农民专业合作社 …… 186
· 民营经济行业分布 …… 186
· 民营商事主体区域分布 …… 186
海洋产业 …… 187
综 述 …… 187
· 概况 …… 187
· 全国首个地方性海域海岛法规制定 …… 187
· 海域海岛保护和开发利用 …… 187
· 国家海洋督察反馈意见整改 …… 187
· 海监执法 …… 188
· 渔业资源增殖放流 …… 188
· 2019 年世界海洋日暨全国海洋宣传日活动 …… 188
港澳流动渔民 …… 188
· 概况 …… 188
· 港澳流动渔民宣传教育 …… 188
· 港澳流动渔民服务管理 …… 188
· 港澳流动渔民会务交流活动 …… 188
农业·水利 …… 189
综 述 …… 189
· 概况 …… 189
· 农业机械化 …… 189
· 农机安全监理 …… 189
· 农业科技 …… 189
· 农产品质量安全 …… 189
种植业 …… 189
· 概况 …… 189
· 种业建设 …… 189
· 强农惠农政策 …… 189
· 农作物绿色防控 …… 190
· “互联网＋三农”信息平台建设 …… 190
林 业 …… 190
· 概况 …… 190
· 林业有害生物防治 …… 190
· 使用林地审核 …… 190
· 野生动植物保护管理 …… 190
· 林业执法 …… 190
· 林业生态保护修复 …… 190
· 造林绿化 …… 190
畜牧业 …… 190
· 概况 …… 190
· 生猪稳产保供 …… 191
· 非洲猪瘟动物疫病防控 …… 191
· 生猪肉品统一冷链配送 …… 191
· 饲料生产 …… 191
渔 业 …… 191
· 概况 …… 191
· 现代渔业发展 …… 191
· 渔政执法 …… 191
· 西非毛里塔尼亚远洋捕捞 …… 191
· 洪湾中心渔港承接香洲渔港渔业功能 …… 192
水 利 …… 192
· 概况 …… 192
· 水利补短板项目建设 …… 192
· 民生水利项目建设 …… 192
· 水利工程安全生产 …… 192
· 水政监察执法 …… 192
· 河长制、湖长制推进 …… 192
· 水资源管理 …… 193
· 对澳门供水 …… 193
· 第四条对澳门供水管道工程通水 …… 193
· 污水管理 …… 193
· 水旱灾害防御 …… 193
工 业 …… 194
综 述 …… 194
· 概况 …… 194
· 工业结构优化 …… 194
· 工业主导产业发展迅速 …… 194
· 大型企业增长较快 …… 194
· 工业投资增速提升 …… 194
石油化工产业 …… 194
· 概况 …… 194

· 石化产业发展 …… 194
电力能源产业 …… 194
· 概况 …… 194
· 网电、地方电供购 …… 194
· 电网建设 …… 194
· 工业企业“煤改气”工作 …… 195
· 清洁能源建设 …… 195
· 油气输送管控 …… 195
· 成品油市场监管 …… 195
· 企业参与电力交易 …… 195
· 海岛高电价民生问题解决 …… 195
生物医药产业 …… 195
· 概况 …… 195
· 生物医药产业发展 …… 195
· 生物医药产业成果 …… 195
电子信息产业 …… 195
· 概况 …… 195
· 电子信息产业重点公共服务平台 …… 196
· 电子信息重点企业 …… 196
家电电气产业 …… 196
· 概况 …… 196
· 家电电气产业发展 …… 196
装备制造产业 …… 196
· 概况 …… 196
· 装备制造产业发展 …… 196
· 第五届珠江西岸先进装备制造业投资贸易洽谈会 …… 197
珠海航空产业园 …… 197
· 概况 …… 197
· 基础设施建设 …… 197
· 招商引资 …… 197
· 高端产业发展 …… 197
· 中航通飞航空复合材料零部件等 4 个重点项目落户珠海 …… 197
· 首架西锐 SR20 飞机交付 …… 197
富山工业园 …… 198
· 概况 …… 198
· 园区建设 …… 198
· 招商引资 …… 198
· 土地资源整合 …… 198
· 产业发展 …… 198
· 创新驱动 …… 198
· 安全生产 …… 198
· 市人民医院富山分院门诊部建设 …… 198
· 广药白云山化学制药（珠海）有限公司项目动工建设 …… 199
建筑业 …… 199
· 概况 …… 199
· 建筑市场监管 …… 199
· 建设工程质量安全监管 …… 199
· 建设工程消防验收 …… 199
· 建筑节能建设 …… 199
· 建筑节能监管 …… 200
· 建筑节能数据采集与分析 …… 200
· 建筑产业现代化发展 …… 200
· 绿色建材推广 …… 200
· 散装水泥和墙材革新发展应用 …… 200
· 珠海建设科技院士行 …… 200
房地产业 …… 200
· 概况 …… 200
· 房地产市场监管调控 …… 200
· 物业管理 …… 200
不动产登记 …… 201
· 概况 …… 201
· 不动产权电子证书 …… 201
· 不动产登记关联业务融合 …… 201
· 不动产登记澳门绿色通道 …… 201
交通运输业·邮政业 …… 201
公　路 …… 201
· 概况 …… 201
· 公共道路建设 …… 201
· 路政管理 …… 201
· 公路养护管理 …… 202
· 公路安全生产 …… 202
· 公路安全生命防护工程交工验收 …… 202
· 国、省道公路网命名编号调整完工 …… 202
· 海燕桥拆除重建并提前开放通行 …… 202
港　口 …… 205
· 珠海港 …… 205
· 港口生产 …… 205
· 港口建设 …… 205
· 港口安全 …… 205
· 港口节能减排 …… 205
· 高栏港区 15 万吨级主航道工程 …… 206

· 首艘两万吨“高栏 201”号轮完成首航 …… 206
· 珠海港集团 …… 206
航道管理 …… 207
· 概况 …… 207
· 航道建设 …… 207
· 航道养护管理 …… 207
· 航道安全生产监管 …… 207
· 近海水域乱象整治 …… 208
城市客运交通 …… 208
· 概况 …… 208
· 粤港澳大湾区交通互联互通 …… 208
· 交通枢纽建设 …… 208
· 公共交通发展 …… 209
· “智慧绿色”交通建设 …… 209
· 法治交通建设 …… 209
· 平安交通建设 …… 210
· 珠海至深圳机场“水上巴士”航线开通 …… 210
轨道交通 …… 211
· 概况 …… 211
· 城市轨道交通 …… 211
· 城际轨道交通 …… 211
· 北京西站至珠海跨线列车增开 …… 211
· 珠海跨线列车直达湛江、梅州 …… 211
· 珠机城际一期工程启动联调联试 …… 211
民用航空 …… 212
· 民航运输 …… 212
· 机场管理 …… 212
· 通用航空 …… 212
· 珠海机场改扩建 …… 212
· 首航短途运输航线 …… 212
邮政业 …… 212
· 概况 …… 212
· 邮政服务 …… 212
· 投递服务 …… 213
· 快递末端投递能力建设 …… 213
· 邮政普遍服务监督 …… 213
· 快递市场监管 …… 213
· 邮政业消费者申诉受理 …… 213
· 邮政服务农村电商 …… 213
· 邮政服务跨境电商 …… 213
· 邮政综合服务平台 …… 214
· 珠海市首套非物质文化遗产纪念邮品 …… 214
· 《澳门回归祖国二十周年》纪念邮票发行 …… 214
信息业 …… 214
信息化建设 …… 214
· 概况 …… 214
· 智慧城市 …… 214
· 两化融合 …… 214
· 工业互联网 …… 214
数字政府政务服务 …… 214
· 概况 …… 214
· “互联网 + 政务服务” …… 214
· 政务信息化建设管理 …… 214
· 政务数据管理 …… 215
无线电管理 …… 215
· 概况 …… 215
· 无线电监督检查 …… 215
· 无线电安全保障 …… 215
· 无线电法规宣传 …… 215
软件和信息技术服务业 …… 215
· 概况 …… 215
· 重点软件企业 …… 215
· 软件和信息技术服务业财政支持 …… 215
· 软件和信息技术服务业融资 …… 216
· 软件和信息技术服务业与制造业融合 …… 216
· 软件和信息技术服务业创新创优 …… 216
· 软件和信息技术服务业合作交流 …… 216
· 2019 中国（珠海）集成电路产业高峰论坛 …… 216
通信业 …… 216
· 珠海电信 …… 216
· 珠海移动 …… 217
· 珠海联通 …… 217
商贸服务业 …… 218
综　述 …… 218
· 概况 …… 218
· 夜间经济发展 …… 218
· 促消费活动 …… 218
批发零售业 …… 218
· 步行商业街区 …… 218
· 社区商业发展 …… 218
· 商业网点建设 …… 219
餐饮业 …… 219
· 概况 …… 219
· 珠港澳美食旅游文化节 …… 219

现代物流业 …… 219
· 概况 …… 219
· 港口物流 …… 219
· 珠港澳物流交流合作 …… 219
供销合作社 …… 219
· 概况 …… 219
· 助农服务综合平台 …… 219
· 农村互助金融服务 …… 220
· 农业生产资料供应 …… 220
· 百分百商业有限公司 …… 220
· 再生资源回收 …… 220
· 百分百引进“刷脸”消费 …… 220
拍卖·典当业 …… 220
· 拍卖业 …… 220
· 典当业 …… 221
商贸流通行业管理 …… 221
· 烟草专卖 …… 221
· 食盐专营 …… 221
· 二手车市场 …… 221
· 报废机动车回收拆解 …… 221
会展业 …… 222
· 会议业 …… 222
· 展览业 …… 222
· 品牌会展引进 …… 222
· 澳珠会展合作 …… 222
· 会展人才培训 …… 222
· 亚太水产养殖展览会暨珠海国际水产品交易会 …… 222
· 中华医学会第十三次全国重症医学大会 …… 222
· 2019 年中国（珠海）国际办公设备及耗材展览会 …… 222
· 2019 澳珠企业家峰会 …… 222
· 第三届“21 世纪海上丝绸之路”中国（广东）国际传播论坛 …… 222
· 第四届中国国际复合材料科技大会 …… 223
旅游业 …… 225
综　述 …… 225
· 概况 …… 225
· 旅游产业规模 …… 225
· 入境旅游 …… 225
· 出境旅游 …… 225
· 国内旅游接待与收入 …… 225
· 假日旅游 …… 225
· 旅游推广 …… 225
· 旅游合作 …… 226
· 澳珠旅游协同发展对话会 …… 226
· 乡村旅游活动 …… 226
旅游市场监管 …… 226
· 概况 …… 226
· 旅游行业培训 …… 226
· 旅游安全管理 …… 226
· 旅游投诉处理 …… 226
· “6·21”恶性甩团案查处 …… 226
旅游设施建设 …… 226
· 宋城项目签约 …… 226
· 乡村旅游特色建设 …… 226
· 旅游厕所建设 …… 226

文　化

教　育 …… 227
综　述 …… 227
· 概况 …… 227
· 教师队伍建设 …… 227
· 教育科研 …… 227
· 素质教育 …… 227
· 教育改革创新 …… 228
· 教育交流合作 …… 228
· “珠海特区教育”微信公众号 …… 228
· 依法治教 …… 228
· 校园安全 …… 228
· 助学帮扶 …… 229
· 特殊教育 …… 229
· 教育对口帮扶 …… 229
· 第五届中国教育创新成果公益博览会 …… 229
基础教育 …… 229
· 学前教育 …… 229
· 义务教育 …… 229
· 普通高中教育 …… 229
· 幼儿园和中小学建设 …… 230
· 基础教育课程改革珠海试验区 …… 230
· 珠海市第一届青少年机器人大赛暨珠港澳

青少年机器人横琴邀请赛 …… 230
职业教育 …… 230
· 中等职业教育 …… 230
· 中等职业教育技能竞赛 …… 230
· 广东科学技术职业学院 …… 230
· 珠海城市职业技术学院 …… 230
高等教育 …… 230
· 概况 …… 230
· 中山大学珠海校区 …… 230
· 暨南大学珠海校区 …… 231
· 北京师范大学珠海分校、北京师范大学珠海校区 …… 231
· 北京理工大学珠海学院 …… 231
· 吉林大学珠海学院 …… 231
· 遵义医科大学珠海校区 …… 231
· 北京师范大学－香港浸会大学联合国际学院 …… 232
民办教育 …… 232
· 概况 …… 232
· 珠海艺术职业学院 …… 232
科学技术 …… 232
综　述 …… 232
· 概况 …… 232
· 科技政策 …… 232
· 科技项目投入 …… 232
· 科技金融 …… 232
· 创新主体培育 …… 232
· 孵化育成体系建设 …… 232
· 产学研合作 …… 233
· 科技创新平台 …… 233
· 科技成果与奖励 …… 233
· 科技交流与合作 …… 233
· 科技人才引进 …… 234
专利与知识产权 …… 234
· 概况 …… 234
· 知识产权优势企业认定和考核 …… 235
· 知识产权保护 …… 235
· 知识产权宣传 …… 235
· 知识产权交流 …… 235
· 知识产权质押融资 …… 235
· 首届粤港澳大湾区高价值专利培育布局大赛 …… 235
气　象 …… 235
· 气象现代化建设 …… 235
· 气象监测与预报 …… 235
· 气象依法行政服务网上办理 …… 235
· 气象服务 …… 235
· 防雷减灾安全监督 …… 236
· 气象合作 …… 236
· 气象科普宣传 …… 236
· 气象防灾减灾救灾信息协同发布 …… 236
· 粤港澳大湾区“科学防御台风”学术交流会议 …… 236
防震减灾 …… 236
· 概况 …… 236
· 防震减灾科普教育 …… 236
· 应急避震演练 …… 236
社会科学 …… 236
· 概况 …… 236
· 粤港澳大湾区建设研究 …… 237
· 社会治理研究 …… 237
· 珠海地方历史文化研究 …… 237
· 容闳与留学文化研究 …… 237
文化艺术 …… 237
文艺创作 …… 237
· 概况 …… 237
· 文学 …… 237
· 戏曲 …… 237
· 美术 …… 237
· 电影 …… 237
· 音乐 …… 238
· 报告文学《中国桥——港珠澳大桥圆梦之路》获第十五届“五个一工程奖”特别奖 …… 238
公共文化 …… 238
· 概况 …… 238
· 社会文化活动 …… 238
· 图书馆 …… 238
· 文化馆 …… 239
· 古元美术馆 …… 239
· 古元诞辰100周年纪念活动 …… 239
文化遗产保护 …… 240
· 概况 …… 240
· 博物馆 …… 240
· 非物质文化遗产 …… 240

· 第八批非物质文化遗产项目代表性传承人 …… 240
· “文化和自然遗产日”系列活动 …… 240
文化产业与文化市场 …… 240
· 文化产业 …… 240
· 文化市场监管 …… 240
· 文化市场监管规范执法 …… 241
· 珠海演艺集团 …… 241
文化交流 …… 241
· 概况 …… 241
· 粤剧进德国布伦瑞克市 …… 241
· 第三届珠海莫扎特国际青少年音乐周 …… 241
· 第六届中国国际马戏节 …… 241
· 珠港澳合唱音乐会 …… 241
档案工作 …… 241
· 概况 …… 241
· 档案服务 …… 242
· 档案收集 …… 242
· “新中国的记忆”宣传活动 …… 242
· 档案育人 …… 242
· 主题教育文件材料收集 …… 242
· 依法治档 …… 242
· 档案业务督导 …… 242
· 农村档案规范化建设 …… 242
· 档案业务培训 …… 242
· 档案安全管理 …… 242
· 档案法治宣传 …… 243
· 档案馆舍建设 …… 243
· 数字档案馆建设 …… 243
地方志工作 …… 243
· 概况 …… 243
· 全国地方志系列会议在珠海市召开 …… 243
· 史志工作调研创新 …… 243
· 修志编鉴扩面提质 …… 243
· 地情资源开发利用 …… 244
· 综合年鉴编纂 …… 244
· 史志编研 …… 244
· 信息化和方志馆建设 …… 244
新闻出版·广播电视 …… 244
新闻出版 …… 244
· 概况 …… 244
· 珠海传媒集团有限责任公司 …… 244
· 报纸出版 …… 244
· 软件正版化 …… 244
· 印刷行业 …… 245
· 主要图书市场 …… 245
· 版权登记 …… 245
· 版权教育 …… 245
· 版权保护 …… 245
· 全民阅读 …… 245
广播电视 …… 245
· 广播 …… 245
· 电视 …… 245
· 海岛广播电视信号升级 …… 246
· 广播电视行业监管 …… 246
· 安全播出保障 …… 246
卫生健康 …… 246
· 概况 …… 246
· 医疗服务 …… 246
· 基层医疗 …… 246
· 妇幼卫生 …… 246
· 救治网络建设 …… 246
· 日间手术试点 …… 246
· 慢性病长期处方 …… 247
· 互联网护理服务 …… 247
· 医疗对口扶帮 …… 247
· 疾病防控 …… 247
· 珠海市食品安全风险监测信息管理系统建设 …… 247
· 医疗卫生应急管理队伍建设 …… 247
· 医疗卫生应急演练 …… 247
· 大型活动医疗卫生保障 …… 247
· 紧急医疗救援 …… 247
· 医疗卫生人才管理 …… 247
· 卫生法治与监督 …… 247
· 公立医院改革 …… 248
· 医疗高层次建设 …… 248
· 社会办医 …… 248
· 卫生镇创建 …… 248
· 健康城市建设示范市 …… 248
· 中医中药 …… 248
· 智慧医疗 …… 248
· 卫生健康科研 …… 248
· 卫生健康人才继续教育 …… 249
· 卫生健康宣传教育 …… 249
· 大湾区医疗卫生交流与合作 …… 249

· 职业健康 …… 249
· 医养医联体建设 …… 249
· 计生服务管理 …… 249
· 社会心理服务体系建设 …… 249
体 育 …… 249
群众体育 …… 249
· 体育基础设施建设 …… 249
· 全民健身运动 …… 249
· 青少年体育交流活动 …… 250
竞技体育 …… 250
· 珠海运动员国际赛事参赛成绩 …… 250
· 珠海运动员参加第二届全国青年运动会 …… 250
· 珠海运动员参加广东省青少年锦标赛 …… 250
体育产业 …… 250
· 概况 …… 250
· 珠海 WTA（国际女子职业网联）超级精英赛 … 250
· 珠海网球冠军赛 …… 250
· 泛珠三角超级赛车节 …… 250
· 2019 CFA 中国之队“世奥杯”珠海国际足球锦标赛 …… 250
· 体育彩票销售 …… 250

社 会

民族 · 宗教 …… 251
民族事务 …… 251
· 概况 …… 251
· 民族领域和谐稳定 …… 251
· 少数民族服务 …… 251
· 民族团结进步创建 …… 251
· 民族团结进步促进会工作 …… 251
· 珠海少数民族庆祝中华人民共和国成立 70 周年暨“我和我的祖国”文艺汇演 …… 251
宗教事务 …… 251
· 概况 …… 251
· 宗教界学习与交流活动 …… 251
· 宗教工作法治化 …… 252
· 宗教界服务社会 …… 252
· 和谐寺观教堂创建 …… 252
人力资源 · 劳动就业 …… 252
人才队伍建设 …… 252
· 概况 …… 252
· “珠海英才计划”落实 …… 252
· 人才优先引进制度执行情况 …… 253
· 高层次人才队伍建设 …… 253
· 高技能人才队伍建设 …… 253
· 人才交流 …… 253
· 留学人员创业资助 …… 253
· 博士后工作 …… 253
公职人员管理 …… 254
· 公务员管理 …… 254
· 事业单位岗位审核 …… 254
· 职称制度改革 …… 254
· 鉴定考试 …… 254
就业培训 …… 254
· 就业招聘 …… 254
· 创业促进 …… 254
· 异地务工人员服务管理 …… 254
· 职业技能提升培训 …… 254
· 技工教育 …… 255
· 创业创新大赛 …… 255
· 大学生创业大赛 …… 255
· “粤菜师傅”工程 …… 255
· “南粤家政”工程 …… 255
劳动关系 …… 255
· 人力资源市场工资指导 …… 255
· 企业劳动关系管理 …… 255
· 劳动监察执法和权益保护 …… 255
· 劳动人事争议调解仲裁 …… 255
社会保障 …… 255
社会保险 …… 255
· 概况 …… 255
· 养老保险 …… 255
· 工伤保险 …… 256
· 保险稳岗 …… 256
· 社保经办服务 …… 256
· 社保基金监督 …… 256
医疗保障 …… 256
· 概况 …… 256
· 澳门居民参加珠海医保试点 …… 256
· 基本医疗保险单位缴费费率下调 …… 256
· 医疗救助 …… 257
· 药品和医疗服务价格管理 …… 257
· 医保基金监管 …… 257

社会救助 …… 257
· 最低生活保障 …… 257
· 特困供养人员护理 …… 257
· 临时救助 …… 257
· 流浪乞讨人员救助 …… 257
住房保障 …… 257
· 概况 …… 257
· 保障性住房信息系统建设 …… 257
· 住房保障制度创新 …… 257
住房公积金管理 …… 258
· 概况 …… 258
· 住房公积金缴存 …… 258
· 住房公积金提取 …… 258
· 住房公积金贷款 …… 258
· 住房公积金贷款回收 …… 258
· 公积金人才优惠政策执行情况 …… 258
· 住房公积金信息系统建设 …… 258
· 住房公积金大湾区服务 …… 258
社会福利 …… 258
· 儿童权益保障 …… 258
· 儿童福利 …… 258
· 高龄津贴发放 …… 258
· 养老服务机构 …… 258
· 养老服务质量建设 …… 259
· 民办养老机构资助 …… 259
· 长者饭堂建设 …… 259
· 老年人能力综合评估 …… 259
· 残疾人“两项补贴” …… 259
· 福利彩票 …… 259
慈善事业 …… 259
· 概况 …… 259
· 珠海慈善发展论坛 …… 259
· 慈善助餐项目启动 …… 260
收入·消费 …… 260
城乡居民收入 …… 260
· 概况 …… 260
· 各区居民可支配收入情况 …… 260
城乡居民消费 …… 260
· 概况 …… 260
· 八大类商品和服务消费 …… 260
市场物价 …… 261
· 概况 …… 261
· CPI 低于全国和全省平均水平 …… 261
社会事务 …… 262
· 社会组织登记 …… 262
· 社会组织党建工作 …… 262
· 社会组织监督管理 …… 262
· 社会组织参与脱贫攻坚 …… 262
· 社会工作者队伍水平考试 …… 263
· 社会工作服务 …… 263
· 社区治理 …… 263
· 婚姻登记 …… 263
· 收养登记 …… 263
· 地名审核 …… 263
· 殡葬管理与服务 …… 263

生态环境

综　述 …… 264
· 概况 …… 264
· 生态经济结构 …… 264
· 生态环境维护与治理 …… 264
· 生态生活营造 …… 264
· 生态文化宣传与教育 …… 264
环境质量 …… 265
· 空气环境质量 …… 265
· 水环境质量 …… 265
· 声环境质量 …… 265
环境保护 …… 265
· 环境保护法制建设 …… 265
· 环境保护规划 …… 265
· 环境执法 …… 265
· 重点排污单位自动监控 …… 265
· 大气污染防治 …… 265
· 环境空气质量自动监测站建设 …… 265
· 水污染防治 …… 266
· 地表水环境保护 …… 266
· 前山河水质达标攻坚 …… 266
· 涉水治污设施建设 …… 266
· 水生态扩容提质 …… 266
· 土壤污染防治 …… 266
· 固体废物处置 …… 266
· 工业危险废物处置 …… 266
· 医疗废物处置 …… 266
· 重金属污染防治 …… 267
· 辐射安全管理 …… 267

· 环境保护督察 …… 267
· 环境信用评价 …… 267
· 环境管理服务 …… 267
· 农村环境保护 …… 267
· 自然生态保护区 …… 267
· 第二次全国污染源普查 …… 267
· 地表水监测事权上收 …… 267

节能减排 …… 267
· 能源结构调整 …… 267
· 主要污染物减排 …… 268
· 绿色交通网络构建 …… 268
· 挥发性有机化合物控源减排 …… 268
· 移动源污染监测管理 …… 268
· 扬尘污染防控 …… 268

行政区

香洲区 …… 269
· 概况 …… 269
· 经济社会发展 …… 269
· 产业发展 …… 270
· 创新驱动发展 …… 270
· 城市管理 …… 270
· 社会民生 …… 271
· 城市更新 …… 272
· 公办幼儿园建设 …… 272
· 农贸市场改造提升 …… 272
· 前山河治理 …… 272
· 香洲渔港搬迁 …… 272

金湾区 …… 272
· 概况 …… 272
· 经济社会发展 …… 272
· 产业发展 …… 272
· 创新驱动发展 …… 273
· 基础建设与更新 …… 274
· 社会民生 …… 274
· 中国黄立鱼之乡 …… 275
· 区政府获改革成就奖 …… 275
· 广东省小型微型企业创业创新示范基地 …… 275
· 广东省党史教育基地 …… 275

斗门区 …… 275
· 概况 …… 275
· 经济发展 …… 275
· 体制改革 …… 275
· 跨境电商 …… 275
· 创新驱动发展 …… 275
· 生态新城建设 …… 276
· 乡村振兴 …… 276
· 社会民生 …… 277
· 老有所养 …… 277
· 公共文化服务体系示范区创建 …… 278
· 农村产权制度改革 …… 278
· 质量强区建设 …… 278
· “四好农村路”建设 …… 278
· 文物和非遗项目发展 …… 278
· 第十五届民间艺术大巡游 …… 278
· 珠海莲洲通用机场投入运营 …… 278
· 华中师大珠海附中开学 …… 278

经济功能区

珠海市横琴新区 …… 279
· 概况 …… 279
· 港澳融合发展 …… 279
· 改革创新 …… 280
· 基础设施建设 …… 280
· 制度建设 …… 281
· 生态建设 …… 281
· 招商引资 …… 282
· 园区服务 …… 282
· “双自联动” …… 282
· 珠澳合作开发横琴 …… 283
· 国际休闲旅游岛方案获批 …… 283
· 全省首部港澳企业和专业人士到内地执业的地方性法规 …… 283
· 常住横琴的澳门居民试点珠海医保 …… 283
· 澳门对横琴口岸澳方口岸区实施管辖 …… 283

珠海（国家）高新技术产业开发区 …… 283
· 概况 …… 283
· 创新驱动发展 …… 284
· 港澳创新合作深化 …… 284
· 基础设施建设 …… 284
· 生态建设 …… 285
· 社会民生服务 …… 285
· 一区多园管理体制改革 …… 285
· 5G+ 医疗健康应用 …… 285

· 政务数据共享平台建设 …… 286
· 高新区党群服务中心揭牌 …… 286
· “菁牛汇”创新创业大赛 …… 286
珠海保税区…… 286
· 概况 …… 286
· 对港澳合作 …… 286
· 一体化发展 …… 286
· 产业发展 …… 287
· 创新驱动发展 …… 287
· 营商环境 …… 287
· （1210）监管场所通过海关验收 …… 287
珠海万山海洋开发试验区…… 287
· 概况 …… 287
· 海岛旅游业发展 …… 288
· 创新驱动发展 …… 288
· 基础设施建设 …… 288
· 招商引资 …… 288
· 生态建设 …… 288
· 开放合作 …… 289
· 园区服务 …… 289
· 5G 智慧海岛远程智能操控系统 …… 289
· 珠海市海上搜救中心万山分中心 …… 289
珠海经济技术开发区（高栏港经济区）…… 289
· 概况 …… 289
· 六大产业新格局 …… 289
· 创新驱动发展 …… 289
· 产城融合发展 …… 290
· 社会事业建设 …… 290
· 乡村振兴 …… 290
· 三大攻坚战 …… 290
· 平安港区建设 …… 291
· 高栏港区 15 万吨级主航道工程验收 …… 291
· 珠海景旺项目动工 …… 291
· 东方 13-2CEPB 平台 …… 291
· “医养结合”典型经验 …… 291
· 岭南示范公安派出所 …… 291

人　物

全国五一劳动奖章获得者…… 292
广东省五一劳动奖章获得者…… 292
全国三八红旗手…… 294
全国巾帼建功标兵…… 294
广东省三八红旗手…… 294
逝世人物…… 295

统计资料

珠海市地区生产总值各行业增加值（2018—2019 年）…… 296
珠海市户籍人口及变动情况（2018—2019 年）…… 297
珠海市工业主要情况（2018—2019 年）…… 297
珠海市地方一般公共预算收支情况（2018—2019 年）…… 299
珠海市农业主要情况（2018—2019 年）…… 300
珠海市社会消费品零售主要情况（2018—2019 年）…… 303
珠海市固定资产投资主要情况（2019 年）…… 304
珠海市房地产主要情况（2018—2019 年）…… 305
珠海市交通运输邮电主要情况（2018—2019 年）…… 308
珠海市对外经济主要情况（2018—2019 年）…… 310
珠海市旅游接待主要情况（2018—2019 年）…… 312
珠海市就业主要情况（2018—2019 年）…… 313
珠海市科技、教育、文化和卫生主要情况（2018—2019 年）…… 314

文献·法规

珠海市 2019 年国民经济和社会发展计划执行情况与 2020 年计划草案的报告 …… 317
2019 年珠海市人大常委会制定、修订的地方性法规…… 322
2019 年珠海市人民政府颁布的政府令 …… 323
2019 年珠海市人民政府规范性文件统一编号登记表…… 323

附　录

珠海市机构改革方案…… 324
市直党政群机关名称及简称…… 331
索引…… 334

Main Contents

Special Issue 1

Speech on the 8th Plenary Session of the 8th CPC Zhuhai Municipal Committee 1

Report on the Work of Zhuhai Municipal Government 4

Highlights of the Year 11

Campaign of "Staying True to the Founding Mission" 11

20 Years of Cooperation between Zhuhai and Macao 12

Building the Innovation Hub of the Guangdong-Hong Kong-Macao Greater Bay Area 16

10 People's Livelihood Projects of Zhuhai Done on Schedule in 2019 17

2019 Honors List 21

Chronicle of Events 24

January 24

February 24

March 25

April 25

May 25

June 26

July 27

August 27

September 28

October 28

November 29

December 30

About Zhuhai 32

Overview 32

Zhuhai Leadership Teams of the Government Organizations in 2019 36

Economic and Social Development 44

Promotion of Cultural-ethical Progress 47

Politics 49

CPC (Communist Party of China) Zhuhai Municipal Committee 49

Important Meetings 49

Main Work 49

Organization 58

Publicity 60

United Front 63

Policy Studies 65

System Reform 65

Government Set-up 68

Party's Work in Municipal Authorities 69

Veteran Cadres 71

Party School 73

Party History Work 74

People's Congress of Zhuhai 75

People's Government of Zhuhai 79

Important Meetings 79

Transparency of Government Affairs 83

Letters and Calls 84

Government Affairs Service 85

CPPCC (Chinese People's Political Consultative Conference) Zhuhai Municipal Committee ······ 85
Disciplinary Authorities ······ 88
Democratic Parties, Federation of Industry and Commerce ······ 89
Mass Organizations ······ 97
Zhuhai Federation of Trade Unions ······ 97
Communist Youth League of China Zhuhai Municipal Committee ······ 99
Zhuhai Women's Federation ······ 101
Zhuhai Association of Science and Technology ······ 103
Zhuhai Federation of Social Science Circles ······ 104
Zhuhai Federation of Literary and Art Circles ······ 105
Zhuhai Federation of Returned Overseas Chinese ······ 107
Zhuhai Youth Federation ······ 108
Zhuhai Disabled Persons' Federation ······ 109
CCPIT Zhuhai Branch ······ 111
The Red Cross of Zhuhai ······ 112
Foreign Affairs & Overseas Chinese Affairs ······ 113
Foreign Affairs ······ 113
Overseas Chinese Affairs ······ 115
Taiwan, Hong Kong and Macao Affairs ······ 115
Taiwan Affairs ······ 115
Hong Kong and Macao Affairs ······ 117
Rule of Law ······ 119
Local Legislation ······ 119
Political and Legal Work ······ 120
Law-based Government Administration ······ 123
Public Security ······ 125
Procuratorate ······ 127
Judicatory ······ 130
Judicial Administration ······ 131
Arbitration ······ 134
Military ······ 135
Zhuhai Military Garrison ······ 135
The 2nd Detachment of Guangdong Provincial Armed Police Force ······ 136
Zhuhai Detachment of Guangdong Provincial Armed Police Force ······ 137
Veterans Affairs ······ 138

Economy ······ 139
Comprehensive Economic Management ······ 139
Economic System Reform ······ 139
Development Planning Management ······ 143
State-owned Assets Supervision and Administration ······ 143
Auditing ······ 146
Price Control ······ 147
Statistics Administration ······ 148
Market Supervision and Administration ······ 149
Emergency Management ······ 152
Natural Resources Administration ······ 154
Finance & Taxation ······ 156
Fiscal Administration ······ 156
Taxation ······ 157
Financial Industry ······ 162
Overview ······ 162
Financial Management and Service ······ 164
Banking ······ 166
Securities and Futures Industry ······ 168
Insurance Industry ······ 168
Ports ······ 169
Port Management and Service ······ 169
Gongbei Customs ······ 170
Marine Administration ······ 172
Entry-exit Frontier Inspection ······ 173
Urban and Rural Construction ······ 174
Overview ······ 174
Urban Construction ······ 175
Water Supply and Sewerage ······ 177
Power Supply ······ 177
Gas Supply ······ 179
Village and Town Construction ······ 179
Paired-up Assistance and Poverty Alleviation ······ 181

Overview ······ 181
Targeted Poverty Alleviation in Guangdong Province ······ 181
Collaboration on Poverty Alleviation between the Eastern and Western Regions & Paired-up Assistance ······ 182
Open Economy ······ 182
Overview ······ 182
Foreign Trade ······ 183
Private Economy ······ 186
Marine Industry ······ 187
Overview ······ 187
Fishermen from Hong Kong and Macao ······ 188
Agriculture & Water Conservancy ······ 189
Overview ······ 189
Planting and Crop Growing ······ 189
Forestry ······ 190
Animal Husbandry ······ 190
Fishery Industry ······ 191
Water Conservancy ······ 192
Industry ······ 194
Overview ······ 194
Petrochemical Industry ······ 194
Power and Energy Industry ······ 194
Biopharmaceutical Industry ······ 195
Electronic Information Industry ······ 195
Electric and Electronic Industry ······ 196
Equipment Manufacturing Industry ······ 196
Zhuhai Aviation Industrial Park ······ 197
Fushan Industrial Park ······ 198
Construction Industry ······ 199
Real Estate ······ 201
Registration of Real Estate ······ 201
Transportation & Postal Services ······ 201
Highways ······ 201
Harbours ······ 205
Waterway Management ······ 207
Urban Passenger Transportation ······ 208
Rail Transit ······ 211
Civil Aviation ······ 212
Postal Services ······ 212
Information Industry ······ 214
Informatization Construction ······ 214
Digital Service of Government Affairs ······ 214
Radio Administration ······ 215
Software and Information Technology Service ······ 215
Telecommunication Industry ······ 216
Commercial Service Industry ······ 218
Overview ······ 218
Wholesale and Retail Trade ······ 218
Catering Industry ······ 219
Modern Logistics Industry ······ 219
Supply and Marketing Cooperative ······ 219
Auction & Pawnbroking Industry ······ 220
Commercial Circulation Administration ······ 221
Exhibition Industry ······ 222
Tourism ······ 225
Overview ······ 225
Tourism Market Supervision ······ 226
Tourism Facilities Construction ······ 226

Culture ······ 227
Education ······ 227
Overview ······ 227
Elementary Education ······ 229
Vocational Education ······ 230
Higher Education ······ 230
Private School ······ 232
Science and Technology ······ 232
Overview ······ 232
Patents and Intellectual Property ······ 234
Meteotology ······ 235
Earthquake Prevention and Disaster Reduction ······ 236
Social Sciences ······ 236

Culture and Arts ········ 237
Artistic Creation ········ 237
Public Culture ········ 238
Cultural Heritage Protection ········ 240
Cultural Industry and Market ········ 240
Cultural Exchange ········ 241
Archive ········ 241
Local Chronicles ········ 243
Press and Publication & Broadcasting and Television ········ 244
Press and Publication ········ 244
Broadcasting and Television ········ 245
Health and Hygiene ········ 246
Sports ········ 249
Mass Sports ········ 249
Competitive Sports ········ 250
Sports Industry ········ 250

Social Life ········ 251
Ethnic & Religious Affairs ········ 251
Ethnic Affairs ········ 251
Religious Affairs ········ 251
Human Resources & Employment ········ 252
Talent Team Construction ········ 252
Management of Public Employees ········ 254
Employment Training ········ 254
Employment Relations ········ 255
Social Security ········ 255
Social Insurance ········ 255
Healthcare ········ 256
Social Assistance ········ 257
Housing Security ········ 257
Housing Fund Administration ········ 258
Social Welfare ········ 258
Charity ········ 259
Income & Consumption ········ 260
Income of Urban Residents ········ 260
Consumption of Urban Residents ········ 260
Market Price ········ 261
Civil Affairs ········ 262

Ecological Environment ········ 264
Overview ········ 264
Environmental Quality ········ 265
Environment Protection ········ 265
Energy Conservation and Emission Reduction ········ 267

Administrative Districts ········ 269
Xiangzhou ········ 269
Jinwan ········ 272
Doumen ········ 275

Economic Functional Regions ········ 279
Hengqin New District ········ 279
Zhuhai National Hi-Tech Industrial Development Zone ········ 283
Zhuhai Free Trade Zone ········ 286
Wanshan Ocean Experiment Development Zone of Guangdong ········ 287
Zhuhai Gaolan Port Economic Zone ········ 289

Characters ········ 292
National May 1st Labor Medal Winner ········ 292
Provincial May 1st Labor Medal Winner ········ 292
National March 8th Red-banners ········ 294
National Women's Meritorious Pacemarker ········ 294
Provincial March 8th Red-banners ········ 294
The Deceased in 2019 ········ 295

Statistics ········ 296

Documents & Lists of Laws and Regulations ········ 317

Appendix ········ 324

特 载

在中共珠海市委八届八次全会上的讲话

中共珠海市委书记　郭永航

（2020 年 1 月 18 日）

2019 年，在党中央和省委的正确领导下，珠海市委全面贯彻党的十九大和十九届二中、三中、四中全会精神，深入贯彻落实习近平总书记对广东、珠海重要讲话和重要指示批示精神，认真落实省委十二届七次、八次全会精神和“1+1+9”工作部署，推动经济持续健康发展，保持社会大局和谐稳定，人民群众获得感、幸福感、安全感不断增强。全市实现地区生产总值 3435.9 亿元，同比增长 6.8%；规模以上工业增加值 1133.5 亿元，同比增长 4.0%；固定资产投资 1971.9 亿元，同比增长 6.1%；社会消费品零售总额 1233.4 亿元，同比增长 6.3%；一般公共预算收入 344.5 亿元，同比增长 3.9%；全体居民人均可支配收入 5.25 万元，同比增长 9.1%。现将具体情况报告如下：

2020 年 1 月 18 日，中共珠海市委八届八次全会在香洲召开　（赵崇幸　摄）

一、2019年主要工作情况

（一）扎实开展“不忘初心、牢记使命”主题教育，推动学习贯彻习近平新时代中国特色社会主义思想走深走实。把学习贯彻习近平新时代中国特色社会主义思想作为重中之重贯穿主题教育全过程，推动学习贯彻不断走向深入。一是持续学懂弄通做实习近平新时代中国特色社会主义思想。召开市委常委会会议38次，其中第一议题56个，组织理论中心组学习会19次。举办专题轮训班25期，对市管干部、镇（街）党政正职进行集中培训。充分发挥党校、党史党性教育基地、党群服务中心作用，全年培训基层党员4.35万人次，党员群众25万人次到基地接受教育。二是以刀刃向内的自我革命精神抓整治整改。集中力量推进8个方面突出问题专项整治，开展“百件群众急难愁盼问题”集中整治，对单销号抓好整改落实。全市处级领导班子及班子成员累计将8161个问题纳入整改落实清单，其中68.07%已整改到位。主题教育评估反映，99.37%的干部群众给予“好”的评价。三是持续深化“大学习、深调研、真落实”。由市领导牵头，分赴发达地区、深入基层一线，组织134项专题调研，召开市委八届六次、七次全会，出台推动珠海经济特区“二次创业”加快发展的决定、全力支持澳门经济适度多元发展的实施方案等政策措施，推动中央和省各项部署落实落地。

（二）全力推动粤港澳大湾区建设和支持深圳先行示范区建设，牵引带动珠海改革开放迈出坚实步伐。牢牢把握“双区叠加”重大机遇，找准着力点和突破口，推动新时代珠海经济特区改革开放再出发。一是积极主动参与“双区”建设。出台《规划纲要》实施方案和三年行动计划，安排大湾区建设重点项目79个、总投资超3000亿元。积极谋划支持先行示范区建设的工作思路和举措，主动对接深圳、服务深圳。跨境基础设施建设和口岸通关便利化稳步推进，港珠澳大桥口岸累计验放出入境旅客超过1600万人次，拱北口岸客流量达1.45亿人次，同比增长8%，黄茅海跨海通道前期工作进展顺利。二是不断深化重点领域改革。统筹推进39项重点改革，新增1项全国自贸区最佳实践案例、5项广东自贸区四周年最佳创新案例。地方机构改革任务顺利完成，市区权责划分改革、财政和审计管理体制改革稳步推进。“数字政府”加快建设，超80%事项实现“最多跑一次”，地方政府效率位列全国“百高市”第二名。国资国企改革取得重要突破，格力电器“混改”完成。三是加快对外开放步伐。全面实施外商投资准入前国民待遇加负面清单管理制度，实际吸收外资24.5亿美元。优化国际贸易“单一窗口”，通关效率位居全国领先水平。区域性国际贸易分拨中心落地，开通西域码头“珠港澳货栈”。外贸新业态快速发展，跨境电商零售进出口总货值同比增长4.4倍。新增5个国际友好交流城市，成功举办“21世纪海上丝绸之路”国际传播论坛等对外交流活动。

（三）举全市之力推动横琴开发建设，主动服务澳门经济适度多元发展。牢记促进澳门产业多元发展的初心，扎实做好珠澳合作开发横琴这篇文章。一是加强政策扶持。与澳门特区政府签署加快建设大湾区澳珠极点合作备忘录，谋划建设粤澳深度合作区。出台支持粤澳合作中医药科技产业园发展，鼓励澳门青年来珠创业就业政策。出台支持和服务澳门发展特色金融业若干措施，推进合格境外有限合伙人（QFLP）政策试点。《横琴国际休闲旅游岛建设方案》获国务院批复，旅游业纳入15%企业所得税优惠目录正式落地实施。单向认可港澳执业资格，港澳导游及领队、建筑领域专业人士可在横琴直接执业。二是丰富合作内涵。建成横琴新区首条国际互联网数据专用通道，开展常住横琴和一体化区域的澳门居民参加珠海基本医疗保险试点，推出跨境“信易得”公共服务平台。珠澳共同推进鸭涌河治理等方面取得明显成效，第四条对澳门供水管道工程通水，对澳门输电第三通道珠海段工程建成。新横琴口岸旅检大楼基本建成并具备通关条件，青茂口岸进入最后建设阶段，湾仔口岸具备恢复通关条件，广珠城际机场延长线横琴段正式通车。三是拓展合作空间。充分保障澳门产业发展空间，优化横琴土地管理体制机制，全面暂缓横琴非涉澳项目用地审批，横琴对澳门项目供地占比超过61%。推出超12万平方米跨境办公试点楼。在粤澳合作产业园安排约1.07平方公里土地，先行建设澳门产学研一体国际研究院。四是发展新兴产业。全年横琴新增澳企833家，累计2232家，大昌行物流中心、励骏庞都广场等项目正式开业运营。粤澳合作中医药科技产业园初具规模，科研总部大楼、研发检测大楼投入使用，累计注册企业162家（其中澳门企业61家）。粤澳跨境金融合作（珠海）示范区挂牌，中药材现货交易中心落户。澳门4所国家重点实验室在横琴设立分部。

（四）持续推动高质量发展，加快建设现代产业体系。坚持制造业立市不动摇，加快构建现代产业体系。一是全力发展壮大实体经济。贯彻落实省、市“实体经济十条”，全年完成工业投资291.68亿元，同比增长15.5%，先进制造业、装备制造业、高技术制造业增加值占规模以上工业增加值比重分别达55.5%、37%、29.6%。加快项目建设步伐，13个十亿元以上项目开工建设，16个重点项目竣工投产，新引进亿元以上先进装备制造业项目50个。龙头企业发展效益持续向好，格力电器进入世界500强，全市前200家规上工业企业有80家增长超10%。二是深入实施创新驱动发展战略。出台贯彻落实省“科技创新十二条”、科技创业孵化载体管理等政策，全市高企总数突破2100家、独角兽企业增至44家，全社会研发经费投入占GDP比重达3.16%，珠海科技创新发展指数进入全国十强。横琴先进智能计算平台落户，南方海洋科学与工程省实验室（珠海）项目进展顺利，“天琴计划”山顶观测平台交付使用。4家企业获国家科学技术进步奖和国家技术发明奖。出台“珠海英才计划”配套办法24项，新引进各类人才4.2万名，同比增长55.5%。三是加快发展现代服务业。港珠澳合作创新（珠海）基地、高新区宝龙城等一批商业综合体动工建设。金融产业增加值达369.16亿元，同比增长15.8%，金融机构各项存款余额突破9000亿元。成功举办中国国际办公设备及耗材展览会、珠海国际设计周等。深入创建国家全域旅游示范区，全年接待游客4618.21万人次，同比增长7.1%。

（五）统筹城乡区域协调发展，城市展现新面貌。主动融入广东“一核一带一区”区域发展新格局，推动交通、城市加快发展。一是加快打造区域综合交通枢纽。珠海金湾机场（简称珠海机场）改扩建工程动工，全年旅客吞吐量达1228.3万人次，同比增长9.5%。建成莲洲通用机场一期。高铁通达城市达64个，乘坐高铁和城轨出行人数达2497万人次，同比增长7.8%。珠海港完成集装箱吞吐量256万标箱，同比增长10.8%。香海大桥、洪鹤大桥、金海公路大桥建设全面提速，兴业快线进展顺利。二是着力提升城市功能品质。加快新城新区建设，横琴、保税、洪湾片区一体化区域建设全面提速，西部生态新城加快建设。新增6个市政特色公园和25个城乡社区公园，香山湖公园成为城市新名片。建成5G基站720个，入选全国首批5G商用城市。完成“三旧”改造175.66公顷，清理闲置用地309.58公顷。完成香洲渔港搬迁，洪湾渔港正式运营。三是扎实推进乡村振兴。成功创建斗门区白蕉海鲈产业园等4个现代农业园。积极培育新型农业经营主体，斗门区禾菜园家庭农场获评首批国家级家庭农场典型范例。大力发展乡村旅游业，斗门区获评中国最美休闲度假旅游名区。农村集体产权制度改革试点基本完成，自然村“三清三拆三整治”全部完成，斗门区“厕所革命”经验获评全国九大范例。

（六）切实保障和改善民生，人民群众生活水平上新台阶。坚持以人民为中心的发展思想，推动更多资源向民生重点领域关键环节覆盖倾斜。一是用心用情用功办好民生实事。全市九项民生支出435.7亿元，占一般公共预算支出的70.8%。新建改建一批公办幼儿园和中小学校，北师大珠海校区设立。荣获“全国健康城市示范市”称号，市人民医院入选广东省30家高水平重点建设医院。加强住房保障，建成公租房1140套、棚改安置房3831套。新建市政燃气管道45公里，完成约5万户老旧小区住宅户外公共燃气管道加建工作。二是建设文化强市。成功举办庆祝中华人民共和国成立70周年系列活动，圆满完成迎接澳门回归祖国20周年各项工作任务，隆重庆祝珠海建市40周年。大力弘扬社会主义核心价值观，深入开展群众文化活动，做好香山古驿道、红色遗址文化保护工作，启动市图书馆、文化馆总分馆建设。三是加快建设平安珠海法治珠海。启动46个城乡社区治理示范点建设，重点打造社区综合服务平台，促进社会组织参与基层治理。深入推进平安珠海建设，纵深开展扫黑除恶攻坚战和“飓风2019”等专项行动，严格落实安全生产责任制，全年没有发生重特大生产安全事故。

（七）着力补短板强弱项，坚决打好三大攻坚战。强化风险意识，坚持底线思维，聚焦突出问题，全力推动三大攻坚战取得新成效。一是坚决防范化解重大风险。积极稳妥应对中美经贸斗争，出台综合应对方案帮助企业渡难关。政府债务风险总体保持较低水平，互联网金融风险平稳化解。累计完成352户国有“僵尸企业”出清工作。坚持“房子是用来住的，不是用来炒的”总体定位，房地产市场保持平稳健康发展。二是强力打好污染防治攻坚战。严格落实环境保护责任，在全省污染防治攻坚战考核中获评优秀。总体空气质量位居全国168个重点城市前列，新建改建污水管网620公里，完成8家水质净化厂提标改造，前山河国考断面水质达标，建成区16条黑臭水体完成“初见成效”评估。开展重点行业企业用地土壤污染状况基础信息调查，完成农用地土壤污染状况详查。强化固体废物规范化处理，动工建设中盈环保工业废物综合处置项目。三是尽锐出战打好脱贫攻坚战。市（区）财政落实扶贫资金8.96亿元；对口帮扶云南省怒江州，三年来解决8530名群众住房问题，开展产业帮扶项目130个，转移到珠海就业6722人；对口支援四川省甘孜州稻城县，“前店后厂”消费扶贫模式成为全国先进典型；全面完成第八批援藏工作；开展阳江、茂名精准扶贫项目458个，对口帮扶阳江工业项目超额完成省下达任务。

（八）全面加强党的领导和党的建设，推动全面从严治党向纵深发展。坚持把抓好党建作为最大政绩，全面落实新时代党的建设总要求和新时代党的组织路线。一是始终把党的政治建设摆在首位。旗帜鲜明讲政治抓政治，增强“四个意识”，坚定“四个自信”，做到“两个维护”，巩固肃清李嘉、万庆良恶劣影响成果，营造风清气正良好政治生态。二是全面落实意识形态工作责任制。全方位提升新闻媒体、网络、高校、宗教等意识形态阵地管理水平，意识形态安全总体平稳可控。三是建设忠诚干净担当高素质专业化干部队伍。以机构改革为契机，选优配强领导班子。继续实施“三同计划”，选派干部到脱贫攻坚主战场锻炼。深化实施“领头雁”工程，撤换调整“四不”村（社区）党组织书记15名。四是加强基层组织建设。狠抓基层党组织标准化规范化建设，选树党建示范点20个，动态排查整顿软弱涣散村（社区）党组织26个。推动1600多个党组织和3万多名在职党员到所在社区“双报到”。五是驰而不息正风肃纪反腐。查处违反中央八项规定精神问题56起，运用“四种形态”批评教育帮助和处理党员干部1100人次，纪检监察机关立案436件，给予党纪政务处分317人。

二、2020年工作安排

2020年是全面建成小康社会和“十三五”规划收官之年，珠海既面临重大机遇，也面临严峻挑战。从全国看，世界经济增长降至国际金融危机以来的最低点，特别是美国对中国进行全方位遏制打压，插手香港修例风波，企图干扰中国发展大局，中美战略博弈呈现长期性、复杂性、艰巨性。从全省看，广东作为经济大省、外贸大省，在中美贸易摩擦中首当其冲，进出口增速放缓，工业投资持续低迷，部分指标增速低于全国平均水平。从全市看，我们还面临较大压力和不少问题：一是经济下行压力加大，不确定因素增多，部分龙头企业产值增速下滑、盈利不足，一些企业产能和订单外迁，中小企业经营困难增大。二是工业增长动能不足，石油化工、精密机械、电子信息、电力能源等传统支柱产业增长明显放缓，新兴产业发展缓慢，产业基础薄弱、产业链不健全的问题仍然突出。三是投资活力不足，港珠澳大桥建成后缺少重大项目支撑，基础设施投资增速放缓，生产要素价格持续上涨，工业投资不足还未根本扭转，民间社会投资不活跃。四是公共预算收支平衡压力越来越大，财政促进经济发展作用需要进一步巩固提升。五是民生短板较为突出，幼儿园、中小学、医院、保障房等公共服务供给不足，水、土壤、垃圾等污染治理任务比较重。六是重大改革措施谋划不足、落地较慢，珠澳合作开发横琴的体制机制亟待突破。七是干部作风不实、营商环境不优问题突出，部分干部在制定政策、服务企业上思想僵化、墨守成规、不接地气，甚至玩忽职守、吃拿卡要，严重阻碍经济发展。

面对这些问题和压力，我们将坚定信心、转变作风、抢抓机遇、迎难而上，坚持以习近平新时代中国特色社会主义思想为指导，全面贯彻党的十九大和十九届二中、三中、四中全会精神以及中央经济工作会议精神，深入贯彻落实习近平总书记对广东、珠海重要讲话和重要指示批示精神，视察澳门重要讲话精神，增强“四个意识”、坚定“四个自信”、做到“两个维护”，全面贯彻省委十二届八次、九次全会精神和省“两会”精神，紧扣全面建成小康社会目标任务，坚持稳中求进工作总基调，坚持新发展理念，坚持以供给侧结构性改革为主线，坚持以改革开放为动力，深度参与粤港澳大湾区建设和支持深圳先行示范区建设，深入落实省委“1+1+9”工作部署，以珠澳合作为总牵引，坚定推动高质量发展，坚决打好三大攻坚战，全面做好“六稳”工作，统筹推进稳增长、促改革、调结构、惠民生、防风险、保稳定，保持经济社会平稳健康发展，确保“十三五”规划圆满收官，为夺取全面建成小康社会伟大胜利，向率先基本实现社会主义现代化迈进而奋斗。重点抓好几方面工作：一是以更高站位、更高标准深化珠澳合作，全力支持澳门融入国家发展大局，牵引带动新时代珠海改革发展全局。二是积极建设广珠澳科技创新走廊，紧紧抓住科技创新这个“牛鼻子”，加快提升自主创新能力，抢占产业发展制高点。三是加快构建现代产业体系，毫不动摇坚持实体经济导向，加快构建珠海特色、国际竞争力强的优势产业集群，打造粤港澳大湾区经济新引擎。四是提升基础设施互联互通水平，建设区域综合交通枢纽，加快融入大湾区一小时交通圈。五是加快优化城市功能布局，推动形成方向清晰、功能互补、特色鲜明、相得益彰的空间结构，为城市发展提供新支撑。六是扎实做好民生幸福工程，满足人民群众对美好生活的需要。七是加快建设文化强市，不断增强文化软实力，以新珠海精神塑造新珠海人。八是营造共建共治共享社会治理格局，加快建设全省最安全稳定、最公平公正、法治环境最好的地区。九是大力推进民主法治建设，巩固团结和谐、安定有序的良好局面。十是持续深化体制机制改革创新，举办庆祝珠海经济特区建立40周年系列活动，在新的起点上推动改革再出发。十一是坚定不移加强党的领导和党的建设，为全面建成小康社会提供坚强政治保证。（市委办公室）

政府工作报告

——2020年6月9日在珠海市第九届人民代表大会第八次会议上

珠海市市长　姚奕生

各位代表：

现在，我代表珠海市人民政府，向大会报告工作，请予审议，并请政协委员和其他列席人员提出意见。

一、2019年和今年以来工作回顾

2019年，我们欢庆中华人民共和国成立70周年、珠海建市40周年、澳门回归祖国20周年，激荡起坚定自信、团结拼搏的爱国情怀，凝聚起砥砺前行、共创未来的奋进力量。我们坚持以习近平新时代中国特色社会主义思想为指导，全面贯彻党的十九大和十九届二中、三中、四中全会精神，深入学习贯彻习近平总书记对广东、珠海重要讲话和重要指示批示精神，认真落实省委、省政府、市委决策部署，振奋精神，埋头苦干，较好地完成了市九届人大七次会议确定的目标任务，十件民生实事全部完成。

（一）经济运行总体平稳

全市地区生产总值3435.89亿元，同比增长6.8%，经济总量升至全省第六位。规模以上工业增加值1133.54亿元，增长4%。固定资产投资1971.88亿元，增长6.1%。社会消费品零售总额1233.36亿元，增长6.3%。一般公共预算收入344.49亿元，增长3.9%。城镇新增就业4.09万人，城镇登记失业率2.29%。

（二）支持澳门产业多元发展成效初显

暂缓审批横琴非涉澳项目用地，鼓励澳门企业到横琴跨境办公，为澳门产业发展留足空间。横琴新增澳资企业833家、累计达2232家。横琴国际休闲旅游岛获批，粤澳跨境金融合作（珠海）示范区、中药材现货交易中心落地。港澳导游及领队、建筑领域专业主体可在横琴执业。常住横琴的澳门居民可参加珠海基本医保。

（三）改革开放有新突破

自贸区新落地57项制度创新成果。高新区排名全国第22位、上升4位。完成政府机构改革。实施高质量发展综

合绩效评价体系。“放管服”改革纵深推进，金湾区获评“中国营商环境示范区”。新增减税降费超110亿元。外贸结构不断优化，引进外资保持稳定。新引进人才4.2万名，新增常住人口13.26万人。

（四）发展动能持续增强

新登记商事主体5.59万户。新增规模以上工业企业200家。格力电器进入世界500强。高新技术企业总数达2203家，规模以上工业企业研发机构覆盖率达45%，一批重大科研平台落户，科技创新发展指数进入全国十强。金融业增加值占GDP比重首次突破10%。高层次会展活动在珠海集聚。旅游业总收入快速增长。

（五）交通网络逐步完善

港珠澳大桥口岸出入境超1600万人次。珠海机场T2航站楼动工建设。莲洲通用机场一期建成运营。高铁通达城市64个。珠机城轨一期具备通车条件。湾仔轮渡客运口岸恢复通关。建成西部生态新城首批主干路网。

（六）城市功能品质进一步提升

建成6个市政特色公园，动工建设城市阳台。升级改造50条道路。香洲渔港顺利搬迁。建成首批5G基站。为约5万户老旧小区住宅加建公共燃气管道。供电可靠性保持全国第一。城市更新加快推进。完成125个海绵城市建设项目，通过国家海绵城市现场绩效考核。西部生态新城功能加快完善，金湾区市民服务中心、公共文化中心投入使用。

（七）城乡陆岛协调发展有效推进

建成大湾区“菜篮子”生产基地18个，动工建设港珠澳现代农业示范园。自然村全部完成“三清三拆三整治”，全省农村人居环境整治现场推进会在珠海市召开，斗门区“厕所革命”经验入选全国九大范例。桂山岛、万山岛和东澳岛用电实现与全市同网同价。海岛接待游客数和旅游收入大幅增长。

（八）三大攻坚战取得关键进展

有效防范化解金融领域重大风险。全市政府债务风险总体安全可控。房地产市场运行总体平稳。空气质量继续保持全国前列。全市国考断面水质全面达标，新建改建污水管网620公里，16条黑臭水体整治“初见成效”。精准帮扶阳江、茂名的贫困户98.9%脱贫，与阳江产业共建项目超额完成省下达任务。对口云南省怒江州东西部扶贫协作成效显著。全面完成第八批援藏任务，推动四川省甘孜州稻城县、理塘县脱贫摘帽。与黑河市对口合作取得新成果。

（九）人民群众获得感持续增强

九项民生支出达436.1亿元，占一般公共预算支出的70.8%。全体居民人均可支配收入5.25万元、增长9.1%，其中，农村常住居民人均可支配收入2.91万元、增长11%。城乡低保、特困人员、户籍孤儿基本生活标准进一步提高。建成长者饭堂80家。新增公办幼儿园学位2460个、中小学学位1.62万个。获评健康城市建设示范市。香洲、斗门、高新区成功创建国家级慢性病综合防控示范区。市人民医院入列全省高水平医院重点建设单位。食品药品监管不断加强，改造提升25家农贸市场。安全生产形势总体稳定。治理地质灾害隐患点135处。扫黑除恶专项斗争和“飓风2019”专项行动深入开展。

过去一年，我们扎实开展“不忘初心、牢记使命”主题教育，持续深化“大学习、深调研、真落实”，不折不扣抓好省委巡视、审计监督、环保督察、海洋督察等反馈问题整改，持续推动“思想大解放、作风大转变、效率大提升”，推进“二次创业”加快发展。我们坚持向人大及其常委会报告工作，自觉接受人大监督和政协民主监督，提请市人大审议法规草案6部。我们统筹发展各项事业，民族、宗教、外事、侨务、人防、气象、供销、档案、流渔、地方志、政务公开、信访维稳、海防打私、国防动员、双拥共建等工作都取得新成效。

新冠肺炎疫情发生后，习近平总书记亲自指挥、亲自部署，坚持把人民生命安全和身体健康放在第一位，打响了疫情防控的人民战争、总体战、阻击战。我们深入学习贯彻习近平总书记重要讲话和重要指示批示精神，按照“坚定信心、同舟共济、科学防治、精准施策”的总要求，全市各级各部门闻令而动，党员干部冲锋在前，医务工作者白衣执甲，公安民警、社区工作者、志愿者、基干民兵日夜值守，人大代表、政协委员踊跃参与，广大市民和企业积极配合。筑牢五级网格防控体系，构建“社区三人小组”，运用大数据等技术精准防控，迅速遏制疫情蔓延势头，一个多月实现无新增境内确诊病例，两个多月实现无新增境外输入病例，三个多月实现住院病例清零。全面落实“四早”防控要求、“四集中”救治原则，在全省实现“四个率先”。一个月之内建成国内首个永久结构应急医院，一周之内成立6个区级疾控中心。建立珠澳联防联控机制，精准守住“五道防线”。紧急组建援助湖北医疗队，1538名医护人员主动请战，3批56名医护人员逆行出征。千方百计保障防疫物资和基本生活需求，有效降低疫情对市民生活的影响。奋力把“两难”变为“两全”，陆续出台实施“暖企十条”“复工复产十条”、稳增长“1+7”等政策措施，统筹推进疫情防控和经济社会发展工作取得积极成效。

去年以来经济社会发展和今年疫情防控取得的成绩，根本在于以习近平同志为核心的党中央坚强领导，在于习近平新时代中国特色社会主义思想的科学指引，是省委、省政府和市委正确领导的结果，是上级各部门和市人大常委会、市政协大力支持的结果，是全市人民共同奋斗的结果。在此，我代表市人民政府，向全市人民，向各位人大代表、政协委员，向各民主党派、各人民团体、各界人士表示崇高的敬意！向中央驻珠单位、驻珠部队、省直部门，向关心支持珠海发展的港澳台同胞、海外侨胞和国际友人表示衷心的感谢！

在肯定成绩的同时，我们清醒地看到面临的困难和问题。一是产业基础仍然比较薄弱。二是珠澳合作开发横琴这篇文章还要加快破题。三是城市功能还不完善，生态文明建设有短板。四是教育、卫生、文化、养老等优质公共服务相对不足。五是治理体系和治理能力仍需加强，应急管理等方面还有薄弱环节。六是少数干部不担当、不作为、不会为、乱作为，干事创业精气神有待提振，营商环境需要进一步优化。这些都需要我们在下一步工作中努力改进。

二、2020 年工作安排

2020年是全面建成小康社会和“十三五”规划收官之年，是珠海经济特区建立40周年。做好今年政府工作的总体要求是：坚持以习近平新时代中国特色社会主义思想为指导，全面贯彻党的十九大和十九届二中、三中、四中全会以及全国“两会”精神，坚决贯彻党的基本理论、基本路线、基本方略，增强“四个意识”、坚定“四个自信”、做到“两个维护”，深入贯彻落实习近平总书记对广东、珠海重要讲话和重要指示批示精神，认真贯彻落实省委十二届八次、九次全会和市委八届七次、八次全会精神，紧扣全面建成小康社会目标任务，聚焦省委“1+1+9”工作部署、“一核一带一区”战略布局和市委“四大任务”，坚持稳中求进工作总基调，坚持新发展理念，坚持以供给侧结构性改革为主线，坚持以改革开放为动力推动高质量发展，坚决打好三大攻坚战，扎实做好“六稳”工作，全面落实“六保”任务，坚定实施扩大内需战略，奋力夺取疫情防控和经济社会发展“双胜利”，确保全面建成小康社会和“十三五”规划圆满收官。

受新冠疫情影响，今年珠海市经济下行压力加大，但危中有机，一批百亿级产业项目争相落地，工业投资、实际吸收外资正增长，城镇登记失业率与去年持平，近期全社会用电量已超去年同期。下一阶段我们要绷紧疫情防控这根弦，坚决守牢“外防输入、内防反弹”的底线。要在危机中育新机、于变局中开新局，把握“双区驱动”机遇，在“稳”和“保”的基础上积极进取，在高质量发展中抢占先机、赢得主动。要实施积极有为的财政政策，把有限的财力用在刀刃上，着重向稳增长、保民生等重点领域倾斜。要助力市场主体纾困发展，强化阶段性政策，与制度性安排相结合，重点帮扶好受疫情影响的中小微企业和困难群体。要牢固树立以人民为中心的发展思想，用心用情用力办好民生实事，一件一件抓落实，努力让群众看到变化、得到实惠。

综合研判形势，我们对新冠疫情前考虑的预期目标作了适当调整。今年要优先促发展稳就业保民生，坚决打赢三大攻坚战，高质量全面建成小康社会；城镇新增就业3万人，城镇登记失业率控制在3%以内；居民消费价格涨幅3.5%左右；固定资产投资增长15%；进出口促稳提质；居民人均可支配收入增长与经济增长基本同步；主要污染物排放量继续下降，努力完成“十三五”规划目标任务。

重点抓好以下工作：

（一）积极扩大有效需求，稳住经济基本盘

发挥投资关键作用。实行重点项目挂图作战，推动项目建设扩容提速，安排年度重点项目477个、计划投资1661亿元，力促71个项目建成投产、175个项目开工建设。加快建设洪鹤大桥、香海大桥、金海大桥，确保洪鹤大桥航展前通车。加快建设金琴快线、兴业快线、机场北快线，确保金琴快线今年通车。开通板樟山新增隧道，动工建设珠海隧道。推进排水、供水、燃气管道等设施更新建设。加快风电场、电网、粮库等项目建设，推动直湾岛LNG接收站前期工作。积极布局新基建，建设5G基站6000座，新建充电桩700座。

多举措促进消费。实施专项扶持政策，支持复工复产复市。开展促消费活动，提振餐饮、旅游、汽车、家电等领域消费。壮大疫情中催生的新型消费、升级消费，扩大健康类消费。鼓励消费载体提质升级，加快发展社区连锁便利店，支持特色商业街区升级改造，打造若干个特色夜间经济区。提升口岸环境品质，运用好免税政策，扩大优质跨境产品消费规模。

着力稳外贸稳外资。完善促进外贸发展的政策措施，加大对本地生产型外贸企业支持力度。用好出口退税、出口信保等工具，帮助外贸企业减少疫情损失。鼓励加工贸易企业开展技改。加快建设外贸转型升级基地。推进珠海跨境电商综试区建设。发挥港珠澳大桥作用，加快建设区域性国际贸易分拨中心。争取高栏港综合保税区封关验收，推进斗门B型保税物流中心申报。抓好外资大项目落地，推动摩天宇第二厂区、飞利浦新工业园等项目加快建设。

（二）做好珠澳合作开发横琴这篇文章，为澳门长远发展开辟广阔空间、注入新动力

强化政策创新。加快推进粤澳深度合作，推动构建粤澳双方共商共建共管的新机制。优化横琴“分线管理”。修编横琴总体发展规划，为澳门拓展生产、生活、生态空间。推动横琴、保税区、洪湾片区一体化区域加快发展。

促进产业协同发展。支持澳门产业多元发展，不是对澳门现有产业的简单复制和扩容，而是提升产业能级、发展新兴产业、聚焦做实业。要依托粤澳合作产业园、粤澳合作中医药科技产业园和澳门四所国家重点实验室横琴分部等平台，加快引进一批澳资企业和项目。做大做强中药材现货交易中心。加快建设粤澳跨境金融合作（珠海）示范区。高水平建设横琴国际休闲旅游岛。推进与澳门联办高品质消费博览会。

加强民生合作。进一步完善澳门居民在横琴就业、创业、居住的政策。打造粤澳青年创新创业基地。加快建设“澳门新街坊”，推动澳门教育、医疗、社保等民生配套延伸到横琴。争取扩大澳门单牌车入出横琴覆盖面。建设珠澳和谐劳动关系示范平台。积极为在横琴工作和生活的澳门居民提供优质公共法律服务。确保平岗—广昌原水供应保障工程、广南梅供水管道工程年内具备通水条件。完成鸭涌河整治。

（三）激发市场主体活力，增强发展新动能

持续优化营商环境。在常态化疫情防控下，调整措施、简化手续，推进更多服务事项一窗办、一网通办、跨境办、秒批办、免证办。落实挂点联系服务企业制度，完善政企常态化沟通机制。坚决把减税降费政策落实到企业，预计全年为企业减负超100亿元。延续国有房产减免租金措施，鼓励各类业主减免或缓收房租。完善多元化普惠金融机制，运用多层次资本市场为中小微企业提供直接融资。深化市属国企市场化改革，完善支持民营经济改革发展的机制。

大力发展先进制造业和新兴产业。出台专项政策，加快培育以集成电路、生物医药、新材料、新能源、高端打印设备为重点的五个千亿级产业集群。推动重点工业项目加快建设。支持格力电器做强做优做大，推进格力电器横琴总部

大楼、高栏港产业园和1万套人才住房建设。实施“小升规”奖励，新增120家规模以上工业企业，推动300家规模以上工业企业开展技改。实施新型产业用地管理政策。高水平规划建设产业园区，完善提升富山、南屏、三灶、新青等园区配套设施，加快推进高栏港中国绿色新材料（珠海）产业园、斗门智能制造产业园、香洲科创中心、三溪科创小镇建设。推动建设珠江口西岸高端产业集聚发展区，谋划建设深珠合作示范区。

积极发展现代服务业。加快建设粤港澳物流园，打造区域性国际物流枢纽。推进长隆海洋度假区二期、宋城演艺度假区、凤凰谷生态旅游区等项目建设，加快构建与全域旅游发展相匹配的公共服务体系。加快打造十字门、吉大城市之心、九洲港和富华里商圈。推进香山迎宾馆建设。改造提升香洲旧渔港。办好第十三届中国国际航空航天博览会、博鳌亚洲论坛全球经济发展与安全论坛首届大会等会展活动。

（四）深度参与粤港澳大湾区建设，推动构建区域发展新格局

加快基础设施互联互通。设立专门工作机构，加快推进广中珠澳高铁、广江珠澳高铁、广州地铁十八号线延伸至珠海项目前期工作。携手深圳推进伶仃洋通道规划。加快建设黄茅海跨海通道。推进与中山东外环高速、西环高速南延线的路网衔接。做好珠海机场总规修编，加快建设T2航站楼、综合交通枢纽、空港国际智慧物流园，继续推进国际口岸开放。加快建设莲洲通用机场二期。完善高栏港多式联运物流体系。谋划建设粤港澳大湾区超级枢纽港。推动新横琴口岸通关，推进青茂口岸建设，重建九洲港口岸。

积极参与“两点两廊”建设。激发全社会创新活力。实施高新技术企业树标提质行动，遴选高企百强企业。继续培育引进一批高成长创新型企业。推动南方海洋科学与工程广东省实验室（珠海）、横琴先进智能计算平台加快建设。承接广深港澳创新资源外溢，特别是做好和深圳产业对接，支持科技成果到珠海转化。鼓励在珠高校创新发展，支持开设集成电路、生物医药、新材料、新能源等专业学科。健全政府投资引导基金体系，引导私募基金加大对珠海市产业投入。推进国家知识产权保护中心建设。进一步落实“珠海英才计划”。

不断提升城市功能品质。高水平编制国土空间总体规划，优化城市空间和功能布局。完成香山湖公园、金湖公园、城市阳台一期建设，改造提升海天公园，加快建设横琴湿地公园、黄杨河湿地公园二期。启动文化艺术中心选址、设计工作。继续推进情侣路“一带九湾”改造提升。持续开展城市更新，抓好香洲北工业区、香洲科技工业园、唐家第一工业区、银坑片区改造，推动一批旧城镇和旧村改造，新增“三旧”改造167公顷、完成133公顷。积极处置盘活主城区“烂尾楼”。加快西部生态新城建设，提升产城融合水平。

统筹推进乡村“五个振兴”。围绕“米袋子”“菜篮子”“果盘子”，加快建设港珠澳现代农业示范园和四大现代农业产业园，推进建设洪湾渔港水产品加工展示展销产业园，支持建设现代化生猪养殖场，打造大湾区优质农产品供应中心。实施乡村“四变”工程，推进岭南大地田园综合体等项目建设，打造大湾区乡村旅游目的地。推进海岛保护开发利用，加快海岛渔村更新改造，实施海岛水利、电网升级等工程，进一步提升海岛公共服务保障和防灾减灾能力。支持发展壮大农村集体经济。推进“千村示范、万村整治”工程，开展“五美”专项行动。整治近海水域乱象，完成非法渔业设施清理整治任务。

（五）打好打赢三大攻坚战，夯实高质量发展基础

坚决打赢脱贫攻坚战。保持决战决胜姿态，做好对口怒江东西部扶贫协作，推进对口支援林芝市米林县和米林农场、甘孜州理塘县和稻城县、重庆市巫山县三峡库区工作，深化对口阳江、茂名精准扶贫和帮扶阳江产业共建。落实“四不摘”要求，稳定现行帮扶政策、力量和资源。巩固提升帮扶成果，推动脱贫攻坚与乡村振兴的有效衔接，加快建设市外“菜篮子”基地，做大做强甘孜州文化体验园、星园扶贫市场等平台，支持贫困群众到珠海务工。深化拓展与黑河市对口合作。

持续巩固提升生态优势。进一步提升空气质量。坚持系统治理、流域治理，全面消除建成区黑臭水体。加快实施前山河流域综合治理项目，重建前山河石角咀水闸，推进广昌水闸改扩建。新建污水管网180公里、维修整治120公里，改扩建4座水质净化厂，建成2座工业污水处理厂。高质量规划建设碧道。加强饮用水源保护。严格建设用地准入管理，完成重点行业企业地块土壤污染状况调查。加快推进工业固废处置补短板项目建设，建成中盈环保工业废物综合处置项目一期。加强生活垃圾分类的投入、管理和宣传，加快推进中信环保产业园餐厨垃圾处理一期工程，建设4个垃圾分类先行示范区和2个示范镇街。

全力防范化解重大风险。积极应对“疫后综合症”。严格实施政府债务限额管理，稳妥化解隐性债务存量，落实政府债务管理情况向人大报告制度。严厉打击非法集资，深化涉互联网金融领域整治，推动P2P网贷机构转型发展。继续推进国有“僵尸企业”出清重组，盘活存量、闲置土地。着力稳地价、稳房价、稳预期，促进房地产市场平稳健康发展。

（六）围绕保障和改善民生，推动社会事业改革发展

加强就业和社会保障工作。全面强化就业优先政策，继续实施“促进就业十条”。加大创业担保贷款和贴息工作力度，加强重点群体的就业支持。实施“广东技工”“粤菜师傅”“南粤家政”三大工程。推动以训稳岗拓岗，技能提升培训7.2万人。扩大失业保险保障范围，保障失业人员基本生活。进一步提高城乡居民基础养老金、医保财政补助、重度残疾人护理补贴，强化困难群众的兜底保障。推进居家和社区养老服务改革国家试点，加快建立长期照护服务体系。筹集各类保障性住房和人才住房1.2万套。

扩大优质公共服务供给。保护利用好反映中国革命史、改革开放史和珠海历史的文物建筑，加强对唐家湾和斗门镇等历史文化名镇的保护、开发。改扩建古元美术馆。改造提升市体育中心，建设全民健身综合训练馆。加强城镇小区配套幼儿园治理，实施学前教育“5080”攻坚行动。加快建设

一批中小学校。推进职业教育公共实训基地建设。加快推进城市医疗联合体建设国家试点。支持打造高水平医院。启用市妇幼保健院南院区，加快推进市人民医院北二区科研综合楼、市慢性病防治中心、西部医疗中心等项目，新增公立医院床位1480张。

扎实做好十件民生实事。一是增加优质公共学位。新建和改扩建10所中小学，新增学位1.19万个；建成幼儿园20所，新增学位7380个。其中西部地区建成中小学、幼儿园15所，新增学位1.17万个。二是提升基层医疗卫生服务水平。强化分级诊疗工作，建成10个健康社区示范点。完成疫苗冷链配送系统和预防接种标准化建设。三是建成一批公共停车场。支持社会资本参与，在重点区域统筹整合、改造升级、建设智能立体停车场，新增各类停车位5000个以上。四是提升公交服务水平。新投放纯电动公交车200台。持续优化公交线网，加密主干道班次，结合实际优化夜间服务时间。增开定制专线和微循环公交线路。五是改造提升城乡道路。完成第六批24条道路改造提升。对城市下穿隧道和地下通道环境进行全面整治。新建人行立体过街设施15座。加快建设“四好农村路”，提档升级90公里、“白改黑”48公里。六是完善居家社区养老服务体系。建成24个镇（街）居家社区养老综合服务中心、配建不少于230个村（社区）居家养老设施，覆盖100%城市社区、90%农村社区。持续推进“长者饭堂”建设。七是开展老旧小区整治提升。启动10个老旧小区综合整治试点，改善小区环境、完善市政配套、加强物业管理，引导支持多层住宅加装电梯。推动平沙农场砖瓦房改造。八是持续推进农村人居环境改善和基础设施建设。新建改建乡村公厕90座。加强农村污水治理。优化提升海岛公共服务设施，打造东澳岛观光步行系统。九是实现学校食堂“互联网+明厨亮灶”建设全覆盖。十是市博物馆与规划馆投入使用。

（七）加强和创新社会治理，营造共建共治共享社会治理格局

加强公共卫生体系建设。推动完善公共卫生领域立法。强化以市、区疾控中心为主干的疾病预防控制工作网络，提升基层防控能力。建立智慧化预警多点触发机制，提升疫情监测预警和应急响应能力。建立健全分级分层分流的救治机制，用好中大五院凤凰山病区，推动医防结合。配备一批专业救治设备和防控物资。强化公共卫生队伍建设。广泛开展爱国卫生运动。

深入推进平安珠海建设。深化扫黑除恶专项斗争，依法打击各类犯罪。建设100个智感安防区示范点，改造升级视频云平台。深化城乡社区警务改革，建设50个标杆警务室，推进全国禁毒示范市创建，研究推动公安机关警务辅助人员管理改革。出台公共卫生、公共安全、安全生产、自然灾害四类突发事件分级应对管控措施。建设市应急指挥中心。落实食品安全“四个最严”要求，强化溯源管理。深入开展安全生产专项整治，坚决防范遏制重特大事故。推进消防安全“三个十万”工程，建设消防综合培训基地。推进海堤河堤加固提升，继续整治地质灾害隐患点，加快城乡内涝整治。

创新社会治理体制机制。大力推进市域社会治理现代化，强化区级社会管理和公共服务职能，推动镇街把工作重心转移到加强公共管理、公共服务、公共安全上来，健全社区管理和服务机制。建成46个城乡社区治理示范点。健全出租屋长效管理制度机制，推动出租屋服务管理立法。发挥群团组织桥梁纽带作用、社会组织协同作用和人民群众主体作用，促进社会组织、志愿服务、慈善事业等健康发展。保障妇女、儿童、老人、残疾人合法权益。健全退役军人服务保障体系，优化双拥工作和军民共建机制，争创全国双拥模范城“九连冠”。做好第七次全国人口普查工作。坚持依法治理，加强全民普法和公共法律服务，推进信访工作改革创新，完善社会矛盾纠纷多元调处化解机制。深化全国文明城市创建，确保顺利通过复查测评。

（八）加强政府自身建设，打造人民满意的服务型政府

把政治建设摆在首位。始终坚定正确政治方向，增强“四个意识”、坚定“四个自信”、做到“两个维护”，自觉在思想上政治上行动上同以习近平同志为核心的党中央保持高度一致，把党的领导贯彻到政府履职全过程。巩固拓展主题教育成果，始终坚定理想信念、践行根本宗旨。严格落实全面从严治党主体责任，严明政治纪律和政治规矩，营造风清气正的政治生态。

坚持依法履职。扎实开展法治政府示范创建，深化行政执法、行政复议体制改革，推动政府工作全面纳入法治轨道。依法接受人大及其常委会的监督，自觉接受人民政协的民主监督，主动接受监察监督、司法监督和社会各界舆论监督。加快建设“阳光政府”，深化政务公开。加强廉洁政府建设，发挥审计监督、统计监督职能作用，加大对公共资金使用、公共资源交易等领域的监督力度，做好审计反馈问题整改，坚决惩治腐败。

提升政府治理能力。进一步优化市区权责划分，既加强市级宏观统筹能力，又充分调动各区的积极性。深入推进“数字政府”改革建设，促进数据共享共用、业务系统互联互通。驰而不息纠正“四风”，力戒形式主义、官僚主义。深入开展“两个专项整治”，提升干部作风、优化营商环境。坚持厉行节约，进一步压缩非急需非刚性支出。高质量编制“十四五”规划。坚持胸怀大局、为民务实，按照增强“八种本领”的要求，打造忠诚干净担当的高素质干部队伍。推动民族、宗教、外事、侨务、人防、气象、供销、档案、流渔、地方志等各项工作全面进步。

各位代表！砥砺前行40年，不忘初心再出发。让我们更加紧密地团结在以习近平同志为核心的党中央周围，高举习近平新时代中国特色社会主义思想伟大旗帜，闻鸡起舞、日夜兼程、风雨无阻，奋力完成全年经济社会发展目标任务，加快打造粤港澳大湾区重要门户枢纽、珠江口西岸核心城市和沿海经济带高质量发展典范，以优异成绩庆祝珠海经济特区建立40周年。

（市政府办公室）

链 接：

名词解释和有关情况说明

1. “放管服”：是指简政放权、放管结合、优化服务。“放”即简政放权，降低准入门槛。“管”即创新监管，促进公平竞争。“服”即高效服务，营造便利环境。

2. 6个市政特色公园：是指香山湖公园一期、横琴新区天沁园、天沐河防洪及景观工程、东澳岛海韵公园、珠海大道1号主排河绿地公园、白藤山生态修复湿地公园。

3. 海绵城市：是指城市能够像海绵一样，在适应环境变化和应对自然灾害等方面具有良好的“弹性”，下雨时吸水、蓄水、渗水、净水，需要时将蓄存的水释放并加以利用。

4. “三清三拆三整治”：“三清”是指清理村巷道及生产工具、建筑材料乱堆乱放，清理房前屋后和村巷道杂草杂物、积存垃圾，清理沟渠池塘溪河淤泥、漂浮物和障碍物；“三拆”是指拆除危房、废弃猪牛栏及露天厕所茅房，拆除乱搭乱建、违章建筑，拆除非法违规商业广告、招牌等；“三整治”是指整治垃圾乱扔乱放，整治污水乱排乱倒，整治“三线”（电力线、电视线、通信线）乱搭乱接。

5. “厕所革命”：是指对发展中国家的厕所进行改造的一项举措。

6. 三大攻坚战：是指防范化解重大风险、精准脱贫、污染防治攻坚战。

7. “飓风2019”专项行动：是指广东省公安机关开展的专项行动，重点打击整治涉枪爆、涉毒、涉电诈、涉盗抢骗、涉黄赌等突出违法犯罪。

8. 五级网格防控体系：是指市、区、镇（街）、村（社区）、网格组成的五级网格防控体系。

9. “社区三人小组”：是指由公安民警、卫健系统工作人员、社区网格员组成的三人排查小组。

10. “四早”：是指早发现、早隔离、早报告、早治疗。

11. “四集中”：是指集中患者、集中专家、集中资源、集中救治。

12. “四个率先”：是指率先报告本地感染病例；率先成功治愈全省首例危重症患者和年龄最小患者；率先发现患者粪便核酸检测阳性并设置过渡病房；率先开展氯喹疗效观察研究。

13. “五道防线”：是指口岸检疫、医学观察、社区排查、发热门诊、医院救治。

14. “两难”“两全”：是指疫情防控和经济社会发展之间的关系。

15. “暖企十条”：是指《珠海市关于应对新型冠状病毒感染的肺炎疫情支持中小企业共渡难关的十条政策意见》，包括劳动用工补贴，对符合条件的科技攻关项目和进出口业务提供支持，减免租金、税费和贷款贴息补贴等政策。

16. “复工复产十条”：是指《珠海市应对新型冠状病毒肺炎疫情支持企业复工复产的若干措施》，包括服务好抗击疫情重点企业、做好复工复产前置工作、加大援企稳岗力度、降低企业用电成本、缓解企业资金压力等10项政策措施。

17. 稳增长“1+7”：是指市政府在印发《关于有效降低疫情影响促进经济平稳运行的实施意见》的基础上，制定出台《珠海市进一步促进投资增长的若干措施》《珠海市关于应对疫情加快提升制造业竞争力政策措施》《珠海市支持企业复工用工稳岗若干措施》《珠海市财政局关于印发支持企业员工到岗专项政策措施的通知》《珠海市关于金融支持复工复产促进经济平稳发展若干措施》《珠海市关于进一步优化供给促进消费增长的若干措施》《珠海市应对疫情加强招商引资促进项目动工投产若干措施》等7个配套文件。

18. “1+1+9”：是指省委十二届四次全会提出的工作部署，其中第一个“1”是指以推进党的建设新的伟大工程为政治保证，第二个“1”是指以全面深化改革开放为发展主动力，“9”是指9个方面重点工作：一是以粤港澳大湾区建设为重点，加快形成全面开放新格局；二是以深入实施创新驱动发展战略为重点，加快建设科技创新强省；三是以提高发展质量和效益为重点，加快构建推动经济高质量发展的体制机制；四是以构建现代产业体系为重点，加快建设现代化经济体系；五是以大力实施乡村振兴战略为重点，加快改变广东农村落后面貌；六是以构建“一核一带一区”区域发展新格局为重点，加快推动区域协调发展；七是以深入推进精神文明建设为重点，加快建设文化强省；八是以把广东建设成为全国最安全稳定、最公平公正、法治环境最好的地区之一为重点，加快营造共建共治共享的社会治理格局；九是以打好三大攻坚战为重点，加快补齐全面建成小康社会、跨越高质量发展重大关口的短板。

19. “一核一带一区”：是指加快构建由珠三角核心区、沿海经济带、北部生态发展区构成的区域发展新格局。

20. “四大任务”：是指深化改革开放、提升城市能级量级、推动高质量发展、促进澳门经济适度多元发展。

21. “六稳”：是指稳就业、稳金融、稳外贸、稳外资、稳投资、稳预期。

22. “六保”：是指保居民就业、保基本民生、保市场主体、保粮食能源安全、保产业链供应链稳定、保基层运转。

23. “双区驱动”：是指粤港澳大湾区和深圳建设中国特色社会主义先行示范区。

24. “分线管理”：是指将横琴与澳门之间的口岸设定为“一线”管理，横琴与内地之间设定为“二线”管理。

25. “小升规”：是指小微企业规范升级为规模以上企业。

26. 三溪：是指由南溪、沥溪、福溪三村所组成区域。

27. “两点两廊”：“两点”是指深圳河套地区和珠海横琴，“两廊”是指广深港、广珠澳科技创新走廊。

28. “五个振兴”：是指产业振兴、人才振兴、文化振兴、生态振兴、组织振兴。

29. 四大现代农业产业园：是指斗门区白蕉海鲈现代农业产业园、斗门区休闲现代农业产业园、金湾区黄鳍鲷现代农业产业园、高栏港经济区特色水果园艺作物现代农业产业园。

30. 乡村“四变”工程：是指产区变景区、田园变公园、劳作变体验、农房变客房。

31. “五美”专项行动：是指推进“美丽家园”“美丽田园”“美丽河湖”“美丽园区”“美丽廊道”五大行动。

32. “四不摘”：是指摘帽不摘责任、摘帽不摘帮扶、摘帽不摘政策、摘帽不摘监管。

33. P2P 网贷机构：是指依法设立，专门从事网络借贷信息中介业务活动的金融信息中介公司。

34. “僵尸企业”：是指已停产、半停产、连年亏损、资不抵债，主要靠政府补贴和银行续贷维持经营的企业。

35. “广东技工”：是指广东省依托技能人才培养优势、产业基础雄厚优势，全面推进实施技能人才培养系列工程，加快建设一支知识型、技能型、创新型广东技工大军。

36. “粤菜师傅”：是指为助力实施乡村振兴战略，采取职业培训与学制教育相结合模式，大规模开展粤菜师傅职业技能教育培训，提升粤菜烹饪技能人才培养能力和质量。

37. “南粤家政”：是指围绕“一老一小”对家政服务迫切需求，以母婴服务、居家服务、养老服务、医疗护理服务等领域为重点，推动家政服务业提质扩容而提出的一项民生工程。

38. 学前教育“5080”攻坚行动：是指根据《广东省教育厅关于实施学前教育“5080”攻坚行动切实落实2020年省民生实事任务的通知》，到2020年12月底，全省公办幼儿园在园幼儿占比达50%，公办园和普惠性民办幼儿园在园幼儿占比达80%以上；根据《珠海市实施学前教育“5080”攻坚行动工作方案》，到2020年12月底，全市公办幼儿园在园幼儿占比达50%，公办幼儿园和普惠性民办幼儿园在园幼儿占比达85%以上。

39. “四好农村路”：是指农村公路建好、管好、护好、运营好，逐步消除制约农村发展的交通瓶颈。

40. “白改黑”：是指把水泥混凝土路面（灰白色）改建为沥青混凝土路面（黑色），达到环保、防尘、降噪和增添行车舒适性的效果。

41. 食品安全“四个最严”要求：是指最严谨的标准、最严格的监管、最严厉的处罚、最严肃的问责。

42. 消防安全“三个十万”工程：是指为10万户中低收入家庭配发简易消防应急包，培训10万名专兼职义务消防员，为每个公立幼儿园、公立养老院投入10万元补齐消防安全短板。

43. “数字政府”：是指在现代计算机、网络通信等技术支撑下，政府机构日常办公、信息收集与发布、公共管理等事务在数字化、网络化的环境下进行的行政管理形式。

44. “四风”：是指形式主义、官僚主义、享乐主义和奢靡之风。

45. “两个专项整治”：是指深化机关干部作风建设专项整治和营商环境突出问题专项整治。

46. “八种本领”：是指学习本领、政治领导本领、改革创新本领、科学发展本领、依法执政本领、群众工作本领、狠抓落实本领、驾驭风险本领。

（市政府办公室）

·责任编辑：潘杜鹃·

“不忘初心、牢记使命”主题教育扎实推进

2019年，珠海市委按照中央和省委关于开展“不忘初心、牢记使命”主题教育的部署要求，聚焦主题主线，落实“守初心、担使命，找差距、抓落实”的总要求，把学习教育、调查研究、检视问题、整改落实4项重点举措贯穿全过程，将主题教育与落实中央、省委决策部署和推进中心工作紧密结合，持续深入开展“大学习、深调研、真落实”，推动珠海经济特区“二次创业”加快发展。

（一）以上率下高标准整体推进

市委把主题教育作为重大政治任务抓紧抓实，召开7次市委常委会会议、4次领导小组会议，部署推动主题教育。市委书记郭永航带头深入农村、社区、企业、高校等基层一线调研10余次。市委常委以身作则，加强对分管部门和分管领域的督促指导，推动各项任务落地落实。坚持把市委领导班子的做法形成标准，逐级传达下发，各级按照市委标准、紧跟市委节奏、压茬有序推进，确保主题教育高标准高质量开展。省委主题教育办和省委第二巡回指导组充分肯定珠海市主题教育做法和成效，全市99.37%的干部群众给予主题教育“好”的评价。

（二）不等不靠先动起来

7月，市委印发主题教育前期工作方案，提出聚集重点内容学习、找准本系统本单位本人主要问题、集中时间集中力量进行集中整改等系列要求，为主题教育预热升温。全市各级重点围绕习近平总书记10年4次视察珠海重要指示精神，开展2轮以上集中学习，党员干部逐一进行专题发言。对“大学习、深调研、真落实”中发现的问题、“思想大解放、作风大转变、效率大提升”查摆的问题、省委第九巡视组巡视反馈的问题以及审计、信访等渠道反映的问题进行梳理，用2个月时间集中整改。8月中旬，各级全部成立主题教育领导小组及其办公室，加强对前期工作的组织领导和主题教育筹备工作，为主题教育扎实开展打下坚实基础。

（三）紧扣珠海职责使命谋划推动

围绕习近平总书记对珠海的谆谆嘱托、党中央赋予珠海的重大使命责任、省委对珠海提出的明确要求谋划推动主

2019年11月4日，珠海市“不忘初心、牢记使命”主题教育先进事迹报告会在珠海广播电视台演播大厅举行，7名优秀党员讲述各自先进事迹（李建東 摄）

题教育。学习教育重点突出习近平总书记对广东重要讲话和重要指示批示精神、对珠海工作重要指示精神，统一思想认识、凝聚发展力量。调研检视聚焦应对中美经贸摩擦、推进粤港澳大湾区建设、服务澳门经济适度多元发展等重大任务，谋划提出系列重要改革举措。整改落实围绕全面深化改革开放、提升城市能级量级、推进珠澳合作等中心工作查找差距不足、补齐工作短板，推动中心工作与主题教育同频共振、相互促进。

（四）从一开始就改起来

第一批主题教育期间，珠海市召开市委常委会会议研究部署专项整治工作，全市动员部署会后印发专项整治方案，逐项细化专项整治措施，小切口、项目化推动各级先改起来。8月中旬，市委把巡视整改和主题教育结合起来，对照省委第九巡视组巡视反馈的24个问题，细化出56项具体整改措施，深挖根源、全面整改。第二批主题教育开始前，市委成立工作专班，集中走访督查督办、信访、市民热线服务中心等部门，梳理确定公办幼儿园学位不足、看病等候时间长等9方面群众普遍关注的突出问题，从一开始就聚焦群众关切的问题改起来，示范推动全市集中治理392个群众急难愁盼的问题，切实让群众感受到主题教育带来的新变化新成效。

（五）分领域抓实抓细基层党支部

重点解决机关党员干部存在的“倒数第二公里”问题，印发做实机关党支部主题教育工作方案，细化学习教育和检视整改要求，每个党支部开展3个半天以上集中学习研讨，每名党员作2次以上发言，聚焦思想、作风和效率问题，一人一台账对照检视，逐一开展“过筛子”筛查。在落实主题教育全覆盖要求上兜住底，印发农村、社区、国企、学校、医院、“两新”组织（新经济组织和新社会组织）6个领域党组织主题教育分类指导方案，细化基层党支部主题教育“五个一”规定动作要求，把主题教育与基层党组织建设结合起来，深化拓展基层党建三年行动计划实施方案，集中解决基层党组织建设突出问题，提升各领域党组织组织力。（刘金觉）

珠澳合作20年

推动澳珠深度合作　开拓发展新空间

珠海和澳门一衣带水、唇齿相依，地缘相近、人缘相亲。珠海经济特区因澳门而生，横琴新区因澳门而兴，自设立以来就担负着服务“一国两制”伟大实践和支持澳门融入国家发展大局的使命。

多年来，珠海全面贯彻落实中央和省委决策部署，坚持“一国”之本，善用“两制”之利，以促进澳门经济适度多元发展为政治使命，加快推动珠澳合作，加强珠澳协同发展，在推动规则衔接、促进产业协同、扩宽发展空间等方面贡献珠海力量，体现特区担当。

20年来，珠澳合作硕果累累。回首过往，珠澳跨境工业区启用、珠澳合作专责小组成立、横琴新区挂牌成立、粤澳合作中医药科技产业园动工、横琴·澳门青年创业谷运营……一连串惠澳利澳的创新实践，推动珠澳合作迈向更宽领域更深层次更高水平。

2000年3月，莲花大桥开通使用

2000年3月28日，第二条连接澳门和内地的陆路通道——莲花大桥启用。莲花大桥跨越十字门水道，全长1756米、宽30米，双向六车道，总造价2亿元。大桥犹如一枝长长的莲花叶茎，连接澳门路氹填海区与珠海横琴。

莲花大桥在珠海桥头设计有交通规则互换的换向匝道桥，被称为是“一国两制”的物理展示。莲花大桥项目是中国“一国两制”第一桥，它不仅是一个边界口岸，而且是对外经济发展的大通道，能进一步密切澳门和内地联系，促进澳门回归后的长期繁荣稳定。

2006年，珠澳跨境工业区启用

经过3年的建设，2006年12月8日，跨越两种社会制度的全国首个跨境工业园——珠澳跨境工业区启用。

珠澳跨境工业区设在珠海拱北茂盛围与澳门西北区的青洲之间，分为珠海、澳门两个园区，总面积40万平方米，两园区之间通过兴建桥梁开设专用口岸通道连接，该口岸为24小时开放客货公路专用口岸。

截至2019年底，珠澳跨境工业区珠海园区主要包含仓储物流、为澳门中小企业提供办公空间、跨境电商三种产业业态，累计注册澳资企业超300家，约占园区企业总数50%，投资总额近20亿元。

2008年12月，珠澳合作专责小组成立

2008年12月4日，珠澳两地政府在2008年粤澳联席会议上签署《关于成立珠澳合作专责小组的备忘录》，珠澳合作专责小组成立。至此，珠澳官方联络机制建立。珠澳合作专责小组每年召开一次会议，总结合作成果，探讨合作内容，推动合作项目。

2013年9月，珠澳合作专责小组更名为珠澳合作会议。

至2019年，下设金融合作、横琴园区合作、城市规划与跨境交通、口岸通关、环境保护、贸易和投资合作、旅游合作、文化合作等8个工作小组，分别负责推动各领域合作及日常工作联系。

2009年12月，横琴新区挂牌成立

2009年12月16日，继上海浦东新区、天津滨海新区之后，第三个国家级新区——横琴新区挂牌成立。10年间，横琴推进经济社会事业全面发展，从“蕉林绿野、农庄寥落”的边陲海岛，成长为粤港澳大湾区的“掌上明珠”。

建设横琴新区的初心就是为澳门产业多元发展创造条件。10年来，横琴搭建坚实平台，创造有利条件，在加强政策扶持、丰富合作内涵、拓展合作空间、发展新兴产业等方面不遗余力，促进澳门经济发展更具活力。

2019年，横琴新增注册澳资企业833家，在横琴注册的澳门企业总数2232家，澳资企业在横琴的投资总额累计138.89亿美元。

2011年3月，建设粤澳合作产业园

2011年澳门特区政府和广东省人民政府共同签署《粤澳合作框架协议》，协议明确在横琴划定5平方千米的土地与澳门共同建设粤澳合作产业园。截至2019年底，粤澳合作产业园有28个项目签约，累计使用土地面积2.43平方千米。

对于剩余的2.57平方千米，从2018年开始启用由澳门特区政府主导的联合评审新机制。截至2019年12月20日，澳门方面报名的项目超过70个，联合路演4次，项目还在陆续接受申报。

2011年4月，粤澳合作中医药科技产业园动工

2011年4月21日，粤澳合作中医药科技产业园在横琴新区启动，标志着全国首个粤澳合作产业园项目动工，这既是粤澳紧密合作的又一全新模式，也是“一国两制”在珠海的生动体现。

该产业园是《粤澳合作框架协议》下首个落地项目。随着园区平台的不断完善、产业氛围的日渐浓厚及各项优惠政策的逐步推进，截至2019年12月，该产业园累计注册企业162家，其中澳门企业40家。园区还引进英国天祥集团、广药集团、丽珠圣美等一批知名企业入驻。

2011年，琴韵变电站投入运营

琴韵变电站是一座220千伏电压等级的3C绿色变电站，是南方电网对澳门供电网络中的三大枢纽变电站之一。该变电站采取国际领先的智能运行控制技术，所有设备均安装在线监测装置，可实现“不停电检修”。

2018年，珠海对澳门供电量占澳门本地用电量88.82%。2019年6月13日，对澳门输电第三通道（珠海侧）电缆工程全线竣工，形成南、北、中三条通道的8回220千伏电缆对澳门主供电格局，以满足澳门电力需求、提高供电可靠性。

2011年8月，竹银水源工程投入运营

竹银水源工程概算总投资9.56亿元，于2009年4月开工建设，2011年8月全面投入运行。竹银水源工程的竣工，为珠澳供水系统增加4000多万立方米的调节库容，标志着珠澳供水系统调咸蓄淡能力、供水保证率、应对突发水危机事件的处置能力有了质的飞跃。

随着2006年珠海咸水期应急供水工程、2008年对澳门第三条水源管工程、2011年竹银水源工程陆续建成，对澳门供水保障率日益提高。至竹银水源工程投入运营，虽然澳门每天用水量只有30万立方米，但珠海对澳门的日供水能力可达50万立方米。

2013年11月，澳门大学横琴校区启用

2009年12月20日，澳门大学横琴校区奠基动工，开创“一岛两制”新局面。2013年11月5日，澳门大学横琴校区大学会堂举行启用仪式。2014年8月，澳门大学横琴校区全面运作。

澳门大学横琴校区占地面积1.09平方千米，包括15个建筑群组，逾80栋单体建筑，面积较原校区大20倍，近期可容纳学生1万人，远期规划可容纳学生1.5万人。

横琴校区的建设进一步拓展澳门大学发展的空间，改善师生们的学习和生活环境，对提升澳门的科教水平和人才培养产生积极而重要的影响。

2014年12月，横琴口岸实现24小时通关

2014年横琴实现24小时通关，同时实现澳门单牌车在2500辆限额以内便利出入横琴。截至2019年底，资格有效期内车辆1610辆。为进一步方便澳门车主，澳门机动车入出横琴资格的有效期从3个月延长至1年。

2019年10月26日，全国人大常委会审议通过《关于授权澳门特别行政区对横琴口岸澳方口岸区及相关延伸区实施管辖的决定》，将横琴口岸不少于16万平方米空间划归澳门法律管辖。横琴口岸将实施全国最先进的“合作查验、一次放行”通关查验模式，在海关、边检、移民局等单位支持下，横琴口岸新通关模式将是国内最便捷最方便的。

2015年4月，横琴自贸片区挂牌成立

横琴自贸片区坚持以制度创新为核心，开展商事制度改革、司法改革、创新通关模式、对接国际高标准规则，努力营造趋同港澳的国际化、法制化、市场化的营商环境。

截至2019年底，横琴自贸片区实际落地440余项制度创新成果，其中3个创新案例获“全国自贸试验区最佳实践案例”，有16项试点经验在全国复制推广，51项入选广东省自贸试验区制度创新案例，63项改革创新措施在广东省复制推广。

2015年6月，横琴·澳门青年创业谷投入运营

横琴·澳门青年创业谷于2015年6月29日启动运营，是一个服务港澳和内地青年交流合作、干事创业、实现梦想

的孵化平台。截至2019年底，累计孵化项目251个，其中澳门项目229个；累计培育和引进高新技术企业48家；24家企业获得风险投资资金，融资额突破4.36亿元。

横琴·澳门青年创业谷在推动珠澳合作、促进产业集聚、支持澳门融入国家发展大局等方面发挥重要作用，先后获粤港澳青年创新创业基地、广东省创业孵化示范基地及国家级科技企业孵化器等荣誉资质。2019年5月，横琴·澳门青年创业谷成为全国首批粤澳青年创新创业基地之一。

2018年10月，港珠澳大桥通车运营

2018年10月24日，港珠澳大桥通车运营。港珠澳大桥跨越伶仃洋，东接香港特别行政区，西接广东省珠海市和澳门特别行政区，总长约55千米，是“一国两制”下粤港澳三地首次合作共建的超大型跨海交通工程。

港珠澳大桥珠海公路口岸是全国唯一的三地互通、客货兼重的陆路口岸。珠海、香港、澳门三地口岸均实行24小时通关，其中珠澳之间采取“合作查验、一次放行”的创新模式。该模式是首次在中国口岸通关中使用，旅客可减少一次排队，大大提高通关效率。

2019年3月，澳门企业跨境办公试点楼宇挂牌

2019年3月26日，澳门企业跨境办公试点楼宇——横琴总部大厦揭牌，这是全国首个跨境办公试点楼宇。符合条件的澳企入驻楼宇，既无需办理工商登记注册和税务登记手续，还可享受每月每平方米70元的租金补贴。截至2019年底，37家澳门企业入驻横琴跨境办公，使用办公面积近1万平方米。为方便澳门企业员工往返横琴澳门，2019年3月1日开通横琴—澳门跨境通勤专线车。

2019年10月，珠海对澳门供水第四管道通水

2019年10月17日，从横琴直连澳门路氹城区，全长15千米的对澳门供水第四管道通水，至此，珠海对澳门日供水设计能力达70万立方米。

2019年11月，珠海对澳门供气第二管贯通

2019年11月27日，珠海对澳门供气第二管贯通，标志着对澳门供气“拱青”工程跨境管道全面贯通，也标志着珠澳天然气管网互联互通工程迈出第一步。为确保对澳门供气安全，工程采用双管道供气，设计供气流量为1.2万立方米/小时，年供应天然气能力约为3000万立方米，可满足澳门半岛约10万户家庭的用气需求。

2019年12月，横琴首座大型艺术型商业综合体试业

2019年12月15日，斥资逾16亿元、建筑面积超14万平方米的横琴首座大型艺术型商业综合体——励骏庞都广场开张试业。

励骏庞都广场是由横琴本地的励盈投资有限公司牵头，联同澳门多家中小企业，通过“以大带小，联合发展”的模式合作开发的横琴首座大型艺术型商业综合体。（新碧海）

截至2019年底，全市实有澳门投资企业4282家（其中在横琴注册的澳门企业2232家），投资总额166.15亿美元，到位澳门资本35.28亿美元。珠海对澳门投资项目45个，协议内地投资总额2.4亿美元，投资领域主要为服务业及零售批发。

粤澳合作产业园有签约项目28个，累计使用土地面积138.2万平方米。

横琴实际累计对澳门供地32宗（其中粤澳合作产业园项目25宗），面积4.43平方千米（其中粤澳合作产业园项目1.38平方千米）。对澳门供地项目，占横琴已供应产业项目用地比例约29%。2019年，横琴新区（不含保税）完成固定资产投资总额471.99亿元，其中涉澳项目完成投资额53.64亿元，涉澳项目占全部固定资产投资额的11.4%。

珠澳之间有拱北、横琴、跨境工业区、湾仔、港珠澳大桥5个口岸。2019年，全市口岸通行人员1.71亿人次，比上年增长12.5%；交通工具509.51万辆次，增长18.6%。其中，拱北口岸通行人员1.45亿人次，增长7.6%，交通工具314.95万辆次，下降1%；横琴口岸通行人员913.84万人次，增长0.2%，交通工具100.50万辆次，增长3.5%；港珠澳大桥口岸通行人员1286.65万人次，交通工具86.66万辆次。（珠　鉴）

60年供水　35年输电

南海之滨，澳门、珠海唇齿相依。

20世纪50年代末，因为澳门缺水，澳门爱国商人何贤、马万祺、柯正平等人以中华工商总会的名义，向广东求助。1959年底，通过澳门出资、珠海出力的合作方式，两地拉开民间互助合作大幕。1960年3月8日，随着珠海竹仙洞水库的对澳门供水，澳门结束没有大量原水的历史。经过60年的努力，珠海对澳门设计日供水能力达70万立方米，澳门98%的淡水来自珠海。

在解决澳门同胞用水难的问题后，1984年，成立经济特区不到5年的珠海，再次承担起对澳门供电使命。经过35年的努力，在澳门回归祖国20周年的今天，珠海对澳门输送电量累计突破500亿千瓦时，为澳门经济适度多元发展提供有力的用电保障。

对澳门供水——四条管道双线路供水

2019年10月，珠海对澳门设计日供水能力达70万立方米。自2017年开始，对澳门年供水量超过1亿立方米，澳门98%的淡水资源依靠珠海供应。

供水历程：

1959年，广东省政府决定筹建竹仙洞水库和银坑水库，澳门出资、珠海出力。

1960年3月8日，珠海竹仙洞水库首次开始对澳门供

应原水。

1979年，珠海对澳门年供水量达550万～600万立方米。

1988年，西磨刀门水道原水引水系统一期工程完工并通水，珠海对澳门供水实现“二管道”，设计对澳门日供水能力20万立方米。

2005年1月17日，国家启动“千里调水”方案，解决珠海澳门的“咸潮危机”，贵州天生桥一级水电站开闸放水8亿立方米，有效解除当年春节“咸水”危机。

2006年，平岗至广昌咸潮应急供水配套工程建成通水，日供水量达100万立方米。

2008年12月，对澳门供水第三管道通水，对澳门日供水能力30万立方米。

2011年4月，珠海竹银水源系统工程竣工。全市多个水库实现连通联调，储水能力达1亿立方米。

2019年10月，全长15千米的对澳门供水第四管道通水，从横琴直连澳门路氹城区，设计日供水能力达20万立方米，将有力支撑澳门离岛建设，平衡澳门的供水分布。

对澳门供电——累计突破500亿千瓦时

广东对澳门的供电，始于1984年，在1999年澳门回归后，更得以快速发展。

1999年回归当年，对澳门供电量1.95亿千瓦时，而2018年对澳门供电量增至49亿千瓦时。截至2019年底，对澳门输送电量累计突破500亿千瓦时。

供电历程：

1994年，“110千伏珠澳AB架空线”改为地下电缆的建设和安装，这是第一条对澳门供电的高压地下电缆线路。

2011年，一座220千伏电压等级的3C绿色变电站——琴韵变电站投运。变电站采取国际领先的智能运行控制技术，所有设备均安装在线监测装置，可实现“不停电检修”。

2012年，珠海电网对澳门供电实现双回220千伏线路环网供电结构。

2015年，珠海电网对澳门供电实现6回220千伏线路主供、4回110千伏线路备供的电网结构，对澳门供电能力和可靠性大大提高。（陈新年）

迎澳门回归祖国20周年

2019年是澳门回归祖国20周年，为全面贯彻落实习近平总书记视察广东重要讲话精神，全力支持澳门经济适度多元发展，维护澳门长期繁荣稳定，4月15日，市委、市政府印发《珠海市迎接澳门回归20周年工作方案》。截至年底，方案中105项任务完成66项（包括重大项目32项、政策创新7项、重大活动27项），其余大部分进度超80%。

（一）推动澳门社会关注度高、民生需求迫切的重点项目落地

5个民生项目：“澳门新街坊”、对澳门输电第三通道（珠海段）、第四条对澳门供水管道、澳门居民在珠海参加医保、开通跨境巴士。“澳门新街坊”项目前期工作准备就绪，将由澳门都市更新委员会启动建设。对澳门输电第三通道（珠海段）于2019年6月竣工，第四条对澳门供水管道于10月通水。澳门居民可在横琴购买医保的政策自7月1日实施，截至年底，有392名澳门居民参保。3月1日起开通横琴往返澳门免费跨境巴士，每天24个班次，至年底接送澳资企业员工和澳门居民超10.9万人次。

4个交通项目：广江珠澳高铁、广中珠澳高铁、广珠城轨延长线和广州地铁18号线。广珠城轨延长线拱北至横琴段基本建成，并于11月25日试运行。其他3个项目谋划中。

3个口岸：横琴口岸及综合交通枢纽、青茂口岸和湾仔口岸。截至2019年底，横琴口岸旅检大楼完成95%，横琴侧交通枢纽完成90%，莲花大桥桥身完成90%，已具备通关条件。青茂口岸由南粤集团负责实施，联检楼主体结构完成80%，连接通道主体结构完成70%。湾仔口岸重建工作基本完成。

2个环保项目：鸭涌河综合整治项目和澳门内港海傍区挡潮闸排涝工程项目。鸭涌河综合整治项目管线保护工程和垂直防渗系统工程完成。澳门内港海傍区挡潮闸排涝工程项目可行性研究报告由国务院港澳办征求新一轮意见。

1个景观项目：环澳夜景亮化工程。12月20日前，横琴码头、横琴大桥、横琴二桥等区域均完成施工。

大昌行物流中心、创新方、横琴岛剧院、励骏庞都广场等6个项目建成开业。横琴国际科技创新中心、富华紫檀文化创意园、横琴国际商务服务中心等项目待运营。截至2019年底，粤澳合作中医药科技产业园累计注册企业167家，其中澳门企业61家。科技创新方面，与中科院共建横琴超算中心，完成第一期项目。引进澳门4所国家重点实验室在横琴设立分部。珠海澳大科技研究院获国家自然科学基金资助科研项目42项；与澳门科技大学签订战略合作协议，在医疗、文化、教育等方面开展合作。

（二）推动重大政策和制度创新取得新突破，共同打造粤港澳大湾区澳珠极点

“一区一岛一会一政策”：“一区”指共建粤澳特别合作区，2019年10月底，澳门特区政府将两任特首提出的方案一并报请国家粤港澳大湾区办公室研究。“一岛”指共建国际休闲旅游岛。3月，国务院批复《横琴国际休闲旅游岛建设方案》，将旅游业纳入15%企业所得税优惠目录。“一会”指共同打造中国国际高品质消费博览会。博览会方案已征求澳门意见，澳门就项目用地、投资资金、合作主体等问题进一步深入研究。“一政策”指一揽子涉及横琴的惠澳政策。9—10月，国家大湾区办和国务院港澳办分别牵头就惠澳政策征求意见，包括优化“分线管理”、推动基础设施互联互通、建设珠江西岸科创基地、促进金融开放等，珠海提出的惠澳建议全部纳入上述范畴。

创新横琴口岸通关模式：10月26日，全国人大常委会第十四次会议审议通过《全国人民代表大会常务委员会关于授权澳门特别行政区对横琴口岸澳方口岸区及相关延伸区实

施管辖的决定》，同意将澳门莲花口岸整体搬迁至横琴口岸，并采取“合作查验、一次放行”新模式。

推动与澳门相关制度衔接：在横琴实行“澳人澳税”政策，在横琴设立全国首家内地与港澳合伙联营律师事务所、全国首家内地与港澳三地联营建筑设计和工程咨询公司，港澳导游及领队、建筑领域专业人士可在横琴便利执业，加快营造趋同港澳的营商环境。出台《关于进一步支持澳门青年在横琴创新创业的暂行办法》，为港澳青年创新创业提供资金扶持与服务保障。

（三）举办系列庆祝活动，促进珠澳交流，提升爱国情怀

2019年10月21日，珠海举办2019澳珠企业家峰会，20个澳珠重点合作项目现场签约，总投资额达198亿元，粤澳跨境金融合作（珠海）示范区、澳门旅游学院粤港澳大湾区旅游教育合作中心同时揭牌成立；11月30日和12月1日在横琴新口岸广场举办“逐梦大湾区·珠澳正青春”主题快闪活动，约800名珠澳两地青年参与表演；12月8日晚在珠海大剧院举办“筑梦二十载·圆梦新时代”珠澳学生庆祝澳门回归祖国20周年文艺晚会；12月22日晚在珠澳两地水域举办庆祝澳门回归祖国20周年澳珠烟花汇演；拍摄纪录片《珠澳情缘》作为庆祝澳门回归祖国20周年的献礼之作。针对青少年，举办“2019年粤港澳大湾区澳门青年（珠海）实习计划”和澳门大学生横琴实习活动。9月11日，举办“追梦湾区，展翅澳翔”首届澳门大学生就业实习双选会，是首次在澳门举办、面向全澳门高校学生的大湾区招聘会，吸引1.2万人次澳门大学生参加。组织珠澳青少年国防教育、珠港澳青少年交流音乐会、珠港澳大学生先锋交流营等活动，提升珠澳青年的爱国情怀和民族自豪感。组织开展珠澳群众喜闻乐见、关注度高的文体活动，如“中国心·粤澳情”交流活动、粤港澳大湾区高价值专利培育布局大赛等活动，以及联合澳门举办足球冠军联赛、“九洲杯”港珠澳帆船赛等体育比赛。（曾示男）

粤港澳大湾区创新高地建设

2019年，珠海市通过出政策、建载体、引企业、优环境，加快集聚高端科技创新资源，提升全市科技创新能力，开创高质量发展新局面。截至年底，全市通过高新技术企业认定647家，高企总数2203家。拥有省级新型研发机构16家，省级以上创新平台406家。科技型企业孵化器和众创空间均达到35家，在孵企业1312家。全市有省领军人才15名，省级创新创业团队8个，市级创新创业团队78个，市级院士工作站13家。年内，珠海市承担国家及省科技专项14个；经登记技术合同296项，技术合同成交额35.91亿元，其中技术交易额33.61亿元。

（一）加强创新发展统筹协调工作

出台《珠海市贯彻落实“省科技创新十二条”政策措施》《珠海市高新技术企业培育专项资金管理实施细则》《珠海市工程技术研究中心管理办法》《珠海市科技创业孵化载体管理和扶持办法》《珠海市产学研合作及基础与应用基础研究项目管理办法》《珠海市科技创业天使风险投资基金管理办法（暂行）》《珠海市社会发展领域科技计划项目管理办法》等政策措施，完善科技创新政策体系。

（二）延伸对外科技合作脉络

推动市政府与澳门科技大学签署框架合作协议，拟在创新教育、前沿科技、优质医疗与医学研究、医药与健康产业、下一代互联网、空间大数据、人工智能、航空航天等10个领域开展合作。抓好港珠澳及国际科技合作载体建设，澳门大学、澳门科技大学产学研示范基地落户横琴，引进澳门4所国家重点实验室在横琴设立分部。

（三）加大力度培育创新型企业

出台《珠海市高新技术企业培育专项资金管理实施细则》，助力培育高新技术企业。建立高企培育台账清单，筛选出具有一定技术含量和创新性的高成长企业1200家。加大培育前沿产业高成长创新型企业（独角兽企业）力度，44家企业进入珠海市独角兽企业培育库。做好技术先进型服务企业培育、认定和推荐工作，12家企业被认定为广东省技术先进型服务企业，占全省总数18%，位居全省第二。

（四）支持企业开展核心技术攻关

对接省重大科技专项，推荐62家企业71个项目申报省重点领域研发计划，格力智能装备、赛纳科技等承担的14个项目获总额1.46亿元经费支持，立项数量和经费位列全省第四。实施市级产业核心和关键技术攻关专项，对35个项目予以总额8300万元支持。中国铁建港航局集团有限公司获2019年度国家科学技术进步奖特等奖，珠海格力电器股份有限公司、珠海市司迈科技有限公司均获2019年度国家技术发明奖二等奖，中航通飞研究院有限公司获2019年度国家科学技术进步奖二等奖。14个项目获2019年度广东省科学技术奖，其中一等奖2个、二等奖12个。

（五）着力建设科技创新公共平台

出台实施《珠海市工程技术研究中心管理办法》，开展工程中心的建设和管理工作，新增市级工程技术研究中心23家。实施《珠海市引进建设重大研发机构扶持资金管理

办法》《珠海市科技创新公共平台专项资金管理办法》，完成对珠海深圳清华大学研究院创新中心、华南理工大学珠海现代产业创新研究院、珠海中科先进技术研究院、珠海复旦创新研究院等9个“一事一议”重大平台2018年度绩效考核和评估工作。开展市级新型研发机构和科技创新服务平台评审工作，列为2019年珠海市科技创新公共平台立项项目30个。新增认定省级新型研发机构6家，其中中德（珠海）人工智能研究院、珠海复旦创新研究院被认定为高水平新型研发机构，分别获省财政支持1000万元。

（六）推动省实验室建设

2019年7月26日，南方海洋科学与工程广东省实验室（珠海）登记注册为不定级、不纳入机构编制管理的省属公益性事业单位。截至年底，超过10万平方米海洋学科楼群封顶，项目建设工作有序推进。年内，实验室完成编制管理办法22项，完成招聘8批次，45人全职进入实验室工作；实验室下属研究中心集聚优秀科研人员802名。2019年，获批国家重点研发计划项目、国家自然科学基金、广东省科技计划等各类项目233个，其中国家级项目128个，省部级项目50个，累计获科研经费3.38亿元；申请发明专利和实用新型专利29件，获授权30件，发表论文379篇，其中SCI/EI收录344篇，专著总量3部，提交决策研究报告4篇；获奖项19个，其中国家级1个，国际、省部级及其他18个。2019年，完成海洋元素与同位素、海洋生物资源库、海洋科考和海上测试场4个平台的专家论证工作。

（七）加强基础与应用基础研究

2019年4月25日，横琴先进智能计算平台项目签约落户，项目列入省大科学装置建设目录，计划总投资约20亿元，建成后预计运算能力达到400亿亿次/秒（4Eops）。截至年底，完成由中科院“国产安全可控先进计算机系统”战略性先导专项资助的一期项目及横琴新区投资建设的二期第一批项目，运算能力达到116亿亿次/秒。2019年10月，大横琴科技发展有限公司与北京中科寒武纪科技有限公司合作成立的广东琴智科技研究院，获省高水平创新研究院认定，省财政资助科研项目经费3400万元。

（八）完善企业孵化育成体系

2016—2018年，珠海市通过认定奖励、新增面积奖励、运营补贴等形式，对全市83个优质项目给予市财政资金支持3875万元。2019年10月，出台实施《珠海市科技创业孵化载体管理和扶持办法》，进一步完善企业孵化育成体系。截至年底，全市科技企业孵化器35家，其中国家级孵化器10家；在孵中小企业1312家，历年培育毕业企业691家，其中上市（挂牌）31家；在孵企业累计获风险投资25.03亿元。年内兑付2018年度科技企业孵化器项目经费1539万元。

（九）强化科技人才队伍建设

2019年，落实《珠海市创新创业团队和高层次人才创业项目管理办法》，对35个团队项目和1个人才项目予以立项资助，资助总额2.35亿元。启动珠海市院士工作站认定申报和评审工作，对13个市级院士工作站予以立项资助1060万元。落实境外高端人才个人所得税优惠政策，制定人才认定工作指引等措施，营造良性引智发展环境。推进外国人来华工作许可审批，截至年底，全市聘请外国人单位超过950家，在珠海工作的外国人超过1500人。7家单位获2019年度科技部“高端外国专家引进计划”立项，3家单位获2019年度省科技厅“高端外国专家引进计划”立项。

（十）强化科技金融服务能力

2019年，出台《珠海市科技创业天使风险投资基金管理办法（暂行）》，设立5亿元规模的科技天使基金，对珠海本地或准备引进的处于初创期及成长期的科技型企业进行支持。实施《珠海市科技信贷和科技企业孵化器创业投资风险补偿金资金管理办法（试行）》，加强政策宣传和需求信息收集。利用2000万元科技信贷风险补偿金，推动银行为科技型中小企业提供科技信用贷款。截至年底，146个科技信贷项目申请备案，推动新增科技信贷总额2.289亿元，资金池放大11.45倍。

（康念辉）

2019年珠海市十件民生实事完成情况表

事项	工作任务	牵头单位及责任人	完成情况
一、提供更便捷的公交服务	新增10条公交线路，重点开通跨区快速公交	市交通运输局 责任人：林粤海	已完成 新开通公交线路22条，其中跨区快速公交线路3条

（续 表）

事项	工作任务	牵头单位及责任人	完成情况
一、提供更便捷的公交服务	投放500辆纯电动公交车	市交通运输局 责任人：林粤海	已完成 通过公开招投标形式采购500辆纯电动公交车，其中银隆300辆、中兴200辆，陆续投入运营
	支持发展定制公交	市交通运输局 责任人：林粤海	已完成 珠海公交与阿里云、托旺团队开发的定制公交平台于6月3日上线。平台支持智慧巴士1、2、3号线线上购票、扫码乘车、线路招募等功能，并同步加快公交网约车等功能板块开发工作，为学校、工业园区、医院等特殊出行群体量身定制精准化、个性化的公交服务
	增加微循环公交，打通园区、村居出行“最后一公里”	市交通运输局 责任人：林粤海	已完成 开通Z17路（夏湾—夏湾农贸市场—夏湾）环线、Z149路（高栏港大厦—碧阳路口—高栏港大厦）环线、Z151路（南水车站—精细化工专区）、Z152路（大海环三队—连湾七队）等4条微公交线路。停开Z57路，开通洪湾渔港专线（香洲总站—洪湾渔港）
二、开展小学生校内课后服务	全市70%以上具备条件的小学为有需求的学生提供早餐、午餐及托管看护服务	市教育局 责任人：林日团	已完成 全市开展课后服务的公办小学115所，占全市公办小学的97.44%。横琴新区、香洲区、斗门区、高栏港区校内课后服务覆盖率100%；高新区覆盖7所小学，覆盖率83%；金湾区覆盖11所小学，覆盖率84.6%
三、建设长者饭堂	新建18处社区居家养老配餐试点，为老年人提供集中用午餐及助餐送餐服务，推动有条件的长者饭堂拓展日间照料等服务	市民政局 责任人：陈耀平	已完成 18处长者饭堂全部提前建成并投入运营（横琴新区2处、香洲区4处、金湾区7处、斗门区2处、高新区2处、高栏港区1处），推动有条件的社区居家养老配餐试点拓展日间照料服务
四、推进农贸市场改造	完成25家硬件设施残旧、不达标的农贸市场升级改造，为老百姓提供安全、整洁、卫生、舒适的购物环境	市市场监管局 责任人：石学斌	已完成 完成25家农贸市场升级改造项目：香洲区南泰市场、北山市场、吉莲市场、铭海市场、广富市场、柠溪市场、为农市场、南坑市场、前山市场，金湾区广安市场、海澄市场，斗门区田洋市场、中心市场、坭湾市场、南潮市场、新青市场、松生市场、大众市场、诚裕市场，横琴新区横琴市场，高新区唐家市场，万山区外伶仃市场、万山市场，高栏港区盈福市场、竹园市场
五、改善陆岛交通	推动陆岛交通客运公交化，拓展航线、加密航班，市民享受8折船票优惠	市交通运输局 责任人：林粤海	已完成 1. 陆岛交通加密航班以及市民享受8折优惠政策于1月1日实施 2. 陆岛交通网上售票系统完成升级

（续 表）

事项	工作任务	牵头单位 及责任人	完成情况
五、改善陆岛交通	完善海岛基础设施	万山区管委会 责任人：吕红珍	已完成 1. 外伶仃岛石涌湾防波堤工程：提前完成任务，达到开工条件 2. 东澳客运码头候船楼工程：提前完成年度任务，完成主体工程及内部装修 3. 桂山岛十三湾防波堤工程：项目主体完工，12 月 27 日完成交工验收工作 4. 桂山镇小东山康体段农村道路工程：提前完成年度任务，项目完工 5. 珠海大万山岛万山湾客运码头工程：完成年度任务。码头主体工程完工，候船楼主体完工 6. 珠海港万山港区桂山补给码头工程：完成年度任务，码头主体完工 7. 东澳岛求子泉路段工程项目：公路主体工程全线贯通，项目基本完工 8. 桂山岛滨海大道南公路项目：公路主体工程全线贯通，项目基本完工 9. 大万山岛二环路道路工程：公路主体工程全线贯通，工程基本完工 10. 大万山岛缸瓦洲湾至浮石湾道路：完成总工程量的 55%，达到年度任务目标
六、加快普及管道天然气	新建 40 千米市政燃气管道，完成 4 万户老旧小区住宅的户外公共燃气管道加建	市住房城乡建设局 责任人：方小勇	已完成 全市完成 45 千米市政燃气管道建设，完成率 108%；完成约 5 万户老旧小区住宅户外公共燃气管道加建工作，完成率 124%
七、加强防灾减灾救灾能力建设	整治 103 处地质灾害隐患点	市自然资源局 责任人：王朝晖	已完成 1. 印发实施《珠海市地质灾害隐患点搬迁治理工作方案》。各区政府（管委会）按要求制定《各区地质灾害隐患点搬迁治理计划》，落实治理经费，部署推动辖区内隐患点的搬迁治理工作 2. 全市年初在册的 135 处地质灾害隐患点，列入年度治理计划 134 处（剩余 1 处结合市重点建设工程进行治理）。截至年底，完成治理 114 处，18 处治理中，2 处在开展勘查、设计、招标等前期工作。年内新发现地质灾害隐患点 35 处，开展治理 22 处，完成 21 处。全年完成整治地质灾害隐患点 135 处，完成年度计划的 131.1%

（续　表）

事项	工作任务	牵头单位及责任人	完成情况
七、加强防灾减灾救灾能力建设	配强应急救援力量，充实抢险救灾物资和装备	市应急管理局 责任人：高树林	已完成 1. 完成1150万元专款支出，采购5辆移动排水泵车、第二个直升机森防灭火吊桶、部分卫星电话及对讲机、防汛物资装备、“南一飞”应急救援服务，完成市防汛仓加固、三防系统光纤租用及配电房改造等工程 2. 经调研与整合，全市有各类应急救援队伍52支，队员4703人，志愿者2658人，配备应急救援装备（消防救援支队等7支政府部门下属专业救援队伍，现有装备为多年财政资金采购所积累；依托企业或社会志愿者建立的队伍，其装备多为自行购买），基本满足各类突发事件的应对需求
八、完善基层派出所便民设施	修缮40个派出所，重建3个派出所	市公安局 责任人：曾庆林	已完成 1. 完成修缮派出所40个 2. 重建派出所3个：红旗派出所完成重建并装修完毕；石栏洲水上边防派出所主体工程封顶；西城派出所11月23日开始主体建设 3. 大三洲水上边防派出所、温泉派出所、新青派出所、东澳派出所分别由横琴新区、高栏港区、斗门区、万山区明确重建用地，建设资金由区财政解决
	推进智慧派出所建设，推动窗口服务进驻各级行政服务中心	市公安局 责任人：曾庆林	已完成 1. 确定智慧派出所建设标准和方案，完成拱北口岸、朝阳派出所示范点建设工作，智慧派出所平台项目通过验收，于12月24日上线运行 2. 出台《珠海市公安局服务窗口进驻行政服务中心工作方案》。斗门分局乾务、五山派出所于2月进驻乾务镇行政服务中心。高栏港分局平沙、温泉派出所户籍窗口于3月进驻平沙镇党群服务中心；南水、高栏港派出所户籍窗口于9月进驻高栏港区行政服务中心。金湾分局辖区派出所户籍窗口于12月进驻金湾区行政服务中心。香洲分局东风、朝阳派出所于12月31日进驻香湾行政服务中心
九、完善医疗卫生信息便民服务	在全市二级以上公立医院实施一码通用、一网联通、一键诊疗、一站会诊、一体服务的信息便民就医措施	市卫生健康局 责任人：徐超龙	已完成 一码通用：完成居民电子健康码平台建设，在全市二级以上公立医疗卫生机构应用 一网联通：市级平台基本具备各项功能，数据采集中 一键诊疗：健康珠海APP及微信公众号投入使用，功能覆盖就医全流程 一站会诊：双向转诊和远程会诊系统完成开发部署，探索5G远程会诊 一体服务：市人民医院、中大五院、高新区人民医院开展互联网医院探索

（续　表）

事项	工作任务	牵头单位及责任人	完成情况
十、提升园林管养水平	做好主干道树木修剪和公共绿地日常管养	市城市管理综合执法局 责任人：潘伟明	已完成 1. 完成57条主次干道树木3轮修剪工作（其中：30条道路为原计划要求，另外27条道路为新增加），修剪树木31.89万棵 2. 加强公共绿地日常管养，落实各项管养措施，重点做好节日摆花及鲜花上路，全市改造提升园林绿地约300万平方米
	提升公园品质，开工建设香炉湾城市阳台	香洲区政府 责任人：刘齐英	已完成 1. 完成用地划拨、苗木迁移、土方平整、基坑支护等前期工作 2. 截至年底，完成土方工程总量的90% 3. 截至年底，主体结构动工建设，桩基础完成93%，开始实施承台开挖

（林志健）

2019年荣誉榜

1月2日　《2018年广东省地方服务型政府建设系列调研报告》公布，珠海市在地级以上市公共服务总体满意度方面，排名第三；在政务服务满意度方面，排名第二。全省122个县（市、区）政府公共服务总体满意度排名中，珠海市斗门区位列第七。

1月8日　在2018年度国家科学技术奖励大会上，总部落户横琴的中国铁建港航局集团有限公司参与完成的“复合地基理论、关键技术及工程应用”获国家科学技术进步奖一等奖；珠海市魅族科技有限公司参与共同完成的“高磁导率磁性基板关键技术及产业化”、珠海亿胜生物制药有限公司合作完成的“我国原创细胞生长因子类蛋白药物关键技术突破、理论创新及产业化”项目获国家科学技术进步奖二等奖。

1月8日　《珠海年鉴·2017》在中国出版协会第六届年鉴编纂出版质量评比中获综合一等奖，同时获框架设计、条目编写、装帧设计，以及检索、编校质量和出版时效4个分项一等奖。

1月17日　珠海市金湾区人民法院被最高人民法院授予“全国优秀法院”称号。

1月23日　在中国社会科学院马克思主义研究院等发布的《公共服务蓝皮书：中国城市基本公共服务力评价（2018）》中，珠海基本公共服务满意度排名全国第五。从单项指标来看，珠海基础教育满意度排名第三；城市环境满意度排名第四；文化体育满意度排名第四；社保就业满意度排名第七；医疗卫生满意度排名第八；公职服务满意度排名第八；公共安全满意度排名第九。在“城市环境篇”中，珠海被列为优秀城市，并有专门章节进行经验推介。

1月29日　在中央政法委发布的首届“四个一百”政法新媒体榜单中，“珠海交警”微信公众号获“十佳微信公众号”称号。

2月15日　在农业农村部、发展改革委等部委联合公布的2018年国家农民合作社示范社和全国农民用水合作示范组织名单中，珠海市聚农水产养殖专业合作社获“国家农民合作社示范社”称号。

3月20日　珠海电信珠海“12345”市民服务热线获“广东省巾帼文明岗”称号。

3月22日　珠海市水务局水资源管理科侯卫东获“广东十大最美水利人”称号。

3月27日 在广东省科技创新大会上，珠海格力电器股份有限公司、珠海格力节能环保制冷技术研究中心有限公司完成的“双级压缩变容积比空气源热泵技术及应用”获技术发明一等奖；中海石油深海开发有限公司参与完成的“海洋水合物钻探装备研发和矿体识别技术创新及成功应用”获科技进步一等奖；珠海市现代农业发展中心参与完成的“姜科园林花卉新品种研制及产业化关键技术”等3个项目获科技进步二等奖。

4月14日 珠海市独角兽种子企业珠海瑞思普利生物制药有限公司在第三届“龙门创将”全球创新创业大赛中国赛区总决赛中获第三名。

4月18日 珠海格力电器股份有限公司、珠海小米通讯技术有限公司、伟创力制造（珠海）有限公司及珠海振戎公司等4家企业上榜广东外贸百强企业。

4月27日 中航通飞大型水陆两栖飞机AG600研制团队获“中国青年五四奖章集体”称号。

5月8日 珠海市被确定为国家知识产权示范城市（城区），示范时限自2019年5月至2022年5月。

5月8日 珠海市香洲区“‘社区营造’构建和谐社区共同体”入选2018年度广东省城乡社区治理十大创新经验案例。

5月8日 珠海市金湾区残疾人联合会理事长成文锋获“全国残联系统先进工作者”称号。

5月19日 珠海市选手在第十九届广东省青少年机器人竞赛中，获6组冠军、12组亚军、20组季军佳绩。

6月12日 广东珠海金湾发电有限公司运行部集控分部E值、国家税务总局珠海经济技术开发区税务局、珠海出入境边防检查总站拱北边检站二队3家集体获“2017—2018年度全国青年文明号”称号。

6月13日 珠海市闫禹、刘清伟、冯翠屏3个家庭入选2019广东十大“最美家庭”。

6月25日 珠海市香洲区司法局前山司法所所长叶锦财被授予全国“人民满意的公务员”称号。

6月28日 中共广东省委组织部表彰全省优秀基层党组织书记和基层党组织第一书记，斗门区井岸镇草蓢村党委书记韦国茂、香洲区拱北街道华平社区党委书记杨斌、斗门区莲洲镇福安村党总支书记陈国平获“百名优秀村（社区）党组织书记”称号，斗门区政府派驻乾务镇荔山村第一书记陈夏森、高新区唐家湾镇政府派驻淇澳社区第一书记谭超常获“百名优秀村（社区）党组织第一书记”称号。

7月11日 在国内股权投资领域的权威研究机构——清科研究中心发布的“2018年中国政府引导基金30强”榜单中，珠海发展投资基金入围全国前10强，是其中唯一的地级市政府引导基金。

7月22日 在云南省怒江傈僳族自治州开展帮扶工作的珠海市金湾区三灶镇卫生院管延萍获中宣部“最美支边人物”称号。

7月22日 珠海医疗队完成援助非洲赤道几内亚的医疗任务后归国，医疗队获颁该国最高荣誉“国家独立勋章”。

7月25日 珠海市第一中等职业学校唐成、符锦宏获第十七届全国中小学信息技术创新与实践大赛高中组“NOC·智能物管大师”比赛一等奖。

7月26日 珠海市自然资源局淇澳—担杆岛省级自然保护区管理处保育护林队长刘清伟、拱北出入境边防检查站民警石淑亚获评“全国模范退役军人”。

7月28日 珠海在广东省2018年度全面推行河长制湖长制工作考核中获优秀等次。

7月 珠海以总分78.1分在2018年“中国外贸百强城市”榜单中排名第五位，比2017年排名提升两位。

8月12日 北京理工大学珠海学院高巨毅恒战队在第十八届全国大学生机器人大赛RoboMaster 2019机甲大师赛中获总决赛一等奖。

8月19日 《中国桥——港珠澳大桥圆梦之路》（图书）获中宣部“五个一工程”特别奖；《港珠澳大桥》（纪录电影）获中宣部“五个一工程”优秀作品奖。这是珠海市文艺作品首次在全国“五个一工程”评选中获奖。

8月28日 在2019年世界机器人大赛总决赛青少年机器人设计大赛中，珠海市高中组代表队获第五名；初中组获第三名；小学组获最佳建造奖。

9月2日 珠海市红十字会获“全国红十字系统先进集体”称号。

9月4日 在第四届平安中国微电影微视频微动漫“三微”比赛暨“我和政法70年”短视频征集颁奖活动中，珠海市公安局微动漫作品《三国群英反诈传》获“十大微动漫”奖。

9月5日 港珠澳大桥建设者、中国交通建设股份有限公司总工程师林鸣获“第七届全国道德模范提名奖”。

9月6日 珠海市三灶中学陈万松、南屏中学谢燕玫获“全国优秀教师”称号。

9月9日 在2019年第八届中国创新创业大赛广东赛区比赛中，珠海市一微半导体有限公司等4家企业获二等奖；

珠海瑞思普利生物制药有限公司等 4 家企业获三等奖；珠海卡佩克机器人科技有限公司等 20 家企业获优胜奖。

9 月 11 日 在 2019 第五届中国计算机行业发展成就奖评选中，珠海企业纳思达股份有限公司获“2019 年度中国计算机行业发展成就奖・企业成就金奖”“2019 年度中国通用打印机行业发展成就奖”；珠海天威飞马打印耗材有限公司获“2019 年度中国耗材行业发展成就奖”。

9 月 16 日 珠海朱瑞盛等拍摄的《飞越港珠澳大桥》在第七届中国国际微电影展上获金桂花“特别评奖单元”的“十佳城市微电影”奖。

9 月 19 日 在第十七届中国国际数字和软件服务交易会上，南方软件园中小企业公共服务示范平台获“2018—2019 中国数字经济与软件服务业最佳服务平台奖”；园区企业广东飞企互联科技股份有限公司的“Fe 智慧园区解决方案”获“2018—2019 中国数字经济与软件服务业最佳数字化转型实践奖”。

10 月 5 日 在 2018 年度赵超构新闻奖评选中，《珠江晚报》5 件作品获奖，《姐弟俩小区泳池溺水 姐姐不幸溺亡 珠海“黑泳馆”调查系列报道》获一等奖；《事隔 35 年寻找救命恩人只为当面说感谢》等 3 件作品获二、三等奖；2018 年 6 月 7 日 01 版获优秀版面奖二等奖。

10 月 8 日 珠海市 1 区 6 镇上榜《人民日报》刊发的 2019 年中国中小城市高质量发展指数研究成果。其中，香洲区位列全国综合实力百强区第 47 位、全国科技创新百强区第 6 位、全国新型城镇化质量百强区第 17 位、全国绿色发展百强区第 19 位、全国投资潜力百强区第 33 位；南水镇、红旗镇、平沙镇、斗门镇、白蕉镇、乾务镇上榜 2019 年度全国综合实力千强镇榜单，分别名列第 221、312、403、575、615、674 位。

10 月 8 日 据国内最大在线旅行社携程旅游公布的《2019 年国庆旅游账单》，珠海市是国庆期间最吸引自由行游客的十大国内城市之一。

10 月 14 日 《珠海年鉴・2018》获广东省年鉴质量评价（地市级年鉴）二等奖。《香洲年鉴・2018》获广东省年鉴质量评价（县区级年鉴）一等奖。

10 月 14 日 斗门区禾菜园家庭农场上榜第一批全国家庭农场典型案例，也是全省唯一上榜者。

10 月 18—20 日 在第十届亚洲青少年机器人锦标赛中，珠海 15 支队伍参赛，分别在 VEX EDR 和 VEX IQ 两项比赛中获 1 项一等奖、10 项二等奖、4 项三等奖，并取得第十届亚洲机器人锦标赛晋级资格。

10 月 21 日 珠海市斗门区以“农村改厕一张图、人居环境一盘棋”入选全国九大农村厕所革命典型范例，是广东省唯一入选范例。

10 月 23 日 珠海四维时代网络科技有限公司董事长崔岩、珠海纳金科技有限公司董事长雷震获颁第十届“中国青年创业奖”。

10 月 27 日 2019 年全国青少年电子信息智能创新大赛广东省决赛举行。珠海市第一中学黄文韬获智能机器人类互联网 + 无人驾驶主题项目赛广东省一等奖。

10 月 29 日 珠海市第三中学教师王睿以《流程图算法的设计——用 raptor 设计算法》在第六届全国高中信息技术优质课展示交流活动中获全国一等奖。

11 月 1 日 在第二十九届中国新闻奖评选中，粤港澳大湾区融媒体工作室《即将通车的港珠澳大桥什么样？司徒带你看》获二等奖；珠海传媒集团《跨越——港珠澳大桥通车运营特别直播》获三等奖。

11 月 6 日 珠海选手在 2019 年中国创新方法大赛广东区域赛中获一等奖 8 项、二等奖 9 项、三等奖 15 项。其中 5 个项目被选送参加 2019 年中国创新方法大赛。

11 月 7 日 珠海市妇联培育妇女创新项目《中国陶瓷的轻奢现代化创作与区块链产业平台》，获 2019 中国妇女手工创业创新大赛铜奖。

11 月 7 日 中国水产流通与加工协会授予珠海“中国海鲈之都”称号。

11 月 15 日 珠海斗门“白蕉海鲈”上榜中国农业品牌目录 2019 农产品区域公用品牌，是广东 14 个上榜品牌之一，是珠海市唯一上榜品牌。

11 月 21 日 珠海南方软件园、珠海清华科技园被评为“优秀（A 类）国家级科技企业孵化器”。这是两园区连续第三年上该榜单。

12 月 4 日 港珠澳大桥珠海口岸工程（Ⅰ、Ⅱ、Ⅳ、Ⅵ标段）获 2018—2019 年度中国建设工程鲁班奖（国家优质工程）。

12 月 12 日 珠海市社会保险基金管理中心曾水莲获评全国人力资源社会保障系统“2017—2019 年度优质服务先进个人”。

12 月 26 日 水利部授予珠海市水务局水资源管理科“全国水利系统先进集体”称号。

12 月 27 日 珠海市万山区桂山镇中心卫生院院长王桂湘获评第四季度“中国好医生、中国好护士”月度人物。

（王小英 郑秋玉 李 萍）

・责任编辑：潘杜鹃・

大事记

1月

1日 珠海市城乡居民基本养老保险基础养老金从每人每月400元提高至430元。待遇水平居全省前列。

△ 《关于调整珠海市补充医疗保险待遇有关问题的通知》实施。

7日 国家生态环境部通报2018年1—12月空气质量状况。全国169个重点城市中，珠海空气质量位列第十一。

10—11日 中国共产党珠海市第八届委员会第六次全体会议在香洲召开。全会听取市委书记郭永航代表市委常委会所作的报告，关于《中共珠海市委关于深入学习贯彻习近平总书记视察广东重要讲话精神 高举新时代改革开放伟大旗帜 奋力推动珠海经济特区加快发展的决定（稿）》（简称《决定》）等的说明，以及市长姚奕生关于经济工作的讲话；审议通过《决定》和《珠海市推进粤港澳大湾区建设实施方案（稿）》；审议市委常委会抓党建工作情况报告。

11日 珠海市人民政府和交通运输部南海救助局签订《应急救援合作协议》。

△ 19时许，金海大桥鹤洲段首根桩完成混凝土灌注。

15日 珠海市扫黑除恶专项斗争领导小组会议召开。

17日 拱北海关"跨境快速通关"模式与香港海关"多模式联运转运货物便利计划"在港珠澳大桥成功对接，首票货物在港珠澳大桥海关快捷验放。

20日 珠海市委全面依法治市委员会办公室等10个新组建和优化职责的政府工作部门揭牌。

21日 珠海市委外事工作委员会办公室等11个新组建和优化职责的政府工作部门揭牌。

21—23日 中国人民政治协商会议第九届珠海市委员会第三次会议在香洲召开。会议表决通过《中国人民政治协商会议第九届珠海市委员会第三次会议决议》。

22—24日 珠海市第九届人民代表大会第七次会议在珠海大会堂举行。姚奕生向大会作政府工作报告。会议书面审查珠海市2018年国民经济和社会发展计划执行情况与2019年计划草案等系列报告。

25日 中国共产党珠海市第八届纪律检查委员会第四次全体会议召开。

29日 珠海港高栏港区15万吨级主航道工程通过竣工验收，标志着珠海港拥有珠三角最重量级的主航道。

△ 副市长刘嘉文率拥军慰问团赴南海舰队走访慰问。双方对"珠海号"驱逐舰即将退役，新入列舰艇继续以"珠海舰"命名一事交流意见。

30日 "广东省红色革命遗址"揭牌仪式在苏兆征故居陈列馆举行。

2月

3日 中国（珠海）跨境电商综试区保税进口业务第一单完成，保税进口业务全面启动。

10日 春节7天假期，珠海市接待游客219.05万人次，比上年同期增长13.5%，其中，接待过夜游客55.88万人次，增长15.2%；实现旅游总收入15.3亿元，增长25.5%。

12—13日 省委书记李希到珠海市，走访斗门区斗门镇南门村、莲洲镇莲江村，高栏港区的三一海洋重工有限公司，金湾区的丽珠医药集团股份有限公司，洪鹤大桥施工现场，就学习贯彻习近平总书记对广东重要讲话和重要指示批示精神，落实省委十二届六次全会工作部署，推进粤港澳大湾区建设进行调研。郭永航、姚奕生参加调研。

13日 新华社以全媒体头条的形式刊发长篇通讯《大峡谷里的"背篓医生"》，报道珠海医生管延萍在云南省怒江州帮扶的事迹。

17日 以"新时代、新斗门、新征程"为主题的珠海（斗门）第十五届民间艺术大巡游在斗门区井岸镇举行。

21日 姚奕生在香港参加粤港澳三地联合举办的《粤港澳大湾区发展规划纲要》宣讲会。其间，姚奕生分别拜访嘉里集团等企业和机构的高层领导，就深化珠港产业合作等深入交流。

22 日　珠海对口帮扶阳江联席会议召开。

25—26 日　国家卫生健康委副主任于学军一行在珠海市调研医疗健康工作。

28 日　经广东省人民政府同意，广东省第四批第一环境保护督察组就 2018 年 10 月 25 日至 11 月 3 日对珠海市开展的环境保护督察工作，向珠海市委、市政府反馈督察意见。

3 月

1 日　珠江禁渔开始，至 6 月 30 日 24 时结束。珠海市禁渔流域包括：磨刀门口，以珠海大桥和泥湾门大桥为界向珠江一侧水域；鸡啼门口，以鸡啼门大桥为界向珠江一侧水域；虎跳门口，以南门大桥为界向珠江一侧水域；前山河，以昌盛桥为界向前山河一侧水域。

△　《珠海经济特区旅游条例》施行。

5 日　在珠全国人大代表姚奕生、阎武、董明珠、孙媛媛、廖贵平、谢坚出席在北京召开的十三届全国人大二次会议。郭永航旁听大会。

6 日　生态环境部、住房城乡建设部印发第二批全国环保设施和城市污水垃圾处理设施向公众开放单位名单。珠海市环境保护监测站、拱北水质净化厂上榜。

12 日　市委常委、副市长祝青桥会见瓦努阿图共和国驻华大使赖岳洋。

15 日　珠海推出全国首个跨境信用平台“信易得”，首批 255 家澳门和横琴的商户入驻。

21 日　《横琴国际休闲旅游岛建设方案》获国务院批复同意。

24 日　珠海友好城市德国布伦瑞克市城市图片展在市图书馆开幕。

25 日　2019（横琴）经济发展与创新大会暨第九届诺贝尔奖得主中国行活动在珠海国际会展中心举行。

26—27 日　姚奕生率代表团赴澳门特别行政区参加第五届中国周边国家“市长参访计划”系列活动。

△　水利部副部长魏山忠在珠海市调研水利建设及河湖治理等工作。

28 日　《珠海法治蓝皮书（2019）》发布。该书由市委依法治市办与中国社科院法学研究所合作出版，是国家最高法学研究机构首次为一个经济特区编写发布法治蓝皮书。

△　外交部驻澳门特别行政区特派员公署副特派员袁恒革率第五届中国周边国家“市长参访计划”代表团一行访问珠海市。

30 日　科技部部长王志刚在珠海考察调研粤澳合作中医药科技产业园、港珠澳大桥以及珠海格力电器股份有限公司（简称格力电器），与省长马兴瑞，市委书记郭永航等就国家实验室建设等议题深入交流。姚奕生参加考察。

4 月

1 日　郭永航、姚奕生签发珠海总河长〔2019〕1 号令。

2 日　郭永航会见诺贝尔医学奖获得者巴里·马歇尔。

3 日　郭永航、姚奕生率珠海市代表团访问澳门特别行政区。

6 日　拱北口岸出入境客流量 46.61 万人次，再次刷新全国口岸单日客流量纪录，也是拱北口岸第一次在清明小长假期间突破客流纪录。

9 日　格力电器等多家珠海上市企业入选深圳证券交易所推出的“粤港澳大湾区创新 100 指数”。

△　教育部发布《关于同意北京师范大学珠海校区建设的批复》，珠海新增一所“985 工程”学校。

10 日　珠海横琴国家广告产业园区被国家市场监督管理总局授予“国家广告产业园区”牌匾。

12 日　第二届“一带一路·手拉手”十国少年中国行开营仪式在珠海举行。活动由中华慈善总会、共青团珠海市委员会等联合主办，主题为“一带一路手拉手，我们永远做朋友”。

17 日　郭永航会见国家纳米科学中心主任、中国科学院院士赵宇亮。

18 日　国家发展改革委印发实施《横琴国际休闲旅游岛建设方案》，明确横琴“促进澳门经济适度多元发展新载体”“国际一流休闲旅游基地”“国家全域旅游示范区”等三大定位。

29 日　珠海市委国家安全委员会召开第一次全体会议。

5 月

1 日　《珠海经济特区海域海岛保护条例》《珠海经济特区无居民海岛开发利用管理规定》实施。其中关于无居民海岛开发建设基本程序的规定填补国内立法空白。

△　12 时，南海伏季休渔开始。休渔海域为省管辖的北纬 12° 至“闽粤海域交界线”的南海海域（含北部湾）；珠海市涉及休渔的渔船总计 2283 艘，至 8 月 16 日 12 时休渔结束。

△　纪录片《港珠澳大桥》上映。该片由中央广播电视总台、港珠澳大桥管理局、广东广播电视台、珠海广播电视台联合摄制，历时 9 年拍摄、1 年多后期制作完成。

2 日　珠海边检总站查验旅客 61.1 万人次，再创历史新高。其中拱北边检站单日查验旅客数量 48.13 万人次。

4 日　五一假期，珠海市接待游客 193.52 万人次，比上年同期增长7%，其中，过夜游客45.48万人次，增长6.7%；实现旅游总收入11.41亿元，增长28.8%。

7日　梧州市委书记、市人大常委会主任全桂寿率代表团在珠海考察。

8日　郭永航会见中国交通建设集团有限公司总经理宋海良。

△　姚奕生会见上海恩捷新材料科技有限公司（简称恩捷公司）董事长李晓明、总经理李晓华。双方就恩捷公司在珠海高栏港项目发展等问题探讨、交流。

9日　国家药品监督管理局局长焦红一行到横琴新区调研医药产业发展情况。

9—10日　郭永航率珠海市代表团访问香港特别行政区。

△　全国人大华侨委员会主任委员王光亚率调研组在珠调研华侨权益保护情况。

10日　中国电信珠海分公司与珠海云洲智能科技有限公司签署国内首例5G+天通1号卫星空天一体无人船应用战略合作协议。

△　市法律援助处举行由共青团中央、司法部颁发的“青少年维权岗”揭牌仪式。

11日　郭永航会见四川省甘孜藏族自治州委副书记、州长肖友才率领的代表团。

11—12日　珠海市第一届青少年（第二届中小学生）机器人大赛暨珠港澳青少年机器人横琴邀请赛在珠海国际会展中心举行，珠港澳118所学校2000多名选手参赛。大赛设18个组别36个项目。

13—15日　郭永航会见西藏自治区人大常委会副主任、林芝市委书记马升昌率领的林芝市党政考察团。

15日　省委书记李希在珠海横琴深入税务服务机构、项目建设现场和青年创新创业园区，就深入学习贯彻习近平总书记关于横琴开发开放重要指示精神、推动横琴开发开放进行调研。郭永航、姚奕生等参加调研。

16日　郭永航会见中国人寿保险股份有限公司副总裁赵立军。

△　《珠海市科技创业天使风险投资基金管理办法（暂行）》实施。

17日　全国渔业扶贫产销对接活动在珠海举办。活动由农业农村部主办，珠海市人民政府等承办，37个贫困县（市）45家企业参展。

18日　2019年“5·18国际博物馆日”广东主会场活动在珠海开幕。活动由广东省文化和旅游厅、珠海市人民政府主办，主题为“作为文化中枢的博物馆：传统的未来”。

19日　人民网在网站首页头条刊登《广东珠海：打造湾区枢纽　建设魅力之城》。

△　珠海市斗门龙舟文化节在井岸镇西堤公园举行，粤港澳大湾区的49支龙舟队参赛，江门市鹤山十二少龙舟队蝉联公开组第一名；白蕉镇龙舟队获珠海组第一名；白蕉镇六乡中心小学联合·仲信龙舟队获青少年组第一名。

20日　姚奕生主持召开珠海·怒江东西部扶贫协作2019年联席会议，怒江州委副书记、州长李文辉出席会议。

22日　郭永航会见瑞士再保险集团全球合作主席、董事总经理高薇俪。

△　四川省眉山市委书记慕新海率代表团在珠海考察港珠澳大桥、格力电器。

23日　姚奕生会见省交通集团党委书记、董事长邓小华，双方就推动黄茅海大桥建设等深入交流。

24日　中华医学会第十三次重症医学大会在珠海国际会展中心开幕。中国工程院院士、著名呼吸病学专家钟南山等近2万名重症医学界人士参会。

26日　14时08分，洪鹤大桥8号墩第一吊ZL22节段钢梁单根纵梁构件架设成功。

27日　郭永航、姚奕生率珠海市代表团访问澳门特别行政区。

△　珠海市人民政府与澳门科技大学在澳门签署框架合作协议。省长马兴瑞出席仪式。

△　2019年粤澳合作联席会议在澳门召开，珠海、澳门签署《关于促进横琴支持澳门经济适度多元发展加快建设大湾区澳珠极点的合作备忘录》。

△　广东省政府和澳门特别行政区政府共同遴选确定横琴·澳门青年创业谷为全省首批三家“粤澳青年创新创业基地”之一。

28日　郭永航会见阿里巴巴集团合伙人、首席技术官张建锋。

30—31日　应全国妇联邀请，柬埔寨妇女代表团一行9人访问珠海。

31日　郭永航会见广州医药集团有限公司党委书记、董事长李楚源。

6月

5日　《人民日报》刊发珠海运用社会综合治理的思路解决城市治理难题，进行有益探索的题为《便民小市场　大家都夸奖》的报道。

6日　珠海市人民政府与中国国际经济交流中心签署战略合作协议。

10日　17时18分，鹤港高速一期工程第二合同段首片预制梁架设成功。

△　截至当日，珠海市出现15例登革热病例，其中1例为本地感染、14例为输入病例。

16日　海关总署署长倪岳峰在珠海开展服务粤港澳大湾区建设专题调研。

△　副省长覃伟中在珠海调研港珠澳大桥等处，了解、研究珠海市科技创新等相关工作。

16—17日　姚奕生带队到黑龙江省黑河市调研对接对口合作事宜。

19日　珠海市入选广东省大数据综合试验区名单，是全省6个入选地区中唯一以地级市为单位入选的地区。

△ 中国（珠海）国际贸易“单一窗口”跨境金融服务平台上线。

21日 由省工商联、省外事办和珠海市人民政府共同主办的“第六届各国驻穗领事官员广东民企行”活动在珠海举行。

22日 全国政协调研组在珠海市就《粤港澳大湾区建设的法治保障》重点提案进行督办调研。

26—28日 郭永航率珠海市党政代表团赴深圳、佛山、东莞等市考察。

27日 横琴大昌行物流中心在珠海横琴新区启用，中心是首批由澳门特区政府推荐进驻横琴粤澳合作产业园的项目之一。

△ 由中国国际贸易促进委员会珠海市分会主办的“走进乌拉圭——拉丁美洲的商业门户”主题推介会在珠海国际会展中心举行。乌拉圭驻广州总领事马丁·阿尔维斯出席推介会。

28日 2019年珠海市“广东扶贫济困日”活动启动，主题为“决战脱贫攻坚，助力乡村振兴”。

30日 南方电网广东珠海供电局2019年保底电网的五项工程全部投入运行。3月29日，220千伏凤凰至拱北单回线路解口入吉大站工程、110千伏翠香站扩建第三台主变工程投产；6月19日，110千伏红山站T接珠海至柠溪线路工程投运；6月28日，220千伏凤凰站配套110千伏线路结构完善工程投运；6月30日，220千伏叠泉输变电工程投运。

是月 珠海口岸进口整体通关时间为12.76小时，在全省21个地级市中排名第八；出口整体通关时间为1.23小时，位居全省前列。

是月 中国港口协会发布全国38个主要港口企业上半年主要经济指标统计数据。在“每货物吞吐吨创造直接价值”和“每货物吞吐吨创造综合价值”两项指标中，珠海港控股集团有限公司分别位列全国第五名和第六名，较上年同期分别上涨51.49%和52.23%，增幅均位列全国第一。

7月

1日 常住横琴（含横琴、保税区、洪湾一体化区域）并已办理居住证的澳门居民参加珠海基本医疗保险试点工作启动。

△ 洪鹤大桥HHTJ2标段8号主塔最后一节段浇筑完成，洪鹤大桥首个主塔封顶。

2日 郭永航、姚奕生率党政代表团赴广州学习考察，参观小马智行科技有限公司、云从信息科技有限公司等企业。省委常委、广州市委书记张硕辅等与代表团进行交流。

3日 “粤省事·珠海专版”开通仪式举行，上线382项高频民生服务事项，其中省统筹368项、珠海地方特色服务事项14项。

4日 郭永航会见普华永道会计师事务所亚太区及大中华区主席赵柏基。

5日 珠海市人民政府与深圳碳云控股有限公司签署战略合作协议，双方将在生命科学和人工智能领域开展合作。

9日 珠海市农业农村局发布《关于香洲渔港搬迁的通告》，启动搬迁工作。

11日 省水利厅调研检查前山河珠中跨界区域水污染治理工作，要求珠海、中山围绕省委、省政府提出的确保石角咀水闸国考断面水质达标的总目标，做好治污工作。

15日 副省长张光军率队赴珠海市调研饮用水源及国考断面水质达标攻坚工作。

16日 姚奕生在广州会见澳门科技大学校监廖泽云、广药集团董事长李楚源，就深入贯彻落实习近平总书记对横琴重要指示精神、促进澳门经济适度多元发展等进行探讨和交流。

△ 珠海与湛江首个城市级合作项目——湛江创新产业新城举行签约暨启动仪式。

17日 13时59分，珠海电网负荷（含供澳门）本年度第三次创新高，达405.4万千瓦，比上年增长5.93%。同时，珠海本地用电负荷创年内第四次新高，达319万千瓦，比上年增长6.83%。

17—19日 郭永航率珠海市代表团访问四川省甘孜藏族自治州、广安市，就对口支援及友好合作对接交流。

19日 姚奕生会见香港远东发展有限公司主席兼行政总裁邱达昌，就滨海旅游发展等探讨和交流。

22日 美国《财富》杂志公布2019年世界500强名单，格力电器凭借营收成绩和创新能力首次上榜，名列第414位，实现珠海企业在《财富》世界500强排行榜上零的突破。

△ 珠海市首个“舒心驿站”心理咨询室落户斗门区莲洲镇莲江村，为斗门农村妇女儿童提供心理咨询服务。

24日 肇庆市委书记、市人大常委会主任赖泽华，市委副书记、市长范中杰率党政代表团来珠考察。

24—25日 云南省政协考察团到访珠海市。

29日 珠海市人民政府与遵义医科大学签署合作协议。

31日 2019年第八届中国创新创业大赛（广东·珠海赛区）暨珠海市“科创杯”创新创业大赛落幕，珠海横琴新区鑫方源科技有限公司、艾威药业（珠海）有限公司等30家企业获奖。

8月

1日 《珠海市加强科技企业孵化器用地管理的意见（试行）》实施。

2日 横琴获批国内旅游业税收优惠政策，成为继福建平潭之后获批此政策的第二个新区。

7日 水利部珠江水利委员会调研组一行在珠海市调研，考察前山河流域综合治理以及珠江河口有关涉水项目建设情况。

9日 市委八届七次全会召开。全会听取郭永航代表市委常委会所作的报告和姚奕生关于推进粤港澳大湾区建设的具体部署，讨论珠海市全力支持澳门经济适度多元发展的实施方案。

11—12日 姚奕生带队赴西藏自治区林芝市米林县和米林农场调研对口支援工作。

15日 郭永航会见诺贝尔化学奖获得者、珠海诺贝尔国际生物医药研究院院长阿龙·切哈诺沃。

16日 广昌泵站取水口咸度比上年提早10天超标。

△ 上午9时30分，最后一批数十条渔船从香洲渔港起航，驶向洪湾中心渔港。至此，香洲渔港渔业功能调整完成并关闭。

20—29日 郭永航率珠海代表团访问匈牙利、波兰和俄罗斯。代表团出席中国（珠海）—波兰（华沙）经贸合作交流会、中国·珠海—俄罗斯·列宁格勒地区经贸合作交流会；参加第十四届俄罗斯航展；访问波兰友城格丁尼亚市，拜访中国驻波兰大使刘光源等，交流推进互利合作。

21—22日 姚奕生率队到云南省怒江州，就做好决战决胜阶段扶贫协作工作进行交流对接。怒江州委书记纳云德等参加有关活动。

29日 以“跨越太平洋的合作之路”为主题的2019智利企业家中国横琴行活动在珠海举行。

9月

1日 在2019年中国企业500强榜单中，珠海格力电器股份有限公司、珠海华发集团有限公司分别排名第102、第330位。

5日 姚奕生会见中山市委副书记、市长危伟汉。双方在基础设施互联互通、前山河流域污染治理、应急联动和警务合作等方面达成一致意见。

△ 珠海市发展改革局发布《关于珠海机场改扩建项目航站楼（含机坪塔台及运控中心）工程设计概算（建安工程费）的批复》。

△ 广东省人力资源和社会保障厅、广东省文化和旅游厅印发《香港、澳门导游及领队在珠海市横琴新区执业实施方案（试行）》的通知。

8日 珠海市涉港澳纠纷人民调解委员会及珠海市新的社会阶层人士联合会人民调解委员会成立。这是全国首个地市级涉港澳纠纷调委会。

9日 华中师范大学珠海附属中学举行开学典礼。学校坐落于斗门区乾务镇。

10—22日 第三届珠海莫扎特国际青少年音乐周举行。同时举办多场高品质艺术惠民活动。

13日 上午9时左右，当地渔民在珠海桂山岛至三角岛之间海域拍摄到十余条中华白海豚。

16日 横琴新区管委会发布《关于开展港澳导游及领队在横琴新区执业岗前培训的通知》。

18日 珠海·怒江东西部扶贫协作联席会议在珠海召开。

19日 14时42分，酒泉卫星发射中心，“珠海一号”03组5颗高光谱卫星由长征十一号运载火箭以“一箭五星”方式发射升空，进入预定轨道。珠海欧比特宇航科技股份有限公司自主建设和运营的“珠海一号”遥感微纳卫星星座完成12星组网。

20—22日 第五届珠江西岸先进装备制造业投资贸易洽谈会在佛山市举行。珠海市37家企业携140多件创新产品参展，签约项目39个，总投资额220.16亿元，其中超十亿元项目7个。

21—23日 珠海2019年“中国农民丰收节”主题活动举行。

23日 珠海市人民政府与太平洋建设集团有限公司签署战略合作协议。

23—29日 由中国网球协会和珠海市人民政府联合主办的华金证券珠海网球冠军赛举行。该赛事为ATP250级别巡回赛，是粤港澳大湾区唯一一站，也是ATP亚洲赛季首站赛事之一。比利时组合吉勒/弗列根获男双冠军；澳大利亚德米纳尔获男单冠军。

24日 珠海市海上搜救中心万山分中心揭牌仪式在桂山岛举行。这是粤港澳大湾区首个海岛海上搜救中心，其运营实现珠江口海上搜救组织协调工作重心前移。

25日 金海大桥首个主塔墩——26号墩承台塔座结构出水，进入墩身施工阶段。

△ 首批60名港澳导游及领队领取珠海横琴新区专用导游证。

26—27日 吉林省政协党组书记、主席江泽林率团到访珠海，考察格力电器、港珠澳大桥。郭永航会见考察团。

30日 珠海市在珠海烈士陵园举行烈士纪念日活动。

△ 《珠海市人民政府与杭州宋城集团控股有限公司战略合作框架协议》签署。

10月

1日 珠海市庆祝中华人民共和国成立70周年升国旗仪式在九洲城广场举行。

△ 珠海市面积最大的公共图书馆——金湾区图书馆（新馆）开馆，总投资2.3亿元、总建筑面积超过2.8万平方米。

△ 珠海市人民医院等6家医院被列为珠海市日间手术试点医院，9个病种15个术式被确定为首批试点。

△ 晚上8时，珠海市庆祝中华人民共和国成立70周年焰火晚会在拱北湾海域举行，时长25分钟。

7日 国庆假期，珠海市接待游客271.22万人次，比上年同期增长7.2%，其中，过夜游客63.56万人次，增长

7.3%。实现旅游总收入 17.81 亿元，增长 12.2%。

9 日 《关于调整珠海市困难群体补充医疗保险待遇并做好与医疗救助衔接的通知》实施。

17 日 珠海第四条对澳门供水管道工程通水。工程从广昌到洪湾再经横琴直达澳门氹仔岛，日供水能力 20 万立方米。珠海对澳门供水系统实现环线安全供水。

△ 姚奕生会见 BP 集团全球石化芳烃业务总裁 Luis Sierra。

17—19 日 第十三届中国（珠海）国际办公设备及耗材展览会在珠海国际会展中心举行，第七届亚洲 3D 打印展览会同期同馆举行。100 多个国家的 450 多家展商、近 1.6 万名国内外专业观众参会。

18 日 2019 年广东“众创杯”创业创新大赛科技海归领航赛在珠海举行，珠海有 6 个项目进入决赛，并取得一金一银四铜的佳绩。大赛是由省人社厅等 13 个部门联合举办的大型创业赛事。

△ 南方海洋科学与工程广东省实验室（珠海）主任、首位当选珠海市顶尖人才的陈大可院士获颁《珠海市高层次人才证书》。

19 日 《珠海市科技创业孵化载体管理和扶持办法》实施，有效期至 2022 年 12 月 31 日止。

19—20 日 2019珠海沙滩音乐节在海滨泳场沙滩举行，首创嘻哈、民谣双主题。

21 日 以“携手发展新兴产业　同心共筑湾区梦想”为主题的 2019 澳珠企业家峰会在珠海国际会展中心举行。峰会由珠海市人民政府和澳门特别行政区经济财政司主办。总投资额达 198 亿元的 20 个澳珠合作项目现场签约；粤澳跨境金融合作（珠海）示范区、澳门旅游学院粤港澳大湾区旅游教育合作中心揭牌成立。

△ 第八届中国创新创业大赛（广东·珠海赛区）暨 2019 年珠海市“科创杯”创新创业大赛颁奖仪式举行。

22—23 日 第三届“21 世纪海上丝绸之路”中国（广东）国际传播论坛在珠海市举办，主题为“大湾区建设助力‘海上丝路’交融”。

22—27 日 2019 横琴人寿珠海 WTA 超级精英赛举行。

23 日 港珠澳大桥开通一周年，珠海公路口岸累计验放出入境旅客超过 1400 万人次，日均客流量达 4 万人次；累计验放出入境车辆超过 70 万辆次。

△ 珠海演艺集团的大型原创话剧《龙腾伶仃洋》在珠海大剧院举行首演。

25 日 澳门大学—华发集团联合实验室揭牌暨珠海澳大科技研究院启用仪式在珠海横琴·澳门青年创业谷举行。

26 日 《全国人民代表大会常务委员会关于授权澳门特别行政区对横琴口岸澳方口岸区及相关延伸区实施管辖的决定》获表决通过。

28 日 2019 珠海（国家）高新区“菁牛汇”创新创业大赛落下帷幕。“增强（混合）现实核心光学技术及系统的研发”与“产业化与新型国产左心耳封堵器系统”项目获企业组一等奖；“新一代非易失性存储控制器芯片技术”与“基于 CRISPR 技术的核酸高敏快速等温检测体系”项目获初创组一等奖。

29 日 中国（珠海）—荷兰海绵城市与水治理交流会在清华科技园（珠海）举行。

30 日 第二十二次中韩日佛教友好交流会议在珠海举行，主题为“佛教与人类命运共同体的构建”。

△ 郭永航会见中国男子篮球职业联赛（CBA）联盟董事长姚明。

31 日 拱北口岸启用国际贸易“单一窗口”公路舱单。

11 月

1 日 郭永航带队赴湖北省武汉市，拜访中国信息通信科技集团等公司。

△ 姚奕生率队到江门市考察，就进一步推动珠海—江门高端产业集聚发展区建设交流对接。

△ 《珠海市公立医疗机构医用耗材集中采购工作实施方案》实施。

4 日 珠海市首次实施水稻侧深施肥插秧一体技术试点工作取得成功。斗门白蕉镇月坑村试验田收割现场的测产结果比常规施肥的水稻田亩产增加 62.94 千克。

5 日 平岗泵站取水口咸度比上年提早 42 天超标。

5—6 日 “一带一路”国家知识产权意识提升国际研讨会在珠海市召开，研讨会由中国国家知识产权局和世界知识产权组织（WIPO）共同主办、广东省市场监管局（知识产权局）和珠海市人民政府协办。

6 日 竹洲头泵站取水口咸度比上年提早 42 天超标。

7 日 郭永航会见牙买加总理安德鲁·霍尔尼斯。

8 日 澳门街坊会联合总会广东办事处横琴综合服务中心揭牌。

△ 洪鹤大桥 4 座主塔全部封顶。

△ 市观鸟协会鸟类调查部首次在外伶仃岛北帝庙附近观测到白眶鹟莺，刷新珠海鸟类品种纪录。

9—12 日 郭永航带队赴云南怒江对接扶贫协作工作。

10 日 珠机城轨二期工程启动箱梁施工。

11 日 市委常委、副市长曾进泽会见萨摩亚等国代表组成的第九批太平洋岛国政治家联合考察团。

13 日 郭永航会见在珠海市参加“展交流之翼　牵合作之手”友好使者珠海行活动的代表团。

△ 珠海 20 家企业入选《2019 年广东制造业 500 强企业研究报告》，格力电器位居榜单第六。

14 日 珠海市人民政府与中国信息通信科技集团有限公司签署战略合作框架协议。

15 日 2019 年珠海企业 100 强发布。这是珠海市企业与企业家联合会首次开展企业 100 强评审活动。

16 日　粤港澳大湾区交通建设智能维养与安全运营工程技术研究中心在珠海成立。该中心是交通运输行业首个粤港澳三地联合共建的工程技术科研机构，被广东省科学技术厅认定为省级工程技术研究中心。

16—23 日　第六届中国国际马戏节在横琴长隆举行。全球 22 个国家、24 支队伍、超过 200 名演职人员参演。首度与蒙特卡洛国际马戏节联袂演出，规模、品质创新高。

17 日　珠机城际轨道交通项目金海大桥首个水上主桥墩——25 号墩墩身封顶。

17—19 日　“2019 太空技术和平利用（健康）国际研讨会”在珠海举行。会议由中国宇航学会、中国高科技产业化研究会和国际和平联盟（太空）联合主办，主题为“同一个太空，同一个家园”。

18 日　礼达联马（珠海）股权投资管理有限公司在横琴新区开业。该公司是全国首家澳门特区投资者全资设立的境内基金管理公司，是广东省地级市首家 QFLP（外商投资股权投资）落地企业。

21 日　第三届横琴新区发展咨询委员会第一次会议举行。姚奕生为出席会议的宋海等 10 位咨询委员颁发聘书。

△　珠海拱北—澳门青洲燃气管道连接工程，第一管贯通。

△　“中华文化四海行——走进广东（珠海站）”在珠海梅溪牌坊陈家大院启动。“中华文化四海行”活动是由国务院参事室、中央文史研究馆与多个省级人民政府举办的系列文化品牌活动。

21—22 日　全国政协调研组就《推进澳门横琴深度合作》重点提案督办在横琴新区调研。

22 日　郭永航、姚奕生在格力电器调研。郭永航强调，珠海将举全市之力支持格力电器做强做优做大，推动格力电器打造成为世界级的先进制造业、现代多元化发展的标杆企业。

△　11 时，石景山隧道南端左线洞首爆成功，标志着兴业快线（南段）一标段工程进入爆破开挖阶段。

△　珠海市工伤保险联合调查工作启动。政企优势互补、分工协作的工伤调查新模式开创全省先河。

23 日　首届广东省森林文化周“走进淇澳红树林湿地”系列活动启动仪式在珠海淇澳红树林保护区举行。

25 日　大横琴山隧道工程（一期）2 号隧道右线贯通。隧道北起彩虹路和香江路之间的中心大道，终点至长拦湾。

27 日　珠海发布“平安 +”市域社会治理指数。该指数涵盖社会稳定等一级指标 14 个和二级指标 28 个。

△　珠海拱北—澳门青洲燃气管道连接工程第二管贯通。

△　市委常委、统战部部长郭才武会见到访的韩国驻穗总领事洪性旭。

28 日　珠机城际轨道交通项目二期工程金海大桥 22 号墩“0 号块”浇筑完成，标志着横琴岸连续刚构梁进入上部施工阶段。

28—30 日　第四届中国国际复合材料科技大会在珠海举办。大会由中国复合材料学会主办，珠海市人民政府、广东省科学技术协会支持，主题为“复合新材，料定未来”。第三届国际复合材料产业创新成果技术展览会同期举办。

29 日　《珠海市城市医疗联合体建设试点工作方案》实施。

△　2019 年澳门、珠海（横琴）、中山、江门消费维权合作第二次联席会议在横琴召开。横琴新区创新推出“澳门、珠海（横琴）、中山、江门跨域视频调解机制”及“澳门、横琴消费领域信用体系共建基地”消费维权合作新机制。

△　珠海机场改扩建工程动工，设计年旅客吞吐量 2750 万人次、年货邮吞吐量 10.4 万吨、年客机起降 19.8 万架次。

△　珠海对成功申请进入横琴的澳门机动车发放电子临时入境机动车牌证，不再发放纸质牌证，车牌有效期延长至 1 年。

△　粤澳中医药科技产业园开发有限公司被认定为首批“国家中医药服务出口基地”。

29—30 日　姚奕生赴阳江市、茂名市调研精准扶贫和对口帮扶工作。

30 日　横琴首家由澳门执业医生开设的诊所——欧伟乐内科诊所开业。

12 月

1 日　《珠海经济特区禁毒条例》施行。

△　《珠海经济特区横琴新区港澳建筑及相关工程咨询企业资质和专业人士执业资格认可规定》施行。这是全省首部引进港澳企业和专业人士到内地直接执业服务的地方性法规，也是珠海通过地方立法将国家最新改革措施予以法制化的先行先试探索。

1—2 日　省委书记李希在珠海市就学习贯彻党的十九届四中全会精神、贯彻落实省委十二届八次全会精神、推进粤港澳大湾区建设、推动制造业高质量发展进行调研。其间考察珠海金山办公软件有限公司、云洲智能科技有限公司。郭永航、姚奕生等参加调研。

3 日　220 千伏珠海叠泉（金海）输变电工程第三标段的电力顶管隧道贯通。

△　全国首个跨境服务 APP“琴澳通”发布。

4 日　《珠海市、中山市、江门市森林火灾扑救应急联动合作协议》在珠海签署。

△　珠海市位居 2019 年出境游十大“黑马”客流城市第四位，出境游人次比上年增长 239%。

5—6 日　第二届粤港澳大湾区中医药传承创新发展大会在珠海召开。大会由广东省中医药局、香港特别行政区政府食物及卫生局、澳门特别行政区政府卫生局、珠海市人民政府主办。

6日 珠海、澳门天然气管网互联互通开通仪式举行。两地双向供气新格局开启。

6—7日 广西壮族自治区政协考察团在珠海考察调研。

7日 第三届高端人才珠海创新创业交流大会暨中国海外学子报国行活动在珠海举行。21个珠澳创业项目签约落地，10家博士后创新实践基地获批授牌。活动由中国留学人员回国服务联盟、珠海市人民政府等主办。

△ 第三十五届珠海市青少年科技创新大赛暨珠澳青少年科技交流邀请赛举行。大赛主题为“创新·体验·快乐·成长”，7000余名珠澳学生携567项作品参赛，评选出49项作品代表珠海市参加第三十五届广东省青少年科技创新大赛。

8日 珠澳学生庆祝澳门回归祖国20周年文艺晚会举行。晚会由珠海市人民政府等主办，主题为“逐梦大湾区·奋进新时代”。

△ 2019“一带一路”粤菜产业发展论坛暨珠港澳美食旅游文化节开幕。活动由广东省人力资源和社会保障厅、珠海市人民政府、世界中餐业联合会主办。

9日 首批4名澳门社工来珠海横琴新区执业确认仪式在珠海市举办。

10日 “粤澳同心 逐梦湾区”庆祝澳门回归祖国20周年网络主题采访活动在珠海启动。活动由广东省委网信办主办。

△ 普华永道粤港澳大湾区西岸服务基地成立揭牌仪式举行。

△ 全国首家粤港澳大湾区劳动争议联合调解中心暨珠海（横琴）速调快裁服务站挂牌成立。

△ 澳门产业多元十字门中央商务区服务基地投入运营暨揭牌仪式举行。

11日 在“中国十大海运集装箱口岸营商环境评测”结果中，珠海排名第七。

12日 郭永航为新聘任的于燮康等11位珠海市集成电路产业智库专家颁发聘书。

△ 横琴新区国际互联网数据专用通道开通。

12—13日 2019中国（珠海）集成电路产业高峰论坛举行。中国先进半导体一站式芯片IP及量产中心、珠海先进集成电路创新研究院揭牌；中国科学院上海微系统与信息技术研究所集成电路项目成果转化及30家珠海集成电路产业重大项目签约。

13日 歌哈·兹比、刘琳琳、阿努拉、刘合合、亚溥、徐延铭、安柯南、郝镇熙、黄必昌、杜国栋、傅道田、王军、郑通亮、吴清辉、刘良、单鸿、吴易舫、吴江徽、潘景生、刘艺良、邝美云、鹈泽精一、陶永德、徐桂生、骆薇薇、朱永灵、蔡俊福、林鸣等28人当选珠海第十届荣誉市民。姚奕生向新当选的荣誉市民颁发证书和奖章。

△ 珠海华发集团发行上市澳门首单公募公司债券，开创全球企业赴澳门发行公募公司债券的先河。

14日 珠海市人民政府与澳门宝龙集团签署战略合作框架协议。

15日 《新华每日电讯》刊载题为《以“澳”为重，倾“琴”所能——从珠海“桥头堡”到澳门多元化载体，横琴十年再出发》的报道。

△ 珠海云航智能技术有限公司打造的“筋斗云0号”自主航行货船在珠海东澳岛首航。这是中国研制的首艘具备自主航行功能的智能化货船。

17日 珠海制造首架国产“空中宝马”——西锐国内生产线第一架SR20飞机由航空工业通飞交付北大荒通用航空有限公司使用。

△ 澳门中药质量研究国家重点实验室、模拟与混合信号超大规模集成电路国家重点实验室、智慧城市物联网国家重点实验室、月球与行星科学国家重点实验室等4所国家重点实验室横琴分部揭牌成立，珠海成为澳门国家重点实验室在内地落户的唯一城市。

18日 珠海市全面开展城乡生活垃圾分类工作动员大会在香洲区星园市场广场召开。

22日 21时，澳门特别行政区政府与珠海市人民政府在澳门旅游塔及珠海横琴金融岛对出海面首次举行联合烟花汇演活动。汇演时长30分钟，分为“美丽中国、欢庆家园”“岁月如歌、相约澳门”“澳珠一家、邻里情深”“守望相助、共建湾区”4个篇章。

24日 澳门特别行政区行政长官贺一诚率澳门特别行政区政府代表团考察珠海市。

25—26日 郭永航带队赴阳江市、茂名市考察精准扶贫工作。

28日 2019“让世界爱上中国造”高峰论坛在格力电器举行。论坛由中国机械工业联合会、珠海市人民政府等联合主办，主题为“坚持高质量发展 自力更生自主创新”。

△ 经珠海拱北口岸出入境旅客48.39万人次，是该口岸年内第四次刷新单日客流纪录。

28—30日 茂名市委书记、市人大常委会主任许志晖，市委副书记、市长袁古洁率茂名市党政代表团来珠海市考察。

30日 珠海市实施国家组织药品集中采购和使用试点扩围工作。

31日 珠海市中级人民法院对被告人黄建伟等6人入境发展黑社会组织案一审公开宣判。该案是近年来广东省首宗境外黑社会入境发展渗透案件。

△ 姚奕生会见瓦努阿图农业部长马泰·塞里玛雅·纳瓦鲁。

是月 珠海对全市35个创新创业团队项目和1个高层次人才创业项目予以立项资助，资助总额2.35亿元。

是年 珠海边检总站查验出入境人员首次突破1.73亿人次，比上年增长12.3%；查验出入境交通运输工具513万辆（架、艘）次，增长18.5%。单日最高查验出入境人员61.05万人次，创历史新高。（王小英 郑秋玉 李 萍）

·责任编辑：潘杜鹃·

概 貌

基本市情

【位置和面积】 珠海市位于广东省南部、珠江口西岸，珠江水系之西江流经珠海境内的崖门、磨刀门、鸡啼门、虎跳门，汇入南海。地处北纬21°48′～22°27′、东经113°03′～114°19′。珠海市区东与深圳市、香港特别行政区隔海相望，距香港特别行政区36海里，南与澳门特别行政区陆地相连，港珠澳大桥竣工后，珠海成为内地唯一与香港、澳门同时陆路相连的城市。西邻江门市新会区、台山市，北与中山市接壤，距广州市区140千米。珠海市陆地面积1736.46平方千米，领海基线以内海域面积6050平方千米。（珠 鉴）

【建置沿革】 1953年4月7日，经中华人民共和国政务院批准，珠海县成立，县政府设在唐家，隶属粤中行政区管辖。1955年，珠海划为边防区，设立上涌、下栅边防检查站并发放边防居民证。1959年3月20日，珠海县撤销并入中山县。1961年4月17日，珠海县建制恢复，县政府设在香洲。

1979年3月5日，珠海县改为珠海市，市革命委员会（1980年改为市人民政府）设在香洲；11月，定为省辖市。1980年8月26日，中华人民共和国第五届全国人民代表大会常务委员会第十五次会议批准，在珠海市内设立经济特区，面积6.81平方千米。1983年5月5日，斗门县划归珠海市管辖；6月29日，国务院批准调整珠海经济特区范围面积至15.16平方千米。1984年6月，在原珠海县管辖区域设立香洲区，为县一级建制。1988年4月5日，经国务院批准，珠海经济特区面积扩大至121平方千米。

1988年12月，珠海市委、市政府为实施东西两翼发展战略，设立万山管理区、三灶管理区。1998年，广东省政府为实施全省海洋综合开发战略，批准万山管理区为万山海洋开发试验区，是全省第一个地方性海洋综合开发试验区。

1992年春，横琴被广东省定为20世纪90年代扩大对外开放的4个重点开发区域之一；7月，横琴经济开发区成立；8月，横琴经济开发区管委会挂牌办公，为珠海市政府派出机构。2009年6月24日，国务院常务会议审议并通过《横琴总体发展规划》；11月25日，中央编委同意设立珠海横琴新区管理委员会，属省政府派出机构并委托珠海市政府管理，为副厅级建制，横琴新区被纳入珠海经济特区范围，珠海经济特区面积扩大至227.46平方千米。2015年4月21日，中国（广东）自由贸易试验区挂牌；4月23日，中国（广东）自由贸易试验区珠海横琴新区片区挂牌。

1992年12月，经国务院批准成立珠海高新区。1993年3月，由国家科委（现科技部）授牌并进行动态管理，是国家级高新区，由南屏科技工业园、三灶科技工业园、新青科技工业园和科技创新海岸组成。2006年7月，市委、市政府对珠海高新区和唐家湾镇作出“区镇合一”体制调整，在唐家湾地区设立主园区。2015年9月，国务院批复同意珠海高新区建设国家自主创新示范区，此后，珠海高新区形成“一区多园”格局，即珠海高新区“一区”下辖唐家湾主园区，南屏科技工业园、三灶科技工业园、新青科技工业园、富山科技工业园、航空产业园以及横琴高新技术和科研研发园区等多园，总面积369.34平方千米。

1993年4月，珠海港管理区成立，为市政府派出机构。1999年7月，市政府撤销珠海港管理区，成立珠海临港工业区管理委员会、高栏港区建设管理委员会（一个机构，两块牌子），将原管辖的南水镇和南通公司划归三灶管理区管辖。2006年7月3日，市委、市政府对高栏港区域实施“区镇合一”体制改革，成立珠海高栏港经济区。2008年7月25日，组建市港口管理局和珠海港集团有限公司，形成港口行政管理、港口经营开发和港区建设发展既分工明确又一体联动的工作格局。2012年3月，经国务院批准，高栏港经济区升级为国家级经济技术开发区（定名为珠海经济技术开发区）。2018年2月，国务院批准在高栏港经济区2.51平方千米的区域内成立珠海高栏港综合保税区。

1996年11月3日，经国务院批准，珠海保税区成立（1999年10月封关运作）。

2001年4月4日，经国务院批准，金湾区成立，为县一级建制。同年12月29日，斗门撤县建区。

2010年8月26日，国务院批复，

自2010年10月1日开始，珠海经济特区范围扩大至全市，总面积扩大至7653平方千米。

2017年7月1日，富山工业园调整管理体制，由市政府及职能部门委托管委会对园区内经济事务和其他行政工作行使市一级经济管理权限，园区经济指标纳入斗门区统计，财税收益归属斗门区支配。（刘利亚）

【行政区划】 2019年，珠海市设有香洲区、金湾区、斗门区3个行政区，下辖15个镇、9个街道。其中，香洲区辖梅华街道、狮山街道、翠香街道、拱北街道、吉大街道、湾仔街道、香湾街道、前山街道8个街道，以及南屏镇、唐家湾镇、横琴镇、桂山镇、万山镇、担杆镇6个镇；金湾区辖红旗镇、三灶镇、南水镇、平沙镇4个镇；斗门区辖白藤街道1个街道，以及井岸镇、白蕉镇、斗门镇、莲洲镇、乾务镇5个镇。有横琴新区、珠海（国家）高新技术产业开发区、珠海经济技术开发区（高栏港经济区）、珠海万山海洋开发试验区、珠海保税区5个经济功能区。（钟 楠）

【人口】 截至2019年底，珠海市常住人口202.37万人，比上年末增加13.26万人，增长7.0%；出生率15.2‰，死亡率4.8‰，自然增长率10.4‰。人口城镇化率90.72%。（曹玉华）

【气候】 2019年，珠海市天气总体呈现“气温高，暴雨少，没有台风严重影响”特点。年平均气温24.1℃，比常年平均偏高1.5℃。年高温日数8天，较常年同期明显偏多；全年未出现低温日。年总降雨量1984.4毫米，比常年平均偏少4.7%。全年降雨时间分布不均，春季雨量偏多，夏季偏少，秋冬季更少；暴雨日数8天，比常年平均偏少2.6天。年日照总时数1723.7小时，比常年平均偏少156.0小时。全年有3个台风对珠海有明显风雨影响，影响珠海的台风个数与常年持平，但台风强度偏弱。（张金清）

【土地资源】 珠海市土地面积1736.46平方千米，其中，香洲区555.29平方千米、金湾区567.28平方千米、斗门区613.88平方千米。耕地保有量330.27平方千米，其中，香洲区5.4平方千米、金湾区115.57平方千米、斗门区209.3平方千米。（胡宁溪）

【水资源】 珠海市位于广东省南部、珠江三角洲河网区西南隅，面朝南海，背靠珠江三角洲，为珠江流域重要出海口所在地。珠江流域八大口门中的崖门、磨刀门、鸡啼门和虎跳门流经珠海，其中纵贯珠海的磨刀门水道常年平均径流量约923亿立方米，为八大口门之首。珠海市有大小河流504条，总长1274千米；湖泊8个，常年水面面积4.76平方千米；水库山塘85个，总库容1.53亿立方米。水资源的构成特点是入境水资源多，本地水资源量少；地表水资源量大，地下水资源量小。多年平均入境水量1227.29亿立方米，本地水资源量22.27亿立方米，入境水资源是本地水资源量的55.1倍。境内多年平均地表水资源量21.83亿立方米，地下水资源量2.27亿立方米，地表水资源量是地下水资源量的9.6倍。

2019年，全市水资源总量22.12亿立方米，总用水量5.76亿立方米，比上年增长1.7%。其中，居民生活用水下降3.2%，工业用水增长0.3%，城镇公共用水增长10.2%，农业用水增长1.8%，生态用水增长27.1%。人均用水量295立方米，下降4.8%。（曾泳桃）

【海洋资源】 珠海市地处珠江出海口西岸、珠三角核心区域，全市领海基线以内海域面积6050平方千米，是粤港澳大湾区九市中海洋面积最大的城市，位居全省第三。大陆海岸线长224.5千米；海岛岛岸线长525.52千米，拥有大小岛屿262个，素有“百岛之市”美誉。

【矿产资源】 珠海市矿产资源种类较少，大型矿床极少，金属矿产均为小型规模或为矿点、矿化点，优势矿产为滨海石英砂矿、建筑用花岗岩、地下热水和矿泉水。截至2019年底，发现矿种25种，其中金属矿产15种、非金属矿产6种、能源矿产（地下热水、泥炭）2种、水气矿产（地下水和矿泉水）2种。

【植被和生物资源】 珠海市动植物资源丰富。植物种类多样，全市植被主要组成种类556种，分别隶属于145科385属，以热带性属种较多，常见植物有大戟科、桑科、棕榈科、桃金娘科、茜草科、梧桐科、豆科、五加科、杜英科、野牡丹科、茶科、芸香科、五桠果科等。有脊椎动物255种。包括两栖纲22种、爬行纲49种、鸟纲148种、哺乳纲36种，其中，国家一级重点保护物种1种（蟒蛇），国家二级重点保护物种29种。2019年，发现省级新纪录1种：海陆蛙；新纪录种1种：小黑领噪鹛。（胡宁溪）

【历史文化】 距今6000多年前，珠海地区就有人类活动。先民在这里劳动、生息、繁衍。公元前2000多年，珠海地区已有先进的渔业经济，先民制造适于近海航行的渔船，发明水上停船技术，创造出一种不同于农耕文明与游牧文明的早期人类生存方式——海洋渔业文明。

珠海地区自古为海上贸易重要通道，汉唐以来成为广州与中东、非洲和欧洲海上贸易必经之路。唐宋时期，珠海地区山场一带盐业经济发达，盛极一时。唐宋以后，中国对外贸易中心由北方的河西走廊逐渐转移到南方和东南沿海，珠海地区是中国南部城市广州到阿拉伯国家海上商道重要“驿站”。郑和七下西洋，多次通过珠海海域。明清时期，珠海地区浪白澳海域是外国商船来华的重要泊船地，成为中国重要的对外贸易口岸。澳门开埠后，珠海海域商船往来更为繁忙。

珠海地区与澳门陆地相连，有着不可分割的历史和文化渊源。南宋绍兴二十二年（1152年），朝廷设立香山县，今珠海市、澳门特别行政区和中山市同属其管辖范围。宋末元初，珠海海域发生一场中国古代历史上规模最大的海战，民族英雄文天祥在这里留下千古绝唱“人生自古谁无死，留取丹心照汗青”。

在珠海经济特区设立之前，珠海大地上曾有两次尝试对外开放。第一次是1909—1912年的“香洲开埠”，清政府宣布香洲为自由港，开放香洲为无税区，这是珠海地区华侨和商绅实践“实业救国”的尝试。第二次是1929—1934年的中山模范县建设，在唐家湾开辟一个可停靠5000～20000吨轮船的南方巨大良港——“中山港”。在唐绍仪的请求下，南京国民政府于1930年5月中旬明令公布：“指定广东省中山县唐家环开辟为无税口岸，以60年为期，定名为中山港，由中山县训政实施委员会负责经营办理。”这两次试办“经济特区”虽未成功，但珠海人的开放创新精神矢志不渝。

在中国近现代史上，珠海地区出现过一大批产生重大影响的著名人物。“中国留学生之父”容闳、中国留学英国第一人黄宽、洋务运动先驱唐廷枢、近代民族工商业杰出代表徐润、民国第一任内阁总理唐绍仪、文坛奇才苏曼殊、中共早期重要领导人苏兆征、中华全国总工会第一任委员长林伟民、人民艺术家古元、中国第一位世界冠军容国团以及著名革命家、教育家、语言文字改革家韦悫等10余位珠海名人被《辞海》收录。清华学校第一任校长唐国安、华南地区最早的马克思主义传播者杨匏安等珠海名人被载入史册。这些敢为天下先的珠海人在政治、经济、文化、体育等各个方面发挥作用，并成为中国近代化进程的重要推动者。

珠海地区是一块具有革命传统的红土地。1833年，淇澳岛村民自发反抗英国鸦片商人侵扰，成为三元里抗英之前民众自发抗击侵略的先声。当地民众在反对澳门葡萄牙当局的殖民扩张、抗击日本侵略过程中都表现出英勇顽强的民族精神。

辛亥革命期间，从买办到民族工商业者，从实业救国到社会改良，从西学东渐、维新变法到民主共和思想的浸润与播种，从暴力革命到民主共和的建立与捍卫，都留下珠海人的身影。1911年11月，前山新军起义是武昌起义后革命党人在珠海发动的一次重要起义，为辛亥革命彻底推翻清政府做出贡献。

中华人民共和国成立后，珠海县于1953年成立，珠海人为巩固边防、守护海疆不怕流血流汗。珠海先后设立平沙、红旗等华侨农场，为国分忧、为归难侨撑起保护伞。1979年建市，1980年设立珠海经济特区，是中国最早实行对外开放政策的四个经济特区之一，成为全国改革开放的“窗口”与“试验田”，承担着为探索中国特色社会主义道路杀出一条血路的光荣而艰巨的使命。珠海人敢为人先，勇于探索，攻坚克难，奋发有为，大胆开拓创新。1984年1月，邓小平第一次南方视察来到珠海，挥笔题词“珠海经济特区好”，坚定改革开放决心；1992年1月，邓小平第二次南方视察再次来到珠海，推动中国改革开放大业走向辉煌。

珠海是全国唯一以整体城市景观入选“中国旅游胜地四十佳”的城市。人居环境一流，先后获评“全国双拥模范城”“国家园林城市”“国家生态园林城市”“国家环保模范城市”“国家卫生城市”“国家级生态示范区”“国家生态文明建设示范市”“中国十大魅力城市”“中国十佳宜居城市”“中国优秀旅游城市”“中国最具幸福感城市”“中国和谐名城”“中国最美丽城市”“国家森林城市”“全球十佳宜居城市”等称号，以及环境保护部颁发的“中国生态文明奖”，联合国人居中心颁发的“国际改善居住环境最佳范例奖”。

珠海保存有丰富的文化遗产。拥有珠海宝镜湾遗址、陈芳家宅、三灶岛侵华日军罪行遗迹3处全国重点文物保护单位；草堂湾遗址、东澳湾遗址、石溪摩崖石刻群、杨氏大宗祠、唐家三庙、甄贤学校、苏兆征故居、苏曼殊故居、拉塔石炮台等24处省级文物保护单位和多处市级、区级文物保护单位。唐家湾古镇、斗门镇、斗门古街被公布为国家级历史文化名镇（名街）。截至2019年底，登记历史建筑线索381处，先后公布3批历史建筑148处、改革开放历史性建筑36处。核定公布334处文物点为珠海市不可移动文物名录、各级文物保护单位73处，普查各级非物质文化遗产44项。斗门水上婚嫁、装泥鱼、三灶鹤舞、一指禅推拿4个项目被列入国家级非物质文化遗产代表性项目名录。斗门飘色、沙田民歌、鸡山中秋对歌会等10余个项目被列入广东省非物质文化遗产代表性项目名录。

海洋文化是珠海历史文化的总特点，在不同时期有不同表现形式，早期以海洋渔业文化为特点，唐宋以后表现为香山文化，近现代以来这里中西交融、多元包容、开拓进取，孕育形成独特的城市文化，表现为买办文化、华侨文化、留学文化、红色文化和特区文化等。

（肖一亭）

【侨乡侨情】 珠海是广东省著名侨乡，侨力资源丰富，侨乡历史悠久。截至2019年底，有旅居海外华侨华人、港澳同胞40余万人，主要分布在北美洲、拉丁美洲、大洋洲和东南亚等50多个国家和地区；有侨眷30余万人；有侨资企业2300余家，占全市外资企业70%以上。

华侨农场　平沙华侨农场和红旗华侨农场是广东省规模最大的两个华侨农场，其中平沙华侨农场面积约197平方千米，常住人口约10万人；红旗华侨农场面积约123平方千米，常住人口约11万人。1958—1978年期间，两个农场接收印度尼西亚、马来西亚、新加坡、越南等国家和地区归侨2万余人。截至2019年底，华侨农场有归侨6000余人（以越南归侨为主）。

华侨社团　市侨务局（市侨联）属下有印度尼西亚联谊会、越柬老联谊会、新马泰联谊会、珠海潮人联谊会、辛亥革命志士后裔联谊会、珠海侨商企业协会6个民间社团，有英国、加拿大、美国、哥斯达黎加、澳大利亚、新西兰、印度尼西亚、日本等珠海海外联谊会和留学生联谊会16个。市侨联与50多个国家200多个友好社团建立联系。（杨毓婷）

【民风民俗】 珠海市拥有丰富多彩的传统民间习俗。

斗门水上婚嫁　珠海市斗门区一带独特的传统民俗文化，是当地疍家人的传统成亲礼仪，形成于清初，成熟于清代同治、光绪年间。水上婚嫁融合广府文化和客家文化元素，婚嫁程序繁复多样，有夹年生、拿茶叶、择日、使日、起厨、坐高堂、上头、嫁仪、花船迎亲、渡水饭、拜堂、闹洞房、回门13项礼仪，以花船迎亲、沙田民歌贯穿婚嫁活动全过程，独具水乡风情。2008年6月，斗门水上婚嫁习俗入选第二批国家级非物质文化遗产名录。

三灶鹤舞 珠海市三灶岛海澄村一带独特的传统民俗文化，源于宋代，有700多年历史，是三灶岛人民在长期的生产和生活实践中模仿白鹤动作神态、研究白鹤生活习性而创造出来的民间舞蹈，一般在迎春接福、贺老拜寿等喜庆节日和活动时举行。鹤舞表演分为仙鹤临门、觅食、啄吃、洗嘴、休息、嬉戏、归巢7个环节，表演时伴有鹤歌。“舞者，击鼓以三为节，歌者，击鼓以七为节。”2011年5月，三灶鹤舞被列入第三批国家级非物质文化遗产名录。

龙舟竞渡 俗称“扒龙船”，是珠海人喜爱的传统活动之一。1909年香洲开埠后，由海外侨商、港澳华商和地方乡绅组织，每年端午节期间在香洲埠附近海面举行龙舟竞渡。1911年香洲埠被大火烧毁后，龙舟竞渡停办。中华人民共和国成立后，首届珠海龙舟赛于1955年在金星门举行，此后成为一年一度盛事。1961年，县治迁至香洲，龙舟赛改在香洲野狸岛附近海面举行，从农历五月初三开始至初五结束，时有香港、澳门及香洲、湾仔、桂山、万山、担杆、南水、东澳、庙湾、外伶仃等代表队参加，20世纪80年代因安全问题停办。2009年，珠海国际龙舟节在前山河举办。2010年起，龙舟竞渡在斗门区黄杨河举办。

沙田民歌 流传于珠海市香洲区南屏、斗门区一带沙田地区的传统民歌。是在疍家歌、渔歌基础上，由水乡人独创的一种曲目，包括咸水歌、高堂歌、大罾歌、姑妹歌、叹家姐等。咸水歌有长句、短句两种，字数不等，风格各异，抒情悠扬；高堂歌以每段四句，每句七字为规则，一、二、四句押韵，以叙事为主，格式如七律七绝。沙田民歌音乐语言、艺术形式和表现手法简明朴实、平易近人、生动灵活，且题材广泛，演唱形式繁多，除了自己抒情，还可与他人对唱、斗歌，最大特点是触景生情、即兴唱酬。过去，沙田地区的村民经常聚集在基头、围尾、河岸、艇中对唱和斗歌，以歌自娱，以歌怡情，以歌会友。

乾务飘色 珠海市民间艺术，集中在斗门区乾务镇乾东、乾西和乾北三村，集文学、戏剧、音乐、造型、雕刻、服饰等于一体，有近400年历史。乾务飘色中最引人注目的是由7～10岁小孩扮演民间故事或历史典故中的人物，站立在色棒上，飘逸若飞，造型独特，极具欣赏价值。

三灶八堡歌 流传于珠海市三灶岛一带的传统民俗文化，源于明代，有600多年历史，是处于孤岛的三灶人认识家乡、了解外界的重要渠道。由于当时的三灶岛有8个堡，人们就把这种民歌叫做《八堡歌》。《八堡歌》巧妙地把地名和地方特色编入歌谣，语言诙谐，音节和谐悠扬、机智敏捷，得趣成章，朴质浑然。歌谣为三灶方言，琅琅上口，通俗易懂，容易记忆，有深厚的群众基础。《八堡歌》从三灶岛海澄村的上表和下表开始唱起，连续唱出三灶岛8个堡所有自然村落的特点，最后编入三灶岛附近乃至广东省内外的一些地名。

珠海民间艺术大巡游 2007年以来珠海市重要的民间艺术活动，每年元宵节期间举行。首届珠海民间艺术大巡游于2007年3月5日在吉大九洲城举行，其后分别在圆明新园、市体育中心、斗门区等地举行。珠海民间艺术大巡游活动通过飘色、鹤舞、沙田民歌、舞狮、舞龙等表演，将珠海市非物质文化遗产原汁原味呈现给市民。（苏玉怀）

【风景名胜】 珠海市是花园式滨海旅游城市，1998年获联合国人居中心颁发“国际改善居住环境最佳范例奖”，是全国唯一以整座城市景观入选“中国旅游胜地四十佳”的城市。2017年被国家旅游局授予“中国休闲旅游示范城市”称号。截至2019年底，有AAAA级景区景点7个（珠海圆明新园、珠海农科奇观、珠海罗西尼工业旅游、珠海市御温泉度假村景区、珠海市东澳岛旅游度假区、珠海市外伶仃岛度假区、珠海市汤臣倍健透明工厂景区）。

旅游景点 主要有：香炉湾（情侣路、珠海渔女、城市客厅）、石景山、海滨公园、野狸岛（珠海大剧院）、港珠澳大桥、珠海圆明新园、梦幻水城、澳门环岛游、古元美术馆、普陀寺、珠海农科奇观、梅溪牌坊（陈芳故居）、苏曼殊故居、容闳故居、长隆国际海洋度假区、横琴芒洲湿地公园、石博园、星乐度·横琴露营乐园、黄杨山（金台寺）、珠海市御温泉度假村景区、十里莲江、逸丰生态园、鳄鱼岛、海泉湾度假区、爱飞客俱乐部、金沙滩、飞沙滩、淇澳岛（淇澳红树林湿地生态园、淇澳祖庙、天后宫、白石街、苏兆征故居）、共乐园、唐绍仪故居、望慈山房、唐家三庙、会同古村（莫氏大宗祠、栖霞仙馆）、唐国安故居、卢慕贞故居。

名胜古迹 主要有：后沙湾沙丘遗址、愚园、杨氏大宗祠、前山寨城墙、宝镜湾遗址、石溪摩崖石刻、竹仙洞摩崖群、菉猗堂及建筑群、东澳岛铳城、东澳岛海关遗址、草堂湾遗址、赤沙湾沙丘遗址、白莲洞、灵岩洞摩崖石刻、乌岩山摩崖石刻、大王宫工丈摩崖石刻、山场北帝庙、斗门旧街、网山古村、荔山村黄氏宗祠建筑群。

海岛风光 主要有：桂山岛、外伶仃岛、东澳岛、万山岛、淇澳岛。

（全 璐 周 靖 陶 丽）

【民族】 截至2019年底，珠海市有少数民族53个，少数民族人口17.76万人，其中户籍人口2.84万人、暂住人口14.92万人。人口较多的有壮族、土家族、瑶族、苗族、满族等。设有内地民族班43个、学生2380人，其中新疆班20个、学生811人，西藏班7个、学生276人，怒江班16个、学生1293人。有民族团体1个：珠海市民族团结进步促进会。

（杨 扬）

【宗教】 截至2019年底，珠海市有登记开放的宗教活动场所11处，其中佛教2处、伊斯兰教1处、天主教1处、基督教7处，信教群众6.9万人。有宗教团体3个：珠海市佛教协会、珠海市伊斯兰教协会、珠海市基督教“两会”（珠海市基督教三自爱国会和珠海市基督教协会）。（黄毓飞）

【方言】 珠海地区原属香山县，古代在香山县一带有客民、畲蛮、瑶、疍人和卢亭等族群，有几种不同方言。近代以来，有粤、客家和闽等方言，以粤方言为主。1953年后，随着非粤籍人员流人，珠海地区出现北方方音。从20世纪80年代开始，非粤音人口大批流入。截至2019年，珠海地区方言仍以粤方言为主，分布在香洲、横琴、万山、平沙、红旗、三灶和斗门的大部分乡镇。根据内部差异，粤方言又可分为北部地区粤音、西部地区粤音和水上话音3类。此外，还有淇澳的闽方音和香洲、唐家湾部分村落的客家话音。（陈 义）

【市树、市花与市鸟】 1989年10月26日，珠海市第三届人大常委会第三次会议根据市人民政府提议，确定红花紫荆为市树、簕杜鹃为市花、海鸥为市鸟。

红花紫荆 别名羊蹄甲、洋紫荆、艳紫荆。珠海市区的紫荆园和紫荆路因集中种植此树而得名，每到花期，红花紫荆花色鲜艳，形状动人，象征珠海经济特区朝气蓬勃的精神。

簕杜鹃 别名三角花、叶子花等。珠海的道路、绿地、山上、公园、宾馆、庭院都有大量种植，开花时，花色有红、紫、粉红、白、黄等五彩颜色，具有生命力强、品种多样等特性。象征珠海经济特区开拓创新、锐意进取。

海鸥 珠海市最常见的一种海鸟，喜欢群集于港口、码头、海湾、轮船周围，哪里发现有大群海鸥，哪里的水域必然充满生命。象征珠海人民勇于拼搏、勤劳致富的风骨。（珠 鉴）

【社会组织】 截至2019年底，珠海市登记在册社会组织2456家（市级1235家、区级1221家）。其中，社会团体1128家（市级784家、区级344家），民办非企业单位1318家（市级441家、区级877家），基金会10家（市级10家）。年末常住人口每万人拥有社会组织12.14个。（钟 楠）

2019年珠海市组织机构及负责人

市四套班子领导成员

单 位	姓 名	职 务	变动情况
市 委	郭永航	市委书记，市人大常委会主任，珠海警备区党委第一书记	
	姚奕生	省委候补委员，市委副书记，市政府党组书记、市长	
	赵建国	市委副书记	
	龚海明	省纪委委员，市委常委、纪委书记，市监委主任	
	张 强	市委常委、政法委书记	
	龙广艳（女）	市委常委、宣传部部长	
	曾进泽	市委常委，市政府党组副书记、副市长	10月任职
	王庆利	市委常委，市政府党组副书记、副市长	任至7月
	吴青川	市委常委、组织部部长、党校校长	
	吴 轼	市委常委、秘书长，市委国安办主任，市委改革办主任	
	郭才武	市委常委、统战部部长	
	杨清淦	市委常委，珠海警备区司令员	5月任职
	毕敦发	市委常委，珠海警备区司令员	任至5月
	祝青桥	外交部拉丁美洲和加勒比司司长，挂任珠海市委常委，市政府党组成员、副市长	任至3月

（续 表）

单 位	姓 名	职 务	变动情况
市人大	郭永航	市委书记，市人大常委会主任，珠海警备区党委第一书记	
	陈 英	市委委员，市人大常委会党组书记、常务副主任（正厅级）	
	刘 佳	市人大常委会党组副书记	任至 3 月
	关英彦	市人大常委会党组成员、副主任	
	黄 锐	市人大常委会党组成员、副主任，兼任市总工会主席，珠海对口帮扶阳江指挥部总指挥，挂任阳江市委常委、副市长	
	田忠敏	市人大常委会党组成员、副主任	
	吴青山（壮族）	市人大常委会党组成员、副主任	
	王红勤（女）	市人大常委会副主任	
	芦晓凤（女）	市委委员，市人大常委会党组成员（保留副厅职）	
	李 力（回族）	市人大常委会党组成员、秘书长	
市政府	姚奕生	省委候补委员，市委副书记，市政府党组书记、市长	
	曾进泽	市委常委，市政府党组副书记、副市长	10 月任职
	王庆利	市委常委，市政府党组副书记、副市长	任至 7 月
	刘嘉文	市委委员，市政府党组副书记、副市长	
	张宜生	市委委员，市政府党组成员、副市长	
	张 锐	市政府党组成员、副市长，市公安局党委书记、局长、督察长，市委政法委第一副书记	
	阎 武	市政府副市长，市农工党主委，兼任市红十字会会长	
	胡新天	市政府党组成员、副市长	12 月任职
	祝青桥	外交部拉丁美洲和加勒比司司长，挂任珠海市委常委，市政府党组成员、副市长	任至 3 月
	张 松	市政协党组成员、副主席，市政府党组成员，广东省第三扶贫协作工作组（云南省怒江傈僳族自治州扶贫协作工作组）组长，挂任广东省扶贫开发办公室副主任，云南省怒江州委常委、副州长	扶贫协作工作组组长任至 12 月
	牛 敬	市委委员，市政府党组成员，横琴新区（自贸区）党委书记，珠海保税区（珠澳跨境工业区珠海园区）党委书记	

（续　表）

单　位	姓　名	职　务	变动情况
市政协	陈洪辉	市委委员，市政协党组书记、主席	
	朱权伟	市政协党组副书记、副主席	
	潘　明	民革广东省委会常委、市民革主委，市政协副主席	
	曾祥华	市委委员，市政协党组成员、副主席	
	张　松	市政协党组成员、副主席	
	梁元东	市政协党组成员、副主席	任至5月
	陈仁福	市政协党组成员、副主席	
	黄文忠	市政协副主席，市民建主委	
	彭　洪（女）	市政协副主席，市民盟主委	
	刘振新	市政协党组成员（保留副厅职）	
	王　毅	市政协党组成员、秘书长	

各区、功能区

单　位	姓　名	职　务	变动情况
横琴新区	牛　敬	市委委员，市政府党组成员，横琴新区（自贸区）党委书记，珠海保税区（珠澳跨境工业区珠海园区）党委书记	
	杨　川	市委委员，横琴新区（自贸区）党委副书记、管委会主任	
香洲区	颜　洪	市委委员，香洲区委书记	
	刘齐英	市委委员，香洲区委副书记、区政府党组书记、区长	
金湾区	阳化冰	市委委员，金湾区委书记，市航空产业园党委书记	
	赵伟媛（女）	市委委员，金湾区委副书记、区政府党组书记、区长，市航空产业园党委副书记、管委会主任	
斗门区	周海金	市委委员，斗门区委书记，斗门生态农业园党委书记	
	马洪胜	市委委员，斗门区委副书记、区政府党组书记、区长，斗门生态农业园党委副书记、管委会主任	
高新区	闫昊波	珠海高新技术产业开发区党委书记（副厅级）	任至10月
	苏　虎（蒙古族）	市委委员，珠海（国家）高新技术产业开发区党委副书记、管委会主任	

（续 表）

单 位	姓 名	职 务	变动情况
保税区	牛 敬	市委委员，市政府党组成员，横琴新区（自贸区）党委书记，珠海保税区（珠澳跨境工业区珠海园区）党委书记	
	赵 力	横琴新区（自贸区）党委委员、管委会副主任，珠海保税区（跨境工业园区）党委副书记、管委会主任	
万山区	叶 真	市政府党组成员，万山区党委书记、二级巡视员、广东省第三扶贫协作工作组（珠海市对口云南省怒江傈僳族自治州扶贫协作工作组）组长	12 月任职扶贫协作工作组组长
	吕红珍（女）	市委委员，万山区党委副书记、管委会主任	
高栏港区	姜建平	市委委员、高栏港区党委书记（副厅级）	任至 6 月
	赵适剑	市委委员，高栏港区党委副书记、管委会主任	

市直各单位

单 位	姓 名	职 务	变动情况
市纪委监委	龚海明	省纪委委员，市委常委、纪委书记，市监委主任	
市委办公室	李秉勇	市委委员，市委常务副秘书长、办公室主任	1 月任职
	吴 轼	市委常委、秘书长、办公室主任	任至 1 月
市委组织部	吴青川	市委常委、组织部部长、党校校长	
市委宣传部	龙广艳（女）	市委常委、宣传部部长	
市委统战部	郭才武	市委常委、统战部部长	
市委政法委	张 强	市委常委、政法委书记	
市委政研室	崔旭明	市委副秘书长，市委政研室主任，市经济社会发展研究中心（珠海中科院广州分院协同创新中心）主任	
市委改革办	吴 轼	市委常委、秘书长，市委国安办主任，市委改革办主任	1 月任职
市委网信办	习恩民	市委网信办（市互联网办）主任	1 月任职

（续 表）

单 位	姓 名	职 务	变动情况
市委外办	张梅生	市委候补委员，市委外办（市外事局）主任（局长）	
市委编办	邓 洪	市委委员，市委组织部副部长，市委编办主任	
市委军民融合办	空缺		
市委台港澳办	邹 桦（女）	市委台港澳办（市台港澳事务局）主任（局长）	1月任职
市直机关工委	凤亦凡（女）	市委委员，市直机关工委书记	
市委巡察办	平 凡	市纪委常委，市委巡察办主任	
市委老干部局	林康栋	市委组织部副部长，市委老干部局局长	
市委机要和保密局	彭国祥	市委机要和保密局（市国家保密局、市密码管理局）局长	1月任职
市委党史研究室	郑安兴	市委党史研究室主任	
市政府办公室	武 林	市委委员，市政府党组成员、秘书长，市政府办公室党组书记、主任	
市发展改革局	于思浩	市委委员，市发展改革局党组书记、局长，市大湾区办主任	
市教育局	林日团	市委委员，市教育局党组书记、局长，市委教育工委书记，市委教育办主任	
市科技创新局	王 雷	市科技创新局党组书记、局长	1月任职
市工业和信息化局	沈 岩	市纪委委员，市工业和信息化局党组书记、局长	1月任职
市公安局	张 锐	市政府党组成员、副市长，市公安局党委书记、局长、督察长，市委政法委第一副书记	
市民政局	陈耀平（女）	市民政局党组书记、局长	1月任职
	罗新安	市民政局党组书记、局长	任至1月
市司法局	李红平	市司法局党组书记、局长，市强制隔离戒毒所第一政委	1月任职
	李秉勇	市司法局党组书记、局长，市强制隔离戒毒所第一政委	任至1月
市财政局	戴伟辉	市委委员，市财政局党组书记、局长	3月任职
	周 昌	市委委员，市财政局党组书记、局长	任至3月

（续 表）

单 位	姓 名	职 务	变动情况
市人力资源社会保障局	劳志伟	市委委员，市人力资源社会保障局党组书记、局长	1月任职
	练伟光	市委委员，市委组织部副部长，市人力资源社会保障局党组书记、局长	任至1月
市自然资源局	王朝晖	市委委员，市自然资源局党组书记、局长	1月任职
市生态环境局	张经纬	市委委员，市生态环境局党组书记、局长，北京大学生态文明珠海研究院常务副院长	1月任职
市住房城乡建设局	方小勇	市委委员，市住房城乡建设局党组书记、局长	1月任职
市交通运输局	林粤海	市委委员，市交通运输局党组书记、局长	1月任职
	唐成伟	市委委员，市交通运输局党组书记、局长	任至1月
市水务局	贺 军（土家族）	市政协常委，市九三学社主委，市水务局局长	1月任职
	卢晓波	市水务局党组书记、副局长	7月任职
市农业农村局	陈振毅	市农业农村局党组书记、局长，市委农办、市扶贫办主任	1月任职
省渔政总队珠海支队	陈伟达	省渔政总队珠海支队支队长	
	龚伟东	省渔政总队珠海支队政委	
市商务局	王小彬	市商务局党组书记、局长，市口岸局局长	1月任职
市贸促会	梁培忠	市商务局党组成员，市贸促会会长	
市文化广电旅游体育局	王玲萍（女）	市委委员，市文化广电旅游体育局党组书记、局长	1月任职
市卫生健康局	徐超龙	市卫生健康局党委书记、局长	1月任职
市退役军人事务局	周 成	市退役军人事务局党组书记、局长	1月任职
市应急管理局	高树林	市应急管理局党组书记、局长	1月任职
市审计局	罗增庆	市审计局党组书记、局长	3月任职
	戴伟辉	市委委员，市审计局党组书记、局长	任至3月
市国资委	李丛山	市国资委党委书记、主任	7月任职
	周 凯	市国资委党委书记、主任	主任任至1月 书记任至7月
市市场监管局	石学斌	市市场监管局党组书记、局长	1月任职
市统计局	周 峰	市统计局党组书记、局长	

（续 表）

单 位	姓 名	职 务	变动情况
市医保局	程智涛（女）	市医保局党组书记、局长	1月任职
市金融工作局	穆 竑（女，回族）	市金融工作局党组书记、局长	
市城市管理综合执法局	潘伟明	市城市管理综合执法局党组书记、局长	1月任职
市信访局	梁兆雄	市政府副秘书长，市信访局党组书记、局长	1月任职
市政务服务数据管理局	李喜妍（女）	市政务服务数据管理局党组书记、局长	7月任职
	赵彦庆	市政务服务数据管理局党组书记、局长	已故
市接待办	管 伟	市委副秘书长，市接待办党组书记、主任	1月任职
市机关事务管理局	徐 政	市机关事务管理局党组书记、局长	
市政府驻北京办事处	侯广军	市政府驻北京办事处党组书记、主任，挂任市政府副秘书长	
市政府驻广州办事处	拜 燕（女，回族）	市政府驻广州办事处党组书记、主任	7月任职
	文 华	市政府副秘书长（正处职），市政府驻广州办事处党组书记、主任	任至7月
富山工业园	陈家平	市委委员，富山工业园党委书记、管委会主任	
市中院	黄炯猛	市委委员，市中院党组书记、院长、一级高级法官	
市检察院	黄维玉	市委委员，市检察院党组书记、检察长、二级高级检察官	
市总工会	黄 锐	市人大常委会党组成员、副主任，兼任市总工会主席，珠海对口帮扶阳江指挥部总指挥，挂任阳江市委常委、副市长	
	李奕根	市总工会党组书记、常务副主席	
团市委	闵云童	团市委党组书记、书记	任至1月
市妇联	玄 阳（女）	市委委员，市妇联党组书记、主席	
市科协	刘治民	市委候补委员，市科协主席	
	肖润新	市科协党组书记	任至1月

（续 表）

单 位	姓 名	职 务	变动情况
市文联	马 融（回族）	市文联党组书记、主席	
市社科联	蔡新华	市社科联党组书记、主席	
市残联	梁 壮	市委候补委员，市残联理事长	
	李杰稼	市残联党组书记	任至 1 月
市红十字会	阎 武	市政府副市长，市农工党主委，兼任市红十字会会长	
	肖世明	市红十字会党组书记、副会长、三级调研员	
市工商联	董 凡	市人大常委会委员，珠海健帆生物科技股份有限公司董事长、总经理，广东省工商联副主席，市工商联主席	
	陈德敬	市工商联党组书记、常务副主席，兼任市委统战部副部长	1 月任职
	曹少英	市委统战部副部长，市工商联党组书记、第一副主席	任至 1 月
市委党校	吴青川	市委常委、组织部部长、党校校长	
市档案馆	周晓文	市档案馆馆长	
市西部城区开发建设局	陈哈理	市委政研室二级调研员，市西部城区开发建设局党组书记、局长，挂任市政府副秘书长	
市气象局（台）	李叶新	市气象局（台）局（台）长	
市住房公积金管理中心	卢仲强	市住房公积金管理中心党组书记、主任	
市供销合作联社	周 凯	市供销合作联社党组书记、主任	7 月任职
市公路局	顾胜杰	市公路局党组书记、局长，兼任市交通运输局党组成员、副局长	
市不动产登记中心	刘晨光	市不动产登记中心主任	
市港澳流动渔民工作办公室	刘江成	市港澳流动渔民工作办公室党组书记、主任	1 月任职
	周 成	市港澳流动渔民工作办公室党组书记、主任	任至 1 月
珠海仲裁委员会	王瑞森	市委委员，珠海仲裁委员会主任，市司法局二级调研员	
市民服务热线中心	张金虎	市政务服务数据管理局党组成员、四级调研员，市民服务热线中心主任	

（注：表中机构负责人职务变动情况仅指所对应单位的职务变动） （市委组织部）

经济和社会发展

【概况】 2019年，珠海市坚持稳中求进工作总基调，贯彻新发展理念，统筹推进稳增长、促改革、调结构、惠民生、防风险、保稳定各项工作，落实“六稳”工作要求，保持经济平稳健康发展和社会和谐稳定。市九届人大七次会议确定的年度计划执行情况总体良好。全市地区生产总值完成3435.89亿元，比上年增长6.8%；规模以上工业增加值完成1133.54亿元，增长4.0%；固定资产投资完成1971.88亿元，增长6.1%；社会消费品零售总额完成1233.36亿元，增长6.3%；外贸进出口总额完成2908.89亿元，下降10.4%；实际吸收外商直接投资完成24.24亿美元，增长1.3%；一般公共预算收入完成344.49亿元，增长3.9%；城镇登记失业率2.29%，城镇新增就业人数4.09万人；居民消费价格指数上涨2.3%。

是年，珠海市九项民生支出435.74亿元，占一般公共预算支出的70.8%。实施“促进就业十条”，有效稳企稳岗稳就业，建立公益性岗位托底帮扶就业困难人员就业制度。推进“粤菜师傅”和“南粤家政乡村工匠”工程，成立珠港澳粤菜研究院。应对市场猪肉价格上涨，增加政府储备冻猪肉600吨。城乡居民基本养老保险基础养老金从每人每月400元提高至430元。基本医保、附加补充医保参保人数分别达197.82万人、104.56万人，城乡居民医保财政补助标准从每人每年550元提高至590元，城乡低保、特困人员、户籍孤儿基本生活标准从每人每月980元、1568元、1710元分别提高至1055元、1688元、1820元，残疾人最高生活补贴从每人每月220元提高至235元，市特殊儿童康复中心大楼投入使用。为80岁以上老人发放高龄津贴6014万元，建成长者饭堂80家，市级养老服务机构、市社会福利中心二期、金湾区社会福利中心等动工建设。加强住房保障，建成公租房1140套、棚改安置住房3831套。

【综合经济实力跃上新台阶】 2019年，珠海市围绕高质量发展要求，着力构建现代产业体系新支柱，增强经济发展内生动力，顶住经济下行压力，推动经济平稳健康发展。全年，地区生产总值完成3435.89亿元，比上年增长6.8%，提前一年完成“十三五”规划和八届五次全会提出的目标，地区生产总值总量位列全省第六，增速高于全省0.7个百分点，保持在全省前列。

【珠澳深度合作迈出坚实步伐】 2019年，珠海市贯彻落实习近平总书记重要指示精神，优化横琴工作重点，在拓展合作空间、加强政策扶持、发展特色产业、丰富合作内涵等方面，全面深化对澳门合作，全力支持澳门产业多元发展。年内，横琴新增澳资企业833家、累计2232家。暂缓横琴非涉澳项目用地审批，收回0.81平方千米未开工和进度缓慢项目用地。加快粤澳合作产业园建设，剩余2.57平方千米交由澳门特别行政区政府主导。粤澳跨境金融合作（珠海）示范区挂牌，横琴港澳金融类企业达186家。粤澳合作中医药科技产业园新引进广药国际、丽珠圣美等企业60家，中药材现货交易中心落户。新兴产业加快发展，旅游业纳入15%企业所得税优惠目录，FT自由贸易账户、合格境外有限合伙人（QFLP）政策试点在横琴实施，首个粤澳共享贷、首款跨境医疗产品、首单公募公司债券发行。青茂口岸完成封顶，新横琴口岸全面具备通关条件。单向认可港澳执业资格，港澳导游及领队、建筑领域专业人士可在横琴执业。支持澳门青年在横琴创新创业，横琴·澳门青年创业谷累计孵化澳门创业项目225个，获评“港澳青年创新创业基地”。民生领域合作不断深化，全国首个跨境服务应用程序“琴澳通”发布，澳门街坊联合总会横琴综合服务中心揭牌，横琴医院建成启用，3723名澳门居民在珠海参加社保。研究出台一系列便利澳门居民在珠海创新创业、居住生活的政策举措，开通琴澳跨境通勤专线，

珠海十字门　　（朱少基 摄）

免费接送澳资企业员工和澳门居民超 11 万人次。对澳门输电第三通道（珠海段）竣工，第四条对澳门供水管道通水。

【改革开放向纵深推进】 2019 年，珠海市重点领域改革继续勇立潮头。横琴自贸区落地 57 项制度创新成果，1 项入选全国自贸区最佳实践案例，5 项入选广东自贸区四周年最佳案例。政府系统机构改革完成，综合行政执法和经济功能区体制机制改革稳步推进，高新区“一区多园”管理体制进一步完善。持续优化营商环境。商事登记平均用时缩短至 0.3 天；用电报装时限减少 30%；供水报装总时限不超过 9 个工作日；不动产登记一般登记、抵押登记分别压缩至 4 个、2 个工作日内；政府投资项目、社会投资项目审批时间分别压缩至 90 个、50 个工作日以内；推广“一门式一网式”政务服务，市、区两级政务大厅超过 70% 事项实现综合受理，超过 80% 事项实现“最多跑一次”；政府效率位列全国“百高市”第二、信用综合指数位列全国地级市第六、营商环境评价位列全省第三，金湾区获评“中国营商环境示范区”。推动高水平对外开放。实施加强招商引资促进实体经济发展等政策措施，完善招商引资政策体系，新签订重点招商项目 134 个、投资总额 1009.4 亿元；区域性国际贸易分拨中心落地，西域码头“珠港澳货栈”开通；跨境电商综试区建设取得进展，跨境工业区等 3 家监管场所建成运营；举办“第三届 21 世纪海上丝绸之路”中国（广东）国际传播论坛等多项对外交流活动；推进与黑龙江省黑河市对口合作，开通黑河—郑州—珠海航线。

【现代服务业加快发展】 2019 年，珠海市服务业完成投资 1679.54 亿元，比上年增长 4.6%。港珠澳合作创新（珠海）基地、高新区宝龙城等一批商业综合体动工，高栏港文德广场等投入运营。快递业务承载流通货值近 500 亿元，丰豪—威恒智慧供应链项目开工建设。金融产业增加值 369.16 亿元、比上年增长 15.8%，占 GDP 比重首次突破 10%，金融机构本外币存贷款余额 9047.24 亿元和 6358.61 亿元，分别增长 19.9% 和

2019 年 11 月 28 日，第四届中国国际复合材料科技大会（CCCM）在珠海召开
（张　洲　摄）

21.4%。创建首个省级文化产业示范园区，建成市级文化产业园区 3 个、市级文化产业特色基地 4 个。举办 WTA 超级精英赛、泛珠三角超级赛车节、国际马戏节、横琴马拉松、珠澳同行徒步等赛事活动，初步形成具有运动休闲特色的体育产业群。全年举办各类展览 23 场、1000 人以上大型会议 99 场，中国国际办公设备及耗材展览会、复合材料科技大会、亚太水产养殖展览会、中国集成电路产业高峰论坛、珠海国际设计周、中国医院院长论坛等一批高层次会展活动在珠海举行。创建国家全域旅游示范区，长隆剧院、丽新创新方、横琴富华紫檀博物馆开业运营，全年接待游客 4618.21 万人次、比上年增长 7.1%，实现旅游总收入 541.53 亿元、增长 16.2%。

【实体经济发展蹄疾步稳】 2019 年，珠海市实施“实体经济新十条”等惠企政策，出台支持实体经济高质量发展政策措施，在重大项目投资贴息、技改投资奖补、“小升规”奖励等方面支持实体经济做大做强，全年为企业减税降费超 110 亿元。加强土地集约节约利用，清理闲置用地 309.58 公顷。推动制造业提质增效。格力电器首次进入世界 500 强，利盟激光打印机、利安隆新材料等 13 个十亿元以上项目开工建设，紫翔电子、晨新科技等 16 个重点项目竣工投产；继续实施技术改造三年行动计划，308 家规模以上工业企业完成技术改造；实施智能制造行动，9 个项目获评省级智能制造示范项目。创新活力增强。中国铁建港航局集团有限公司参与的项目获 2019 年度国家科学技术进步奖特等奖，中航通飞研究院有限公司获 2019 年度国家科学技术进步奖二等奖，珠海格力电器股份有限公司、珠海市司迈科技有限公司参与的项目获 2019 年度国家技术发明奖二等奖；珠海市获批成为国家知识产权示范城市；研发经费支出占地区生产总值比重达 3.16%，每万人口发明专利拥有量 78.58 件，均位居全省第二；高新技术企业 2203 家，44 家企业进入独角兽企业培育库。推进创新平台载体建设。云洲智能建成国内首个无人船研发测试基地——香山海洋科技港；南方海洋科学与工程广东省实验室（珠海）海洋学科楼群封顶，中山大学“天琴计划”山顶观测平台交付使用。创新人才加速集聚。全面落实“珠海英才计划”，引进各类人才 4.2 万人，比上年增长 55.5%。

【重点项目建设提速增效】 2019 年，珠海市重点建设项目投资 736.34 亿元，完成年度计划 131.3%，超过时间进度 31.3 个百分点，56 个计划开工项目全部开工建设。港珠澳大桥运营管理水平提升，年内进出境人数 1655.18 万人次、99.08 万车次，珠海口岸获“鲁班奖”，成为全球首个 5G 试点口岸。珠海机

场改扩建工程动工，全年旅客吞吐量1228.3万人次，比上年增长9.5%。莲洲通用机场一期建成，广东省首条跨省和省内短途运输航线开通。高铁通达城市64个，乘坐高铁和城轨出行人数2497万人次，比上年增长7.8%。广珠城轨延长线一期（拱北至横琴段）完成初步验收。争取广江珠澳、广中珠澳高铁纳入大湾区铁路规划近期建设项目，推进广州轨道交通十八号线延伸至珠海和澳门项目相关工作。开展伶仃洋公路通道及西延线（珠海段）交通详细规划，完成黄茅海跨海通道初测初勘验收。高栏港区15万吨级主航道竣工验收，珠海港完成集装箱吞吐量256万标箱，比上年增长10.8%。水路旅客运输量1048.26万人次，与上年基本持平。完成拱北口岸地下通道升级改造，拱北口岸出入境人数1.45亿人次，比上年增长8%。湾仔轮渡客运口岸恢复通关，青茂口岸封顶。港珠澳大桥珠海公路口岸珠澳通道增加货运功能，珠澳跨境工业区专用口岸增加供澳鲜活商品车辆入境功能具备开通条件，拱北口岸临时出入境风雨连廊抢险工程建设完成。内部纵横交通加快建设。新增东西通道进展顺利，香海大桥、洪鹤大桥、金海大桥分别完成总进度51.19%、72.96%、38.26%；新增南北通道加快推进，兴业快线北段、兴业快线南段、金琴快线分别完成总进度26.27%、4.55%、91.6%，板樟山新增隧道主体工程基本完工。新区新城交通基础设施建设全面提速。横琴天羽道隧道全线贯通，十字门隧道、大横琴山隧道加快推进，黑白面将军山隧道开工建设，一体化区域“三横五纵”（“三横”指南琴路、南湾大道、情侣南路；“五纵”指十字门隧道、第三通道南北延线及黑白面将军山隧道、香工路、洪屏二路、杧洲隧道）路网建设提速。高新区情侣北路中大段全线贯通，前环、北围片区配套市政道路基本建成。西部生态新城“六纵六横”（“六纵”指港珠澳大桥西延线、金海高速公路、香海西路、西部沿海高速公路、珠海大道高栏港海底隧道、香海北路；“六横”指高栏港高速北延段、机场高速北延段、江珠高速鹤洲南段、高栏港第二通道、机场北路、省道272线）市政道路动工，首批主干路网建成，高栏港大道建设接近尾声。

【城乡协调发展格局加快形成】 2019年，珠海市城市框架进一步拉开。横琴新区、保税区、洪湾片区一体化区域交通网络建设全面提速，黑白面将军山隧道开工建设，天羽道隧道全线贯通，十字门隧道、大横琴山隧道加快推进。西部生态新城首批主干路网建成。金湾航空新城初具规模，斗门城区面貌明显改善，平沙新城、富山新城产城融合水平逐步提高。城市功能品质持续提升。建成香山湖公园（一期）等市政特色公园6个、城乡社区公园25个。香炉湾城市阳台开工建设。海滨路、景山路等50条道路完成升级改造，新增健康步道20.23千米、林荫道40千米。完成125个海绵城市建设项目，通过国家海绵城市现场绩效考核。土地利用计划执行情况良好，使用涉及新增建设用地报批的各项指标602.6公顷，省下达指标210.9公顷全部使用完毕。“三旧”（旧城镇、旧厂房、旧村庄）改造稳步推进，海湾、沥溪、福溪等旧村改造完成，洪湾、东桥、银坑等旧村改造动工，白莲新村、新市花园等15个老旧小区整治提升竣工验收。百年香洲渔港完成搬迁，洪湾中心渔港投入运营并呈现良好开局。乡村振兴战略深入推进。创建斗门区白蕉海鲈产业园等现代农业产业园4个。建设粤港澳大湾区“菜篮子”基地，18个农产品生产基地成功认证，获评“中国海鲈之都”“中国黄立鱼之乡”，白蕉海鲈入选国家农业产业强镇示范项目。农村居住环境显著改善。394个自然村完成“三清三拆三整治”。农村污水处理设施覆盖率94%。完成标准化公厕改造148座。斗门区“厕所革命”工作入选全国农村厕所革命九大典型范例，斗门区获评中国最美休闲度假旅游名区。在全省率先启动农村垃圾分类试点工作。加快补齐海岛基础设施短板，桂山岛建成全国首个5G智慧医院基地。实施万山主要岛屿并入市电网供电，推进海岛阶梯式水价补贴，东澳岛、桂山岛、大万山岛居民实现与市区水电同价。打好污染防治三大战役。蓝天保卫战成效明显，全市总体空气质量位居全国第三。推进河、湖“清四乱”（清理乱占、乱采、乱堆、乱建）和“五清”（清理非法排污口、清理水面漂浮物、清理底泥污染物、清理河湖障碍物、清理涉河湖违法建筑）专项行动，综合治理前山河流域水环境、黑臭水体和问题河涌。城乡生活垃圾无害化处理率保持100%。

【文化教育卫生水平提升】 2019年，珠海市开展“红色遗址保护利用建设，红色遗址展陈提升”行动，重点修缮、提升“红色三杰”（苏兆征、杨匏安、林伟民）等历史名人故居和陈列馆，推动现代粤剧《苏兆征》等一批红色文化作品展演。启动市图书馆、文化馆总分馆制建设，市民艺术中心社会化供给体

2019年4月28日，珠海传媒集团有限责任公司、珠海市新闻中心揭牌

（赵　梓摄）

系成为省示范项目，航空新城公共文化中心建成开放。传媒集团、演艺集团成立运营。实施学前教育、普通高中质量提升、西部地区教育振兴等行动计划，新建、改建学校22所，新增公办幼儿园学位2460个、中小学学位1.62万个，全市97.4%的公办小学开展校内课后服务。设立北京师范大学珠海校区，缔结珠澳姊妹学校23所。推进高水平医院和临床重点专科建设，市人民医院入选广东省30家高水平重点建设医院，中大五院传染科、医学影像科、省中医院珠海医院骨伤科获评省临床重点专科。开展城市医联体建设国家试点、公立医院薪酬制度改革省级试点，率先在省第三方电子交易平台集中采购医用耗材，17种国家谈判抗癌药纳入医保报销。发布健康珠海APP，实现医保线上支付。推进珠港澳卫生健康领域18个项目合作，粤港澳大湾区心脏研究学院等12个项目取得实质进展。全民健身公共服务体系不断完善，全民健身运动蓬勃开展，获批全国健康城市建设示范市。

【社会治理工作加强】 2019年，珠海市启动46个城乡社区治理示范点建设，打造社区“1+1+N”综合服务平台。推广“社工＋志愿者”服务模式，促进社会组织参与基层治理，全市3A以上社会组织112家，注册志愿者33.85万人。市红十字会获“全国红十字系统先进集体”称号，慈善捐赠总额首次突破亿元。建立多部门联合执法机制，集中治理群众普遍关注投诉问题，群众到市到省进京三级走访批次、人次分别下降22.9%、20.3%。加强网格化巡查，数字城管全年处理各类问题22.8万件。全市安全生产形势总体保持稳定，未发生重特大安全事故和因灾人员伤亡。成立粤港澳大湾区抗风抢险应急互助平台。创建食品安全示范市，完成25家农贸市场升级改造，群众食品安全满意度达84.4%。完成全市四级退役军人服务中心（站）建设，争创全国双拥模范城“九连冠”。推进平安珠海建设，开展扫黑除恶专项斗争和“飓风2019”专项打击行动，全市出警平均到场时长、刑事立案、违法犯罪警情分别下降28.48%、4.5%、17.22%，命案现案破案率保持100%。完成中华人民共和国成立70周年、珠海建市40周年、澳门回归祖国20周年系列节庆活动。 （赵 彧）

精神文明建设

【庆祝中华人民共和国成立70周年和澳门回归祖国20周年社会宣传活动】 2019年，珠海市围绕庆祝中华人民共和国成立70周年和澳门回归祖国20周年，开展各类社会宣传活动。组织“时代新人说——我和祖国共成长”系列演讲大赛，推荐选手参加全省总决赛并获铜奖。加强城市环境布置，在城区主干道、背街小巷悬挂国旗3.94万面，在城市地标建筑举行“祝福祖国”“我爱你中国”等主题灯光秀，组织全市约4000辆出租车统一摆放国旗，在全市交通枢纽、地标位置设置“庆祝中华人民共和国成立70周年”等主题景观41个，在3171个点位刊播宣传标语和宣传画。开展国庆同吃“爱心面”“长寿面”活动，打造国庆新民俗。设计制作庆祝澳门回归祖国20周年宣传标语、宣传画和主题灯光、园艺景观等，营造珠澳一家亲、合作赢未来氛围。

【公民思想道德建设】 2019年，珠海市深化公民思想道德建设。发挥先进典型示范带动作用。全市涌现先进典型一批：林鸣获第七届全国道德模范提名奖、叶锦财获全国“人民满意的公务员”称号、管延萍获“全国最美支边人”称号、王桂湘获“中国好医生”称号、刘清伟获“全国模范退役军人”称号、赵承华获“南粤新乡贤”称号，6人获评“广东好人”；组织开展先进典型事迹报告会和百姓宣讲活动。开展文明家庭推荐评选活动。1户家庭获2019年度全国“最美家庭”称号，3户家庭入选2019广东十大“最美家庭”，4个村（社区）入选第五批广东省家庭文明建设示范点，1户家庭入选第十四届广东省“优秀书香家庭”。开展道德模范礼遇帮扶活动。制定《珠海市礼遇帮扶道德模范暂行办法》，从文化服务、落户、医疗、养老、就业、法律等方面对道德模范进行帮扶和礼遇；邀请道德模范参加庆祝中华人民共和国成立70周年文艺晚会、焰火晚会等重大庆典活动；组织志愿者定期开展道德模范帮扶主题活动，帮助困难道德模范解决生活难题。发挥公益广告传播引领作用。印发《关于加强精神文明创建主题公益广告管理工作的通知》，加强公益广告审核发布、设置投放、巡查监管，开展党的十九届四中全会、粤港澳大湾区建设、珠海“二次创业”、社会主义核心价值观等主题公益宣传。发挥中华优秀传统文化和红色革命文化资政育人作用。林伟民与中国早期工人

2019年9月4日，珠海市“时代新人说——我和祖国共成长”演讲大赛总决赛在珠海传媒集团演播大厅举行。图为获奖选手合影 （市委宣传部供稿）

运动史迹陈列馆获评省级爱国主义教育基地；强化国防教育基地建设管理，组建市、区两级国防教育讲师团，开展全民国防教育。加强精神文明建设宣传阵地建设。改版珠海文明网，在首页突出“文明实践”“珠海榜样”“区镇动态”等10大特色栏目；在《珠海特区报》常设《文明专刊》，扩大文明宣传；丰富“文明珠海”微信公众号内容引领风尚。

2019年8月12日，新时代文明实践广东“七个一百”精品项目第二批下基层活动在斗门分会场举行（市文明办供稿）

【群众性精神文明创建活动】 2019年，珠海市以深化全国文明城市创建为引领，广泛开展群众性创建活动。常态化开展文明城市创建。开展“查问题、补短板、促提升”行动，推动13类35项问题整改到位，完成省文明办年度测评迎检工作。以乡风文明建设和文明村镇建设助推乡村振兴战略实施。对标乡风文明建设目标任务，推动移风易俗，建成乡风文明示范村一批；深化文明村镇创建，提高创建力度和水平。加强未成年人思想道德建设。强化新时代好少年选树，杨匏安纪念学校黄钰涵获2019年广东“新时代好少年”称号，《画大桥》获省岭南童谣一等奖；组织开展第三届市级文明校园评选；建立健全市未成年人心理健康辅导中心和网站，加强未成年人心理健康工作；加强乡村少年宫建设，丰富乡村学生文化生活。坚持以文明家庭激活社会文明基因。开展创建“文明家庭”、寻找“最美家庭”活动，谢坚家庭获全国“最美家庭”称号。

【公共文明水平提升】 2019年，珠海市加强新时代文明实践中心建设，提升公共文明水平。推进新时代文明实践中心试点建设。市级层面，印发《珠海市建设新时代文明实践中心试点工作实施方案》，组建理论宣讲、文化、科技、卫生、法律志愿服务队23支，举办志愿服务培训班2期，创作主题文艺作品11个，建立记者挂点跟踪观察报道机制，配合开展全省“七个一百”（组织编写百篇精品教案、创作征集百部精品剧目、编写遴选百部精品图书、设计制作百幅精品挂图、遴选培训百名基层宣讲能人、培育宣传百佳志愿服务团队、结对安排百名挂点记者）文明实践精品项目下基层珠海分会场活动；区级层面，重点推动省级试点斗门区打造队伍、项目和平台“三大引擎”。推进铁路沿线周边环境综合整治和出租汽车行业文明服务提升行动，铁路沿线环境改善，出租汽车行业文明服务水平提升。加强诚信建设。推进诚信缺失突出问题专项治理，对群众反映强烈的电信诈骗、互联网金融诈骗等19项问题，持续开展专项治理；开展诚信建设万里行活动，横琴新区推出全国首个跨境信用平台“信易得”。推进志愿服务制度化。组织开展全市志愿服务培训工作，倡导志愿服务走进新时代文明实践中心，加强“i志愿”平台推广，健全激励机制，推动社区、文化设施、窗口单位志愿服务站点建设；开展志愿服务先进典型推荐评选，3人获2019年广东省学雷锋志愿服务先进典型“最美志愿者”称号，2个志愿服务项目获广东省“最佳志愿服务项目”称号，1个志愿服务组织获广东省“最佳志愿服务组织”称号，2个社区获广东省“最美志愿服务社区”称号，2个单位获评为第五批广东省学雷锋活动示范点，2人获第五批“广东省岗位学雷锋标兵”称号。推进文明交通行动。开展“绿色指引、我是交通人”“情满旅途”等文明交通志愿活动，持续开展2019珠海第三届百日交通零违法挑战赛，市民文明交通意识增强。

【未成年人思想道德建设】 2019年，珠海市加强未成年人思想道德建设。召开未成年人思想道德建设暨文明校园创建工作推进会，明确年度工作重点。每月组织珠海文明指数测评，将未成年人思想道德建设检查考评纳入文明指数测评内容，将全市所有中小学校纳入测评范围，采取实地考察和随机访问形式，测评内容包括宣传教育、校园文化、校园安全和校园周边环境等18项。开展“扣好人生第一粒扣子”主题教育实践活动，开展典型选树、“传承红色基因”、中华优秀传统文化传承、学雷锋志愿服务、“劳动美”社会实践、心理健康教育6大系列教育活动。用好管好乡村学校少年宫。各少年宫组织开展学生喜闻乐见、易于参与的活动，如辅导学习鸡山牛歌、装泥鱼、陶艺、跆拳道、核心价值观歌谣传唱等；聘请专（兼）职辅导员1600人，举办辅导员队伍培训班，提高辅导员队伍专业素质和辅导水平。刊播关爱保护未成年人健康成长公益广告。利用报纸、电视、广播、微信公众号和各场所户外广告、展板、电子显示屏等资源，广泛刊播关爱未成年人公益广告，在报纸刊登公益广告5次，制作电视公益广告16条、播出3340条（次），在电台播出公益广告4140次，在辖区主干道、建筑围档、社区、广场、车站、码头、机场等人员集中场所设置未成年人公益广告牌300余块、公益广告专栏260个、宣传挂图400余幅，为未成年人健康成长营造良好社会舆论氛围。（刘晓畅）

·责任编辑：冯建华·

政　治

中国共产党珠海市委员会

重要会议

【市委八届六次全会】　2019年1月10—11日在香洲召开。全会听取市委书记郭永航代表市委常委会所作的报告，听取关于《中共珠海市委关于深入学习贯彻习近平总书记视察广东重要讲话精神　高举新时代改革开放伟大旗帜　奋力推动珠海经济特区加快发展的决定（稿）》《珠海市推进粤港澳大湾区建设实施方案（稿）》《珠海市机构改革方案》的说明，听取市委副书记、市长姚奕生关于经济工作的讲话。会议审议通过《决定》和《实施方案》，审议市委常委会抓党建工作情况的报告。全会要求，要全面提振干事创业精气神，坚定加快发展的信心，弘扬敢闯敢试的特区精神，时刻保持强烈的忧患意识，坚持领导带头抓落实，坚持一张蓝图干到底，坚持落细落小落具体，以钉钉子精神推动各项决策部署落地见效，奋力开创珠海经济特区“二次创业”新局面。全会号召，全市各级党组织和全体共产党员要更加紧密地团结在以习近平同志为核心的党中央周围，以习近平新时代中国特色社会主义思想为指导，高举新时代改革开放伟大旗帜，不忘初心、牢记使命，闻鸡起舞、日夜兼程，奋力推动珠海经济特区加快发展，续写新时代改革开放新篇章，以新担当新作为新业绩向总书记、向党中央、向省委、向全市人民交出合格答卷。

【市委八届七次全会】　2019年8月9日在香洲召开。会议审议通过《珠海市全力支持澳门经济适度多元发展的实施方案》和《中国共产党珠海市第八届委员会第七次全体会议决议》。全会号召，粤港澳大湾区的美好愿景呼唤我们笃定前行、永不懈怠，服务澳门经济适度多元发展的初心使命激励我们敢于担当、勇于创新。让我们紧密团结在以习近平同志为核心的党中央周围，不忘初心、牢记使命、接续奋斗，闻鸡起舞、日夜兼程、风雨无阻，扎实做好大湾区建设各项工作，以扎扎实实的工作成效迎接中华人民共和国成立70周年和澳门回归祖国20周年。

重要工作

【中央和省重要精神传达学习贯彻】　2019年1月5日，珠海市委常委会会议传达学习省委十二届六次全会精神，强调要深入学习贯彻习近平总书记视察广东重要讲话精神，认真贯彻落实省委十二届六次全会精神，切实把思想和行动统一到党中央和省委决策部署上来，奋力推动珠海经济特区加快发展，为广东实现“四个走在全国前列”（在构建推动经济高质量发展的体制机制上走在全国前列、在建设现代化经济体系上走在全国前列、在形成全面开放新格局上走在全国前列、在营造共建共治共享社会治理格局上走在全国前列）、当好“两个重要窗口”（广东既是向世界展示中

2019年8月9日，中国共产党珠海市第八届委员会第七次全体会议在香洲召开
（市委办公室供稿）

国改革开放成就的重要窗口，也是国际社会观察中国改革开放的重要窗口）贡献珠海力量。1月17日，市委常委会会议传达学习习近平总书记在2018年度中央政治局民主生活会上的重要讲话精神，强调要认真学习领会习近平总书记在2018年度中央政治局民主生活会上的重要讲话精神，树牢“四个意识”，坚定“四个自信”，坚决做到“两个维护”，始终在思想上政治上行动上同以习近平同志为核心的党中央保持高度一致。2月2日，市委常委会会议传达学习贯彻习近平总书记在省部级主要领导干部坚持底线思维着力防范化解重大风险专题研讨班开班式上的重要讲话精神，强调全市各级各部门要充分认识防控风险的极端重要性，切实把思想和行动统一到习近平总书记关于重大风险的科学判断和工作要求上来，树牢“四个意识”，坚定“四个自信”，坚决做到“两个维护”，切实做好防范化解重大风险各项工作。传达学习习近平总书记强边固防重大战略思想及贯彻落实《关于新时代加强党政军警民合力强边固防的意见》工作推进会、省军区第十二次党代会精神，强调要深入学习贯彻习近平总书记关于强边固防的重要论述精神，坚持党对军队的绝对领导，把支持服务国防和军队建设作为一项重大政治任务，大力推进党政军警民合力强边固防，为实现中国梦强军梦作贡献。传达学习全省“一核一带一区”区域发展格局建设推进会及《关于构建“一核一带一区”区域发展新格局促进全省区域协调发展的意见》精神，强调要深刻认识构建“一核一带一区”区域发展格局的重大意义，切实把思想和行动统一到省委、省政府的决策部署上来，扎实推进各项工作落实，加快建设珠江口西岸核心城市。传达学习广东省第十三届人民代表大会第二次会议、政协第十二届广东省委员会第二次会议精神，强调全市各级各部门要认真学习贯彻省“两会”精神，扎实做好2019年珠海各项工作，奋力推动珠海经济特区“二次创业”加快发展。传达学习防控非洲猪瘟有关重要指示批示及会议精神，强调要提高政治站位，充分认识抓好非洲猪瘟防控工作的重要性，认真践行以人民为中心的思想，按照中央、省部署要求，进一步完善和落实各项防控措施，从严从实从细从紧抓好疫情防控工作。2月14日，市委常委会会议传达学习习近平总书记在中共中央政治局第十二次集体学习时的重要讲话精神，强调要认真学习领会习近平总书记在中共中央政治局第十二次集体学习时的重要讲话精神，运用新技术、新机制、新模式，推动媒体深度融合发展，加快建设新型主流媒体，切实提升主流媒体的传播力、引导力、影响力、公信力。传达学习习近平总书记关于“三农”工作的重要指示、中央农村工作会议、《中共中央、国务院关于坚持农业农村优先发展做好“三农”工作的若干意见》和《中国共产党农村基层组织工作条例》精神，听取市发展改革局关于《珠海市实施乡村振兴战略规划（2018—2022）（稿）》起草情况和主要内容的汇报，讨论并原则同意规划（稿），强调要学深悟透习近平总书记关于“三农”工作的重要指示精神，认真贯彻落实中央一号文件精神，加强农村基层党组织建设，扎实做好珠海市“三农”工作，大力推动农业农村现代化。传达学习省委书记李希调研珠海讲话精神，强调要深入学习好、领会好、贯彻落实好李希调研珠海讲话精神，切实把思想和行动统一到省委工作要求上来，把省委对珠海的亲切关怀和充分肯定转化为攻坚克难、拼搏进取的不竭动力，以新担当新作为开创珠海工作新局面。2月28日，市委常委会会议传达学习习近平总书记对退役军人事务工作的重要批示、全省退役军人工作电视电话会议精神，强调要深入学习领会习近平总书记关于退役军人工作的重要批示精神，自觉担负起做好退役军人事务管理保障工作的重要政治责任，引导和激励广大退役军人齐心协力为新时代珠海经济特区“二次创业”加快发展作出新贡献。传达学习习近平总书记在中共中央政治局第十三次集体学习时的重要讲话精神，强调要深入学习贯彻习近平总书记在中共中央政治局第十三次集体学习时的重要讲话精神，坚决落实中央和省委关于防范金融风险的决策部署，深化金融供给侧结构性改革，推动珠海市金融业高质量发展。听取市委办公室关于全省党委秘书长、政研室主任、改革办主任会议主要精神以及《关于进一步精减文件和会议活动的意见（稿）》起草情况和主要内容的汇报，讨论并原则同意意见（稿），强调要提高政治站位，树牢“四个意识”，坚定“四个自信”，坚决做到“两个维护”，围绕全省党委秘书长、政研室主任、改革办主任会议要求，常态化开展“大学习、深调研、真落实”工作，扎实抓好各项工作落实，为新时代珠海经济特区“二次创业”加快发展贡献力量。3月22日，市委常委会会议传达学习全省市厅级主要领导干部学习贯彻《粤港澳大湾区发展规划纲要》专题研讨班精神，强调要深入学习习近平总书记关于粤港澳大湾区建设的重要论述和对广东重要讲话、重要指示批示精神，全面学习领会《粤港澳大湾区发展规划纲要》，抢抓新形势新机遇，举全市之力参与粤港澳大湾区建设。传达学习习近平总书记在《告台湾同胞书》发表40周年纪念会上的重要讲话及中央、全省对台工作会议精神，决定成立市委台港澳工作领导小组，强调全市各级党委和涉台工作部门要深入学习领会习近平总书记讲话精神，深刻把握新时代对台工作的使命和任务，按照中央、省委对台工作的决策部署，积极有为做好珠海市对台工作。传达学习习近平总书记在学校思想政治理论课教师座谈会上的重要讲话精神，强调全市各级党委和教育系统要认真学习领会习近平总书记重要讲话精神，充分认识思想政治理论课对党和国家事业发展、青少年成长的极端重要性，扎实做好新时代学校思想政治理论教育工作。4月26日，市委常委会会议传达学习习近平总书记对民政工作的重要指示精神，强调要深入学习贯彻习近平总书记对民政工作的重要指示精神，坚持以人民为中心的发展思想，全力做好新时代民政工作，织密扎牢民生保障“安全网”，不断增强人民群众获得感、幸福感、安全感。传达学习习近平总书记关于国家安全的重要论述，强调要认真学习贯彻习近平总书记关于国家安全的重要论述及中央、省有关会议精神，坚持总体国家安全观，增强维护国家安全的政治自觉、思想自觉、行动自觉，为中华人民共和国成立70周年、澳门回归祖国20

周年营造安全稳定的内外环境。传达学习中央保密委员会全体会议、全国保密工作会议、省委保密委员会（扩大）会议和全省保密工作会议精神，强调要深入贯彻落实习近平总书记关于加强保密工作的重要指示批示精神，深刻认识保密工作的极端重要性，切实维护国家秘密安全，为珠海发展提供坚强有力的保密服务保障。传达学习全省教育大会和全省学校思想政治理论课建设推进会议精神，强调要认真学习领会习近平总书记关于教育工作的重要论述，全面贯彻全省教育大会和全省学校思想政治理论课建设推进会议精神，扎实办好人民满意的教育。5月16日，市委常委会会议传达学习习近平总书记在第二届“一带一路”国际合作高峰论坛开幕式上的主旨演讲精神，强调要认真学习领会习近平总书记重要讲话精神，深刻领会把握“一带一路”建设的重大意义，充分发挥珠海优势，深度参与“一带一路”建设，成为参与国际竞争合作的先行区。传达学习省委主要领导调研珠海讲话精神，强调要深入学习贯彻习近平总书记关于横琴开发开放的重要指示精神，认真落实省委书记李希调研横琴讲话要求，切实扛起横琴开发建设的重大政治责任，举全市之力推动横琴开发开放，把横琴打造成为粤港澳深度合作示范区、对外开放重要门户枢纽和国际休闲旅游岛，为服务澳门产业多元发展作出新的更大贡献。6月5日，市委常委会会议传达学习习近平总书记在“不忘初心、牢记使命”主题教育工作会议上的重要讲话、全省开展“不忘初心、牢记使命”主题教育工作会议精神，强调要认真学习领会习近平总书记在“不忘初心、牢记使命”主题教育工作会议上的重要讲话精神，切实把思想和行动统一到中央和省委的决策部署上来。6月21日，市委常委会会议传达学习习近平总书记在中央机构编制委员会第一次会议上的重要讲话精神，强调要深刻领会习近平总书记关于机构编制工作重要讲话精神，把巩固党的执政地位、提升党的执政能力、增强党的执政效能作为出发点和落脚点，按照中央、省委的部署要求做好珠海市机构编制各项工作。传达学习习近平总书记关于违建别墅清查整治重要批示精神，决定成立珠海市违建别墅问题清查整治专项行动领导小组，强调全市各有关部门要把思想和行动统一到习近平总书记重要批示精神上来，从讲政治的高度深刻认识违建别墅问题的严重危害性，把坚决整治违建别墅问题作为践行“两个维护”的实际行动，切实做好珠海市清查整治工作。传达学习《中共广东省委关于做好〈习近平新时代中国特色社会主义思想学习纲要〉学习宣传宣讲工作的通知》精神，强调全市各级党组织和广大党员干部要把学习贯彻习近平新时代中国特色社会主义思想作为首要政治任务抓紧抓好，把《纲要》作为学习习近平新时代中国特色社会主义思想的重要辅助读物，全面深入学习，坚持不懈用习近平新时代中国特色社会主义思想武装头脑、指导实践、推动工作。7月5日，市委常委会会议传达学习习近平总书记关于垃圾分类工作的重要指示和全省污染防治攻坚战工作推进会精神，讨论并原则同意市城市管理综合执法局以及市生态环境局提出的贯彻落实意见，强调要深入学习贯彻习近平总书记重要指示精神，将垃圾分类作为推进美好环境和幸福生活共同缔造的重要抓手，不断提高城市品质，创造优良人居环境。7月31日，市委常委会会议传达学习习近平总书记关于意识形态工作的重要论述精神，听取市委宣传部关于珠海市上半年意识形态工作情况的汇报，分别听取市委常委关于意识形态工作责任制履行情况的汇报，强调要深入学习习近平总书记关于意识形态工作重要论述，不断强化理论武装，确保意识形态工作始终沿着正确的政治方向。传达学习省委十二届七次全会精神，研究珠海市贯彻落实意见，强调要深入学习贯彻习近平总书记对广东重要讲话、重要指示批示精神和关于粤港澳大湾区建设的重要论述，全面落实省委十二届七次全会精神，抢抓重大发展机遇，深度参与粤港澳大湾区建设，服务澳门经济适度多元发展，推动珠海经济特区“二次创业”。8月7日，市委常委会会议传达学习习近平总书记在中央政治局第十五次集体学习会议上的重要讲话精神、在内蒙古考察并指导开展“不忘初心、牢记使命”主题教育的讲话精神以及全省主题教育专项整治工作推进会精神，强调要认真学习领会习近平总书记重要讲话精神，按照抓思想认识到位、抓检视问题到位、抓整改落实到位、抓组织领导到位的新要求，贯彻落实好中央和省委的决策部署，推动珠海市主题教育高质量开展。传达学习习近平总书记关于减税降费工作的系列重要讲话精神，听取市税务局关于珠海市减税降费工作情况的汇报，强调要深刻认识落实减税降费工作的重大意义，切实增强政治自觉，把思想和行动统一到党中央、国务院的决策部署上来，确保减税降费工作在珠海落地生根开花结果。9月4日，市委常委会会议传达学习习近平总书记关于“三农”工作的重要论述以及《中国共产党农村工作条例》精神，强调全市各级各部门要深入学习贯彻习近平总书记关于“三农”工作的重要论述，严格对照《中国共产党农村工作条例》要求，奋力推动珠海市乡村振兴工作走在全省前列。传达学习习近平总书记关于审计工作的重要讲话精神，听取珠海市审计工作情况汇报，强调要认真学习领会习近平总书记关于审计工作的重要讲话精神，坚持党对审计工作的领导，加快构建集中统一、全面覆盖、权威高效的审计监督体系，扎实做好新时代审计工作。传达学习省委书记李希关于“民心工程”的批示，省委领导班子“不忘初心、牢记使命”专题民主生活会，全省集中规范领导干部配偶、子女及其配偶经商办企业行为工作专题会议精神，分别听取市委常委、组织部部长吴青川，市委常委、市纪委书记龚海明，市委常委、政法委书记张强及市委办公室关于《开展“不忘初心、牢记使命”主题教育实施方案（稿）》以及系列专项整治工作方案起草情况和主要内容的汇报，讨论并原则同意以上文稿，强调全市党员干部要深刻认识开展主题教育的重大意义，切实把思想和行动统一到习近平总书记重要讲话精神和党中央决策部署上来，不断增强思想自觉、政治自觉、行动自觉，扎扎实实组织好开展好主题教育。9月24日，市委常委会会议传达学习习近平总书记在2019年秋季学期中央党校（国家行政学院）中青年干部培训班开班式上的重要讲话和2019年省委党校秋季学期中青年干部培训班开班式精神，听取珠海市培养选拔优秀年轻干部工作汇报，强调要深入学习习近平总书记重要讲话精神，切实增强做好年轻干部工作的责任感、使命感和紧迫感，培养年轻干部斗争精神、斗争本领，建设高素质专业化年轻干部队伍，为助力珠海“二次创业”提供人才支撑。传达学习习近平总书记对全国道德模范表彰活动的重要指示精神，听取全市精神文明建设工作情况汇报，强调要深入学习习近平总书记关于精神文明建设的重要论述，紧紧围绕中心工作，服务改革发展稳定大局，加强战略思考，统筹谋划推进，使精神文明建设各项工作始终沿着正确的方向持续健康发展。传达学习《中共中央国务院关于支持深圳建设中国特色社会主义先行示范区的意见》《中国（上海）自由贸易试验区临港新片区总体方案》及广东省市厅级主要领导干部学习贯彻《意见》专题研讨班精神，强调全市各级各部门要深刻认识《意见》出台的重大意义，牢记改革开放是经济特区的根和魂，进一步解放思想，牢牢把握机遇，积极推动与深圳更多领域、更深层次的协同合作，全力支持深圳建设中国特色社会主义先行示范区。10月15日，市委常委会会议传达学习习近平总书记在庆祝中华人民共和国成立70周年大会上的重要讲话、省委主要领导有关批示精神，听取珠海市庆祝中华人民共和国成立70周年系列活动总结以及迎接澳门回归祖国20周年工作进展情况的汇报，强调要深入学习贯彻习近平总书记重要讲话精神，结合开展“不忘初心、牢记使命”主题教育，认真总结珠海市庆祝中华人民共和国成立70周年系列活动的好经验好做法，弘扬筹办活动中呈现出来的良好作风，把庆祝活动成果转化为推进珠海“二次创业”加快发展的强大动力。10月23日，市委常委会会议听取市委办公室、横琴新区关于贯彻落实习近平总书记视察广东重要讲话、对珠海重要指示精神工作进展情况的汇报，强调全市各级各部门要进一步坚定加快发展的信心和决心，全面落实习近平总书记对广东重要讲话和重要指示批示精神，以新担当新作为奋力开创珠海工作新局面。传达学习习近平总书记在中央政治局第十七次集体学习时的重要讲话精神，强调全市各级各部门要准确把握习近平总书记重要讲话的精神实质，坚定“四个自信”，坚持党的领导、人民当家作主、依法治国有机统一，扎实推进治理体系和治理能力现代化。11月14日，市委常委会会议传达学习习近平总书记在第二届中国国际进口博览会开幕式上的主旨演讲精神，强调要深入学习领会习近平总书记主旨演讲精神，全力参与粤港澳大湾区建设，积极主动对接融入“一带一路”，持续推进更高水平的对外开放，努力开创珠海经济社会发展新局面。11月28日，市委常委会会议传达学习省委十二届八次全会精神，强调全市各级党组织要迅速传达学习贯彻省委全会精神，抢抓粤港澳大湾区建设和支持深圳建设中国特色社会主义先行示范区“双区叠加”重大机遇，奋力推进珠海经济特区“二次创业”加快发展。12月12日，市委常委会会议传达学习习近平总书记在中共中央政治局第十九次集体学习时的重要讲话精神，听取市应急管理局关于珠海市应急管理工作情况的汇报，强调要深入学习习近平总书记在中央政治局第十九次集体学习时的重要讲话精神，深刻认识应急管理工作的重大意义，提级提标、系统构建应急管理体系，不断推进珠海市应急管理能力现代化建设。传达学习贯彻省委书记李希在党的十九届四中全会精神宣讲报告会上的讲话精神，强调要深入学习贯彻党的十九届四中全会精神，认真贯彻落实李希书记讲话要求，紧紧抓住坚持和完善党的领导制度这个国家治理的关键和根本，不折不扣地推动党的十九届四中全会精神在珠海落地落实。12月23日，市委常委会会议传达学习习近平总书记视察澳门特别行政区重要讲话精神，强调全市各级各部门要深刻认识习近平总书记视察澳门重要讲话的重大意义和丰富内涵，以更高政治站位扎实做好珠澳合作开发横琴这篇文章，充分发挥“一国两制”制度优势，共同做大做强粤港澳大湾区澳珠极点，为支持澳门融入国家发展大局作出更大贡献。

【党的建设推进】 2019年1月5日，珠海市委常委会会议传达学习《中国共产党支部工作条例（试行）》精神，强调要深刻认识《条例》出台的重要意义，全面落实新时代党的建设总要求和新时代党的组织路线，强化大抓基层、大抓支部的鲜明导向，进一步推动全面从严治党向基层延伸。3月22日，市委常委会会议传达学习习近平总书记在中央党校（国家行政学院）中青年干部培训班开班式上的重要讲话精神，强调要认真学习贯彻习近平总书记重要讲话精神，坚持党管干部、组织选人，切实把培养选拔优秀年轻干部这一百年大计抓紧抓实抓好。传达学习《中共中央关于加强党的政治建设的意见》《中国共产党重大事项请示报告条例》精神，强调要认真学习领会《中共中央关于加强党的政治建设的意见》《中国共产党重大事项请示报告条例》精神，增强“四个意识”，坚定“四个自信”，坚决做到“两个维护”，始终在思想上政治上行动上同以习近平同志为核心的党中央保持高度一致。4月4日，市委常委会会议听取市委常委、组织部部长吴青川关于全国、全省组织部长会议和新修订的《党政领导干部选拔任用工作条例》精神的汇报，强调要深入学习领会组织部长会议和《条例》精神，全面加强基层党组织建设，严格履行选拔任用程序，大力选拔培养优秀干部人才，把党的组织优势转化为推动新时代珠海“二次创业”的不竭动力。5月16日，市委常委会会议进一步学习《中共中央关于加强党的政治建设的意见》精神，听取市委办公室关于《珠海市贯彻落实〈中共中央关于加强党的政治建设的意见〉实施方案（稿）》起草情况和主要内容的汇报，讨论并原则同意实施方案（稿），强调全市各级党组织和广大党员干部要深刻认识加强党的政治建设的极端重要性，始终把党的政治建设摆在首位，提高政治站位，树牢“四个意识”，坚定“四个自信”，坚决做到“两个维护”，自觉在思想上政治上行动上同以习近平同志为核心的党中央保持高度一致。5月22日，市委常委会会议传达学习《党政领导干部考核工作条例》精神，强调要深刻领会党中央颁布实施《党政领导干部考核工作条例》的重大意义，旗帜鲜明把政治标准贯穿干部考核工作始终，激励引导广大干部以更好的状态、更实的作风推动珠海经济特区“二次创业”加快发展。6月21日，市委常委会会议听取市委常委、组织部部长吴青川《关于加强村党组织对村各类组织和各项工作全面领导的意见（稿）》起草情况和主要内容的汇报，讨论并原则同意《意见（稿）》，强调要深入学习贯彻习近平总书记关于加强基层党组织建设的重要论述，认真贯彻落实《中国共产党农村基层组织工作条例》精神，坚持和加强党对农村工作的全面领导，推动珠海市农村基层党组织全面进步、全面过硬。10月15日，市委常委会会议传达学习习近平总书记在中央和国家机关党的建设工作会议上的重要讲话、《关于加强和改进中央和国家机关党的建设的意见》以及全省机关党的建设工作会议精神，强调要认真学习领会习近平总书记关于机关党的建设的重要论述，深刻认识新时代加强机关党的建设的重大意义，按照中央《意见》要求和省委决策部署，切实把机关党的建设摆在重要位置来抓，推动全市机关党的建设和各项事业再创新局面。10月29日，市委常委会会议交流“不忘初心、牢记使命”主题教育市领导调研成果，分别听取市委副书记、市长姚奕生，市政协主席陈洪辉，市人大常委会常务副主任陈英，市委副书记赵建国，市委常委、市纪委书记龚海明，市委常委、政法委书记张强，市委常委、组织部部长吴青川，市委常委、秘书长吴轼，市委常委、统战部部长郭才武，市委常委、珠海警备区司令员杨清淦，副市长张宜生，副市长阎武，市政府党组成员、横琴新区党委书记牛敬关于调研成果的汇报，强调要将调研过程与学习领悟习近平新时代中国特色社会主义思想紧密结合起来，进一步树牢“四个意识”，坚定“四个自信”，坚决践行“两个维护”，持续推动习近平新时代中国特色社会主义思想在珠海落地生根、结出丰硕成果。11月6日，市委常委会会议传达学习党的十九届四中全会精神，强调要全面贯彻新时代党的建设总要求，把党的领导落实到治理各领域各方面各环节，不断加强健全制度体系，推动基层党组织有效地覆盖经济社会各领域、各方面。11月28日，市委常委会会议传达学习《中国共产党党员教育管理工作条例》精神，听取市委组织部关于珠海市党员教育管理工作情况的汇报，强调要贯彻落实新时代党的组织路线，把用习近平新时代中国特色社会主义思想武装全党作为首要政治任务，不断增强党员教育管理的针对性和有效性。传达学习新修订的《中国共产党党内法规制定条例》《中国共产党党内法规和规范性文件备案审查规定》以及《中国共产党党内法规执行责任制规定（试行）》精神，听取市委办公室关于珠海市党内法规制度建设和执行情况的汇报，强调全市各级党委（党组）要切实提高政治站位，把握党内法规制度建设的正确方向，积极推动珠海市党内法规制度建设，为市委依规管党治党提供坚强有力的制度保障。12月12日，市委常委会会议听取市委组织部关于《珠海市干部教育培训五年行动计划（2019—2023）（稿）》起草情况和主要内容的汇报，讨论并原则同意《行动计划（稿）》，强调要深刻认识加强干部教育培训的重要性和紧迫性，严格落实五年行动计划，不断提高广大干部的政治素质和执政本领，为推动珠海经济社会高质量发展提供强大组织保障。12月23日，市委常委会会议听取市委组织部关于《对珠海市委抓基层党建工作述职评议结果的反馈意见》的通报及各区、市党（工）委书记述职评级结果的汇报，强调要以习近平总书记关于新时代党的建设和组织工作重要思想为指引，深化“不忘初心、牢记使命”主题教育成果，落实基层党建三年行动计划，强化动态排查管理，深化考评结果运用，推进基层党组织标准化规范化建设，全面强化基层党组织战斗堡垒作用，建立强化基层党建长效机制，全力提升基层党建工作质量。

【全面深化改革推进】 2019年2月15日，珠海市委常委会会议听取市人力资源社会保障局关于《珠海市深化职称制度改革实施方案（稿）》起草情况和主要内容的汇报，讨论并原则同意《实施方案（稿）》，强调要科学制定评价标准，突出能力导向，注重考察职业素养和道德，坚持分层分类评价，避免“一把尺子量到底”。9月4日，市委常委会会议传达学习习近平总书记在深化党和国家机构改革总结会议上的重要讲话、《中国共产党机构编制工作条例》以及全省深化机构改革总结会议精神，强调要深入学习习近平总书记在深化党和国家机构改革总结会议上的重要讲话精神，严格贯彻落实《中国共产党机构编制工作条例》，以坚持和加强党的全面领导为统领，按照全省深化机构改革总结会议的部署要求，扎实做好机构改革“后半篇文章”。

【经济建设推进】 2019年6月5日，珠海市委常委会会议传达学习广东省推动老区苏区振兴发展工作现场会主要精神，强调要深入学习贯彻习近平总书记关于老区苏区工作重要论述和重要指示精神，认真落实中央和省的决策部署，扎实推动革命老区振兴发展，开创老区苏区发展新局面。7月5日，市委常委会会议听取市市场监管局关于《珠海市开展质量提升行动实施方案（稿）》起草情况和主要内容的汇报，讨论并原则同意《实施方案（稿）》，强调要从全局和战略高度深刻认识开展质量提升行动的重要意义，全面提高产品、工程、服务等质量水平，推动珠海经济高质量发展。9月24日，市委常委会会议听取市发展改革局关于《珠海市2019—2021年市政府投资项目三年滚动计划（稿）》起草情况和主要内容的汇报，讨论并原则同意《计划（稿）》，强调要高度重视重点投资项目建设，强化责任担当，做好项目谋划，建立项目资金统筹使用长效机制，保质保量完成项目建设任务，推动珠海市经济社会发展取得新进步。11月6日，市委常委会会议传达学习习近平总书记在中央政治局第十八次集体学习时的重要讲话精神，强调要深入学习习近平总书记重要讲话精神，高度重视区块链技术和产业创新发展，加紧布局谋划，加大政策扶持，抢占区块链产业发展先机，为推动全市经济高质量发展提供新动力。11月14日，市委常委会会议传达学习习近平总书记对格力电器董明珠来信的重要指示精神，听取市工业和信息化局关于珠海市实体经济发展情况汇报，强调要对标习近平总书记重要指示要求，大力支持实体经济发展，激发市场活力、增强内生动力，奋力推动珠海“二次创业”加快发展。11月28日，市委常委会会议传达学习全省推动制造业高质量发展大会精神，强调要认真学习习近平总书记关于制造强国战略重要论述精神，贯彻落实省委书记李希在传达学习习近平总书记对格力电器董明珠来信重要指示精神时的讲话要求，充分认识推动制造业高质量发展的重要意义，坚定不移地推进制造强市建设，奋力开创珠海经济发展新局面。12月23日，市委常委会会议传达学习中央经济工作会议精神，强调全市各级各部门要认真学习领会习近平总书记在中央经济工作会议上的重要讲话精神，切实把思想和行动统一到中央的决策部署上来，高质量完成全年经济工作目标任务，确保“十三五”规划圆满收官，站在更新台阶、更高段位，坚定不移贯彻新发展理念，奋发有为谋划好2020年的经济工作，奋力开创珠海经济高质量发展新局面。

【精神文明建设推进】 2019年1月5日，珠海市委常委会会议听取市委宣传部关于《珠海演艺集团组建实施方案（稿）》起草情况和主要内容的汇报，讨论并原则同意《实施方案（稿）》，强调要坚定不移将文化体制改革引向深入，推动文化产业高质量发展，进一步提高全市文化软实力和影响力。1月17日，市委常委会会议听取市委常委、宣传部部长龙广艳传达学习全国、全省宣传部长会议精神，强调要认真学习贯彻习近平总书记关于宣传思想工作的重要思想，全面落实全国、全省宣传部长会议精神，切实担负起宣传思想工作的职责使命，推动宣传思想工作守正创新。2月14日，市委常委会会议听取市委宣传部关于《珠海市庆祝建市40周年活动方案（稿）》起草情况和主要内容的汇报，讨论并原则同意《方案（稿）》，强调要精心办好主题庆祝活动，创新思路举措，丰富活动形式，力争办出特色、办出水平、办出形象、办出效果。5月22日，市委常委会会议听取市委常委、宣传部部长龙广艳《关于我市举行中华人民共和国成立70周年庆祝活动安排意见（稿）》起草情况和主要内容的汇报，讨论并原则同意《安排意见（稿）》，强调全市各有关部门要严格按照党中央部署要求和省委有关工作安排，结合珠海实际精心做好各项组织实施工作，激发全市广大干部群众的爱国之情，为珠海“二次创业”凝聚磅礴力量。听取龙广艳关于珠海城市形象标识有关修改情况的说明，强调要广泛凝聚共识，以珠海城市形象标识推出为契机，自觉维护和推广珠海城市形象，提升城市影响力和知名度，为把珠海打造成为粤港澳大湾区重要门户枢纽、珠江口西岸核心城市和沿海经济带高质量发展典范营造良好氛围。8月7日，市委常委会会议传达学习《中国共产党宣传工作条例》精神，听取市委宣传部关于《加强和改进党的新闻舆论工作的实施意见（稿）》起草情况和主要内容的汇报，讨论并原则同意《实施意见（稿）》，强调要增强做好宣传工作的自觉性和坚定性，精准聚焦“举旗帜、聚民心、育新人、兴文化、展形象”的使命任务，在新形势下扎实做好理论武装、舆论引导、思想教育、文化建设、文明培育等宣传各项工作。11月6日，市委常委会会议传达学习习近平总书记国庆系列重要讲话、在听取中共中央关于中华人民共和国成立70周年庆祝活动总结报告时的重要讲话和报告精神，强调要认真学习贯彻习近平总书记重要讲话精神，大力宣传庆祝活动的显著成效，巩固和拓展庆祝活动成果，把庆祝活动激发出来的爱国热情、民族自豪感转化为推动珠海“二次创业”加快发展的强大动力。传达学习习近平总书记致中国少年先锋队建队70周年贺信精神，听取市委宣传部关于珠海市未成年人思想道德建设工作情况汇报，强调要认真学习领会习近平总书记致中国少年先锋队建队70周年贺信精神，充分认识未成年人思想道德建设和少先队工作的重大意义，持续深化少先队改革，加强未成年人思想道德建设，努力培养能够担当民族复兴大任的时代新人。

【创新驱动发展推进】 2019年2月28日，珠海市委常委会会议听取市发展改革局关于全省推进粤港澳大湾区建设工作会议主要精神的汇报，进一步学习《粤港澳大湾区发展规划纲要》精神，强调要深入学习贯彻习近平总书记关于粤港澳大湾区建设的重要论述，不折不扣落实《粤港澳大湾区发展规划纲要》各项要求，举全市之力积极参与粤港澳大湾区建设。4月4日，市委常委会会议传达学习贯彻习近平总书记关于科技创新的重要论述和全省科技创新大会精神，强调要全面学习贯彻习近平总书记关于科技创新的重要论述，认真落实全省科技创新大会部署要求，坚持发展是第一要务、人才是第一资源、创新是第一动力，加快建设以创新为引领的现代产业体系，打造粤港澳大湾区创新高地。6月5日，市委常委会会议分别听取市委台港澳办、市科技创新局关于珠澳有关合作协议推进及迎接澳门回归祖国20周年工作情况汇报，听取市发展改革局关于《珠海市推进粤港澳大湾区建设实施方案（稿）》起草情况和主要内容的汇报，讨论并原则同意《实施方案（稿）》，强调要深入学习领会习近平总书记关于粤港澳大湾区建设的重要论述和重要指示批示精神，按照省委决策部署，奋力推动珠海经济特区“二次创业”，加快打造成为粤港澳大湾区重要门户枢纽、珠江口西岸核心城市、沿海经济带高质量发展典范。7月5日，市委常委会会议听取市科技创新局、高新区党委关于《珠海市贯彻落实“省科技创新十二条”政策措施（稿）》和《珠海市人民政府、中山大学进一步加强新型战略合作协议的补充协议二（稿）》起草情况和主要内容的汇报，讨论并原则同意《政策措施（稿）》和《补充协议二（稿）》，强调要深刻认识科技创新工作的重要性，推进科技创新和经济社会发展深度融合，深化市校合作和粤港澳创新合作，建设粤港澳大湾区创新高地。

【城市建设推进】 2019年3月22日，珠海市委常委会会议传达学习习近平总书记关于住房和城乡建设工作的重要批示精神，强调要全面贯彻落实习近平总书记重要批示精神，扎实做好化解房地产市场风险、完善住房保障体系、加强城乡建设管理等工作，为珠海市经济社会持续健康发展作出积极贡献。4月4日，市委常委会会议传达学习国务院关于横琴国际休闲旅游岛建设方案的批复精神，听取横琴新区和市委台港澳办关于珠海市代表团拜会澳门特区政府有关情况汇报，强调要深入贯彻落实习近平总书记关于粤港澳大湾区建设的重要论述和对广东重要讲话、重要指示批示精神，全面深化珠澳合作，举全市之力推进粤港澳大湾区建设。5月16日，市委常委会会议传达学习习近平总书记关于农村人居环境整治的系列重要批示以及全省农村人居环境整治现场推进会精神，强调要深入学习贯彻习近平总书记系列重要批示精神，全方位对标浙江“千万工程”好经验好做法，抓紧抓实农村人居环境整治工作，努力建设生态宜居的美丽乡村。6月21日，市委常委会会议听取市农业农村局关于《香洲渔港功能调整奖励及补助实施方案（稿）》起草情况和主要内容的汇报，讨论并原则同意《实施方案（稿）》，强调全市各有关单位要深刻认识香洲渔港功能调整和洪湾渔港建设的重要意义，加快推进香洲渔港搬迁工作，推动珠海市渔业全面转型升级。7月5日，市委常委会会议听取市民政局关于《关于加强和完善城乡社区治理的实施方案（稿）》起草情况和主要内容的汇报，讨论并原则同意《实施方案（稿）》，强调要坚决贯彻落实党中央决策部署，完善珠海市社会治理体制和治理格局，将党的路线方针政策落实到“最后一公里”。9月4日，市委常委会会议听取市自然资源局关于《珠海市违建别墅问题清查整治专项行动实施方案（稿）》起草情况和主要内容的汇报，讨论并原则同意《实施方案（稿）》，强调要认真学习领会习近平总书记重要指示批示精神，坚定不移贯彻落实党中央、国务院和省委、省政府决策部署，切实做好违建别墅问题清查整治各项工作。10月23日，市委常委会会议研究广珠铁路有限责任公司增资事宜，决定由副市长张宜生牵头，成立推进广珠铁路可持续发展工作领导小组，加强沟通协调，推进股权转让。如果谈判受阻，则同意按照市财政局提出的广珠铁路有限责任公司增资方案执行。

【党风廉政和作风建设推进】 2019年1月17日，珠海市委常委会会议传达学习习近平总书记在十九届中央纪委三次全会、中共中央政治局第十一次集体学习会议上的重要讲话精神，研究《中共珠海市纪委八届四次全会工作报告（稿）》，讨论并原则同意《工作报告（稿）》，强调要深入学习贯彻习近平总书记在十九届中央纪委三次全会、中共中央政治局第十一次集体学习会议上的重要讲话精神，贯彻落实《中国共产党纪律检查机关监督执纪工作规则》，坚决按照党中央和省委的决策部署，推动全面从严治党向纵深发展。2月14日，市委常委会会议深入学习习近平总书记在第十九届中央纪律检查委员会第三次全体会议上的重要讲话以及中共中央办公厅、省委办公厅关于党的十九大以来贯彻落实中央八项规定精神情况的报告精神，听取市委办公室关于《党的十九大以来珠海市贯彻落实中央八项规定精神情况的报告（稿）》起草情况和主要内容的汇报，讨论并原则同意《报告（稿）》，强调全市各级各部门要把思想和行动统一到习近平总书记重要讲话精神上来，树牢“四个意识”，坚定“四个自信”，坚决做到“两个维护”，深入推进全面从严治党，把全市各级党组织锻造得更加坚强有力，为推动新时代珠海“二次创业”加快发展提供坚强保障。2月28日，市委常委会会议传达学习中央、省委关于巡视工作的部署要求，听取市委常委、市纪委书记龚海明关于《珠海市配合十二届省委第四轮巡视工作方案（稿）》起草情况和主要内容的汇报，讨论并原则同意该工作总体方案，强调全市各级各部门要充分认识此次巡视的重大意义，切实提高政治站位、端正思想认识，坚定接受巡视监督的政治自觉，把接受和配合巡视的过程，作为坚定信念、锤炼党性的过程，作为发现问题、完善自我的过程，作为履职尽责、改进工作的过程，推动全面从严治党向纵深发展。4月26日，市委常委会会议听取市机关作风办关于2018年度机关事业单位绩效考评结果以及《珠海市机关事业单位绩效考评结果运用规程（稿）》《珠海市2019年度机关事业单位绩效考评方案（稿）》起草情况和主要内容的汇报，讨论并原则同意考评结果及以上文稿，强调要进一步发挥考评“指挥棒”作用，强化考核结果运用，加强正面引导，抓好整改落实，激发考评对象的积极性、创造性。8月7日，市委常委会会议传达省委书记李希关于巡视工作的讲话精神和省委第九巡视组巡视珠海情况反馈会议、选人用人专项检查报告精神，听取市委办公室关于珠海市整改落实工作安排的汇报，讨论并原则同意《整改落实工作总体方案（稿）》，强调全市各级各部门要全面学习贯彻习近平总书记关于巡视工作的重要指示精神，切实把思想和行动统一到中央和省委关于巡视整改的部署要求上来，深入查摆问题，深刻剖析原因，不折不扣把巡视整改政治任务落到实处。9月4日，市委常委会会议传达学习中共中央办公厅关于领导干部利用名贵特产类特殊资源谋取私利问题专项整治有关通报精神，强调全市各级党委（党组）要从增强“四个意识”、做到“两个维护”的高度，充分认识深化专项整治的政治意义，对标对表党中央要求和习近平总书记重要指示批示精神，把专项整治工作抓紧抓实抓细。10月15日，市委常委会会议传达学习新修订的《中国共产党问责条例》精神，强调全市各级党员领导干部要认真学习贯彻新修订的《条例》内容，强化管党治党的责任担当，确保党的路线方针政策和中央、省委重大决策部署得到贯彻落实。10月23日，市委常委会会议听取市委主题教育领导小组办公室关于《珠海市委领导班子检视问题和整改落实清单（稿）》起草情况和主要内容的汇报，强调要深刻认识检视问题的重要意义，把检视问题作为开展好主题教育的重要抓手，重点查找政治建设、思想建设、作风建设存在的突出问题，找准制约珠海改革发展的关键性症结，明确努力方向和改进措施，推动主题教育落地见实效。11月14日，市委常委会会议听取市委常委、秘书长吴轼，香洲区委书记颜洪，金湾区委书记阳化冰关于珠海市、香洲区、金湾区巡视反馈意见整改落实工作情况的汇报，听取吴轼关于《中共珠海市委关于省委第九巡视组反馈意见整改落实情况的报告（稿）》《中共珠海市委关于巡视整改进展情况的通报（稿）》起草情况和主要内容的汇报，强调要全面学习贯彻习近平总书记关于巡视工作的重要论述精神，继续把巡视整改作为一项重要政治任务抓实抓好，确保问题清零见底、长效机制建立、政治生态改善。11月28日，市委常委会会议听取市纪委监委关于《深化珠海市纪委监委派驻机构改革的实施方案（稿）》起草情况和主要内容的汇报，讨论并原则同意《实施方案（稿）》，强调要深刻认识深化纪委监委派驻机构改革的重大意义，充分发挥派驻机构改革的优势作用，推动全面从严治党各项要求落到实处。12月23日，市委常委会会议传达学习全国、全省干部监督工作会议精神，强调全市各级各部门要全面领会全国、全省干部监督工作会议精神，深刻把握新时代干部监督工作规律，引导广大干部旗帜鲜明讲政治、攻坚克难敢担当、清正廉洁知敬惧，不断推动全面从严治党向纵深发展。

【法治建设推进】 2019年9月24日，珠海市委常委会会议传达学习贯彻习近平总书记关于宪法的重要论述，听取珠海市依法治市工作和承办中国法治国际论坛工作情况汇报，强调要深入学习贯彻习近平总书记关于宪法的重要论述，全面推进科学立法、严格执法、公正司法、全民守法，推进珠海依法治市工作走在全省前列。听取市人大常委会党组关于市人大常委会立法工作情况以及《珠海经济特区横琴新区港澳建筑及相关工程咨询企业资质和专业人士执业资格认可规定（草案）》起草情况和主要内容的汇报，讨论并原则同意《规定（草案）》，强调要深入学习习近平总书记关于全面依法治国重要论述，认真学习领会习近平总书记关于粤港澳大湾区建设及经济特区发展的重要指示批示精神，紧密结合珠海实际，用足用好特区立法权，保质高效做好珠海市立法各项工作。

【生态文明建设推进】 2019年4月4日，珠海市委常委会会议听取市生态环境局关于《珠海市贯彻落实中央环境保护督察“回头看”及固体废物环境问题专项督察暨省环境保护督察反馈意见整改方案（稿）》起草情况和主要内容的汇报，强调要认真学习领会习近平总书记生态文明思想，牢固树立和践行“绿水青山就是金山银山”的理念，坚决扛起生态文明建设的政治责任，坚决打好污染防治攻坚战。

【社会稳定工作推进】 2019年2月28日，珠海市委常委会会议传达学习贯彻习近平总书记关于信访工作的重要批示精神，强调要深入学习贯彻习近平总书记关于加强和改进人民信访工作的重要论述精神，扎实推进深化信访制度改革，着力防范化解信访突出矛盾和重大风险，从严从实从细落实各项维稳工作措施。传达学习贯彻全省市厅级主要领导干部坚持底线思维着力防范化解重大风险专题研讨班精神，决定成立市委防范化解重大风险工作领导小组，强调要全面学习贯彻习近平总书记关于防范化解重大风险的重要论述，强化底线思维，增强忧患意识，全面梳理珠海市在政治、意识形态、经济、科技、社会、外部环境、党的建设等领域面临的风险，扎实做好防范化解重大风险各项工作。4月26日，市委常委会会议传达学习贯彻全省防范化解重大风险工作会议精神，强调要深入学习贯彻习近平总书记关于防范化解重大风险的重要论述，认真落实中央和省委决策部署，坚持底线思维，树立风险意识，抓紧抓实防范化解重大风险各项工作。7月31日，市委常委会会议传达学习全国信访局长会议、全省信访工作联席会议及全省维稳工作会议精神，听取市信访局、市委政法委关于珠海市信访维稳工作情况的汇报，强调各级各有关部门要坚决贯彻习近平总书记的重要批示精神，认真落实省委工作部署，扎实推进深化信访制度改革，着力化解信访突出矛盾，全力防范化解管控各类风险隐患。10月15日，市委常委会会议听取市委政法委关于珠海市反邪教工作情况的汇报，强调全市各相关部门要进一步提高政治站位，充分认识反邪教工作的重要性，按照中央、省委的部署要求，全力推进新时代反邪教工作，维护社会政治大局安全稳定。12月23日，市委常委会会议听取市委防范办关于珠海市防范化解重大风险工作情况汇报，强调全市各级各部门要充分认识防范化解重大风险工作的重要性，不断提高防范化解重大风险的意识和能力，完善统筹协调机制，认真做好岁末年初防风险、保安全、护稳定各项工作，为珠海经济社会高质量发展保驾护航。

【统一战线工作推进】 2019年2月2日，珠海市委常委会会议传达学习贯彻全国、全省统战部长会议及《社会主义学院工作条例》精神，决定2月下旬召开市委统战工作领导小组会议和全市统战工作会议，强调要深入学习贯彻习近平总书记关于加强和改进统一战线工作的重要思想，深刻把握新时代统战工作的方位和使命，为珠海市“二次创业”加快发展凝心聚力，不断开创珠海市统战工作新局面。要加强思想政治引领，突出凝聚思想政治共识，引导广大统战成员树牢“四个意识”、坚定“四个自信”、坚决做到“两个维护”，找到最大公约数、画出最大同心圆，始终在思想上政治上行动上同以习近平同志为核心的党中央保持高度一致。4月26日，市委常委会会议传达学习习近平总书记在中央政治局第十四次集体学习时的重要讲话精神，强调要认真学习领会习近平总书记在中共中央政治局第十四次集体学习时的重要讲话精神，加快共青团工作改革创新，推动珠海市青年工作走在全国、全省前列。5月16日，市委常委会听取市委常委、统战部部长郭才武关于《中共珠海市委2019年政党协商计划（稿）》起草情况和主要内容的汇报，讨论并原则同意《政党协商计划（稿）》，强调要深入学习领会习近平总书记关于加强政党协商工作的重要论述精神，坚定正确政治方向，务实开展政党协商工作，推动各民主党派履行政治协商、民主监督、参政议政职能，坚定不移跟党走。9月4日，市委常委会会议传达学习全国省级党委统战部长会议以及《中共中央关于加强中国特色社会主义参政党建设的意见》等文件精神，强调要深入学习习近平总书记关于多党合作的重要论述，按照中央和省委的决策部署，切实加强珠海市民主党派建设，更好发挥民主党派作用，助力珠海“二次创业”加快发展。9月24日，市委常委会会议传达学习习近平总书记关于工人阶级和工会工作的重要论述、关于妇女和妇联工作系列重要讲话、关于科技创新及科协工作的重要讲话、关于红十字工作的重要指示批示精神，听取市总工会、市妇联、市科协、市红十字会工作情况汇报，强调要深刻把握新时代群团工作的新任务新要求，围绕市委、市政府中心工作，持续推进群团改革，确保珠海市群团工作走在全省前列。10月15日，市委常委会会议传达学习习近平总书记在全国民族团结进步表彰大会上的重要讲话精神，听取市委统战部关于珠海市民族宗教工作情况的汇报，强调要深入学习领会习近平总书记重要讲话精神，不断增强做好新形势下民族工作的自觉性和坚定性，奋力开创新时代珠海市民族团结进步事业新局面。11月14日，市委常委会会议传达学习中央统一战线工作领导小组关于宗教工作督查有关通报精神，听取市委统战部关于珠海市宗教工作督查整改情况的汇报，强调要切实增强做好宗教工作的责任感、使命感和紧迫感，坚决防范化解宗教领域风险，坚决打击违规违法宗教活动，抓好珠海市宗教工作督查整改，巩固发展好珠海市宗教领域和谐稳定的良好局面。

【政法工作推进】 2019年2月2日，珠海市委常委会会议传达学习习近平总书记在中央政法工作会议上的重要讲话、《中国共产党政法工作条例》、全国高级法院院长会议、全国全省检察长会议精神，决定2月下旬召开市委政法工作会议，强调要深入学习贯彻习近平总书记在中央政法工作会议上的重要讲话精神，树牢“四个意识”，坚定“四个自信”，坚决做到“两个维护”，全面深入做好新时代政法工作，努力把珠海建设成为最安全稳定、最公平公正、法治环境最好的地区。5月16日，市委常委会会议传达学习习近平总书记在全国公安工作会议上的重要讲话及中共中央加强公安工作有关意见精神，强调要学深悟透习近平总书记重要讲话精神，坚持政治建警、改革强警、科技兴警、从严治警，全力推进公安改革，严厉打击犯罪活动，推动珠海公安工作走在全省前列。听取市委常委、政法委书记张强关于全市综治工作（平安建设）及扫黑除恶工作情况的汇报，强调要深入学习习近平总书记在中央政法工作会议上的重要讲话精神，深化政法领域改革，加快推进社会治理现代化，坚决打好防范和管控重大风险攻坚战，推动平安珠海建设工作迈上新台阶。7月5日，市委常委会会议听取市公安局关于全省公安工作会议主要精神和珠海市禁毒工作情况的汇报，部署有关工作，强调要认真落实中央和省委、省政府的部署要求，深刻认识当前公安工作斗争形势，明确工作任务和职责使命，推动珠海公安工作走在全省前列。7月31日，市委常委会会议听取市委政法委关于上半年珠海市扫黑除恶工作情况的汇报，部署下一阶段扫黑除恶工作，讨论并原则同意《珠海市落实中央扫黑除恶督导“回头看”反馈意见整改方案（稿）》，强调全市各有关部门要深入学习贯彻习近平总书记关于打好打赢扫黑除恶专项斗争攻坚仗的重要指示精神，清醒认识当前面临的复杂严峻形势，以更高的政治自觉、更强的政治担当、更大的政治责任加大扫黑除恶力度，不断增强人民群众的获得感、幸福感、安全感。10月23日，市委常委会会议传达学习全国扫黑除恶专项斗争第二次推进会和全省扫黑除恶专项斗争有关会议精神，听取市委政法委关于珠海市扫黑除恶工作情况的汇报，强调全市各有关部门要正确判断当前斗争形势，检视当下工作短板，按照全国、全省会议部署要求，制定工作台账、拿出实招硬招，把珠海建设成为全省最安全稳定、最公平公正、法治环境最好的地区。

【食品卫生工作推进】 2019年3月22日，珠海市委常委会会议传达学习习近平总书记关于食品安全工作的重要指示批示和《地方党政领导干部食品安全责任制规定》精神，强调要深入学习贯彻习近平总书记关于食品安全工作的重要指示批示精神，认真按照《地方党政领导干部食品安全责任制规定》要求，牢固树立以人民为中心的发展思想，严格落实食品安全工作责任制，严防严管严控食品安全风险，确保人民群众“舌尖上的安全”。

【安全生产建设推进】 2019年1月17日，珠海市委常委会会议书面传达全国、全省安全生产电视电话会议精神，强调要牢固树立安全发展理念，始终把人民群众生命安全放在最重要位置，切实把中央、省关于安全生产工作的决策部署抓实抓细抓具体，以防范化解重大安全风险、坚决遏制重特大事故为重点，切实防范和减少安全生产事故。3月22日，市委常委会会议传达学习习近平总书记对江苏响水“3·21”爆炸事故的重要指示精神，强调各级党委政府和领导干部要严格落实《地方党政领导干部安全生产责任制规定》，牢固树立“以人为本、生命至上”的安全发展理念，深刻汲取事故教训，坚持严字当头、预防为先，真抓实干做好安全生产工作，坚决防范和遏制各类安全事故发生。7月31日，市委常委会会议传达学习习近平总书记对贵州水城“7·23”特大山体滑坡灾害的重要指示精神，听取珠海市上半年安全生产工作暨防灾减灾工作情况的汇报，强调要深入学习贯彻习近平总书记关于做好应急管理、安全生产及提高自然灾害防治能力等一系列重要指示批示精神，牢固树立以人民为中心的发展思想，确保珠海市安全生产和自然灾害防范工作形势持续稳定。

【人大、政协工作推进】 2019年1月5日，珠海市委常委会会议听取市人大常委会党组和市政协党组关于珠海市第九届人民代表大会第七次会议、政协第九届珠海市委员会第三次全体会议筹备工作情况的汇报，讨论并原则同意珠海市第九届人民代表大会第七次会议于1月22—24日在香洲召开，强调要广泛听取各方面意见建议，征求民意、吸纳民智，做好会议各项工作报告的起草工作，切实提高决策民主化、科学化水平。3月22日，市委常委会会议进一步学习贯彻习近平总书记重要讲话和全国“两会”精神，强调要认真学习贯彻习近平总书记在全国“两会”上的重要讲话精神，全面把握全国“两会”部署要求，以更大力度、更实举措做好珠海市各项工作。4月26日，市委常委会会议听取市政协关于《2019年度重点协商计划及重点监督议题（稿）》起草情况和主要内容的汇报，讨论并原则同意《协商计划及监督议题（稿）》，强调要深入开展调查研究，精心组织协商和监督活动，全面推进协商民主广泛多层制度化发展。要充分发挥政协委员的人才智力优势，紧扣全市中心工作和焦点热点问题开展协商监督，为珠海经济特区“二次创业”建言谋策。6月5日，市委常委会会议传达学习省委人大工作会议主要精神，强调要深入学习贯彻习近平总书记关于坚持和完善人民代表大会制度的重要论述，认真贯彻落实省委人大工作会议精神，以新担当新作为推动人民代表大会制度理论与实践创新，推动珠海市人大工作走在全省前列。10月15日，市委常委会会议传达学习习近平总书记在中央政协工作会议暨庆祝中国人民政治协商会议成立70周年大会上的重要讲话精神，强调要深入学习贯彻习近平总书记重要讲话精神，进一步深化对人民政协性质、地位和作用的认识，切实增强责任感和使命感，不断谱写新时代人民政协事业发展新篇章。

2019年12月6日，珠海市举办省委宣讲团党的十九届四中全会精神宣讲报告会暨珠海市市管干部学习贯彻党的十九届四中全会精神研讨班，市委书记、市人大常委会主任郭永航出席会议并作动员讲话 （市委组织部供稿）

【对口帮扶工作推进】 2019年7月5日，珠海市委常委会会议传达学习习近平总书记关于打赢脱贫攻坚战工作重要讲话精神，分别听取市农业农村局和市对口帮扶阳江指挥部关于对口怒江东西部扶贫协作、对口支援藏区库区工作以及对口帮扶阳江茂名工作情况汇报，强调全市各级各部门要把打赢脱贫攻坚战作为践行“两个维护”的自觉行动，聚焦重点任务，突出精准发力，扎实推进对口帮扶和扶贫工作，确保完成脱贫攻坚政治使命。 （市委办公室）

组　织

【党的十九大精神学习贯彻】 2019年，珠海市委组织部坚持抓好理论武装，持续深化习近平新时代中国特色社会主义思想和党的十九大，十九届二中、三中、四中全会精神学习教育，推动全市党员干部树牢“四个意识”、坚定“四个自信”、做到“两个维护”。坚持读原著学原文悟原理。全面落实“第一议题”制度，把学习贯彻习近平新时代中国特色社会主义思想作为各级党委（党组）理论学习中心组学习的首要内容，作为各级党委会、党组会、支部会的第一议题，及时跟进学习习近平总书记最新讲话精神。在开展“不忘初心、牢记使命”主题教育过程中，市领导率先垂范，围绕5个专题开展为期6天的集中学习研讨，在原汁原味学深悟透基础上，根据学习专题逐个作主题发言和交流发言；各区、各单位普遍安排一周时间，至少围绕4个专题开展集中学习研讨，不断深化对习近平新时代中国特色社会主义思想的理解和认识。常态化推进大学习大培训。把学习贯彻习近平新时代中国特色社会主义思想摆在干部教育培训最突出的位置，举办学习贯彻党的十九届四中全会精神、学习贯彻《粤港澳大湾区发展规划纲要》、支持深圳建设中国特色社会主义先行示范区专题研讨班25期，对全市1100余名市管处级干部和镇（街）党政正职进行多轮集中培训。分类开展各领域党支部书记集中轮训，24个镇（街）党校、319个教学点全年培训基层党员4.35万人次。推动学习贯彻在基层落地见效。依托“三会一课”抓好支部学习和个人自学，广大党员干部自觉通读《习近平关于“不忘初心、牢记使命”重要论述选编》《习近平关于“不忘初心、牢记使命”论述摘编》《习近平新时代中国特色社会主义思想学习纲要》等规定书目和必学内容，切实解决学习贯彻“上热下冷”问题。编印发放《见证初心和使命的珠海红色故事》，组织党员干部参观主题教育档案文献展448批，市级党史党性教育基地接待党员群众25万人次。

【干部队伍建设】 2019年，珠海市委组织部坚持把政治忠诚作为选人用人的首要标准，树立“重实绩、重实干、敢担当”的用人导向，优化机构改革后各级领导班子，选拔优秀年轻干部和专业型干部，打造适应大湾区建设需求的高素质干部队伍。完善干部工作体系。开展干部工作体系、风险化解能力专题调研和领导班子配备需求分析、担当作为表现专项测评，研究激励干部担当作为若干措施，做好干部选育用管工作。坚持“两必三看”动议法（动议时必调研、必测评，看班子结构和事业需求、看干部特长和工作实绩、看干部评价和群众口碑），确保把敢担当善作为的干部选出来。加强政治素质考察，推行“考察四制度"：实行一线考察制度，在庆祝中华人民共和国成立70周年、澳门回归祖国20周年等重大活动、重要工作一线考察了解干部；实行考察前干部信息沟通共享制度，让考察组长全面掌握考察对象情况，开展针对性考察；探索实行"家访"制度，以家风看政风；实行考察结果综合分析研判制度，有疑问、有问题的坚决不上会。持续优化领导班子结构。围绕机构改革后市管领导班子配备需求，有针对性有重点调整优化各行政区、功能区及营商环境相关部门领导班子，补充熟悉宏观经济、招商引资、科技金融、企业运营、建设等领域专业干部。机构改革后，46个机关和部门领导班子中，主要领导新任职26人，占56.5%，其中提拔重用13人，占28.3%；市管党政部门正职45岁以下比例由5.9%上升至17.4%，正职平均年龄下降1.9岁。培养选拔优秀年轻干部。建立培养选拔优秀年轻干部工作制度，开展全覆盖的高素质专业化干部队伍建设专题调研，掌握一批处级、科级优秀年轻干部名单。提拔重用45名45岁以下优秀年轻干部到重要部门、重要岗位任职，干部队伍活力更足、干事创业激情更加饱满。继续实施"三同"（同吃、同住、同劳动）计划，选派3批53名正科职以上干部赴云南省怒江州开展"三同"实践锻炼，选派干部参与援藏、东西部扶贫协作等工作，提升年轻干部的斗争精神、斗争本领。规范选人用人程序。强化分析研判，采取日常了解、专项调研、测评等方式，对领导班子结构、干部需求和人岗匹配等情况研判分析，为选人用人提供依据和参考。做实基础工作，及早开展个人有关事项报告、档案、信访举报等负面清单筛查。建立健全干部考察员制度，建立约120人的干部考察员队伍。完善干部选拔任用工作纪实和操作规范手册，提升干部考察工作精细化、规范化水平。全年，因个人事项报告、档案等原因暂缓提拔任用市管干部9人。持续深化干部管理监督。结合市委巡察工作，对24个市直单位开展选人用人专项检查，发现和整改一批突出问题。开展领导干部"带病提拔"倒查工作，对4名处级、6名科级"带病提拔"对象的提任过程进行倒查。持续开展"裸官"问题专项治理，发现新增处级"裸官"2人，按规定对禁入岗位的1名"裸官"作出岗位调整。加强信访举报受理查核力度，全年受理各类信访举报62件，谈话提醒11人次，函询9人次。配合省委组织部开展领导干部配偶、子女及其配偶违规经商办企业问题专项整治工作。11月，市委组织部在全省干部监督工作会议上作交流发言。稳妥有序推进职务职级并行和公务员工作。全面贯彻落实《公务员法》《公务员职务与职级并行规定》，有序完成市直162个单位、3个行政区、4个功能区的职级套改备案工作，稳步推进干部职级晋升。完成2019年省考录用公务员、2020年度选调生和急需紧缺专业招录公务员、乡镇公务员考试工作。完善绩效考核激励约束机制，出台《市直机关年度绩效考核激励约束办法》，强化单位绩效考评、个人年度考核、违规违纪、问责等结果运用，激励广大公务员创先争优。提升干部专业化能力。着眼服务大湾区建设，聚焦市委、市政府中心工作和重点任务，在北京、上海、深圳等地举办战略性新兴产业、高质量发展、城市精细化管理等专题研讨班6期，开展科级干部任职培训和新录用公务员初任培训4期，提高干部专业化能力。

【基层党组织和党员队伍建设】 截至2019年底，珠海市有中国共产党地方委员会4个、基层组织7598个，其中基层党委529个、党总支部517个、党支部6552个；党员11.57万人，其中女党员4.28万人，35岁以下党员3.89万人，大学专科以上学历党员8.61万人。

2019年，珠海市委组织部围绕基层党建三年行动计划年度任务，坚持焦点不变、频道不换、力度不减，在"规范化建设"上巩固完善，在"组织力提升"上聚焦用力，在"全面进步全面过硬"上深化拓展，推动各项工作落实落细。开展基层党组织标准化规范化建设。建立农村、社区等8个领域党支部规范化建设标准40余项，对6400余个党支部进行达标验收考评，选树党组织标准化规范化建设示范点20个。动态排查整顿软弱涣散村（社区）党组织26个，动员各方资源和力量集中整顿，完成摘帽14个，摘帽率53.8%。把党的全面领导落实到农村基层。出台《关于加强村党组织对村各类组织和各项工作全面领导的意见（试行）》，推动村党组织、自治组织、集体经济组织负责人"一肩挑"比例达82%，确保村党组织在村内重大事务中"唱主角"。深化实施"领头雁"工程，撤换调整"四不"（政治上不合格、经济上不廉洁、能力上不胜任、工作上不尽职）村（社区）党组织书记15人，对全市319名村（社区）党组织书记进行集中轮训，选派140名村（社区）党组织书记到深圳、佛山蹲点学习一个月。实施"归雁"计划，每村精准选配2名以上村级后备人选。实施选聘分离制度，对现任村干部全面考核，未通过考核不予聘用者22人。财政全额承担村干部工作报酬和购买城镇职工社会保险，村干部人均年工作报酬达10.1万元，比2018年翻一番。拓展优秀村（社区）党组织书记发展空间，面向优秀村（社区）党组织书记专项选拔乡镇公务员6人，11名优秀村党组织书记享受镇事业单位十级管理岗位工资待遇。率先推动村党群服务中心实体化运作，对122个村党群服务中心进行法人登记、开立银行账户。党建引领城市基层治理能力提升。建立区、街道、社区三级城市基层党建联席会议，部署开展驻区单位党组织和在职党员"双报到"工作，全市1600余个驻区单位党组织、3万余名在职党员到街道社区报到，主动参与社区建设，融入基层治理。推进开展社区党委领导下的民主协商，深化"红色业委会"建设，全市建立业委会党支部92个，1850个住宅小区纳入社区网格党组织管理，市民热线物业管理纠纷等民生问题投诉率下降。提升"两新"组织两个覆盖质量。印发《关于扩大新兴领域党组织覆盖的若干措施》，推行党建网格化和区域化工作，新兴领域党组织覆盖率提升至67%。理顺市级行业党建领导体制，新组建互联网、物业管理行业党委，探索推进快递行业党建工作，制定加强律师行业、互联网行业党建工作方案，推动行业党建工作健康有序开展。开展非公企业党建"双同步"（非公企业摸排和组建）和"五类企业"（民营企业全国500强和全省百强、

2019年10月30日，珠海市举办广东省首届“百名海外博士博士后南粤行”暨珠海市海外高层次人才创新创业洽谈会（市委组织部供稿）

上市公司、龙头企业、规模以上工业企业）党组织覆盖集中攻坚行动，279家非公企业新建党组织，实现民营企业全国500强、全省百强、上市公司和本地龙头企业党组织100%覆盖。

【人才队伍建设】 2019年，珠海市委组织部突出讲政治、抓落实、优服务、强融合，全市人才队伍建设和人才工作实现新突破、焕发新活力、增添新动力，在2019年全省组织部长会议上作经验介绍。持续加强人才政治引领吸纳工作。开展“弘扬爱国奋斗精神、建功立业新时代”活动，宣传全市各领域爱国奉献先进典型人才。组织市优秀人才代表赴井冈山干部学院开展首期高层次人才研修活动，激发人才报效祖国的爱国情怀。落实市领导联系服务人才机制，为联系对象协调解决实际问题63项。推进“珠海英才计划”落地实施。年内认定高层次人才158人，首次实现全职院士零的突破。评定市创新创业团队项目36个，资助金额2.5亿元。落实用人单位对人才评价的自主评价权，采取专家评审与企业自评相结合方式，新评定产业青年优秀人才249人。全年全市新引进各类人才4.2万人，比上年增长55.5%，其中新招收培养博士后46人，新引进博士230人、硕士2572人、留学回国人员350人，人才资源总量超过55万人。举办第十七届中国国际人才交流大会珠海分会场和第三届珠海高创会等高规格人才活动20余场，搭建具有珠海特色、富有影响力的引智平台。全面提升人才综合服务水平。出台《珠海市“英才卡”实施办法（试行）》，为各类人才在落户、停居留和出入境、子女入学、购房、医疗等方面提供优质服务。收集全市3000家企业人才数据，建立覆盖全市企业的人才大数据平台项目。推进珠澳人才协同发展。制定出台《珠海市实施粤港澳大湾区个人所得税优惠政策人才认定及财政补贴暂行办法》，将全市各领域急需紧缺人才均纳入政策享受范围。发挥横琴新区“双区”叠加政策优势，持续加大改革创新力度，全国首家内地与港澳合伙联营律师事务所“中银—力图—方氏（横琴）联营律师事务所”开业运营。推进港澳导游在横琴执业单边认可，推动横琴新区港澳建筑及相关工程咨询企业资质和专业人士执业资格认可规定获市人大通过。开展“琴澳同心·筑梦飞翔”澳门大学生暑期横琴实习计划和“澳门青年学者计划”，加强两地青年人才互动交流。（刘金党）

宣　传

【理论工作】 2019年，珠海市党的理论工作取得新成效。

理论中心组学习　制定《2019年珠海市委理论学习中心组学习计划》，把学习贯彻习近平新时代中国特色社会主义思想作为中心组学习的重中之重。全年组织市委中心组集中开展专题学习19次，为市委中心组成员选送政治、经济、文化等理论前沿书籍30余种，以上率下带动全市各级党组织和广大党员干部大兴学习之风。

“学习强国”平台推广应用　建立覆盖全市党组织的学习组织架构及管理员队伍，完成学习组织搭建及党员推广工作，全市11万余人加入“学习强国”平台学习组织。组建通讯员队伍，在珠海传媒集团成立珠海通讯站编辑部，近900篇报道被“学习强国”广东学习平台选用，一批优质稿件被全国学习平台选用。参加“广东乡村微视频大赛”“我爱我的祖国——微视频摄影大赛”等活动，200余件参赛作品入选“广东乡村微视频大赛”，其中微视频《大美斗门》获一等奖、《水中的“冬虫夏草”》等42个微视频获三等奖。

基层理论宣讲　组织开展《粤港澳大湾区发展规划纲要》《习近平新时代中国特色社会主义思想学习纲要》、党的十九届四中全会精神等主题宣讲活动；组建珠海经济形势报告团2批，统筹开展广东经济形势报告会珠海专场宣讲活动40场；组织省、市、区、镇（街）、村（居）五级百姓宣讲员进高校、进企业、进机关、进社区、进农村，开展“我和我的祖国”百姓宣讲活动360余场，听众2.3万人，其中3篇百姓故事入选省委宣传部《南粤追梦70年》一书。

理论研究平台搭建　联合广东省社会科学院、广东省习近平新时代中国特色社会主义思想研究中心、北京师范大学珠海分校共同主办“学习习近平总书记视察广东重要讲话精神，贯彻落实开放发展理念”研讨会。协助《环球时报》举办2019（第九届）“中国边疆重镇”高峰论坛。办好杨匏安陈列馆、林伟民与中国早期工人运动史迹陈列馆两个“新时代红色文化讲堂”。全年举办“珠海文化大讲堂”11期。

【新闻宣传】 2019年，珠海市开展系列主题宣传活动，推动习近平新时代中

2019年1月11日，杨匏安陈列馆“新时代红色文化讲堂”开讲。图为与会人员参加“6+1”系列活动 （市委宣传部供稿）

国特色社会主义思想和党的十九大精神深入人心，助力粤港澳大湾区建设。

习近平新时代中国特色社会主义思想宣传　围绕深入学习宣传贯彻习近平新时代中国特色社会主义思想和党的十九大精神这一主线，指导市属媒体开好“学习贯彻习近平新时代中国特色社会主义思想”“学习贯彻落实习近平总书记视察广东重要讲话精神”“新时代　新作为　新篇章”等系列主题专栏，加强宣传报道策划。全年，《珠海特区报》《珠江晚报》刊发专版180余个、新闻稿件1460余篇、系列评论70余篇；珠海电视台新闻栏目推出新闻报道1100余条，累计4300余分钟；广播新闻推出新闻1300余条，累计1450余分钟。

“不忘初心、牢记使命”主题教育宣传　统筹指导市属媒体开展宣传报道，开设“庆祝中国共产党成立98周年”“深入开展‘不忘初心、牢记使命’主题教育”等专栏专题。全年，在中央、省级主流媒体推出珠海相关报道43篇，市属媒体及所属新媒体平台推出新闻报道1000余条（篇）。

中华人民共和国成立70周年宣传　在中央、省级和港澳主要媒体推出主题专版25个，及时报道相关活动600余条（篇）。组织市属媒体开设“弘扬爱国奋斗精神　建功立业新时代”“自信中国70年启示录”“我和我的祖国”专题专栏，重点策划制作新媒体宣传产品，《珠海特区报》《珠江晚报》刊发相关报道190篇、专版50个；播放电视新闻75条230次，广播新闻同步播发；新媒体各主要平台发布新闻报道330余条（篇），阅读量900余万次。

澳门回归祖国20周年宣传　组织市属媒体联合中央广播电视总台、澳门日报社、澳广视等开展全媒体策划；报纸适时推出大型特刊、主题专版、系列报道和评论言论；广播电视策划特别编排、直播节目和专题报道，制作《澳珠情缘》《追梦少年》及口述纪录片、专题片等；新媒体推出“祝福澳门”网络快闪活动、“我的记忆”征集活动、“好事莲莲”H5互动游戏、“同升一面旗”短视频以及“澳门街”长图等融媒体产品。

粤港澳大湾区建设宣传　组织市属媒体在重要时段、重要版面和主要新闻节目开设“牢记嘱托　湾区追梦”“聚焦粤港澳大湾区发展规划纲要”“聚焦粤港澳大湾区”等专题专栏，组织开展“走马大湾区”大型主题采访和高质量发展调研行活动，突出《粤港澳大湾区发展规划纲要》学习宣传以及推进粤港澳大湾区建设宣传报道。全年，《珠海特区报》《珠江晚报》刊发相关稿件1700余篇，推出《走马大湾区》等主题专版80余个；广播电视新闻播出相关稿件782篇，多栏目、多平台滚动播放近2500次；新媒体集纳并同步转发中央、省、市主要媒体重点报道和重点新媒体产品2378条，阅读量760万次。

珠海建市40周年宣传　《珠海特区报》刊发大型特刊《芳华不惑》44版，电视和广播推出大型主题体验式采访报道，全面总结建市40年发展历程和建设成就。珠海传媒集团新媒体产品全平台阅读量突破800万，5篇微信公众号推文阅读量超10万，其中《这，就是珠海》24小时阅读量超110万，《珠海40，有我！》短视频全平台点击量超80万。

【新闻出版】　2019年，珠海市完成新闻出版机构改革，市新闻出版（版权）局从原市文化体育旅游局转隶至市委宣传部，新闻出版（版权）行政职能一并转入。加强统筹协调，调整市推进使用正版软件工作联席会议成员单位、市“扫黄打非”工作领导小组等议事机构。加强行政审批制度改革，推进政务改革和数字政府建设，实现申请、审批全程网上办理。加强行业监管，印发《印刷企业政策法规文件汇编》《内部资料性出版物管理办法》《正版软件管理工作指南》《软件正版化检查实例》等资料，通过培训、检查、年度报告等形式，指导和监督全市印刷复制企业、出版发行单位依法依规经营，规范行业发展秩序。加大版权保护力度，将“剑网”专项行动、软件正版化等工作纳入“法治珠海”考核体系，落实单位主体责任，实现全市政府机关单位办公软件正版化全覆盖。

【文化事业】　2019年，珠海市文化事业发展取得新业绩。

紧扣重要节点举办重大活动　举办庆祝中华人民共和国成立70周年、庆祝珠海建市40周年、庆祝澳门回归祖国20周年等重大主题活动。9月27日晚，在珠海大剧院举办“向祖国报告——珠海市庆祝中华人民共和国成立70周年文艺晚会”。9月30日，在海韵城中心广场举行珠海市庆祝中华人民共和国成立70周年大型群众文艺嘉年华活动，参与群众近万人。10月1日晚，在拱北湾海域举办珠海市庆祝中华人民共和国成立70周年焰火晚会，40余万群众观

2019 年 4 月 26 日，珠海市 2019 年度“4·26”知识产权日暨“扫黄打非·绿书签行动”主题宣传活动在城轨珠海站广场举行　（市委宣传部供稿）

看焰火表演。

文艺精品创作　报告文学《中国桥——港珠澳大桥圆梦之路》、纪录电影《港珠澳大桥》获第十五届中宣部精神文明建设“五个一工程”奖，珠海文艺作品首次获此殊荣。报告文学《中国桥——港珠澳大桥圆梦之路》、纪录电影《港珠澳大桥》、话剧《信仰》、电视纪录片《港珠澳大桥》、广播剧《生死救援》获广东省第十一届精神文明建设“五个一工程”奖，市委宣传部获全省组织工作奖。在“我和我的祖国——广东省第十三届‘百歌颂中华’歌咏活动总决赛”中，珠海市获 2 金 1 铜。聚焦粤港澳大湾区建设、港珠澳大桥建设、爱国主义等主题，支持创作歌曲《新时代属于我》、话剧《龙腾伶仃洋》等文艺精品，组织拍摄纪录片《澳珠情缘》。

红色革命遗址保护利用　贯彻落实习近平总书记关于保护红色遗产、弘扬红色文化、传承红色基因的重要讲话精神，全面实施红色遗址登记标示、红色历史挖掘整理、红色遗址保护建设、红色展陈提升、红色遗址管理提升、红色文化传播、红色教育基地打造、红色旅游发展、红色志愿服务、重点建设示范点提升“9+1”行动计划。挖掘本土红色资源，创新推动红色文艺作品创作展演，组织开展红色主题宣传教育活动，重点推进林伟民与中国早期工人运动史迹陈列馆、苏兆征故居陈列馆、珠海市革命史料陈列馆的展陈提升工作。

文化品牌建设及文艺下基层工作　举办“筑梦大湾区”粤港澳大湾区文化艺术节珠海分会场、南国书香节珠海分会场、珠海 30 公里徒步、古元诞辰 100 周年等大型文化活动，组织开展话剧《龙腾伶仃洋》赴京演出、迎春茶话会文艺演出等；制定 2019 年“市民艺术节”活动方案，推动群众文化活动深入开展；制定 2019 年广场文化活动和文化下基层重点活动方案，推进“文化进万家”“艺术点亮人生”文艺名家下基层工作。

电影管理　截至 2019 年底，珠海市有各级各类影院 38 家，其中横琴新区 1 家、香洲区 19 家、金湾区 4 家、斗门区 7 家、高新区 4 家、高栏港区 2 家、万山区 1 家。做好农村电影放映工作，全年放映影片 314 部 1464 场次，惠及观众 16 万余人次。

【文化发展体制改革】　2019 年，珠海市推进文化发展体制改革。

市属新闻媒体改革　4 月 28 日，珠海传媒集团和珠海市新闻中心挂牌成立。珠海传媒集团以整合原报业集团和广电集团为基础，同时整合全市国有传媒类资源，在阵地管控、组织架构、运作模式、人事管理、薪酬分配、综合考评、激励机制等方面突出创新引领、科学谋划，在巩固意识形态阵地、保留事业单位建制的同时，探索出国有传媒单位建立健全现代企业制度的新路子，在国内地级市层面率先实现报业、广电、新媒体、户外媒体从采编到管理、经营的全面深度融合。

国有文艺院团改革　高标准高起点组建珠海演艺集团，集团下设歌舞团、话剧团、民乐团、粤剧团和剧院管理公司、舞美公司。10 月 23 日，原创话剧《龙腾伶仃洋》首演暨珠海演艺集团揭牌仪式在珠海大剧院举行。

市新华书店改革重组　根据市新华书店改革重组方案，完成市新华书店 51% 股权转让交割和工商变更登记，成为省新华发行集团控股子公司，珠海传媒集团持股 49%，成为参股股东。

完善国资监管制度体系　制定全面预算管理办法、演艺集团领导人员综合考核评价暂行办法、专项补贴资金管理办法、艺委会管理办法、专职监管人员分级管理办法等制度，修订市属文化企业薪酬管理暂行办法、珠海传媒集团领导人员综合考核评价暂行办法、市属文化企业交易行为管理办法等制度。

推动文化产业高质量发展　健全文化产业政策体系，在学习借鉴青岛、西安、武汉等先进城市经验做法和深入各区及企业调研分析珠海文化产业现状的基础上，起草《关于促进文化产业高质量发展的若干政策意见》。用好宣传文化发展专项资金，组建文化产业投资基金，发挥资金杠杆效应，助力文化产业发展。组织动员珠海市文化企业申报全国文化企业 30 强、国家文化产业发展项目库、中国原创动漫出版扶持计划。组团参加深圳文博会、宁波文博会，展现珠海文化产业发展成果和良好城市文化形象。

【对外宣传】　2019 年，珠海市加强城市对外宣传，提升城市国际形象。

推进珠海城市形象国际传播　以“不一样的珠海——新时代、新珠海”

2019年8月25日，“不一样的珠海”珠海城市形象发布会在珠海大剧院举行（市委宣传部供稿）

为全年对外传播主题，提升珠海城市国际形象。举办“不一样的珠海”城市形象发布会，发布珠海城市形象标识和全新城市宣传片。借助第三届“21世纪海上丝绸之路”中国（广东）国际传播论坛平台，举办“不一样的珠海”城市形象推介会。在第一届澳门国际书展现场举办“不一样的珠海”城市外宣图书新书发布会，以书为媒讲好珠海故事。

打造对外传播品牌　举办第三届“21世纪海上丝绸之路”中国（广东）国际传播论坛，来自60多个国家及地区323名嘉宾出席开幕式，参会人数逾千人，人民日报等70余家国内外媒体339名记者参加。策划组织国际媒体观察团“珠海行”、新华社新闻信息中心调研珠海等活动10次，境内外媒体300余人次参加。推动澳珠媒体深化合作，会同澳门中联办宣传文化部举办澳门中文媒体珠海采访活动。珠海传媒集团与澳广视、澳门有线电视、澳门商报等澳门媒体签订战略合作协议。

推动新闻发布常态化　建立市政府常态化新闻发布制度，开设“珠海市政府新闻发布会”专栏网页，公布全市175名新闻发言人及新闻发言人助理名单，实现新闻发布会会前预告、会期同步图文实录。紧扣市委、市政府中心工作及各阶段宣传重点，加强新闻策划和议题设置，全年举办“珠海市就业补贴办法”“横琴新区10周年会”等新闻发布会十余场。加强新闻发言人队伍建设，对全市新闻发言人及团队信息进行重新核定并对外公布，召开珠海市政府新闻发布会暨政务公开工作动员大会。推动开展新闻发布评估工作，委托第三方团队对全市新闻发布工作进行分析评估。

加强载体平台建设　推动与人民日报“中央厨房”共建粤港澳大湾区融媒体工作室项目，由工作室制作的《即将通车的港珠澳大桥什么样？司徒带你看》获第二十九届中国新闻奖二等奖。提升“珠海发布”“珠海城市英文网”外宣平台水平，截至年底，“珠海发布”微信公众号粉丝达42万，14篇文章阅读量超10万、3篇超50万、最高达119万，居全省同类政务新媒体前列。

（尹　艳）

统一战线

【多党合作】　2019年，珠海市支持各民主党派建言献策。市民革协助起草《民革中央关于支持横琴新区建设粤澳特别合作区更好促进澳门经济适度多元发展的建议》，得到李克强、汪洋、韩正等中央领导批示；民革中央“第六届两岸新锐设计竞赛”、致公党中央第二届粤港澳对接“一带一路”建设论坛等活动在珠海举行。引导各民主党派、工商联、知联会、欧美同学会等紧扣粤港澳大湾区建设主题，提交调研报告13篇，分解为68项具体任务，由29个责任单位进行转化落实。打造参政议政“直通车”，向省委统战部、市委报送建议类信息16篇，其中市委采用10篇、市领导批示5篇。支持各民主党派更好发挥作用，协助市委制定2019年政党协商计划，召开情况通报会、征求意见会、民主协商会等22场次，市委常委、党员副市长与64名党外代表人士举行联系交友活动118次。本轮机构改革后在全省率先对特约人员换届调整，市教育局等11家单位聘请73名民主党派和无党派人士为本单位特约人员。支持各民主党派加强自身建设，开展民主党派代表人士大走访活动，摸清队伍结构。

【民族宗教统战】　2019年，珠海市以铸牢中华民族共同体意识为主线，举办珠海市少数民族庆祝中华人民共和国成立70周年文艺汇演。推进民族团结进步创建，珠海市实验中学、珠海银邮光电技术发展股份有限公司副总裁卢晓晔分别被评为全国民族团结进步模范集体和模范个人，指导编写《珠海市伊斯兰教中国化方向教育读本》。作为第二批通用语言培训试点城市，举办新疆籍少数民族进城务工人员语言文化与政策培训班14期。协助做好内地民族班服务管理。贯彻落实全国宗教工作会议精神，始终坚持宗教中国化方向。抓好督查巡视整改落实，推动宗教两级责任有效落实。办好第二十二次中韩日佛教友好交流会议，国家、省、市领导和中、韩、日三国佛教界代表近500人参加，第十一世班禅全程参会。开展宗教场所规范化管理综合整治提升行动，推动基督教珠海堂奠基建设。引导宗教界参与各类慈善活动，捐款216万元。

【党外知识分子和新的社会阶层人士统战】　2019年，珠海市有党外知识分子近43万人，市党外知识分子联谊会会员108人。全市统计在册归国留学人员约9000人，珠海留学人员联谊会·珠海欧美同学会会员460人。全市新的社会阶层人士37.76万人，其中民营企业和外资企业管理技术人员33.1万人、中介和社会组织从业人员2.4万人、新媒体从业人员2.1万人、自由职业人员1370人。在全省率先完成185名无党派人士政治面貌认定，在北京师范大学珠海校区成立珠海首个高校党外知识分子联谊会。出台《珠海市建设新的社会阶层人士统战工作创新推广城市三年行动方案（2019—2021年）》《珠海市新的社会阶层人士统战工作实践创新示范点规范化建设方案》。3月，“乐创新‘士’界”“福石芯联新”2个项目被确定为全国新的社会阶层人士统战工作实践创新基地重点项目。万山区成立全省首个海岛新阶联组织，实现市、区（经济功能区）新阶联组织全覆盖。以“珠海新力量”为统揽，建立珠海新的社会阶层人士建言献策团、律师同心服务团、新阶层导师团等品牌项目，举办参与各类活动135场，参加人数7200人次。突出港澳特色，举办粤港澳大湾区专业知识人士智库专题座谈会、珠澳律师与企业家陪伴成长计划等活动，在全国地级市新阶联组织中成立首个涉港澳纠纷人民调解委员会。

【非公经济领域统战】 2019年，珠海市加强非公有制经济人士思想政治工作，以“走进革命圣地、传承延安精神”为主题，在延安举办民营企业家理想信念教育培训班9期，培训1200余人次。举办第六届各国驻穗领事官员广东民企行活动，31国驻穗总领馆官员考察珠海民营企业，针对中美经贸摩擦对珠海民营企业的影响、防范化解经济领域重大风险、助力惠企政策落地等热点难点问题展开调研，兴业太阳能公司所遇到的困难和问题得到省主要领导批示。组织会员企业参加深商全球大会等招商引资推介会31批次。在“6·30”广东扶贫济困日，发动民营企业家捐款460余万元。开展对口怒江“百企帮百村”精准扶贫行动，引导10家直属商会与怒江州10个贫困村开展对口帮扶，投资3000余万元建设扶贫车间25个，带动2500名建档立卡贫困户脱贫。完成市总商会注册工作，推进市工商联直属商会改革，所属商会社团增加7个，总数达80个。推进所属商会协会党的建设，8个非公企业软弱涣散党支部完成整改。香洲区、金湾区、斗门区工商联获全国“五好”县级工商联称号，金湾区红旗镇商会获全国“四好”商会称号。

2019年6月21日，第六届各国驻穗领事官员广东民企行活动在珠海举行。图为珠海市领导与各国驻穗官员合影

（市委统战部供稿）

2019年5月27日，珠海市委书记、市人大常委会主任郭永航（前排右六），市委副书记、市长姚奕生（前排右四）率代表团拜会澳门珠海社团联合总会

（市委统战部供稿）

【台港澳及海外统战】 2019年，珠海市支持香港特别行政区政府止暴制乱、恢复秩序。依托香港珠海社团总会，建立义工团队，带动乡亲会员及义工骨干参与“撑政府、护法纪”活动。推进乡亲社团转型，市委书记郭永航率队3次赴香港、澳门指导香港珠海社团总会、澳门珠海社团联合总会发展建设。依托港澳珠海社团总会，全年举办社团活动56场，参与人数2.1万人次。以珠海海外青年委员会为平台，举办第一届卡丁车大赛、珠澳韩三地青年交流之夜等交流联谊活动。引导港澳青年参与东西部扶贫协作、对口帮扶工作，组织会员分3批次赴西藏林芝、云南怒江和广东茂名开展国情教育活动，募款386万元。市侨联属会珠海潮人海外联谊会捐资9500万元建设的珠海潮联学校建成使用。承办首届华侨华人粤港澳大湾区大会珠海考察活动，引导广大华侨华人投身粤港澳大湾区建设。珠海欧比特宇航科技股份有限公司董事长颜军当选省侨联副主席，珠海潮人海外联谊会和高栏港区平沙镇侨联获“广东省侨界贡献奖”。全年，接待港澳及海外侨团37批2200人次，海外高层次人士10批300余人。举行“珠海黄土计划”首次全国助学工作座谈会，举办2019年珠海台港澳侨青年代表人士国情培训班。

【党外代表人士队伍建设】 2019年，珠海市加强党外干部建设，到香洲、金湾、斗门3个行政区，以及党外代表人士集中的国资、卫生、教育等系统，对党外代表人士队伍建设情况进行调研。完成市政协第九届委员会7名党外委员增补工作，指导区级政协增补港澳委员19人、市工商联（总商会）增补副主席（副会长）6人。赴红旗渠干部学院等地举办党外代表人士培训班12期，培训2500人次。截至年底，全市有处级以上党外干部76人（含4名企业正职、5名企业副职和1名工商联主席），其中厅级8人、处级68人。市政府领导班子配备党外副市长1人，市政府组成部门领导班子配备党外干部10人（正职2人、副职8人）。加强珠海统一战线党外代表人士数据库维护管理，建立254人的党外后备干部人才库和55人的各民主党派领导班子后备人才库，建成包括民主党派、工商联、党外知识分子、新的社会阶层人士、民族宗教界人士、港澳台侨知名人士等1000余人的党外代表人士数据库。（智 然）

政策研究

【调查研究】 2019年，珠海市委政策研究室开展“深调研”工作。对照省委“大学习、深调研、真落实”工作要求，研究起草全市“二次创业”加快发展、防范化解重大风险、贯彻落实党的十九届四中全会精神、“不忘初心、牢记使命”主题教育4轮“深调研”工作方案，把最新调研成果转化运用到市委重要文稿起草工作中。开展战略课题研究。围绕建设粤港澳大湾区提升澳珠极点辐射带动能力、支持澳门经济适度多元发展、学习借鉴港澳自由港部分制度和政策、支持深圳建设中国特色社会主义先行示范区等重大问题，开展《粤澳深度合作区探索建设中国特色自由港政策制度体系问题研究》《珠海支持澳门经济适度多元化发展研究》《珠江口东西两岸融合互动发展先行区研究》《港珠澳大桥对珠海的短中长期影响》等课题研究，其中《横琴构建体现“一国之本，两制之利”的管理体制研究》调研成果得到韩正等中央领导批示。做好市委财经办日常工作。按照市委财经委员会工作安排，组织协调成员单位定期开展全市经济形势研判，研究经济发展重大问题，提出对策建议，为市委加强对财经工作的领导提供决策服务。

【文件文稿起草】 2019年，珠海市委政研室组织起草市委八届六次、七次、八次全会等会议材料，起草有关参阅材料、理论文章等。牵头代拟《关于深入学习贯彻习近平总书记视察广东重要讲话精神 高举新时代改革开放伟大旗帜 奋力推动珠海经济特区加快发展的决定》《关于促进横琴支持澳门产业多元发展加快建设大湾区澳珠极点的合作备忘录》《珠海市全力支持澳门经济适度多元发展的实施方案》《澳珠共建粤澳特别合作区总体方案》《贯彻落实〈中共中央关于坚持和完善中国特色社会主义制度、推进国家治理体系和治理能力现代化若干重大问题的决定〉的实施意见》等市委文件，全年累计起草各类文稿文件250余篇100余万字。

【决策咨询】 2019年，珠海市委政研室加强决策咨询工作。加强智库建设。推动与中国国际经济交流中心开展战略合作，利用该中心国家高端智库的地位和重要信息平台作用，向中央报告有关研究成果以及市委贯彻落实中央、省委决策部署的工作进展、问题障碍和恳请支持事项；加强与省社科院、中山大学、深圳综合开发研究院等高端智库合作，形成一批高质量的研究成果。推进咨询论证。采取个别走访与集中座谈、口头咨询与书面咨询、重大决策前置论证与常规专题论证相结合的工作形式，全年开展决策咨询及调研活动20余场次，形成决策建议50余条，为市委科学决策提供参考依据。（邓国念）

体制改革

【改革谋划推进】 2019年，珠海市出台《珠海市全面深化改革2019年工作要点》，以“1+10”（“1”指举全市之力促进粤港澳大湾区建设、珠澳深度合作、澳门经济适度多元发展，以系统性、突破性、先导性改革拓展改革创新新境界；“10”指着力经济体制改革、行政体制改革、农村综合改革、民主法治改革、文化体制改革、社会体制改革、民生领域改革、生态文明体制改革、党建体制改革、纪检监察体制改革）个领域39项改革为抓手，将全面深化改革向纵深推进。落实中央和省在珠海部署的改革试点，抓好基础教育资源均衡配置、公立医疗机构薪酬制度2项省级专项改革试点任务，鼓励基层大胆探索，为改革全面铺开提供有益经验，发挥改革“试验田”作用。

【督查机制改革】 2019年，珠海市委改革办制定《〈珠海市全面深化改革2019年工作要点〉任务分工方案》，通过图表清单，明确改革任务的时间表、路线图、责任链，细化实化改革举措，指定责任单位和工作联络人，确保每项改革落细落实。实行改革工作台账亮灯机制，将年度改革工作要点和重点改革任务纳入执行力电子监察系统，抓好进度督查。

【考核评估机制改革】 2019年，珠海市委改革办按照《中共珠海市委关于推动思想大解放、作风大转变、效率大提升的决定》关于“提高改革创新在市直部门、各区考核中的比例”要求，将“全面深化改革”纳入市直部门年度考核指标体系，强化改革正向激励，发挥考核对干部的鞭策作用。委托暨南大学珠海校区、北京理工大学珠海学院等高校组成专家课题组，围绕横琴现代金融岛建设、打造高质量发展的群狼团队等重点改革课题开展“深调研”，为推动重点改革提供理论支撑。实施“一线工作法”，通过“请进来、走出去”，分组分批开展专题调研，确保各项改革任务稳步推进。

【改革要点宣传】 2019年，珠海市委改革办制定《2019年全面深化改革工作宣传方案》，在《南方日报》《珠海特区报》、珠海电视台等新闻媒体开展重点改革工程系列专题报道，把珠海改革开放再出发的精神和成效呈现于众，让群众第一时间了解改革动态，使改革更接地气、更具感召力。在市内公交站点发布“珠海改革再出发”宣传标语，提振改革精气神，传递发展正能量。

【以横琴为主平台推动珠澳深度合作】 2019年，珠海市发挥粤澳合作先天优势，以粤港澳大湾区建设为纲，以横琴为主平台，强化跨境改革创新要素，促进珠澳深度合作。开展常住横琴且办理居住证的澳门居民参加珠海基本医疗保险试点，全年澳门居民在横琴医院就诊人数超1万人次。开通首条对澳跨境直达通勤专线，在横琴、澳门两地设置站点12个，每日往返26班次，全年运送跨境客流9.6万人次。出台《鼓励澳门企业在横琴跨境办公的暂行办法》《关于鼓励澳门企业在横琴跨境办公的暂行办法实施细则》《跨境办公试点楼宇管理办法》等政策措施，确定除博彩业及内地法律明确禁止行业外，符合条件的澳门企业无需在横琴办理工商登记注册和税务登记手续，仅向横琴相关部门备案便可签约入驻办公，且可享受最高每月每平方米70元的租金补贴。率先实现港澳旅游行业人才单向认可，对取得横琴专用导游证的导游和领队，给予一次性人民币3000元奖励，对港澳导游和领队年度带满30天和45天且没有违法违规行为的，分别一次性奖励人民币2万元和3万元。推出支持和服务澳门发展特色金融业若干措施。内地首家以“准入前国民待遇加负面清单”模式设立的大西洋银行横琴分行在横琴开业，也是内地首家澳门银行营业性机构；澳门国际银行设立横琴代表处，成为CEPA框架下第一家进驻内地的澳资银行。深化“证照分离”改革，推进商事登记全程电子化，启动网上审批中心，通过建立准入政策、许可制度、审批流程、申报材料、表格填报用语等标准，将商事登记申请由自主申报转为自由选择与自动生成，有效破解港澳企业办理商事登记的难点痛点，企业开办时间由4天缩短至1天，最快10分钟即可完成企业开办。

【横琴新区、保税区、洪湾片区一体化发展推进】 2019年，珠海市按照横琴新区、保税区、洪湾片区一体化发展规划，加快土地资源整合，优化城市功能布局，推进城市配套建设。启动《一体化发展区域城市设计导则》《一体化地区公共交通设施专项规划》等规划编制，高标准绘制一体化区域发展蓝图。加快建设“三横五纵”交通骨干路网。加快保税区二期一级开发，制定《珠海保税区新中心核心区地下空间开发利用建设规划》，清理闲置土地38.77公顷，完成道路建设7.8千米。全年，一体化区域安排重点项目64个，其中政府投资项目22个、社会投资项目42个，总投资955.7亿元。解决利是达、康乐保、汇道等25家沿线企业征拆问题，南湾大道施工改造，情侣南路、黑白面将军山隧道等重点市政交通项目加快建设，华发新经济总部大厦、华发研发中心等社会投资项目动工。南琴路绿化改造、洪湾物流园周边道路及洪湾港码头、西域码头周边道路整治和环境提升工程全部完成。保税区第一小学、十字门小学动工建设。城市新中心保障房1、2号楼156套住房交付首批住户，其他配套项目加紧招商与建设。

【投资建设项目管理体制机制改革】 2019年，珠海市出台《珠海市人民政府关于印发珠海市全面开展工程建设项目审批制度改革实施方案的通知》，开展工程建设项目审批制度“全流程、全覆盖”改革。出台《珠海经济特区横琴新区港澳建筑及相关工程服务企业资质和专业人士执业资格认可规定》，允许具有港澳执业资格的建筑领域专业人才，经相关部门和机构备案后，按规定范围为横琴新区内企业和港澳项目提供专业服务，推动内地与港澳人员跨境便利执业。横琴新区先行先试，创新机制，选取香港丽新创新方项目试行香港工程管理模式，5月31日核发首张试行香港工程管理模式施工许可证；选取澳门信德项目试行澳门工程管理模式，9月16日核发首张具有澳门工程管理元素的施工许可证。

【资源配置体制机制改革】 2019年，珠海市按照全国一张清单原则全面实施市场准入负面清单制度。印发《负面清单政策解读》，向全市各部门及各区宣传、解读2018年版负面清单政策。协助国家发改委做好关于珠海市实施市场准入负面清单的调研工作。全面实施公平竞争审查制度，全年全市各单位开展公平竞争审查数119个。实施外资企业备案与工商登记“一口受理”，外资企业备案实现1个工作日办结。落实省、市“新外资十条”政策规定，扩大市场准入领域，在制造业、农业、煤炭、非金属矿业、金融等领域取消或放宽外资准入限制。制定和完善促进珠海市民营经济高质量发展的政策措施。10月，出

2019年7月3日，珠海市“数字政府”建设工作推进会暨“粤省事·珠海专版”上线仪式在市政务服务数据管理局举行 （市政务服务数据管理局供稿）

台《珠海市进一步支持实体经济高质量发展若干政策措施》，支持包括民营经济成分在内的实体经济高质量发展。

【“数字政府”改革建设】 2019年，珠海市依托广东政务服务网提供“一次认证、全网通行”的“一网通办”服务。市级依申请办理的政务服务事项扩展至行政许可、行政给付等8大类，提供网上咨询、在线申办、进度查询等服务，市级可网上在线申办事项数占比96%，超过广东省对各地市70%指标要求。开通“粤省事·珠海专版”微信小程序，可领取身份证、社保卡等电子证照50余种，并可一站式办理高频民生服务（含省统筹）400余项，涵盖出入境、住房、社保等30多个领域。全年，珠海市实名注册“粤省事”42万余人。

【“放管服”改革】 2019年，珠海市出台《珠海市深入推进审批服务便民化工作实施方案》。全市8个区级政务服务大厅和24个镇（街）、318个村（居）完成公共服务平台建设，实现公共服务事项“一站式”办理、“一条龙”服务。市、区、镇（街）三级面向自然人提供的现场办理事项，即办比例总体超过25%。依申请办理的政务服务事项扩展至8大类，市级1647个事项中1365项可在线办理，可办率82.88%；区级4818个事项中3173项可在线办理，可办率65.86%。推进政务服务“全城通办”，截至年底，全市办理“全城通办”事项2763万件。各区（功能区）政务服务大厅4100项事项实现“最多跑一次”，占进驻事项87%。

【“乡村振兴”美丽田园样板打造】 2019年，珠海市推进岭南大地国家级田园综合体试点项目建设。岭南大地项目建设总投资3.81亿元，创新实行点状供地政策，完成8公顷用地供地手续，经济社会效益成效初显，为解决乡村产业发展用地提供成功经验。紧扣粤港澳大湾区现代农业发展目标，投入资金2.4亿元，创建金湾区黄鳍鲷产业园、高栏港经济区特色水果园艺作物产业园、斗门水乡休闲农业园和斗门区白蕉海鲈产业园4个现代农业产业园，吸纳外来务工人员2754人，带动农户9158户，带动农民3.45万人，户均增收2.33万元。

【城市社会治理基础单元改革】 2019年，珠海市突出党建引领，落实在职党员“双报到”制度，建立党组织在基础单元工作规范，鼓励和引导党员以普通居民身份参加社区社会事务，发挥党员先锋模范带头作用。推动基础单元公共服务场地建设，悦城社区试点公共服务场地投入使用。培育基础单元自组织，组织居民开展社区协商议事，提高社区居民自治能力。搭建信息网络平台，基础单元智慧平台小程序投入使用，方便群众参与社区治理。探索基础单元制度建设，推动打造居民生活共同体，构建基层社会治理新格局。

【教育资源配置专项改革】 2019年，珠海市新建公办学校10所、改扩建学校2所。新增公办幼儿园7所（香洲区健民幼儿园、文盛幼儿园，斗门区白藤街道第一幼儿园、白蕉镇六乡办冲实验幼儿园、井岸镇西湾村幼儿园，高新区港湾幼儿园、大同幼儿园），新增公办幼儿园学位2460个。新增普惠性民办幼儿园4所，全市普惠性民办幼儿园达225所，普惠性幼儿园覆盖率达81.56%。将普惠性民办幼儿园奖补标准从每班每年2万元提高至省一级幼儿园每班每年不低于5万元、市一级幼儿园每班每年不低于4万元、区一级幼儿园每班每年不低于3万元、其他规范化幼儿园每班每年不低于2万元。出台《珠海市人民政府办公室关于印发珠海市城镇小区配套幼儿园治理工作方案的通知》，回收或达成移交协议6所（香洲区同乐幼儿园、海湾幼儿园，金湾区航空新城幼儿园，斗门区依云华府配套幼儿园、白藤街道第一幼儿园，高新区蔚海幼儿园）。

【公立医院改革】 2019年，珠海市推进市属公立医院薪酬制度专项改革，按照《关于珠海市直公立医院绩效工资总量核定有关问题的通知》，开展5家医院绩效工资总量核定工作，合理控制薪酬总体水平，建立公立医院绩效工资总量调控机制，落实公立医院内部分配自主权，建立健全公立医院考核评价机制。

【监察体制改革】 2019年，珠海市出台《关于深化珠海市纪委监委派驻机构改革的实施方案》。各派驻（出）机构完成更名并重新挂牌，对派驻（出）机构人员重新任命。成立深化市纪委监委派驻机构改革工作小组。通过干部清正廉洁、管党治党主体责任、巡视巡察、考核和评估4大政治生态模型，对全市8个区（功能区）、102个市直单位、

2019年8月19日，珠海市潮联学校落成并移交香洲区人民政府

（市委改革办供稿）

1099名市管干部的政治生态实现一站式分析研判、及时预警和动态监测。

（黄惠霞）

机构编制

【地方机构改革】 2019年，珠海市全面推进地方机构改革，完成中央部署的机构改革任务。

党政机构改革 坚持不立不破、先立后破，将机构改革组织实施具体方案与总体方案同谋划、同制定、同推进，在方案报批时同步研究涉改部门机构编制职数框架，部门所属事业单位调整方案、干部人事调配方案，办公用房调整方案，制定“一揽子”配套文件，确保改革各个环节有效衔接、协调推进。全会召开后两日内部门“一把手”到位，一周内完成挂牌以新部门名义运作，一个月内完成办公用房调配，预算调整、资产清查交接等其他工作按规定时间节点完成，各行政区党政机构改革均在规定时间内完成，确保改革期间工作平稳有序开展。突出职能转变要求，注重理顺部门间职责关系，优化编制资源配置，合理设置内设机构，在对标上级部门内设机构的基础上着力强化部门内设职责整合，促进人员和业务融合。经过多轮征求意见，反复沟通协商，多层审核把关，44个“三定”（定机构、定职能、定编制）规定和机构编制调整文件均于3月底前印发实施。

事业单位机构改革 剥离行政职能。根据承担行政职能事业单位改革部署，按照政事分开原则，理顺政府与事业单位关系，全面完成市直19个事业单位635项行政职能剥离回归机关的改革任务，重新明确并理顺150个事业单位（除学校外）职责任务和其他机构编制事项。清理违规机构。按照机构编制管理规定，结合省委巡视组巡视反馈意见，对违规设置的17家事业单位（主要为高配领导职数）进行全面整改。加大整合力度。加大公益类事业单位资源整合力度，对规模小、人员少、任务单一的单位进行整合，优化整合11个、撤销15个。

行政执法、群团组织、人大、政协改革 推进综合行政执法体制改革。贯彻落实中央、省有关改革精神，在生态环境保护、交通运输、农业、文化市场、市场监管5个领域实施综合行政执法体制改革，实行“局队合一”，推进执法重心下移，提高执法效能，形成监管合力。深化群团改革。贯彻落实中央、省委关于深化群团改革的精神，完成市妇联、团市委、市总工会、市文联4家单位的改革任务，调整新时期群团职责任务，优化内设机构设置及编制资源配置，强化党委统一领导群团工作机制。深化人大、政协改革。健全人大组织制度和工作制度，完善人大专门委员会设置，整合相关专门委员会职责，更好发挥人大职能作用；优化政协专门委员会设置，整合政协相关委员会职责，更好发挥政协作为专门协商机构的作用。

【人员转隶安置】 2019年，珠海市完成转隶安置1700余人，其中，随职能划转而需划转的人员约1500人，按“人随事走”原则全部在1个月内完成转隶；因机构撤并需分流的富余人员约200人，按业务相关优先原则，通过双向选择、统筹调剂等方式，全部在3个月内完成；对多个部门合并组建的重点涉改部门，如市市场监管局，在机构编制职数框架中，结合业务相关、岗位配备等情况，明确连人带编划转至相关单位。

【市、区权责划分】 2019年，珠海市梳理市、区权责划分情况，优先从事关经济社会发展和民生事业全局的规划编制、土地利用、产业布局、重大项目引进和财政体制5个领域，提出调整优化意见，明确优化市、区权责划分的基本思路、保障措施以及实施路径，强化市一级宏观统筹职能，抓大事、谋全局，重点做好规划编制、土地管理、城市建设、产业布局、重大项目招商引资等工作。强化区一级微观执行职能，侧重做好社会管理、公共服务、市场监管等工作。

【部门间协调机制建立】 2019年，珠海市对多部门共同管理的事项，在政府部门“三定”规定中，明确牵头部门和配合部门具体职责，特别是对城市管理、市场监管、环境保护等领域存在的职责交叉情况予以明确，指导部门建立跨部门联合工作机制。对于“三定”规定中尚未明确的多部门共同管理事项，建立协调工作机制，由市委编办牵头，召集相关部门多方论证，按照依法履职、效能优先原则，明确牵头部门和配合部门工作职责。改革后，协调解决部门间职责纠纷13件，有效减少推诿扯皮现象。

【机构编制改革运行评估】 2019年，

2019年6月27日，珠海市委编办在林伟民与中国早期工人运动史迹陈列馆开展主题党日活动

（市委编办供稿）

珠海市在完成组织架构重建、机构职能调整基础上，通过深入调研、跟踪评估、调整完善，巩固机构改革成果。抓好“三定”规定落实。对机构改革进行“回头看”，就涉改部门职能履行是否到位，部门间是否还存在职责交叉或缺位，部门内设机构运行是否顺畅，行政审批流程是否优化，下放给各区的事权、机构和人员是否落实到位等情况，进行系统考察、及时指导，督促各部门按照“三定”规定履行职责、做好人员配备，维护“三定”规定的严肃性和权威性。及时跟踪评估。通过座谈、实地调研、调查问卷等形式，及时跟踪了解各涉改部门运行情况，针对部门运行中出现的新情况新问题，建立主任专题会议制度，定期进行深入分析研判。改革后，收到各部门机构编制诉求文件165份，召开主任专题会议23次。适时调整完善。对运行一段时间后确需调整完善的部门职责，确需保障的重点领域重点部门，针对性地提出解决措施，确保各部门聚焦主责主业，突出重点关键，实现机构、职能、人员全面融合。改革后，对市市场监管局、市退役军人事务局等党政机关，以及市新闻中心、市建设工程质量监督监测站等127家事业单位的职责、内设机构和编制配置进行调整完善，协调解决部门间职责纠纷13件。

【机构编制资源配置优化】 2019年，珠海市加大统筹力度，通过核收空编、置换事业编制等形式，给公办中小学调剂事业编制322人，全力保障民生事业发展。坚持“动态平衡、有减有增”原则，适当精简职能弱化部门，整合部门综合科室编制，给市退役军人事务局、市科技创新局、市大湾区办、市医保局等14个重点部门调剂编制66人，把有限编制资源向重点领域倾斜。探索建立“编制周转池”，通过“总量控制、动态流转、人走编收、空编置换”方式，在不突破事业编制总量的前提下，调剂部分空编，专门用于保障紧缺人才、高层次人才的引进、培养和流动，提升编制使用效益。

【机构编制管理制度规范】 2019年，珠海市通过实名制信息系统平台，建立超编使用预警和延时减员预警制度，通过系统自动提醒，各部门按时按规定办理相关手续。建立实名制信息专项检查制度，对各部门机构编制实名制信息系统数据的准确性和规范性进行核查，及时跟进、评估机构运行及人岗对应情况。健全组织、机构编制、财政、人社等多部门协调配合机制，完善社会管理协管员联席会议制度，优化人员入编、调动、升职办理程序，加大信息共享力度，形成监管合力。探索事业单位法人公示信息联合抽查，跨区域统筹联动，提高监管协同效果。

【机构编制管理方式创新】 2019年，珠海市落实《中国共产党机构编制工作条例》，规范机构编制日常管理，对领导干部的编制实行专项管理、专编专用，以防不同层级干部的编制互相挤占，有效遏制单位因配备领导干部违规超编情况。修订合同制职员管理办法，规范管理、强化激励，激发队伍活力，提升辅助人员使用效率，缓解事业发展和编制刚性约束矛盾。 （林晓聪）

机关党建

【概况】 2019年，中共珠海市直属机关工作委员会坚持以习近平新时代中国特色社会主义思想为指导，学习贯彻党的十九大和十九届二中、三中、四中全会精神，贯彻落实中央和国家机关党的建设工作会议和广东省机关党的建设工作会议精神。截至2019年底，珠海市直机关工委管辖直属党组织1321个（其中党委80个、党总支80个、党支部1161个），管理党员1.88万人。

【党的政治建设】 2019年，珠海市直机关工委学习习近平总书记在中央和国家机关党的建设工作会议上的重要讲话精神。贯彻落实习近平总书记在中央和国家机关党的建设工作会议上的重要讲话精神，印发《会议精神图解》2000册；召开机关党建座谈会，谋划新形势下符合加快珠海市“二次创业”的机关党建思路举措；起草珠海市落实《中国共产党党和国家机关基层组织工作条例》相关文稿。推进模范机关创建活动。实施理论武装、政治引领、转作风抓落实、组织力提升“四大重点行动”；完善市领导挂点联系创建单位工作机制，建立市领导创建活动联系点和全市机关单位创建活动联系人制度；指导市直机关把推进粤港澳大湾区建设、落实省委第九巡视组反馈意见等纳入模范机关创建活动；在市直机关推广车管所党支部“民有所需，我必所为”工作法，围绕让党中央放心、让人民群众满意的目标，打造融合式机关党建，打通推动改革发展和服务企业群众的“最后一公里”；在原市公安局车管所、市税务局、市财政局国库支付中心、市农业发展中心4个市直机关党建示范点基础上，以47个标准化建设达标党组织为基础，打造市公积金中心等市直机关党建示范点10个；在《珠海特区报》开设专栏，刊登报道26篇；编印《模范机关创建活动简报》10期；将模范机关创建活动纳入2019年度绩效考评体系。组织开展机关党建专项督查。分两次对64个市直单位党组（党委）落实“两个维护”、整治形式主义官僚主义突出问题、巡察和督查反馈问题整改情况等进行重点督查，发现问题339个，逐一反馈整改。

【党的思想建设】 2019年，珠海市直机关工委开展“不忘初心、牢记使命”主题教育。重点学习研究贯彻落实习近平总书记关于机关党建的系列论述，设计市直机关主题教育专题党日活动，接待46个直属党组织3500余人参观；印发《关于规范划分支部党小组的通知》，对个别党组织主题教育进行辅导。持续抓好新思想学习教育。指导市直机关坚持把学习习近平新时代中国特色社会主义思想和习近平总书记系列重要讲话精神作为“第一议题”，印发《关于建立市直机关“一把手”抓整治“假学”“浅学”工作机制的通知》，引导党员干部树牢“四个意识”、坚定“四个自信”、自觉做到“两个维护”；举办学习贯彻《粤港澳大湾区发展规划纲要》及配套文件专题培训，开展贯彻落实习近平总书记关于粤港澳大湾区建设重要论述精神专题讲座68场次；印发《关于做好市直机关党委（党组）理论学习中心组学习相关工作的通知》，发放学习资料3万余册；在“珠海机关党建”微信公众号推出知识测试32期；编辑《珠海机关党建专刊》4期，刊登学习心得等78篇；围绕机关党建理论研究和庆祝中华人民共和国成立70周年征文136篇；组织“党员讲党课”微视频创作活动，收到作品211个，向省委组织部推荐2个；引导市直机关举办党的十九届四中全会精神宣讲会31场，5000余人参加。创新学习教育形式。推选23个创新项目参加广东省市直机关第七届“先锋杯”工作技能大赛，市税务局智能税务助手“税小度”等6个项目晋级省决赛，拱北海关“国内首创病媒生物DNA条形码鉴定工作法”获总决赛第三名；组织参加全市庆祝中华人民共和国成立70周年合唱大赛和演讲比赛，市公安局获一等奖。

【党的组织建设】 2019年，珠海市直机关工委强化基层党组织功能。全面加强对市直机关基层党组织的指导，编印《在机构改革期间基层党组织设置工作指南及流程》，批准新成立直属党组织31个，撤销党组织3个，党组织更名8个，排查整改超大党组织28个和党员人数少于3人的党支部8个；向13个基层党组织下发《提醒函》，审批换届、增补党组织68个，排查整改未按规定换届党组织49个；协调推动14个直属机关党委配备专职副书记，督促直属党组织按要求配备相对固定的兼职党务干部51人，凡具备条件的各机关基层党委均设置1个以上党员活动室；将“三会一课”落实情况作为督查的重要内容，督促未按标准化建设要求落实“三会一课”制度的33个党支部整改，将“三会一课”落实情况纳入标准化规范化建设达标考评。建强抓实机关基层党组织。加强对党组织带头人培训。组织782名党支部书记分5期进行集中轮训，提升落实《中国共产党党和国家机关基层组织工作条例》和推进支部建设的能力；为1278个基层党组织配发《基层党组织工作法规实用一本通》，提高机关基层党务干部党建业务能力。发挥先进带动、示范引领作用。结合建党98周年，表彰先进党支部26个、先进党组织39个、优秀党员和优秀党务工作者125人、优秀党建工作品牌和工作法8个；分级落实党组织书记述职评议，8个直属党组织书记集中述职，各机关党委、总支组织对所属党组织书记述职评议，实现所有党组织书记述职评议全覆盖；结合机关基层党组织换届，与41名新任直属党组织书记进行任前谈话。严格党员教育管理。核定下达年度发展党员计划160人，建立5个发展党员工作监测点，对因故不能完成发展党员计划的4个单位及时调整发展计划；培训基层党组织书记和党务干部240余人、入党积极分子650人、党员发展对象160人；持续深化“党员志愿服务岗”和预约服务，全市开设“党员志愿服务岗”412个（市直机关七星“党员志愿服务岗”92个），可预约办理事项781项，累计提供志愿服务48.4万小时，办理事项103.9万项；推动党组织、在职党员到街道社区“双报到”。

【党的作风建设】 2019年，珠海市直机关工委做好机关作风专项整治准备工作。与35名企业家座谈访谈面谈，书面征集市人大代表、市政协委员、工商联成员及各区对机关作风的意见建议，查找企业、群众办事“堵点”，起草专项整治工作方案。持续开展发展软环境测评。委托第三方机构开展2019年度珠海市软环境测评，全面了解珠海城市发展软环境状况；每季度对2018年度发展软环境测评排名靠后指标的整改情况开展监测，委托第三方机构对监测数据进行整理分析，重点跟踪督促相关牵头单位加强排名靠后指标的整改落实，将2018年度软环境测评排名后10位指标整改落实情况纳入2019年度绩效考核，推动发展软环境持续优化。发挥绩效考核导向作用。坚持群众满意度测评与工作实绩评价相结合，增设“思想大解放、作风大转变、效率大提升”、《粤港澳大湾区发展规划纲要》落实情况和经济增量贡献考核项目；实行一张网考核，大幅减少留痕考核，减轻各牵头单位负担；将推进粤港澳大湾区建设作为2019年行政服务创新奖申报主题，各单位申报创新成果60余项。

【党的纪律建设】 2019年，珠海市直机关纪检监察工委审理案件32件，建议给予党纪政务处分32人，提出退查或补证案件7件。纠正3个单位处分执行情况不到位、17名受处分人员年终绩效奖扣罚不到位问题。探索建立机关纪委向市直机关纪检监察工委报告年度工作制度，组织市直机关纪检干部近100人开展业务培训。

【敢为天下先——珠海机关基层党组织创新事例展】 2019年10月8日，“敢为天下先——珠海机关基层党组织创新

2019年6月6日，珠海市直机关工委机关党支部组织全体党员参观“敢为天下先——珠海机关基层党组织创新事例展”（市直机关工委供稿）

事例展”在珠海市党员活动天地向市直机关党组织开放。该展览面积258平方米，展出市直机关25个党组织创新事例63个，围绕“机关党建创新事例”和“机关党员参与珠海建设心路历程”两条主线，从党建引领、工作创新、服务澳门多元化发展等多个角度，展现珠海经济特区成立以来市直机关各级党组织和党员干部投身珠海建设发展的信念力量、奋斗情怀和创业激情，教育广大机关党员干部“不忘初心、牢记使命”，推动珠海“二次创业”，开创珠海经济特区改革发展新局面。在“不忘初心、牢记使命”主题教育期间，市直机关工委设计以参观“敢为天下先——珠海机关基层党组织创新事例展”和在红色影院观看电影《建党伟业》为主要内容的主题党日活动，市直机关46个直属机关党组织2500余人参加，并在展览现场对所辖1000余名机关党支部书记开展全覆盖培训。（刘广兴）

老干部工作

【概况】 截至2019年底，珠海市离退休干部1.68万人，其中离休干部148人、退休干部1.66万人。离休干部单独成立党支部2个，退休干部单独成立党支部167个，离退休干部联合成立党支部47个，与其他党员合编党支部20个。双向共管党委成立党支部20个，在册流动党员230人。

【老干部工作“三项建设”】 政治建设 2019年，珠海市委老干部局加强全市离退休干部思想政治引领，凝聚爱国爱党情怀，永葆政治本色。4月，在全市离退休干部党组织中实施集体过“政治生日”制度，推出“五个一”（召开一次座谈会、发送一条祝福短信、参加一次志愿服务活动、开展一次关爱行动、发出一次倡议）规范流程，全年，局机关党委集中组织过“政治生日”1次，各在职和离退休党支部组织过“政治生日”12次。开展“不忘初心、牢记使命”主题教育，5月，举办市历届老领导“不忘初心、永葆本色”主题读书班，市四套班子老领导参加学习。以庆祝中华人民共和国成立70周年为主线，动员全市离退休干部以舞蹈、歌曲、曲艺、书画等艺术形式礼赞祖国。制作发布《传承》系列微党课，请老一辈特区人回顾改革历程，弘扬特区精神。

思想建设 2019年，市委老干部局为全市各单位老干部订阅《秋光》8438册、《广东老干部政治理论读本》1615册，为全市离退休干部党支部订阅《离退休干部党支部学习参考》335册。3月14日，召开老干部宣传思想工作暨网络安全和信息化工作座谈会，参加会议30人。10月，对“珠海老干部”微信公众号信息发布审核制度和意识形态工作进行检查，把握舆论导向，宣传主流价值，全年微信公众号推送信息248条。结合市老年大学传媒训练营，开展老干部网宣骨干业务学习活动，加强队伍建设。4月，举办党支部书记专题研讨班，引导广大离退休干部牢固树立“四个意识”、坚定“四个自信”、践行“两个维护”。

党支部建设 2019年，市委老干部局加强新时代离退休干部党的建设。协调离退休干部党建考核纳入大党建考核。2月15—22日，对创建全市“示范性离退休干部党支部”的5个基层党支部进行考核验收和授牌，促进全市离退休干部党支部规范化建设。11月底，举办全市离退休干部党支部书记培训班，对离退休党建工作骨干集中培训。12月12日，珠海市交通运输局离退休干部党支部获“全国离退休干部先进集体”称号。

【老干部“两项待遇”】 政治待遇 2019年，珠海市委老干部局围绕学习宣传贯彻《粤港澳大湾区发展规划纲要》，在离退休干部中开展参观考察、建言献策、艺术展演和专题宣讲等活动。3月和9月，分别组织市四套班子老领导赴斗门区开展实施乡村振兴战略专题调研，赴洪湾中心渔港、洪鹤大桥建设工地参观考察。4月中旬，举办全市离退休干部学习贯彻《粤港澳大湾区发展规划纲要》专题研讨班，270余人参加。全年，登门走访副厅级以上老领导27人，举办培训班1次、读书活动1次，开展市内参观考察2次、省外参观1次，全市各单位离退休干部党组织召开座谈会84场次，2317人次参加活动。

生活待遇 2019年，市委老干部局做好离退休干部服务管理工作。通过开展“五个百”（进百家门、听百家言、知百家情、解百家困、暖百家心）活动，为广大离退休干部提供精准服务。探索推行“离退休干部党员服务中心＋志愿者”工作模式，整合市老年大学志愿服务队，成立“退休不褪色”珠海市老党员志愿服务队和“牵手夕阳红”珠海市服务老干部义工队，发动“年轻的”退

2019年9月5日，市委老干部局组织市四套班子老领导到重点项目建设工地参观考察（市委老干部局供稿）

休干部投身“以老助老”志愿服务活动。组织开展党内暖心关怀行动，市本级列支专项经费21万元，精准帮扶因重大疾病或其他原因致贫致困的离退休干部53人。落实党中央工作要求，逐一上门为28名企业离休干部颁发“庆祝中华人民共和国成立70周年”纪念章。在国庆节、重阳节、春节等重要节假日，走访慰问离退休干部、困难党员、住院老干部等1100余人次，发放慰问金200余万元。为36名1949年10月1日至1950年6月30日期间参加革命工作的退休干部落实生活待遇、医疗补助和护理补助。协调组织市直单位离退休干部5982人参加体检，协助办理17名离休干部、2名市四套班子老领导丧事，为市直机关事业单位460名干部办理退休手续。做好离退休干部信访工作，全年接待来访18人次，以班子包案化解方式，通过多方协调解决市老年大学退休职工吴瑞琼重复上访案。接待省内外老干部学习考察团18批1250人次，接待走访慰问、学习交流等工作组31个230余人次。

【增添正能量活动】 2019年，珠海市委老干部局推进“六个一”（推出一批做好老干部工作的理论研讨和成功实践成果、开展一次助力粤港澳大湾区建设和实施乡村振兴战略的志愿活动、组织一场老干部庆祝中华人民共和国成立70周年文艺晚会、选树一批离退休干部先进集体和先进个人典型、开展一轮“我看中华人民共和国成立70周年新成就”专题调研、组织一次以“礼赞新中国、奋进新时代”为主题的爱国主义教育进校园宣讲活动）系列活动。各区各单位利用离退休干部党校、组织生活、道德讲堂等平台，采取专题辅导、集中培训、巡回宣讲等形式，组织离退休干部学习领会习近平新时代中国特色社会主义思想和党的十九届四中全会精神，习近平总书记对广东重要讲话和重要指示批示精神、对珠海工作重要指示要求，召开学习会议180余场次、专题讲座40余场次、座谈交流30余场次。6月，举办珠澳两地青年企业家创新创业主题交流会，以“我和我的祖国——珠海改革开放”为题，为珠澳两地70余名青年企业家代表作专题讲座。开展“我为建设粤港澳大湾区献一策”活动，组织离退休干部为把珠海建设成为粤港澳大湾区重要一极建言献策。组织中华人民共和国成立70周年和澳门回归祖国20周年庆祝活动，展示新时代老干部新风采。9月11日，在珠海大会堂举办“我和我的祖国——珠海市老干部庆祝中华人民共和国成立70周年文艺汇演”，900余人观看；9月18日，在市老年大学举办“情系书画颂祖国——珠海、肇庆、云浮三地老年书画联展”，展出作品150幅；10月10日，在古元美术馆举办“我和我的祖国・我心中的珠海——庆祝中华人民共和国成立70周年暨第二届珠海市老年书法作品展”，展出作品81幅；10月，在“珠海老干部”微信公众号开展“让历史告诉未来——老照片背后的珠海故事”线上展览活动，通过50余组镜头展示珠海巨变；参加“翰墨丹青颂祖国——庆祝中华人民共和国成立70周年暨澳门回归祖国20周年澳门珠海中山江门老年书画摄影作品联展”，展出作品247幅；斗门区与阳西县联合举办“与梦同行颂祖国　不忘初心夕阳红——阳西・斗门老干部庆祝中华人民共和国成立70周年文艺联欢晚会”。以“筑梦新时代、助力新珠海”为主题，组织市老年大学艺术团前往洪鹤大桥建设工地、高新区开展慰问演出，助力大湾区建设。

【珠海老年教育】 2019年，珠海市老年大学春季学期开设专业37个，教学班203个，学员7685人次；秋季学期开设专业37个，教学班204个，学员7733人次；聘用教师77人、班主任20人。市离退休干部活动中心开设活动项目17项，活动卡持卡人720人，日均活动人员800余人，设有俱乐部16个。是年，活动中心不定期举办“口红DIY”活动、防范金融诈骗讲座、主题插花活动、悦读会等文化艺术沙龙活动20期，参加活动2000余人次。

【市关工委工作】 2019年，珠海市关心下一代工作委员会（简称市关工委）服务青少年取得新成绩。

开展“传承红色基因、争做时代新人”主题教育活动　围绕中华人民共和国成立70周年，组织开展系列爱国主义教育活动。举办“腾飞新中国、辉煌七十年”珠海市中小学生庆祝中华人民共和国成立70周年征文活动；组织市关工委讲师团下基层、进学校，与青少年共话中国故事、中国共产党故事、改革开放故事50余场次，惠及青少年1.5万人次；组织青少年阅读红色书籍、观看红色电影、参观红色教育基地、重走红色之路，举办爱国主义实践营等500余场次，惠及青少年6万余人次。杨匏安精神教育基地被省关工委命名为“广东省关心下一代党史国史教育基地”，市关工委讲师团成员杨连成、张洪声被省关工委聘为“广东省关心下一代党史国史教育优秀五老辅导员”。

推进“三失一欠”困难青少年帮扶　把为“三失一欠”（失学、失业、失足、身体欠健康）困难青少年排忧解难作为工作重点，加强与职能部门、爱心团体、热心人士联系与合作。关注困难青少年实际问题，搭建爱心企业与困难家庭“连心桥”，使帮扶工作规范化、常态化；开展“三失一欠”困难青少年个案帮扶活动，根据特困青少年实际情况，给予每人5000元至2万元经济援助，全年帮扶22人，发放救助金27万元；联合市关心下一代协会连续第三年开展“关工学子”捐资助学活动，筹集资金173.36万元，帮助贫困家庭学生303人。市关心下一代协会副会长单位珠海潮联会捐资近亿元建成潮联学校，开启社会力量在香洲捐资办学先河。市“三失一欠”困难青少年帮扶工作被中国关工委评为全国关心下一代帮扶十大工作品牌之一。

推进青少年法治宣传教育和家庭家教家风建设　各区关工委因地制宜开展“关爱明天、普法先行”青少年普法教育活动，参与“未成年人零犯罪”社区、“零犯罪”学校创建活动，推进学校、家庭、社会“三位一体”青少年法治教育网络建设。支持香洲区创建“全国规范化家长学校教育实验示范区”。联合市教育局、市妇联、香洲区教育局，对

珠海市家庭教育现状展开调研，形成《新时代呼唤新型家庭教育——珠海市家庭教育调查研究报告》。发挥“五老”作用，开展法律宣传，增强青少年法律意识，促进青少年健康快乐成长。

完善党建带关建工作机制　以党建带关建探索构建党委、党工委领导下的“大关工”格局，完善“党委统一领导、党政齐抓共管、关工委主动作为、有关部门积极支持、全社会广泛参与”的领导体制和工作机制。市、区两级关工委成立党支部；区、镇两级关工委调整人员配备，完善组织架构，强化基层关工组织建设和班子队伍建设；深化“五好”创建活动，提升基层工作活力。（范金海）

党　校

【概况】　1979 年 3 月，中共珠海县委党校改称珠海市委党校。1988 年 7 月 28 日，经珠海市委、市政府批准，成立珠海行政干部学院，与党校实行“一套班子，两块牌子”。1995 年 7 月 4 日，经市委同意，“珠海行政干部学院”更名为“珠海市行政学院”，加挂“社会主义学院”牌子。2004 年 5 月 31 日，整合市、区两级党校资源，新组建中共珠海市委党校，加挂“珠海市行政学院”“珠海市社会主义学院”“珠海市干部培训中心”牌子，实行“一套班子，四块牌子”。截至 2019 年底，内设部室 10 个（办公室、教务部、科研部、中国特色社会主义理论教研室、党史党建教研室、市情研究中心教研室、培训部、学员工作部、综合管理部、信息网络部）。

【干部培训】　2019 年，中共珠海市委党校举办处级班、中青一班、中青二班、基层干部能力提升专题研讨班、军转班、科任班、公务员初任班等各类培训班 40 个，培训学员 7000 余人。教师开展理论宣讲 200 余场次，听众近万人。承接各类委托培训班 41 批 3544 人。

突出主业主课　坚持把马克思主义中国化最新成果作为理论教育的中心内容，把马克思主义经典著作导读课作为重要课程，抓好中国特色社会主义理论体系学习教育，确保党的理论教育和党性教育课程比重不低于总课时 70%，其中党性教育不低于 20%。新设习近平总书记对广东重要讲话和重要指示批示精神教学版块，将珠海实践单元拓展为粤港澳大湾区与珠海发展研究单元，引导学员结合实际深化学习。开展教学计划生成机制和课程体系建设，初步构建起以习近平新时代中国特色社会主义思想为核心内容，以党的理论教育和党性教育为主业主课，以广东、珠海实践为重要内容，以知识能力和干部素养为基础的课程体系。

创新培训方式方法　通过强化学员主体地位和教师指导把关作用，提升中青一班“模拟法庭”、中青二班党性教育情景剧等特色教学品牌质量，获主流媒体报道。加大“2+0.5”（课堂授课 2 小时，师生互动不少于 0.5 小时）互动教学力度，围绕“如何深化珠澳合作”开展结构化研讨、围绕“机构改革”开展案例教学、围绕“突发事件应对”开展桌面推演实训、围绕“农村产业发展问题”采用咖啡论坛等教学模式，同时根据不同班次对象，穿插安排小组讨论、党性分析、学员论坛、“书记讲坛”、异地培训等教学环节。组织学员围绕市委、市政府中心工作，结合“两带来”问题（学员在参加培训时带来 1 个干部群众关心的热点难点问题，带来 1 个希望党校老师予以解答的思想理论问题）开展课题调研，撰写调研报告 23 篇。

打造干部培训新平台　新设党史国史教育专题研讨班 6 期，把党史国史特别是党领导人民的奋斗史、创业史、改革开放史作为重要内容，邀请全国知名专家学者授课，打造党员干部系统学习党史、新中国史的品牌。举办“新时代理论大讲堂”23 期，精选主体班专题课程供全市各单位选学，助力各单位开展政治理论学习，6000 余名党员干部报名参加。

严格教学组织管理　制定《班主任工作规程》，在重点班次试行教学、行政双班主任制，通过召开班委会、学员座谈会或个别谈心谈话等方式，加强学员思想教育和动态管理。开展入学教育和学风教育，组织学员签订学风建设承诺书，明确纪律要求。注重选优配强学员党支部和班委会，发挥支委和班委示范引领作用，弘扬学习之风、朴素之风、清朗之风。

【党校教学】　2019 年，中共珠海市委党校制定《中共珠海市委党校“用学术讲政治”行动计划》，通过强化“用学术讲政治”教学管理导向，推动教学改革取得新成效。

严格新课开发制度　以习近平新时代中国特色社会主义思想、粤港澳大湾区建设等为重点，组织教师开发新专题 16 个。严把新课“政治关”，把遵守政

2019 年 4 月 2 日，第一期党史国史专题研讨班学员到罗三妹山公园开展党性教育现场教学

（市委党校供稿）

治纪律和政治规矩作为首要标准，实行一票否决；严把新课“学术关”，加大学术框架、科研含量的分值比重；严把新课“准入关”，所有新课必须经过“三级备课”（教师个人、教研室、教研支部）和“两轮试讲”（教研支部说课、全校试讲）的反复打磨，通过后方可进入课堂。

调整教学评估指标　制定《教学质量评价反馈制度》，根据不同授课形式的专题课程科学设置评价指标，加大政治立场、问题导向、学理支撑、教学效果的考评权重，把评估结果与课堂准入、课程调整结合起来，发挥教学评估“指挥棒”作用。

强化教学精品意识　组织教师观摩“用学术讲政治”样板课，加深对“用学术讲政治”教学理念的系统理解和准确把握。同时，把获得广东省党校系统精品课和优秀课的课程列入科研课题追加经费范围，调动教师打造精品课的积极性和主动性。

【党校科研】　2019年，中共珠海市委党校科研课题立项50项，结项32项。其中，校级课题立项38项，纵向课题立项12项［省党校（行政学院）“双区”建设重点课题1项、省党校（行政学院）系统课题6项、市社科规划课题4项、市社科研究基地科研项目1项］。省党建研究会2018年度课题调研报告获一等奖1项、二等奖2项。省党建研究会2019年度课题获立项4项，其中重点课题1项、自选课题3项。

优化课题管理机制　强化目标导向，修订《科研课题管理办法》，加大对高端课题资助力度，鼓励出人才、出成果、出精品。强化需求导向，通过向全市21家相关单位发函，到市委办公室、市发展改革局、市委政研室等单位调研，以及召开学员座谈会等方式，主动征集课题咨政建议61项。严把选题方向，制定《学员调研课题选题指南》，引导师生聚焦习近平新时代中国特色社会主义思想和中央、省委、市委重大决策部署，围绕粤港澳大湾区建设及珠海市情民情开展课题调研。

强化咨政服务功能　向市委办公室、市委组织部等单位报送咨政报告21篇，比上年增加80%，其中6篇被市委办公室《每日汇报》采用。学员调研课题咨政报告《建议加强珠澳合作扎实推进休闲旅游业区域协同发展》获市领导批示。

拓展合作交流平台　组织教师参加各级各类学术研讨和交流活动，教师公开发表论文27篇，入选研讨会、论文集16篇，其中《学习和弘扬习近平总书记的优良文风》获省科学社会主义学会2019年学术年会论文一等奖。与珠海传媒集团合作举办“不忘初心、牢记使命”主题教育系列活动，在《珠海特区报》刊登专题征文8篇，其中本校教师5篇。选派教师参加珠海电视台《珠海问政》节目，针对有关民生热点问题及时发出党校声音。组织编印2018年度《教师科研成果汇编》《学员调研成果汇编》，选编相关科研成果69篇。

提高学报办刊质量　根据形势需要，《中共珠海市委党校　珠海市行政学院学报》及时开设“学习习近平新时代中国特色社会主义思想”“纪念澳门回归二十周年”专栏，刊登有关理论文章。主动向市、区有关单位和高校约稿，拓宽优质稿源，提高稿件质量。制定学报“三审三校”和“稿酬管理”制度，规范学报管理。全年出版学报6期，刊登稿件66篇（约40万字）。（庄丽杰）

党史工作

【概况】　2019年，中共珠海市委党史研究室坚持把政治建设摆在首位，以习近平新时代中国特色社会主义思想为指引，开展“不忘初心、牢记使命”主题教育，抓好省委巡视、市委巡查整改落实，形成制度化成果。落实基层组织建设三年行动计划，推进科室标准化规范化建设。加强政治机关建设，落实意识形态责任制，反对历史虚无主义。市委书记郭永航专题调研史志工作，要求深入研究党的历史，发挥党的历史以史鉴今、资政育人作用，为推动珠海经济特区“二次创业”加快发展作出更大贡献。出台《关于进一步加强新时代党史地方志工作的实施意见》，夯实党史编研基础，发挥党史宣教作用。推进革命遗址大普查工作，加强革命传统和爱国主义教育。

【党史编研】　2019年，中共珠海市委党史研究室发挥职能优势，加强党史编研。编印地方党史基础教材《见证初心和使命的珠海红色故事》，向全市近9000个基层党组织派发11000册，市委组织部“珠海智慧党建”微信公众号分10期滚动刊发；编写《珠海市历史大事记（1979—2019）》，以年度大事记为基础，系统梳理珠海建市40年来历史发展脉络；编印党史文献资料集《改革开放珠海纪事（1978—2018）》《珠海市历次党代会报告汇编》及学术期刊《珠海史志》；启动《历次党代会及珠海经济特区40年历史纪实》编写工作；完成《丰碑与伟业——广东省革命老区图片展》《广东省革命老区图录》珠海部分稿件编写。

【党史宣教】　2019年，中共珠海市委党史研究室开展党史、新中国史、珠海改革开放史宣教活动，印发《关于在“不忘初心、牢记使命”主题教育中开展党史、新中国史宣讲的通知》，整合高校资源，充实宣讲团成员至23人，在全市基层党组织、企业、学校和社区开展宣讲105场，听众1万余人次。加强市级党史党性教育基地管理，全市6个党史党性教育基地接待观众33万人次，比上年增长32%；苏兆征故居陈列馆、林伟民与中国早期工人运动史迹陈列馆、万山海战遗址获评省党史教育基地。协办“不忘初心、牢记使命”主题教育档案文献展，接待观众2万人次。向全市党组织、学校、图书馆和书店发放《见证初心和使命的珠海红色故事》《珠海红色三杰》《杨匏安的思想与研究》《见证初心和使命的斗门红色故事》等“珠海记忆”党史丛书2万余册。拓展党史宣教新渠道，组织拍摄微党课《杨匏安》，获珠海市“不忘初心、牢记使命”主题教育新媒体作品大赛二等奖，被市委组织部选送人民网参加党史教育展播；参与拍摄电视纪录片《寻访珠海红色三杰》；参与国家广播电视总局重大理论文献电影《苏兆征》拍摄及资料准备工作；指导社会组织出版发行儿童普及绘本《给孩子讲珠海名人杨匏安》，在全市小学、幼儿园发放，传承“红色基因”；更新市委网站党史栏目、刊发《珠海史志》电子期刊，年点击量合计超2000次。宣传地方党史品牌，推介苏兆征、杨匏安、林伟民、万山海战、古元和古元版画艺术等参评“南粤红色文化名片”。推动党史馆建设和数字化平台建设。

【革命遗址大普查】 2019年，中共珠海市委党史研究室落实全省革命遗址大普查工作部署，做到早动员、早落实、早培训、早督导、早调研、早规范。早动员：8月27日，召开全市革命遗址大普查工作会议，印发《关于开展珠海市革命遗址大普查的通知》和《珠海市革命遗址大普查工作方案》，成立市革命遗址大普查工作领导小组和办公室，明确普查范围、组织领导、方法要求、实施步骤及经费安排。早落实：各区及时召开动员会，明确一名党政班子成员专门负责普查工作，拨付工作经费，建立工作队伍，组织镇（街）开展田野实地调查和资料考证。早培训：通过邀请省专家对全市普查工作人员培训、组织全市普查工作人员赴韶关学习等方式，明确工作思路、细化工作台账、统一工作方法。早督导：建立“1+2”督导制度（“1”指建立一套整体工作台账，明确各环节具体时限；“2”指微信群日常沟通机制和周报制度，及时掌握普查工作进度和存在的问题，进行督办和指导）。早调研：从9月开始，由室领导带队，成立两个普查工作调研组，对各区初步普查出的革命遗址进行田野实地调研，查看遗址现状、考证史料依据、研究认定问题。早规范：选取不同类型革命遗址，按照《广东省革命遗址大普查工作指南》要求，组织相关单位提前填报资料，经省委党史研究室和市委党史研究室审核把关后，形成标准化范例下发全市，规范各区资料填报，提高普查效率和质量。

【党史工作新格局】 2019年，中共珠海市委党史研究室整合党史资源，党史工作新格局形成。参与省委党史研究室“三来一补”重大课题组研究，邀请省专家到珠海开展宣讲和授课指导，党史工作人员业务素质得到锻炼提升。参与市委“不忘初心、牢记使命”主题教育领导工作，室主要领导担任领导小组成员，并派员参加主题教育领导小组办公室工作，承办“不忘初心、牢记使命”主题教育档案文献展，编印《见证初心与使命的珠海红色故事》，党史工作助力主题教育取得新成效。发挥职能优势扩大党史资政影响力，协助省发展研究中心提出革命文化发掘和活化利用意见建议，协助市农业农村局提出贯彻落实全省推动革命老区振兴发展相关工作意见，协助省、市有关单位收集党史、新中国史资料。吸引社会力量参与党史研究和宣传，引入高校和基层社区力量参与党史宣讲，购买社会服务开展革命遗址普查和影视新媒体制作。加强队伍建设，着力建设“老中青”相结合的骨干队伍，规范工作运转流程，明晰分工协作制度，形成较好工作态势，队伍建设成效明显。 （孙 艳）

2019年8月27日，珠海市革命遗址普查工作会议召开

（市委党史研究室供稿）

珠海市人民代表大会

【概况】 2019年，珠海市有各级人大代表1776人，其中全国人大代表6人、省人大代表25人、市人大代表285人、区人大代表569人、镇人大代表891人。市九届人大设有法制、财政经济、监察司法、教育科学文化卫生外事华侨宗教、城市建设环境资源、农村农业、社会建设7个专门委员会，代表285人。市九届人大常委会下设法制、监察司法、财政经济、城市建设环境资源、农村农业、教育科学文化卫生外事华侨宗教、社会建设、选联8个工作委员会以及办公室和立法研究中心。市九届人大常委会组成人员41人，其中主任1人、副主任6人、秘书长1人。

【市九届人大七次会议】 2019年1月21—24日在香洲召开，与会代表290人。会议依法选举珠海市第九届人民代表大会常务委员会部分委员。大会经过表决，通过珠海市第九届人民代表大会关于接受雍灵、袁凌云、刘建明辞去相应专门委员会主任委员职务的决定；通过珠海市第九届人民代表大会部分专门委员会组成人员人选名单；通过关于珠海市人民政府工作报告的决议；通过关于珠海市2018年国民经济和社会发展计划执行情况与2019年计划的决议；通过关于珠海市2018年预算执行情况与

2019 年 1 月 24 日，市九届人大七次会议第三次全体会议新任命人员进行宪法宣誓（市人大供稿）

2019 年预算的决议；通过关于珠海市人民代表大会常务委员会工作报告的决议；通过关于珠海市中院工作报告的决议；通过关于珠海市检察院工作报告的决议。

【市九届人大常委会会议】 2019 年，珠海市第九届人大常委会召开常委会会议 9 次。

第十八次会议 1 月 9 日召开。会议审议通过《珠海市人民代表大会常务委员会关于召开珠海市第九届人民代表大会第七次会议的决定（草案）》《珠海市人民代表大会常务委员会关于列席和邀请列席珠海市第九届人民代表大会第七次会议人员的决定》。会议表决通过《珠海市第九届人民代表大会常务委员会第十八次会议补选省十三届人大代表监票人员和选举工作人员名单》，补选郭永航为省十三届人大代表，并按照法定程序向省人大常委会报告。

第十九次会议 1 月 19 日召开。会议审议通过《珠海市人民代表大会常务委员会关于修改〈珠海经济特区前山河流域管理条例〉等两项地方性法规的决定（草案）》。审议《珠海市人民代表大会常务委员会关于废止〈珠海经济特区市容和环境卫生管理条例〉的决定（草案）》《珠海市第九届人民代表大会第七次会议主席团、秘书长名单（草案）》。听取和审议《珠海市人民代表大会常务委员会代表资格审查委员会关于部分代表资格审查的报告》《2018 年第二次市本级预算调整方案的报告》《珠海市人民政府关于金融类企业国有资产管理情况的专项报告》。书面审议《珠海市人民政府关于国有资产管理情况的综合报告》。听取《珠海市人民代表大会常务委员会法制工作委员会关于政府规章和规范性文件备案审查工作情况的报告》。书面审议《珠海市人民代表大会常务委员会工作报告（稿）》。会议表决通过：免去毛东信的珠海市人大常委会副秘书长职务；免去张美慧的珠海市人大常委会副秘书长职务；免去袁凌云的珠海市人大常委会财政经济工委主任职务；免去刘建明的珠海市人大常委会农村农业工委主任职务；免去骆伟声的珠海市人大常委会农村农业工委副主任职务；免去赵萌的珠海市人大常委会法工委副主任职务；免去陈金华的珠海市人大常委会城市建设环境资源工委副主任职务；免去孙晶平的珠海市人大常委会财政经济工委副主任职务。任命陶海林为珠海市人大常委会副秘书长；任命张志伟为珠海市人大常委会副秘书长；任命宋洪才为珠海市人大常委会副秘书长；任命李杰秾为珠海市人大常委会副秘书长；任命雍灵为珠海市人大常委会法工委主任；任命赵萌为珠海市人大常委会监察司法工委主任；任命陈刚为珠海市人大常委会财政经济工委主任；任命陈金华为珠海市人大常委会农村农业工委主任；任命李勇刚为珠海市人大常委会社会工委主任；任命吴军为珠海市人大常委会监察司法工委副主任；任命邹晖为珠海市人大常委会农村农业工委副主任，试用期一年；免去练伟光的珠海市人力资源社会保障局局长职务；免去罗新安的珠海市民政局局长职务；免去唐成伟的珠海市交通运输局局长职务；免去周凯的珠海市国资委主任职务；任命王雷为珠海市科技创新局局长；任命沈岩为珠海市工业和信息化局局长；任命陈耀平为珠海市民政局局长；任命李红平为珠海市司法局局长；任命劳志伟为珠海市人力资源社会保障局局长；任命张经纬为珠海市生态环境局局长；任命方小勇为珠海市住房城乡建设局局长；任命林粤海为珠海市交通运输局局长；任命贺军为珠海市水务局局长；任命陈振毅为珠海市农业农村局局长；任命王小彬为珠海市商务局局长；任命王玲萍为珠海市文化广电旅游体育局局长；任命徐超龙为珠海市卫生健康局局长；任命周成为珠海市退役军人事务局局长；任命高树林为珠海市应急管理局局长；任命李丛山为珠海市国资委主任；任命石学斌为珠海市市场监管局局长；任命程智涛为珠海市医保局局长；任命潘伟明为珠海市城市管理综合执法局局长；任命梁兆雄为珠海市信访局局长；任命赵彦庆为珠海市政务服务数据管理局局长；免去陈发启的珠海市中院审判委员会委员、高新区知识产权庭庭长职务；任命黄汉源为珠海市中院审判员；任命李苗为珠海市中院审判员；任命牟宏微为珠海市中院审判员；任命王文娟为珠海市中院审判员。

第二十次会议 3 月 29 日召开。会议审议通过《关于市政府机构改革涉及地方性法规规定的行政机关职责调整问题的决定（草案）》《珠海市人民代表大会常务委员会关于废止〈珠海市社会养老保险条例〉的决定（草案）》。听取和审议《珠海市 2017 年度审计查出突出问题以及市本级预算执行和其他财政收支审计查出问题整改情况的报告》《珠海市2019年市本级预算调整方案的报告》《珠海市人民代表大会常务委员会代表资格审查委员会关于个别代表资格审查的报告》《市人大法制委员会对〈关于制定珠海经济特区横琴新区金融促进条例的议案〉审议结果的报告》。书面审议《关于市九届人大七次会议代表建议、批评和意见交办情况的报告》。会议表决通过：《珠海市人民代表大会常务委员会关于接受祝青桥同志辞去珠海市人民政府副市长职务的决定》，要求报珠海市第九届人民代表大会备案；接受赵萌辞去市九届人大法制委员会副主任委员职务、黄晓峰辞去市九届人大监察司法委员会委员职务的申请，要求报珠海市第九届人民代表大会备案；任命王咏霞为市人大法制委员会副主任委员；任命黄晓峰为市人大法制委员会委员；任命黄振华为市人大法制委员会委员；任命周红为市人大监察司法委员会委员；任命张涛为市人大监察司法委员会委员；任命李海南为市人大监察司法委员会委员；任命温晓航为市人大监察司法委员会委员；任命李波为市人大财政经济委员会委员；任命房俊东为市人大农村农业委员会副主任委员；任命陈长贵为市人大农村农业委员会委员；任命林旭斌为市人大农村农业委员会委员；任命陈少敏为市人大农村农业委员会委员；任命曾建平为市人大农村农业委员会委员；免去周昌的珠海市财政局局长职务；免去戴伟辉的珠海市审计局局长职务；任命王朝晖为珠海市自然资源局局长；任命戴伟辉为珠海市财政局局长；任命罗增庆为珠海市审计局局长；免去李红平的珠海市监察委员会委员职务；免去曾艺能的珠海市中院民事审判第三庭副庭长、审判员职务；任命王智斌为珠海市中院副院长、审判委员会委员、审判员。

第二十一次会议　5月30日召开。会议审议《珠海经济特区横琴新区港澳建筑及相关工程咨询企业资质和专业人士执业资格认可规定（草案）》《珠海市人民政府关于提请审议第十届珠海市荣誉市民候选人的议案》。听取和审议《珠海市人民政府〈关于加强我市排水管网建设管理养护的议案〉办理方案的报告》《市人大常委会执法检查组关于〈珠海经济特区道路交通安全管理条例〉实施情况执法检查的报告》《关于珠海市义务教育阶段学位紧缺问题的专题调研报告》《珠海市人民政府关于2018年度环境状况和环境保护目标完成情况的报告》《关于珠海市2019年第二次市本级预算调整方案的报告》。会议表决通过：免去孟庆锋的珠海市中院民事审判第一庭副庭长职务；免去孙永红的珠海市中院民事审判第二庭副庭长职务；免去陈发启的珠海市中院审判员职务；任命孟庆锋为珠海市中院高新区知识产权法庭副庭长；任命孙志为珠海市中院高新区知识产权法庭副庭长；任命侯静晶为珠海市中院刑事审判第一庭副庭长；任命马翠平为珠海市中院民事审判第二庭副庭长。

第二十二次会议　7月30—31日召开。会议审议《珠海经济特区园林绿化条例（草案修改稿）》《珠海经济特区横琴新区港澳建筑及相关工程咨询企业资质和专业人士执业资格认可规定（草案修改稿）》《珠海经济特区禁毒条例（草案）》《珠海经济特区防台风条例（草案）》。听取和审议《市人民政府关于珠海市2018年市本级决算草案的报告》《市人民政府关于珠海市2018年度市本级预算执行和其他财政收支的审计工作报告》《市人民政府关于珠海市2019年上半年国民经济和社会发展计划、政府投资项目计划、预算执行情况的报告》《市人民政府关于珠海市生态宜居美丽乡村建设情况的报告》《珠海市第九届人民代表大会常务委员会代表资格审查委员会关于个别代表资格审查的报告》。书面审议《关于珠海市公安机关推进以审判为中心的刑事诉讼制度改革工作的专题调研报告》《关于珠海市社会组织发展情况的调研报告》。会议表决通过：免去罗锦义的市人大常委会城市建设环境资源工委副主任职务；免去彭慧琳的市人大常委会教育科学文化卫生外事华侨宗教工委副主任职务；免去金晓明的珠海市检察院检察员职务；任命郭建勇为珠海市中院民事审判第四庭副庭长。

第二十三次会议　9月26—27日召开。会议审议《珠海经济特区园林绿化条例（草案修改二稿）》《珠海经济特区横琴新区港澳建筑及相关工程咨询企业资质和专业人士执业资格认可规定（草案修改二稿）》《珠海经济特区禁毒条例（草案修改稿）》《珠海经济特区防台风条例（草案修改稿）》。听取和审议《市人民政府关于珠海市2019年市政府投资项目计划调整方案的报告》，审查和批准《市人民政府关于珠海市2019年市政府投资项目计划调整方案的报告》《市人民政府关于珠海市2019年一般公共预算收入增长预期目标及第三次市本级预算调整方案的报告》《市人民政府关于珠海市2019年一般公共预算收入增长预期目标及第三次市本级预算调整方案的报告》《市人民政府关于行政复议工作情况的报告》《市中级人民法院关于我市行政审判工作情况的报告》《市人民政府关于珠海市农村集体产权制度改革工作进展情况的报告》《市人民政府关于珠海市现有文物普查和保护情况的报告》《市人民政府关于市九届人大七次会议代表建议办理情况的报告》《珠海市第九届人民代表大会常务委员会代表资格审查委员会关于个别代表资格审查的报告》。书面审议《关于珠海市中级人民法院开展“切实解决执行难”工作的调研报告》《关于珠海市绿色建筑及海绵城市推进情况的专题调研报告》。会议表决通过：接受王庆利辞去珠海市人民政府副市长职务；任命刘敬华为市人大常委会社会工委副主任；任命胡嘉为市人大财政经济委员会委员；任命李喜妍为市政务服务数据管理局局长。

第二十四次会议　11月11日召开。会议表决通过：任命孙仪波为珠海市人大常委会法工委副主任；任命邱伟超为珠海市人大常委会城市建设环境资源工委副主任；任命廖玲英为珠海市人大常委会城市建设环境资源工委副主任；任命张继平为珠海市人大常委会教育科学文化卫生外事华侨宗教工委副主任。任命曾进泽为珠海市政府副市长。

第二十五次会议　11月29日召开。

会议审议《珠海经济特区防台风条例(草案修改二稿)》;听取和审议《珠海市人民政府关于珠海市2018年企业类(不含金融类企业)国有资产管理情况专项报告》《珠海市人民政府关于西部生态新城开发建设情况的报告》《珠海市人民政府关于进一步加快市慢性病防治中心建设的议案办理以及市妇幼保健院易地新建项目进展情况的报告》《珠海市人民政府关于完善我市养老制度和体系发展养老事业的议案办理情况的报告》《珠海市人民政府关于加强我市排水管网建设管理养护的议案办理情况的报告》《珠海市第九届人民代表大会常务委员会代表资格审查委员会关于个别代表资格审查的报告》。书面审议《珠海市2018年国有资产管理情况的综合报告》《关于珠海市"两法衔接"(行政执法与刑事司法衔接)工作情况的调研报告》《珠海市人民检察院关于开展公益诉讼工作情况的报告》。会议表决通过:任命邹晖为市人大常委会农村农业工委副主任;任命邱伟超为市人大城市建设环境资源委员会副主任委员;任命张继平为市人大教育科学文化卫生外事华侨宗教委员会副主任委员;任命刘敬华为市人大社会建设委员会副主任委员;任命谢晖为市监察委员会委员。

第二十六次会议　12月27日召开。会议听取和审议《珠海市人民代表大会常务委员会法制工作委员会关于2019年备案审查工作情况的报告》。会议表决通过:任命龙勇、何叔军、许晓为珠海市第九届人民代表大会财政经济委员会委员;任命胡新天为珠海市人民政府副市长;任命黄莎莎为珠海市中院审判员;免去叶介明、刘长生、刘长乐、刘思宇、刘雄军、李春裕、吴茜、邱志光、陈荔、陈镝、陈伟平、陈昌润、陈桂珠、赵林、胡伟锋、侯俭、贺骑兵、高春燕、郭飞、郭乙正、唐峰、黄文武、黄文斌、梁天运、梁少柏、谢康、黎修海27人的珠海市检察院检察员职务;免去梁永森的珠海横琴新区检察院检察委员会委员、检察员职务;免去胡文的珠海横琴新区人民检察院检察员职务。

【人大立法】　2019年,珠海市人大常委会审议法规草案9件,其中新制定法规5件、修改2件、废止2件。对1件市政府规章、13件市政府规范性文件和11件市中院规范性文件进行备案审查。协助审查国家法律和省法规草案征求意见33件、党内规范性文件11件。(详见P119"地方立法")

【人大监督】　2019年,珠海市人大常委会开展务实有效监督,推动重大决策部署和重大民生事项落实。

助推政府财经工作提质增效　听取审议计划、预决算、审计、国资等报告15项。开展民营经济发展、优化营商环境、房地产市场3项专题调研。深化预决算审查和债务监督,强化预算联网监督,落实人大预算审查监督重点向支出预算和政策拓展的要求。对产业扶持、乡村振兴、海岛建设等专项资金使用情况开展监督,推动政府部门优化资金配置结构、提高资金使用绩效。强化审计查出突出问题整改的监督,督促被审计单位健全制度体系、杜绝问题屡审屡犯。审议企业(不含金融类企业)国有资产管理情况专项报告和国有资产管理情况综合报告,督导各区建立和实施区政府向区人大常委会报告国有资产管理情况制度,基本建立全口径、全覆盖、全方位的国有资产监督体系。

助推民生突出问题解决　把十件民生实事纳入年度监督计划开展专项监督。持续监督教育问题,开展学前教育发展、义务教育阶段学位紧缺问题、小学生校内课后服务等监督,助推新建改建一批学校、大幅增加公办幼儿园和中小学学位以及开展课后托管服务等。持续监督医疗问题,开展对市人民医院重点建设项目、市妇幼保健院易地新建、市慢性病防治中心建设、市口腔医院建设等监督,专题调研医疗卫生信息便民服务工作,督办基层医疗卫生工作重点建议。持续监督养老体系建设,推动市级养老机构在南屏开工建设,设定床位1100张。

助推城市品质提升　开展对西部生态新城开发建设、绿色建筑和海绵城市建设、轨道交通建设等监督,助推城市功能完善。采用网络问卷调查、暗访摸底等方式,开展道路交通安全管理条例执法检查,加强交通拥堵议案"回头看"督办,助推交通格局优化。开展对现有文物普查和保护、珠海"红色三杰"(苏兆征、杨匏安、林伟民)遗址及其文物保护等监督,助推城市历史文化传承发展。

助推生态文明建设　关注环境状况和环境保护目标完成情况,坚持每年听取审议专项报告,推动各级各部门以改

2019年1月23日,市九届人大七次会议期间,市人大财政经济委员会听取各代表小组意见,对相关报告进行审议　(市人大供稿)

善生态环境质量为核心，加大环境保护力度。关注水污染防治，开展对排水管网建设管理养护的监督，推动城市地下管网排查、新建、修缮、维护。创新采用省、市、区、镇四级代表联动方式，由90名人大代表挂点全市17条黑臭水体，采取约谈相关部门及河长、逢双月通报等方式，开展专项巡查监督，16条黑臭水体评估为“初见成效”。

助推乡村振兴战略实施　开展生态宜居美丽乡村建设监督，推动传统村落保护开发、村容村貌整治规划等取得突破。开展农村集体产权改革、现代农业产业发展监督，针对回迁户、出嫁女、代耕农等问题组织代表视察。开展农村污水治理、斗门湖东社区修筑西堤防洪堤坝、西部引水调水设施重点建议督办等监督，推动农村水环境提升和水利基础设施建设。

助推法治珠海建设　强化对法律适用的监督，加强规范性文件备案审查，对25件规范性文件进行审查，协助开展11件党内规范性文件审查。强化对依法行政的监督，开展行政审判、行政复议、“两法衔接”等专项监督，推进法治政府建设。强化对公正司法的监督，书面审议市检察院关于公益诉讼工作情况的报告，开展“两院”（人民法院和人民检察院）涉法涉诉信访问题、公安机关推进以审判为中心的刑事诉讼制度改革、粤港澳大湾区仲裁服务合作等专题调研。

【人大代表工作】　2019年，珠海市人大常委会加强代表服务保障，支持代表依法履职，充分发挥代表作用。

加强代表履职保障　完善常委会组成人员联系代表制度，全年直接联系代表450人次。扩大代表对常委会和专门委员会工作的参与，邀请代表列席常委会会议、参加执法检查、视察和调研活动，组织代表参加“一府一委两院”座谈会、听证会120人次。开展“更好发挥人大代表作用”主题活动，组织五级人大代表开展视察、调研和座谈等活动105次1680人次，收集并转办意见建议550条，推动解决一批群众普遍关心的问题。改进和完善代表信息管理系统，加强代表履职登记管理。做好代表履职培训工作，组织200名代表参加大湾区建设专题培训。

加强代表联络站建设　优化整合全市代表联络站118个，推进硬件标准化、制度规范化、活动常态化、联络信息化，实现镇（街）、村（居）全覆盖。依托代表联络站，全年五级代表3984人次接待走访群众1.06万人次，收集意见建议1584条，成为人大代表密切联系人民群众的重要平台。

加强代表建议办理　对九届人大七次会议的12件代表建议开展重点督办，对五次会议的3件代表建议开展“回头看”督办。借助信息系统，健全办理工作全流程、动态化电子台账管理制度，抓好全流程跟踪督办，督促落实不到位、代表反馈不满意的单位及时整改。全年交办代表意见建议143件，其中所提问题已解决、基本解决或列入计划逐步解决141件，因条件限制转为工作意见参考2件，代表表示满意或基本满意达100%。（张天添）

珠海市人民政府

重要会议

【市政府常务会议】　2019年召开25次，研究议题155个。

第三十七次会议　1月9日召开。研究珠海基金出资设立珠海通信互联（魅族）专项投资基金事宜；审议《珠海市2018年国民经济和社会发展计划执行情况与2019年计划草案的报告》《珠海市2018年政府投资项目计划执行情况与2019年计划草案的报告》；审议《珠海市2018年预算执行情况与2019年预算草案的报告》。

第三十八次会议　1月15日召开。研究2019年珠海市《政府工作报告》；审议《珠海市乡村振兴战略规划（2018—2020年）》；审议《珠海市公路工程设计变更管理办法》；研究《珠海市电视问政工作方案》。

第三十九次会议　2月2日召开。传达学习习近平总书记关于退役军人事务工作重要批示精神，研究珠海市贯彻落实意见；研究市“两会”期间人大代表、政协委员对政府工作提出的意见建议落实工作；审议珠海跨境电子商务综合试验区建设相关政策措施；听取联合整治保健市场乱象百日行动暨直销市场专项检查工作情况汇报，研究部署下一步工作；传达省委常委会会议、省政府常务会会议专题研究非洲猪瘟防控工作会议精神，研究珠海市防控工作；审议《珠海市深化职称制度改革实施方案》。

第四十次会议　2月18日召开。研究废止《珠海市社会养老保险条例》；审议《市政府机构改革涉及地方性法规规定的行政机关职责调整问题的决定（草案）》。

第四十一次会议　3月1日召开。审议《珠海市落实减税降费政策措施总体工作方案》；研究《珠海市2019年重点建设项目计划》；审议《珠海经济特区物业管理条例实施细则》；审议《珠海市市政道路工程设计变更管理办法》；研究珠海市人民医院科技创新平台项目建设方案；研究第十届珠海市荣誉市民人选。

第四十二次会议　3月22日召开。传达学习国家和省推进“大棚房”问题专项清理整治行动会议及有关批示精神，研究部署贯彻落实工作；审议《珠海市创建全国禁毒示范城市工作方案》和《珠海市创建全国禁毒示范城市专项经费预算方案》；研究珠海市环境清理规范优化提升工程（一、二阶段）结算事宜；审议《珠海市优化营商环境深化社会投资项目审批改革加快项目落地实施方案》；审议《珠海市加强科技企业孵化器用地管理的意见》；审议《珠海市2017年度审计查出突出问题以及市本级预算执行和其他财政收支审计查出问题整改情况的报告》；研究香海大桥项目（斗门段）友谊河至省道S272段占用珠海捷盈投资有限公司土地事宜。

第四十三次会议　3月29日召开。学习贯彻习近平总书记关于安全生产的重要论述和对江苏响水“3·21”特大爆炸事故的重要指示精神，研究部署珠海市安全生产工作；审议《珠海市贯彻落实中央环境保护督查“回头看”及固体废物环境问题专项督查暨省环境保护督查反馈意见整改方案》；审议《珠海市军民融合创新发展规划（2018—2022年）》；研究香海大桥项目（斗门段）友谊河至省道S272段占用珠海捷盈投资有限公司土地事宜。

第四十四次会议　4月10日召开。审议《珠海市应急抢险救灾工程管理办法》；研究设立市文化繁荣发展专项资金事宜；研究设立市级教育发展专项资金事宜；审议《珠海洪湾中心渔港港章（试行）》。

第四十五次会议　4月30日召开。听取《2018年下半年市本级审计工作情况报告》，研究部署审计相关工作；审议《珠海市2019—2021年经营性用地出让计划》；审议《珠海经济特区横琴新区港澳建筑及相关工程服务企业资质和专业人士执业资格认可规定（草案）》；审议《珠海市开展质量提升行动实施方案》。

第四十六次会议　5月23日召开。审议《珠海市推进粤港澳大湾区建设实施方案》；审议《珠海市妇女儿童医院异地新建项目医疗设备、项目开办、信息化等项目可研报告》；审议《关于迎接省人民政府对珠海市、县（区）级人民政府履行教育职责评价的工作方案》；审议《前山河流域水环境综合治理专项攻坚方案（2019—2021年）》；审议《关于加强珠海市排水管网建设管理养护的议案办理工作方案》；审议《香洲渔港功能调整奖励及补助实施方案》；审议《珠海市“英才卡”实施办法（试行）》；审议《珠海市人民政府办公室关于印发〈市政府直属各单位报市政府审批事项目录〉的通知》；审议《中共珠海市委　珠海市人民政府关于全面实施预算绩效管理的工作意见》；审议《关于珠海市2019年市本级第二次预算调整方案的报告》。

第四十七次会议　6月10日召开。听取横琴新区管委会关于学习借鉴海南等自贸区先行先试政策措施情况汇报，研究部署有关工作；研究常住横琴的澳门居民参加珠海市基本医疗保险试点有关事宜；审议《珠海市贯彻落实“省科技创新十二条”政策措施》；审议《珠海市人民政府　中山大学进一步加强新型战略合作协议的补充协议（二）》；研究珠海市非居民管道燃气配气价格和销售价格调整事宜；审议《关于加强和完善城乡社区治理的实施方案》；审议《珠海市房地产市场监督管理办法》；研究有关经贸问题。

第四十八次会议　6月24日召开。研究住房改革补贴有关事宜；审议西部沿海支线南屏互通至洪湾互通段市政化方案研究；审议《珠海市环保生物质热电工程二期项目特许经营协议》；审议《珠海市人民政府　遵义医科大学合作协议》；审议《珠海经济特区禁毒条例（草案）》；审议《珠海经济特区防台风条例（草案）》；审议《珠海市加强科技企业孵化器用地管理的意见（试行）》；省自然资源厅副厅长李俊祥宣讲土地管理政策。

第四十九次会议　7月10日召开。传达学习习近平总书记关于防汛抢险救灾工作重要指示、全省防汛救灾工作视频会、省政府常务会议精神，研究部署珠海市有关工作；传达学习推进全省外贸高质量稳定发展座谈会精神，研究部署珠海市有关工作；审议《珠海市推进城市安全发展的实施方案》和2018年度安全生产责任制考核结果；审议《珠海市促进民营经济高质量发展的若干政策措施》；研究珠海基金出资设立珠海英诺半导体产业投资基金事宜；审议《珠海市新（改）建立体过街设施实施意见》；传达学习省海洋督察整改工作领导小组电视电话会议精神，研究部署珠海市有关工作；传达学习省实施“粤菜师傅”工程联席会议第一次会议暨工作推进会精神，研究珠海市贯彻落实措施；审议《珠海市“12345”市民服务热线管理办法》；研究珠海市村民建房风貌管理有关工作；审议《珠海市中小学校长职务津贴实施办法》；审议《2019年下半年以市新闻办名义举办新闻发布会选题计划》；审议《珠海经济特区建设工程招标投标管理办法（修正案草案）》。

第五十次会议　7月30日召开。传达学习有关信访工作会议精神，研究部署珠海市相关工作；审议《珠海市关于扶持乡村产业发展的若干措施（试行）》；审议《珠海打造粤港澳大湾区重要门户枢纽交通工作方案（2019—2025年）》；研究加快推进“城市之心”项目建设有关事宜；审议《2019年市直公立医院大型医用设备政府投入计划》。

第五十一次会议　8月5日召开。传达学习习近平总书记、李克强总理对贵州水城“7·23”特大山体滑坡灾害重要指示批示精神，《地方各级人民政府行政首长防汛抗旱工作职责》精神，听取全市防汛防台风工作情况汇报，研究部署有关工作；传达学习全国安全生产电视电话会议、全省第三季度防范重特大生产安全事故暨消防工作视频会议精神，听取全市安全生产工作情况汇报，研究部署有关工作。

第五十二次会议　8月15日召开。研究华中师范大学珠海附属中学有关事宜；研究南方海洋实验室2019年度建设经费追加预算事宜；审议2019年省科技专项资金（大专项+任务清单）项目；审议《珠海市公立医疗机构医用耗材集中采购工作实施方案》；研究珠海市公安局物证鉴定中心（毒品检验中心）建设有关事宜。

第五十三次会议　8月28日召开。审议《珠海市国有建设用地地价管理规定》；审议《关于公布珠海市2019年国有建设用地使用权基准地价的通知》；审议《关于公布珠海市2019年国有农用地使用权基准地价的通知》；审议《珠海市城市更新项目地价计收办法》；审议《珠海市进一步支持实体经济高质量发展若干政策措施》；研究《2019年第三次市本级预算调整方案》；研究《2019年政府投资项目调整计划方案》；研究《珠海市2019—2021年市政府投资项目三年滚动计划》；学习《宪法》。

第五十四次会议　9月26日召开。学习习近平总书记关于审计工作的重要讲话、《党政主要领导干部和国有企事业单位主要领导人员经济责任审计规定》精神，研究部署有关工作；传达学习有关安保维稳工作会议精神，研究部署有关安保及信访维稳工作；学习习近平总书记关于涉农资金统筹整合改革的重要论述、《国务院关于探索建立涉农资金统筹整合长效机制的意见》、全省涉农资金统筹整合改革视频会议精神，研究部署有关工作；传达学习《中共中央　国务院关于支持深圳建设中国特色社会主义先行示范区的意见》精神及省委、省政府有关通知要求，研究部署有关工作；传达学习全国稳定生猪生产保障市场供应电视电话会议、全省稳定生猪生产保障市场供应暨加快推进畜牧业转型升级电视电话会议精神，研究部署珠海市稳产保供工作；审议《珠海市城镇小区配套幼儿园治理工作方案》；审议《航展中心总体规划》《第十三届中国航展建设项目设计方案》及投资估算；研究湾仔口岸应急工程有关事宜；研究聘任市政府第七届兼职法律顾问有关事宜。

第五十五次会议　10月14日召开。学习贯彻习近平总书记在解决“两不愁三保障”突出问题座谈会上重要讲话，全国东西部扶贫协作工作会议，广东、云南扶贫协作工作联席会议精神，研究部署有关工作；学习习近平总书记关于食品安全工作的重要论述、《中共中央　国务院关于深化改革加强食品安全工作的意见》《地方党政领导干部食品安全责任制规定》、全省食品安全委员会全体会议精神，听取市食品安全工作情况汇报，研究部署有关工作；听取2013—2018年市十件民生实事“回头看”情况汇报，研究部署有关工作；研究广珠铁路公司增资事宜；研究市工人文化宫和市地方志馆项目建设有关事宜；研究中心城区城市道路车行隧道名称命名事宜。

第五十六次会议　10月25日召开。研究格力集团转让所持格力电器15%国有股权公开征集结果有关事宜。

第五十七次会议　11月6日召开。审议《珠海市城乡生活垃圾分类实施方案（2019—2021）》；听取珠海市未成年人思想道德建设工作情况汇报，研究部署有关工作；研究2019年度广珠城际开行跨线列车营运专项补贴事宜；研究港珠澳大桥珠海连接线项目2019年还本付息资金及物业利用事宜；研究恢复珠海市不动产跨境抵押登记有关事宜；审议《珠海市人民政府工作规则》；学习《中华人民共和国政府信息公开条例》精神，研究部署珠海市有关工作。

第五十八次会议　11月19日召开。传达学习习近平总书记对格力电器董明珠来信的重要指示精神，研究珠海市贯彻落实措施；研究珠海市对省涉农办《关于征求深化涉农资金统筹整合改革的实施意见（征求意见稿）》的回复意见。

第五十九次会议　12月3日召开。传达学习全国安全生产电视电话会议和省安全生产委员会办公室、省应急管理厅《关于认真吸取广东省危险化学品企业事故教训坚决防范遏制事故的通报》精神，研究珠海市贯彻落实措施；传达学习全省2018年度审计查出问题整改工作电视电话会议精神，研究珠海市贯彻落实措施；审议《珠海市人民政府关于促进慈善事业健康发展的实施意见》；审议《珠海市人民政府关于加快推进养老服务发展的实施方案》；审议《2019年市人才专项资金中期调整方案》；研究2018年度珠海市创新创业团队和高层次创业人才项目立项资助事宜。

第六十次会议　12月10日召开。研究《关于贯彻落实〈广东省土地管理改革2019年度工作方案〉的具体措施》；听取珠海法治政府建设示范创建工作情况汇报，研究部署有关工作；审议《珠海市关于进一步促进科技创新的意见》《珠海市进一步促进科技创新的若干政策》；审议《珠海市深化商事制度改革营造公平市场环境工作方案》；研究南屏镇红联村整体搬迁回迁房建设项目2019年度应付资金安排事宜；研究支持青茂口岸查验单位有关经费事宜；审议《珠海市2020年地方性法规立法计划（建议草案）》；审议《珠海经济特区互联网租赁自行车管理办法（草案）》；审议《珠海经济特区城市道路清扫保洁管理办法（草案）》；听取珠海市行政复议工作情况汇报，研究部署有关工作；学习《广东省法治宣传教育条例》。

第六十一次会议　12月19日召开。学习习近平总书记对民政工作重要指示、第二十次广东民政会议精神，研究部署有关工作；研究《关于进一步优化市、区权责划分的意见》；研究《珠海市财政体制改革方案》；审议《关于规范工程建设项目砂石土余渣利用管理的通知》；研究追加预算资金安排事宜（研究市税务局申请地方财政追加预算安排经费事宜、研究绩效考核资金事宜）；研究修订《珠海市市级财政预算资金使用审批暂行办法》。

【市政府工作会议】　2019年召开271次。分别是：第一次交通工作联席会议；研究鹤洲至高栏港高速公路占用江珠高速公路补偿工作会议；研究时代广场纠纷历史遗留问题会议；调研市博物馆及规划展览馆并听取“两馆”展陈方案、情侣路核心景观带5A景区规划、珠澳光影秀、迎春花市相关情况汇报工作会议；研究港珠澳大桥珠海口岸工程设计变更和材料调差等有关问题会议；研究珠海市主城区照明及绿化工作会议；调研推进兴业快线（北段）工程建设工作会议；全市高等学校实验室安全管理工作会议；研究全市公安机关服务窗口进驻行政服务中心工作会议；研究洪湾渔港开港工作会议；研究富山工业园火灾隐患整治工作会议；创建全国禁毒示范城市工作协调会；督导“城市之心”一期A3区吉大公交站移交工作现场会；研究香洲金都房产开发有限公司股权转让历史遗留问题会议；调研前山滨河公园、医疗卫生重点项目工作会议；研究珠海港高栏港区船舶进出港和靠离码头相关事宜会议；研究港珠澳大桥珠海连接线安置房项目（濠江丽景苑）办理不动产权证会议；研究港珠澳大桥珠海连接线移交工作会议；卫生系统重点建设项目专题会；研究海滨泳场旅游服务咨询中心项目和城市阳台项目会议；研究港珠澳大桥珠澳口岸人工岛市政管线上岛工程相关工作会议；调研横龙路区域市容环境整治工作现场会；研究空气污染防治管理项目推进工作会议；研究珠海机场发展会议；南方海洋科学与工程广东省实验室（珠海）建设专题会；研究一体化新拓展区域范围内有关工作主体会议；研究板樟山、凤凰山观景阁概念设计方案会议；研究红塔仁恒和诚成印务搬迁工作会议；研究“圆明新园”“哈罗公学”“九洲湾”项目开发及整改方案工作会议；研究2019年土地收储工作会议；研究港珠澳大桥珠海口岸工程超100万元设计变更项目报审工作会议；市政专题抢险应急工程联席会议；研究唐家港陆岛交通客货运码头和港珠澳大桥1号营地码头相关工作会议；研究交通工作会议；珠海市“大棚房”问题专项清理整治行动攻坚工作会议；研究加强港珠澳大桥气象服务保障工作会议；研究蛇地坑水库饮用水水源保护区调整工作会议；检查港珠澳大桥珠海公路口岸相关工作会议；研究植树节绿化和主干道管养工作会议；研究解决珠海市道路交通信号灯接电及用电保障事宜会议；研究优化大桥口岸营商环境工作会议；研究港珠澳大桥珠海公路口岸有关工作会议；调研青茂口岸建设项目和拱北口岸区域环境整治工作现场会；与港珠澳供应链公司会谈；全市第四次全国经济普查领导小组工作会议；研究涉澳门水务工程工作会议；研究广州地铁18号线延伸至珠海及南湾片区部分交通节点拥堵治理工作会议；研究清华科技园二期项目用地分期办理房屋产权登记和分割转让工作会议；研究梅溪水厂选址、拱北边防岗亭展陈设计和市属公园改造提升等事宜会议；全市统计工作联席会议；城市建设管理工作2019年度第一次会议；调研粤港澳物流园会议；研究珠海中珠农牧投资有限公司肉联厂选址问题会议；研究迎接澳门回归祖国20周年产业合作组工作会议；研究财政收支、珠海大道（珠海大桥东至泥湾门大桥西段）扩建工程、古元美术馆改扩建工程相关工作会议；关于加快推进海峡两岸农业发展研究院项目工作会议；研究全市物流业发展工作会议；市政府建设用地审批审核会审会议2019年第一次会议；研究推进口岸项目建设工作会议；城市建设管理工作2019年度第二次会议；研究珠海大道及省道S272线中分带绿化提升工作会议；研究鸭涌河整治工程会议；推进红塔仁恒、诚成印务搬迁工作会议；研究第十三届中国航展筹备工作会议；珠海市人民政府与省交通集团有限公司交流座谈会议；推进青茂口岸项目建设工作会议；研究斗门区肉联厂用地有关问题会议；调研横琴口岸及综合交通枢纽工程现场会；研究跨境电子商务综合试验区实施方案重点工作会议；研究加快“大棚房”问题专项清理整治复耕验收工作会议；调研主城区第六批道路路面改造及美化提升工程建设筹备工作会议；研究九洲湾和洪湾跨境物流新城项目会议；研究2019年3月全市财政预算执行工作会议；2019年清明节群众祭祀活动突发事件应急处置临时指挥部工作会议；调研粤港澳物流园项目征拆工作会议；研究港珠澳大桥旅游开发专题会议；调研斗门区黑臭水体整治及河长制工作会议；研究超高压输电线影响双湖路A段施工问题会议；珠海市环境保护督察问题整改工作领导小组2019年第一次会议；2019年全市清明期间森林防灭火工作会议；研究香洲渔港功能调整及全国放鱼日活动筹备工作会议；调研高新技术企业会议；研究生态环境保护相关工作会议；研究部署“三防”工作会议；研究土地储备债券工作会议；研究中航通用飞机有限责任公司使用珠海机场及厂区改造事宜工作会议；调研珠机城轨一期工程车站配套设施建设工作会议；研究全市非洲猪瘟防控工作会议；研究部署珠海市汛期防御强降水等工作会议；研究“三旧”改造城市更新工作会议；“两馆”（市博物馆及规划展览馆）项目推进工作会议；研究城市建设管理和口岸建设工作会议；研究高栏港综合保税区建设有关工作会议；推进全市经济普查工作会议；研究供排水工作会议；研究珠海机场T2航站楼及综合交通枢纽设计方案工作会议；全市防汛工作会议；研究高栏港综合保税区建设及其产业规划方案、园区建设方案工作会议；加快推进华中师大珠海附属中学建设专题工作会议；全市近海水域乱象整治工作会议；研究拱北海关涉案动植物及其产品（冻品）销毁工作会议；研究2019年新增债券工作会议；2019年第一季度珠海市重点建设项目推进工作会议；研究板樟山观景阁项目及中信环保产业园项目有关工作会议；研究珠国土储2014-07地块土地出让金有关问题会议；研究港珠澳大桥珠海公路口岸相关工作会议；研究扫黑除恶专项斗争台账整理相关工作会议；研究做好环境保护税信息比对和复核工作会议；研究前山河流域水环境综合治理专项攻坚方案（2019—2021年）和市九届人大七次会议第201900003号议案办理方案工作会议；研究南屏果场搬迁和城市阳台项目建设有关工作会议；研究2019年第二批新增债券分配工作会议；珠海市环境保护督察问题整改领导小组2019年第二次会议；关于横琴新区土地开发利用专题工作会议；市工人文化宫及市方志馆建设专题工作会议；研究洪湾中心渔港建设等工作会议；全市落实减税降费工作专项小组工作会议；研究港珠澳大桥珠澳口岸人工岛市政管线上岛工程等事宜会议；横琴新区工商局体制调整专题工作会议；研究全市5月份财政收入相关工作会议；研究产业用地、“三旧”改造及城市运营专题工作会议；市领导会见香港商用航空中心有限公司董事长冯玉麟一行会议；推进珠海市人民政府与澳门科技大学框架合作协议相关工作会议；研究海湾社区社会生活综合服务中心用地问题会议；珠海市供电安全保障工作会议；研究近海水域乱象整治行动盗挖砂石整治工作会议；研究“数字政府”建设专题工作会议；研究完善集体林权制度改革和开展省级以上生态公益林完善落界工作会议；研究前山粮库及粮食批发市场搬迁收回补偿有关问题会议；研究市生活垃圾生态处理项目善后事宜工作会议；研究中经花园部分业主产权登记历史遗留问题会议；研究成立珠海市园林和林业科学研究院相关事宜（含市园艺研究所人才编制问题）会议；研究市应急指挥中心建设工作会议；研究市政府投资项目提速和全市固定资产投资工作会议；研究拱北口岸临时出入境风雨连廊工程会议；研究横琴口岸建设有关工作会议；研究调整违法建设治理中长期任务责任单位会议；研究原吉大公交总站场地移交工作会议；研究“澳门新街坊”项目会议；珠海市人民政府与省交通集团有限公司交流座谈会议；研究万山无人船海上测试场建设工作会议；研究珠海大桥防船撞设施建设等6项工作会议；研究唐家油库搬迁、淇澳岛用地现状规划编制及环境整治会议；中国航展珠海执委会专题工作会议；珠海市2019年海上搜救工作会议；研究中海银海湾三期涉嫌违法建设问题会议；研究中信生态环保产业园建设有关工作会议；前山河流域水环境综合治理工作例会；调研水利工程建设现场会；研究珠海台创园建设及2019广东（珠海）种业博览会筹备工作会议；研究民航珠海进近管制中心增设甚高频地空通信台站事宜会议；研究市技工学校新校址项目原选址回填及软基处理工程结算有关事宜工作会议；珠海市环境保护督察问题整改工作会议；研究市近海水域临时装卸点清理整治工作会议；2019年高职院校扩招专题工作会议；研究清理拖欠民营企业中小企业账款问题工作会议；香洲区公办中小学学位问题专题工作会议；研究凤凰山公园（香山湖段）二期工程景观概念方案等工作会议；研究港珠澳大桥珠海连接线项目银团贷款事宜工作会议；调研市政道路升级改造、金琴快线工程建设推进工作会议；研究港珠澳大桥珠海口岸有关工作会议；研究珠海莲洲通用机场二期扩建工程建设工作会议；研究部署海漂垃圾清理工作会议；研究推进珠海智慧城市建设工作会议；研究珠海市道路标识标牌整治工作会议；研究珠海市区至珠海机场城际轨道交通拱北至横琴段通车问题会议；研究申报全国社会足球场地设施建设专项行动试点城市工作会议；研究前山河流域水环境综合治理等工作会议；珠海市土壤污染防治工作领导小组第一次会议；研究航展中心暨珠海机场规划建设工作会议；研究农业龙头企业产业发展用地工作会议；研究深化聘任制财审辅助人员职业化改革工作会议；研究澳珠企业家峰会筹备工作会议；珠海市人民政府与中国石化销售股份有限公司广东石油分公司座谈会议；与黄茅海大桥建设管理处座谈工作会议；研究万山海岛供电同网同价暨唐家码头建设工作会议；研究航展中心规划建设工作会议；南方海洋科学与工程广东省实验室（珠海）专题会；第十三届中国航展珠海执委会专题工作会议；研究生活垃圾分类工作及市城市固体废弃物处理中心巡察整改工作会议；研究珠海出入境边防检查总站民警安居工程项目事宜会议；研究珠海市城镇小区配套幼儿园治理工作方案会议；研究中信生态环保产业园项目建设及污泥处置事宜会议；推进新增债券资金支出进度工作会议；研究市人民医院相关问题会议；研究交通建设项目夜间施工事宜工作会议；研究开发珠澳产业多元发展基地相关事项工作会议；竹仙洞水库现场调研会；调研天一居周边交通项目建设和湾仔口岸重建工作会议；第十三届中国航展珠海执委会第六次专题工作会议；稳定生猪生产和保障市场供应工作会议；研究广州轨道交通18号线南延暨珠江肇高铁线站位工作会议；研究前山肉联厂环保改造和搬迁工作；研究珠海市斗门产业新城PPP项目事宜会议；研究追加预算事宜会议；研究市城市固体废弃物处理中心运行经费有关事宜会议；研究推进西部生态新城斗门A片区建设有关工作会议；研究香洲区有关工作会议；市人民医院北二区科研综合楼、市口腔医院建设专题工作会议；研究市近海水域临时装卸点清理整治工作会议；研究珠海大道及机场东路中分带绿化管养提升项目有关工作会议；前山河流域水环境综合治理工作例会；研究市会展集团历史欠款“债转股”事宜工作会议；2020世界游艇大会第一次筹备工作会议；研究市政道路项目建设推进工作会议；研究航展中心配套服务设施提升工程（一期）建设推进工作会议；研究西坑尾垃圾填埋场垃圾处理工作会议。

政务信息公开

【政务信息主动公开】 2019年，珠海市通过全市政府网站、政务新媒体等平台主动公开政府信息，新公开规章3条、规范性文件167条。市政府门户网站发布信息3.38万条，开展在线访谈活动11次。市政府举办新闻发布会10场，各区各单位举办各类新闻发布会29场。创新发布解读方式，通过图解、直播等形式，为公众获取政府信息提供更便捷更直观的途径。围绕群众关心关注的重点领域信息，及时主动公开，回应社会关切。加强与新闻媒体沟通联系，及时准确发布权威信息。

【政务信息依申请公开】 2019年，珠海市依法依规做好政府信息依申请公开，全年收到和办理依申请公开653件，其中自然人申请540件、法人或其他组织申请113件。予以公开及部分公开309件、占47.32%，不予公开100件、占15.31%，因本机关不掌握等原因无法提供167件、占25.57%，不予处理9件、占1.37%，其他处理17件，结转下年度继续办理55件。信息公开类行政复议23起、诉讼16起。

【政府信息管理】 2019年，珠海市加强和规范政府信息管理，建立完善政府信息管理工作机制，按规定发布2018年政府信息公开工作年度报告等政府信息。根据修订后的《中华人民共和国政府信息公开条例》，及时更新政府信息公开指南等信息。加强政务公开的统筹协调指导，编制《2019年政务公开工作要点分工方案》，明确各责任单位分工和具体任务。完善信息发布制度，严格执行信息公开保密审查制度，规范信息公开行为。整理政府规章和规范性文件公开台账，确保公开的政府信息底数清晰。政务热线与政府网站互动交流系统互联互通，政策业务问答知识库更加完善。建立完善网民留言的受理、转办和反馈机制，及时处理市政府门户网站网友留言1.12万条，每月对网民留言情况进行汇总分析供领导参考。

【政务信息平台建设】 2019年，珠海市加强政府网站建设，推进政府网站集约化。作为全省政府网站集约化试点的3个地市之一，推进全市38个政府网站迁移至省平台运行，实现政府网站统一标准体系、技术平台、安全防护和运维监管；加强市直单位政府网站域名管理，全部统一规范为市政府门户网站的二级域名，提升集约化程度，便捷网友访问。规范政务新媒体管理，清理一批僵尸账号，经集约整合后全市53个单位开设政务新媒体136个；各单位基于“指尖上的政府”总体定位，借助新媒体平台创新政府信息公开方式，塑造良好政府公共形象，及时准确全面公开宣传好重点工作、重大部署、重要政策，有序回应公众关切，正确引导社会舆论。发挥《政府公报》主动公开政府信息重要载体功能，全年编发13期，刊登政府规章、规范性文件及其他重要政策文件。

【政务信息公开监督保障】 2019年，珠海市建立健全政府网站与政务新媒体管理的季通报和年度考核体系。制定2019年政务公开绩效考核规程，将政务公开工作纳入全市绩效考核指标；制定市政府门户网站内容保障工作制度，从机制上为市政府门户网站开展政务公开提供保障；制定《2019年度政府网站与政务新媒体考评方案》，以考核提升平台运营维护管理水平，促进政府信息公开。加强政务公开培训。组织学习新修订实施的《中华人民共和国政府信息公开条例》，增强公开意识和能力；针对新上线的省政府网站集约化平台，开展业务操作培训；举办政务新媒体业务培训，全市政务新媒体发布政务信息内容更丰富、形式更多样；针对政府网站与政务新媒体年度考核，召开专场培训，以考核推进政务公开。（林志健）

信　访

【信访工作组织实施】 2019年，珠海市信访局发挥市信访工作联席会议办公室作用，推动各项信访工作措施落实落地。市委书记郭永航、市长姚奕生先后主持召开常委会议2次、常务会议2次、专题会议5次，研究信访工作，批阅群众来信；到基层调研、接待群众来访5次，听取群众意见，回应群众关切，推动化解信访事项。机构改革后，及时调整市信访工作联席会议成员，由市委、市人大常委会、市政府有关领导担任召集人；制定《珠海市信访工作联席会议规则》，健全信访联席会议机制；定期召开市联席会议，加强信访形势研判，指导解决突出问题，防范和化解社会风险。市信访工作联席会议召集人对涉及信访突出问题，第一时间过问，第一时间召开会议专题研究，多次坐镇一线指挥处置群体性突发事件。各级党政领导全力推动信访工作各项措施落到实处，形成主要领导亲自抓、分管领导靠前抓、班子成员齐抓共管工作氛围。

【信访形势研判】 2019年，珠海市信访局落实信访研判机制，加强对重点领域、重点利益诉求群体涉稳情况和重大案件的分析研判、研究部署和协调解决，推动信访工作关口前移、重心下移，防止矛盾聚合叠加、激化升级。市、区党政领导每月研判信访形势和重大疑难复杂案件，集中研究解决群众反映强烈、影响社会和谐稳定的信访突出问题，全年，市党政领导主持召开研判会78次，各区党政领导牵头召开研判会367次。通过专题分析研判，推动解决一批重点矛盾纠纷，促进全市信访形势持续好转。聚焦信访突出问题和重要信访动态，每日向市委总值班室报送信访要情；完善每周信访信息研判制度，对行动性的群体访及时预警研判，建立台账，落实预案，通报有关地区和部门及时做好调处化解和应急处置。全年印发《每周信访动态》48期，报送《信访要情》300余期，报送“平安珠海”信访指数4期。

【接访服务】 2019年，珠海市信访局整合力量开展联合接访。依托市人民来访接待大厅，选取民政、人社、住建、自然资源等信访量较多的责任部门进驻大厅，开展联合接访，形成解决信访问题合力。按照省信访局部署要求，组织全市信访系统开展“暖心接访月”活动，用心用情做好群众来访接待工作。全年接待群众来访724批3974人次，组织局班子成员开展暖心接访65次。香洲区、金湾区、斗门区引入第三方服务机构进行心理援助和心理疏导，为上访群众提供心理疏导。市自然资源局等部门制定“群众接访日”活动方案，由局班子成员每月定期接待群众来访，协调解决群众关心的热点难点问题。推动“最多访一次”工作落地，督促相关单位在法定程序、法定期限内及时解决群众反映的问题。依托市信访信息系统，细化工作流程，严格工作标准，抓好登记转送、受理告知、办理答复、送达签收、录入上报等关键环节，确保信访事项件件有着落、事事有回音。考核工作领导小组办公室每半年对纳入考核的信访件办理情况逐个进行检查整改和跟踪督办，促进工作落实，各级职能部门信访事项办理质量和效果明显提升。

2019年7月19日，珠海市市长姚奕生（右侧前排中）到市人民来访接待厅接访（市信访局供稿）

【信访复查复核】 2019年，珠海市信访局按照《广东省信访条例》和《广东省信访事项复查复核办法》，依法依规做好信访事项复查复核工作，维护群众合法权益。全年市信访事项复查复核委员会办公室收到群众复查复核申请63件，经审查受理39件、不予受理24件。在受理的39件申请中，作出复核意见24件；撤销11件；变更原处理意见4件；向相关责任单位发出处理意见书和工作建议函18份。

【信访督查工作】 2019年，珠海市信访局加大信访督查工作力度，建立市信访局班子成员和市信访督查专员挂点各区工作机制，定期到各区、各有关部门督导检查信访工作及重点信访问题调处化解情况，压实基层党委政府信访工作责任。全年督导组到基层实地督导131次，推动一批重点信访事项化解。制定《2019年珠海市依法规范信访行为考核实施细则》，将信访工作考核纳入2019

年度机关事业单位绩效考评方案，建立以及时受理率、按期办结率为核心的考核体系，推动各级各部门把信访工作重心转到解决群众诉求上来。

【信访法治建设】 2019年，珠海市信访局推进信访工作诉访分离、依法分类处理。配合政法机关依法处理涉法涉诉信访问题，把涉及民商事、行政、刑事等诉讼权利救济的信访事项从普通信访事项中分离出来，引导到政法机关解决。落实《广东省依法分类处理信访诉求工作办法》和《2019年珠海市依法规范信访行为考核实施细则》，开展业务培训和检查指导，通过强化传导考核压力，督促职能部门按照分类清单，准确甄别、依法受理、规范办理群众信访投诉请求，把信访工作纳入法治化轨道。通过访调对接、律师参与化解信访矛盾，每周安排3名社会律师、每月安排1名公职律师在市人民来访接待厅值班接访，为群众提供法律服务。与市医疗纠纷人民调解委员会建立信息互通、联调联处工作机制，及时关注重大疑难复杂的涉医患纠纷信访案件，引导医患双方通过人民调解方式妥善解决纠纷。成立扫黑除恶专项斗争工作领导小组，配合完成涉黑恶线索工作任务，全年摸排移交涉黑恶线索29条。 （李 苑）

政务服务

【政务服务管理】 2019年，珠海市完善四级政务服务体系建设，在全市24个镇（街）、318个村（社区）设立基层公共服务平台。市、区、镇（街）政务服务大厅分别设置综合服务窗口16个、108个和150个，其中市政务服务大厅综合服务窗口实现68%进驻事项“一窗办”。市、区、镇（街）三级政务服务大厅超过25%进驻事项实现“即来即办”，市、区两级大厅超过80%进驻事项实现“最多跑一次”，全市1302个事项实现“全城通办”。推动54个工程建设项目审批事项纳入“一门式”综合受理，提供市政公用基础设施报装“一站式”服务。探索“免证办”政务服务改革，发布第一批“免证办”清单事项163项。

【公共资源交易】 2019年，珠海市完成公共资源交易项目5650个，交易总额1298.58亿元，成交总额1296.21亿元，为市财政节支47.19亿元，增收44.82亿元。推行“零跑动”服务、“零门槛”准入、“零收费”交易，推进全流程电子化交易。与北京、广州交易中心发起公共资源交易区块链平台共享应用合作，推动建立粤港澳大湾区交易数据联盟。出台《珠海市国有企业物资服务采购交易流程规范（试行）》。“珠海市国有企业物资服务采购进场交易实践”获全国公共资源交易创新举措奖，“珠海市网上询价采购方式实践项目”获全国公共资源交易精品项目奖，珠海市公共资源交易中心获评2019年度全国公共资源公共交易优化营商环境十佳机构。

【市民热线服务】 2019年，珠海市“12345”市民服务热线整合全市33条政府热线，对接71个单位，与“110”报警应急电话实行三方联动，提供微信、手机APP、市长信箱、广东政务服务网、政府门户网站等诉求反映渠道。制定《珠海市“12345”市民服务热线管理办法》，建立疑难工单联席会议解决机制。全年热线诉求工单总量161.68万个，其中电话来源95.9%，其他渠道来源4.1%，热线电话平均15秒接通率92.2%，日均呼入来电4527个。 （许 珺）

中国人民政治协商会议珠海市委员会

【概况】 2019年，珠海市有各级政协组织4个，其中地级市政协1个、区政协3个。各级政协有委员858人，其中在珠全国政协委员2人、在珠省政协委员9人、市政协委员291人、区政协委员556人。市政协设常务委员会，由主席、副主席、秘书长和常务委员组成，有主席1人、副主席7人、秘书长1人、常务委员46人。市政协机关内设办公室和8个专门委员会（提案委员会、经济委员会、农业和农村委员会、科教文卫体委员会、社会和法制委员会、文史资料委员会、港澳台侨与外事委员会、人口资源环境委员会）。1月19日，根据《珠海市机构改革方案》，依照《中国人民政治协商会议章程》，政协第九届珠海市委员会常务委员会第九次会议决定，增设政协珠海市委员会农业和农村委员会。

【市政协九届三次会议】 2019年1月21—23日在珠海大会堂召开。会议应出席委员294人，实到278人。会议审议通过政协第九届珠海市委员会常务委员会工作报告、政协第九届珠海市委员会常务委员会提案工作报告、中国人民政治协商会议第九届珠海市委员会第三次会议决议。会议听取并讨论市长姚奕生所作的政府工作报告，表彰珠海市政协九届二次会议优秀提案和承办提案先进单位。会议期间，收到提案300件，确定立案218件，举办提案审查会议1场。

【市政协常务委员会会议】 2019年，政协第九届珠海市委员会常务委员会召开常务委员会会议5次。

第一次会议 1月19日在市政协召开。会议传达学习中共珠海市委八届六次全会精神，研究贯彻落实意见；听取市政府、市纪委、市中院、市检察院2018年工作情况通报；审议通过政协第九届珠海市委员会第三次会议增补委员、常务委员、秘书长和副主席候选人员名单，政协第九届珠海市委员会第三次会议议程、日程（草案），《政协珠海市第九届委员会常务委员会工作报告（稿）》《政协第九届珠海市委员会常务委员会关于九届二次会议以来提案工作情况的报告（稿）》；审议市政协各专委会2018年工作报告，以及增设市政协农业农村委及有关人事事宜；确定政协第九届珠海市委员会第三次会议于1月21日开幕。市委常委、市纪委书记、市监委主任龚海明，市委常委、统战部部长郭才武，市委常委、副市长祝青桥，市中院院长黄炯猛，市检察院检察长黄维玉到会通报相关情况以及有关人事情况说明。

第二次会议 1月23日在市政协召开。会议审议并通过《政协第九届珠海市委员会第三次会议决议（草案）》

2019年1月21日，市政协第九届三次会议在珠海大会堂开幕 （叶常荣 摄）

《政协第九届珠海市委员会第三次会议选举办法（草案）》、监票人员名单（草案）；审议政协第九届珠海市委员会副主席、秘书长、常务委员补选有关事宜。

第三次会议　3月25日在市政协召开。会议传达学习习近平总书记重要讲话精神和全国政协十三届二次会议精神；审议市政协2019年度工作要点、重点协商计划及重点监督议题，各专委会2019年工作计划；通报2018年度市政协委员履职考核结果；审议有关人事事宜，同意朱勤、林旭谊、侯伟芳、龚慧斌担任市政协第九届农业农村委兼职副主任，杨以斌、曹风云担任市政协第九届港澳台侨与外事委兼职副主任，接受李源请辞政协第九届珠海市委员会委员。

第四次会议　7月29日在市政协召开。市委副书记、市长姚奕生通报2019年上半年珠海市经济和社会发展情况。会议部署开展“三走进三服务”（走进群众、服务民生，走进社区、服务基层，走进企业、服务发展）委员联系服务群众工作；审议有关人事事宜，通过《关于免去梁元东政协第九届珠海市委员会副主席、撤销其市政协委员资格的决定》《关于接受孔令海同志请辞政协第九届珠海市委员会委员的决定》。

第五次会议　10月23日在市政协召开。会议传达学习中央政协工作会议和习近平总书记重要讲话精神；审议有关专题调研报告；审议有关人事事宜。

【市政协主席会议】　2019年，政协第九届珠海市委员会召开主席会议6次。

第十一次会议　1月15日在市政协召开。会议审议通过市政协第九届九次常委会召开时间及议程；审议市政协第九届三次会议议程、日程（草案）；审议《政协第九届珠海市委员会常务委员会工作报告（送审稿）》；审议《政协第九届珠海市委员会常务委员会关于第九届二次会议以来提案工作情况的报告（送审稿）》；研究市政协第九届二次会议以来优秀提案名单和提案承办先进单位名单；听取各专委会2018年度工作总结汇报；听取2018年度市政协履行综治维稳（平安创建）职责和全面依法治市工作情况汇报；传达学习《关于做好市级机构改革期间思想政治工作的指导意见》等文件精神；审议增设政协珠海市委员会农业和农村委员会事宜。

第十二次会议　1月19日在市政协召开。会议审议市政协第九届三次会议增补委员、常务委员、秘书长和副主席候选人提名建议人选；审议党益群、谢岳伟请辞常务委员、委员职务事宜；审议陈建海任市政协科教文卫体委主任、童年生任市政协社会和法制委主任、宋巍巍任市政协农业农村委主任、王玉琦任市政协文史资料委主任、梅运富任市政协人口资源环境委主任事宜；研究其他人事事宜。

第十三次会议　2月1日在市政协召开。会议研究各专委会委员调整事宜。会议决定：政协第九届珠海市委员会现有委员294人，提案委员37人、经济委员34人、农业农村委员36人、科教文卫体委员35人、社会和法制委员36人、文史资料委员36人、港澳台侨与外事委员44人、人口资源环境委员35人。

第十四次会议　3月25日在市政协召开。会议审议通过市政协第九届十一次常委会议议程及召开时间；审议市政协2019年度工作要点、重点协商计划和重点监督议题；审议2019年度重点提案预选名单；审议2018年度市政协委员履职考核结果；会议接受李源请辞政协第九届珠海市委员会委员事宜；研究其他人事事宜。

第十五次会议　7月26日在市政协召开。会议审议通过市政协第九届十二次常委会议议程及召开时间；研究审议《珠海市政协关于庆祝中华人民共和国成立70周年、人民政协成立70周年活动的工作方案》；审议有关人事事宜。

第十六次会议　10月23日在市政协召开。会议审议《市政协第九届四次会议筹备工作方案》；听取各专委会年度课题调研工作情况汇报；审议各专委会调研报告；审议免去李育波政协第九届珠海市委员会常务委员职务，撤销其市政协委员资格；增补庄海青为第九届市政协委员和常务委员候选人提名建议人选；研究其他人事事宜。

【协商议政】　2019年，珠海市政协制定实施《市政协2019年度重点协商计划及重点监督议题》，选取“做大做强珠海人力资源服务业”“加快提升会展经济发展水平”“珠海农业产业政策发展”“建设新型高端智库，助力珠海深度参与粤港澳大湾区建设暨智库发展论坛”“粤港澳大湾区规则衔接”“深度挖掘和开发历史文化资源，推动大湾区时代珠海全域旅游建设”“粤港澳大湾区背景下，推进珠港澳食品安全和食品监管合作”“建筑节能和绿色建筑发展”重点协商议题8个。发挥人民政协专门协商机构作用，围绕全市重点工作建言资政，组织开展全委会整体协商、常委会专题协商、主席会重点协商、专委会对口协商，不断完善定期听取“一府两院”、市纪委监委工作通报制度和与职能部门面对面协商制度。全年举办“圆桌协商会”9场，40余家党政部门与130余名政协委员面对面开展协商交流。组织政协委员围绕重要民生问题开展立法协商，就涉及民生的法规条款提出改进建议20余条。

【政协民主监督】 2019年，珠海市政协组织开展“小学生校内课后服务”“完善医疗卫生信息便民服务”“大数据运用”“停车难”等视察监督活动20余场次。开展“访委员、听民声、促发展”活动，全年走访政协委员、企业、联系人才200余场次，推动解决部分企业员工子女教育难、用工用地难、审批时效长等影响企业发展的问题。组织全体政协委员开展“三走进三服务”活动，成为全省首家建立委员联系服务群众机制的地级市政协，围绕教育、医疗、交通、养老、救灾等民生事项，全年开展联系服务群众120余次，举办公益活动30余场，协调解决企业、群众困难和为民做好事120余件。

【参政议政】 2019年，珠海市政协紧扣粤港澳大湾区建设建言资政，组织政协委员开展“推进万山群岛扩大开放，打造具有国际竞争力粤港澳大湾区休闲旅游度假胜地”“构建新型智库体系”“粤港澳大湾区规则衔接”“推动大湾区时代珠海全域旅游建设”“推进珠港澳食品安全和食品监管合作”等重大专题研究，从优化珠海营商环境、深化珠港澳产业合作、推动基础设施互联互通、构建宜居宜业宜游的优质生活圈等方面提出对策举措24条，助推珠海深度参与粤港澳大湾区建设。为推动经济高质量发展建言献策，围绕“加快提升会展经济发展水平”“加快人力资源服务业健康发展”“进一步完善珠海市农业产业扶持政策”“大力推广绿色建筑，打造大湾区高质量发展典范城市”“推进珠海集成电路产业加快发展”5个专题开展调研视察，针对相关行业提出具体发展举措30余条，为市委、市政府科学决策和职能部门改进工作提供依据。政协委员、政协各参加单位和各专门委员会运用提案参政议政，至10月底，收到提案327件，经审查立案239件，立案率73.1%，答复率100%，所提建议已解决或采纳259条，计划解决或采纳286条。

2019年8月13日，市政协组织开展“三走进三服务”委员联系服务群众专题沙龙活动 （周月波 摄）

【文史宣传交流】 2019年，珠海市政协发挥政协文史资料“存史、资政、团结、育人”作用，完成《珠海文史》第28辑征编工作。宣传政协工作亮点，全年刊发《珠海政协》4期，编印《政协工作信息》25期，在《人民政协报》等中央媒体刊登政协新闻100余篇。在《珠海特区报》开设“庆祝中华人民共和国成立70周年、人民政协成立70周年——新时代市政协新作为新形象”和“开展‘三走进三服务’活动，助推粤港澳大湾区建设”宣传专版，深度报道市政协在加强政治建设、聚焦大湾区建设、助推全市经济发展、扩大团结联谊、强化委员队伍建设等方面的工作情况。举办“丹青翰墨颂辉煌——珠海市政协庆祝中华人民共和国成立70周年和人民政协成立70周年书画摄影展”，组织参加广东省政协“同心筑梦——粤港澳大湾区书画联展”。

【台港澳及海外联谊】 2019年，珠海市政协组织港澳委员学习习近平总书记在庆祝澳门回归祖国20周年大会暨澳门特别行政区第五届政府就职典礼上的讲话精神，开展国情教育和学习议政日活动，做好台港澳侨团结联谊大文章。组织召开港澳委员议政日活动，向港澳地区委员通报珠海经济社会发展情况，开展协商交流，征集港澳委员对全市经济社会发展的意见并及时汇总报送市委、市政府。组织港澳委员开展调研走访、国情考察、爱国主义教育以及港澳青年交流活动，凝聚爱国爱港爱澳力量。3月，召开珠海公共外交协会第二届理事会年会，增补副会长、常务理事和理事51人。6月，市政协主席陈洪辉率考察团赴台湾开展农业农村考察活动及基层政党交流，提出推进珠海乡村振兴建议，供有关部门参考。9月，举办华人华侨“庆国庆”暨海外珠海国际交流协会会庆活动，在珠华人华侨、归侨侨眷、留学生代表70人共叙情谊、共话发展。12月，组织港澳委员和海外青年19人赴福建龙岩和江西赣州开展爱国主义教育，组织委员14人赴阳江、湛江开展国情考察。 （徐志勇）

纪检监察

【概况】 1956年6月，成立中共珠海县监察委员会。1980年9月25日，成立中共珠海市纪律检查委员会。1987年10月30日，成立珠海市监察局。1993年4月2日，市纪委、市监察局合署，实行一套工作机构、两个机关名称体制。2017年12月25日，设置珠海市监察委员会（简称市监委），与中共珠海市纪律检查委员会（简称市纪委）合署办公。撤销市监察局、市预防腐败局，撤销市检察院反贪污贿赂局、反渎职侵权局、职务犯罪预防科，撤销横琴新区人民检察院反贪污贿赂渎职侵权局，将相关职能整合至市监委。截至2019年底，市纪委监委机关内设室18个，设派驻（出）机构20个。全市设香洲区、金湾区、斗门区3个行政区纪委监委，以及横琴新区、高新区、保税区、万山区、高栏港区5个经济功能区纪检监察组织。

【市纪委八届四次全会】 2019年1月25日召开。珠海市委书记、市人大常委会主任郭永航出席会议并讲话，市委副书记、市长姚奕生传达十九届中央纪委三次全会和十二届省纪委四次全会精神。全会审议并通过市委常委、市纪委书记、市监委主任龚海明代表市纪委常委会所作的《牢记职责使命，强化责任担当，为珠海开创“二次创业”新局面提供坚强纪律保证》工作报告，听取6个单位党委（党组）书记述责述廉报告并进行评议。市委、市人大常委会、市政府、市政协等相关领导出席会议。

【纪检监察体制改革】 2019年，珠海市推进纪律检查体制改革、监察体制改革、纪检监察机构改革。加强党对反腐败工作集中统一领导，强化上级纪委监委对下级纪委监委的领导和指导，制定重大事项请示报告报备清单，完善“两为主一报告”（查办腐败案件以上级纪委领导为主，各级纪委书记、副书记的提名和考察以上级纪委会同组织部门为主；线索处置和案件查办在向同级党委报告的同时必须向上级纪委报告）等工作机制。完成向功能区派出监察专员、向镇（街）派出监察组工作，推动监察工作向基层延伸。制定深化市纪委监委派驻机构改革的实施方案及相关配套改革文件，推动派驻机构、市管企业纪检监察体制改革任务落地。贯通执纪执法，有效衔接司法。发挥党委反腐败协调小组职能作用，完善纪检监察机关与司法、执法、审计、通信、金融等单位的沟通协调，健全线索移送、调查措施使用、案件移送等机制。修订完善监督检查审查调查措施使用规定等工作制度，主动对接以审判为中心的刑事诉讼制度改革，严把事实关、程序关、法律适用关，提高审查调查规范化法治化水平。

2019年1月25日，中国共产党珠海市第八届纪律检查委员会第四次全体会议召开

（市纪委监委供稿）

【审查调查】 2019年，珠海市纪检监察机关接受信访举报1902件，其中检控类923件。处置问题线索1626件；立案436件，比上年增长9.5%；处分317人，增长3.3%。立案查处处级干部22人，重点查处林振超（珠海市农业农村局原调研员）、李育波（珠海市总工会原党组成员、副主席）、林伟（珠海市自然资源局原党组成员、副局长、市海洋局局长）、张启文（珠海市斗门区政府原党组成员、副区长）等人严重违纪违法问题。加强对留置和“走读式”谈话监督管理，守住不发生安全事故的底线。

【反腐败国际追逃追赃】 2019年，珠海市纪委监委坚持追逃、防逃、追赃一体推进，持续开展“天网行动”，推动重点个案攻坚，不断释放有逃必追、一追到底的强烈信号，通过劝返、遣返、异地追诉、联合办案等方式开展追逃追赃，全年追回大起底外逃人员6人，涉嫌行贿罪、非法经营罪外逃人员1人，推动全市国际追逃追赃工作向纵深发展。

【“四种形态”运用】 2019年，珠海市纪检监察机关运用“四种形态”（党内关系要正常化，批评和自我批评要经常开展，让咬耳扯袖、红脸出汗成为常态；党纪轻处分和组织处理要成为大多数；对严重违纪的重处分、作出重大职务调整应当是少数；严重违纪涉嫌违法立案审查的只能是极少数）批评教育帮助和处理1099人次，其中第一、二种形态占比89.3%。全市问责党组织4个、党员领导干部27人。探索开展对受处分处理人员的回访教育，帮助其解开心结、轻装上阵。落实容错纠错、澄清保护等机制，对诬告陷害者果断亮剑，会同公安部门查处诬告陷害党员干部的社会人员2人。

【“四风”整治】 2019年，珠海市纪委监委集中整治领导干部利用名贵特产类特殊资源谋取私利、收送红包礼金等突出问题，全市查处违反中央八项规定精神问题56起，处分72人，通报典型问题21起。持续深入整治形式主义、官僚主义问题，查处形式主义、官僚主义问题25起，处分51人，通报典型问题9起。

【民生领域侵害群众利益突出问题整治】 2019年，珠海市纪委监委强力整治民生领域侵害群众利益突出问题，坚决查处发生在扶贫领域的腐败和作风问题，全市立案基层党员干部违纪违法案件312件，处分251人，移送检察机关25人。严肃问责生态环保领域失职失责问题，对国家海洋督察移交问题进行核查，问责19人。建立“电视问政＋问责”机制，推动解决群众反映的部分老旧小区管道燃气入户难、黑臭河涌整治不力、夜间施工扰民等问题，追责问责10个单位、56名责任人。

【涉黑涉恶腐败和“保护伞”查办】 2019年，珠海市纪委监委与公安机关协同办案、联合督导，对中央督导和省纪委移交涉黑涉恶腐败、充当黑恶势力“保护伞”等问题线索全面摸排，实行分片包案、直查督办，集中力量攻坚，全市立案涉黑涉恶腐败和“保护伞”问题30人，其中处级干部3人，处分17人，移送检察机关6人。

【廉洁宣传教育】 2019年，珠海市纪委监委协助市委举办全市主题教育警示教育会议暨领导干部党章党规党纪教育培训班，组织市四套班子领导和市直单位“一把手”，到省反腐倡廉教育基地接受教育。发挥杨匏安陈列馆红色教育基地作用，打造数字化展馆，以杨匏安为原型的话剧《信仰》获省精神文明建设“五个一工程”优秀作品奖。举办廉政书画作品展，建成唐家湾廉洁文化园等廉政主题公园一批，营造崇廉尚洁文化氛围。

【巡察工作】 2019年，中共珠海市委巡察机构完成3轮常规巡察，首次开展提级巡察，统筹组织行政区第二轮交叉巡察，推动巡察监督向村级党组织延

2019年6月14日，珠海市纪委监委组织领导干部到省反腐倡廉教育基地开展教育活动 （市纪委监委供稿）

伸。强化对巡察整改的监督落实，市委书记郭永航主持召开巡察整改落实工作会议，要求强化巡察成果运用，梳理巡察发现的共性问题并向全市通报，推动开展未巡先改。建立被巡察单位对巡察组工作作风“后评估”制度，促进依规依纪开展巡察。

【第一届特约监察员聘请会议】 2019年7月30日，珠海市监委召开第一届特约监察员聘请会议，优选聘请特约监察员12人。市委常委、市纪委书记、市监委主任龚海明出席会议并讲话。会议决定聘请王菊元（女）、刘晓红（女）、杜晶（女）、李海南、沈继光、张春坚、陆薇（女）、陈伟光（女）、欧秀妮（女）、谢志刚、靳碧海、蔡文为珠海市监察委员会第一届特约监察员，聘期至2023年1月。 （戴 暄）

民主党派和工商联

【中国国民党革命委员会珠海市委员会】 1988年6月成立民革珠海市小组，1991年9月成立民革珠海市委员会。主要成员和所联系的对象是同原中国国民党有关系的人士、同本党有历史联系和社会联系的人士、同台湾各界有联系的人士、社会和法制专业人士以及其他人士，着重吸收其中有代表性的中上层人士和中高级知识分子。截至2019年底，全市有行政区（香洲、金湾、斗门）基层委员会3个、总支部2个（经济区总支部、横琴总支部）、行业支部7个（教育、医卫、法制、科技、经济、城建、社建）、综合支部3个（由退休人员组成），支部22个，党员456人。2019年新发展党员22人。

组织建设 2019年，市民革创建民革示范支部。香洲三支部获民革中央“第一批民革示范支部”，高新支部、香洲基层委、城市建设支部获省委会“2018年度创建示范支部先进集体”，18个支部被评为省委会“2018年度示范支部”。优化提升“党员之家”平台建设。配置博爱书屋，策划“孙中山与珠海”图片展览，举办“携手同行复兴路”书画摄影作品展，开办“博爱讲堂”；香洲基层委“民革党员之家”被评为民革中央“优秀民革党员之家”，瑞芝祠“民革党员之家”被评为“广东优秀民革党员之家”。优化基层组织机构。横琴支部建制调整为横琴总支部；严把入党质量关，强调发展高层次专业技术人才；联合江门、佛山、中山市民革举办新党员培训班，选派骨干党员参加培训。

思想建设 2019年，市民革推进“思想政治建设年”各项工作，召开会议7

次。传达学习贯彻习近平总书记重要讲话精神、中共十九届四中全会精神；召开“不忘合作初心，继续携手前进”主题教育动员大会；成立逸仙书画院，创作大型主题漆画《孙中山与珠海革命战友》，策划“天下为公——孙中山与珠海”永久性主题展览和“携手同行复兴路——纪念孙中山先生《建国方略》发表100周年暨庆祝中华人民共和国成立70周年书画摄影作品展”；9篇论文入选省委会及市政协、市委统战部论文集，获省委会“民革与新中国”征文活动优秀奖。继续与团结报社新媒体公司合作，运营“珠海民革”微信公众号、维护《团结报》阅报屏；《团结报》订报率突破100%，获《团结报》发行征订工作突出贡献集体（地市）二等奖。

参政议政　2019年，市民革协助民革中央调研组完成《关于支持横琴新区建设粤澳特别合作区，更好促进澳门经济多元发展的建议》调研报告，得到国务院总理李克强、副总理韩正重要批示；在市政协大会上作《加快推进珠海军民融合产业发展，助力打造粤港澳大湾区经济新引擎》发言；在暑期座谈会上作《全力推进大湾区互联互通，加快深珠澳南高铁建设》发言；集体提案《关于优化产业布局，为实体经济发展提供空间载体的提案》被列为市委书记领衔督办重点提案。召开参政议政重点课题申报选题会，8篇调研报告转化成集体提案。主委潘明的《关于优化提升横琴新区“分线管理”政策，打造横琴—澳门产业多元发展合作区的提案》被列为全国政协重点提案，写入民革中央工作报告；《关于促进广东省引进台湾籍教师融入粤港澳大湾区建设的建议》列入2019年度省委会重点调研课题。市民革获民革广东省委2018—2019年度参政议政工作二等奖；4件提案获市政协优秀提案奖，5件提案获区政协优秀提案奖；联合市民建、市致公党举办“不忘合作初心，继续携手前进”参政议政骨干培训班。

社会服务　2019年，市民革参加广东民革结对帮扶贵州省毕节市纳雍县新房乡脱贫攻坚工作，募集捐款15余万元，完成定点帮扶任务，获评省委会2019年脱贫攻坚先进集体。参加“6·30”广东扶贫济困日活动，捐款2.2万元；对贫困准大学生开展“博爱助学”帮扶帮教活动。走访党员企业，举办专题研讨会，指导企业改革发展。企业家联谊会获评省委会“为我省抗战老兵捐献善款先进集体”。

祖国统一　2019年，市民革协助民革中央举办第六届“华灿奖”颁奖仪式暨第十届两岸青年创新创业论坛，策划承办“华灿之夜”公益音乐会，华灿工场（珠海）项目正式落地香洲区云溪谷数字产业园。依托祖国统一工作委员会，加强与市台胞台属联谊会、台盟支部联系，协助市台胞台属联谊会做好换届工作；加强与港澳台青年、黄埔同学后代亲友、辛亥革命志士后裔等联系。

（李　琳）

2019年5月23日，民革中央副主席张伯军（前排左五）调研珠海瑞芝祠“民革党员之家”建设

（市民革供稿）

【中国民主同盟珠海市委员会】　1985年12月成立民盟珠海市小组，1987年夏成立民盟市委筹委会，1989年5月6日成立民盟珠海市委员会并召开第一次盟员大会。主要成员和所联系的对象是文化教育和科学技术界具有高、中级职称的知识分子。截至2019年底，民盟珠海市第六届委员会有专门委员会6个、基层委员会1个、总支3个、基层支部23个，盟员750人。全年发展新盟员55人。

组织建设　2019年，市民盟组织建设取得新发展。全年届中调整基层组织4个，新成立社会法制委员会。加快“盟员之家”建设。8月，在唐家共乐堂成立第五个“盟员之家”，让“盟员之家”成为盟员的学习之家、成长之家、暖心之家。

思想建设　2019年，市民盟加强思想凝聚力建设。学习贯彻习近平新时代中国特色社会主义思想和中共十九大精神、习近平总书记对广东重要讲话和重要指示批示精神，特别是对珠海重要指示批示精神，贯彻落实《粤港澳大湾区发展规划纲要》，选送盟务骨干参加各级党校、社会主义学院和各大高校培训与交流活动50人次；开展“不忘合作初心，继续携手前进”主题教育，结合市民盟成立30周年，召开“不忘初心同携手，澳珠极点谱新篇”庆祝大会，举办“不忘合作初心，继续携手前进”知识竞赛、“民盟杯”珠港澳拔河友谊公开赛等系列活动。专委会履职尽责。青联委联合高教基层委举办“观国庆、品舞蹈”主题活动，并和横琴支部联合开展爱国主义教育观影活动；参政议政委撰写提案和社情民意信息；理论研究委组织开展习近平新时代中国特色社会主义思想专题学习和参政党理论研究工作，组织不同界别盟员进行系统全面学习，提高盟员政治理论水平；文艺委组

2019年9月1日，“民盟杯”珠港澳拔河友谊公开赛在市体育中心举行

（市民盟供稿）

织观看民盟广州市委“同颂祖国好 共筑中国梦”文艺汇演；社会法制委举办“法治促进企业发展”主题文化沙龙。思想宣传工作取得新成果。12月，市民盟获盟中央“思想宣传先进单位”表彰；依托“民盟珠海”微信公众号扩大宣传，开辟《每日盟语》栏目传递正能量，阅读量在全市各党派中位列前茅。

政治协商　2019年，市民盟参与各类民主协商会、情况通报会、征求意见会、专题座谈和调研考察活动20余人次，推动珠海重大决策科学化、民主化进程。围绕中共珠海市委八届七次全会关于服务澳门经济适度多元发展、推进粤港澳大湾区澳珠极点建设工作部署，牵头组织多场专题调研会，完成《推动会展经济加快高质量发展》调研报告，由市台港澳办、横琴新区、拱北海关、珠海边检等多家单位分别落实，推动成果转化。全年市民盟完成理论研究8篇，其中4篇获市委统战部庆祝中华人民共和国成立70周年征文活动表彰、6篇被市政协理论研究委员会编入《实践与探索》论文集。

参政议政　2019年，市民盟在暑期座谈会上作《关于加快供应链创新体系建设》发言，在市政协第九届三次会议上作《关于珠海经济高质量发展》发言。围绕推动粤港澳大湾区发展、创新驱动发展战略实施、改善民生、促进社会公平等议题撰写调研报告和提案，提交调研报告6篇。创新举办“暑期座谈会模拟会议”，11名青年盟员以汇报演讲形式模拟向市委、市政府提出意见建议的场景，提升青年盟员向党委部门建言献策能力，激发参政议政履职热情。市民盟获评盟省委“参政议政工作先进单位”“反映社情民意信息工作先进集体”。

社会服务　2019年，市民盟发挥盟内资源优势，开展“农村教育烛光行动”，在珠海西部地区中小学校开设家庭教育、心理健康教育等讲座；市民盟领导班子对口帮扶盟员企业，为经济界盟员提供支持和帮助；香洲总支联合广东狮子会开展助学慈善拍卖活动，发动盟内书画家捐赠拍卖作品，帮助贫困中小学生完成学业。创新服务形式助力精准扶贫。联合珠海菜篮子投资有限公司在星园扶贫市场举行“民盟爱心扶贫”活动，共同搭建贫困地区农副产品销售渠道，签订《购销战略合作协议》。支持云南怒江、广东阳江、黑龙江黑河、西藏林芝等地扶贫农产品销售，开展消费扶贫活动5场，参加盟员近300人次。助推珠海慈善事业发展。通过“民盟珠海公益慈善基金”，支持怒江等地扶贫项目，全年捐款66万元，获评市慈善总会年度爱心会员单位。（李　萌）

【中国民主建国会珠海市委员会】 1990年4月成立民建珠海市支部，1994年2月成立民建珠海市委员会。市委会下设参政议政工作委员会和企业工作委员会2个专委会，内设办公室。主要成员和所联系的对象是经济界人士以及有关专家学者。至2019年底，有基层委员会1个、支部15个（直属支部6个、行政区支部5个、功能区支部4个），会员465人。全年新增会员22人。

组织建设　2019年，市民建举办新会员见面会2场。在市委会机关建立“会员之家”，并筹建斗门、高新支部“会员之家”。截至年底，市民建有省人大代表1人、市人大代表3人（其中常委1人），市政协委员14人（其中副主席1人、常委1人），区人大代表3人（其中副主任1人、常委1人），区政协委员21人（其中副主席1人、常委4人）。

思想建设　2019年，在珠海统一战线庆祝中华人民共和国成立70周年征文演讲比赛中，安小艺、王森分别获朗诵二等奖和三等奖，罗红、邓勇获征文二等奖，张弓、肖志晖、于新刚、安小艺获征文三等奖，王子百慧、陈宽获征文优秀奖。举办“不忘合作初心，继续携手前进”主题教育培训班2期，组织各基层班子成员赴中共三大会址纪念馆和黄埔军校旧址纪念馆开展爱国主义教育，举办主题知识竞赛。各基层支部分别开展书画摄影展、主题航拍、国庆快闪、大合唱等主题教育50余次。

参政议政　2019年，在市政协第九届三次会议上，委员刘伟东的《关于抢抓机遇、精心谋划，推动珠海临空经济实现新跨越的提案》、委员王海波的《关于围绕细分行业龙头，推进产业链创新平台建设的提案》获市政协优秀提案奖。成立暑期座谈会、政协大会发言课题调研小组，完成《关于加快推进知识产权示范市建设，助力珠海经济转型升级的建议》《关于推动珠海先进制造业与现代服务业深度融合发展的建议》课题研究。香洲、金湾、斗门3个行政区基层组织针对各区经济社会发展面临的主要问题提出意见建议，斗门政协常委吴光艺获“先进提案者”称号，并获区政协理论研究优秀论文二等奖；金湾

2019年6月2日，市民建在君怡酒店举办“不忘合作初心，继续携手前进”主题教育知识竞赛活动（市民建供稿）

政协常委赵丽芳提交的《关于大力支持和推广使用金湾区本土品牌产品的建议》获金湾区优秀提案。市民建有10名会员分别被市监委、市教育局等聘为特约人员。

社会服务　2019年，市民建开展定点扶贫，助力黔西、河北丰宁满族自治县脱贫攻坚和阳江乡村振兴工作。7月，主委黄文忠率队赴民建中央对口帮扶的河北丰宁满族自治县黄旗镇西村、乐国窝铺村考察脱贫攻坚进展情况，向黄旗镇捐赠价值5万元的爱心超市1个，向乐国窝铺村捐赠2.6万元。年内，向阳江“民建爱心阅览室”捐款2万元，向“6·30”广东扶贫济困日活动捐款2.8万元，发动全体会员购买黔西、丰宁农特产品14万元，企工委捐赠各类款项18万元。坚持走访会员企业制度，市民建领导走访鸿泰盛石业、菱斯达电梯、天融文化、苏格网络等会员企业10余家。继续发挥民建企工委“精英融合、跨界交流、共享发展”平台作用，举办“管理有道群体创富”和“新经济环境下的税务应对策略”分享沙龙活动2期，组织会内企业家赴佛山、东莞等地，与当地民建企业家进行交流学习。在民建中央脱贫攻坚表彰大会上，市民建获“先进集体”称号、会员何川获“先进个人”称号；市民建获民建广东省委2018年度、2019年度社会服务先进集体一等奖，28名会员获社会服务优秀个人称号。

（唐　纯）

【中国民主促进会珠海市委员会】　1986年3月成立小组，1987年1月成立珠海支部，1994年1月17日成立珠海市委员会。2016年8月换届产生民进珠海市第五届委员会。2019年，民进珠海市委会内设办公室，下设总支7个（香洲总支、金湾总支、斗门总支、高新总支、万山总支、横琴总支、高栏总支）、支部35个、二级机构5个（开明书院、开明画院、开明棋院、开明艺术团、企联会）。会员以教育、文化、出版领域高、中级知识分子为主。截至年底，有会员409人。全年新发展会员12人、外市调入2人、退会1人。

组织建设　2019年，市民进组织开展“我和我的祖国”“我与珠海”“读经典读名著”“不忘合作初心，牢记崇高使命”等分享活动；利用新媒体组织会员学习习近平总书记系列重要讲话精神、中央政策文件精神、中共广东省委和中共珠海市委重要文件精神。开展“不忘合作初心，牢记崇高使命”主题教育，组织全体会员赴黄埔军校、广州起义纪念馆和广州农民运动讲习所参观学习，并在广州起义纪念馆举行“我和我的祖国”朗诵比赛。组织开展凤凰山、黄杨山和金湾大门口湿地公园户外徒步活动，以及金湾国际健康港、斗门供水设施考察调研活动。建立以纪念七纵五横组织成立日为主轴的组织生活制度、七纵五横组织负责人每周一发布上周工作回顾制度、每日推送“微早茶＋微午茶＋微晚茶”学习分享制度、“一人培训全会受益”即时线上分享制度、线下活动适时线上分享制度、线下活动参与者自觉撰写新闻稿制度、支部主任召集人组织生活制度7个组织制度。10名会员分别被市教育局、市自然资源局等聘为特约人员。全年市民进组织线上活动840次、1297人次参加，组织线下活动346次、2330人次参加；金湾总支、斗门总支获评民进全国组织建设先进组织，香洲总支、斗门总支三支部、万山总支一支部、高新总支三支部获评“广东民进基层组织建设先进组织”，黄悦敏、吕小兵获评“民进全国组织建设先进个人”，高姜玥、高玉东、徐正芳、程远获评“广东民进基层组织建设先进个人”。

参政议政　2019年，市民进与市文化广电旅游体育局、市自然资源局和市商务局等对口联系单位开展座谈，履行参政议政职能。组织市委委员、各总支正副主委和代表实地调研太行山西线抗日根据地和旅游扶贫经典案例，慰问老区人民。全年，提交政协提案34件、人大建议案6件，提交《建议将圆明新园片区改造为“4090文化广场”》等社情民意信息10则，均被中共珠海市委《每日汇报》采用，其中3则获市主要领导批示。在暑期座谈会上作《关于与澳门共同编制产业规划，激发珠澳发展极无限活力的建议》发言，在市政协大会上作《大力挖掘本土文化，打造人文湾区休闲高地》发言，完成省委会参政议政课题《涵养同根同宗文化底蕴，加快推进粤港澳大湾区文化全球化》研究。是年，市民进获评“广东民进参政议政专项工作先进单位”；《关于在横琴打造“一国两制”特别合作区的建议》被中央统战部信息刊物《零讯》采用；《关于创新粤港澳大湾区融合发展机制以“创新之湾”引领中国第二轮改革开放的提案》获评民进广东省委2019年度优秀提案特等奖；《建议把金山银山转化为旅游经济新的增长点》获评市政协九届三次

2019 年 1 月 5 日，市民进召开 2018 年度总结表彰大会，茹晴主委（右一）为 30 年会龄老会员颁发奖章 （市民进供稿）

会议优秀提案。

社会服务 2019 年，开明画院承办“醉美乡情·庆祝澳门回归祖国 20 周年摄影展”，参展作品 180 余幅；参加珠海统一战线庆祝中华人民共和国成立 70 周年书画摄影展。开明棋院在全市 20 所小学建立同心实践基地，为 2.3 万名学生提供义务围棋教学 8800 课时；在“围棋进社区”活动中，为百名学生提供义务围棋教学 200 课时；举办“第四届‘开明杯’港珠澳少儿围棋交流赛”和“2019‘开明杯’金湾少儿围棋精英赛”，参赛选手 809 人。开明艺术团首创年会教唱会歌活动，组织流动联欢会和红歌演唱活动。企联会副会长陈汉雄主动承担香洲区 36 所学校足球教练聘请和培训工作全部费用，组织校际足球联赛；会员据摇自筹资金举办历时半年的珠澳足球联赛。 （李 扬）

【中国农工民主党珠海市委员会】 1986 年 3 月成立农工党珠海小组，同年 12 月成立农工党珠海支部，1989 年 4 月成立农工党珠海市委员会。2016 年 7 月成立农工党珠海市第六届委员会。主要成员和所联系的对象是医药卫生、人口资源和生态环境领域高、中级知识分子。截至 2019 年底，有总支 1 个、支部 16 个、党员 459 人。

组织建设 2019 年，市农工党发展新党员 19 人，其中主体界别 14 人，占比 74%。成立监督委员会，加强党内监督，发扬党内民主，维护党员团结，严肃党的纪律，是全省继广州、深圳、惠州后第四个成立监督委员会的地市级组织。完成 1 名副主任委员、2 名市委委员补选工作，范翔当选为市农工党副主任委员，褚靖、邹芬芬当选为市委委员。完成金湾、斗门等 8 个支部委员补选工作，激发基层支部活力。

思想建设 2019 年，市农工党学习贯彻中共十九大、农工党十六大、习近平总书记视察广东系列重要讲话精神，举办专题学习会 6 次。开展“不忘合作初心，继续携手前进”主题教育活动，将主题教育作为首要政治任务，成立主题教育活动领导小组，由主委履行第一责任人职责，领导班子成员履行“一岗双责”；通过市委委员联系基层支部等工作机制，落实主题教育活动的动员和部署，全面开展学习活动，调动每一位党员的积极性；运用传统媒体和微信公众号、微信群等新媒体，宣传主题教育活动成效和做法，营造良好氛围。

参政议政 2019 年，市农工党发挥界别特色优势，指导医疗、环境保护、社会民生法制 3 个参政议政专委会列出问题清单，开展调查研究，形成调研报告。在市政协大会上作《关于加强珠澳中医药合作，推进“一带一路”建设的建议案》发言，成为市长姚奕生领衔督办提案；在暑期座谈会上作《关于促进粤港澳大湾区中医药科技产业发展的建议》发言，获市主要领导关注。全年参与各种民主协商会、座谈会和调研活动 20 余次。

社会服务 2019 年，市农工党拓宽社会服务内容，强化服务的系统性和连续性，打造多个公益活动和社会服务农工品牌。8 月 19 日，农工党广东省委会、市农工党组织医疗专家团队赴四川

2019 年 5 月 7 日，农工党中央副主席杨震（前排左四）率调研组到珠海开展“优化营商环境，推动健康产业高质量发展”调研，市农工党主委阎武（前排左一）陪同调研 （市农工党供稿）

省甘孜州理塘县和稻城县，开展光明行暨第三期“光明格桑花”慈善复明行动，为70余名藏族同胞免费更换人工晶体，并针对当地常见眼科疾病进行健康宣教活动，向患者家属和藏族同胞免费发放各类眼科药品价值近3万元；金湾支部承办“健康中国与我同行”健康公益活动和“国际科学与和平周”活动，开展中医药文化健康讲座10场、义诊活动3次；开展儿童、青少年近视防控健康讲座和义诊活动16场，服务群众8400余人次；医药科技支部和横琴二支部协办“海峡两岸暨港澳中医药青年学者论坛”，促进海峡两岸暨港澳协同创新，服务粤港澳大湾区建设。（曹振飞）

2019年8月21日，市致公党组织基层党员赴梅州开展“不忘合作初心，继续携手前进”红色主题教育学习活动（市致公党供稿）

【中国致公党珠海市委员会】 1988年1月成立筹备领导小组，1989年5月成立致公党珠海市委员会。主要成员和所联系的对象是归侨、侨眷的中上层人士和其他有海外关系的代表性人士。截至2019年底，有县（区）委员会1个、行政区支部2个、功能区支部3个、市直属支部12个、专门工作委员会3个，党员378人。全年发展新党员21人。

组织建设　2019年，市致公党增补凌志华为香洲支部副主委、朱健民为金湾支部副主委、杨富强为斗门区委委员。截至年底，市致公党有省人大代表1人、市人大代表3人（其中常委1人）、区人大代表4人（其中常委1人）、市政协委员11人（其中常委3人）、区政协委员13人（其中副主席1人、常委3人）。与市发展改革局、市财政局和市司法局开展多种形式的对口联系活动9次。主委吕简承多次带队走访珠海通晶塑胶制品有限公司、安雅国际月子会所、豪车时代维修有限公司、横琴海关、广东省渔政总队珠海支队等党员企业和党员工作单位，了解党员发展情况，调动党员积极性，为珠海“二次创业”贡献致公力量。组织党员参加珠海统一战线庆祝中华人民共和国成立70周年朗诵征文比赛，4人获奖；参加珠海统一战线庆祝中华人民共和国成立70周年书画摄影展，入选书画作品8幅；参加市政协庆祝中华人民共和国成立70周年和人民政协成立70周年书画摄影展，入选书画作品2幅。7月，市致公党10名党员被聘为珠海市特约人员。8月21—23日，组织香洲支部、市直支部、高新支部等20名党员赴梅州开展“不忘合作初心，继续携手前进”主题教育。9月25—27日，联合市民革、市民建在哈尔滨工业大学（深圳）举办“不忘合作初心，继续携手前进”参政议政骨干培训班，24名骨干党员参加培训。12月14日，举办市致公党成立30周年庆祝大会。

思想建设　2019年，市致公党以开展“不忘合作初心，继续携手前进”主题教育为主线，凝聚思想共识，不断巩固全党政治道路认同、奋斗目标认同和文化价值认同。印发主题教育实施方案，成立主题教育领导小组，召开主题教育动员部署会议。3月，组织骨干党员赴广州参观中国致公党中央党部旧址陈列馆和广东省反腐倡廉教育基地，弘扬致公党优良传统，加强和巩固基层组织建设，增强党派凝聚力、战斗力。

参政议政　2019年，在市政协第九届三次会议上提交提案25件，其中集体提案8件，《关于聚合本地高端资源，打造珠海特色新型智库，助力区域经济创新发展的提案》《关于依托香山文化，挖掘历史建筑活力，活化传统村落的提案》获优秀提案。在暑期座谈会上，提交《关于融入广深港澳科技走廊的几点建议》和《关于支持北师大珠海校区湾区干部培训基地建设，助力珠海城市形象提升和推动管理能力现代化的建议》。全年报送各类信息80余篇，其中《致公党珠海市委会就提升海外归国人员投资便利度提出建议》《致公党珠海市委会建议粤港澳在万山群岛共建“国际航运综合试验区”》和《致公党珠海市委会建议加快解决我市先进装备制造业企业技能型人才紧缺问题》被市委办《每日汇报》采用。4月，召开参政议政工作会议并对参政议政优秀成果进行表彰。

社会服务　2019年1月，与市妇幼保健院共同举办“义写春联、迎春送福”送春联到基层活动。5月6日，副主委杨政带队赴东莞交流社会服务工作。5月30日，开展致福“互联网＋教育扶贫”项目，助力重庆市酉阳县打赢脱贫攻坚战。5—7月，金湾支部举办“周末公益课堂”8期，内容涵盖英语、日语、历史、旅游文化等，促进青少年全面发展。

海外联谊　2019年6月，专职副主委邹镭、副主委杨政参加珠海市印尼归侨侨友会成立30周年庆祝大会。8月26日，联合发起并参与指导的“珠澳新智荟”首届珠海大学生就业实践能力特训活动在横琴·澳门青年创业谷开营，致公党广东省委会专职副主委黄小彪出席开营仪式并讲话。11月4日，承办第二届粤港澳对接“一带一路”建设论坛，为推动高水平建设“一带一路”、粤港澳大湾区出谋划策，致公党及国内外知名专家学者230人参加。11月3—6日，协办2019年海外洪门社团负责人研修班，来自全球11个国家的50名海外洪门组织负责人参加。（王 娜）

【九三学社珠海市委员会】 1992年9月18日，九三学社珠海市委员会成立。主要成员和所联系的对象是科学技术界高、中级知识分子。截至2019年底，有社员722人，其中女社员319人。社员平均年龄46.5岁，高级职称305人。

组织建设 2019年，市九三学社成立数字经济与金融专委会，调整增补参政议政工作委员会、宣传工作委员会、妇女工作委员会及文体工作委员会人员，对斗门区基层委员会进行届中调整。社市委被社中央评为“2019年度九三学社组织工作先进集体”；金湾区基层委员会、第二支社、第四支社、第九支社被社市委评为“2019年度社务工作先进集体”。

思想建设 2019年，市九三学社开展“不忘合作初心，继续携手前行”主题教育，引导全市各基层组织和广大社员加强理论武装、巩固政治共识、强化责任担当、推进自身建设，增强“四个意识”，坚定“四个自信”，做到“两个维护”，进一步夯实多党合作共同思想的政治基础。活动期间，印发学习资料多期，举办诗歌诵读会、知识竞赛以及主题征文、观影、调研、摄影讲座等活动，组织社员参加社省委、市委统战部举办的征文、朗诵、书画摄影、文体活动等，做到社员全覆盖；召开主题教育专题民主生活会，整理制定整改台账；11月，九三学社省委主委张少康、副主委王月琴一行专程赴珠海开展调研并给予肯定。召开粤港澳大湾区经济形势专题讲座，邀请九三学社原中央副主席、国家统计局原副局长贺铿主讲；与中山、深圳、江门、东莞、佛山等地联合举办新社员培训班；在汕头大学举办2019年度基层骨干培训班。

参政议政 2019年，在市“两会”期间，提交提案建议33件，内容涉及科技创新、生态文明、产业发展、文化旅游、社会民生等方面。在市政协第九届三次会议上作《紧抓港珠澳大桥通车机遇 构建珠港澳科技创新圈 促进珠海实体经济健康高质量发展》大会发言，该提案被选为重点督办提案。在暑期座谈会上，主委贺军作《关于应用生态考核体系促进珠海生态文明建设的建议》发言。市九三学社提交的《关于精准打造集约联动式创新医疗器械产业集群的建议》、主委贺军提交的《关于珠海航空产业链军民融合发展的建议》获评珠海市政协2018年度优秀提案。社员陈利浩撰写的《发挥政协优势，推进“精准商量”》被社中央采用，作为在全国政协十三届二次会议第四次全体会议上的发言。2月，全国人大常委会副委员长、九三学社中央主席武维华率调研组一行就“促进科技型民营企业高质量发展”课题在珠海开展调研，视察社员企业并召开民营科技企业工作座谈会。6月，全国人大常委会委员、九三学社中央副主席丛斌到横琴新区、珠海（国家）高新技术开发区考察，实地走访调研社员企业。推进与市生态环境局、市退役军人事务局、市信访局的对口联系工作，参加珠海市为烈属、军属和退役军人家庭悬挂光荣牌启动仪式及清明祭扫活动等，赴市生态环境局开展课题调研，在市信访局举办九三专家讲坛。履行民主监督职责，10名社员受聘为珠海市新一届特约人员，分别担任市检察院、市审计局、市税务局等单位特约监督员，社市委秘书长受聘为市监察委第一届特约监察员。

2019年2月19日，全国人大常委会副委员长、九三学社中央主席武维华（前排左二）到远光软件股份有限公司调研 （市九三学社供稿）

社会服务 2019年，市九三学社以胃肠保健、垃圾分类、口腔保健为主题举办“九三专家讲坛”3期。赴斗门区莲洲镇、白蕉镇卫生院开展“同心医疗基层行”活动。开展教育帮扶，参与珠海对口帮扶怒江工作，社员张平均为九三王选关怀基金会捐款100万元，用于怒江易地扶贫搬迁点社区居委会和学校图书室建设；市九三学社专职副主委陈滨带队赴云南省怒江州开展扶贫调研，为九三学社爱心书屋揭牌。鼓励基层组织多层次开展社会服务，百分关爱基金、久馨志愿陪读项目、阳光励志助学基金、公益太极班、关爱新疆学子等项目持续开展活动，取得积极社会反响。（杨 帆）

【台湾民主自治同盟珠海市支部委员会】 2003年11月5日，台湾民主自治同盟珠海市支部委员会成立。2006年增补副主委1人、委员1人。2011年10月，举行第二次全体盟员大会。2016

年8月，举行第三次全体盟员大会。主要成员和所联系的对象是居住在大陆的台湾人士。截至2019年底，有盟员34人。全年新发展盟员2人。

组织建设　2019年，市台盟以纪念《告台湾同胞书》发表40周年为契机，学习贯彻习近平总书记重要讲话精神，开展“不忘合作初心，继续携手前进”主题教育。4月，台盟广东省委主委张嘉极带队到珠海调研支部领导班子建设情况，拜访市委统战部部长郭才武。12月，市台盟向盟中央上报支部组织建设情况。

参政议政　2019年，市台盟参加省、市级各种协商会、座谈会、情况通报会、电视电话会议以及学习调研活动40次。全年向市级政协、人大以及区级政协提交提案议案13件，其中市政协委员、市台盟副主委方芳提交的《让校内课后服务“更上一层楼”》在《珠海特区报》刊发；向盟中央、盟省委提交提案2件，其中《落实惠台措施进一步推动粤台科技交流与合作》由主委容锦代表盟省委在第十二届省政协二次大会上发言；参与盟中央《加大白色污染防治力》、盟省委《依托港珠澳大桥，构建粤港澳大湾区一体化物流体系》等课题研究；与新的对口联系单位市城市管理综合执法局、市农村农业局等加强交流合作；新聘特约人员3人。

对台工作　2019年，市台盟加强与市、区台商协会互动。接待江门南方教育装备创新产业城台湾教育新创中心到珠海开展交流活动；参加台农陈仲信举办的教师晚宴并带去精彩节目；邀请在珠女台商和台湾女教师参加三八节踏青活动；赴江门市新会区开展“不忘合作初心，继续携手前进”主题教育暨中秋联谊活动。通过多种渠道帮助化解在珠高校台湾教师与高校之间的矛盾。协助并参与盟省委在珠海举办的2019年台湾企业界人士国情研习班。协助盟中央开展惠台政策落实情况课题调研。

盟务工作　2019年，组织盟员参加市委统战部举办的“同心大讲堂”。配合市委统战部开展与市各民主党派、工商联和知联会的工作协调会。参加市委统战部举办的庆祝中华人民共和国成立70周年朗诵比赛、书画摄影展和征文活动，《脚踏实地做好对台工作　为实现祖国统一而努力》获征文活动一等奖。5月，台盟中央主席苏辉走访盟省委机关，与盟员代表和机关干部座谈，主委容锦代表珠海台盟发言。协助海南、陕西台盟到珠海调研。邀请暨南大学珠海校区粤港澳台四地青年学生代表，在五星红旗下向祖国进行深情表白。

社会服务　2019年4月，发动盟员向云南省文山州丘北县龙楼村贫困户朱文明捐款1600元。在“6·30”广东扶贫济困日，发动盟员捐款4300元。7月，在斗门区莲江村参加由市妇联主办的“点亮乡村孩子阅读一盏灯”捐建亲子阅读基地活动。10月，参加珠海台青会发起的净滩活动，并给予2000余元经费支持。　（邹佳平）

2019年1月28日，市台盟主委容锦（中）在广州参加政协第十二届广东省委员会第二次会议期间，接受珠海媒体采访　（市台盟供稿）

【珠海市工商业联合会】　截至2019年底，珠海市工商业联合会、珠海市总商会有县级工商联6个（香洲区工商联、金湾区工商联、斗门区工商联、横琴新区工商联、高栏港新区工商联、高新区工商联），直属社团78个，会员1.12万人。

参政议政　2019年，市工商联对横琴、香洲、金湾、斗门、高栏港及高新区100余家民营企业开展调研，召开座谈会6场，发放调查问卷300余份。结合年度工作部署和“不忘初心、牢记使命”主题教育，向市委、市政府和各职能部门建言献策，提交《关于民营企业防范化解经济领域重大风险调研》《关于高标准推进我市非公领域党群服务中心建设调研》《党建引领科技创新助推珠海“二次创业”——关于加强科技创新型企业党建工作的几点思考》《关于市工商联直属商会党建情况调研报告》《加强珠澳商会合作，打造珠澳合作新极点》调研报告。9月，在暑期座谈会上作《关于助力惠企政策落实落地的对策建议》发言，就落实落细中央、省、市促进民营经济高质量发展各项优惠政策措施，结合珠海民营企业发展的具体情况提出意见和建议，支持民营经济发展壮大，增强民营企业获得感。

非公有制经济管理　2019年，市工商联增补执委班子成员35人，免4人。截至年底，有执委班子成员206人，新发展会员446人。香洲区企业家协会、金湾区红旗镇商会、斗门区科技创新协会3个直属社团被评为广东省“四好商会”（班子建设好、团结教育好、服务

2019 年 12 月 26 日，珠海市总商会召开会员代表大会。图为代表合影

（市工商联供稿）

发展好、自律规范好）；金湾区红旗镇商会被全国工商联评为“四好商会”，是市工商联成立以来获得的最高奖项。市工商联直属商会综合党委加强基层党组织建设，全年新组建党支部 11 个，发展党员 15 人，党委所属党组织 42 个（其中党委 4 个、独立党支部 35 个、联合党支部 1 个、功能性党支部 2 个）、党员 225 人。

社会服务　2019 年，市工商联引导直属商会及会员企业参与精准扶贫、光彩事业和公益事业，履行社会责任。在“6·30”广东扶贫济困日，筹集捐款 460 万元；发动会员企业“以购代捐”购买西藏米林土特产，开展省外对口帮扶工作；4 月 19—27 日，在市委党校举办云南省怒江州工商联系统领导干部培训班；11 月 12 日，10 家直属商会与怒江州 10 个贫困村签订合作协议，加大对怒江帮扶力度。市工商联驻茂名化州市林尘镇六马岭村扶贫工作获 2016—2018 年单位及个人省优秀奖。

教育培训　2019 年，市工商联围绕“强化思想政治引领、坚定企业发展信心”，开展青年企业家理想信念教育实践活动。组织机关干部和非公经济人士观看《守边人》《照相师》《港珠澳大桥》《我和我的祖国》等弘扬爱国主义和特区改革开放精神的影片；8 月，组织 93 名民营企业家赴延安开展“走进革命圣地，传承延安精神”理想信念教育活动，对新生代企业家进行革命传统教育；8 月 18—23 日，组织 42 名市“两新”组织党组织书记、党务工作者赴上海复旦大学参加珠海市新兴领域党建专题研修班，开展“两新”组织党组织书记全员轮训以及党务工作者业务培训，教育引导党员主动学习发达地区先进经验，拓宽工作思路，创新方式方法；11 月 25—29 日，在中山大学举办珠海市民营企业家创新发展研修班，围绕创新发展主题，引导民营企业家加强学习、自我提升，培养和造就一支有理想信念、战略眼光和全局意识的非公有制经济人士代表队伍。（程淑芹）

群团组织

珠海市总工会

【概况】　1956 年 4 月，珠海县地方工会成立。1980 年 2 月，珠海市总工会成立。2019 年，市总工会内设办公室、组织部、宣传教育和网络工作部、维权和职工服务部、经济工作部、财务与资产管理部、经费审查委员会办公室 7 个工作职能部门和女职工工作委员会（设在经济工作部），下辖珠海市工人文化宫。截至年底，有基层工会 1.17 万家，工会会员 70.02 万人。

【工会组织建设】　2019 年，珠海市总工会着力夯实基层基础，打通联系服务职工的“最后一公里”。巩固百人以上企业建会成效，推进 25 人以上企业和已缴纳工会经费筹备金企业建会。推动快递、家政等新业态领域工会组建，推进德昌顺物流园工会联合会货车司机之家建设。新建重点工程项目工会 2 家，新建（筹建）机关单位工会 8 家，完成换届、补选 17 家。做好省工会第十四次代表大会代表候选人初步人选和委员候选人预备人选工作。

【职工合法权益维护】　2019 年，珠海市总工会依托职工服务中心，受理职工群众来信来访 3510 件，涉及职工 1.24 万人；提供法律援助 80 件，涉及职工 175 人，为职工挽回经济损失 183 万元。强化律师团工作，聘请 59 名律师担任 118 家企业工会法律顾问，开展普法讲座和法律咨询 38 场，发放法律书籍 4800 余册；协助调处重大劳资纠纷 3 件，涉及职工近 600 人。

【劳动关系协调】　2019 年，珠海市总工会落实市委防范重大风险部署，制定防范化解劳动关系重大风险专项方案，建立“每月一报”制度，全面排查劳动关系领域存在的风险隐患，参与解决伟创力与华为终止合作引起的职工遣散问题。健全工会维权维稳快速处置机制，协助妥善处置职工群体性事件，第一时间参与劳资纠纷调处。全年参与处置劳资纠纷 105 件、涉及职工 3814 人，其中 30 人以上群体性事件 21 件、涉及职工 3449 人。

【劳动竞赛和劳模管理服务】　2019 年，珠海市总工会围绕粤港澳大湾区建设、横琴自贸区发展等国家重大战略、重大项目和重大工程，开展引领性劳动和技能竞赛 40 场，调动职工积极性、主动性和创造性。推荐全国五一劳动奖章 1 人、全国五一劳动奖状 1 个、全国工人先锋号 1 个、广东省五一劳动奖章 8 人、广东省五一劳动奖状 10 个。举办庆祝五一暨劳模代表座谈会，市委主要领导出席，倾听并解决劳模代表意见建议。弘扬劳模精神、劳动精神、工匠精神，全年新建劳模创新工作室 17 家，组织劳模工匠宣讲团走进企业宣讲 8 次。做

2019年6月12日，怒江州劳务人员珠海服务站揭牌仪式在市工会大厦举行（市总工会供稿）

好劳模疗休养、健康体检、困难帮扶、学习深造、落实待遇等工作。采取线上+线下方式，利用报纸、杂志、广播、电视、宣传栏和微信公众号等媒体网络宣传劳模事迹，开展劳模“六进”（进工厂、进企业、进园区、进学校、进机关、进社区）活动，弘扬劳模精神。

【困难职工帮扶】 2019年，珠海市总工会加强困难职工帮扶和脱贫攻坚工作。加大资金投入，提高帮扶标准和频次，常态化开展“春送岗位、夏送清凉、秋送助学、冬送温暖”活动。开展元旦、春节送温暖，五一、中秋、国庆慰问，大病、临时生活救助，金秋助学和互助保障赠送等帮扶活动，面向异地务工人员等开展子女助学、暑期团圆、亲子夏令营等关爱活动，投入资金654.06万元，惠及职工7191人次。

【职工服务】 2019年，珠海市总工会以职工需求为导向提高服务职工水平。开展文体活动和普惠性服务活动，重点做好庆祝中华人民共和国成立70周年和澳门回归祖国20周年文化节系列活动。举办珠澳职工文化节系列活动、珠澳职工集体婚礼等活动，打造工会品牌项目；举办全市庆祝中华人民共和国成立70周年工友大家乐主题活动58场，演出节目约600个，参演职工约3000人次，吸引近4万名职工观看；开展“情系职工”慰问演出30场，放映电影29场，惠及职工近3万人次；开展迎新春送春联活动10场，举办珠海、中山、江门、澳门四地书画联展；开展“两癌”（乳腺癌和宫颈癌）普查，真情服务女职工。开展书画类、生活类、语言类、技能类等职工技能培训，培训职工1.4万人次；开展产业工人学习和技能培训，为175人提供补贴。强化工会志愿服务活动，组织志愿者开展工伤探视、基层义诊义剪、春运“工会志愿者，温暖回家路”志愿服务，以及健康徒步行等志愿者活动14场，服务职工近万人。加大对口帮扶力度，为云南省怒江州劳务人员珠海服务站的设立提供场地。

【工会阵地建设】 2019年，珠海市总工会加强工会服务职工阵地建设。启动市工人文化宫项目建设，获市政府常务会议通过。制定工友驿站管理制度，推动驿站规范化、制度化和标准化建设。继续开展“三个一批”［建设一批社区（村）、工业园区工会联合会，建设一批社会化工会工作者队伍，建设一批会、站、家一体化职工服务中心］创建活动，推动珠海清华科技园成为“三个一批”建设示范点。

【珠港澳工会交流活动】 2019年，珠海市总工会推动珠港澳工会和职工的交往、交流和交融，接待香港、澳门工会职工27批近千人次。与澳门工会联合总会签订《珠澳工会合作协议》，就加强工会工作者培训交流、组建珠澳工会律师志愿服务队、弘扬劳模精神与工匠精神、加强两地职工文化建设等开展合作，为粤港澳大湾区工会深度合作交流提供示范。

【五一“心连心”特别节目录制】 2019年，珠海市总工会协助中华全国总工会和中央广播电视总台，在珠海举办五一国际劳动节主题党日活动，完成“中国梦·劳动美”2019五一“心连心”特别节目珠海会场录制工作，为庆祝中华人

2019年4月23日，珠海市总工会与澳门工会联合总会在澳门签订《珠澳工会合作协议》（市总工会供稿）

民共和国成立70周年营造良好氛围。

（许建东）

中国共产主义青年团珠海市委员会

【概况】 1953年5月1日，珠海县成立中国新民主主义青年团珠海县工作委员会，1955年5月改称“中国新民主主义青年团珠海县委员会”，1957年5月改称“中国共产主义青年团珠海县委员会”（简称共青团珠海县委员会）。1959年春，珠海并入中山县，共青团珠海县委员会改称“共青团中山县委珠海工委”，隶属共青团中山县委领导。1961年春，共青团珠海县委员会恢复。1979年3月，珠海建市，共青团珠海县委员会改称“共青团珠海市委员会”。1980年10月，共青团珠海市第一次代表大会在香洲召开。2019年，团市委内设5部1室，分别是办公室、组织部、宣传与统战联络部、青年发展部、权益与社会工作部、学校与少年部（少先队珠海市工作委员会办公室），下辖珠海市青少年妇女儿童活动中心。截至2019年底，全市有直属行政区团委3个，功能区团委（团工委）5个，其他直属及垂直管理单位联系团委（团工委）50个，高校团委（团工委）7个；团干部1.25万人，其中专职团干部132人；团员16.66万人，少先队员17.2万人，少先队大队辅导员168人。2019年，全市共青团组织获评全国五四红旗团支部1个、全国优秀团干部1人，广东省五四红旗团委2个、广东省五四红旗团支部9个、广东省优秀共青团干部9人、广东省百佳团支部书记2人、广东省优秀共青团员31人。团市委获评“广东省2016—2018年脱贫攻坚突出贡献集体”。

【从严治团】 2019年，共青团珠海市委对标从严治党，全面从严治团，夯实共青团基层基础，基层团组织工作活力和有效覆盖率提升。

团系统党的领导和党的建设 开展“不忘初心、牢记使命”主题教育，推进省委第九巡视组巡视反馈意见整改落实工作，开展模范机关创建活动。落实学习习近平新时代中国特色社会主义思想“第一议题”制度；开展“全体党员讲微党课”活动，提升党员学习教育实效；为机关全体党员过“政治生日”，强化党员政治身份认同。落实团市委党的基层组织建设三年行动计划（2018—2019年），推进党组织标准化规范化建设，实现全面达标。

团组织和团干部管理 推进“区域化建团”，科学调整设置基层团组织，扩大团组织有效覆盖面。开展高校团（学）干部基层团建行动，建立以“镇（街）基层团干＋高校团（学）干部”为主体的团建指导小组，主动上门为“两新”组织提供建团服务。强化学校共青团、学联学生会组织和少先队改革，成立珠海共青团学校工作领导小组，印发《珠海市学校团、队工作联席会议制度》，优化团教协作模式。召开珠海市学生联合会八届二次全委会，选举产生新一任主席单位及学联副秘书长。抓好团支部书记培训全覆盖，开展团干部培训班20期，培训团干部近2000人次。完善“专挂兼”团干队伍，从全市机关、企事业单位选拔9名优秀青年人才到团市委挂职，打造开放兼容的共青团组织人才选拔、培养和使用流转体系。

团员发展和管理 从严管好团员队伍，合理控制团员发展规模，调节团员队伍结构。推进整治软弱涣散基层团组织“命脉工程”，引导全市8007个团组织、1.25万名团干部、16.66万名团员完成在线报到，初步实现网上共青团功能。加强中学团校建设和入团志愿书管理，全市中学、中职学校100%建设团校，并把参加团校培训作为发展团员的必经环节。

【青少年思想政治引领】 2019年，共青团珠海市委开展“青年大学习”行动和“青年讲师团”计划，组织基层宣讲450场次，覆盖约20万人次；组织专题调研40次，形成报告18份；推出原创文化产品90个。举办第十三届珠海大学生文化艺术节和第三届红领巾文化节。开展“我和我的祖国”“逐梦大湾区·奋进新时代”“红领巾与祖国共成长”“青春心向党·建功新时代”等主题教育实践活动1000余场，覆盖青少年28万人次。开展寻找“珠海好青年”和“青年文明号”创建活动，引领青年岗位建功。实施宣传思想产品化战略，构筑全媒体宣教矩阵，“珠海青年”微信公众号、微博等平台综合影响力位居全省团系统前列。加强青年网络舆情引导，凝聚网络文明志愿者，营造清朗网络空间。

【青年创新创业】 2019年，共青团珠海市委开展“展翅计划”大学生就业创业能力提升行动，开发岗位3790个；实施“千校万岗”建档立卡贫困家庭学生就业精准帮扶行动，发动48家优质企业，开发就业岗位709个。助力乡村振兴，培训“领头雁”农村青年人才逾350人次，建设“青年实践基地”5个，常态化开展基层公益活动140场、覆盖近5万人次，推送14个农业农村类别创业项目参加省级“创青春”大赛。推进粤港澳大湾区香港（澳门）青年实习计划2019珠海实习活动和2019澳门大学生暑期横琴实习计划，组织150名港澳大学生到珠海党政机关、大型国企、金融机构、优秀民企开展实习，举办珠港澳青年职业发展主题对话暨港澳大学生珠海实习活动分享会。举办“我和我的祖国”2019珠澳两地青年企业家创新创业主题交流会、珠海“菁创学院”毕业学员创业分享会、珠港澳青年菁英创业集训营等活动。推动珠澳两地青年企业家协会签订《友好合作框架协议》，加强两地青年企业家合作发展。

【志愿服务】 截至2019年底，珠海市有注册志愿者34万人，志愿者组织2530个；人均服务时数16.23小时，总考勤时数553万小时；志愿服务项目4.74万个。2019年，团市委推动志愿服务成为营造共建共治共享社会治理格局的重要力量，打通市、区、镇三级服务阵地网络。组织志愿者4042人，服务珠海市庆祝中华人民共和国成立70周年焰火晚会、珠海WTA超级精英赛、第六届中国国际马戏节等13项大型活动，志愿服务总时长7.2万小时。开展珠海市学雷锋全民志愿服务行动月、珠海“益

2019年3月31日，第七届珠海全城志愿缤纷汇在华发商都广场举行
（团市委供稿）

苗计划”优秀公益项目评选等活动。举办“第七届珠海全城志愿缤纷汇”，吸引88个公益组织、1.5万名市民参与活动。推进“保护母亲河　争当‘河小青’”活动，发动2277名志愿者参与前山河、天沐河等河道环境整治。11月，珠澳两地青年志愿者协会签订《珠澳青年志愿者协会缔结战略合作伙伴关系合作协议》，推动珠澳两地青年志愿者合作发展。

【社会治理参与】 2019年，共青团珠海市委依托“阳光之家”“青年之家”等27个阵地，凝聚青少年事务社会工作者502人，构建覆盖社区、园区、学校、监所的服务体系，为基层青少年群体提供常态化、普惠性社会公益服务，维护青少年合法权益。“12355”服务热线处理心理咨询、法律维权等个案50余件。“阳光行动”在押青少年帮教计划挽救失足青少年70余人。开展“圆梦计划”新生代产业工人能力提升工程，惠及一线务工青年320人。开展“第九届希望工程南粤会亲——珠海会亲”“捐赠爱心压岁钱”“福彩夏令营”“福彩育苗计划”等公益活动，帮扶异地务工人员子女、留守少年儿童和重点青少年1万余人次。助力脱贫攻坚，投入资金60余万元，带动茂名市对口帮扶村脱贫增收，推动41家企业与对口帮扶村建立结对帮扶关系，全村88户240人实现脱贫。

【珠港澳青年交流合作】 2019年，共青团珠海市委落实《粤港澳大湾区发展规划纲要》，制订《珠海共青团落实市委关于服务澳门经济适度多元发展、推进粤港澳大湾区澳珠极点建设工作部署的实施方案》，推进“青年同心圆计划”，牵头举办珠澳学生庆祝澳门回归祖国20周年文艺晚会、“逐梦大湾区·珠澳正青春”主题快闪活动、庆祝澳门回归祖国20周年纪念石揭幕仪式等庆祝澳门回归重点活动，开展珠港澳青年“五四”成人礼、珠港澳青少年交流音乐会、“湾区青年荟”、珠港澳大学生先锋交流营、珠澳青年企业家创新创业交流会等活动，建设“大湾区青年家园”和设立“珠港澳青年汇”微信公众平台，建设首批珠港澳青少年国情体验基地8个，全方位促进珠港澳青年交心交融。

【珠澳青年庆祝澳门回归祖国20周年系列活动】 2019年，共青团珠海市委、市青联联合澳门青联等珠澳两地青年组织，以弘扬主旋律、传播正能量为总要求，举办系列活动庆祝澳门回归祖国20周年，引导珠澳青年交往交流、交心交融。

珠澳学生庆祝澳门回归祖国20周年文艺晚会　12月8日在珠海大剧院举行。活动由中央驻澳门联络办公室、广东省政府、中华全国学生联合会指导，珠海市政府、省青联主办，珠海市青联、市教育局、市学联承办。晚会以“逐梦大湾区·奋进新时代”为主题，分“珠澳正青春”“魅力大湾区”“奋进新时代”3个篇章，融合舞蹈、合唱、武术、朗诵、传统器乐演奏等多种表演形式，通过演绎《我和我的祖国》《共同家园》《点赞新时代》等广为流传的经典音乐作品，以及《莲成一家》《战魂》《诗词功夫》等澳门原创艺术作品，表达对澳门回归祖国20周年的美好祝福。珠澳两地学生1000余人参与演出，现场观众1200余人。

庆祝澳门回归祖国20周年系列快闪活动　2019年11月30日至12月15日，在珠海和澳门多个标志性地点举行。活动由珠海市青联、澳门青联等主办，以“逐梦大湾区·珠澳正青春”为主题，采取歌曲串烧、合唱、传统乐器演奏、街舞等多种表演形式进行主题快闪。珠澳两地约800名青年齐聚珠海新横琴口岸广场、港珠澳大桥珠海公路口岸、澳门金莲花广场等地，共同表演《七子之歌——澳门》《我和我的祖国》《共同家园》《红旗飘飘》等歌曲，携手展开国旗和澳门特别行政区区旗，摆出“20”字样等造型，共庆澳门回归祖国20周年。截至年底，各新媒体平台视频点击量达600万次。

庆祝澳门回归祖国20周年纪念石揭幕仪式　12月7日在珠海市澳门回归纪念公园举行，珠澳两地青年代表约100人参加揭幕仪式。纪念石由珠海市青联、澳门青联共同制作，镌刻“珠澳齐画同心圆　青年共筑中国梦”等文字，作为两地青年友谊长存的象征、新时代继续携手筑梦前行的见证。同日，珠澳两地青联组织共同发布澳门回归祖国20周年纪念石揭幕仪式纪念封，两地青年代表现场投出“给20年后自己的一封信”。

“湾区新青年·奋斗新时代”——2019“湾区青年说”励志演说大赛　9月28日启动。活动由广东省青联、团

2019 年 12 月 7 日，庆祝澳门回归祖国 20 周年纪念石揭幕仪式在珠海市澳门回归纪念公园举行（梅 曦 摄）

市委、市台港澳事务局指导，共青团珠海市香洲区委、市青联、广东永晖文化投资有限公司联合主办，30 余个粤港澳大湾区城市青年社团参与。活动以“湾区新青年·奋斗新时代”为主题，参赛者可从社会实践、青春梦想、社会价值观等角度进行 TED（科技、娱乐、设计）式演说，展现新时代粤港澳大湾区青年与祖国共奋进、与湾区同发展的坚定信念和青春风采。12 月 9 日，大赛总决赛在珠海大剧院举行。

【2019 寻找“珠海好青年”主题活动】 2019 年 3—5 月举行，由共青团珠海市委、市委网信办、市文明办、市青联联合举办。活动以“青春心向党·建功新时代”为主题，分爱岗敬业、创新创业、勤学上进、扶贫助困、诚实守信、孝老爱亲、网络文明 7 个类别。最终，航空工业通飞珠海基地研发中心结构部部长刘木君等 15 人获评“珠海好青年”，市消防支队特勤大队平沙中队中队长助理江海汛等 15 人获“珠海好青年”提名。（蔡秋园）

珠海市妇女联合会

【概况】 珠海市妇女联合会成立于 1979 年 4 月，是中共珠海市委领导下的全市各界妇女的群众团体组织。基本职能是代表和维护妇女权益，促进男女平等。内设办公室、组织联络部、宣传发展部、权益部、家庭儿童工作部和市妇女儿童工作委员会办公室 6 个部（室）。截至 2019 年底，全市有区级妇联 8 个（行政区 3 个、功能区 5 个）、镇（街）妇联 22 个、社区妇联 196 个、村妇联 122 个、村（社区）妇女之家 318 个。

【妇女组织建设】 2019 年，珠海市妇联加强基层妇联组织建设。对华发商都、果然花集、高新区食品药械安全协会、女企业家协会、城市职业技术学院、数理化学会等“四新”（新领域、新业态、新阶层、新群体）领域进行调研，指导成立富华里商圈妇联、女企业家协会妇委会、高新区食品药械安全协会“妇女之家”、城市职业技术学院“女声之家”等妇女组织。截至年底，全市有“四新”领域妇女组织（妇女之家）49 个。开展“基层妇联领头雁培训计划”，培训区妇联主席、副主席 15 人，培训镇（街）、村（社区）妇联组织成员 1693 人。9 月 27 日，召开市妇联八届五次执委会议，选举产生广东省妇女第十三次代表大会代表 16 人、执委 3 人。

【妇女创就业服务】 2019 年，珠海市妇联开展妇女创业创新巾帼行动，三八妇女节期间，举办“春风送岗”三八专场招聘会 8 场，服务妇女 2.85 万人次。挖掘和培育妇女创新项目，“中国陶瓷的轻奢现代创作与区块链产业平台”获 2019 中国妇女手工创业创新大赛铜奖。在横琴保税区创办“珠海妇女创新创业孵化基地”，引入全国和省级妇女双创大赛优胜项目，以及由中组部专家、归国女留学生、港澳创业女性等牵头的文化创意、智能制造研发、区块链平台等项目。启动“创享 e 家·城乡互助”妇女双创项目，发掘和发现乡村妇女带头人，培育农村女电商、传统美食等妇女组织，推动农产品进城。打造美丽庭院，在斗门区莲江村、南门村举办“美丽庭院我创建”培训班，引导广大农村妇女主动参与人居环境整治行动，打造“乡村振兴巾帼行动”先行点特色名片。推进“妇女创业小额担保贷款贴息项目”，将巾帼创业小额贷款工作与妇女创业发展相结合，助推农村妇女创业发展，全

2019 年 8 月 23 日，珠海市香洲区富华里成立全市首家商圈妇联（市妇联供稿）

2019年11月8日，“巾帼创新业 建功新时代——‘建行杯’中国妇女手工创业创新大赛颁奖仪式”在武汉市举行，珠海市选送的“中国陶瓷的轻奢现代创作与区块链产业平台”获总决赛创意组铜奖。图为颁奖仪式现场 （市妇联供稿）

年为88名妇女发放贷款901.9万元。

【网络宣传平台建设】 2019年，珠海市妇联开展群众宣传教育活动。在全市443个村（居）以及新经济新社会组织等妇女之家开展“巾帼心向党，礼赞新中国”活动660场，通过“唱、讲、写、献”等宣讲活动，引导妇女学习习近平新时代中国特色社会主义思想、中国妇女十二大精神等，参与群众3.3万人次；制作庆祝中华人民共和国成立70周年MV（音乐录影带）作品《今天是你的生日》，被省委宣传部推荐至“学习强国”学习平台，并获全国妇联“中国妇女十二大专题学习竞赛优秀组织奖”。打造网络新媒体矩阵。组建由10个网络新媒体平台构成的宣传矩阵，打造“网上妇联”，年内阅读量超3000万次，获评“2019年度全国妇联系统优秀官方微博”。

【妇女普法维权】 2019年，珠海市妇联参与社会治理工作。创新推广“三三工作法”（“三及时”指及时知晓、及时介入、及时化解，“三事”指事先预防、事中调解、事后跟踪），搭建3个“1+N”（“1”代表妇联，“N”代表社会机构、社会组织、社会力量，即妇联组织、引导、整合社会力量参与妇女维权）婚调维权工作队伍，编撰《珠海市婚姻家庭纠纷调解服务指南》和《珠海市婚调委案例汇编》，在全省推广；增加“12338”热线拨打联选服务，为广大妇女群众提供多元化婚姻家事咨询、调解和维权等服务，全年接待调解186件，成功调解175件。服务妇女维权。依托广东省维权与信息服务站（珠海站）信访维权服务窗口，利用“12338”妇女热线，全天候为妇女群众提供法律咨询、维权指导和心理咨询等服务，全年接待来访来电来信网询1076件，办理个案30件；开展小组活动4个，121人次参与；联合全市22个外展点开展外展服务613场，服务群众4.6万人次，其中座谈会133场、宣传教育课227场、户外宣传253次；举办单亲妈妈活动16场，服务妇女群众307人次；举办外展服务508场，服务3.69万人次。创新普法宣传模式。利用新媒体“短、平、快、广”宣传优势，每月8日和18日晚8点，以“法律维权”为主线，融入心理调适、亲子教育、婚恋情感等内容开讲；每月28号开展线下活动，普及与妇女儿童相关的安全、健康、法律、教育等知识。全年“学·知行”微课堂开展线上普法24场、线下安全活动12场，惠及妇女群众2.1万人。参加粤港澳大湾区妇女发展论坛，与澳门妇联达成“家事调解”合作协议，以“澳门所需、珠海所能”为基点，对接婚姻纠纷调解领域合作事项。

【家庭文明建设】 2019年，珠海市妇联与市纪委监委、市文明办共同打造“德行珠海·亲子讲堂”家庭教育品牌项目，开展家庭教育公益讲座49场，在纸媒刊发专版报道49篇。举办第五届幸福“家”年华系列活动，紧扣新时代家庭文明建设主题，创新设立“家风正”“家书香”“家教优”“家庭美”四大板块，举办活动88场。建设“儿童之家”，年内建成320个。举办第四届“幸福·她”珠海妇女儿童家庭创新公益项目大赛，入选项目26个，有4个镇（街）、21个村（社区）、1个新领域妇女之家参与申报，覆盖社会组织21个。

【困难家庭帮扶】 2019年，珠海市妇联实施农村妇女“两癌”免费检查，市、区两级投入资金349.98万元，惠及妇女1.13万人。实施“两癌”困难妇女关爱帮扶项目，聚焦金湾区“两癌”困难妇女和家庭，提供个性化服务，开展入户探访、电话探询245次，举办公益讲堂、义诊、节日慰问、微笑阳光关爱等活动14场。

【妇女交流合作】 2019年，珠海市妇联首次接待柬埔寨妇女代表团和太平洋岛国妇女团。5月30—31日，柬埔寨妇女事务部部长英·甘塔帕薇率柬埔寨妇女代表团一行9人访问珠海；7月3日，太平洋岛国妇女工作考察团一行20余人到珠海考察农村妇女发展项目——斗门区十亿人社区农业科技有限公司。7月29日，市妇联主席玄阳率珠海企业界优秀女性代表8人赴香港参加首届巾帼建新力论坛，来自世界各地女性领袖400余人出席活动。

【珠海（横琴）妇女创新创业孵化基地成立】 2019年3月22日，由珠海市妇联、横琴新区妇联共同创建的珠海（横琴）妇女创新创业孵化基地成立。该基地旨在助力2018年首届粤港澳大湾区妇女创新创业大赛优胜项目在珠海落地发展，吸引更多澳门女性在横琴创业，搭建琴澳经济社会发展平台，推动粤港澳大湾区建设。基地引入人才为全国、省级妇女双创大赛优胜者和中组部专家、归国女留学生、港澳创业女性等，涵盖文化创意、智能制造研发、区块链平台、女性保健食品研销、珠澳两地发展政策研究等8个板块。截至年底，全国妇女手工创业创新大赛铜奖得主琚翠薇创办的广东迦和区块链科技有限公司、香港投资企业珠海市孝士康科技有限公司等7家企业获批入驻，注册资本近5000万元。（翟丹丹）

珠海市科学技术协会

【概况】 珠海市科学技术协会成立于1978年11月，是中共珠海市委领导下的人民团体。2019年，市科协内设办公室、科普部、学会部，下辖行政区科协3个、功能区科协1个、团体会员（市级学会）51个、企业（园区）科协8个、高校科协2个。年内成立园区科协、企业科协、企业学会、“广东省院士专家企业工作站”“海智工作站”各2个，新吸纳团体会员3个，新建科技服务站6个。

2019年5月，在广东省公民科学素质抽样调查中，珠海市公民具备基本科学素质比例为12.5%，高于全省2020年平均10.5%的目标值。6月14日，出台《珠海市高端学术交流资助办法（试行）》，并配套实施细则，对促进珠海产业发展、服务粤港澳大湾区国际科技创新中心建设和珠港澳科技交流合作，服务珠海引才引智引项目，促进科技创新、科技成果转化等方面的高端学术活动给予资助。10—11月，围绕“改革开放创新引领——科技创新助力粤港澳大湾区”主题，举办第十七届珠海市科协学术月活动，设立主会场1个、分会场140个，举办各类专题学术报告320余场，参与人数2.4万人次。承办2019年广东省院士专家（企业）工作站示范交流活动暨第107期广东院士讲坛。组建市、区、镇(街)科技志愿服务队伍22支。

【粤港澳大湾区科技交流】 2019年，珠海市科协制订《市科协贯彻落实〈粤港澳大湾区发展规划纲要〉工作方案》，加强与港澳科技团体联络、交流和互访，探讨交流合作新模式。参与粤港澳大湾区科技协同创新联盟，与澳门科协牵头筹备成立珠江西岸科技创新联盟。特聘部分港澳科技专家为科协特聘委员，组织港澳珠青年创业“直通车”活动，启动并组织珠澳青少年科普游活动4期，举办港珠澳青少年机器人横琴邀请赛、珠澳青少年科技交流邀请赛。配合中国科协在珠海开展粤港澳大湾区国际科技创新中心建设调研，邀请30余名港澳科技专家到珠海开展科技志愿服务活动，邀请香港建造界人士大湾区国情研习团、港澳护理界人士到珠海考察交流，组织科协委员、科技团体负责人80余人赴澳门参加“中国科技峰会”。协助中国科协在澳门举办第三十四届全国青少年科技创新大赛。鼓励和支持所属学会加强与港澳对口学会交流。

2019年9月28日，珠海市科协举办“庆国庆、迎回归、同心同行”珠澳青少年科普游活动 （市科协供稿）

【技术创新方法培训与推广】 2019年，珠海市科协加强企业技术创新方法培训与推广。投入资金20余万元，在高新区、金湾区、斗门区工业园区举办技术创新方法培训班6期，80余家科技企业500余名研发人员参加培训。承办2019年中国创新方法大赛广东区域赛，省内企业及高校86个项目参赛，珠海选手获一等奖8项，其中5个项目代表广东参加全国赛，并获一等奖1项、二等奖2项、优胜奖2项。

【创新创业活动周】 2019年6月，珠海市科协围绕“汇聚双创活力，澎湃发展动力”主题，以“激发双创活力，推动二次创业”为核心，推出“创客驿站开放日”“知识产权保护讲座”“海智人才面对面”“珠港澳创业直通车”“创新企业技术创新方法培训班”“第二届中国创新方法大赛暨珠海市第二届创新方法大赛培训推广活动”等创新创业活动6场，参与活动2000余人。

【创想梦主题活动】 2019年，珠海市科协围绕科技热点和前沿，举办创想梦主题活动2期。第1期于5月23日在南方软件园举行，以“科技赋能新时代——5G与人工智能”为主题，来自中国信息通信研究院南方分院、中兴通讯股份有限公司等多名行业专家，围绕5G终端发展趋势、5G时代数字生活、5G垂直行业应用和跨产业协同、移动安全及5G远程手术案例等内容进行研讨和分享，吸引珠海科技工作者200余人参加。第2期于11月19日在2000年大酒店举行，围绕“智慧医疗”主题，聚焦大数据、智慧医院建设与物联网技术应用、智慧健康、医疗人工智能等产业最新进展，分享最前沿的商业模式和技术应用，探讨智慧医疗产业机遇，来自珠海相关行业科研团队及科技工作者100余人参加活动。

【重点人群科普】 2019年，珠海市科协推动青少年科学素质教育。3月10—15日，举办2019年“大手拉小手——科普报告希望行”活动，邀请中科院老科学家以及国际地磁与高空物理联合会中国委员会副主席徐文耀等9名专家学者，为全市50余所学校和驻珠、驻澳部队作科普报告60余场，受众3万余人。开展科普大篷车进学校、进社区活动近20次，参加活动2万余人次。开展2019年迎“八一”科技志愿服务进军营活动，走访驻珠部队基层连队7个，赠送价值7万元科普图书。

【主题科普活动】 2019年5月18日，珠海市科协联合斗门区科协、斗门区教育局等7个单位，在斗门区举办“乡村振兴，科普志愿服务在行动”2019珠海市（斗门区）科技进步月系列活动暨新时代文明实践活动，吸引2000余人参与。9月21日，联合市科技创新局、市气象局、市应急管理局、市青少年妇女儿童活动中心、市科普联盟及市属各学会，在市青少年妇女儿童活动中心广场举办“礼赞共和国、智慧新生活”2019全国科普日暨新时代文明实践科技志愿服务活动，现场开展专家义诊、安全用药咨询、保健品和食品安全咨询等服务，设青少年科技素质教育、科技工作者志愿服务、气象宣传、防灾减灾宣传、创新引领高新技术企业产品及原理展五大板块，并举行全国青少年机器人竞赛获奖团队展演、航空体验、奇幻科普秀表演、科学实验小达人闯关等活动，参与群众8000余人。

【科普能力建设】 2019年，珠海市科协新命名科普教育基地4个，分别是珠海市气象科普馆、香洲前山市民生活科普馆、广东省珠海市质量技术监督标准化科普馆、塞德雷特（珠海）航天科技有限公司航空科普馆。推动中国科协“科普中国”e站应用落地，创建省级“科普中国”e站5所、市级科普e站3所。组织年度优秀科普作品征集和评审，《三年难得师承录——跟师经方家刘志龙教授记》《口岸常见水果和豆类识别图鉴》《陨石之美》获评优秀科普作品。

【社区科普活动】 2019年8—10月，珠海市科协支持香洲区科协在狮山、梅华、拱北、前山、湾仔5个街道开展“礼赞共和国 追梦新时代”2019第四届香洲区社区科普嘉年华暨新时代文明实践主题活动。3—11月，依托市科普讲师团，面向镇（街）社区、部队、学校和斗门村镇开展“珠海科普讲堂2019年基层行”科普讲座76场，受众4000人次。

2019年5月11日，珠海市第一届青少年（第二届中小学生）机器人大赛暨珠港澳青少年机器人横琴邀请赛在珠海国际会展中心开幕　（市科协供稿）

【青少年机器人大赛】 2019年5月11—12日，珠海市第一届青少年（第二届中小学生）机器人大赛暨珠港澳青少年机器人横琴邀请赛在珠海国际会展中心举行。大赛由横琴新区管委会战略支持，市科协、市教育局联合主办，吸引来自珠港澳118所学校2000余名选手参赛，2万余人次观赛。大赛对接全国青少年机器人大赛、亚洲机器人锦标赛有关竞赛项目，设小学、初中和高中阶段个人、团体组别18个，包括“华夏文明”机器人综合技能赛、“聪明的机器人”、“太空之旅”FLL机器人工程挑战赛、“反败为胜”VEX机器人工程挑战赛、“人工智能”教育机器人工程挑战赛、“高铁时代”机器人现场拼装赛等比赛小项36个。

【第三十五届青少年科技创新大赛】 2019年12月，珠海市科协联合市教育局举办第三十五届珠海市青少年科技创新大赛。大赛收到各类作品567个，其中发明创造类作品162件、科学论文128篇、科技实践活动62项、科学幻想绘画215幅。经初评和决赛，评选出发明创造类一等奖24项、二等奖29项、三等奖53项，科学论文类一等奖10篇、二等奖25篇、三等奖30篇，优秀科技实践活动一等奖8项、二等奖12项、三等奖16项，科幻绘画类一等奖30幅、二等奖40幅、三等奖70幅，评选出优秀科技辅导员42人、优秀组织奖29个。推选部分优秀作品参加第三十五届广东省青少年科技创新大赛。　（谢益云）

珠海市社会科学界联合会

【概况】 珠海市社会科学界联合会成立于1993年6月21日，是珠海市委、市政府领导下的学术性人民团体。时为科级建制，由市委宣传部主管。2002年12月机构改革后升格为市直管单位，同时挂珠海市社会科学研究所牌子，副处级建制。2004年6月升格为正处级建制，内设办公室、学会科研部，有市社

2019年8月25日，珠海市社科联在珠海电视台举办“记忆九段”世界杯珠海城市赛。图为参赛选手合影（市社科联供稿）

科规划办、市社科普及办2个办事机构。2019年，业务主管社科类社会组织44个、社科研究基地26个，香洲、金湾、斗门3个行政区均设有社科联，北师大珠海分校、北理工珠海学院、吉林大学珠海学院3所高校设立社科联。

【决策咨询】 2019年，珠海市社科联向市委提供决策建议稿30篇，被市委办《每日汇报》采用9篇。其中《从文化供给侧发力提升新生代农民工主观幸福感 打造大湾区“幸福之城”》得到市委领导批示，并转至相关职能部门研究推动。

【社科类社会组织管理】 2019年，珠海市社科联对32家社科类社会组织进行调研，印发《关于开展市社科类社会组织监督检查和学习调研情况的通报》，从思想政治工作、党的建设、活动开展和对外交往等方面进行全面检查，尤其对财务和人事管理进行重点监督检查。对管理松散、运作不规范、工作开展不扎实的社会组织通报批评，对财务工作方面存在问题的6家社会组织点名批评，责令限期整改，将整改情况纳入下一年度考评和年检内容。出台《市社科联关于加强市社科类社会组织党建工作的意见》，促进社会组织良性发展。

【社科普及】 2019年，珠海市社科联以“新时代新思想引领新珠海，新湾区新经济创造新生活”为主题，举办珠海市第十五届社会科学普及月活动。市级活动有8个板块约70项，其中社科学术讲座38场、展览展示展演10场、社科基层行11场、社科知识竞赛3场、社科咨询服务5场、微课堂3场，支持出版科普读物2种。市、区两级联动开展社科普活动130场。联合珠海高校制作“微课堂-H5”，打造网上“微社科”。联合珠海电台“先锋951”，开展珠海市第四届常态化社科普及活动，邀请6名社科专家做客《城市会客厅》节目，录制访谈节目6期。

【社科成果】 2019年，珠海市社科联与社会科学文献出版社合作出版《珠海潮》学术集刊4期。其中，“粤港澳大湾区建设”专栏刊发文章14篇，“岭南文化”“容闳与留学文化”等专栏刊发文章14篇。在《珠海特区报》刊发优秀社科成果7篇。（钱雪琴）

珠海市文学艺术界联合会

【概况】 珠海市文学艺术界联合会成立于1980年11月，是中共珠海市委领导的，由全市性文艺家协会和各区文学艺术界联合会以及各行业产业文学艺术界组成的专业性人民团体。2019年编制调整后，内设办公室、文艺部、组织联络部、协会工作部。办有“珠海文艺网”“珠海市文学艺术界联合会”微信公众服务号和“珠海文艺”微信公众订阅号。受市委、市政府委托，为14个全市性文艺类社会组织提供业务指导。市文联实行团体会员制和文联系统建制，有市级文艺家协会10个（珠海市作家协会、珠海市戏剧曲艺家协会、珠海市美术家协会、珠海市书法家协会、珠海市摄影家协会、珠海市舞蹈家协会、珠海市音乐家协会、珠海市影视艺术家协会、珠海市民间文艺家协会、珠海市文艺评论家协会），行政区文联3个（香洲区文联、斗门区文联、金湾区文联），行业文联2个（珠海公安文联、珠海金融文联），以及珠海市新时代文明实践市文联志愿服务支队。截至年底，市文联有会员3809人，其中国家级会员284人、省级会员942人。

【文艺创作】 2019年，珠海市文联落实《珠海市文艺创作重点项目三年行动计划（2018—2020年）》，推动主题文艺精品创作，所属文艺家协会会员获全国各门类文艺奖（含权威刊物发表、权威展览入选）168项、省级150余项。（详见P237“文艺创作”）

【文艺交流】 2019年，珠海市文联主办多场文艺交流活动。市音乐家协会、李需民音乐工作室承办第四届珠海词曲创作大师班和词曲创作高研班，邀请词作家石顺义、甲丁，作曲家张宏光、赵方主讲；市美术家协会举办中国绘画名家珠海写生系列讲座，邀请中国美术学院教授周刚、马新林、何红舟等书画名家授课；市书法家协会举办中国书协培训中心2019年珠海临摹与创作研修班和刘文华导师书法研修班；市文艺评论家协会推出文艺评论家系列讲座和研讨，中山大学教授罗筠筠、中南财经政法大学教授古远清、吉林大学珠海学院教授刘在平参与讲座；市音乐家协会主席、作曲家李需民应邀到中国人民大学、广东省文联培训班讲座。市文联和各文艺家协会吸收港澳文艺界代表任班子领

2019年8月31日，珠海市文学艺术界联合会“不忘初心　弘扬红旗渠精神”专题培训班学员参观红旗渠纪念馆　（市文联供稿）

导或理事（名誉职务），促进珠港澳文艺交流。市文联、市书法家协会与澳门书法家协会举办连家生艺术馆馆藏作品展；中国文联、省文联和市文联举办“遍游六艺”百年巨匠饶宗颐艺术经典特展；市文联、市作家协会创办大湾区文学双月刊《大湾》，并在澳门举办第三届粤港澳诗汇；市摄影家协会、市书法家协会分别与香港摄影家和书法家开展大湾区文化座谈和交流活动；市摄影家协会举办第三届“西江能见度”珠中江摄影联展；市文联、市美术家协会在韩国水原市举办“中韩美术交流展”。是年，市文联率先在广东省成立文艺工作者职业道德委员会，加强人才培养与宣传推介。民族音乐家王惠然获中国管弦乐协会授予的“全国杰出民乐教育家”称号；民间文艺家周永燊获中国文化和旅游部2019年度全国乡村文化和旅游能人奖。市作家协会出版《精彩作家文丛》第六辑。市音乐家协会组织出版《王惠然传记》、拍摄王惠然电视专题片。

【文艺评奖及文艺品牌活动】　2019年，珠海市文联开展系列文艺精品评选活动，推动文艺事业发展。市戏剧曲艺家协会举办第四届唐涤生戏剧曲艺奖评奖展演活动，快板书《淇澳风云》、故事《雪山上的小太阳》、粤曲《黄杨河畔喜歌扬》、粤曲《湾畔念先贤》、小品《初心》、粤语小品《惊喜》获节目一等奖；市书法家协会举办第四届“鲍俊杯”书法大赛，评选出一等奖作品5件、二等奖作品10件、三等奖作品20件；市音乐家协会举办第四届“珠海音乐晨星奖”声乐作品本土原创歌曲征集评奖，评选出金奖歌曲2首、银奖歌曲4首、铜奖歌曲5首、优秀奖歌曲15首；市文艺评论家协会举办“珠海文艺评论奖”活动。市作家协会出版第三届“苏曼殊文学奖”7位获奖者作品集。市文联举办第七届珠海文联文艺展示月活动，开展文艺展览、演出、研讨活动200余场，集中展示珠海文学艺术成果。

【文艺惠民与文艺志愿者服务】　2019年，珠海市文联扎根生活服务基层，开展文艺惠民活动。元旦、春节期间，组织“红色文艺轻骑兵”文艺惠民小分队，开展志愿服务活动100余场；在第六个中国文艺志愿者服务日期间，开展慰问演出、文艺支教、辅导培训、展览展示等志愿服务活动38场；开展“艺术点亮人生”文艺工作者下基层讲座100余场；开展文艺大篷车等文艺惠民活动30场。结合主题党日开展文艺惠民活动。市文联党支部、市戏曲家协会党支部与斗门区莲洲镇石龙村党支部共同组织开展“初心与使命”主题党日慰问演出活动；市文联党支部、市音乐家协会党支部组织文艺大篷车进军营慰问演出；市文联党支部、市戏曲家协会党支部结合主题教育，组织戏曲文艺大篷车走进为农社区。

【庆祝中华人民共和国成立70周年系列文艺活动】　2019年，珠海市文联举办系列文艺活动庆祝中华人民共和国成

2019年5月26日，第六个中国文艺志愿者服务日珠海系列活动启动仪式暨文艺大篷车下基层慰问演出活动在香洲区市民艺术中心举行　（市文联供稿）

立70周年。举办庆祝中华人民共和国成立70周年、珠海建市40周年岭南书画院作品展，组织出版纪实文学《敢为天下先：中国航展二十年》。市音乐家协会举办“一起为祖国”庆祝中华人民共和国成立70周年珠海原创作品音乐会；市摄影家协会举办“我和我的祖国”主题摄影展；市美术家协会举办“庆祝中华人民共和国成立70周年珠海美术作品展”。结合“不忘初心、牢记使命”主题教育，市文联与市纪委联合举办“守初心使命，树廉洁新风”书画展，观众1.2万人次。（陈　菲）

珠海市归国华侨联合会

【概况】　珠海市归国华侨联合会成立于1979年9月29日。2004年，珠海市侨联与市外事局合署办公，在市外事局内设侨联工作科。2009年，珠海市委统战部加挂珠海市归国华侨联合会牌子，其职责划入市委统战部，内设侨联工作科。下辖珠海市新马泰侨友会、珠海市印尼归侨侨友会、珠海市越柬老归侨侨眷联谊会、珠海市潮人海外联谊会、珠海市辛亥革命志士后裔联谊会、珠海市侨商企业协会6个社团。截至2019年底，全市有基层侨联（含大学和科技园区）322个。

【归侨侨眷参政议政】　2019年，珠海市侨联引导侨联委员、侨联干部、侨界群众有序参与基层实践活动。开展市侨联委员主题日活动，组织参观金湾航空规划展览馆、珠海友爱国际医院和康养中心项目、国家（南方）足球训练基地，感受珠海发展变化，凝聚侨心、汇集侨智。组织侨界人大代表、侨联界政协委员和基层侨联干部赴深圳、东莞参观考察，学习兄弟城市在推动粤港澳大湾区要素流动和规则对接、全面扩大开放和构建对外开放新格局方面的先进经验。推选26名侨界人士作为省十一次侨代会代表（其中委员9人），推荐先进集体和个人一批，为广大侨联委员、侨联干部、侨界群众树立榜样。在省十一次侨代会上，珠海市欧比特宇航科技有限公司董事长颜军当选省侨联十一届委员会副主席，曹风云、苏攒淘、林敏当选常委，张英龙、苏枝谋、陈汉雄、刘智龙、张文、李享贤、何淑君当选委员。珠海潮人海外联谊会和高栏港区平沙镇侨联获“广东省侨界贡献奖”，张英龙、陈树佳、赵剑雄获评“广东省归侨侨眷先进个人”。在市“两会”期间，侨界代表人士、市人大代表陈晓静，市政协委员苏忠志、童超、徐建平围绕珠海发展中出现的问题建言献策，提交提案议案3件。

【侨商企业服务】　2019年，珠海市侨联运用海内、海外“两个平台”和财力、智力“两大资源”优势，拓展与“一带一路”沿线国家和地区侨团侨商联系。跟踪投资75亿元的友爱国际医院和国际康养中心项目建设进展，协调有关部门推进中新文化创意小镇项目建设。鼓励和支持华侨创新创业，推选颜军、杨海生、苏忠志、李夏川、崔岩担任南粤侨创会理事，推选珠海市广浩捷精密机械有限公司、天捺科技珠海有限公司为南粤侨创会理事单位，推选珠海欧比特宇航科技股份有限公司、大粤商业管理有限公司为南粤侨创基地。

【侨界文化交流】　2019年，珠海市侨联坚持以传承和弘扬中华优秀文化为核心，打造侨界文化品牌活动。连续十三年举办“中华青年民族学习交流营”；举办“中国寻根之旅·风韵南粤”夏令营，协助华裔青少年组成的澳大利亚新金山交响乐团演出，以文化为媒介，增进海外华侨华人新生代对祖（籍）国的认同感和归属感。8月27—30日，在中山大学举办珠海市侨界青年代表人士国情培训班，深化侨界青年对中国国情、中国道路和制度模式的认识和了解，树立正确的历史观、民族观、国家观和文化观，60余人参加培训。

【侨界扶贫济困】　2019年，珠海市侨联坚持以侨为本，打造为侨服务品牌。连续十八年开展新春、国庆、中秋慰问，以及“侨心工程”助学、“情暖侨心”义诊等扶贫济困品牌活动。春节、中秋节日期间，为1136人次困难归侨侨眷发放慰问品及慰问金50余万元；“侨心工程”助学活动向100名大学侨生发放助学金31.6万元；“情暖侨心”义诊活动为红旗华侨农场500余名侨界群众免费现场诊疗，捐赠药品价值10万元。发动侨界人士参与慈善公益活动。市侨联名誉主席、顾问、常委等侨界热心人士为“6·30”广东扶贫济困日及“侨心工程”捐款近100万元；举办“珠海黄土计划”全国助学工作座谈会，开展经验交流，实施精准教育扶贫。引导属下侨友会参与社会活动。珠海潮人海外

2019年10月23日，“情暖侨心”义诊暨侨法宣传活动在金湾区红旗镇文化广场举行（市侨联供稿）

联谊会为市潮联学校捐资7500万元；印尼、新马泰、越柬老3个侨友会常年开展扶贫助困、助学奖学及敬老爱老活动。

【侨联海外联谊】 2019年，珠海市侨联以亲情、乡情、友情为纽带，以地缘、血缘、业缘为基础，多渠道、多层次、多形式开展海外联谊工作。组织侨联代表团出访新西兰和马来西亚，深化经贸、文化和旅游等领域合作，拓展朋友圈；发挥侨刊乡讯“集体家书”作用，编辑出版《珠海乡音》4期；完善珠海侨务侨联微信公众号，打造“互联网+新媒体”宣传平台；分层次建设联系海外侨胞和服务侨界群众两类微信群，运用创新手段，讲好珠海故事。 （杨毓婷）

珠海市青年联合会

【概况】 珠海市青年联合会成立于1981年4月，是中共珠海市委领导下的人民团体，是以共青团为核心力量的各青年团体的联合组织，是珠海各族各界青年广泛的爱国统一战线组织。截至2019年底，珠海市青联第十届委员会有委员235人，来自科学技术、教育、农业、社会科学、经济、金融商务、法律、文化艺术、新闻出版和新媒体、体育、医药卫生、社会组织和社会中介、宗教、海外学人华侨、技能人才、台胞和港澳特邀人士16个界别，全体委员分6个小组开展活动，有共青团珠海市委员会、珠海市学生联合会、珠海市青年志愿者协会、珠海市青年企业家协会、珠海市青年书法家协会、珠海市海归青年交流促进会、珠海市青年发展现代农业促进会等会员团体24个。

【青联改革】 2019年，珠海市青联聚焦强化政治属性，落实青联改革要求。结合“不忘初心、牢记使命”主题教育和“青年大学习”行动、“青年讲师团”计划工作部署，开展“委员走基层”活动12场次，宣讲习近平新时代中国特色社会主义思想和党的十九大精神，引导各界青年增强对中国特色社会主义的理论认同、实践认同、制度认同和情感认同。召开珠海市青联十届四次常委会议，学习贯彻习近平总书记系列重要讲话精神，传达学习全国青联十二届四次常委（扩大）会议精神，审议通过《珠海市青联委员直接联系青年工作制度》和《珠海市青年联合会提案和建议工作制度》。

【青联扶贫】 2019年，珠海市青联整合青年优势资源，助力精准扶贫和对口支援工作。推进对口支援西藏自治区林芝市、四川省甘孜藏族自治州工作，全年落实经费32万元，举办四川甘孜少年珠海夏令营，并支持林芝市米林县在五四青年节、六一儿童节期间开展青少年思想政治引领活动。推进对口帮扶茂名市化州市新安镇曲径村工作，全年落实经费88万元，发展养鸡产业和南药种植基地，支持村道路灯安装、村主干道扩宽等项目，举办贫困村小学生“微心愿”认领、珠海大学生暑期支教、为学校建设“童梦小屋”、为优秀小学生颁发奖学金等活动。推进对口帮扶斗门区白蕉镇竹洲小学工作，开展“青力扶贫·联创梦想”珠海市青联委员走基层服务月活动，援建爱心图书室，捐赠1000余册图书和净水设备，举办安全卫生教育公益课、醒狮传统文化表演体验、为优秀小学生颁发奖状奖品等活动。

【青联服务】 2019年，珠海市青联开展“青春情暖”关爱青少年系列活动50场，覆盖青少年群体10万人次。开展留守少年儿童“福彩夏令营”，让83名珠海市和茂名市化州市曲径村的留守少年儿童了解珠海文化，感受社会关爱。助力乡村振兴战略行动，筹集资金15万元，围绕产业、人才、文化、生态等引领青年建功乡村振兴战略。开展新生代产业工人“圆梦计划”，投入资金128万元，帮助320名新生代产业工人圆大学梦。开展“展翅计划”大学生就业创业能力提升行动，提供优质实习岗位3700个。

【青联统战】 2019年，珠海市青联聚焦项目品牌建设，引领青年交流交往交心交融。开展“青年同心圆计划”系列活动。以红色记忆、国防教育、文化体育、就业创业、升学教育、乡村振兴“六位一体”主题交流体系为基础，与香港青联、香港菁英会、澳门青联、澳门学联等20余个港澳地区青年社团交流互动，举办“中国心·粤澳情”、珠港澳青年五四成人礼暨“我和我的祖国”主题快闪、《粤港澳大湾区发展规划纲要》研习交流营、珠港澳青少年交流音乐会、珠港澳大学生先锋交流营、“我和我的祖国”珠澳青年企业家创新创业主题交流会、“香港基层青年湾区行”等主题交流活动20场次，参与青年约1800人

2019年7月5日，“青力扶贫·联创梦想”珠海市青联委员走基层服务月活动走进斗门区竹洲小学 （市青联供稿）

次。举办庆祝澳门回归祖国20周年系列活动。联合澳门青联、澳门学联等团体，举办珠澳学生庆祝澳门回归祖国20周年文艺晚会、珠澳青年庆祝澳门回归祖国20周年主题快闪、庆祝澳门回归祖国20周年纪念石揭幕仪式、“湾区青年说”励志演说大赛、珠澳青年志愿公益综合汇演、珠海青联琴澳行等系列活动，彰显“一国两制”伟大成就，培养澳门青年爱国情怀和民族荣誉感，引领青年投身粤港澳大湾区建设。

聚焦服务体系建设，助推港澳青年融入湾区发展。推进港澳大学生到珠海实习。联合市台港澳事务局、横琴新区澳门事务局，推进粤港澳大湾区香港（澳门）青年实习计划2019珠海实习活动、2019澳门大学生暑期横琴实习计划，组织150名港澳大学生到珠海开展实习；联合横琴新区管委会、市台港澳事务局等单位，在澳门大学举办首届澳门大学生就业实习双选会，提供2000余个优质就业和实习岗位。助力港澳青年职业发展。举办“湾区青年荟”、珠港澳青年职业发展主题对话，与澳门基金会首次合办“千人汇”“大湾区大作为”圆桌沙龙，向港澳青年面对面宣讲人才、税收、金融等政策，帮助港澳青年认识珠海、了解珠海，吸引更多港澳青年在珠海创业就业；组织青年代表参加环球新经济前瞻论坛、香港菁英论坛、澳门青年论坛等活动，为港澳青年布局湾区、职业发展搭建平台。强化线上线下精准服务。依托横琴·澳门青年创业谷，试点建设“大湾区青年家园”，针对珠港澳三地青年核心需求，逐步完善信息咨询、个案支援、成长发展等“一条龙”服务体系；建设“珠港澳青年汇”微信公众平台，以港澳青年熟悉的语言模式和表达习惯，宣传珠海城市发展、人才产业政策和青年就业创业资讯。

聚焦机制平台建设，实现工作规范化科学化发展。明确总体工作规划。落实《珠海共青团落实市委关于服务澳门经济适度多元发展、推进粤港澳大湾区澳珠极点建设工作部署的实施方案》，明确在交流体系、服务体系、制度体系务实创新有突破，团结引领青年在服务澳门经济适度多元发展、推进大湾区澳珠极点建设中贡献青春力量。建设国情体验基地。在港珠澳大桥管理局、澳门回归纪念公园、横琴新区展示厅、林伟民与中国早期工人运动史迹陈列馆、琴韵变电站、苏兆征故居、杨匏安陈列馆、竹银水源工程命名首批8个“珠港澳青少年国情体验基地”，为港澳青少年搭建体验国情、了解内地、认知珠海的平台和阵地。推动组织结盟发展。参与由澳门特区政府教育暨青年局主办的“携手同行·共建未来”粤港澳大湾区青年社团结盟计划，推荐珠海市青年志愿者协会、珠海市香洲区义务工作者联合会、珠海市斗门区心益社会工作服务中心，分别与澳门相关组织建立结盟关系，促进两地青年组织交流与合作。

2019年4月13日，2019第十一届“中国心·粤澳情——启动之行·珠海”暨庆祝澳门回归20周年活动启动礼在珠海市澳门回归纪念公园举行（市青联供稿）

【2019第十一届“中国心·粤澳情——启动之行·珠海”暨庆祝澳门回归20周年活动启动礼】 2019年4月13日在珠海市澳门回归纪念公园举行。活动由澳门青联、广东省青联、粤澳青年交流促进会主办，珠海市青联、珠澳青年交流促进会承办，旨在庆祝澳门回归祖国20周年，加强粤澳两地交流合作，提升澳门青年对祖国的归属感和荣誉感，引导澳门青年投身粤港澳大湾区建设。市委副书记赵建国参加活动，并为澳门回归纪念公园颁授“珠港澳青少年国情体验基地”牌匾。澳门青联、珠海青联签订《关于进一步促进珠澳青年交流合作、引领两地青年积极建功粤港澳大湾区建设的协议》，商议在建立双方合作联席会议工作制度、提升交流活动的针对性和实效性、构建务实有效的青年服务体系、引领青年积极建功粤港澳大湾区建设4个方面加强交流合作，合力建设“珠澳青年发展共同体”，粤澳两地近100名青年代表参加活动。珠澳两地青年企业家协会、青年志愿者协会分别签订合作框架协议。（刘慧赟）

珠海市残疾人联合会

【概况】 珠海市残疾人联合会成立于1989年4月，是市委、市政府领导下的集残疾人自身代表组织、社会福利团体和事业管理机构为一体的人民团体，具有“代表、服务、管理”职能（代表残疾人的共同利益，维护残疾人的合法权益；团结教育残疾人，为残疾人服务；履行政府委托的部分行政职能，管理和发展残疾人事业）。承担市政府残疾人工作委员会日常工作。2019年，市残联内设办公室（维权科）、教育就业科、康复和组织联络科3个科（室），下辖公益一类事业单位1个（珠海市残疾人综合服务中心）。截至年底，珠海市户籍持有第二代残疾人证的残疾人1.95万人。

2019年1月起，珠海市残疾人生活津贴上限提高至每人每月235元，重度残疾人及智力、精神残疾人护理补贴提高至每人每月220元。是年，市残联向1.95万名残疾人发放生活津贴4750.30万元，向1.15万名重度残疾人发放护理补贴2635.92万元；机构集中托养重度残疾人34人。市级福彩金向斗门区投入410万元，支持农村贫困残疾人危房改造。投入32.4万元为55户农村贫困重度残疾人实施家庭无障碍改造。实施残疾人意外伤害保险项目，为全市所有户籍持第二代残疾人证残疾人购买每人100元的意外伤害保险，对50起残疾人意外伤害事故进行保险理赔，赔付24.24万元，单笔最高赔付10万元。

【残疾人就业服务】 2019年，珠海市残联落实《珠海市残疾人就业创业补贴实施办法》，向1658名残疾人发放残疾人就业岗位补贴1118.77万元。加大服务企业力度，为大企业专设残疾人就业招聘会、用工供需见面会等，解决用工企业招用残疾人难、残疾人就业难问题。全年为112家企业提供服务，其中上门服务19家、完成职业能力物理评估13人。举办残疾人就业专场招聘会3场，参加企业66家，提供一线操作工、客房服务员、营业员、质检员、文员等岗位816个，吸引近900名残疾人参加，187名残疾人与企业达成就业意向，现场录用77人。完善残疾人职业技能培训机制，开展岗前励志培训、班组长培训、平面设计培训、办公软件和跨境电商培训，为85名在岗残疾人提供岗位技能提升培训。组织参加2019年省“众创杯”创业创新大赛残疾人公益赛22个项目比赛。组织7名残疾人参加全省“第六届全国残疾人职业技能竞赛”赛前训练选拔，美发项目选手朱锡勇获参赛资格。是年，全市就业状况录入率100%。按比例就业6761人，年度培训189人。其中，城镇新增就业165人，任务完成率123.13%；农村新增就业59人，任务完成率131.11%；新增培训127人，任务完成率109.48%。出台《珠海市社区康园中心服务规范（试行）》，规范康园服务标准。向深圳市恒爱家庭服务中心购买专项督导服务，对全市15个康园中心开展督导。

【残疾人教育扶助】 2019年，珠海市残联落实《珠海市残疾人教育生活补助实施方案》，408名残疾学生和残疾家庭子女领取教育生活补助89.35万元。协助符合“南粤扶残助学工程”申请条件的考生上报资料，做好残疾考生高考申报和自学考试报名工作；做好未入学适龄残疾儿童少年核实工作。

【残疾人康复服务】 2019年，珠海市残联以巡视整改为契机，推进残疾人康复工作。开展0～6周岁脑瘫儿童（含未办残疾人证的疑似对象）基本情况和需求调查。完成残疾人康复救助定点机构评审，低视力康复、辅助器具适配、0～6周岁智障儿童康复及肢体矫治手术等定点机构从12个增加至23个，服务项目增加至43项。引入社会资源和专业力量提升残疾人康复服务专业化水平，委托市慢性病中心开展精神残疾人免费服药监督检查；通过政府购买服务方式由专业机构运营心理援助服务项目，委托北京师范大学－香港浸会大学联合国际学院人文与社会科学学部运营珠海市铭爱家属资源中心，为残疾人家属提供多样化支援服务。全年为2820名残疾人发放康复救助金736.53万元。其中，精神残疾人住院治疗补贴294人67.02万元；服药补贴1818人308.51万元；0～6周岁儿童机构康复训练补贴142人182.14万元；白内障复明手术费补贴135人22.63万元；成年肢体功能障碍者康复治疗及训练补贴74人61.43万元；成年听力残疾人验配助听器补助199人58.20万元；残疾人辅助器具补助110人17.66万元。为157人发放免费辅助器具234件。珠海市整体康复服务率在全省排名第二。

【残疾人组织联络】 2019年，珠海市残联以专门协会为组织纽带，组织残疾人活动9次，1000余名残疾人及家属参加。在全国“爱耳日”期间，组织80余名听障残疾人参观珠海大剧院、观看电影《流浪地球》；举办“我是小老板”跳蚤市场活动、“关爱自闭症儿童，让校园的星空亮起来”文艺汇演、残障儿童家长老师座谈交流会等活动，680人次参加；举办“牵着蜗牛去散步·红色之旅——迷你马拉松赛公益活动”，近70个智力残疾人家庭参加；在“肢残人活动日”，组织100余名肢体残疾人参观林伟民与中国早期工人运动史迹陈列馆；推进残疾人证核发换证工作，加强与卫健部门协同配合，推动培育三级以上医疗机构成为评残定点机构，将残疾评定时间由每周1天增加至2天，将评定制度由2名副高以上医师共同评定调整为主评和主检制。

【残疾人文体活动】 2019年，珠海市残联开展“学听跟”专项活动，将学习习近平新时代中国特色社会主义思想与残疾人文化节、助残日广场文化、残疾人文艺巡演等活动结合起来，开展“学听跟”残疾人演讲比赛、“歌唱祖国永远跟党走”康园中心合唱比赛、“壮丽70载·我和祖国共成长”主题征文等

2019年12月3日，庆祝国际残疾人日暨文化节活动巡回演出活动在香洲举行
（刘　洁　摄）

活动，组织残疾人观看爱国主义电影，教育广大残疾人感党恩、跟党走。承办2019年“共享芬芳·共铸小康”仁美书画展走进珠海公益展览活动，展出全国知名书画家和残疾人书画家作品100余幅，4名珠海残疾人书画家参展。在香洲、斗门和高栏港区举办国际残疾人日残疾人文艺巡演活动，全面展现新时代残疾人自强不息精神风貌，营造良好扶残助残社会氛围。开展粤港澳大湾区文体交流活动，组队参加在澳门举办的2019银娱关爱特奥乒乓球赛，获第二名1项、第三名5项。参加国际残疾人羽毛球世界锦标赛，珠海运动员李彤彤获SU5级单打、混双第五名；参加国际残疾人羽毛球土耳其、迪拜公开赛，李彤彤获SU5级单打第三名、SU5级混双第五名；参加国际残疾人羽毛球中国公开赛，李彤彤获SU5级单打第五名；参加全国第十届残疾人运动会暨第七届特殊奥林匹克运动会，李彤彤获羽毛球SL3至SU5级混合双打第一名、SU5级女子单打第二名、SL3至SU5级双打第三名，珠海运动员蔡锦玲获跆拳道女子K44级第三名，珠海运动员潘慧莹获自行车女子T1级公路10千米计时赛、25千米大组赛第一名。开展残疾人健身运动会系列活动，设亲子风筝、特奥马拉松等项目10个，近1000名残疾人参加。加大对优秀退役运动员转岗教练员培养培训力度，2名退役运动员被聘为训练队教练员。开展田径、飞镖等残疾人体育项目集训，阶段性开展聋人篮球和特奥乒乓球训练。

【残疾人发展环境建设】 2019年，珠海市残联依托新媒体拓展宣传阵地，在门户网站发布信息156篇，在微信公众平台推送消息234条，累计阅读量4万余次。加强与各媒体合作，在《珠海特区报》等报刊发表文章30余篇，在珠海电视台播放新闻72条，播放、刊登专题专版2个，并在候车亭、户外灯箱、公交车等投放公益广告。与珠海电视台合作录制手语新闻《手语七日》，为广大聋人提供新闻资讯平台。

【残疾人服务设施和基层基础建设】 2019年，珠海市有康园中心30个，支持精神、智力、重度肢体残疾人实现辅助性就业561人，市级投入资金215万元。珠海市特殊儿童教育康复中心大楼于年底竣工。经市委编办批准，同意在珠海市残疾人综合服务中心加挂珠海市特殊教育康复幼儿园牌子，这是珠海市第一家公办学龄前残疾儿童康复教育专业机构。市财政局参照《珠海市教育局直属学校临聘教职员管理办法》，将市残疾人综合服务中心康复教育部临聘教职员工纳入学校薪酬管理范围，提高教职员工待遇，为全市学龄前残疾儿童康复教育水平提高提供保障。

【“共享芬芳·共铸小康”仁美书画展】 2019年5月24—27日在古元美术馆举办，来自全市300余名书画爱好者及各界人士参加活动。副市长刘嘉文、中国残疾人联合会宣传文化部主任郭利群、省残疾人联合会副巡视员何小京等出席开幕式，残疾人书画艺术家康永杰、严作荣以及珠海书画家现场挥毫。书画展为期4天，展出全国知名书画家和残疾人书画家优秀作品100余幅，吸引近1000名书画爱好者参观。（叶秋明）

中国国际贸易促进委员会珠海市分会

【概况】 中国国际贸易促进委员会珠海市分会成立于1986年5月，是中国国际贸易促进委员会在珠海设立的贸易促进机构，受中国国际贸易促进会及珠海市人民政府领导。1994年，经批准同时使用“中国国际商会珠海商会”名称。2014年8月，被列入群团序列。2017年12月15日，中国国际贸易促进委员会（广东）自由贸易试验区珠海服务中心在横琴揭牌。2019年8月，深化改革方案明确，珠海市贸促会是市委领导的群团组织和市政府领导联系的贸易投资促进机构。

【国际经贸展览组织管理】 2019年，珠海市贸促会加强国际经贸展览组织管理。3月28—30日，组织珠海兴业太阳能技术控股有限公司、珠海查理科技节能环保有限公司、珠海云洲智能科技有限公司等20家节能降耗、绿色低碳的特色优质企业赴澳门参加2019年澳门国际环保合作发展论坛及展览，参展面积400平方米。4月11—14日，组织15家珠海电子企业赴香港参加2019年环球资源香港春季电子展，参展面积279平方米。9月20—22日，组织12家珠海企业参加第十六届中国—东盟博览会，促进珠海企业抢抓“一带一路”商机，加强与东盟国家企业间交流。10月11—14日，组织14家珠海电子企业参加全球规模最大的电子产品采购展——环球资源香港秋季电子展，参展面积260平方米，展会期间组织企业举办项目对接交流会。10月29日至11月1日，组织29家珠海环保企业及买家赴香港参加2019年香港国际环保博览会。11月7—9日，组织23家酒类企业赴香港参加2019年香港国际美酒展。12月4—6日，组织8家珠海企业赴香港参加香港贸发局主办的“创智营商博览”，与广州、深圳、中山、东莞、汕头、惠州和江门共同组成粤港澳大湾区城市群展区，展示大湾区发展优势。

【国际商事法律服务】 2019年，珠海市贸促会履行国际商事法律服务职能，签发中华人民共和国非优惠原产地证明书1.2万份、优惠原产地证明书1186份，代办国际商事证明书1624份、领事认证507份，制作暂准进口（ATA）单证册39份。妥善处置国际贸易预警信息279条，及时向通过数据库验证的企业群和相关单位发送有关信息。10月30日，与中国国际贸易促进委员会（广东）自由贸易试验区珠海横琴服务中心、澳门商标协会承办“第二届粤港澳大湾区知识产权保护和应用交流活动”，共同探讨粤港澳大湾区科技创新，尤其是珠澳知识产权协作发展，来自珠海制造业和创新型、科技型企业代表以及律师事务所、专利商标代理公司代表110人参加活动。

【乌拉圭主题推介会】 2019年6月27日，珠海市贸促会在珠海国际会展中心举办“走进乌拉圭——拉丁美洲的商业门户”主题推介会，乌拉圭驻广州总领事马丁·阿尔维斯出席。推介会聚焦“一带一路”建设，搭建珠海面向西语系、

2019 年 8 月 28 日，“2019 智利企业家中国横琴行”活动在横琴中拉经贸合作园举行

（市贸促会供稿）

葡语系经贸合作平台，促进乌拉圭与珠海企业交流合作。来自珠海格力电器股份有限公司、珠海农控中拉商业管理有限公司、珠光集团控股有限公司等打印耗材、生物医药和软件等领域企业代表 100 余人参加。

【2019 智利企业家中国横琴行】 2019 年 8 月 28—30 日，珠海市贸促会联合横琴新区管委会、澳门贸促局主办的“2019 智利企业家中国横琴行”活动在横琴中拉经贸合作园举行。活动以“跨越太平洋的合作之路”为主题，围绕深化中国与拉丁美洲经贸、文化、体育等全方位合作，分享“一带一路”倡议下的中智关系、中拉贸易等热门话题。30 余名智利企业代表与近 300 名国内投资者对接洽谈。 （邱 青）

珠海市红十字会

【概况】 1988 年 1 月 13 日，珠海市红十字会在原珠海县红十字会基础上成立，由原市卫生局管理，2005 年改由市政府直接管理。市红十字会是从事人道主义工作的社会救助团体，核心业务是“三救”（应急救援、应急救护、人道救助），宣传推动“三献”（无偿献血、造血干细胞捐献、器官遗体捐献），以及红十字志愿服务等。2013 年 6 月，市红十字会加挂“珠海市道路交通事故社会救助基金管理办公室”牌子。

2019 年，珠海市红十字会本级接收社会捐赠款物价值 2049.39 万元，拨付使用捐赠款物价值 1797.50 万元。

【应急救援】 2019 年，珠海市红十字专业应急救援志愿服务大队开展水上和野外应急救援保障、大型赛事和活动保障、医疗救护保障、运输保障等 56 次，受益群众超 19 万人次，服务时数 1.0 万小时，参与志愿者 2099 人次。水上救生中队开展珠海市斗门龙舟文化节龙舟赛、2019 年珠澳台长跑交流赛（珠海站）、珠海市庆祝中华人民共和国成立 70 周年焰火晚会、2019 珠海沙滩音乐节等大型活动水上安全救援保障 20 余次，并承担省内及全国水上救援教学任务。年内，市红十字专业应急救援志愿服务大队在首届珠海市社会救援力量技能竞赛中获第二名 2 项、第三名 1 项。

【应急救护培训】 2019 年，珠海市红十字会开展应急救护知识普及工作。举办高中新生应急救护知识普及讲座，1.5 万名新生参加；举办关爱生命健康亲子营，60 个家庭参加活动；举办应急救护师资培训班，培训应急救护师 30 人；结合“5·8”世界红十字日，在横琴新区、万山海洋开发实验区开展应急救护知识普及讲座，754 名干部群众参加。全年，全市 3 万余人参加应急救护知识普及培训，其中培训应急救护员 210 场 4321 人。与澳门红十字会签订《澳门红十字会 珠海市红十字会贯彻落实〈粤港澳大湾区发展规划纲要〉加强合作框架协议》。举办“2019 年珠澳大学生红十字应急救护知识技能交流竞赛”，来自珠澳两地 100 名大学生参加活动。

【人道救助】 2019 年，珠海市红十字会参与精准扶贫工作，开展贫困助学、大病帮扶、道路交通事故救助、“红十字博爱送万家”等人道救助活动，累计救助慰问困难群众 2639 人次，发放救

2019 年 2 月 23 日，珠海市红十字志愿者在香洲区第十二小学开展应急救护知识进校园活动

（史筱华 摄）

2019年4月5日，珠海市红十字专业应急救援志愿服务大队志愿者开展防火巡山教育活动暨应急救援演练 （史筱华 摄）

助款物805.64万元。与市侨联联合举办“情暖侨心”义诊活动，为450余名归侨侨眷送医送药价值近11万元。携手爱心人士和省中医院珠海医院为四川省甘孜藏族自治州理塘县、稻城县350余名藏族同胞进行白内障筛查，对符合条件的75名患者免费进行复明手术。首次以“四个陪伴”（陪伴成长计划、陪伴关怀计划、陪伴扶助计划、陪伴助康计划）项目参与腾讯“99公益日”网上募捐活动，募集捐款5万元。备灾仓库被省红十字会评定为四级应急物资储备库。

【“三献”工作】 2019年，珠海市红十字会与香港珠海商会等联合举办第四届“爱无边、情无限”无偿献血公益活动，在20余家会员单位开展无偿献血和造血干细胞宣传、采集活动14场。联合多所高校红十字会和企业开展无偿献血宣传采集活动，参加无偿献血3.2万人次，献血量908万毫升。是年，453名志愿者加入中华骨髓库，5人成功捐献造血干细胞，其中1人完成涉外造血干细胞捐献；1561人自愿登记成为人体器官和遗体捐献志愿者。参与见证18例脑死亡公民自愿捐献器官（组织），挽救多名重病患者生命。市红十字会获中华骨髓库广东省分库授予的“造血干细胞优质工作站”称号。

【红十字志愿服务】 2019年，珠海市红十字会举办新志愿者入会培训18期，新加入志愿者1118人，通过“i志愿”平台发布志愿服务活动369场。全市16个志愿者队伍开展志愿服务7365次，参与志愿者1.7万人次，服务时数11.6万小时，帮助群众77.6万人次。是年，市红十字会“水中善行·复健行动”获评全国青年志愿服务示范项目；市红十字养老志愿服务队被中国红十字会总会事业发展中心评为“曜阳养老优秀志愿团队”；市红十字网络文化传播志愿服务大队被评为广东十佳网络公益团队；市红十字艺术团获广场舞大赛二等奖；12名志愿者获2016—2017年度全国无偿献血志愿服务“终身荣誉奖”和星级荣誉；2名志愿者获《中国红十字报》年度优秀摄影作品奖；4名志愿者获珠海市政府见义勇为奖；市红十字会被市政府评为见义勇为工作先进单位。

【红十字宣传】 2019年，珠海市红十字会在市红十字会网和市委网发布各类信息183条，编写《红会工作简报》3期、《信息快报》2期，在“博爱珠海”微信公众平台推送业务信息47篇，在“珠海市红十字志愿工作者协会”微信公众平台推送信息92篇，在《中国红十字报》《珠海特区报》《珠江晚报》《南方日报》，以及珠海电视台等媒体刊播信息57篇次。

【原妙杯·2019年珠澳大学生红十字应急救护知识技能交流赛】 2019年11月9日在北京理工大学珠海学院举行。活动由珠海市红十字会与澳门红十字会联合主办，来自珠澳两地100名大学生代表参加比赛。珠澳两地学生混合组建应急救护队6支，同台进行救护知识与技能比赛，200余名学生现场观摩。

（徐 琳）

外事·侨务

外 事

【概况】 2019年，珠海市接待外宾团组109批980人次。其中，副部级以上团组22批302人次；使领馆官员26批171人次；外国主流媒体团5批132人次。审核审批因公临时出国团组379批667人次，办理领事认证文书2465份、APEC商务旅行卡87张、外国人来华邀请核实单45批82人次。协助处理各类涉外国人案（事）件8件，协助查处涉外“三非”（非法入境、非法居留、非法就业）人员案件402件567人次。报备开展的涉外学术交流活动24场，涉及美国、英国、澳大利亚等9个国家。

【珠海与南太平洋岛国交流合作】 2019年3月12日，瓦努阿图共和国驻华大使赖岳洋一行3人到访珠海市，探讨推动瓦努阿图与珠海友好交流，市委常委、副市长祝青桥会见。4月22—29日，纽埃旅游办公室主任费莉希蒂·博伦应邀率团一行3人到访珠海市，并于4月26—28日出席在澳门举办的澳门国际旅游（产业）博览会。6月23—30日，珠海万山海洋开发试验区区委副书记张波率代表团一行4人访问库克群岛、瓦努阿图和新西兰。在瓦努阿图期间，珠海万山海洋开发试验区与卢甘维尔市签署友好交流和合作备忘录，瓦努阿图副总理和农业部部长接待代表团。8月23—26日，应珠海市邀请，库克群岛代表团一行6人、纽埃代表团一行2人参加广东21世纪海上丝绸之路国际博览会，在“一带一路”沿线国家展区向世界展现南太平洋岛国独特的民族文化风采，推介本国特色产品和丰富的旅游资源。9月2—11日，通过与中国摄影在线网站合作，派遣朱瑞盛、朱延明、简德汪、秦王环4名摄影家前往纽埃进行专题摄影，协助纽埃在中国市场推广其丰富的旅游资源。12月8—15日，市委常委、秘书长吴轼率代表团一行5人访问库克群岛和新西兰，与库克群岛高级官员会面座谈，探讨推动双方在人文、经贸、海洋资源、渔业、教育等多领域的务实合作。12月18—23日，应珠海市邀请，库克群岛、纽埃青少年学生代表团一行10人访问珠海，参加冬令营活动，在容闳书院体验古琴、古诗词、书法、国画、陶艺、武术等中国传统文化系列课程。12月19—23日，应珠海市邀请，库克群岛海洋资源部秘书长帕米拉·玛鲁一行4人访问珠海，进行渔业交流，副市长刘嘉文会见。是年，珠海市推进与库克群岛、纽埃民生领域项目合作，正式开工建设库克群岛国家档案馆格力太阳能中央空调项目，探讨纽埃议会大厦太阳能空调项目。

【友好（交流）城市缔结】 2019年3月28日，珠海市政府秘书长武林与印尼梭罗市秘书长阿雅尼分别代表两市签署《关于加强友好交流与合作的意向书》，市长姚奕生、外交部驻澳门特派员公署副特派员袁恒革出席签字仪式。6月17日，市委副书记赵建国率代表团一行5人访问以色列，赵建国与以色列拉马特甘市市长卡梅尔·沙马·哈克亨分别代表两市签署《关于加强友好交流与合作的意向书》。11月13日，“2019友好使者珠海行”活动期间，副市长刘嘉文与哥斯达黎加埃斯帕萨市副市长鲁尔德斯·阿拉亚·莫雷拉分别代表两市签署《关于加强友好交流与合作的意向书》。12月23日，副市长刘嘉文与意大利拉斯佩齐亚市市长皮尔路易奇·佩拉齐尼分别代表两市签署《建立友好城市关系协议书》。截至年底，珠海市有国际友好城市16个、友好交流城市20个。

2019年12月21日，珠海市副市长刘嘉文（右）会见库克群岛海洋资源部秘书长帕米拉·玛鲁（左），就推动两地渔业领域合作和人员往来进行深入交流

（市外事局供稿）

【珠海与友好（交流）城市交流合作】 2019年，珠海市继续打造友城交流品牌活动，把握广东“两个重要窗口”地位和作用，向世界展示中国改革开放成就。在荷兰友好交流城市乌特勒支市举办“魅力珠海”城市图片展；邀请德国友城布伦瑞克市、葡萄牙友城布朗库堡市、韩国友城水原市和意大利友城拉斯佩齐亚市在珠海举办城市图片展。举办第二届“友好使者珠海行”活动。11月13—17日，举办“展交流之翼　牵合作之手”2019友好使者珠海行活动，葡萄牙布朗库堡市、意大利拉斯佩齐亚市、波兰格丁尼亚市、韩国水原市、英国朴次茅斯市、美国红木市、加拿大哈利法克斯市、哥斯达黎加埃斯帕萨市和美国费城9个友好（交流）城市23名友好使者出席活动，其间，举办珠海—友城交流会等系列活动。开展青少年国际交流活动。5月22—26日，市第七中学师生9人应邀参加于韩国友城水原市举办的第十五届大韩民国青少年博览会；7月7日，市第九中学在珠海电视台举办国际交流总结汇报演出，与美国杜克大学学生共同出演节目；8月25—27日，日本友城热海市中学生交流团到珠海开展学生寄宿交流活动，与珠海青少年互相学习、加深理解、增进友谊；9月18日，德国友城布伦瑞克中学师生访问市第一中学，开展文化交流活动。深化贸易合作对接。根据德国友城布伦瑞克市市长代表团、韩国友城水原市经济政策局局长代表团访问需求，分别召开对接会；在“2019友好使者珠海行”活动期间，举办珠海—友好（交流）城市交流会，与友好（交流）城市对接经贸、教育、文化、体育领域的合作需求。推动人员往来。6月20—24日，应德国友城布伦瑞克市邀请，珠海市派遣文化代表团赴德国访问并参加2019德国布伦瑞克“文化之夜”系列活动，演出经典粤剧《昭君塞上曲》和粤曲《荔枝颂》，并在该市小老虎中文学校举办“琼姿霞彩——红派艺术鉴赏讲座”，增进友城市民对中国文化和广东文化的了解；10月20日，来自意大利拉斯佩齐亚市、瓦努阿图卢甘维尔市、西班牙巴斯克大区、哥斯达黎加埃斯帕萨市和古巴哈瓦那市等友好交流城市的7名代表出席“21世纪

2019年11月15日，由葡萄牙布朗库堡市、意大利拉斯佩齐亚市、韩国水原市与珠海市共同举办的城市图片展在古元美术馆开幕　（市外事局供稿）

海上丝绸之路”中国（广东）国际传播论坛。

【珠海与欧美国家交流合作】 2019年，珠海市外事局配合市驻外经贸代表处招商引资工作，推动重点项目合作。推动与德国人工智能中心开展合作，促进该中心首个海外分支机构落户珠海；促进与华为匈牙利供应中心对接，推动与该中心在鲲鹏产业发展、云计算与大数据、智慧城区等领域共同建设鲲鹏产业生态体系，加速珠海5G商用部署，推动珠海智慧城市建设和人工智能发展。借友好交流组织资源，吸引外资项目。协助波兰波中友好协会滨海省分会与珠海西部城区开发建设局等相关单位对接，探讨在珠海投资建设波兰风格酒店项目。推动教育领域合作。10月27—30日，英国友城朴次茅斯市市长大卫·富勒一行访问珠海，出席英国朴次茅斯大学—珠海城市职业技术学院合作备忘录签约暨教育交流中心揭牌仪式。

【中共珠海市委外事工作委员会第一次会议】 2019年，珠海市实施机构改革，中共珠海市委外事工作领导小组办公室调整为中共珠海市委外事工作委员会。2月18日，市委外事工作委员会召开第一次会议，市委书记郭永航主持会议。会议传达学习中共广东省委外事工作委员会第一次会议精神，听取2018年全市对外工作情况及2019年工作思路汇报，审议《中共珠海市委外事工作委员会关于新时代加强统筹外事工作的实施意见》《珠海市2019年度党政人员因公临时出国计划方案》《珠海市2019年对外重点工作任务分解方案》等相关文件。　（郭婷婷）

侨　务

【归侨侨眷政策落实】 2019年，珠海市全面梳理侨务行政审批、服务事项，制定《华侨回国定居办事指引》《报考普通高校入学考试的“三侨生”证明办理办事指引》《归侨侨眷身份证明办事指引》，初步实现涉侨行政服务标准化、规范化和程序化。清理职权范围外行政职能，明确“华侨子女接受义务教育”身份审核权力和责任，明确涉侨两地车牌续期办理程序。全年出具高考“三侨生”（归侨青年、归侨子女、华侨在国内的子女）证明书42份、中考“三侨生”证明书25件、华侨子女接受义务教育证明28件，办理华侨回国定居非行政审批6件、两地车牌延期3件、入粤安葬16件、归侨侨眷身份确认4件。规范侨务行政审批、服务档案，整理涉侨业务档案723件。在红旗农场开展义诊暨侨法宣传活动，发放宣传资料600余份，100余人次接受法律咨询服务。

【侨胞接待】 2019年，珠海市推荐珠海籍华人华侨参加首届华侨华人粤港澳大湾区大会，并接待大会西线参观考察团147人到访珠海。举办“市台港澳侨青年代表人士国情培训班”，组织青年侨胞代表参加培训。对接美国华裔寻根团、2019海外华媒看广东代表团、加拿大广东社团总会代表团等团组到访珠海。全年接待各界华侨华人600人次。

【涉侨事务管理】 2019年，珠海市理顺“陈芳故居”托管协议，明确陈伟雄为陈芳后人代表，确立法律逻辑关系。出版《珠海乡音》4期，“珠海侨务侨联”微信公众号发布信息48篇。开展“关于加强和改善新时期珠海侨界青年统战工作的思考”“关于优化基层侨务政务服务工作的实践与思考”课题调研。举行珠海“黄土计划”助学工作座谈会，推动爱心善举落地；拜访华人慈善家霍宗杰、张子豪、罗掌权等，加强与知名华人联系；推荐珠海市欧比特宇航科技有限公司董事长颜军代表广东省参加中央统战部组织的国情考察活动；协调市教育局完成外派教师选派工作。

（陈家佳）

台港澳工作

对台工作

【概况】 2019年，经珠海口岸出入境台胞108.98万人次，比上年增长11.03%。其中，入境54.60万人次，增长11.16%；出境54.38万人次，增长10.90%。珠海市居民办理各类赴台证件2.62万人次，增长76.87%；办理各类签注6.55万人次，增长367.42%。台湾居民在珠海办理五年期台胞证417人次，下降10.90%；一次性台胞证126人次，增长22.33%。全市接待台湾游客84.26万人次，增长4.5%。旅行社组织赴台旅游人数6673人次，下降22.4%。全年审核上报因公赴台交流项目43批303人次，开展行前辅导43批299人次，已批未成行4人，台胞到珠项目19个187人次。珠海籍赴台就读学位学生16人，在读学生68人，历年累计141人。全年审核上报企业赴台商务考察54批163人次，开展行前辅导教育54次163人次。

【市委台港澳工作领导小组全体会议】2019年5月31日，中共珠海市委办公室、珠海市政府办公室印发文件，成立市委台港澳工作领导小组。8月8日、11月27日，市委台港澳工作领导小组先后召开第一次、第二次全体会议，听取全市台港澳工作情况汇报，研究部署全市台港澳工作。市委书记、市委台港澳工作领导小组组长郭永航主持会议，市委副书记、市长、市委台港澳工作领导小组常务副组长姚奕生等市领导及领导小组成员单位主要负责人参加会议。

【珠台经贸】 2019年，珠海市加大对台招商引资力度，搭建以市委、市政府为主导，市委台港澳办牵头，相关职能部门和各区配合联动的招商引资平台。全年新增台资企业28家，增资扩产10家，合同台资合计2807万美元。其中，新注册企业合同台资2381万美元，增资企业合同台资426万美元。截至年底，珠海市有台资企业1178家，合同台资37.47亿美元，实际到账台资26.13亿美元。

【政党及基层交流】 2019年，珠海市接待台湾团组61批1214人次。其中，台湾中南部基层民众访问团36批543人次，里长团7批31人次；中南部基层民众团组数占比约60%，人数占比约45%。与国民党嘉义市党部、国民党台南市党部、亲民党、劳动党大陆参访团4个团组46人次交流互访，内容涉及经贸、农业和两地青年创新创业等领域。

【横琴台商总部大厦建设协调推进】2019年，珠海市委台港澳办协调推进横琴台商总部大厦建设，促进珠台两地经贸深度合作。3月22日，横琴台商总部大厦动工建设。该项目占地1.1万平方米，层高32层，总建筑面积约9万平方米，以办公、商业为主，设立台商经贸营运总部、金融中心、百货、商贸中心、台湾风情美食一条街。

【珠台经济文化交流合作实施细则编制】 2019年7—10月，珠海市委台港澳办组织开展《关于促进珠台经济文化交流合作的若干措施》贯彻落实专题调研活动。通过走访台资台商企业、召开专题座谈会、发放调查问卷、赴南京市和厦门市等地交流学习等方式，了解在珠台胞工作、生活和学习基本情况，梳理政策落实过程中的痛点、堵点和难点，形成《深化经济文化交流 探索融合发展新路》专题调研报告。在前期调研基础上，征求各有关单位意见并修改完善，出台《〈关于促进珠台经济文化交流合作的若干措施〉实施细则》，加强政策的实操性，让政策条款更大范围、更深层次、更加便利惠及在珠台胞。

2019年4月17日，珠海市委书记郭永航（右）会见台湾亲民党主席宋楚瑜（左）大陆参访团一行　（市委台港澳办供稿）

【台商公益活动】 2019年12月25—29日，珠海市台港澳事务局首次组织12家珠海台资企业携400余个工作岗位赴云南省怒江州泸水市和兰坪县，开展“情暖上学路”爱心捐赠和台资企业专场招聘活动，促成珠海市台商投资企业协会和澳门企业向怒江州民族教育促进会捐赠50万元，并与怒江州人社局签订劳动力转移就业合作协议，助力怒江州劳动力转移脱贫及教育事业发展，实现合作共赢、共同发展。

【台湾青年实习就业创业】 2019年，珠海市台港澳事务局落实“台湾青年优才名企实习计划”，提供珠海格力电器股份有限公司和金山软件股份有限公司2家知名企业实习岗位2个。落实台湾青年到粤实习就业岗位计划，提供实习就业岗位69个，超额完成省台办确定的50个任务指标。配合澳门中联办台务部，提供台湾青年实习岗位10个。做好2019广东“众创杯”创业创新大赛之科技海归领航赛宣传，发动珠海青年台商积极参赛，并配合市人社局做好10个台商参赛项目组织工作，“智慧新养殖”项目获团队组银奖、“瑞霸生技”项目获团队组铜奖、“智能声宅（全屋无死角旧家电声控系统）”获企业组铜奖。

【对台宣传】 2019年，珠海市加强与台湾泛蓝主流媒体和新媒体联系，加大入岛宣传力度，讲好珠海故事。邀请岛内及大陆100余名重点台商参加“台商一起来，融入大湾区”主题活动，举办珠海市投资环境推介会，12家台湾媒体30余名记者通过指传媒、台湾中天、台湾网、《中华时报》对粤港澳大湾区进行正面宣传，帮助台胞台企了解大湾区、融入大湾区，共享机遇、共谋发展、共创双赢，两岸企业家峰会大陆方面理事长郭金龙、省委台办主任黄耿城、市委书记郭永航出席活动。做好第三届“21世纪海上丝绸之路”中国（广东）国际传播论坛等珠海大型活动台湾媒体的邀请、管理和服务工作。协助中央人民广播电台采制《粤港澳大湾区城市巡礼》，宣传“珠台52条”惠台政策落实情况，为台湾商人、台湾青年到湾区发展提供指南。协助台湾旺中媒体集团拍摄“我的奋斗故事”系列专题节目，讲述台湾青年李世峻在珠海求学、工作和创业故事。

【“两岸一家亲”文化交流营】 2019年11月11—16日，第五届珠台高校“两岸一家亲”文化交流营活动在珠海市举办。来自台湾4所高校（中原大学、亚洲大学、虎尾科技大学、东海大学）的38名师生与北京理工大学珠海学院的30余名学生同吃同住、同心同行，了解香山特色文化、体验珠海风土人情，感受粤港澳大湾区建设活力。

【台湾青年文化之旅】 2019年8月25—29日，珠海市台港澳事务局组织市台商协会、台青会骨干成员、台籍青年教师等台湾青年代表30人，赴陕西省延安市开展文化交流体验活动，参观黄帝陵、延安革命纪念馆、王家坪革命旧址、南泥湾大生产展览馆和延安新城等，加深台湾青年对中华文化和国情的认知，推动实现同胞“心灵契合”，促进两岸交流合作。

【两岸青年香山文化体验之旅】 2019年9月16—19日，两岸青年香山文化体验之旅在珠海举行，来自台湾修平科技大学的11名师生参加活动。活动以“两岸学子深交流，中华文化共继承”为主题，内容包括中华茶文化及旅游文化、中华传统文化专题讲座，参观考察孙中山故居、珠海大剧院和珠海城市会客厅等，让台湾师生了解香山文化和珠海经济社会发展情况，促进文化交流。

【珠海台湾青年之家挂牌】 2019年9月23日和11月28日，“珠海台湾青年之家”分别在乐士文化园区和珠海中心大厦29楼挂牌。珠海台湾青年之家是珠台青年交流的重要载体，在人才培养、实习、就业和创业孵化等方面，给予台湾青年全方位、多层次服务，推动台湾青年学生来珠海交流，增进对大陆发展现状和文化的了解，打造台湾青年展示才华的窗口和台湾青年融入粤港澳大湾区的窗口。截至年底，珠海台湾青年之家成功邀请台胞来珠交流团组5批次190人；与9家大陆企业达成引进台湾青年实习计划，有3名台湾青年分别在珠海金山软件公司、珠海格力电器股份有限公司实习；与珠海华发集团、乐士文化区达成战略合作意向并成功入驻；赴台湾中华医药大学、台湾东海大学等高校发布大陆企业实习、就业岗位信息（实习岗位72个、就业岗位12个）；创立“台湾青年之家”微信公众号，为台湾青年提供全面、及时的服务。

【台胞台商服务】 2019年，珠海市处理各类涉台事件64件，办结63件，办结率98%。事件主要涉及无钱求助、死亡、刑事案件和遗失证件等，其中，民事纠纷6件，刑事案件17件，房地产1件，双向遣返2件，过期居留7件，核查身份1件，无钱求助3件，遗失证件7件，公证2件，涉毒1件，证件签注7件，死亡事件5件，其他事件11件，协助其他单位工作1件。协助台胞办理台湾居民居住证19人次。协助省台办及有关部门处理台胞郑逸文与珠海市领趣文化发展有限公司医疗赔偿纠纷一案，经多次沟通协调，历时5个多月最终签订和解协议。成功说服陈言立依法接受行政处罚，解决其17年来未能返台难题。

（曾示男）

港澳工作

【概况】 2019年，珠海市接待港澳嘉宾到访珠海73批1777人次；协助办理通关礼遇（便利）手续团组209批2522人次；审核审批因公赴港澳团组5584批（香港1995批、澳门3589批）1.05万人次（香港3623人次、澳门6904人次），其中党政干部因公临时赴港澳2828人次（香港1200人次、澳门1628人次）、厅级干部因公临时赴港澳报批107人次（香港44人次、澳门63人次）。

【珠港澳高层访问】 2019年，珠海市坚持“中央要求、湾区所向、港澳所需、全力以赴”，市委、市政府主要领导14次赴香港、澳门访问，推动珠港、珠澳深度务实合作。4月3日，市委书记郭永航、市长姚奕生率珠海市党政代表团赴澳门拜访拜会澳门特别行政区行政长官崔世安；5月9日，市委书记郭永航、市长姚奕生率珠海市党政代表团赴香港拜访拜会香港特别行政区行政长官林郑月娥；9月4日，市委书记郭永航率珠海市党政代表团赴澳门拜访拜会澳门特别行政区候任行政长官贺一诚。此外，市委、市政府主要领导及分管领导多次会见或拜访港澳特别行政区司局级官员，高层互访更加频密，交流领域更加广泛，合作内容不断深入。

【粤港澳大湾区建设】 2019年，珠海市推进粤港澳大湾区建设工作领导小组下设工作小组10个，由市委台港澳办牵头1个、作为参与单位7个。加强与澳门特别行政区政府沟通，推动与港澳制度规则贯通变通。推动设立粤澳深度合作区，探索延伸对接澳门自由港的有益制度，打通人流、物流、资金流、信息流和技术流。珠港重点加强在航空产业、科技创新、高等教育、医疗服务等方面的合作。牵头落实便利港澳居民政策措施，在创新创业、教育医疗、社保以及执业认证、人才政策扶持、跨境抵押及不动产登记等领域，为港澳居民在珠海工作生活提供全覆盖、多层次、一站式服务。

【澳门经济适度多元发展促进】 2019年，珠海市台港澳事务局多举措促进澳门经济适度多元发展。制订《珠海市迎接澳门回归祖国20周年工作方案》，推动成立由市委、市政府主要领导分别担任组长、副组长的“珠海市迎接澳门回归祖国20周年工作领导小组”，牵头做好105项迎回归工作，制定时间表、路线图、任务书，并加强督办督查。推动惠澳政策创新。推动珠海市与澳门特

2019年5月9日，珠海市委书记郭永航（左）率珠海市代表团访问香港，拜会香港特别行政区行政长官林郑月娥（右） （市委台港澳办供稿）

别行政区政府签订《澳珠合作备忘录》。横琴口岸“合作查验、一次放行”通关模式获全国人大授权。加快推进支持澳门中医药产业发展先行先试政策、离岛免税购物政策等落地，珠海市一揽子惠澳政策纳入国家惠澳政策建议清单。促进珠澳产业协同发展。以粤澳合作产业园、粤澳合作中医药科技产业园等重大项目为平台，配合澳门发展新兴产业；推动粤澳跨境金融合作示范区挂牌，大昌行物流中心开业。共建珠澳优质生活圈。推动第四条对澳门供水管道工程通水，对澳输电第三通道（珠海侧）电缆工程全面建成；推动横琴口岸、青茂口岸旅检通关和湾仔口岸恢复开通；推动建设“澳门新街坊”及澳门街坊总会在横琴设立综合服务中心。

【珠港澳青年交流品牌活动】 2019年，珠海市通过打造品牌活动，引导珠港澳三地青年交心交友、同心同向、创新创业。首次承办粤港澳大湾区澳门青年实习计划，与澳门中华青年进步协会合作，征集实习岗位50个，实际招收实习生17人，实习岗位分布在全市8个企事业单位。筹办全省首届“‘澳门青年湾区实习计划’创业体验项目”，作为全省3个承办城市之一，为该项目征集创业体验岗位44个，实际接纳实习生13人。举办珠港澳大学生书画摄影作品展、珠港澳青年五四成人礼、港澳青少年国防教育等活动，协助澳门中联办开展澳门青少年暑期夏令营等暑期考察交流活动。

【港澳青年在珠创新创业】 2019年，珠海市重点打造横琴·澳门青年创业谷项目。截至年底，横琴·澳门青年创业谷(含创意谷)累计孵化港澳项目251个，其中澳门229个、香港22个。累计培育和引进高新技术企业48家；24家企业获得风险投资资金，融资额突破4.36亿元。是年，横琴·澳门青年创业谷获“国家级众创空间”“国家级科技企业孵化器”等称号，全国首家青创板运营中心落户。举办港澳青年创新创业活动。横琴·澳门青年创业谷、粤澳合作中医药科技产业园孵化中心、横琴北京大学创业训练营等创新创业基地，分别举办2019大湾区（澳门）青年创新创业大赛决赛、横琴澳门青年创业训练营、“我和我的祖国”2019珠澳两地青年企业家创新创业主题交流会等活动。加大港澳青年创新创业政策宣传。安排港澳学生参观青年创新创业基地，邀请专家宣讲港澳青年创新创业政策措施。

【第九届珠澳合作发展论坛】 2019年10月26日在珠海市举办。活动由珠海市台港澳事务局与澳门经济学会联合主办，以“如何加强珠澳合作，加快建设大湾区澳珠极点”为主题，邀请中山大学粤港澳发展研究院首席专家陈广汉、澳门经济学会副理事长曾泽瑶、广东省社科院文化产业研究所副所长詹双晖、澳门经济学会澳门世界旅游休闲中心发展研究部部长吕开颜4位专家学者，就如何在粤港澳大湾区背景下深化珠澳合作，提出建设性意见建议。澳门中联办、

2019年4月3日，珠海市委书记郭永航（左）率珠海市代表团访问澳门，拜会澳门特别行政区行政长官崔世安（右） （市委台港澳办供稿）

广东省港澳办、珠海市政协、珠海市台港澳事务局、澳门经济学会等单位代表出席活动。

【因公赴港澳审批办证系统升级】 2019年，珠海市升级因公出境办证系统，提升窗口服务效率和水平。11月，因公赴港澳审批办证管理系统部署上线，开始试运行。12月，市委台港澳办因公赴港澳审批办证窗口由原市外事局办事窗口搬迁至市委台港澳办办公大楼一楼新办事窗口。 （曾示男）

法 治

地方立法

【概况】 2019年，珠海市人大常委会审议法规草案9件，其中新制定法规5件、修改2件、废止2件。对1件市政府规章、13件市政府规范性文件和11件市中院规范性文件进行备案审查。协助审查国家法律和省法规草案征求意见33件、党内规范性文件11件。

【重要领域立法】 2019年，珠海市人大常委会围绕重要领域立法，发挥地方立法在地方治理体系和治理能力现代化中的独特作用。

围绕推进粤港澳大湾区建设开展创新性立法 审议通过《珠海经济特区横琴新区港澳建筑及相关工程咨询企业资质和专业人士执业资格认可规定》，依据规划纲要授权，允许取得港澳建筑领域企业资质及专业人士资格的部分主体经备案在横琴直接提供服务，为横琴新区改革创新、支持和促进澳门产业多元化发展提供制度保障，此项立法是全省首部为大湾区建设提供法治保障的专项地方性法规。支持横琴新区建设发展，通过法律询问答复形式，指导解决《横琴国际休闲旅游岛建设方案》实施过程中遇到的问题和困难。

围绕深化改革和生态文明建设立法 审议通过《珠海市人民代表大会常务委员会关于市人民政府机构改革涉及珠海地方性法规规定的行政机关职责调整问题的决定》，确保行政机关依法履行职责、开展工作，推进机构设置和职能配置优化协同高效。审议通过《珠海经济特区园林绿化条例》，对珠海市园林绿化事业进行系统性、前瞻性和引领性制度规范，借鉴深圳立法经验，突破省条例规定，合理设定园林绿化规划控制指标。适应生态文明建设新要求，审议通过《珠海经济特区前山河流域管理条例》和《珠海经济特区生态文明建设促进条例》修改决定草案。

围绕人民群众重大关切问题立法 总结防御“天鸽”“山竹”等台风灾害经验教训，审议通过《珠海经济特区防台风条例》，明确工作组织体系和协同机制，规范灾害预防、监测预警、应急处置、保障措施等方面制度，推进防台风工作科学有序开展，切实维护广大人民群众人身财产安全。审议通过《珠海经济特区禁毒条例》，创设依自愿选择定点社区进行戒毒、康复制度，创新社区康复人员监管机制，提升禁毒工作的针对性和有效性。

【粤港澳大湾区立法推进】 2019年，珠海市人大常委会推进粤港澳大湾区立法工作。

加强与港澳立法交流 与澳门立法会、法务局等建立沟通联系机制；赴香港和澳门调研2次，接待港澳各界人士7批次70余人，就珠海通过立法保障珠澳合作、促进澳门经济适度多元化发展、服务粤港澳大湾区建设进行面对面深入交流。在涉及粤港澳大湾区相关立法过程中，征求港澳相关部门及业界意见，与澳门工程师学会、澳门建造商协会、香港发展局及屋宇署、香港建筑师事务所商会等10余个单位座谈，多次书面征求港澳相关部门和学会意见建议，邀请香港专家到横琴专题讲授香港建设领域相关制度。

横琴新区金融领域立法议案办理 在市九届人大七次会议上，24位代表联名提出《关于制定珠海经济特区横琴新区金融促进条例的议案》。经广泛调研和征求意见，3月29日，市九届人大常委会第二十次会议审议通过法制委员会的审议结果报告，印发审议意见，将该项立法纳入2019年立法工作计划，要求市政府和横琴新区管委会将该项立法作为重点工作来抓，确保立法工作有序推进、取得实效，条例草案成熟后及时提请市人大常委会审议。

设立“珠海经济特区法治协同创新中心” 与中国社科院法学所、横琴新区管委会共同设立“珠海经济特区法治协同创新中心”，作为珠海市推动粤港澳大湾区建设的高级智库，开展粤港澳合作制度建设和规则衔接研究，为珠海参与粤港澳大湾区建设提供全方位智力支持。

推进《珠海经济特区横琴新区条例》修订 调整年度立法工作计划，将《珠海经济特区横琴新区条例》修订增补为预备项目，明确起草责任单位为横琴新区管委会，提案单位为市人民政府。提出对标对表粤港澳大湾区建设最新要求，结合横琴发展实际，对《珠海经济特区横琴新区条例》进行全面修订。

开展现行有效法规梳理工作 组织开展法规全面清理工作，要求市政府及各相关部门重点对照《粤港澳大湾区发展规划纲要》和《广东省人民代表大会常务委员会关于大力推进法治化营商环境建设的决定》要求，开展经济领域法规清理；对照《珠海市机构改革方案》《珠海市人民代表大会常务委员会关于市人民政府机构改革涉及珠海地方性法规规定的行政机关职责调整问题的决定》，开展机构改革有关的地方性法规清理。

【立法工作机制完善】 2019年，珠海市人大常委会“以问题为导向”开展立法工作，增强立法的针对性和有效性。坚持解决改革发展中的实际问题。每项立法都要求摸清相关领域实际存在的主要问题，从问题出发主导开展有针对性的制度设计。加强请示汇报。多次拜访全国和省人大常委会法工委、省政府有关部门，了解顶层设计、上级政策导向，争取上级对立法工作的指导和支持。注重科学论证。借用外脑，发挥立法顾问、港澳法律顾问公司和专家学者在立法中的作用；学习借鉴港澳及深圳等地的先进立法和管理经验。启动智慧立法系统。与“北大法宝”合作研发的智慧立法系统上半年投入试运行，逐步实现法规草案起草、提请审议、调研论证、审议通过、归档全流程管理。坚持立法为了人民、依靠人民，倾听群众呼声，做到“人民有所呼、立法有所应”。加强调查研究。把到基层调研、实地考察常态化，深入基层摸查实情，掌握第一手资料，力求把立法问题找准、把立法对策想透。广泛听取意见。立法过程全公开，所有立法项目均征求全体市人大代表意见，所有法规草案均通过报刊和官网征求社会各界意见；开展立法协商，听取政协委员、民主党派意见。维护群众切身利益。对立法中涉及的重大利益问题、重大分歧问题，坚持以增进人民福祉为出发点和落脚点，敢于在矛盾焦点问题上“切一刀”，避免久拖不决，提高立法效率。

【备案审查】 2019年，珠海市人大常委会以《广东省各级人民代表大会常务委员会规范性文件备案审查条例》实施为契机，举办规范性文件备案审查工作会议暨备案审查信息平台使用学习培训班，全面部署和加强备案审查工作；推动并指导香洲区、金湾区、斗门区人大常委会召开备案审查工作会议；明确各区人大常委会、市政府、市中院、市检察院备案审查机构和人员。向全国人大常委会、国务院、省人大常委会报送新制定法规和废止决定9件。组织开展市政府及市中院规范性文件审查25件。加强备案审查工作机制和能力建设，建立市、区、镇三级人大常委会备案审查衔接联动制度，协助省人大完成全市87名备案和审查工作人员网络平台登录授权；建立规范的立法顾问协助审查机制，为规范性文件提出专业参考意见；派员参加全国人大、司法部、省人大组织的全国、全省性备案审查工作培训会4次。（张天添）

政法工作

【概况】 2019年，珠海市政法机关贯彻落实《中国共产党政法工作条例》，完善党对政法工作领导体制机制。聚焦“形式主义官僚主义”等六类问题，开展集中整治，全面彻底肃清周永康流毒影响，持续肃清李嘉、万庆良恶劣影响，营造风清气正的政治生态。对照习近平总书记提出的“五个过硬”总要求，着力提高政法队伍法律政策运用能力、防控风险能力、群众工作能力、科技应用能力和舆论引导能力。围绕中华人民共和国成立70周年和澳门回归祖国20周年安保维稳主线，推进平安珠海建设，推动粤港澳大湾区背景下的社会治理创新，完善社会治安防控体系，提高预测预警预防各类风险能力。推进“飓风2019”“利剑行动”“净网2019”“剑网2019”等专项行动，依法打击各类违法犯罪，全市违法犯罪警情数比上年下降17.22%。刑事案件立案数比上年下降4.7%，涉枪案件立案数下降84.6%，涉黄、赌、毒案件受理数下降49%，命案现案破案率连续五年保持100%。成功侦破“9·30”特大跨国网络赌博案等一批大案要案。市检察院依法受理审查逮捕4672人、受理审查起诉6386人，比上年分别下降20.3%和12.7%；批准和决定逮捕3393人，提起公诉4686人。市民族宗教工作部门、市国家安全局履行工作职责，坚决抵御境外利用宗教进行渗透活动，防范化解重大风险。加强和创新社会治理，牵头抓好社会治理体制改革，完善社会治理领域制度建设，深化基层社会治理创新，健全社会治理多元参与体系，加强社会心理服务体系建设，推动社会治理“五大工程”建设。珠海市在全省2018年度综治工作（平安建设）考评中位列第五，在2019年全省群众安全感、政法工作满意度测评中位列第四和第五；市委政法委获评“全国维护妇女儿童权益先进集体”。

【矛盾纠纷化解】 2019年，珠海市围绕“打赢中华人民共和国成立70周年维稳安保主动仗”这条主线，坚持问题导向、稳字当头，按照“滴水不漏、万无一失”标准，建立健全市、区两级信访维稳专班、政治安全专班和“全市一盘棋”工作机制，开展防范重大风险等领域专项行动，采取防风险、保平安、护稳定各项超常规措施，坚决防范和抵御各种渗透破坏活动和倒灌影响，打赢“香洲渔港搬迁”“斗门伟创力裁员”“中华人民共和国成立70周年庆祝活动及焰火晚会维稳安保”“澳门回归祖国20周年庆祝活动维稳安保”等“硬仗”11场，维护全市社会大局稳定，确保全年26个敏感时间节点平稳度过。

【扫黑除恶工作】 2019年，珠海市按照“有黑扫黑、有恶除恶、有乱治乱”总要求，把扫黑除恶专项斗争作为重大政治任务来抓，围绕“十类打击重点”（威胁政治安全特别是制度安全、政权安全以及向政治领域渗透的黑恶势力；把持基层政权、操纵破坏基层换届选举、垄断农村资源、侵吞集体资产的黑恶势力；利用家族、宗族势力横行乡里、称霸一方、欺压残害百姓的“村霸”等黑恶势力；在征地、租地、拆迁、工程项目建设等过程中煽动闹事的黑恶势力；在建筑工程、交通运输、矿产资源、渔业捕捞等行业、领域，强揽工程、恶意竞标、非法占地、滥开滥采的黑恶势力；在商贸集市、批发市场、车站码头、旅游景区等场所欺行霸市、强买强卖、收保护费的市霸、行霸等黑恶势力；操纵、经营“黄赌毒”等违法犯罪活动的黑恶势力；非法高利放贷、暴力讨债的黑恶势力；插手民间纠纷，充当“地下执法队”的黑恶势力；境外黑社会入境发展渗透以及跨国跨境的黑恶势力）和“深挖根治”目标，推进“三大攻坚行动”（重点案件线索、重点问题、重点地区攻坚行动）“两打”（打“保护伞”、打“黑财”）“两建”（建立健全扫黑除恶长效机制、基层党组织建设）重点工作，取得阶段性成效。截至年底，接收的中央重督、督办、转办线索全部办结或初步办结；接全国“12337”智能化举报平台交办线索核查完结率89.47%，超过省扫黑除恶办确定的80%的指标。全市违法犯罪警情、刑事案件发案数、8类严重暴力案件发案数、黑恶势力惯常实施的7类案件数和伴随实施的11类案件数保持下降趋势，比上年分别下降17.22%、4.5%、12.79%、28.78%和37%。开展重点行业黑恶乱象整治。坚持以人民为中心的发展思想，开展农贸市场、医疗保健、文化旅游、住房建设、交通运输、金融等民生领域行业乱象整治行动，打击违规经营、强买强卖、欺行霸市、收“保护费”、串通投标、非法集资等黑恶乱情况。深挖黑恶势力“保护伞”，全市立案查处涉黑涉恶腐败和“保护伞”案件33件33人，给予党纪政务处分17人、组织处理7人、移送司法机关6人。群众对珠海扫黑除恶工作满意率97.26%，位列全省第四。

【执法司法工作】 2019年，珠海市推进政法系统机构改革。市委依法治市办及重新组建的市司法局挂牌，香洲、金湾、斗门3个行政区司法局完成组建工作。全面落实司法责任制及综合配套改革。推进员额制法官选任工作，全市两级法院遴选员额法官10人；推进法官职务序列等级择优选升工作，构建审判管理监督机制，促使司法人员集中精力尽好责、办好案，提高司法质效和公信力。司法质效提高。全市法院受理各类案件6.59万件、办结6.55万件，法官人均结案288.6件，比上年分别增长20.51%、19.21%和17.80%。全市检察机关批捕2219件3393人，提起公诉3188件4686人，检察机关依法履职能力增强；做实做强公益诉讼工作，解决群众反映强烈的治理难题，全年审查案件线索130件、立案81件，提起公益诉讼6件，发出行政公益诉讼诉前检察建议46件，采纳率100%。执法监督向纵深延伸。聚焦生态环境保护、食品药品安全、劳动保障、知识产权保护等重点领域和关键环节，完善“两法衔接”机制，通过开展专项监督和专项整治，维护群众合法权益。法治护航民营经济水平提升。以贯彻落实《粤港澳大湾区发展规划纲要》为重点，市委政法委、市中院、市检察院、市司法局等部门分别出台依法保障和服务民营企业健康发展的具体实施意见，开展“法治体检进民企”活动，组织开展“减证便民”行动，为粤港澳大湾区建设和珠海经济特区“二次创业”加快发展营造稳定公平透明、可预期的法治化营商环境。司法公共服务优化。推进网上立案、网上缴费等线上诉讼服务，解决人民群众立案难的问题；推进跨区域立案诉讼服务，自8月开通跨域立案服务以来，完成跨域立案58件；横琴新区法院为港澳当事人开放便捷通道，快速办理授权委托及立案手续；市中院完善粤港澳大湾区商事纠纷解决机制，建立健全“法院+工会”沟通联系制度，构建劳动争议多元化纠纷化解格局，更好满足群众多元司法需求。涉外和涉港澳法律服务更加精准。推进横琴“一带一路”法律服务大数据中心和中拉企业法律服务中心建设，完善横琴新区“港澳中小企业法律服务中心”“海上丝绸之路法律服务基地”工作机制，优化涉港澳法律服务供给；开展法律援助证明事项告知承诺制试点工作，扩大证明事项告知承诺制覆盖面。

【综治领导责任制落实】 2019年，珠海市将各级党政领导抓综治工作（平安建设）的实绩纳入政绩考核内容，实行社会治安综合治理“一票否决权制”，逐级签订责任状，与晋级晋职、评先受奖等直接挂钩。制订综治工作（平安建设）考评方案，组织对各区（经济功能区）和市创建平安珠海工作领导小组成员单位进行考核，评定等次，报市委常委会审定后在全市通报，并由市领导对排名末位的单位主要领导进行约谈。

【综治“中心+网格化+信息化”建设】 2019年，珠海市推进市、区、镇（街）、村（社区）四级综治中心规范化建设，发挥基层镇（街）综治中心实战功能，防控违法犯罪、化解矛盾纠纷、排查公共安全隐患。全年全市各级综治中心受理各类矛盾纠纷3.38万件，成功调处3.36万件，调解率100%，调成率99.5%，为珠海“二次创业”创造良好社会治安环境。全市划分综治网格1358个，配置网格员1692人，其中专职网格员43人、兼职网格员1649人，网格化服务管理覆盖率100%，及时上报和处置网格事件8.16万件，办结7.92万件，办结率96.97%。统筹推进全市安全视频图像信息系统，开展社会面重点单位（三类点）视频图像联网共享工作，以重点部位和高危场所安全管控为切入点，打破技术壁垒，成功接入各种监控视频812路，为“雪亮工程”建设打下坚实基础。

【重点地区整治】 2019年，珠海市部署社会治安排查198次，发现重点地区118个，完成整治87个，整治工作进行中31个。根据《珠海市社会治安综合治理重点治理镇（街）实施办法》，对照2018年度全市公安业务数据和平安指数等指标，结合暗访工作情况，确定斗门区白蕉镇为2019—2020年度重点治理和挂牌整治镇（街）；对横琴新区（横琴镇）突出治安问题进行通报警示，对香洲区南屏镇挂牌整治工作发提醒函予以警示。开展2018—2019年度重点治理和挂牌整治地区验收工作，香洲区南屏镇、斗门区井岸镇重点治理工作成效明显，违法犯罪警情得到有效遏制，顺利摘牌。

【严重精神障碍患者救治救助】 2019年，珠海市登记严重精神障碍患者在册人数7176人，检出率4.28‰，管理率90.55%，规范管理率85.98%，服药率84.46%，规律服药率60.14%。公安列管精神障碍患者470人，全部在册列管在控，严重精神障碍患者救治救助工作水平提升。完善严重精神障碍患者救治救助综合管理工作体系，及时发现并制止严重精神障碍患者肇事肇祸倾向性苗头，有效防止严重精神障碍患者肇事肇祸案（事）件。推进严重精神障碍患者救治救助信息化建设，推动部署应用“珠海市严重精神障碍患者救治救助管理服务系统”，被省委政法委确定为首批实践创新项目试点城市。

【平安珠海创建】 2019年，珠海市推动平安细胞建设，加强“平安细胞示范点”建设，重点开展平安工地、平安企业、平安校园、平安医院创建，实现平安细胞建设全覆盖。市平安办会同市公安局全面优化升级平安指数，在全国首推“平安+”市域社会治理指数。“平安+”市域社会治理指数以“国家长治久安、社会安定有序、人民安居乐业”为目标导向，由内容体系、方法体系、

2019 年 11 月 27 日，珠海市公安局在“平安指数”基础上发布“平安 +”市域社会治理指数 （赵崇幸 摄）

应用体系“三大体系”构成，涵盖社会稳定、治安指数、市民诉求、食药安全等 14 个分类指数，以 4 种形式发布，具有平安加、平安嘉、平安家、平安佳“4 个 JIA”内涵，实时展示城市动态平安趋势，全面把脉城市全方位平安状况，反映全市各镇（街）社会治理水平，成为打造“平安珠海”的一张新名片。印发《关于进一步提升“平安创建”群众知晓率、参与率的通知》，会同公安机关开展群众安全感、满意度及知晓率调查，加强对各区各成员单位在平安创建宣传工作中的指导和督促。借助社会组织力量，发动党团员、民兵、青年志愿者、离退休人员等参与治保、调解、帮教、禁毒、防范邪教、普法等平安建设工作。结合“平安校园”创建活动，联合市教育局在全市中小学校开展“平安共建 幸福共享”征文比赛活动。市委宣传部将综治工作（平安建设）与宣传思想文化工作结合起来，全年组织市属传统媒体（报纸、广播、电视）推出综治工作相关报道近 400 篇，新媒体平台累计发布相关报道近 900 篇。

【社会治理体制改革】 2019 年，珠海市委政法委发挥社会治理体制改革小组牵头单位作用，统筹推动社会治理体制改革各项工作。推进“城市社会治理基础单元”改革试点工作，构建基层社会治理新格局。以市委、市政府名义出台《关于加强和完善城乡社区治理的实施方案》，完善社区工作标准化建设，提升城乡社区治理精细化水平。探索构建全科网格，推进“珠海市综治信息系统”建设，推动多网融合并发布“平安 +”市域社会治理指数。

【社会领域制度建设】 2019 年，珠海市委政法委发挥制度引领和保障作用，推动出台《珠海市物业专项维修资金管理办法》《珠海经济特区物业管理条例实施细则》《关于改革社会组织管理制度 促进社会组织健康有序发展的实施意见》等政府规章和规范性文件。此外，深化基层治理、社会心理服务等专题调研，形成《珠海市物业管理问题现状及对策》《珠海社会心理服务体系建设实践与探索》等调研报告，为全市加强和创新社会治理提供决策参考。

【基层社会治理】 2019 年，珠海市委政法委以党建推动基层治理创新，加强业主委员会党组织建设，推动打造“红色业委会”，构建以党群服务中心为圆心的“十分钟党建服务圈”。在香洲区吉大街道海湾社区和梅华街道悦城社区，推进“城市社会治理基础单元”改革试点工作，协调香洲区和相关单位，推动基础单元公共服务场地建设；突出党建引领，推动落实在职党员“双报到”制度，发挥党员先锋模范带头作用；培育基础单元自组织，组织居民开展社区协商议事，提高社区居民自治能力；搭建信息网络平台，基础单元智慧平台 APP 投入使用，方便群众参与社区治理；探索基础单元制度建设，推动打造居民生活共同体。启动城乡社区治理示范点建设，与市委组织部、市民政局、市司法局、市农业农村局等部门联合印发《珠海市城乡社区治理示范点建设工作方案》，推动各镇（街）示范点落实

2019 年 12 月 30 日，珠海市委政法委召开社会治理民情观察员座谈会 （市委政法委供稿）

2019年7月19日，第三届心理行业发展促进大会在人民大会堂举行。珠海市委常委、政法委书记张强在会上介绍珠海市加强社会心理服务体系建设经验

（市委政法委供稿）

基层党组织建设、法治建设、综合服务平台建设、开展社区协商、修订村规民约和居民公约、改善人居环境、推动三社联动、建设智慧社区9项任务。香洲区“实施基层权责改革，推动治理重心下移”经验做法获2019年全国“创新社会治理优秀案例”奖。

【社会治理多元参与】 2019年，珠海市委政法委发挥社会组织在社会治理中提供公共服务、化解纠纷矛盾、构建和谐社会的作用，激发社会组织活力。截至年底，全市登记社会组织2456个。引入国内知名议事规则推广团队萝卜（北京）咨询有限公司，参与“城市社会治理基础单元”改革试点工作，在调动居民参与、引进先进工作理念和凝练工作成果等方面，发挥社会力量参与社会治理的积极作用。拓宽群众参与社会治理的渠道，发挥民情观察员队伍作用，围绕解决群众反映突出的民生焦点、热点和难点问题，组织编发《珠海民情信息》12期，并与珠海电台合作录制反映民情信息的《市民热线》直播节目。成功打造横琴新区“物业城市”APP3.0版，利用大数据技术平台，引导市民参与解决城市治理问题，实现对城市各项设施的全智能化管理，探索破解社会治理难题新路径。

【社会心理服务体系建设】 2019年，珠海市委政法委牵头组织市民政局、市卫生健康局赴北京市考察学习社会心理服务体系建设工作，为构建具有珠海特色的社会心理服务体系理清思路、打好基础。市委常委、政法委书记张强应邀参加在人民大会堂召开的第三届心理行业发展促进大会，介绍珠海市加强社会心理服务体系建设的经验做法。启动社会心理服务体系，建设省级城市试点工作，推动制订《珠海市卫生健康系统社会心理服务体系，建设实施方案（2019—2021年）》，明确工作目标、任务和措施。推动成立珠海市精神心理卫生协会，加强交流合作，规范行业管理，促进全市心理卫生服务规范有序和健康发展。开通首条市级心理援助热线，为群众提供免费专业心理服务。加强与国内具有较高专业性和较强影响力的专业机构合作，在社会心态研究、建设标准化心理服务阵地、培养专业化心理服务人才队伍、搭建大数据心理服务平台和开展多元化心理服务活动等方面进行探索，提升全市社会心理服务水平。

【社会治理“五大工程”】 2019年，珠海市委政法委落实市委、市政府《关于在营造共建共治共享社会治理格局上走在全省前列行动方案》，推进平安共创、依法共治、基层共建、民意共商、幸福共享“五大工程”建设，研究策划“五大工程”实践创新项目培育行动，打造具有可推广、可复制价值的实践创新项目，提升全市社会治理现代化水平。率先在全国推出“平安+”市域社会治理指数，以市域层面各类安全大数据为支撑，通过社会稳定、社会共建、治安指数等14个一级指标和违法犯罪警情、交通事故、食品投诉等28个二级指标，实现情况发布、问题整改、考核通报的闭环管理，推动部门联动、问题联治和平安联创。横琴新区完善“物业城市”社会治理模式，推出“物业城市”APP3.0版，发挥企业在城市治理中的优势和作用，通过“专业服务+智慧平台+行政力量”相融合的方式，对城市公共空间、公共资源、公共项目实行全流程“管理+服务+运营”，经验做法被中央政法委《长安》杂志刊载，并获省委政法工作会议通报表扬。香洲区推动社区协商制度化、规范化建设，出台《珠海市香洲区社区协商操作指引》，选取23个社区分片区整体推进社区协商工作，逐步形成“一核（党建引领）、一线（议事规则）、两面（制度建设、活力建设）、四点（协商主体、协商内容、协商形式、协商机制）”社区协商机制。（林耿梅）

法治政府建设

【依法治市】 2019年，珠海市压实法治建设第一责任人职责。落实党委定期听取法治建设工作汇报、研究法治建设重大事项制度，将法治建设纳入市委常委会年度工作要点。市委依法治市办主任郭永航主持召开委员会会议2次，审议通过《珠海市推进全面依法治市行动方案》《珠海市委全面依法治市委员会2019年工作要点》以及委员会、协调小组工作规则和办公室工作细则等重要文件。市委依法治市办统筹全市各级各部门开展“食品药品监管执法司法”“营造法治化营商环境、保护民营企业发展”“法治政府建设”3项法治督察，推动督察发现问题整改，压实各区各部门法治建设责任。参与国家级和省级法治政府建设示范创建活动，珠海市人民政府入围全国法治政府建设示范创建市

2019 年 3 月 28 日，《珠海法治蓝皮书》在北京发布　　（市司法局供稿）

候选名单。推进立法、执法、司法、守法普法协调小组履职，在全省率先召开协调小组第一次会议。参与 2018 年法治广东建设考评，位列全省第二。与中国社科院法学研究所共同编写《珠海法治蓝皮书》，于 3 月与《中国法治蓝皮书》同时在北京发布，珠海成为全国首个由中国社科院法学研究所发布法治蓝皮书的地级市和唯一经济特区。

【立法制度建设】 2019 年，珠海市司法局完成 6 部法规立法审核并出台实施，完成 3 部政府规章立法审核并出台实施。开展法规、规章、证明事项全面清理工作，对现行地方性法规、政府规章、证明事项开展全面清理。健全科学民主立法工作机制，出台公众参与立法办法。在镇（街）设立基层联系点 8 个，征集基层意见；与高校、律师事务所合作开展立法论证；加强立法协商，征求政协委员意见；服务创新驱动发展战略和粤港澳大湾区建设，开展立法专题研究和立法梳理。与西南政法大学合作，完成法规、规章文本英文翻译 20 部，为企业和公众查询提供便利。

【行政复议和应诉】 2019 年，珠海市受理行政复议案件 1275 件，审结 1031 件。其中，直接纠正行政机关决定 78 件、间接纠正行政机关决定 149 件，综合纠错率 22.02%。推进“全城通办”工作，在市、区、镇三级公共法律服务中心（站）设立行政复议专门窗口，负责行政复议的宣传、咨询和部分受理工作，在具备条件的唐家、前山司法所直接开展行政复议受理工作。建立行政复议立案登记制。发挥行政复议服务粤港澳大湾区建设的作用，在市政府行政复议受理室设置专门服务窗口，对港澳籍自然人、企业提供解决行政争议的相关法律咨询服务，制定《涉港澳行政争议法律咨询服务窗口工作规则》，明确为港澳籍当事人实行咨询服务首问负责制。发挥行政复议监督作用，发出改进行政执法建议书 4 份。承办以市政府为被告的行政诉讼一审案件 130 件。发挥行政应诉监督责任，开展行政应诉履职情况自查，对各区、各部门行政应诉情况进行全面清查，提请市依法治市办作出“关于对不履行行政应诉职责情况的通报”，依法追究相关单位和人员责任。组织行政应诉专题培训，召开全市履行行政应诉职责督导会，提升行政应诉工作人员能力和水平。与金湾区人民法院联合建立依法行政教育实践基地。

【政府法律顾问工作】 2019 年，珠海市办理政府法律事务 623 件，组织市政府法律顾问开展专题法律事务论证 100 余件次，为市政府重大合同、重大决策事项、重大项目等提供法律顾问服务，保障市政府依法决策。强化对粤港澳大湾区建设的政府法律顾问服务保障，制定《市司法局服务粤港澳大湾区建设工作措施及任务分解表》《珠海市司法局服务粤港澳大湾区建设创新政策库》等文件，组织市政府兼职法律顾问参与《横琴新区港澳建筑及相关工程咨询企业资质和专业人士执业资格认可规定》等涉粤港澳大湾区建设制度文件的法律论证。编制《近海乱象整治行政执法工作指引及法律问题解答》，承担近海水域乱象整治法制保障专项工作。完成市政

2019 年 11 月 1 日，珠海市政府举行第七届兼职法律顾问聘任仪式
（市司法局供稿）

府第七届兼职法律顾问聘任工作。编制《政府法律顾问工作手册》，加强对各区、各部门政府法律顾问业务和合法性审查工作指导。推动珠海市律师协会于6月设立政府法律顾问工作委员会。

【规范性文件管理】 2019年，珠海市司法局强化对规范性文件审查与备案监督，从源头上预防和减少违法行政行为发生。执行“三统一”（统一登记、统一编号、统一公布）、政策解读等制度，做到有件必审、有错必纠，维护国家法制统一和政令畅通。是年，经审查颁布的政府规范性文件12件、部门规范性文件73件，统一审查、编号、发布率均达100%。备案监督各区政府规范性文件34件。将横琴新区政府规范性文件纳入备案监督范围，实现备案监督全覆盖。为党内规范性文件提供合法性保障，对10余件党内规范性文件出具书面意见。按照中央、省的统一部署，配合各行政主管部门开展证明事项兜底条款、外商投资法、工程项目招标投标等领域规范性文件专项清理。

【行政执法监督】 2019年，珠海市司法局推进依法行政，全面加强行政执法协调监督。加强行政执法协调。主动介入政府机构改革，对市直属行政执法部门机构改革中的职能调整提出意见，从源头减少行政执法争议；对市自然资源局、市生态环境局、横琴新区、香洲区等多个执法主体之间的行政执法争议进行协调，确保行政执法主体依法履行职责。强化行政执法人员管理。开展机构改革后行政执法主体的清理工作，对各行政执法部门的主体资格、执法职责、人员编制、执法委托等进行全面审核；加强行政执法人员培训，全年组织综合法律知识培训班2期，培训执法人员800余人；组织1300余名执法人员进行综合法律知识网上考试，提升行政执法人员执法水平。全面推进行政执法“三项制度”（行政执法公示、执法全过程记录、重大执法决定法制审核）。对各区、各部门全面推行行政执法“三项制度”进行部署，组织开展专项业务培训，检查通报3次，推进行政执法“三项制度”全面落实。科学开展案卷评查。开展常态化行政执法案卷评查，组织案卷评查3次，审查行政执法案件的合法性和合理性，促进行政执法合法规范。统筹执法协调小组工作。召开执法协调小组第一次会议，制定执法协调小组工作规则，对全市行政执法重点工作进行部署。推进法治化营商环境建设。牵头制定《珠海市司法局关于依法保障和服务民营企业健康发展实施意见》，为民营企业发展提供法治保障。梳理汇总市委依法治市办四个协调小组调研成果，形成专题报告提交市委常委会研讨，为市委决策提供参考。 （张 浩）

公 安

【概况】 截至2019年底，珠海市公安局设有行政单位41个，事业单位2个。其中，直属综合管理机构4个，直属执法勤务机构29个，直属行政机构8个。

2019年，珠海市公安机关把确保中华人民共和国成立70周年、澳门回归祖国20周年庆典安全作为首要政治任务，推进各项安保维稳和打防管控工作措施，完成各项公安工作任务。开展“不忘初心、牢记使命”主题教育、模范机关创建和“践行新使命、忠诚保大庆”实践活动，修订《重大事项请示报告制度》和《珠海市公安局意识形态工作责任制实施意见》，严格落实第一议题制度，全年举办市局党委理论中心组学习22次、“珠海公安大讲堂”8次，贯彻党对公安工作的全方位领导。推进“筑基工程”建设，培育“民需我为”窗口党建工作法等优质基层党建工作品牌以及市局示范党支部48个、全省公安机关党支部示范点8个，市公安局成为公安部党建工作调研联系点。举行大练兵成果汇报暨反恐应急处突演练，加强警察训练基地建设，开展全警实战大练兵、夏季大练兵、“强警保大庆”大练兵大比武，形成“5+2”（5个公共科目和2个专业科目）结构化训练模式，举办各类训练班415期8864人次，开展基础实战科目考核5100余人，全警依法履职本领、攻坚决战能力得到提升。推出重大安保战时暖警励警十项举措，启动战时表彰奖励机制，落实各项爱警惠警政策，举办“践行新使命、忠诚保大庆”珠海公安重大安保工作誓师大会，评选“新时代珠海警队之星”“珠海最美基层民警”。是年，市公安局在全省公安机关2019年度综合考评中位列第三，车管所获评“全国巾帼文明岗”，出入境管理支队获评广东省“人民满意的公务员集体”，马征获“全国五一劳动奖章”。

【重大活动安保】 2019年，珠海市公安局完成中华人民共和国成立70周年庆典安保任务。举办“践行新使命、忠诚保大庆”珠海公安重大安保工作誓师大会，围绕庆祝中华人民共和国成立70周年庆典焰火晚会，按照“以面保点、外围保核心”安保思路，依托“珠海市重大活动智慧安保应急指挥体系”，综合采取实名预约、总量控制、分区规划、分段管控和外围分流的网格化安保举措，以“零风险、零差错、零失误、零发案”成绩完成庆祝活动安保工作。完成澳门回归祖国20周年庆典安保任务。坚守“万无一失、一失万无”安保理念，坚持细致、精致、极致工作标准和要求，发挥统筹协调“指挥部”和安保维稳“主力军”职能，以地方队发挥国家队、省队作用，建立以珠海为中心的区域协同作战安保新举措，网上网下同步发力，陆海天空立体防控，确保澳门回归祖国20周年庆祝活动顺利举行，得到中央政法委、公安部、省委、省公安厅及市委、市政府肯定。

【扫黑除恶专项斗争】 2019年，珠海市公安局推进扫黑除恶专项斗争，开展重点地区、重点行业、重点领域涉黑涉恶违法犯罪线索滚动排查，成功侦破陈某涉黑专案、“3·19”涉恶势力集团专案；深化珠澳警务合作，成功破获“6·01”“6·02”等重大涉黑恶专案，获省公安厅通报表扬。对斗门区进行挂牌整治并成功摘牌。自2018年1月开展专项斗争以来，全市累计打掉涉黑组织7个、恶势力犯罪集团13个，实现打击“保护伞”处级突破。在市扫黑办组织的测评中，87%受访市民表示扫黑除恶专项斗争开展以来安全感得到提升，89.47%村（居）工作人员对扫黑除恶工作表示满意。

【违法犯罪打击】 2019年，珠海市公安局纵深推进“飓风2019”等专项打击行动，创新智慧新侦查打击模式，提升精确打击工作力度。全市刑事立案比上年下降4.7%，连续五年命案现案全破。成功开展“飓风144”号集群战役行动，获公安部和省公安厅领导批示肯定；成功参与破获涉税“会战六号”“会战九号”案件，获公安部嘉奖，经侦支队获评“全国打击虚开骗税违法犯罪成绩突出集体”；成功侦破“9·30”特大跨国网络赌博案，成为2017年全国开展打击境外跨境网络赌博犯罪专项行动以来，中国在境外抓获涉赌犯罪嫌疑人数最多的案件；成功侦破“10·22”南溪村心笛摇篮学生服务部投放危险物质案，获市领导批示肯定；成功打掉“套路贷”团伙10个，侦破食品药品环境领域案件、刑拘人数、逮捕人数比上年分别增长53.9%、6.9%和22.6%；成功破获涉案价值4亿元的特大非法采砂案1件，获公安部和省公安厅贺电肯定。在全省“飓风2019”专项行动考核中，市公安局获评优秀等次，总分排名第一。

【治安防控体系建设】 2019年，珠海市公安局完善应急处突和指挥调度体系，创新打造以“110”为龙头的合成作战体系，强化“135”（1分钟核心区域处置控制圈、3分钟中心区域处置控制圈、5分钟一般区域处置控制圈）防护圈快速反应机制，增设港珠澳大桥珠海公路口岸联勤点和2个临时联勤点，实现全市15个环城市际固定治安卡点快速启动、全城封控。推进视频门禁建设，广生村等智能感知社区试点全部建成并投入使用。是年，全市违法犯罪警情比上年下降17.22%，可防性“两抢”（抢夺、抢劫）、盗窃类警情分别下降51.17%和12.81%，出警平均到场时长走在全国前列。组织开展“板樟山”系列清查整治行动，全面加强出租房屋和流动人口服务管理，开展住宿服务场所专项整治，从源头消除防范各类治安隐患。

【社会治理】 2019年，珠海市公安局在“平安指数”基础上，推出珠海“平安+”市域社会治理指数，建立完善集动员、研判、预警、督办、考核“五位一体”的指数工作机制，着力打造全国市域社会治理新样本。全面推进全国禁毒示范城市创建工作，推进禁毒预防教育基地、禁毒公园建设，推进24个镇（街）戒毒康复中心、223所学校毒品预防教育点升级改造；开展禁毒“两打两控”（打击制毒犯罪、打击贩毒犯罪和管控制毒物品、管控吸毒人员）工作，全市户籍新增吸毒人员比上年下降89%、戒断3年未复吸人数上升27.15%，吸毒人员分类定级率99.82%、管控率达100%，社区戒毒、社区康复执行率达99.8%。是年，翠香派出所、平沙派出所获评广东省“枫桥式派出所”，兴业、莲花、鱼月、虾山、新家园5个社区警务室获评“岭南式标杆警务室”。“志愿警察”“见义勇为”等公安社会治理品牌成效显著，助推营造共建共治共享社会治理新格局。

【公共安全监管】 2019年，珠海市公安局强化治安、交通和大型活动安全监管，纵深推进危爆物品、交通安全隐患排查等系列专项整治行动。完成“2019沙滩音乐节”等大型群众性活动安保任务。全市未发生危害公共安全的制爆、涉爆案（事）件，未发生派出所消防监管单位人员伤亡火灾。全市交通事故、死亡人数、受伤人数比上年分别下降2.24%、3.13%和0.32%，未发生较大道路交通事故，是全省交通事故死亡人数最少的城市。

【和谐警民关系构建】 2019年，珠海市公安局召开新闻发布会31场，刊播新闻报道6629篇；发布各类警务资讯信息9200余条，警务资讯信息阅读总量5600万次。“珠海交警”微信公众号粉丝突破125万人，获评中央政法委首届全国“四个一百”优秀政法新媒体、“全国十佳微信公众号”、第六届全国政法系统新媒体评选活动“十佳公安新媒体”、广东省最具影响力新媒体，“珠海交警”微博获人民网“十佳公安拍客”称号。策划参与中央政法委开展的“中国政法70年”港珠澳大桥直播活动，与市反诈骗中心联合策划创作的《三国群英反诈传》系列动画在第四届平安中国微电影微视频微动漫“三微”比赛中获“十佳”奖项。“珠海公安”微信公众号获评广东“最具影响力警务头条号”、全国“100个政法优秀公众号”。组织创作展现珠海公安牢记初心使命、忠诚担当的文艺作品，原创歌曲《珠海之恋》和舞蹈《风雨玫瑰》分别获公安部“为祖国放歌”文艺汇演银奖和铜奖，微电影《我想我是海》获第七届亚洲微电影艺术节“金海棠”奖。是年，人大建议、政协提案办理工作答复率100%、沟通率100%、满意率100%。

2019年1月10日，珠海市公安局举办“智慧警营、邀你同行”110宣传暨警营开放日活动
（市公安局供稿）

【民生服务创新】 2019年，珠海市公安局以“完善基层派出所便民服务设施”被列入市“十大民生实事”为契机，创新打造新时代珠海公安民生服务特区体系，统筹推进派出所基础建设、智慧建设和规范建设。推动公安窗口服务进驻各级行政服务中心，市局机关和分局涉企审批服务事项进驻市行政服务中心，8个辖区分局29个派出所服务窗口进驻辖区行政服务中心。便利群众就近办理出入境证件，建成并启用出入境西部智慧办证大厅，全市出入境办证点8个、24小时自助办证厅19个，全年办理各类出入境证件、签注290.16万证次，比上年增长25.37%，制证数据质量合格率保持全省第一。全面深化“放管服”改革，做好“减证便民”服务，取消规章设定的证明事项25项、规范性文件设定的证明事项10项。推动服务粤港澳大湾区6个方面25项措施落地实施。出入境证件“全国通办”、外国人144小时过境免签等国家移民管理局5项移民和出入境便利措施正式实施，对高层次人才引进和重点企业办理出入境证件开设“绿色通道”，助推粤港澳大湾区建设。

【智慧新警务建设】 2019年，珠海市公安局印发《2019年珠海公安智慧新警务建设考评工作方案》，建设“市局行动指挥中心”，大数据中心整合公安内外部数据资源1214项767.44亿条，为17个政府部门提供数据核查服务4400余万次，获“珠海最佳数字政府服务奖”。是年，各业务警种运用信息化技术手段，侦破各类案件1305件。“千里眼Wi-fi（无线局域网技术）雷达”项目获全国公安基层技术革新二等奖；“民警履职能力训练管理系统”“黑恶克星”等4个项目在全国公安移动应用创新评选中获奖，获奖应用数位列全国第一；“警情时空预测”数据模型获第二届广东公安智慧新警务大数据建模大赛第二名。

【法治公安建设】 2019年，珠海市公安局推进“法治公安行动计划”，配合推动《珠海市住房租赁管理规定》立法，在全省率先颁布实施禁毒条例——《珠海经济特区禁毒条例》，推出打击处理涉信用卡犯罪、醉驾案件刑事强制措施等执法指引。推行检察机关派驻派出所侦查监督工作室机制。提档升级执法办案场所，打造执法办案区“数据铁笼”，形成执法办案前段预警、中段管控、后期监督新模式。成立珠海市公安局执法服务队，组织多项执法教育培训，开展执法监督管理。在全省年终执法质量考评中位列第三，在全省公安机关“飓风行动”专项执法质量考评和数据核查项目中连续四年排名第一。完成第二看守所整体搬迁转押工作，实现监所安全管理提档升级，公安监所连续十六年安全无责任事故。

2019年8月2日，珠海市公安局将“9·30”跨国网络赌博案所有涉案嫌疑人押解回珠海 （市公安局供稿）

【大案要案】 2019年，珠海市公安局成功破获大案要案一批。

“9·30”跨国网络赌博案 8月，在公安部、省公安厅领导下，在越南警方支持下，市公安局成功侦破部督“9·30”跨国网络赌博案，在越南抓获黄某龙（38岁）、张某德（42岁）和王某俊（42岁）等395名跨国网络赌博违法犯罪嫌疑人并押解回珠海，扣押智能手机、电脑、银行卡、打印机和现金等涉案物证57箱。该案是2017年全国开展打击跨境网络赌博犯罪专项行动以来，中国在境外抓获涉赌犯罪嫌疑人数量最多的案件。

“12·04”跨境组织卖淫赌博犯罪团伙案 5月14日，在省公安厅指挥下，市公安局联合澳门警方成功侦破“12·04”跨境组织卖淫赌博犯罪团伙案，在广东、云南、湖南、湖北及澳门等地一举抓获邹某华等违法犯罪嫌疑人82人，捣毁伪基站15个，缴获涉案车辆3辆、现金50余万元，特大跨境犯罪团伙被全链条打掉。

“会战六号”案件 5月21日，在公安部、省公安厅统一部署下，市公安局对“会战六号”案件开展收网行动，率先在深圳对出售非法制造发票技术团伙实施抓捕，抓获犯罪嫌疑人7人。该犯罪团伙利用高科技及网络，非法制造销售假发票达117万份，票面金额400余亿元。 （邓 浚）

检 察

【概况】 2019年，珠海市有市级检察院1个，下辖3个基层检察院（香洲区人民检察院、斗门区人民检察院、金湾区人民检察院）和3个派出机构（珠海横琴新区人民检察院、高新区知识产权检察室、高栏港经济区检察室）。是年，珠海市检察机关开展“不忘初心、牢记使命”主题教育，在找差距、抓落实中检视初心、担起使命。加强与代表委员经常性联系，全年联络代表委员817人次，定期寄送《检察日报》《珠海检察》等报刊，邀请代表委员及社会各界人士

2019年4月26日，珠海市检察院开展“‘我将无我’奋斗，不负人民重托——共和国建设者走进检察机关”检察开放日活动 （关夏莲 摄）

参加主题“检察开放日”活动20场。落实人民监督员制度，依法邀请人民监督员评议各类案件。加强检察文化建设，举办庆祝中华人民共和国成立70周年、澳门回归祖国20周年系列活动，发掘检察文化资源、讲好“检察故事”，树立模范榜样，营造干事创业氛围。深化全员教育培训，建立“刑事检察讲堂”学习培训制度，加大案例式、网络化教学以及与公安机关的联合培训、研讨力度。深化检校合作机制，组织100余名干警赴西南政法大学参加培训，提升干警专业素能和办案水平。借助信息化手段提升办案智能支撑，用好检察业务交流平台——检答网。在全省率先探索建立特邀检察官助理制度，借助外聘专家提高队伍专业能力。压紧压实“两个责任”（党委的主体责任、纪委的监督责任），通过检务督察、专项治理等方式，持续整治形式主义、官僚主义等“四风”问题。发挥巡视巡察“利剑”作用，对市检察院2个内设机构和4个基层检察院进行巡察，对照党章党规和巡视反馈问题检视查摆，全面彻底整改巡视反馈的问题。规范执法办案行为，建立检察官司法档案，落实落细检察官司法责任制。树立“严管就是厚爱”的理念，用好监督执纪“四种形态”，强化对苗头性问题的发现整改，坚决查处检察干警违纪违法问题。是年，市检察院未成年人检察工作办公室、斗门区检察院获广东省“青少年维权岗”称号，香洲区检察院办理的黄某某故意伤害案获评“广东反家庭暴力维护妇女儿童权益十大案例”，市检察院在2019年珠海市国家机关“谁执法，谁普法”履职报告评议中获最高分。

【刑事检察】 2019年，珠海市检察机关受理审查逮捕案件2893件4672人，受理审查起诉4141件6386人；经审查，批准和决定逮捕2219件3393人，提起公诉3188件4686人，为庆祝中华人民共和国成立70周年、澳门回归祖国20周年营造良好社会治安环境。突出打击“两抢一盗”（抢劫、抢夺、盗窃）、电信诈骗等多发性侵财犯罪，办理钟某某等120余人在境外实施特大跨境电信诈骗案、“9·30”跨境开设赌场案等影响波及全国的案件。依法从严从快打击群众反映强烈的各类黑恶势力犯罪，批准逮捕17件41人，起诉26件141人，成功办理黄某伟入境发展黑社会组织案等重大案件。严把案件质量关，既不降格处理，也不拔高凑数，确保每起案件都经得起法律和历史检验。与市纪委监委、市公安局联合制订《涉黑涉恶线索衔接工作办法》，推进扫黑除恶专项斗争向纵深开展。强化打建结合，实行“一案一分析”，针对案件暴露出来的社会治理问题，发出检察建议6份，着力铲除黑恶势力滋生土壤。服务优化法治化营商环境，批准逮捕各类破坏市场经济秩序犯罪178件300人，提起公诉207件415人。强化对民营企业的平等司法保护，严惩危害民营企业的合同诈骗、敲诈勒索、侵占挪用等犯罪，提起公诉52件65人。稳妥处理民营企业、民营企业家涉罪案件，区分经济纠纷与经济犯罪界限，改进办案方式，最大限度减小对企业正常生产经营的不利影响。

【职务犯罪检察】 2019年，珠海市检察机关推进监检衔接机制建设，全年受理监察委移送审查起诉案件55件55人（含上级指定管辖案件），决定逮捕18件18人，提起公诉40件41人。办理广东省水利厅原巡视员朱某华受贿案等重大案件，巩固反腐败斗争压倒性态势，为反腐败斗争持续贡献检察力量。结合内设机构改革，调整充实办案力量，履行好刑诉法修改后赋予检察机关对司法人员利用职务实施的侵犯公民权利、损害司法公正等14类犯罪的侦查权，全年受理司法人员职务犯罪线索案件13件，初查12件、立案1件，对办案中发现有关司法机关和人员存在的违法问题发出纠正违法通知书和检察建议。

【民事行政检察】 2019年，珠海市检察机关办理民事行政申请监督案件191件，对法院裁判正确的案件，做好当事人服判息诉和矛盾化解工作；对认为确有错误的裁判提请抗诉8件，发出再审检察建议4件。在办案过程中，综合运用调查核实、公开听证审查等方式，提升办案质量，实现精准化监督，提出监督的案件经法院审结后，改变率100%。推进民事非诉执行监督专项活动，向法院发出执行检察建议2份，成功办理涉团贷网执行监督案，助力化解互联网金融平台倒闭引发的社会风险。持续打击虚假诉讼，维护公平公正的司法环境。以办案为中心做实新时代行政检察，发挥行政检察“一手托两家”的监督职能，深化行政非诉执行专项监督，受理审查案件66件，发出检察建议19件。

【公益诉讼检察】 2019年，珠海市检

2019年5月24日，叶某青等9人特大走私、贩卖、运输毒品案在珠海市中院公开开庭审理，市检察院派员出庭支持公诉　　（关夏莲 摄）

察机关以生态环保、食品药品安全、国有财产保护领域为重点，审查案件线索130条，立案81件，发出诉前检察建议46件，提起公益诉讼6件。与自然资源、生态环境、食品药品监督等行政执法部门建立线索发现、信息共享、执法联动衔接协作机制。开展保障“千家万户舌尖上的安全”“守护海洋”等专项监督活动，推动解决人民群众反映强烈的社会治理难题。办理重庆某交通工程有限公司在斗门烟墩山以复绿为名盗挖山石案，珠海某投资有限公司等5家公司在市农科所内违法占地、违法建设案等人民群众高度关注的案件。督促有关部门整治非法或设置不合理入海排污口85个，治理黑臭水体6条，清理近岸海域非法养殖246.79公顷（3700余亩），守护珠海的青山绿水和“海洋蓝”。

【未成年人检察】 2019年，珠海市检察机关依法严厉打击侵害未成年人犯罪，批准逮捕犯罪嫌疑人81人，提起公诉83人，并为未成年被害人提供危机干预、心理疏导和司法救助。对涉罪未成年人坚持少捕、慎诉原则，不批准逮捕19人，不起诉17人。构建全方位、立体化未成年人社会化观护帮教机制，对涉罪未成年人开展心理测评、心理疏导20人，不捕帮教7人，不诉帮教21人。与市教育局召开联席会议，建立涉未成年人岗位工作人员违法犯罪信息查询机制，推动校园安全建设。加大青少年法治教育工作力度，开展“法治进校园”“法治进社区”巡讲活动41场次，组织参观法治教育基地、举办主题检察开放日活动6场次，指派检察长、检察官、检察官助理56人担任法治副校长、法治辅导员。

【控告申诉检察】 2019年，珠海市检察机关对轻微刑事案件坚持少捕、慎诉，重在化解矛盾、案结事了，依法决定不批准逮捕296人、不起诉790人。落实最高检部署的群众信访“7日内程序回复、3个月内办理过程或结果答复”制度，接待群众来信来访2224批3321人次，其中，市、区两级检察院检察长接访55批157人次，受理控告申诉案件691件。推进国家司法救助工作，办理司法救助案件11件，为20名困难群众发放司法救助金57万余元。

【刑事诉讼监督】 2019年，珠海市检察机关纠正有案不立、有罪不究和违法动用刑事手段插手经济纠纷等问题，监督侦查机关立案13件、撤案28件。围绕以审判为中心的诉讼制度改革，强化对侦查活动的监督，对不构成犯罪或证据不足的，依法不起诉308人，纠正遗漏同案犯2人，纠正漏捕3人，纠正遗漏犯罪事实76件。强化“两法衔接”工作，通过信息共享平台监督行政执法机关移送刑事案件1件，监督公安机关立案3件。推进对公安派出所刑事侦查活动监督工作，与市公安局签订实施方案，选取前山派出所等10个单位开展试点，共同推进公安机关执法规范化建设。准确把握抗诉的标准和条件，对认为确有错误的刑事判决和裁定提出抗诉5件，发出再审检察建议1件。加强刑事二审审判监督力度，以防止冤假错案发生为核心，加强办案规范化、精细化建设。依法对麦某某贩卖毒品上诉案开展自行补充侦查，认为案件证据没有达到定罪的证明标准，意见被法院采纳，麦某某被改判无罪。贯彻落实检察长列席同级法院审委会会议制度，市、区两级检察院检察长列席会议15次。

【粤港澳大湾区建设服务保障】 2019年，珠海市检察机关研究探索服务保障粤港澳大湾区建设的着力点和切入点，对接“湾区所向”“港澳所需”“珠海所能”，发挥“检察所长”，制定《关于充分发挥检察职能服务保障粤港澳大湾区建设的意见》，提升服务保障的精准度和实效性。承办“检察机关服务保障粤港澳大湾区建设和深圳建设中国特色社会主义先行示范区研讨会”，促进形成服务保障大湾区建设的检察合力。制定《关于发挥检察职能服务保障横琴新区澳门企业经营发展的若干措施》，邀请在横琴创业经营的澳门企业家参加检察开放日活动，主动提供法律服务。制定《珠海市检察机关服务保障民营经济健康发展的实施意见》，深化细化服务举措，组织召开“珠海市检察机关服务保障民营经济发展座谈会”，举办“检察护航民企发展”检察开放日活动，听取意见建议，提升服务精准度。

【检察改革深化】 2019年，珠海市检察机关执行修改后的刑事诉讼法，理解和把握认罪认罚从宽制度的内涵实质、细化办案标准和工作流程，厘清权限责任和纪律要求，强化诉侦对接、诉辩沟通、诉审协调和案件立体分流，保障当事人、被害人各项程序性权利。全年适用认罪认罚从宽制度办理刑事案件1093

件1408人，对745名被告人提出量刑建议，法院采纳率超77%，做到简案快办、繁案精办，优化司法资源配置、提高诉讼效率、修复社会关系。发挥“12309”检察服务中心平台优势，拓展司法为民渠道，满足人民群众司法需求。加大检务公开力度，发布案件程序性信息7567条、重要案件信息273条，公开法律文书3461份，完成辩护与代理预约1401件。加强检察公共关系建设，全年市、区两级检察院微信平台发布信息2378条，微博平台发布信息1.34万条，通过电视台、报纸、期刊等媒体发布新闻和案例报道38篇次。 （关夏莲）

法　院

【概况】　珠海市法院系统包括市中级人民法院和基层人民法院。2019年，市中院有内设机构25个，下辖事业单位1个（审判辅助中心）、基层法院4个（横琴新区人民法院、香洲区人民法院、斗门区人民法院和金湾区人民法院）。全市基层法院设派出人民法庭6个，分别是香洲区法院南湾法庭、高新法庭，斗门区法院五山法庭、横山法庭，金湾区法院平沙法庭、三灶法庭。是年，全市法院受理各类案件6.59万件、办结6.55万件，比上年分别增长20.51%、19.21%；员额法官227人，人均结案288.6件，增长17.80%。其中，市中院新收案件7706件，办结7736件。

【刑事审判】　2019年，珠海法院审结刑事案件3763件，判处罪犯3865人。审结严重暴力犯罪案418件，审结多发性侵财犯罪案1100件。严惩危害公共安全等案件1379件，审结毒品犯罪案245件。严惩市场经济领域犯罪，审结经济犯罪案238件。审结贪污、贿赂、渎职犯罪案56件。中华人民共和国成立70周年之际，裁定特赦15人。审结涉黑、涉恶、涉“保护伞”案件35件，认定28件。审结萧某等涉“保护伞”案件5件，依法判处财产278.5万元。严惩涉金融犯罪，审结“掌上品”非法吸收公众存款案等刑事案件。创新组建涉银行等金融机构案件专业审判团队，发布金融审判工作白皮书，提升金融风险应对能力。审慎处理涉众型敏感案件，审慎处理涉港澳籍当事人的群体性纠纷，促进社会和谐稳定。

【民事审判】　2019年，珠海法院审结民商事案件3.22万件，比上年增长16.32%，结案诉讼标的389.45亿元。市中院出台《珠海法院服务粤港澳大湾区建设的实施意见》，为大湾区建设提供司法保障。审结涉外、涉港澳台民商事案件720件，其中涉港澳案件632件，比上年增长14.91%。聘任港澳陪审员，提升港澳同胞司法参与度。搭建“环大湾区司法服务圈”，横琴新区法院与南沙法院、前海法院签订《关于构建跨域立案、跨域调解、跨域庭审和共享司法资源等诉讼服务机制的协议》，建立港澳籍特邀调解员共享名册，为当事人提供跨域诉讼服务；编制《涉港澳民商事案件诉讼风险特别提示》，便利港澳当事人诉讼。珠海法院涉港澳审判系列创举被最高人民法院肯定。审结知识产权民事案件1543件。平等保护民营经济，审结财产权属纠纷案件471件。市中院审理的高凌公司诉杨某成劳动争议纠纷案、斗门法院审理的龙基公司破产重整案获评“广东省服务保障民营企业健康发展典型案例”。适用诉讼参与人具结保证等制度，依法对虚假诉讼行为予以处罚。审结公司清算和破产案85件。促成28家国有“僵尸企业”出清退出市场。及时对涉案众多、缺乏清偿能力的企业启动“执转破”程序，集中化解1000余件执行案件。创新建立破产预重整府院联动机制，通过“政府主导＋法院指导监督”，推进庭外重整，提升破产重整成功率。强化涉民生案件审理。审结婚姻家庭和继承案1645件，保护妇女、儿童和老年人合法权益，香洲区法院被评为广东省“青少年维权岗”。深化家事与少年审判改革，推进家事调查、离婚冷静期等制度，发出人身安全保护令24份，首次对违反人身安全保护令的当事人予以司法拘留。审结劳动争议、劳务合同案件2139件，依法审结谢某某诉柏林公司等劳动争议纠纷案，保障跨境务工者合法权益。审结交通事故等涉生命权、健康权、身体权案件1357件，依法维护公民人身权利。开展“2019天网·利剑之涉民生案件专项活动”，为3213名被欠薪员工追回工资5456万元。

【行政审判】　2019年，珠海法院审结行政诉讼案件767件，审查非诉行政案件524件；发挥司法建议能动作用，发出司法建议56件，助力法治政府建设。完善行政案件由金湾区法院全面集中管辖机制。市中院行政诉讼生效案件被省法院发回重审、改判比例低于2%，位居全省前列。合理保障“民告官”诉权，依法规制滥用诉权、恶意诉讼行为，相

2019年4月26日，珠海市中院对罗某良等32人犯组织、领导黑社会性质组织罪以及参加黑社会性质组织罪等进行二审公开宣判 （苏　华　摄）

2019年9月24日，珠海市中院举办“2019天网·利剑之涉民生案件专项活动”第二场工资发放会，向217名务工人员发放执行款近500万元　　（苏　华 摄）

关案件入选“广东省年度十大行政诉讼案例”。建立领导干部旁听庭审制度，提升公职人员处置涉法问题能力。在某国有土地使用权转让合同纠纷执行案中，市中院发出司法建议，促进财产快速变现1亿元，避免国有资产损失1000余万元。

【执行工作】　2019年，珠海法院提升执行工作能力水平，巩固“基本解决执行难”成果，全市法院核心指标全部达标，通过第三方评估验收。完成“南粤执行风暴2019”专项活动，办结执行案件2.72万件，实际执行到位金额49.99亿元，执结率87.81%。其中，市中院执结率91.24%，比上年提升6.24个百分点。市中院采取提级执行、协同执行方法，成功解决横琴某投资公司与深圳某新能源汽车公司执行纠纷等疑难案件。斗门某垦区腾退案被评为“广东法院基本解决执行难十大执行攻坚案例”。完善执行财产网拍机制，提高财产变现效率和价值，网拍成交19.39亿元，溢价率29.34%。加大强制执行力度，全年公开失信被执行人4549人次，限制高消费1.9万人，司法拘留238人，移送公安机关追究刑事责任12人；横琴新区法院为失信被执行人开通失信彩铃业务，提高惩戒威慑力。

【廉政建设】　2019年，珠海市中院修订《党风廉政建设责任制考核办法》，压实全面从严治党主体责任；制定《珠海法院督察工作实施办法》，加强司法巡查和纪律作风专项督察；开展“改进机关作风、司法作风，从我做起”大讨论活动，改进司法作风；举行市、区两级法院司法礼仪培训，规范司法行为，塑造法院干警良好形象；修订《珠海法院关于法院工作人员及近亲属涉诉案件报备的规定》，严格落实法官任职回避制度。以零容忍态度正风肃纪反腐，确保公正廉洁司法。

【司法改革】　2019年，珠海法院完善法官员额动态管理机制，遴选第四批员额法官10人，首次从市中院遴选初任法官到基层法院任职。组建审判团队75个、执行团队28个。有序推进法官职务序列等级择优选升工作，完成法官助理、书记员、综合管理类公务员和司法警察职务序列改革。完成基层法院内设机构改革，横琴新区法院从5个精简至4个，香洲区、金湾区、斗门区法院精简近半。院庭长带头办理难案新案，办结2.25万件，占同期结案总数34.38%。落实司法责任制，市中院出台《关于规范院庭长审判监督管理职责的规定》，明确院庭长对“四类案件”（扰乱公共秩序类，妨害公共安全类，侵犯人身权利、财产权利类，妨害社会管理类）有个案监督职责，监管全程留痕，做到有序放权与依法监督并重。完善审判委员会工作机制，编制《类案检索规范化指引》。打造精品案例，入选中国法院2019年度案例5篇，入选广东法院粤港澳大湾区跨境纠纷典型案例4篇，入选全省法院典型行政案例3篇。推进智慧法院建设，市中院新增8个智能语音庭审法庭。建立案卷扫描中心，试行电子卷宗随案生成系统，推动案件卷宗电子化。对审判业务和文书材料进行全流程跟踪管理，实现全程留痕。建立珠海法院智慧送达（执行）平台，试行“E键送达”，直接对接邮政司法专递系统，促进文书集约、智能、快速送达。

（李凌岩）

司法行政

【概况】　截至2019年底，珠海市有社会律师事务所100个，其中个人所24个、合伙所74个、联营所2个，公职律师事务所4个，法律援助处4个。执业律师1665人，其中社会律师1350人、公职律师274人、公司律师13人、法援律师28人。公证机构5个，公证员36人。司法鉴定机构7个，司法鉴定人49人，其中专职司法鉴定人44人、兼职司法鉴定人5人。镇（街）司法所24个，人民调解委员会407个，人民调解工作室91个（其中新建个人品牌工作室7个）。

【基层法治基础建设】　2019年，珠海市深化公共法律服务体系建设，加强司法所基层基础建设，升级完善公共法律服务实体平台，构建粤港澳民间纠纷多元化解机制，形成“线上30秒、线下半小时”公共法律服务生态圈。四级公共法律服务实体平台提供法律咨询、法律服务8.53万件，“110”指引1.01万人次通过“12348”公共法律服务语音平台寻求法律帮助。成立国内首个大学生公共法律服务协会。全市各级人民调解组织开展矛盾纠纷大排查1051次，受理各类矛盾纠纷1.11万件，调解成功率99.4%。开展“大排查、早调解、护稳定、迎国庆”专项活动，对全市人民调解委员会规范化建设进行全面核查。加强行业性、专业性人民调解组织建设，推动人民调解工作向矛盾纠纷较为集中的医患、婚姻家庭、金融、劳动、物业等领域拓展。唐家湾镇司法所获评“全国模范司法所”；前山司法所所长叶锦财获评“全国模范司法所长”，并获全国“人民满意的公务员”称号。落实村（社区）法律顾问制度，加强对第二批重点村（社区）法律顾问工作督导检查，组织村（社区）法律顾问开展根治拖欠外来务工人员工资、近海海域乱象整治普法宣传、“4·15”全民国家安全教育日普法宣传、扫黑除恶专项斗争、村（社区）“法治体检”和“以案释法”、村规民约修订等活动。是年，26家律师所、155名律师为320个村（社区）和群众提供法律服务1.6万件次，服务对象8.3万人次，其中审查合同347件、出具法律意见书291份、调解纠纷152件、协助处理群体性和敏感性案件11件、开展法律培训1789场次。

【社区矫正】 2019年，珠海市接收社区矫正对象748人，解除777人，撤销缓刑4人，警告77人，居住地变更35人，无脱管、漏管。截至年底，累计接收社区矫正对象6462人，解除矫正5817人，在册645人。年内，开展社区矫正安全稳定情况排查、“驻在式”补短板、“中华人民共和国成立70周年”百日攻坚、“迎澳门回归祖国20周年”保稳定等专项整治活动，保证社区矫正对象稳定可控；完善监管机制，严格执行请销假、执行地变更、不准出国（境）报备和实行边控、周期考核等制度，落实电子定位监管全覆盖；推行刑罚执行一体化建设，与公安机关建立信息通报查询、“震撼教育”基地建设、收监交付执行等衔接协作机制，联合检察机关开展执法检查，持续开展抽调监狱戒毒警察参与社区矫正延伸监管和远程会见工作，全年组织远程会见813场次，接待群众1636人次；鼓励和引导社会组织参与社区矫正；为社区矫正对象提供技能培训和就业信息124条，为困难家庭提供帮助2.44万元。贯彻落实中华人民共和国主席特赦令，组织符合特赦条件的15名社区矫正对象参加集中特赦宣告活动，特赦工作依法、有序、高效完成。开展扫黑除恶专项斗争，提供线索4条。做好社区矫正案例选编工作，编报案例55篇，被司法部采用32篇。

【安置帮教】 截至2019年底，珠海市在册刑满释放人员2956人。2019年，新增释刑人员1093人，实现100%衔接到位；安置1081人，安置率98.9%；帮教人员1089人，帮教率99.6%。落实重点人员必接必送制度，到监狱接回重点刑释人员72人，全部落实公安机关管控措施。按照刑释人员信息管理系统要求，做到服刑人员信息核查率100%、重点服刑人员信息核查回执率100%、刑释人员核查率100%。

2019年9月3日，珠海市符合特赦条件的社区矫正对象接受爱国感恩主题教育
（市司法局供稿）

【法治宣传】 2019年，珠海市成立市委依法治市办守法普法协调小组，在全省率先召开协调小组第一次会议，推动珠海守法普法各项工作创新开展。8月23日，召开全市落实普法责任制局际联席会议第一次会议。全面落实普法责任制，印发《珠海市普法主体责任单位普法清单》，直播国家机关“谁执法，谁普法”履职报告评议会。开展主题普法教育和宪法法律宣传活动，举办“宪法教育大课堂”52场，组织新入职公务员进行集体宪法宣誓，举办首届珠海市大学生法治文化节。与建设银行珠海分行联合发起“劳动者港湾”社会普法服务项目，启动“智慧普法”建设，探索建立“珠海网络法学院”平台。加强法治文化实体平台建设，建成金湾区法治文化主题公园和唐家湾宪法主题公园；以“法润人心·律达天下”为主题开展珠海“律·道”建设，建成横琴律道公园和金湾区律道。

【法律服务】 2019年，珠海市强化律师、公证、司法鉴定、职业资格考试、法律援助等服务，不断增强人民群众对法律的获得感、幸福感和安全感。

律师服务 全市律师办理诉讼案件2.06万件、非诉讼案件5644件，办理法律援助案件4836件。律师参与涉法涉诉信访值班近200人次。为民营企业提供免费“法治体检”服务88家。

公证服务 全市公证机构办理各类公证事项5.08万件，其中国内民事公证3.31万件、国内经济公证2201件、涉外公证1.08万件、涉港澳台公证4665件、知识产权保护公证361件，收费2638万元。横琴公证处为年满80周岁老年人免费办理遗嘱70件，减免公证费3.52万元；为残疾人士提供费用减免公证6件，减免公证费3657元。斗门公证处减免符合法律援助条件公证案件2件，减免公证费1336元。横琴公证处与横琴新区人民法院合作，在法院调解、取证、送达、保全、执行等司法辅助事务环节提供公证法律服务。是年，横琴公证处参与法院调解18件、调解成功率38.89%，参与资料收转2.46万份，参与立案1109件，协助送达文书250件；横琴公证处与中国法律服务（澳门）公司合作设立的涉澳“公证服务窗口”为澳门居民及企业办理公证事项77件。市公证协会成立“服务粤港澳大湾区公证宣讲团”，开展公证法律专题讲座7场，受众520人次；与珠海市汕尾商会签订《公证法律服务进民企框架协议》，并授予其“公证法律服务进民企示范单位”称号。

司法鉴定　全市鉴定机构办证3579件，其中法医物证鉴定1606件、法医临床鉴定1106件、法医精神病鉴定11件、文书鉴定88件、痕迹鉴定768件。市妇幼保健院法医物证司法鉴定所通过中国合格评定国家认可委员会（CNAS）认证。

公职、公司律师　全市67个单位设立公职律师，5家国有企业建立公司律师制度。市司法局委派公职律师常驻市人民来访接待大厅，全年为市政府办公室信息公开答复提供审核28件次，为市信访事项复查复核委员会提供法律服务18件次，参与部分重大信访事件讨论并提供法律意见。审查重大政府合同4份、其他合同136份，防范法律风险。撰写《珠海市法治服务保障粤港澳大湾区建设专题调研报告》，派出骨干力量全程参与近海水域乱象专项治理等工作；参加涉及政府依法行政各类会议20余场次，为相关工作依法开展提供专业法律意见。制定《珠海市司法局法制审核工作办法》《珠海市司法局公平竞争审查工作制度》《珠海市司法局局内公职律师管理规定》，保障相关工作顺利开展。是年，办理司法局局内行政复议和行政诉讼16件，法制审核规范性文件2份、行政处罚2件、业务投诉回复8件，合同审核20份。

法律职业资格考试　全市报名参加2019年度国家统一法律职业资格考试2400人。完成2019年度法律职业资格考试工作。

法律援助　市法律援助机构全年办理法律援助案件4836件。其中，民事援助案件3376件，刑事援助案件1434件，行政援助案件26件。提供来电来访咨询1.27万人次。深化刑辩全覆盖，推动认罪认罚从宽工作，在全市两级检察院建立法律援助工作站，派驻值班律师提供法律帮助，参与认罪认罚从宽案件；市司法局、市公安局、市检察院形成会议纪要，明确法律援助律师参与认罪认罚从宽制度的工作职责和程序保障，保障法律援助律师会见、阅卷及认罪认罚见证、意见听取等权利。市司法局在全市范围内开展证明事项告知承诺制试点，将在珠海市审理或者处理的涉港澳人士申请的法律援助事项（除刑事案件外），纳入适用证明事项告知承诺制范围。在市劳动人事争议仲裁院建立法律援助窗口，派驻法律援助律师值班，实现劳动争议仲裁与法律援助无缝对接。在市法律援助处开辟“外来务工人员绿色服务窗口”，增设“党员志愿服务岗”，办理外来务工人员法律援助案件2812件。制定《珠海市关于加强法律援助案件质量实施意见》，通过三级评查、质量回访、旁听质量跟踪等举措，对律师办理案件的流程进行标准化、规范化管理，提高法律援助案件质量。开展关爱老年人、外来务工人员、军人军属等特殊群体宣传活动，通过电台《行风热线》法律援助节目、市司法局官微《法援之星》以案释法栏目、《最美法援人》微电影等，提升公众对法律援助的知晓率和认可度。市法律援助处获全国“青少年维权岗”称号。

【强戒管理】　2019年，珠海市强制隔离戒毒所在册强制隔离戒毒人员77人，在所76人。推进强制隔离戒毒“四区五中心一延伸”（“四区”指生理脱毒区、教育适应区、康复巩固区、回归体验区；“五中心”指戒毒医疗中心、教育矫正中心、心理矫治中心、康复训练中心、诊断评估中心；“一延伸”指延伸帮戒）建设，通过全国统一司法行政戒毒模式验收，被省戒毒局确定为医疗工作“典型示范场所”。坚持以场所安全管理为重点，连续十七年实现安全“六无”（无毒品流入、无戒毒人员脱逃、无非正常死亡、无所内案件、无生产安全事故、无重大疫情）目标。开展扫黑除恶专项行动，协助公安机关查证戒毒人员举报涉黑案件5人次。开展戒毒工作理论探索，完成司法部案例库案例编写4篇，被选用2篇。开展心理矫治工作，新建心理档案40份，接受个体心理辅导128人次，进行心理危机干预4人次，开展团体心理辅导10批次。加强职业技能培训，开展创业培训班、中式面点师、汽车音响改装培训，参加培训383人次。创新禁毒宣传模式，全国首创以

2019年6月18日，珠海市强制隔离戒毒所开办“互联网+禁毒宣讲”空中课堂，实现禁毒宣传教育8省14校跨省市共享　（市司法局供稿）

“空中课堂”方式与8省14个中小学校实现禁毒教育实时互动，人民法制网等多家媒体进行报道。完善场所医疗基础建设，与市中西医结合医院、市第三人民医院、广州华佑戒毒医院签订医疗合作协议，加入医联体和专科联盟。推动智慧戒毒信息化建设，司法加密网建设和场所信息网络升级改造（一期）项目落地运行。（张 浩）

仲 裁

【概况】 2019年，珠海仲裁委员会受理案件4142件，比上年增加1556件，增幅60.17%，是成立以来受理案件最多的年度。案件标的额27.66亿元，增加9.76亿元，增幅54.53%。案件收费2182.22万元，增加864.22万元，增幅65.57%。全年办结案件4019件，案件质量和审理效率稳步提升。线下案件全年无被法院裁定撤销或不予执行案件，仲裁公信力逐年攀升。受理案件类型涉及市场经济各大领域，其中建设工程合同纠纷32件、金融合同纠纷3454件、房地产合同纠纷1件、买卖合同纠纷67件、租赁合同纠纷43件、股权转让合同纠纷10件、保险合同纠纷1件、物业合同纠纷34件、商品房销售合同纠纷14件、商品房预售合同纠纷76件、其他合同纠纷410件。

【机制体制改革】 2019年，珠海仲裁委员会推进机制体制改革。4月，市政府组成联合调研组，赴省司法厅、深圳市委编办、深圳市人社局、深圳市财政局、深圳国际仲裁院开展调研活动，形成《赴广东省司法厅拜访和深圳市相关部门调研仲裁工作的报告》。4月9日，市人大常委会有关领导到珠海仲裁委员会调研，通过沟通交流，同意由市人大以地方立法的形式，推进珠海仲裁委员会机制体制改革，并由市人大常委会牵头撰写仲裁改革发展调研报告。11月1日，市委、市政府有关领导召集市人大、市委编办、市司法局、珠海仲裁委员会等单位相关负责人召开专题会议，就珠海仲裁委员会开展机制体制改革后人财物管理的相关问题进行研究，达成初步共识，形成深化机制体制改革报告。

【粤港澳大湾区和横琴自贸区仲裁制度建设】 2019年，珠海仲裁委员会落实《粤港澳大湾区发展规划纲要》，推动“一国两制三法域”法律服务深度融合。2月23日，参加粤港澳大湾区仲裁联盟第一次工作会议，珠海仲裁委员会主任王瑞森代表珠海仲裁委员会与联盟其他成员单位共同签订《粤港澳大湾区仲裁联盟合作备忘录》。6月10日，王瑞森带队前往澳门，与澳门法务局、澳门世贸中心仲裁中心、澳门律师公会仲裁中心等机构，就共建横琴“澳珠仲裁跨境合作平台”、加强澳珠合作进行交流。6月26日，参加在澳门举办的“粤港澳大湾区调解联盟合作签约仪式暨粤港澳大湾区调解发展研讨会”，推动粤港澳大湾区调解合作和发展。12月18日，参加在深圳举办的中国自贸区仲裁合作联盟第二届圆桌会议，共同讨论、签署并发布《中国自贸区仲裁合作联盟宣言》。

【知识产权仲裁调解理论研讨】 2019年，珠海仲裁委员会研究课题“通过加大知识产权仲裁调解工作的创新力度，实现知识产权仲裁调解机构能力提升的目标”，通过“广东省大湾区知识产权公证和仲裁机构能力提升项目”专家组审查和评审，列入《广东省第三轮知识产权高层次战略合作2019年度项目库》。5月24日，在澳门举办的“粤港澳大湾区知识产权合作研讨会”上，珠海仲裁委参会人员围绕粤港澳大湾区知识产权合作，作“建立多元化大湾区知识产权纠纷调解机制”发言。9月20—22日，在粤港澳大湾区知识产权法律联盟（IPLAG）主办的“创新粤港澳大湾区知识产权合作机制论坛”暨粤港澳大湾区知识产权法律联盟2019年年会上，珠海仲裁委员会提交论文《浅析建立健全大湾区知识产权纠纷多元化解决机制——以“调解加仲裁”模式为视角》，助力湾区知识产权合作与理论创新。

【仲裁与司法协调机制建设】 2019年12月2日，珠海仲裁委员会与市中院联合印发《关于完善仲裁与诉讼工作协调机制的若干意见》，从仲裁司法审查、仲裁保全、诉讼调解和仲裁调解、仲裁裁决执行以及仲裁与法院的交流与协作等6个方面，对机制与对接、受理与交接、支持与监督、解释与执行作出具体指引与规定，加强司法对仲裁的支持与监督，畅通诉讼与仲裁对接环节，解除当事人对申请保全和执行方面的疑虑，促进仲裁公正、便捷、灵活、高效，鼓励并支持当事人通过仲裁途径化解民商事纠纷。

【仲裁交流与合作】 2019年4月1日，

2019年6月26日，粤港澳大湾区调解联盟合作签约仪式暨粤港澳大湾区调解发展研讨会在澳门举行（珠海仲裁委员会供稿）

珠海仲裁委员会与横琴新区管委会签订《共建珠海国际仲裁院协议书》，就做大做强珠海国际仲裁院，打造珠江西岸国际仲裁和法律服务高地，为“一带一路”、粤港澳大湾区发展战略提供专业化、高端化、国际化的仲裁、调解和其他法律服务，开展深度合作。4月19日，珠海仲裁委员会副主任吴学艇应邀出席2019年上海国际仲裁周活动。6月3日，珠海仲裁委员会主任王瑞森参加由香港仲裁公会举办的《和谐香港》约章嘉许典礼。10月24日，吴学艇出席澳门仲裁协会成立仪式。10月28—30日，王瑞森参加由司法部在上海指导举办的“中英国际商事仲裁研讨会”。

【珠海仲裁委员会互联网金融仲裁平台正式启用】 2019年5月10日，珠海仲裁委员会互联网金融仲裁平台通过市政务数据管理局验收正式启用。该平台自2018年4月试运行以来，通过不断完善和优化，运行情况良好。平台执行等保二级（国家公安部信息系统安全等级保护二级备案）防护标准，保护数据安全，实现自动送达、自动发送通知短信给当事人等功能，推动仲裁与互联网经济深度融合，助力优化营商环境。截至年底，平台累计受理案件7667件。以该平台为背景创作的情景剧“互联网仲裁平台高效处理金融纠纷主动服务粤港澳大湾区建设”在广东省市直机关第七届“先锋杯”工作技能大赛中获优秀作品奖。（梁淑廉）

军 事

珠海警备区

【概况】 2019年，珠海警备区党委坚决贯彻党中央、中央军委、习主席和上级党委决策部署，按照“举旗铸魂强根本、聚焦备战强能力、改革创新强质效、勇于担当强动力、依法抓建强基层、从严治党强组织”的总体思路，更新观念抓转型，勠力同心谋发展，扎实推进各项工作，全面建设呈现向上向好势头。年度民兵整组工作考评获全省第一名，大学毕业生征集比例为30%，广东省第一张民兵保障卡在珠海落地，《解放军报》《中国国防报》《中国民兵》《广东武装》等媒体刊登珠海警备区有关工作成果稿件140篇，名列全省21个地级以上市军分区（警备区）前列。

【思想政治建设】 2019年，珠海警备区持续加强思想政治建设，开展党委中心组带机关理论学习，抓好基层官兵思想政治教育，开展年度主题教育，学习贯彻党的十九大，十九届三中、四中全会精神，广泛开展群众性学习讨论活动。团以上领导全年为官兵职工授课辅导20余次，统一组织官兵到苏兆征故居、林伟民与中国早期工人运动史迹陈列馆、东江纵队纪念馆等红色场馆，以及格力电器、华发集团、惠州军分区等单位参观见学。加强政治整训，及时排查清理信息，加强经常性形势政策教育。建立珠海市党管武装要情专报机制，组织对全市所有基层武装部检查调研，协调落实市直武装部归口市国资委领导管理，理顺工作机制。健全党管武装工作机制，推动武装工作考评，加强基干民兵预建党组织建设。编印《正风肃纪反腐常用法规》，组织官兵观看警示教育片。重要时间节点，组织明察暗访，确保清零见底。持续强化党员干部纪律观念，保证部队风气纯正清朗。

【战备训练】 2019年，珠海警备区把备战打仗作为党委工作重心，年度预算向战备训练、后备力量建设倾斜。严格落实党委议战议训、集中学习训练和拉动演练等制度，结合实际开展群众性练兵比武活动，组织首长机关带直属分队和专武干部集训队20千米徒步拉练、民兵应急分队轮训和全区军事训练考核，组织机关带分队抗洪抢险紧急出动演练2次，会同地方应急管理部门联合组织森林防火综合演练2次。组织基干民兵基地轮训，实现基地化轮训、常态化备勤和集约化保障，练兵与用兵得到有机结合。

【国防动员】 2019年，珠海警备区组织国防动员潜力调查，出台提高大学毕业生入伍奖励金、统一行政区退役补助金标准、建立“征兵体检套餐”等一系列新的政策措施。开通“珠海征兵”微信公众号。探索开展国有企业征兵工作取得突破性进展，相关做法被中央电视台军事频道、《中国国防报》等媒体报道。

【综合保障】 2019年，珠海警备区持续做好全面停止有偿服务项目收尾工作。开发军用土地多媒体信息化软件，对营区部分陈旧设施进行升级改造，实施社会化服务保障，贯彻人防、物防与技防并重的理念，坚持集约、精准保障，

2019年7月30日，珠海警备区开展军事日活动　（黄健超 摄）

实现保障效益最大化。5月，会同中国银行探索信息化保障手段建设，广东省首张享受优惠待遇的民兵保障卡落地珠海；9月，广东省军区首套结算报销信息管理系统投入使用。

【双拥共建】 2019年，珠海警备区发挥驻军部队牵头作用，与驻珠部队一起，配合地方争创全国双拥模范城九连冠，军地共同举办“双拥在基层”军民共建签约仪式、助力随军家属就业工程专场招聘会、“拥政爱民献爱心”扶贫捐赠、国防教育演讲比赛等活动。开展脱贫攻坚工作，对口帮扶由阳江市代管的阳春市（县级市）大垌村，成功脱贫。

（李　兴）

武警广东省总队执勤第二支队

【概况】 2019年，武警广东省总队执勤第二支队党委坚持以习近平新时代中国特色社会主义思想为指导，深入贯彻习近平强军思想，深入贯彻新时代军事战备方针，坚持政治引领，聚焦备战打仗，按照“补课赶队、稳中求进”的总基调，推动部队全面建设。按照“边落编定岗、边执勤维稳、边铺开工作”总体思路，设立工作专班，开展岗位调研，分析岗位需求，严格落编定岗。完成科学界定执勤任务、勘察边界基础数据、明确新组建单位部署定点等落编工作。

是年，被武警部队评为“暑期百日安全竞赛活动优胜单位”、被总队评为“安全工作先进单位”，被武警部队和总队评为“安全工作先进个人”3人。被总队评为“基层建设标兵单位”中队2个，被总队评为“基层建设先进单位”中队7个，获总队“五四”“七一”表彰6个集体和17名个人，立功受奖官兵280余人次。

【思想政治建设】 2019年，武警广东省总队执勤第二支队坚持用习近平强军思想引领部队，落实理论学习制度，开展两大主题教育。开展“大谈心、过思想、解难题”和“心连心、大融合”活动，做实做细一人一事思想工作。创新开展“文化进军营”“红心向党”美术书法摄影作品展和官兵家属暑期夏令营活动。开展“红色前哨连”、官兵救助落水群众、保护海洋生态和关爱听障儿童成长等先进事迹宣传报道。《军营大拜年“红色前哨连”》和《我和我的祖国》等战斗文化作品，在中央和省级媒体累计刊登60余篇。微课教案和关爱战友、善爱亲人、珍爱生命“三爱”教育经验做法受总队表彰。

【执勤战备】 2019年，武警广东省总队执勤第二支队坚持以庆祝中华人民共和国成立70周年和庆祝澳门回归祖国20周年“两项重大安保”为主线，以粤澳边界执勤正规化试点建设和反恐维稳任务试点建设“两个试点建设”为契机，推进执勤、战备基础设施和正规化建设。全年查获非法出（入）境案件45起118人，偷渡案件数量比上年下降28.5%，偷渡人数下降62%，粤澳边界一线形势总体平稳可控。

执勤规范化建设　完成总队“粤港粤澳边界巡逻管控勤务规范”和武警部队“粤澳内陆边界巡逻管控反恐维稳工作暨正规化建设”试点任务。编印《粤港粤澳边界巡逻管控执勤暂行规范》《“七本五簿三表一册”填写规范》《粤港粤澳边界执勤中队正规化建设图册》《粤港粤澳边界巡逻管控勤务执勤战备规范图册》规范性图文资料，拍摄《粤港粤澳边界巡逻管控勤务执勤方案实兵演练》《粤港粤澳边界巡逻管控勤务执勤“三班四哨”组织与实施》《粤港粤澳边界巡逻管控勤务中队一日生活制度规范》录像片，对试点单位营区进行全面规划，规范库室场地及边界一线执勤场所秩序，形成营区营房、库室设置、边界执勤、日常制度、言行举止等“五个一”试点建设成果，并在全总队推广应用。协调争取地方经费支持，解决兵力前置点及设施设备保障问题。

“智慧磐石”工程建设　加强内外联动，坚持战、勤、训、管相结合。全面制定作战勤务值班室、执勤工作室、哨位等信息化建设标准；利用地方科技资源，共同研究设计集边界执勤管控、实战指挥和智能管理于一体的建设方案；完成正规化库室改造。争取地方经费援建边界一线监控设施项目；升级改造模拟监控镜头等；对接市公安局“天网工程”“雪亮工程”。

战备建设　落实战备值班、作战勤务联合值勤和前进指挥要素编携配装标准，建立健全各类登记统计制度，指挥控制流程和备勤运行机制进一步规范。修订完善战备演练方案，反复进行实兵推演，不定时进行战备突击检查，增强部队不经临战训练、不经调整补充，常态保持应急战备水平能力。完成中华人民共和国成立70周年庆典安保、澳门

2019年12月13日，武警广东省总队执勤第二支队官兵在机关广场举行庆祝澳门回归祖国20周年安保誓师大会

（洪学志　摄）

回归祖国20周年庆典安保等11项重大实战任务。查获偷渡案件15件33人，打掉“飞线”走私团伙1个，发现并成功处置“低慢小”航空器事件7件，劝离误入边界警戒区事件2起3人，处理浮尸事件1件，火线立功受奖10人。

【军事训练】 2019年，武警广东省总队执勤第二支队严格执行军事训练人员、内容、时间、质量、弹药、摩托（飞行）小时、教练员、训练场地“八落实”，加强首长机关指挥技能培训，开展冬季野营大拉练、“魔鬼周”极限训练和“2019-广东”卫士演习等重大演训活动。强化训练人才建设，邀请部队院校专家教授辅导授课75人次，参加总队各类业务培训200余人。参加总队指挥员比武竞赛中获军事体育课目全省第一名1人，获评总队“优秀导调员”和“优秀教练员”2人，通过总队特战教练员集训考核4人，参加总队预备特战队员“野狼”集训考核总评为“优秀”等次40人，参加总队特战侦察员集训获总队第二名5人，并取得结业证书和特战专业教练员证书。

【综合保障】 2019年，武警广东省总队执勤第二支队优化调整后勤战储物资配置和“一组五队”编成，完成司务长集训、炊事员培训等专业集训任务，提升伴随保障能力。破解历史遗留问题7个。争取地方支持代建训练场经费1500余万元，改造障碍场等4个项目；投入220.5万元维修补漏营房和更新升级厨房老旧设备等项目41个。做好官兵及家属保障卡信息采集，办理军人保障卡。加强后勤专业队伍建设，参加总队后勤岗位“一长五员”（炊事班长、给养员、炊事员、卫生员、军械员、驾驶员）专业培训39人，参加深圳市南山区厨师培训29人，到驻地医院跟班培训医生1人、卫生员10人。统筹安排通勤车辆接送官兵子女上下学等，组织官兵家属参加2019年“助力随军家属就业工程”专场招聘会，为官兵办理家属随军、子女保育教育补助费、夫妻分居补助等手续。

【从严管党治党】 2019年，武警广东省总队执勤第二支队召开转隶整编后第一次党代会，规划部队建设五年发展蓝图。注重加强政治能力训练，严肃党内政治生活，开展思想辨析和查摆剖析。贯彻民主集中制，坚持依法阳光作业，召开常委会32次，研究重大事项、经费开支、工程项目建设等议题，支队党委班子年终测评满意率100%。坚决整改总队巡察反馈问题，全面肃清郭徐房张流毒影响，纠治基层“微腐败”和不正之风，开展整治违规喝酒、强化行车安全等专项整顿，部队风气持续向好。

（熊明国）

武警广东省总队珠海支队

【概况】 2019年，武警广东省总队珠海支队坚持用习近平新时代中国特色社会主义思想武装部队，始终把学习贯彻习近平强军思想、党的十九届四中全会精神放在首位。坚持党委中心组带机关基层理论学习，用好教育日和党（团）活动等时间，推进“不忘初心、牢记使命”“传承红色基因、担当强军重任”两项主题教育。组织观看国庆大阅兵盛况，参观港珠澳大桥、中国联通5G体验中心，感受国家发展成就。开展“我和我的祖国”群众性宣传活动，催生官兵荣誉感使命感。开展“颂党恩、听党话、跟党走”演讲比赛、邀请党史专家到支队辅导。开展“卫士风采”主题实践活动，抓好“一网一室”升级改造，新建荣誉室2个、规范完善机关基层政治环境，充实配发红色书箱和文体器材，建好“一队一品”特色文化队伍，打造备战打仗特色军营文化。

是年，支队连续第十六年被武警部队表彰为“安全工作先进单位”；连续第五年被武警广东省总队评为“基层建设先进支队”。

【执勤训练】 2019年，武警广东省总队珠海支队向市委市政府汇报对接、讨论研究，形成军地兵力对接《会议纪要》，为科学有效用兵和“三种情况第一时间到现场”提供有力支撑。完成中华人民共和国成立70周年庆典安保、澳门回归祖国20周年庆典安保及焰火晚会机动备勤等任务。协助妥善处置“4·14”和“6·23”劫持人质等事件7起，抓捕犯罪嫌疑人2人。在军事训练上，开展军事职业教育，组织首长机关集中训练、重难点科目教练员集训、勤训轮换和“魔鬼周”极限训练、季度应急班轮训等10批次，部队遂行任务能力明显提高，被总队评为优秀教练员、优秀导调员、执勤岗位训练标兵各1人。

【部队建设】 2019年，武警广东省总

2019年12月6日，庆祝澳门回归祖国20周年安保任务期间，武警广东省总队珠海支队官兵在拱北口岸执行巡逻任务 （任 森 摄）

队珠海支队坚持重心下移，持续抓基层打基础。坚持学用《军队基层建设纲要》，巩固深化总队党委（支部）书记培训成果，制定《按纲建队》《按纲指导计划》。严密组织“三员”（指挥员、参谋人员、教导员）“四会”（会讲、会做、会教、会做思想工作）比武，开展“大练基本功”“士官岗位练兵”和“两支队伍”、新闻骨干培训和士官轮训等在岗培养，组织各级立足本职学习基本理论、基本业务、基本招法。坚持把解决思想和现实问题相结合，慰问困难党员干部46人次，协调解决官兵家属随军30人、子女入托入学，帮助解决家庭涉法问题官兵5人。树立“管理要严，安全靠建”大安全观，以开展“条令年”和“百日安全竞赛”活动为牵引，学通报、严教育、细排查、祛隐患，连续第四年被武警部队表彰为“百日安全竞赛”优胜单位。

【后勤保障】 2019年，武警广东省总队珠海支队按照“后勤变前勤”要求，规范支队战备物资预储库，与驻地签订服务保障协议，实现警地联储联保。按照“一专多能、一兵多用”要求，将后勤岗位练兵纳入“八落实”，加强模块抽组、物资供应、野战炊事、卫勤救援等科目训练，应急保障效能不断提升。严密组织工程建设、零星维修、物资采购等工作，推行小额物资军网商城集中采购。推进各项基建工程和配套采购项目，如期完成支队公寓房、指挥训练中心等改建，协调市政建设经费为机关基层营区铺设沥青路面、加固滑坡山体，推进高栏港执勤中队营房建设等工程。

（胡章涵）

退役军人事务

【概况】 2019年1月22日，珠海市退役军人事务局挂牌成立，为政府工作部门，管理市军休中心、市烈士陵园、市退役军人服务中心3个公益一类事业单位。是年，全市完成192名军转干部接收工作，安置到公务员（或参公）岗位比例达93%。接收自主就业退役士兵325人，接收符合政府安排工作条件退役士兵27人。符合政府安排工作条件的退役士兵安置到事业单位比例超30%。坚持“部队交得出、地方就接得下”原则，加强军休干部接收安置，完成17名军休干部接收工作。

【退役军人培训与就业创业服务】 2019年，珠海市开展军转干部岗前适应性培训、专业不对口军转干部进高校培训。搭建退役军人及军属就业服务平台。3月，市退役军人事务局联合市人力资源和社会保障局，开始每月至少举办一场的拥军优属专场招聘会。全年举办招聘会12场，521余家企业参会，提供7725个工作岗位，入场求职退役军人及家属达5504人次。实施退役军人学历提升计划，全年为41名珠海籍退役士兵高职教育培训提供补助共31.5万元。建立“珠海市退役军人职业技能培训基地”，为52名退役军人及驻军家属开展免费技能培训。推进金融服务、财政税收、医保社保等政策扶持，退役军人事务局与农行、邮储等银行合作，设立“退役军人军属创业金融服务推广示范点”，强化退役军人创业金融支撑。

【退役军人社保接续】 2019年，珠海市成立市级专项工作领导小组和工作专班，明确成员单位职责，建立联席会议制度，建立退役军人社保接续联动工作机制，集中研究解决重大问题。在政府网站、村（社区）居委会广泛宣传，组织开展业务专题培训。全市设立24个业务受理点，为退役士兵办理社保接续提供优质服务。截至年底，接访4177人次，受理申请1038人。

【双拥共建】 2019年，珠海市健全完善双拥共建工作领导小组运行机制，制定《珠海市双拥共建工作领导小组成员单位职责》。组织拥军慰问活动，市领导于春节、元旦、“八一”等节日带队赴驻穗、南海舰队、驻珠军警部队走访慰问。举办军政座谈会、“双拥在基层”“双百拥军行”“关爱功臣送医送药”等系列活动。协调办理军警部队军人子女入学117人、入托114人，享受中、高考政策性加分14人。

【优抚政策落实】 2019年，珠海市有3391名优抚对象享受定期抚恤待遇，共拨付优抚金2037万元、社保补贴347万元、“三难”（生活困难、住房困难、医疗困难）经费300万元。落实抚恤补助标准和自然增长机制，优抚对象补助逐年提升。开展节假日慰问退役军人活动，及时传递党和政府的温暖和关怀。组织开展光荣牌（称号为“光荣之家”）悬挂工作，为3.43万户家庭悬挂光荣牌（悬挂范围：烈士遗属、因公牺牲军人遗属、病故军人遗属家庭和现役军人家庭、退役军人家庭），悬挂工作完成比例位居全省前列。

【祭奠革命先烈活动】 2019年，珠海市组织开展祭奠革命先烈活动80余场次、参加人员2.2万人次。市退役军人事务局3月牵头组织32名烈属到广西祭奠革命烈士。9月30日，开展“烈士纪念日”活动，全市四套班子主要领导参加，纪念活动庄严肃穆、规范有序。

【退役军人服务保障体系建设】 2019年，珠海市组建四级退役军人服务体系。5月20日，市、区退役军人服务中心，镇（街）和村（社区）退役军人服务站四级退役军人服务体系全部组建完毕，提前完成省下达的工作任务。其中，市级退役军人服务中心1个、区级退役军人服务中心7个、镇（街）退役军人服务站24个、村（社区）退役军人服务站（点）320个。实现全市四级退役军人服务机构“全覆盖”。

【“珠海市最美退役军人”评选】 2019年9—12月，珠海市委退役军人事务工作领导小组办公室、市双拥办、市退役军人事务局开展“珠海市最美退役军人”评选活动。12月29日揭晓结果，评选出10名年度“珠海市最美退役军人”，15名退役军人获“珠海市最美退役军人”提名奖。

（姚灿钿）

·责任编辑：冯建华　曹　琨·

经 济

经济监督管理

经济体制改革

【营商环境改革】 2019年8月，珠海市出台实施《珠海市〈落实广东省进一步深化营商环境改革2019年工作要点〉工作措施》，持续深化营商环境改革，增强发展活力。深化商事制度改革，深化工程建设项目审批制度改革，推进不动产登记改革，推进纳税便利化改革，推进跨境贸易便利化，优化水电气报装服务，打造更优信用环境，支持企业获得信贷，加快“数字政府”建设和政务服务与监管方式改革，加强产权保护和营商法治化建设等10个方面打造公平、透明、可预期的营商环境。

【商事制度改革】 2019年，珠海市商事登记平均用时缩短至0.32天，新登记商事主体5.59万户、累计登记35.68万户。推进“证照分离”改革。收集梳理第一批“证照分离”改革事项；升级改造备案系统，将原“二十四证合一”备案事项扩大至106个涉企事项，全年通过平台进行备案企业3904家。9月，市市场监管局下发《珠海市市场监督管理局关于商事登记业务有关事项的通知》，将企业注销登记办理时限压缩至2个工作日内，便利企业注销登记。

【工程建设项目审批制度改革】 2019年7月，珠海市印发《珠海市全面开展工程建设项目审批制度改革实施方案》，年内社会投资项目审批时间压缩至50个工作日内，其中，带方案出让土地及小型社会投资项目审批时间控制在38个工作日内。精简审批事项和环节，取消施工合同备案、建筑节能设计审查备案。10月，印发实施《建设项目用地选址与用地预审合并办理实施细则》和《建设用地规划许可证与建设用地批准书合并办理实施细则》。实行联合审图、验收和测绘，印发《珠海市建设工程施工图联合审图办法（试行）》，将施工图审查、消防设计审查、人防设计审查纳入联合审图，按照“一次申报、一套资料、联合审图、集中审批”和技术性审查与行政性审批相分离的基本原则，建设单位自主选择并委托在珠海市登记的施工图审查机构进行联合审图。推行容缺受理和告知承诺制，印发《珠海市住房和城乡建设局关于实行行政审批容缺受理的通知》《珠海市住房和城乡建设局关于实行行政审批告知承诺的通知》，在非必要审批前置资料缺少的前提下，可由建设单位提交补正承诺书，先行进入审核程序。

【不动产登记改革】 2019年，珠海市优化完善“一窗受理、集成服务”。不动产登记一般登记压减至4个工作日内，抵押登记压缩至2个工作日内，通过不动产登记“互联网+金融服务”模式线上办理的抵押登记压缩至1个工作日内，“互联网+金融服务”合作模式下的抵押登记业务实现“24小时不打烊”自助办理模式。

【纳税便利化改革】 2019年，珠海市简化税种申报次数，实行主税、附加税合并申报，包括纳税人申报增值税、消费税，附征的城市维护建设税、教育费附加税、地方教育附加税。压缩办税时间。将128项“一次不用跑”清单拓展到189项，推动办事办税“零跑动”。推进企业开办便利化，将符合条件的新办纳税人首次申领发票时间压缩至0.5个工作日办结。全市纳税人年纳税时间压缩至130个小时内。优化税后流程。简化多缴税款退税涉税资料，优化多缴退税流程，实现退税申请、退税审核、退库办理业务全流程网上办理。简化出口企业退(免)税备案信息采集，推行“互联网+出口退税”方式，将全市符合规定的出口退（免）税申报平均办结时长缩减至4.05个工作日。

【信用环境优化】 2019年，珠海市完善市场主体信用“黑名单”制度。在全国信用信息共享平台（广东珠海）可通过统一社会信用代码实现“黑名单”信息查询。建立健全联合奖惩机制。印发《珠海市建立完善守信联合激励和失信联合惩戒制度实施方案》和《珠海市建立完善守信联合激励和失信联合惩戒实施细则（试行）》，建立健全联合奖惩对象名单管理与应用制度。梳理出国家联合奖惩备忘录，涉及部门52个、联合奖惩措施类别446个、联合奖惩措施1406个。通过全国城市信用状况监测平台归集上报联合奖惩案例3872个，高于地级市平均水平（1963个）。加强社会信用体系平台建设。全国信用信息共享平台(广东珠海)归集部门单位68个，涉及信用信息目录3804个，归集信息数量1.14亿条，实现与省平台对接。创新建立珠海信用主体信用评级模型，嵌入全国信用信息共享平台（广东珠海）投入使用，为市直部门提供公共信用综合评价查询服务，为企业提供公共信用综合评价查询和报告打印服务。

【融资平台建设】 2019年7月，珠海市发挥中小微企业“四位一体”融资平台作用。印发《珠海市促进实体经济高质量发展专项资金（“四位一体”融资平台信贷风险补偿及贷款贴息用途）管理实施细则》，包括加大担保贷款支持力度、为融资担保项目分担贷款本金实际损失的50%、为企业补贴基准利率利息50%、单个企业年度补贴最高达50万元。公开遴选39家银行以及担保、保险及小额贷款合作机构，签订合作协议43份，授信额度138亿元。设立6000万元“转贷引导资金池”，为企业提供每天万分之五费率的低成本转贷过桥资金。

链 接：

中小微企业“四位一体”融资平台

中小微企业“四位一体”融资平台是指由政府、金融机构（或小额贷款公司、转贷资金承办机构）、担保机构（或保险机构）和贷款企业（或转贷企业）共同组成，旨在解决中小微企业融资问题的一种合作方式。

【“数字政府”建设】 2019年，珠海市推进电子证照服务应用。建成珠海市电子证照系统，开通电子证照目录147种，实现电子证照签发84种，累计签发量超过682万个（含省统筹签发），启用电子证照办理服务事项551项，累计用证量超过22万次。推动政务服务事项标准化工作。印发《珠海市2019年政务服务事项标准化专项工作实施方案》，全市各区、各部门有7941个事项在“广东省政务服务事项管理系统”中标记“马上办、网上办、就近办、一次办”审批服务事项办理形式。市级90%以上申请办理的政务服务事项实现网上办理；开通“粤省事·珠海”，可一站式办理服务事项488项，领取电子证照52项，实名注册用户超42万人。推行“最多跑一次”服务改革，向社会公布“最多跑一次”事项424项，各区（功能区）“最多跑一次”事项累计达4100项。“市级政府投资项目概算备案”和“市级政府投资项目小额零星工程备案”2个事项实现“秒批”；优化毕业生接收报到流程实现“秒批”；在政务服务网开通“秒批”专区。建立涉企政策“一站式”网上发布平台。在市政府网站集约化平台上开设“涉企政策发布”站点，实现市级跨部门涉企政策“一站式”网上发布。全年，政企云平台发布新闻、通知、解读等2万余条。

【知识产权保护和应用】 2019年，珠海市获批成为“国家知识产权示范城市”。全市知识产权质押融资金额24.37亿元，位列全省第三。香洲区法院公布《香洲区法院知识产权审判典型案例》，提高知识产权侵权赔偿标准，推进“探索完善司法证据制度破解知识产权侵权损害赔偿难”试点工作，香洲区法院和横琴新区法院审结一批相关典型案例。

【营商纠纷多元化解机制】 2019年，珠海市设立一带一路国际商事调解中心（珠海调解室），该中心通过在线与线下等方式，为西欧、拉美、东南亚、中亚地区20个国家的城市和国内20个省市提供线下国际商事调解服务。组建“粤港澳大湾区调解联盟”，共同搭建跨境纠纷处理平台。制定《涉港澳行政争议法律咨询服务窗口工作规则》，对涉及粤港澳大湾区企业和个人的行政复议案件，优先选择协商、调解、和解等方式解决争议。全年，全市各级人民调解组织受理涉港澳民间纠纷84件，调解成功81件，调解成功率96.4%。加强粤港澳司法交流合作。推动葡语国家商事法律查明中心建设。引入港澳籍法律人士担任特邀调解员。

【中小投资者权利保护】 2019年，珠海市法院召开民营企业家座谈会，了解企业诉求，编印《企业用工的法律风险与防范》。斗门区法院发布《民营企业法律风险防控白皮书》，助力民营企业防范法律风险。斗门龙基公司破产重整案获评“广东省服务保障民营企业健康发展典型案例”。

【破产案件处置机制建设】 2019年，珠海市规范破产审判，推动破产案件繁简分流。出台《珠海市中级人民法院破产清算案件管理人工作规范(试行)》《珠海市中级人民法院破产案件管理人考核办法（试行）》，完善对管理人工作的监督和管理机制，明确管理人职责。出台《珠海市中级人民法院关于无财产破产案件管理人报酬确定的若干意见（试行）》《珠海市中级人民法院破产案件专项处置资金管理使用办法（试行）》《珠海市中级人民法院关于设置国有“僵尸企业”司法处置绿色通道的若干意见（试行）》，推动破产案件繁简分流，规范和推进破产审判。建立破产预重整制度，加快出清“僵尸企业”。建立预重整破产工作府院联席会议制度，推动“烂尾楼”处置。开通绿色通道，集中受理、公告、选定管理人及审计机构，简化审理流程。设立破产案件专项处置基金，完善破产管理人选拔和考核机制，多措并举出清“僵尸企业”。中艺华海公司成功重整，化解债务金额25亿元。

【市场准入限制放宽】 2019年，珠海市按照全国一张清单的原则全面实施市场准入负面清单制度。印发《负面清单政策解读》，向全市各部门及各区宣传、解读2018年版负面清单政策。9月，协助国家发改委做好关于实施市场准入负面清单的调研工作。扩大外资准入。落实省、市“外资新十条”政策规定，扩大市场准入领域，在制造业、农业、煤炭业、非金属矿业、金融业等领域取消或放宽外资准入限制。落实《珠海市扩大对外开放促进外资增长若干政策措施》《珠海市加强招商引资促进实体经济发展办法》《珠海市加强总部企业发展实施办法实施细则》等政策，全年兑现市、区两级奖励资金 5.61 亿元，其中市级奖励资金 3.33 亿元。

【公平竞争审查制度全覆盖】 2019 年，珠海市实现市、区公平竞争审查制度全覆盖。全年全市各单位开展公平竞争审查 119 个。10 月，市市场监管局对市文化广电旅游体育局、市自然资源局、市教育局、市国资委等单位开展公平竞争审查调研，对调研中发现的问题及时督促整改。举办全市公平竞争审查制度业务培训。

【国资国企改革】 2019 年，珠海市出台深化国资国企改革方案。推进竞争类国企市场化改革，市国资委整合珠海市免税物业资源的相关原则和方案获市政府批示同意。横琴和跨境工业区等其他口岸免税物业资源，由免税集团和各产权及管理单位进一步协商整合方案，报市政府。截至年底，全市国有“僵尸企业”852 户，累计完成出清 352 户。格力集团下属的格力金投建立跟投机制，交通集团下属的工程技术公司上报员工持股申请，在与省国资委沟通审批过程中。

【混合所有制改革】 2019 年，珠海市推进国有资本和社会资本互赢合作。截至年底，市属企业引入二三级战略投资者 6 家。10 月，华发集团下属庄臣控股在港交所挂牌上市；华金证券筹备 A 股上市工作；交通集团下属的工程技术公司上报员工持股申请。4 月，成立前沿产业基金，认缴规模 10.02 亿元，其中，珠海华发鑫根前沿产业股权投资管理有限公司作为 GP 认缴出资 100 万元，占基金规模 0.1%；珠海科创海盛基金管理有限公司联合珠海发展投资基金（有限合伙）共同发起设立“珠海市科技创业天使风险投资基金合伙企业（有限合伙）”，基金规模 5 亿元。6 月，珠海科技创业投资有限公司及其下属企业珠海科创海盛基金管理有限公司共同发起设立“珠海市人才创新创业基金合伙企业（有限合伙）”，人才基金首期新设基金规模 2 亿元，第一期出资 5100 万元。市属企业发挥引导带动作用，通过直投和组建基金等方式，投资战略新兴产业，引导产业落地珠海。格力集团聚焦人工智能、新材料、医疗健康、集成电路等产业，在二级市场收购长园集团和欧比特等上市公司股权，新增投资战略性新兴产业项目 23 个（其中直投项目 9 个，通过基金投资 14 个），投资金额 17.83 亿元，并引导万里红、齐心集团等 6 家参股公司项目落户珠海。华发集团重点布局集成电路、汽车制造产业链、创新药研发等领域，新增投资项目 28 个，投资金额 15.9 亿元，成功引荐落地或签约项目 15 个。

链 接：

GP

GP 是普通合伙人（General Partner）的英文缩写，泛指股权投资基金的管理机构或自然人。普通合伙人对合伙企业债务承担无限连带责任，有限合伙人以其认缴的出资额为限对合伙企业债务承担责任。

【国企薪酬体制改革】 2019 年，珠海市国资委起草《市管企业工资总额管理办法》，搭建市国资委与市管企业信息系统平台。国资监管平台一期建设内容验收上线，可采集监管下属国有企业财务、人事、领导人考核，以及产权交易等相关信息，在国资委市一级层面搭建的政策法规库给予数据共享。

【民营经济发展】 2019 年，珠海市落实《加快民营经济发展的若干措施》，安排市级财政预算 4358 万元用于支持民营经济和中小企业发展，在创新、融资、服务体系、培训等方面为企业提供支持。10 月，制定完善促进民营经济高质量发展的政策措施，出台《珠海市进一步支持实体经济高质量发展若干政策措施》，扩大“小升规”奖励的支持范围，对首次“小升规”的工业企业和软件与信息服务业企业给予奖励，对“上规”后第二年保持一定增速的企业给予追加奖励；将贷款风险补偿资金池的规模增加到 3 亿元，将“四位一体”政策覆盖面扩大到工业企业、软件与信息服务业，并提高补助标准，解决民营中小企业发展中的痛点、难点，促进民营经济健康快速高质量发展。

【科技型企业发展】 2019 年，珠海市打造中小型高新技术企业“群狼团队”。对标先进构建最优顶层设计。建立高成长创新型企业（独角兽企业）培育库。列入高成长创新型企业培育库首批榜单高新技术企业 44 家。入库企业主要集中在新一代信息技术、生物医药、智能制造三大产业领域。成功引进北京悦畅科技、北京一维弦、成都齐碳、深圳市优必选等高成长创新型企业在珠海设立总部或分支机构。启动第二批珠海市高成长创新型企业入库遴选工作，申报入库培育优质企业 87 家，入库企业在政策、资本、人才、技术、土地等方面获得重点扶持。强化资本供给，为具备新技术、新业态、新模式的独角兽企业提供高效率多层次的风险资本支持。以珠海基金为依托，联合第三方风险投资机构设立 5 亿元政策性天使基金、2 亿元人才创新创业基金。瞄准重点领域关键环节实施产业核心和关键技术攻关专项。制定实施《珠海市产业核心和关键技术攻关方向项目实施暂行办法》，通过竞争性项目遴选，支持入库企业和创新龙头企业开展核心和关键技术攻关，市、区联动给予入库企业 200 万元研发启动金，支持入库企业通过自主选题，推动突破掌握一批“卡脖子”关键核心技术。对珠海纳睿达科技有限公司的“基于 32 波束同时收发的数字化 X 波段双偏振相控阵天气雷达的研发”等 35 个产业核心和关键技术攻关方向项目给予 8300 万元市财政资金支持。组织发动入库企业和创新型企业参与广东省重点领域研发计划专项申报和承接国家重大科技专项。组织入库企业参与广东省“重点领域研发计划”，推荐 62 家高新技术企业 71 个项目申报省重点领域研发计划，云洲智能、金山网游、英诺赛科等承担的 13 个项目获得 1.56 亿元经费支持，立项数量和经费位列全省第四。深入企业送服务上门。市科技创新局牵头组织专业研究机构、创业投资机构、咨询服务机构成立联合课题组开展“珠海市培育引进独角兽企业机制研究”课题研究，对入库企业开展现场走访深调研活动。全年举办高成长创新型企业培训辅导会3场，提升入库企业研发、创新管理水平，规范加强企业科研财务、政府财政扶持资金管理能力。

【新型政商关系构建】 2019年，珠海市加快构建“亲”“清”新型政商关系。3月，出台实施《市纪委监委发挥职能作用保障民营企业健康发展的具体措施》。通过建立投诉举报专区、巡察监督、明察暗访、约谈函询、审查调查深挖等方式，查处形式主义、官僚主义问题24起50人。全年全市处置领导干部利用职权或职务影响力为配偶、子女及其配偶经商办企业问题线索21件，立案5人，结案并给予党纪处分4人。

【口岸建设和开放】 2019年，珠海市推进青茂口岸建设，并顺利封顶。推进新横琴口岸珠澳客货车“一站式”合作查验模式创新、海关小客车查验设备共享以及旅检大厅“合作查验，一次放行”查验模式优化等工作。完成九洲港口岸临时旅检大厅和配套项目建设。推动九洲港永久口岸规划工作。加快湾仔口岸临时旅检大厅修复加固工程的建设。完成拱北口岸临时出入境风雨连廊及口岸受损构（建）筑物还建项目施工，确保口岸通关安全。优化口岸布局，将5个一类港口口岸整合为“珠海港口岸”并扩大对外开放。整合二类口岸资源，关闭16个无业务的内设码头，将原珠海保税区装卸点的西域码头、洪湾港区二期集装箱码头、原新环装卸点的斗门港货运码头3个内设码头纳入珠海港口岸范围。推动粤港澳游艇自由行全面落地实施，协调解决万山区游艇码头建设用地争议问题，规划游艇码头建设方案。探索在九洲港先行开展粤港澳游艇自由行。重新划定明确原九洲港口岸、湾仔口岸、斗门港口岸和原万山港口岸的大万山岛、外伶仃岛2个作业区的水域开放范围。制定《珠海市加快珠海机场口岸对外开放工作方案》，编制珠海机场航空口岸对外开放可行性研究报告，协调上级部门批复同意开放公务机临时口岸。

【口岸营商环境优化】 2019年，珠海市开展口岸营商环境监测和评估工作，形成《珠海口岸优化营商环境评估报告》，对珠海口岸营商环境形成客观、全面的总体评价，梳理口岸经营服务单位提出的影响口岸通关时效的痛点、堵点问题，提出持续优化珠海口岸营商环境切实可行的措施，建立健全口岸营商环境常态化监测评估机制。持续优化国际贸易“单一窗口”，有效压缩珠海口岸环节整体通关时间，珠海市位居全省前列，进出口货物整体通关时间分别压缩至6.98小时和0.76小时。降低珠海口岸整体通关成本，全年集装箱进口通关及口岸作业成本2114元，比上年下降12%，出口通关及口岸作业成本1791元，下降16%。

【跨境电商综合试验区建设】 2019年，珠海市推进横琴新区、珠海保税区、珠澳跨境工业区珠海园区跨境电商查验场规划建设，建成运营监管场所1210个。出台《关于促进中国（珠海）跨境电子商务综合试验区的政策措施》《中国（珠海）跨境电子商务综合试验区发展规划》，印发《珠海跨境电子商务综合试验区重点任务分解表》，明确跨境电子商务建设重点任务45项。制定跨境电子商务综合试验区服务体系建设专项资金申报指南，线上综合服务平台及线下载体平台项目获2600万资金支持。落实《珠海市关于加快电子商务发展的实施意见》，国家知识产权运营公共服务平台金融创新（横琴）试点平台等5个项目获660万资金支持。加强跨境电商人才培训，举办首期跨境电商培训班。广丰物流园与京东拓展开展“9610”（直购进口）业务，深圳一棵树跨境电商产业总部项目、云集电商平台公司华南仓储总部项目落地，菜鸟科技与珠海邮政、珠海易跨境达成合作。

【珠港澳经贸合作】 2019年，珠海市为中国澳门及葡语系国家的企业提供与内地经贸交流、行政办公、财税金融、项目投资“帮办”等服务，格力电器、云洲智能、四维时代、小可乐科技等20家企业和机构进驻平台。依托2家有资质的对外劳务公司，搭建输澳劳务平台，为澳门输送住宿餐饮、医疗卫生、建筑、计算机服务和软件等行业人工。广东港珠澳供应链公司在珠海设立区域性国际贸易分拨中心，保税仓分拨业务正式运营，公司与和记物流（香港葵涌码头）、香港机场一号货栈、澳门机场明捷货栈、中国国际海运集装箱等50家境内外知名企业签订合作协议。制定《关于支持澳门会展业发展的工作方案》，举办首届澳珠企业家峰会等交流活动。

【国税地税征管体制改革】 2019年，珠海市推进税费业务和信息系统整合优化，完成金税三期税收管理系统并库上线工作。完成指定非税收入项目征管职责划转，财政部专员办划转项目免税商品特许经营费、国家留成油收入、海上石油矿区使用费，完成第一批省设立划转项目村镇基础设施配套费等4个项目划转。优化非税收入业务特色软件，完善征管信息系统互联互通功能；加强非税收入的事中、事后管理，开展税费信息关联比对，分类实施风险应对，防范费款流失；公开缴费依据，整合税费缴纳流程，简化办费流程和缴费资料，拓宽微信、网站办理、电子办税厅缴费渠道，推进非税收入同城通办和无纸化办费。

【预算编制改革】 2019年，珠海市财政部门起草《珠海市市直预算编制管理改革方案》，提出6个方面25项具体工作措施，包括健全预算编审体系、明确预算编制程序、完善预算编制内容、改进预算编制方法、加强预算编制审核、增强部门预算硬约束，使部门预算更科学规范、完整、标准和透明。

【绩效管理改革】 2019年，珠海市出台印发《珠海市财政预算绩效管理暂行办法》，力求简化绩效管理流程、追求实际效果。合理界定绩效管理的范围，纳入绩效管理范围的项目均实现事前结合预算评审、事中执行监控、事后全面绩效自评和重点评价。评审结果充分利用，并进行信息公开。上线试运行在预算执行系统上动态监控系统，智能化提取纳入预算绩效项目的调整情况和年中追加调整绩效项目的新增情况，相比其他省市事中监控要求单位全面上报事中执行情况的模式，大幅度减少工作量。

【各类用地升级改造】 2019年，珠海市推进“多规合一”，科学编制城镇低效用地再开发专项规划，形成《珠海市各类用地现状建设问题及对策研究》，用于国土空间总体规划支撑推进低效用地再开发。开展闲置土地调查、认定、处置工作。全年全市处置闲置土地29宗，面积288.42公顷。其中，政府安排临时使用2宗，面积17.51公顷；调整土地用途、规划设计条件1宗，面积0.19公顷；协议收回8宗，面积53.97公顷；其他18宗为延期处理，面积216.75公顷。开展亩产效益评价。完成工业用地使用情况调研。摸查全市2007年以来已出让工业用地使用情况及全市规模以上工业企业单位面积用地情况，建立537宗已出让工业用地开发利用状况和效益清单台账和1275家规模以上工业企业单位用地产出效益清单，摸清全市工业用地底数。完善产业园区综合评价办法。制定《珠海市产业园区综合效益评价办法（试行）》，以园区亩产效益为核心思路，充分考虑园区产业定位及园区发展的不同阶段，从土地使用、产出效益、产业集聚度、产业投资、园区管理、绿色发展等方面综合评估园区效益。

发展规划管理

【发展规划编制】 2019年，珠海市统筹编制《珠海市2019年国民经济和社会发展计划》《珠海市2019年政府投资项目计划》和《珠海市2019年重点建设项目计划》。加强对各区稳增长工作的督促考核指导；协调经济工作部门，及时出台工业、消费、外贸稳增长政策措施；科学分析研判经济形势，形成针对性、操作性较强的政策建议，为市委、市政府精准施策提供重要参考。

【投资管理】 2019年，珠海市编制《2019年珠海市政府投资项目投资计划》。市发展改革局加强政府投资项目投资计划管理，加强市、区发改投资监控的联动机制，督促各区完成分解任务。建立全市固定资产投资运行监测指标体系。组织市直有关部门梳理全市促进民间投资政策并形成政策汇编。

【重点项目投资】 2019年，珠海市完成重点建设项目投资736.34亿元，完成年度计划的131.3%。完成省重点项目投资285.91亿元，完成年度计划的132.4%。省市重点项目均超额完成全年投资计划。完成基础设施工程投资264.09亿元，完成年度计划的139.6%。完成产业工程投资415.30亿元，完成年度计划的129.8%。完成民生保障工程投资56.95亿元，完成年度计划的110.4%。

【“十四五”规划编制】 2019年，珠海市按照“高标准编制珠海‘十四五’发展规划”部署，根据市“十四五”规划编制工作领导小组工作安排，市发展改革局围绕“建设澳珠极点，奋力打造大湾区重要门户枢纽、珠江口西岸核心城市和沿海经济带高质量发展典范”的总要求，组织推进市“十四五”规划编制工作。

“十四五”规划主要目标 到2025年，经济高质量发展步入快车道，人均GDP超过20万元，经济总量突破6000亿元。高端产业集聚发展，集成电路、生物医药及大健康、高端打印设备、新能源及新能源汽车、新材料等五大战略性新兴产业集群具备一定规模，推动先进装备与智能制造迈向产业链中高端，提升现代产业核心竞争力。实施创新驱动战略，增强自主创新实力，提升港澳和国际创新要素集聚能力，基本建成珠江口西岸科技创新高地。现代综合交通网络更加完善，城市轨道交通建设取得突破性进展，基本建成辐射珠江口西岸的海陆空铁协同综合交通体系。基本公共服务渐趋完善，共建共治共享社会治理格局更加完备，全面融入大湾区宜居宜业宜游优质生活圈。文化软实力逐步增强，生态文明建设保持领先，基本建成产业创新引领、全域协调发展、生态安全永续、功能国际接轨、社会包容共享的现代化城市。到2035年，人口规模达到500万人，经济总量达到2万亿元，现代化产业体系趋于完善，科技创新能力处于领先地位，支撑核心城市功能的人口规模、经济规模、城市规模和交通体系基本建成，辐射带动周边地区的发展能力显著增强，成为社会主义现代化建设排头兵。

“十四五”规划重点任务 深化珠澳合作，建设创新发展新高地，构建现代产业体系，共建珠江口西岸综合交通枢纽，构建产城融合区域新格局，建设宜居宜业宜游绿色优质生活圈。

“十四五”期间的重点项目 初步谋划重点项目423个，“十四五”期间累计投资约8100亿元，预计带动全市固定资产投资累计超过1.5万亿元。到2025年，年度投资规模有望突破4000亿元，“十四五”期间年均增长15%以上，其中基础设施投资超过1000亿元，年均增长18%；工业投资突破800亿元，年均增长20%。主要围绕建设粤港澳大湾区重要门户枢纽，机场、港口、口岸对外开放节点，新型基础设施建设，打造珠江口西岸核心城市，城市扩容提质；增进民生福祉。（赵 彧）

国有资产监督管理

【概况】 2019年，珠海市国有资产监督管理委员会监管的16家市管企业资产总额9197.15亿元，比上年增长27.73%；所有者权益3030.12亿元，增长16.86%；国有权益总额1323.91亿元，增长12.28%；营业总收入3237.86亿元，增长13.69%；利润总额433.46亿元，增长7.91%；净利润349.54亿元，增长6.58%。8家上市公司国有股权市值870.47亿元（上市公司总市值4359.65亿元）。实现增加值（GDP）803.36亿元，增长0.80%；固定资产投资758.12亿元，增长11.90%；上交税费303.58亿元，增长22.94%；企业就业人数15.29万人，增长18.06%。收缴国有资本经营预算收入23亿元，完成预算100%，增长98.45%，其中利润收入22.97亿元、增长101.14%，产权转让收入300万元、下降82.35%。

是年，市国资委划出国有企业领导干部经济责任审计和国有企业监事会职责到市审计局。成建制划转市直机关工作委员会下属的市直属机关人民武装部（更名为市直属单位人民武装部），为市国资委直属正科级行政单位，截至年底，市国资委内设机构10个。

【国企市场化改革】 2019年，珠海市国资委突出市场化导向原则，研究制定深化市属企业市场化改革意见，完善市属国有企业法人治理结构，深化市属国有企业市场化选人用人和分配机制改革，优化调整市国资委监管方式，并建立健全改革保障机制。加大市场化选聘力度，扩大市场化选聘范围，商业类企业经营层全面推行市场化选聘，公益类企业经营层以组织选任为主、市场化选聘为辅。推行国有企业员工全员考核制度，构建员工正常流动和退出机制。

【国企薪酬改革】 2019年，珠海市国资委完善绩效考核和激励约束机制，出台《珠海市市管国有企业工资总额管理暂行办法》，工资总额与企业效益同向联动，实现效益增则工资总额增、效益减则工资总额减。“一企一策”推进企业构建以市场化为导向、薪酬“能增能减”的收入分配机制，形成薪酬水平适当、结构合理、管理规范的收入分配格局。构建经营者和员工与股东之间的经营效益增量分享机制，企业可从超出目标值的增量贡献中按一定比例提取奖励。组织任命负责人薪酬根据企业核心业绩指标的实际完成值，超目标部分可计提超额贡献激励。市场化高管薪酬水平由董事会根据对标原则确定，报市国资委备案。推行全员绩效考核。

【监管职能转变】 2019年，珠海市国资委制定职能转变方案，建立健全出资人监管权力和责任清单制度，对市管企业实行清单管理，调整、精简、优化监管职能。对未列入清单的事项，由企业自主决策，减少出资人审核核准事项。“一企一策”落实授权放权管理，成熟一个推进一个。强化监管事项11项，精简监管事项13项，其中取消监管事项3项、下放监管权力事项6项、授权监管事项4项。深化国有资本授权经营体制改革。研究以格力集团为基础改组组建国有资本投资公司，制定董事会履行出资人职责的授权放权清单，并完善系列配套政策。

【混合所有制改革】 2019年，珠海市国资委通过引进来、走出去等多种方式，促进国有资本和多种所有制经济融合发展。推动市属企业多种途径引进战略投资者和财务投资者。推进格力电器公开转让股权15%，完善公司治理结构和提高市场化程度，树立混改3.0时代标杆。市国资委指导企业引入战略投资者，加强核心业务竞争力，满足项目建设需要，提升企业资本实力。牵头成立珠海机场股权合作工作小组，推进珠港两地机场股权合作。

【国有企业上市发展】 2019年，珠海市国资委培育市属企业上市资源。10月，华发集团下属庄臣控股在香港联交所挂牌上市，华金证券启动A股上市辅导工作。指导华发集团推进华发物业与华金国际资本重组整合，打造华金国际资本成为面向粤港澳大湾区的生产性服务业战略平台，实现华发物业资产证券化。推进具备条件的市属企业在新三板挂牌，华冠电容器挂牌新三板。

【国有“僵尸企业”处置】 2019年，珠海市出台《关于市属“僵尸企业”出清重组的指导意见》，指导建立处置“僵尸企业”绿色通道。印发《珠海市国有“僵尸企业”债务处置方案》，有效防范各类风险。建立工作考评机制，倒逼出清重组工作提升落实力度和工作成效。截至年底，累计完成出清352户。

【国企法治建设】 2019年，珠海市国资委强化制度建设，夯实公司治理基础。对市管企业章程进行统一规范和修订，明确股东会、党组织、董事会、经理层、监事会等治理主体的权责边界和运作规范，强化党组织在企业的法定地位。以检查促落实，强化法治国企建设，督促市管企业健全法人治理结构，依法治企，对企业治理不规范的行为进行整改。珠海金控集团、珠海港控股集团获广东省“法治文化建设示范企业”称号。

【国有企业发展】 2019年，珠海市国有企业坚持创新驱动、合作开放，推动高质量发展。

加快集成电路产业关键项目落地 市国资委结合珠海产业基础和短板，组织力量进行集成电路产业发展专题调研，提出坚持“市场导向与政策引导、特色发展与重点突破、重点引进与自主培育”相结合的原则，实施“领芯、补芯、创芯、育芯、用芯”五大工程。推进新思科技、芯动科技、拍字节、万里红等项目落地，加快形成集成电路产业发展生态链，提升珠海集成电路产业发展能级。

加大科技研发投入 坚持创新驱动引领，重视企业科技创新发展。格力电器拥有国家重点实验室、国家工程技术研究中心、国家级工业设计中心、国家认定企业技术中心、机器人工程技术研发中心各1个，院士工作站2个，“国际领先”技术24项，获国家科技进步奖2项、国家技术发明奖1项，中国专利奖金奖4项，累计申请专利5.31万项，其中发明专利2.49万项。全年，格力集团其他板块研发总投入超过9000万元，累计申请专利40项。华发集团研发投入经费2.3亿元，累计申请专利390项，其中发明专利150项。交通集团新增高新技术企业2家，累计申请专利6项，软著28项，“软基桩承加筋路堤的结构优化和设计优化研究”课题获“中国交通运输协会科学技术奖”三等奖。珠海港集团研发投入1250万元，累计申请专利22项。“提高集装箱作业效率”项目获2019年度“中国质量协会质量技术奖”精益管理优秀项目。

加强实体产业投入 市属企业发挥引导带动作用，通过直投和组建基金等方式，投资战略新兴产业，引导产业落地珠海。格力集团聚焦集成电路、高端制造、生物医药、人工智能、数字经济与网络安全五大产业领域，在二级市场收购长园集团和欧比特等上市公司股权，累计投产项目27个，投资金额超过41亿元。新增投资战略性新兴产业项目20个（其中直投项目10个，通过基金投资10个），投资金额超过30亿元，引导万里红、齐心集团等6家参股公司项目落户珠海。华发集团重点布局集成电路、汽车制造产业链、创新药研发等领域，新增投资项目40个，投资金额27亿元，累计引荐落地或签约项目20个。推进中以加速器、华金智汇湾创新中心、智谷圆芯孵化器以及富山工业园、智慧产业园等的筹备、建设、招商、运营工作。其中，富山工业园自主引进龙头企业投资项目6家，规模以上企业投资项目17家，投资总额86.62亿元，预计达产年产值119.15亿元；智慧产业园自主引进规模以上企业投资项目8家，投资总额3.95亿元，预计达产年产值12.05亿元。

对外开放合作扩大　华发集团发掘以色列优质创新产业项目落地中以加速器，参与黑河自贸区“中俄大桥桥头片区”和“瑷珲对俄出口加工基地”配套设施建设，华发（林芝）商贸物流产业园项目一期工程全面封顶。免税集团推进珠海市、黑河市与俄罗斯阿穆尔州地方政府之间的交流合作，以及“布拉戈维申斯克—黑河”跨境集群建设，推进与黑河企业合作的黑河跨江索道步行口岸出入境免税商场。农控集团加快珠海—黑河农产品加工物流项目建设。九洲控股集团启动收购西藏林芝美林实业股权项目，与林芝文旅、广安文旅签订战略合作框架协议，探讨在资源、资产、资本层面进行深度合作。

【国有资产监管】　2019年，珠海市国资委加强对国有资产的监督和管理，推进监管资源整合，提升综合监管效能。

推进信息化与监管业务深度融合　推动建立联通人大、纪委、审计、财政等部门的国资监管信息化工作平台，推动国资监管方式向动态监管、智能监管、网络监管转变，确保及时掌握市属国企运行状况，对企业所提供的相关数据进行监控，对异动指标发出预警信号并提出整改要求，及时防范风险。

综合利用监督资源，强化监督执纪问责　发挥外派董事、监事、财务总监和国资委业务部门的日常监督作用，对企业违规行为即时予以提醒或制止。发挥审计和纪检监察部门的监督作用，对发现的问题要求企业整改，造成国有资产损失的按照有关文件要求追究责任。发挥企业领导班子和领导人员年度综合考评机制作用，强化问责。

加强董事会建设，落实董事会职权　优化董事会治理机制，分类优化董事会组成结构，建立董事会和董事全面评价机制，发挥董事会专门委员会作用。建立外部董事人才库，强化董事队伍建设。印发工作指引，规范董事会投资决策。下放部分审批权限，增强董事会经营决策权。要求董事会细化“三重一大”决策制度，厘清董事会和经理层具体事权，维护企业经营自主权，激发经理层活力。

加强风险防控建设　出台《珠海市市属国有企业加强债务管理严控债务风险暂行办法》，建立国资系统资产负债变化情况监控机制，敦促市管企业建立健全本企业债务风险管控机制，对市属国有企业债务总体情况、降杠杆情况、重点关注事项和企业、债务风险隐患实行有效监控。

产权管理工作增强　通过规范资产评估责任追究制，细化资产评估结果的公示制度，推行国有资产评估项目结果公开，推动资产评估项目评审专家库建设等，夯实国有资产管理基础。印发《关于规范市属国有企业采购等交易行为的指导意见》，完善国有产权交易监管，严格规范国有资产交易方式。强化混合所有制及上市公司国有股权监管，规范国有股东行为，促进上市公司健康发展。

【公共服务保障】　2019年，珠海市水控集团、珠海港集团启用“三厅合一”（供水、供电、供气）窗口，实现水、电、气一站式全城通办便民惠民服务。农控集团改造横琴、柠溪、为农、唐家4个市场，新建世纪城、福石2个市场，加强供应，稳定物价，保障珠海市民“菜篮子”“米袋子”安全。航空城集团推进珠海机场改扩建、综合交通枢纽等项目建设，格力集团推进兴业快线（北段）建设，交通集团推进洪鹤大桥、香海大桥、金琴快线等重点项目建设，化解民生出行难题，助力粤港澳大湾区交通互联互通。格力集团推进民生市政类代建和承建工程，持续提升城市功能形象。5月，安居集团挂牌成立，接管保障性房源4207套，完成全市安居保障房企业化管理。截至年底，全市总供水量5.50亿立方米；农产品供应量比上年增长38.66%；液化石油气供应量10.3万吨，天然气供应量1.97亿立方米；港口货物吞吐量1.38亿吨；集装箱吞吐量256万TEU（标准箱）；珠海机场旅客吞吐量1228.3万人次，货邮吞吐量5.1万吨，运输航班起降8.68万架次。

【重大项目投资建设】　2019年末，珠海市市管企业承担全市重大投资建设项目102项，总投资额1740.16亿元，其中，完工项目42项、在建项目50项、拟建项目10项，投放资金892.94亿元。年内完成固定资产投资758.12亿元。莲洲通用机场投入试运行，起降6736架次，飞行1885小时。珠海机场推进莲洲通用机场二期建设，完成列入2019年省重点建设前期预备项目工作及可行性研究、水土保持等专项论证业务招标文件编制等工作。

【珠澳合作交流】　2019年，珠海市发挥国企引领作用，加强珠澳合作，助推粤港澳大湾区建设。

加强涉澳基础设施建设　水控集团对澳门特别行政区供水第四条管道工程完工通水，供水能力从50万立方米/天提高至70万立方米/天，有效提高对澳门供水安全保障。珠光集团承建路环—九澳隧道工程竣工，提升澳门市区和离岛之间的交通便利；参与建设澳门特区政府为解决内港海傍区水患问题而向中央提出的重大民生工程——澳门内港挡潮闸项目。珠海港集团承建的珠海拱北—澳门青州管道连接工程竣工验收。交通集团与澳门大学签订合作框架协议，在交通基础设施关键施工技术研究和应用、监测技术研究和应用、智慧城市物联网合作等方面展开合作，共同服务粤港澳大湾区交通基础设施建设。

推动澳门产业适度多元发展　格力集团深化产业投资，与深创投、广发信德等大湾区投资机构合组多个产业投资基金，助力珠海及粤港澳大湾区产业发展。华发集团打造首批珠澳合作示范项目18个，重点项目取得阶段性成果；参与澳门特色金融创新，作为首批境内企业在澳金公司发行上市粤港澳大湾区澳门莲花债。珠光集团全面启动珠澳经贸合作平台、澳门特色金融产业服务基地等项目建设运营，创建珠澳经济互动平台。九洲港粤港澳游艇“自由行”项目获市政府批复，相关方案在报送中。免税集团中标港珠澳大桥珠海公路口岸珠港和珠澳进境免税店10年租赁项目，与澳门企业合作成立公司投资运营澳门市内店项目。

推动澳珠两地交融互动　珠光集团发挥珠光澳门职介所优势，稳居全国输澳门劳务业务行业前列，保有在澳门劳务近2万人；加强两地人才交流，启动跨境人力资源和教育平台建设运营，实现“澳门旅游学院粤港澳大湾区旅游教育合作中心”挂牌、澳珠金融人才培训合作签约。航空城集团通过中华青年民族学习交流营、大湾区青少年航空爱国教育等活动，加强珠港澳台青少年交流交往、交心交融。会展集团参与举办“珠海市第一届青少年（第二届中小学生）机器人大赛暨珠港澳青少年机器人横琴邀请赛”，打造粤港澳大湾区科学创新活动品牌。公交集团与香港冠忠巴士集团合作的联程联运线上售票系统上线。

【澳门产业多元十字门中央商务区服务基地建设】　2019年5月10日，珠海市启动建设澳门产业多元十字门中央商务区服务基地，12月10日投入运营。服务基地是支持澳门新兴产业发展、助力澳门经济适度多元化的重要实体平台，致力于构建集“公共服务＋生活保障＋金融支持”三大服务于一体的一站式营商服务体系，重点引进并扶持科技创新、特色金融、医疗健康、跨境商贸、文旅会展、专业服务六大新兴产业和澳门青年创新创业，为澳门经济发展注入新动能。截至投运日，服务基地引入澳门企业（机构）105家，3万平方米办公空间实现100%签约。

【澳门大学－华发集团联合实验室揭牌】　2019年10月25日，澳门大学－华发集团联合实验室揭牌暨珠海澳大科技研究院启用仪式在横琴·澳门青年创业谷举行。实验室设立微电子研发中心、中华医药研发中心、智慧城市科技研发中心、转化医学研发中心、先进材料研发中心、高级培训中心。除高级培训中心设在珠海中心大厦外，其余5个研发中心全部设在横琴·澳门青年创业谷内的珠海澳大科技研究院。澳门大学和华发集团签署战略合作框架协议，双方将在高层次人才培养、产业孵化和培育、知识产权与科研成果转让等方面开展深入合作，通过澳珠校企深度合作，推动科技创新，助力澳门经济适度多元化发展和珠海产业转型升级。　（姚煜奎）

审　计

【概况】　2019年，珠海市审计部门完成审计（调查）项目35个，查出主要问题金额31.86亿元，其中，违规金额344万元、损失浪费金额1021万元、管理不规范金额31.73亿元；审计期间整改金额9.94亿元；审计处理处罚金额4.18亿元，其中，应上缴财政166万元、应减少财政拨款或补贴3149万元、应归还原渠道资金177万元、应调账处理金额3.83亿元；审计促进整改落实有关问题资金4.33亿元，其中，增收节支4994万元、上交财政1745万元、减少财政拨款或补贴3248万元；审计后挽回（避免）损失3248万元，核减投资额902万元。移送纪检监察机关和有关部门处理事项4件，涉及金额997万元；审计发现非金额计量问题211个；出具审计报告和专项审计调查报告34篇；提出审计建议128条，被采纳审计建议115条，促进被审计单位建章立制26条；提交审计专题、综合性报告和信息简报58篇，被批示、采用11篇。《华姐的“初心”》获省审计厅主题教育演讲比赛一等奖。

【审计改革】　2019年，珠海市审计部门依法全面履行审计监督职责，深化审计制度改革。落地落实审计管理体制改革任务。1月11日，组建市委审计委员会；1月21日，市委审计委员会办公室和优化职责后的市审计局揭牌；5月5日，召开市委审计委员会第一次会议。落实审计重大事项请示报告制度。全年向委员会呈报审计重大事项13项，其中审定《年度审计项目计划》《审计工作报告》、改革功能区审计管理体制等。优化审计职责，新设3个科室承接从财政、发改、国资部门划入的职责，做好人员转隶等工作。

【审计机制】　2019年，珠海市审计部门完善制度机制，夯实发展基础。根据国家和省审计制度建设成果，清理、增删、修订各项制度，提请市委、市政府出台制度3项，制定完善制度18项，内容涉及落实经济责任审计新规、加强审计整改工作、完善党组重大决策制度等。选派30批次150名干部参加业务培训，选派6批次36名审计人员参加异地审计项目。实施“质量强审”战略，严把选题、执行、审理、整改、考核“五关”，推动审计高质量、内涵式发展。

【专项审计】　2019年，珠海市审计部

2019年10月25日，澳门大学－华发集团联合实验室在横琴揭牌

（华发集团优生活供稿）

门开展市领导研究部署产业用地、对企专项补贴、广珠铁路、3家公立医院等7个专项审计项目，向市委、市政府专报《审计要情》7篇，反映重要审计情况，揭示重大漏洞，提示重大风险，节约大量财政资金。

【政策跟踪审计】 2019年，珠海市审计部门加强“放管服”改革、优化营商环境、支持实体经济发展、积极利用外资、培育创新型企业5个重大政策跟踪审计项目，敦促多家企业整改重复补贴、重复申报高企等问题。印发《珠海市审计局2019至2020审计年度政策跟踪审计工作方案》，明确审计署、省审计厅、市审计局3个方向11个政策跟踪审计项目，涵盖减税降费、东西部扶贫协作、孵化育成体系建设、扩大对外开放积极利用外资、乡村振兴、“放管服”改革、大湾区建设等政策措施8项，推动政策跟踪审计全覆盖。

【公共投资审计】 2019年，珠海市审计部门开展工程审计项目3个，综合多个项目成果，形成要情专报市委、市政府，反映全市普遍存在“水泥搅拌桩类隐蔽工程安全隐患大”“工程领域滥用两阶段招标”等问题，并提出对策建议，有效保障工程质量安全，促进招投标规范管理，节约政府资金。

【经济责任审计】 2019年，珠海市审计部门开展经济责任审计项目8个，重点加强公共权力运行监督，揭示对违法填海行为监督不力造成损失、违规发放津补贴等问题；向市纪委监委等部门移送案件线索4件；推进2018年度经济责任审计公告及时在市公文协同网公开。

【资源环境审计】 2019年，珠海市审计部门开展水污染、土壤污染审计调查等审计项目4个，推进整改部分污水处理厂进出水不符合要求、排污整改许可监管不到位、全市45家医院监管不到位导致存在水污染风险等问题。

【大数据审计】 2019年，珠海市审计部门开展公共资金审计等项目8个，通过大数据分析，发现多个单位国有房产账实不符、资产去向不明、产权未及时变更、产权登记信息不规范等问题，并提出对策建议，防范国资流失及廉政风险。

【审计整改】 2019年，珠海市审计部门跟踪督促整改单位91个，涉及审计整改项目39个（含2018年下半年项目21个），梳理问题506条，督促整改到位345条，整改到位率68.18%。

2019年1月21日，中共珠海市委审计委员会办公室和优化职责后的珠海市审计局揭牌 （梁锡利 摄）

【审计服务】 2019年，珠海市审计部门推动审计“二次创业”高质量发展，助力粤港澳大湾区建设。加强审计政策法规宣传、解读，配合省委审计办、省审计厅开展对全市主要领导的经济责任审计工作。统筹审计项目和组织方式，合理配置市、区审计资源，避免重复交叉审计。落实“三个区分开来”重要要求，出台审计容错纠错方案，实现“以审促建”。政令畅通加强政策跟踪审计，规范用权加强经济责任审计，重点项目加强绩效审计，体制机制障碍加强研究型审计，通过强化监督推动“以审促改”。

【大数据应用于产业用地绩效审计】 2019年，珠海市审计部门应用大数据对市委审计委员会第一次会议部署的“产业项目用地开发利用绩效”进行专项审计。组织4个科室16名审计人员，综合运用国土、规划、卫星影像、不动产、商务、税务、工信、社保和水电等大数据，揭示产业项目开发的深层次问题，基本摸清全市产业用地闲置、低效开发总体情况，查出问题症结并提出意见建议。形成专项审计调查报告1篇和《审计要情》2篇上报市委、市政府。 （梁启敏）

市场价格监管

【企业用电成本降低】 2019年，珠海市市场监督管理局落实《广东省发展改革委关于降低我省一般工商业电价有关事项的通知》，国家重大水利工程建设基金征收标准降低50%，全省大工业用电、农业生产用电和稻田排灌、脱粒用电含政府性基金的到户电价保持不变，降低重大水利工程建设基金征收标准形成的降价空间全部用于降低一般工商业电价。一般工商业平均电价再降低10%。落实省发改委降低全省一般工商业电价政策，4月1日起，全市降低电价1.92分/千瓦时，7月1日起，降低电价5.39分/千瓦时（不含降低政府性基金征收标准），两次降价后，全市一般工商业电价平均降低7.51分/千瓦时（含降低政府性基金征收标准），降价幅度10.21%。自2017年至2019年，累计降低一般工商业电价17.7分/千瓦时，累计降低社会用电成本5.22亿元。

【非居民管道燃气价格降低】 2019年，珠海市市场监管局完成非居民管道燃气配气价格和销售价格改革。7月1日起，非居民管道燃气配气价格基准价0.83元/立方米，非居民管道燃气最高销售价格4.2元/立方米。

【行政事业性收费规范】 2019年，珠海市市场监管局落实国家、省有关行政事业性收费取消、停征和免征政策。加大涉企行政事业性收费减免力度，涉企行政事业性收费项目全部属于国家设立的收费项目，省定项目涉企行政事业性收费实现“零收费”。扩大部分涉企行政事业性收费免征对象。3月1日起，免征对象由“广东省内工商行政管理部门核发‘营业执照’且其组织机构代码证机构类型为‘企业’的经营单位”，扩大至“经市场监督管理部门（含原工商行政管理部门）核发‘营业执照’且其组织机构代码证机构类型为‘企业’的经营单位”。7月1日起，落实省相关政策，降低无线电频率占用费、出入境证照类收费、商标注册收费等部分行政事业性收费标准。

【收费目录清单管理】 2019年，珠海市出台《珠海市市级全国性行政事业性收费目录清单》《珠海市市级省定行政事业性收费目录清单》《珠海市市级涉企行政事业性收费目录清单》。2月21日和4月10日，市市场监管局对收费目录清单进行动态调整。市市场监管局指导各区、市直各有关部门建立区、部门目录清单，并在官方网站公布。对企业收费项目由50项降至10项，降幅高达80%。

【政府定价经营服务性收费目录清单“一张网”建设】 2019年，珠海市市场监管局落实中央和广东省定价目录，目录清单之外无政府定价项目。市、区两级发改部门多次编制政府定价经营服务性收费目录清单，1月和4月再次动态更新，完成政府定价经营服务性收费目录清单“一张网”建设。相关目录清单在市、区两级政府网站公开。

链 接：

政府定价经营服务性收费目录清单“一张网”建设

政府定价经营服务性收费目录清单“一张网”建设，即全市各区按照统一格式编制政府定价的经营服务性收费目录清单，并按要求进行公布。

【港口收费标准降低】 2019年，珠海市市场监管局降低沿海港口、所有对外开放港口以及各港与香港、澳门、台湾间运输的港口收费，将货物港务费、港口设施保安费、引航（移泊）费和航行国内航线船舶拖轮费的收费标准分别降低15%、20%、10%和5%。按照“减项、并项”原则，将堆存保管费、库场使用费合并为库场使用费；将供水（物料）服务费、供油（气）服务费、供电服务费合并为船舶供应服务费；将垃圾接收处理服务费、污油水接收处理服务费合并为船舶污染物接收处理服务费。4月1日起，其他港口货物港务费、引航（移泊）费、拖轮费的上限收费标准分别降低15%、10%和5%。

【物业服务收费管理】 2019年3月1日，珠海市出台《关于进一步加强我市物业服务收费管理的通知》，住宅物业服务收费政府指导价实行最高限价管理，其中高层（有电梯）最高收费标准为每月3元/平方米，多层（无电梯）最高收费标准为每月1.90元/平方米；自有产权车位、车库最高收费标准为每月70元/车位（含公摊水电费，子母车位按照普通车位的1.5倍收费）。

【停车收费规范管理】 2019年，珠海市市场监管局规范香洲朝阳市场附近、翠前北一街和斗门城区等路段的停车，实施咪表停车收费管理，加快停车周转，缓解交通拥堵。出台《关于珠海市体育中心停车收费的补充通知》，规定在珠海市体育中心各场（地）馆运动的车主，凭当日有效消费凭证（门票、收费票据等），停车时间不超过2小时可享受免费停车服务；其他车主，停车时间不超过半小时可享受免费收停车服务。

（赵 彧）

统 计

【概况】 2019年，珠海市统计部门紧扣中心工作，围绕全市经济运行情况，做好动态跟踪、预测、预警服务，跟进工业、社会贸易、服务业、房地产和投资等各行业统计，监测发展动态，及时对全市经济运行情况进行分析研判，提出建设性意见建议。完善统计数据管控工作机制，加强统计执法监督。开展统计造假专项整治工作，推进整治统计造假工作制度化。加强培训指导，夯实基层统计管理。

【统计服务】 2019年，珠海市统计部门发挥统计职能，每月定期整理统计月报，通过微信公众号、政务网站等向社会公布，提供各项指标、数据的参考、查询资料。加强监测预警，围绕粤港澳大湾区建设、港珠澳大桥通车运营、中美贸易摩擦、部分重点企业纳统和住房保障等重点难点问题，加强调查研究，研究重大政策实施、市场需求变化和各种支撑条件等对经济增长的影响程度，强化统计服务的前瞻性。出台《关于提高统计分析质量的工作方案》，加快成果转化，为提升分析水平和深度提供支撑，全年向市委、市政府及相关部门报送统计分析报告81篇。做好绿色发展指标考核工作，协助有关部门形成《珠海市生态文明建设目标评价考核实施办法》《珠海市绿色发展指标体系》《珠海市生态文明建设考核目标体系》，牵头制定《珠海市绿色发展统计报表制度》。组织骨干力量对各年度指标进行指数测算，完成2016—2018年3个年度各区的绿色发展年度评价工作。

【法治统计】 2019年，珠海市统计部门出台《全面深入推进“两防”工作实施方案》，完善统计数据管控工作机制，实施数据审核前置，丰富检查方式，加强统计培训及执法监督。组织开展统计造假专项整治工作，结合巡察整改工作要求，印发《珠海市统计机构负责人和统计人员防范和惩治统计造假弄虚作假责任制规定》《珠海市统计局统计执法监督检查工作规程》等文件，全面推进整治统计造假工作制度化。全年检查企业127家，其中，重点检查企业69家，随机抽查58家，检查出数据存在问题并予以责令整改企业27家。

【统计改革】 2019年，珠海市统计部门出台《珠海市贯彻落实广东省〈关于深化统计管理体制改革提高统计数据真实性的实施意见〉重点任务分工方案》。市政府办公室印发《珠海市人民政府办公室关于印发珠海高质量发展综合绩效评价体系（试行）》，全面跟进全省高质量发展评价工作，针对性开展高质量发展指标分析解读。在机构改革过程中，优化体制机制，将各部门履行行业经济统计职能纳入部门新职能；协同香洲、金湾、斗门3个行政区做好独立设立统计机构工作；加强对区级统计部门主要负责人的管理，对各区任免、调动统计系统主要负责人实行提前介入，先期审核。

【第四次全国经济普查完成】 2019年1月1日，珠海市启动经济普查现场登记工作，市统计部门协同各相关单位成立专责小组集中办公、做好督查通报，出台可操作性强的普查责任传导机制，严控普查数据审核，借助信息化平台，完成普查数据审核，确保统齐统准，高质量完成第四次全国经济普查，普查的法人和产业单位总数较第三次全国经济普查增长136.8%。广东省统计局依据地区生产总值核算制度和第四次全国经济普查结果，对珠海市2018年地区生产总值进行修订，主要结果：2018年珠海地区生产总值为3216.78亿元，比快报核算数增加302.04亿元，超出幅度为10.4%。珠海地区生产总值总量超过中山、湛江和茂名，位次提升三位，位居全省第六。

【第七次全国人口普查台港澳和外籍人员普查登记试点调查】 2019年，珠海市探索登记居住中国大陆的台港澳居民和外籍人员的组织方式，以及调查表指标设置的可行性，为组织实施2020年第七次全国人口普查台港澳居民和外籍人员登记做准备。国家选择珠海市横琴新区作为本次试点地区之一，组建试点调查队伍60人，开展业务培训、宣传工作和后勤保障，将横琴试点区域划分为调查区3个、调查小区26个，组织开展调查摸底工作，完成试点调查4103户，登记人口3220人，其中大陆户籍居民2909人、台港澳籍居民279人、外籍人口32人。

【珠澳统计合作】 2019年，珠海市统计部门参与粤港澳大湾区建设工作，做好澳资企业统计调查制度设计，指导横琴新区开展澳资企业情况统计调查制度的设计。5月30日，邀请澳门特别行政区统计暨普查局负责人到珠海开展澳门统计工作专题讲座，对澳门统计方法制度等进行讲解；选派相关业务骨干到澳门特别行政区统计部门开展实地调研，围绕澳门产业多元化方面的情况进行交流；深入横琴新区多个政府部门，对横琴在澳门产业多元化方面的作用及需要开展的工作进行调研，撰写《用数据解读研判澳门经济多元化可行路径》等调研报告。（曹玉华）

市场监督管理

【概况】 2019年，珠海市推进市场监管机构改革，1月20日，组建珠海市市场监督管理局，加挂珠海市知识产权局牌子。整合原市工商局、原市质量技术监督局、原市食品药品监督局的职责，以及原市科技和工业信息化局（市知识产权局）的专利管理职责，市发展改革局的价格监督检查和反垄断执法职责，市商务局的经营者集中反垄断相关职责，并承担市食品安全委员会的具体工作。内设机构23个。主要职责：负责市场综合监督管理和知识产权管理，负责市场主体统一登记注册、相关行政许可与信用监管，组织实施市场监管和知识产权综合执法等工作。

是年，全市商事登记企业开办时间平均压缩至0.32天。实有商事主体35.68万户，比上年增长6.17%。新登记市场主体5.59万户。实施质量强市战略，推动经济高质量发展。推进国家级新能源汽车质检中心建设。省级海洋工程装备产业计量测试中心获批建设。创建标准国际化创新型城市，发布国家标准26项，珠海市获评“国家知识产权示范城市”。完成农贸市场改造升级25家。

【商事制度改革】 2019年，珠海市市场监管系统深化商事制度改革，推进“证照分离”改革，压缩企业开办时间，营造良好营商环境。印发实施《珠海市深化商事制度改革营造公平市场环境工作方案》《珠海市商事主体名称申报管理办法》，在全国率先推行企业公章免费刻制、全省率先实施企业名称自主申报、全国领先开展企业登记身份信息实名验证，是全国8个推行企业简易注销登记改革试点城市之一。实施“证照分离”改革，完成《第一批全国推开“证照分离”改革的具体事项对应表》收集梳理工作，将原“二十四证合一”备案事项扩大至旅行社业务经营许可、国内水路运输业务经营许可等多个部门106个涉企业事项，向广东省“证照分离”改革专题应用平台推送有效数据8.95万条。简易注销企业3043家；为5525家新开办企业提供公章免费刻制服务，为企业节省费用410万元。3月，将原市工商局、原市质量技术监督局和原市食品药品监督局的行政许可窗口集中整合到市企业开办服务大厅，推行“马上就办、办就办好”及“最多跑一次”服务，实行预约服务等便利化措施。7月26日，市市场监管局与澳门特别行政区贸易投资促进局、粤澳工商联会签署商事服务“珠澳通注册易”合作框架协议，为澳门地区投资者提供商事登记及相关申请资料转递服务，开通“绿色通道”，提供快速审批。登记注册智能无纸化系统、商事主体开办全流程智能服务一体机上线运用，商事登记同城通办服务平台建成并于年内投入使用。

【商事主体信用监管】 2019年，珠海市市场监管部门牵头推进全市商事主体信用监管，推动形成由34个市场监管领域相关部门负责人组成的珠海市“双

2019年1月20日，珠海市市场监督管理局（珠海市知识产权局）举行揭牌仪式（张述桐 摄）

随机、一公开”监管工作联席会议制度，在市场监管领域全面推行部门联合“双随机、一公开”监管工作，筹建“双随机、一公开”“一单两库一平台”（随机抽查事项清单，检查对象名录库和执法检查人员名录库，随机抽查业务系统平台）。推行“守合同重信用”“红黑名单”公示制度，开展“死户”清理工作；实施经营异常名录管理和严重违法失信企业联合惩戒。全年全市跨部门双随机抽查企业2.65万家，联合现场检查259家。全市市场监管系统随机抽查商事主体1.51万家，完成率100%；列入经营异常名录6.07万家，列入严重违法失信企业143家，吊销企业5749家。公示“守合同重信用”企业1943家。在全国率先实行商事主体滚动年报制度，得到国家市场监督管理总局的认可，并在全国5个城市试点推广。

【质量强市战略实施】 2019年，珠海市市场监管部门开展质量提升行动和质量认证体系建设。7月25日，印发《珠海市开展质量提升行动实施方案》，提出质量提升量化指标23项。制定2019年度珠海质量状况考核指标评估标准。制定提升公共服务质量工作方案，协调推进公共交通等11个重点公共服务领域质量提升。持续引导规模以上企业实施卓越绩效模式，协助企业完成广东省政府质量奖提名、完成第五届市长质量奖评选。激发质量创新活力，推动质量品牌建设，引导先进制造业、高端服务业等领域推行卓越绩效，树立质量标杆，实现质量效益型发展。开展质量品牌建设、品牌培育活动，举办首届珠海品牌展。发掘和培育一批拥有自主知识产权、掌握核心技术的标杆企业。是年，全市获全国质量奖企业1家，获全国质量标杆企业1家；获省政府质量奖企业2家（全省10家），成为全省唯一历届均有企业获省政府质量奖的地级市。5月，新能源汽车国家质检中心（金湾）开工；广东省海洋工程装备产业计量测试中心获批建设；1.2万平方米新药品检验室启用；新增通过仿制药一致性评价药品3个（全省27个）。

【知识产权强市建设】 2019年，珠海市知识产权部门推进知识产权各项工作，为产业转型升级提供支撑，为创新驱动发展营造环境，有效护航经济健康发展。5月，珠海市获评国家知识产权示范城市，香洲区获评国家知识产权强县工程试点区。全市专利申请量3.31万件，比上年增长6.32%。全市专利授权量1.90万件，增长10.98%；每万人口发明专利拥有量78.58件，位居广东省第二。在第四十七届日内瓦国际发明展获金奖3项、银奖1项。全市入选第二十一届中国专利奖专利29项，入选第六届广东专利奖专利11项。全市知识产权质押融资金额6.35亿元。7月，向国家知识产权局申请建立中国（珠海）知识产权保护中心。科技创新成果交易平台上线运行。1月30日至6月30日，首届粤港澳大湾区高价值专利培育布局大赛在珠海举办。8月5日，首届“海丝之路”知识产权创新与合作国际论坛在珠海举办。9月，建立市知识产权战略实施工作联席会议制度。10家企业获评2019年“珠海市知识产权优势企业”、46家企业获评2019年度“广东省知识产权示范企业”、2家企业入选2019年度“国家知识产权示范企业”、60家企业入选“国家知识产权优势企业”。加强知识产权保护，开展商标、专利、地理标志等专项检查，集中整治“黑代理”“挂证”“代理非正常申请”等突出问题，开展商标、专利、“春茶”地理标志和2019年秋季地理标志保护专项行动等知识产权执法专项行动，查处侵犯知识产权案件45件。加强知识产权国际交流。

【国际化标准体系建设】 2019年，珠海市市场监管部门深化标准化工作改革，创建标准化国际化创新型城市。组织开展企业对标达标暨标准领跑者专项行动，推动全面落实团体标准和企业标准自我声明公开制度。推进标准化示范试点项目14家，完成与国内外同类城市可持续发展指标分析比对的研究报告、“一带一路”沿线及葡语系国家标准化研究报告、珠海公共安全标准化研究报告及法治珠海标准化研究报告。发布国家标准26项、行业标准20项、地方标准6项、团体标准15项，企业发布自我公开声明标准1569项。推进全市农贸市场管理综合标准化试点项目建设，万山区印发实施《万山群岛可持续发展管理标准体系——岛容岛貌标准化管理体系》（全市首个区域性整体标准体系）；珠海（斗门）汉胜科技股份有限公司主导制定的光电通信线缆国际标准实现珠海企业制定IEC国际标准零突破。

【计量和认证认可管理】 2019年，珠海市市场监管部门强化质量基础建设，开展计量、认证认可与检验检测工作，执行国家计量制度，推行法定计量单位，依法监督管理检验检测机构，对各类认证活动进行监督管理。是年，省海洋工程装备产业计量测试中心（珠海）通过现场专家论证，完成建设进度60%；5月，新能源汽车国家质检中心（金湾）开工建设。开展集贸市场、医疗卫生机构、眼镜制配等计量专项检查，完成停车场计时计费装置监督抽查97个、重点用能单位计量审查20家、监督检验检测机构计量认证现场评审16家次，强制检定计量器具1.36万台（套），校准民生计量器具600余台（件）。完成计量保证体系确认31宗；新增3C认证264家2240个证书，受理3C免办440宗、出证412个。组织中小企业质量管理体系认证基础知识免费培训3场，培训企业管理骨干675人。搭建珠澳计量检测技术公共服务平台，协助澳门特别行政区政府开展诚信计量体系建设，校准市场衡器、加油站卧式计量罐、机动车雷达测速仪等民生计量器具约400台（件）；加强对涉澳企业检测技术支持，帮助解决计量检测技术问题，服务澳门企业51家。

【质量安全监管】 2019年，珠海市市场监管部门探索实施产品质量分类监管。对安全风险不高的产品，按照“双随机、一公开”的要求加强产品质量日常检查，监督经营者落实产品质量主体责任，提高产品质量水平；对40家工业产品生产许可证获证企业加强证后监管，监督企业持续满足获证资格条件。开展产品质量监管专项整治行动，推动落后产能退出以及严控“地条钢”死灰复燃，开展工业产品质量专项检查，开展电气、电动自行车、儿童和学生用品、废铅蓄电池，以及食品用纸包装、电线电缆、防爆电气、砂轮、危险化学品等重点工业产品专项整治。开展工业产品质量监督性抽查，抽查产品473批次，抽检合格率95.2%。

【特种设备安全监督管理】 2019年，珠海市市场监管部门制定特种设备监管制度，规范日常现场监督检查，层层签订安全责任书，开展隐患排查治理，强化风险防控。推进以“二维码”为技术手段的液化石油气瓶安全监管改革，将液化石油气的先进经验扩展到工业气瓶、车用气瓶领域，开发工业气瓶、车用气瓶平台系统，用科技手段提升监管效能。开展游乐设施和客运索道、承压特种设备、压力管道、电梯起重机叉车、瓶装液化石油气充装、涉及危险化学品企业的特种设备等专项检查和专项整治，全市系统检查企业2473家次，出动检查人数7420人次，下达《特种设备安全监察指令书》615份，排查安全隐患1646处。组织和观摩指导特种设备事故应急演练58场，提升特种设备相关单位、使用人的安全意识，强化企业主体责任。普及电梯安全常识，增强社会公众电梯安全意识，预防减少电梯安全事故，推广播放系列电梯安全广告6个，印刷电梯安全常识海报5.8万份，营造安全乘梯的良好氛围。

【食品安全管理】 2019年，珠海市突出食品安全综合治理，推进广东省食品安全示范城市创建工作。强化食品安全高位推动，市长担任市食安委主任，印发《中共珠海市委珠海市人民政府关于深化改革加强食品安全工作的若干措施》《珠海市党政领导干部食品安全责任清单》。完成全市仅有的2家乳制品企业改造升级；完成北山市场、吉莲市场、铭海市场、广富市场等25家农贸市场改造升级，改造面积7.4万平方米。香洲区南泰市场建设成为全市首家智慧型农贸市场；香洲区食品集中加工区主体工程竣工，金湾区、高栏港区食品集中加工区营运管理进一步优化；斗门区深化“放心肉菜示范超市”创建工作；高新区在北理工开展餐厨垃圾就地处理试点。实施食品安全体系检查和关键控制点管理（HACCP），强化食品生产全过程监控。推动食品经营企业建立食品安全可追溯体系；开展节日食品安全督导检查，开展农贸市场、畜禽水产品批发市场、校园周边、旅游景点、养老机构食堂等食品安全专项整治，开展酒类、米面制品、淀粉及淀粉制品等食品安全专项检查，开展食品安全问题联合整治行动，协调开展非洲猪瘟联合防控。超额完成餐饮业质量安全提升三年行动计划任务，市管餐饮单位“明厨亮灶”建设实现100%覆盖，全市学校食堂灭C（C级食堂）行动完成率100%。加强网络餐饮服务监管，抽查网络餐饮经营单位4441家，实施“互联网＋明厨亮灶”1303家，推行“食安封签”。完成对横琴中央汇餐饮服务街、湾仔海鲜街、吉大青蓝食街等9个餐饮服务街区整治。食品监督性抽检1.39万批次，合格率96.3%；食品快检26.86万批次，合格率98.95%。

【药品、医疗器械、化妆品安全管理】 2019年，珠海市市场监管部门推行生产质量受权人制度，实施风险分级分类监管，开展药品、医疗器械、化妆品生产安全隐患风险排查和生产流通日常监管。实现药品GMP（生产质量管理规范）、GSP（产品供应规范）跟踪检查两年全覆盖，深化药店规范化建设，强化对医疗器械化妆品生产经营使用监督管理，严格实施药品医疗器械经营许可，推行医疗器械注册人制度试点工作。重点开展中药饮片专项整治、药品零售企业执业药师“挂证”行为整治行动、医疗器械无菌和植入性生产经营企业大检查、化妆品擅自变更配方违法行为专项检查，联合开展重点易制毒化学品专项现场检查。完成药物滥用监测报告1514份，化妆品不良反应监测报告128例；办理药品进口备案748份、进口药品3784批次，价值2.9亿美元。药品、医疗器械、化妆品监督性抽检合格率分别达98.3%、97.5%和99.6%。检查药品生产和批发企业83家次、特殊药品生产经营单位35家次，联合市禁毒支队开展重点易制毒化学品专项现场检查11家次，发现并责令企业改正缺陷158项。全年未发生药品、医疗器械、化妆品安全事故。

【网络市场监管】 2019年，珠海市市场监管部门加强网络监管平台建设，组织指导网络交易平台和网络经营主体规范管理工作，完善全市网站、网店基础数据。全市有网络经营主体7143家，网站1.05万个，电子商务平台经营者2家，交易类网店2295个，电子商务经营者申领红盾电子标识99个。通过网上搜索、受理投诉等方式，及时掌握网络经营主体“亮照亮标”情况，实现“以网管网”。建立网络市场监管部门联席会议制度，实现部门间信息共享、优势互补、形成合力，实现对网络市场各环节、全链条整体监控，督促指导生产企业和平台等网络经营者自查自纠和问题整改，实现“协同管网”。全市市场监管系统开展2019网络市场监管专项行动（网剑行动），打击网络侵权、刷单炒信和销售假冒伪劣商品等违法行为。全年，在网上检查网站、网店1105家次，实地检查网站、网店经营者543家次，删除违法商品信息215条，查处网络交易违法案件14件。

【广告市场监测】 2019年，珠海市市场监管部门开展商业促销广告、房地产广告、互联网广告及非法集资广告资讯信息排查清理等6项专项整治行动；严格规范广告发布，监测广告27.65万条次，约谈广告单位22家，发出风险提示通知书8份；利用广东省广告监管平台，实现广告监测100%查看、100%处理、100%反馈。

【市场价格监管】 2019年，珠海市市场监管部门加强涉企、电力、交通、医药等领域价费检查，清理规范转供电价格、交通物流领域收费、行业协会商会收费，做好商品房价格备案。推进落实全市公平竞争审查制度，印发《珠海市全面实施公平竞争审查制度2019年工作方案》。5月31日，牵头举办全市公平竞争审查制度业务培训，培训相关人员80余人。开展五一期间市场价格巡查、开展殡葬服务价格检查，落实企业降税减负政策，组织召开全市45家转供电主体清理规范转供电环节工作告诫会；开展铁路货运收费专项检查和涉企收费专项检查；对全市80余家公立医院及私立医院医疗服务价格开展检查。

【反不正当竞争执法】 2019年，珠海市市场监管部门加强不正当竞争执法，依法制止、纠正限制竞争和行业垄断，严厉查处仿冒名牌、虚假宣传、商业贿赂、违法有奖销售等不正当竞争违法行为。开展保健市场乱象百日行动、扫黑除恶专项斗争，开展涉及民生、社会重点关注领域的反垄断执法，加大力度规制行政权力滥用行为和市场主体垄断经营行为。全年，全市立案查处各类违法案件2463件，罚没入库1244万元，其中查处广告案件数量比上年增长112.3%。开展打击传销、规范直销宣传，加大传销打击力度，公布查处传销典型案例，联合公安、城管、街道办等部门对境外传销组织香港亮碧思（诗贝朗）进行重点打击，端掉涉嫌传销窝点20个。联同公安部门、综治部门清查涉嫌传销窝点24个，教育劝返涉嫌传销参与人员121人。

【消费者权益保护】 2019年，珠海市市场监管部门推进放心消费环境创建工作。建立市消费者权益保护工作联席会议制度，印发《珠海市关于开展放心消费环境创建活动实施意见》。5月30日，召集市委宣传部、市发展改革局等26个成员单位召开2019年第一次消费者权益保护工作联席会议，明确放心消费环境创建的工作目标，进行任务分解。配合省市场监管局开展2019年广东省消费环境评价工作。及时处理各类消费投诉举报及行政效能投诉，强化全国“12315”平台与珠海市民服务热线“12345”平台的对接，以“属地管理、分级负责”为消费申诉举报处理工作原则，使消费者诉求事项分级、高效转派至各区，并得到及时快速处理。5月29日，牵头组织对市政务服务数据管理局“12345”热线话务员进行市场监管部门业务知识培训，内容涉及机构改革后市市场监管局的职能变更、商事登记、行政许可、消费者权益保护等业务知识，有效提高消费投诉效能。全年，处理消费投诉举报4.33万宗，向社会公众发布消费提示及警示168条，为消费者挽回经济损失1800余万元，未发生群体性信访、上访事件，旅游购物商店投诉直线下降至0宗。 （张述桐）

应急管理

【概况】 2019年1月20日，珠海市应急管理局挂牌成立。整合原市安全生产监督管理局等8个部门13项职能，承担防汛抗旱防风、抗震救灾、森林防火3个指挥部和减灾、安全生产、应急3个委员会办公室的职责，构建统一领导、权责一致、权威高效的应急能力体系。

全年，全市安全形势总体稳定，发生各类事故96起，比上年下降17.24%；死亡59人，下降6.35%；受伤58人，下降37.63%；直接经济损失2642万元，增长91.07%。发生较大生产安全事故1起。启动防汛（暴雨）应急响应57次，启动防风Ⅳ级应急响应6次，全市未发生洪涝和干旱灾害，无水利工程出现险情。全年，发生森林火灾2起（一般和较大各1起），过火总面积3.90公顷，没有发生重大以上森林火灾，没有人员伤亡。在2018年度全省安全生产责任制考核中获优秀，全省排名第二。

【城市安全风险管控】 2019年，珠海市应急管理部门立足监管高效化，推动重大安全风险防范。出台《珠海市党政领导干部安全生产责任制实施意见》，明确市、区、镇（街）党政领导干部安全生产责任；推动市本级到8个区及富山工业园、24个镇（街）全部落实安全生产“双主任”制度；提请市政府与各区、44个单位签订年度安全生产和消防工作责任书，明确相关工作职责和目标任务。推进示范城市创建，出台《珠海市推进城市安全发展的实施方案》，强化城市运行安全保障。开展城市风险点、危险源排查防控专项行动，建立各区、各行业领域风险点、危险源管控方案台账，审核矫正风险点、危险源排查及隐患治理“双重预防”系统数据，完成55个类别100多个项目3.2万条隐患排查清单的梳理及编制工作，纳入“双重预防”系统企业2931家，登记风险点1.72万处、安全生产重点岗位数627家，配置岗位任务清单8.6万条、风险点管控任务清单10.06万条，排查危险风险隐患因素31.9万条，初步实现照单排查闭环管理。

【工贸行业安全监管】 2019年，珠海市应急管理部门压实企业主体责任，落实事故隐患排查治理责任。提升企业本质安全水平，推进运用双重预防体系信息系统开展隐患排查、上报、整治等隐患整改闭环企业2931家；推动全市完成分类评定企业464家，完成镇（街）分类评定审核企业815家。市、区联动加大宣传，引导工贸企业自主开展标准化创建，审核通过安全生产标准化企业51家，其中，一级企业1家、二级企业5家、三级企业45家。推进安全生产专项整治工作，促进隐患扎实治理，其中，有限空间作业专项整治检查企业1105家次，查处隐患2350处；涉可燃爆粉尘企业安全专项整治检查企业1265家次，查处隐患1936处，责令停止使用3家；涉氨制冷企业液氨使用专项整治检查企业76家次，查处隐患248处；使用危险化学品专项整治检查企业964家次，发现问题隐患1304处，下达法律文书763份，警告3件，责令停产停业1家，立案1件。

【危险化学品安全监管】 2019年，珠海市应急管理部门深入排查整治事故隐患，开展危险化学品安全生产专项检查，检查危险化学品和化工企业2014家次，排查整治隐患8044处，下达整改指令书805份，现场处理措施决定书5份，危险化学品企业立案23件，罚款55.5万元。发挥安全生产技术机构作用，委托繁安安全技术服务（珠海）有限公司成立专家组，指导服务危险化学品生产和经营带储存设施的29家企业开展隐患摸排，整治隐患4921处，其中重大隐患2处。开展化工（医药）危险化学品和烟花爆竹行业“防风险保平安迎大庆”专项行动，检查危险化学品企业296家次，排查整治隐患1101处，下达整改指令书71份，现场处理措施决定书2份，危险化学品企业立案4件，罚款1.89万元。

【安全生产执法监察】 2019年，珠海市应急管理部门加强执法监察，规范行政审批流程，提高行政审批效率，办理行政审批服务事项1435件，其中，企业无违法证明24件，特种作业操作资格证核发1404件，危险化学品生产许可6件、使用许可1件。加大安全生产执法力度，全市各级应急（安监）系统检查各类经营单位5710个，监督检查覆盖率100%；实际监督监察生产经营单位1.95万家，监督监察及复查率240.9%；查处一般事故隐患2.93万项，需整改2.64万项，完成整改2.58万项，按期整改率97.7%；查处重大事故隐患18项，完成整改18项，按期整改率100%；实施行政处罚397次，罚款371次，罚款883.64万元，其中，事故罚款536.8万元，监督监察罚款346.84万元，实际收缴罚款777.44万元，罚款收缴率87.9%；使用执法文书2.82万份。加强信用信息监管，向“珠海市公共信用信息管理系统”提供12期206个信用目录5.71万条数据信息，向“信用中国（广东珠海）”报送信用承诺书415份、信用修复承诺书18份。

【应急支援与预案管理】 2019年，珠海市应急管理部门完成全市社会应急救援队伍资源潜力调查摸底，掌握全市可供调度的各类应急救援队伍53支（不含军、警、民兵），队员总人数4725人，志愿者2668人；摸清市、区两级12个救灾物资仓库及库存情况，救灾物资存量尚可；接收市内应急避难场所清单235个，其中，固定避难场所102个、临时避难场所133个，总面积40.71万平方米，可同时安置11.91万人进入避难。成立首批应急救援专家库，人员99人。印发《关于做好应急预案管理工作的通知》，明确本市总体应急预案的修订计划。与交通运输部南海第一救助飞行队签订《应急救援飞行服务保障协议》，实现全市“海陆空”立体应急救援体系。

【森林渔港火灾救援管理】 2019年，珠海市应急管理部门强化监督巡查，消除火险隐患。严管严控森林火源，印发《珠海市人民政府森林防火禁火通告》，市森林防火指挥部要求各区对主要山体林地实行禁火管理，对主要登山区域加强管控，禁带火种进山，对非重要登山林地进行封山管理，严禁无关人员上山。在进山路口设置临时森林防火检查站232个，检查登记进山群众29.4万人次，劝离无关人员1.4万人次。全市出动护林员612人，志愿者4335人次。全年完成渔船火灾救援3起（香洲渔港1起，湾仔渔港2起），解救被困人员2人，为渔民挽回经济损失100余万元，出动消防船4艘、消防人员39人次。完成珠海建市40周年大型光影焰火秀庆祝活动、庆祝中华人民共和国成立70周年焰火晚会、庆祝澳门回归祖国20周年烟花汇演、跨年烟花汇演等4次海上重大烟花汇演消防保障任务，出动消防船8艘70人次。

2019年9月27日，珠海市森林消防应急联合演练在农科中心举行，图为现场指挥部 （赵 靖 摄）

【“三防”建设】 2019年，珠海市应急管理部门推进“三防”体制机制建设，加强指挥调度。制定《珠海市防暴雨专项应急预案》，修订《珠海市防汛防旱防风应急预案》；层层签订防汛责任书，落实防汛责任“网格化、全覆盖”；开展防汛安全大检查，排查水务工程隐患43起、地质灾害隐患点134处、水浸黑点114处，并落实治理；开展临险人员排查入库工作，排查临险人员7690户9.45万人；加强基层防汛物资配备，采购221台卫星电话发放至各区、镇、村；开展责任人培训9期2062人；举行综合演练14次，参演2218人；加大三防宣传力度，修编、发放三防宣传单8万余份，发布预警信息和防御指引4.44亿条次，电视播报约2500万条次。应对强降雨、台风等气象灾害，及时启动应急响应，全年启动防汛（暴雨）应急响应64次，启动防风Ⅳ级应急响应6次，投入应急抢险人员4528人，转移临险人员2249人，投入抢险泵车50辆次，抢险车辆386辆次。

【应急指挥信息化建设】 2019年，珠海市应急管理部门加快全市应急信息化业务资源整合工作。建立全市应急指挥系统，整合“三防”指挥系统、森林防火指挥系统、安全生产业务系统、港珠澳大桥指挥系统、公安公共视频管理平台、人防办现场通信系统、水务局应急会商系统、交通部门综合车辆管理等平台。整合各职能应急值班室，建立全市集自然灾害、森林火灾、渔船火灾、安全生产等业务为一体的报警受理热线“12119”平台。建立卫星和现场应急通信资源的共享共建工作，以视频会商系统接驳方式实现卫星通信资源、现场应急通信资源共享。加强无线集群通信和天通卫星电话部署，对全市各镇（街）200多台对讲机进行统一写频升级。启动应急通信指挥车项目，推进“卫星地面站”“LTE（长期演进）专网建设”“Mesh（网格化）单兵组网”等多个专项建设。

【应急管理宣传科普】 2019年，珠海市应急管理部门提高安全意识，开展应急管理宣传教育和培训。加强应急管理宣传，在《羊城晚报》《南方日报》《珠海特区报》、珠海电视台、珠海电台等省、市媒体刊播森林防火、防灾减灾、安全生产等主题新闻稿件480余篇。创新应急管理宣传形式，深度打造“珠海应急管理”微信公众号，发布稿件458条，在微博、“南方+”、今日头条、澎湃新闻等平台开通官方账号，发布资讯868条、文章875篇。开展主题教育宣传活动，以“提高灾害防治能力，构筑生命安全防线”为主题开展“防灾减灾日”宣传活动，围绕“防风险、除隐患、遏事故”主题开展“安全生产月”活动。举办“应急管理能力建设”“应急指挥与应急演练”专题讲座，开展暴雨、防台风应急指挥桌面推演和森林扑灭火、码头危险化学品装卸事故实操演练。

【应急管理培训】 2019年，珠海市应急管理部门加强安全培训机构的指导和监管。规范安全培训机构管理，完成安全培训备案登记机构10家。统筹建立安全生产资格培训考试点5个，协调、指导斗门区、高栏港区安全培训机构快速建设备案并培训学员近3500人。建成全省仅有两家培训危险化学品安全作业的安全培训机构和考试点之一，培训危险化工工艺特种作业人员462人，通过考核合格核发特种作业操作证420人。严格安全生产资格考试，组织特种作业人员、危险化学品（烟花爆竹）等生产经营单位主要负责人和安全生产管理人员考核239场2.97万人次。依法依规实施行政许可事项，经考核合格核发特种作业操作证1.29万人，其中初次培训4725人、复审3585人、换证4588人。

【珠中江三市应急救援联动协作机制】 2019年12月4日，珠海、中山、江门三市应急管理局在珠海签订《珠海市、中山市、江门市森林火灾扑救应急联动合作协议》，构建三市森林防灭火联动协作机制，促进珠中江区域协同做好森林防灭火的应急处置、火源管理、林火扑救和应急演练等；成立珠中江三市森林火灾扑救联动工作领导小组，三方建立相互走访制度、信息交流制度、应急联络制度及三方认可的其他合作机制，在突发事件信息、应急资源、应急处置及善后工作和应急演练4个方面进行合作。珠海、中山两市签署《珠海市、中山市危险化学品运输车辆道路突发事件应急救援合作协议》，建立两市危险化学品运输车辆突发事件联动机制，确保珠海、中山两市邻近区域发生危化品道路运输突发事件时，能就近快速救援，最大限度减少危险化学品运输车辆突发事件造成的损害，并依托化工生产企业，分类建立应急救援专业队伍，负责相应危险化学品运输事故救援。

【焰火晚会应急保障】 2019年10月1日晚，珠海市庆祝中华人民共和国成立70周年焰火晚会在拱北湾海域举行。10艘驳船装载16万枚烟花，为确保焰火晚会安全进行，市应急管理局精心策划、多措并举，部署各类应急救援力量在现场随时待命，做好突发事件救援准备，派出消防船2艘、指挥车2辆、支援车3辆、供水车2辆、潜水员10人、消防员16人、指战员45人，圆满完成此次活动的应急保障任务。（朱德祥）

自然资源管理

【建设用地管理】 2019年，珠海市使用涉及新增建设用地报批的各项指标600公顷，其中市级指标300公顷、省级指标208公顷、拆旧复垦指标92公顷。

【土地储备开发】 截至2019年底，珠海市土地储备发展中心名下录入省土地储备监管监测系统的储备用地36宗，总面积105.36公顷。市本级全年新收储用地13宗，总面积57.01公顷；供应储备土地10宗，总面积55.06公顷，全部通过公开挂牌出让。

【土地市场】 2019年，珠海市挂牌出让经营性用地47宗，出让总面积398.6公顷，土地出让总收入462.82亿元。出让总面积比上年增加72.55%，出让总收入增加125.93%。采用“限地价、竞配建”方式挂牌出让商品住房用地，配建面积不得低于住宅建筑面积10%，产权无偿归政府所有，主要用于解决高层次人才、符合公共租赁住房保障条件的技术和技能人才住房问题。企业和个人参与商品住房用地“招拍挂”前，须承诺土地购置资金来源不属于开发贷款、资本市场融资、资管计划配资等。全年挂牌出让涉及配建人才住房和公共租赁住房的住宅用地18宗，总面积132.22公顷，企业须无偿移交政府的配建人才住房和公共租赁住房总建筑面积18.96万平方米。

【闲置地管理】 2019年，珠海市处置闲置土地34宗306.94公顷，其中，香洲区7宗31.38公顷、高新区6宗105.38公顷、金湾区3宗12.08公顷、高栏港区10宗111.83公顷、斗门区5宗6.2公顷、富山工业园3宗40.07公顷。

【自然资源调查和确权】 2019年，珠海市推进第三次全国国土调查工作，数据库第一阶段成果于10月初通过省审核。完成上年度土地变更调查工作，成果于9月启用。根据《广东省自然资源厅关于开展自然资源统一确权登记试点工作的通知》要求，开展以湿地作为独立登记单元的统一确权登记试点工作，市自然资源局会同不动产登记中心等有关单位拟定试点工作方案。制定《珠海市关于解决不动产登记历史遗留问题的若干意见（试行）》。根据《土地权属争议调查处理办法》《广东省林木林地权属争议调解处理条例》，完成全市自然资源权属争议摸底调查及标图建库。开展“房地一体”农村宅基地和集体建设用地确权登记发证前期工作。

【信息化测绘】 2019年，珠海市推进“联合测绘”改革，实现“联合测绘”成果数据在全市建设工程项目管理各部门之间互联互通、信息共享、信用共管。推进“联合测绘”市场化和测绘事业单位改革。组织测绘地理信息“十四五”规划编制。完成全市自然资源系统2000国家大地坐标系的存量数据需求摸底。加强测绘地理信息政策机制建设，厘清市、区两级工作职责，推动测绘地理信息工作在“需求—投入—建设—应用—更新”等各环节的顶层设计与管理。开展高分辨率影像数据获取和1 ：500、1 ：2000等大比例尺地形图的修补测工作。完成2019年中国地理信息产业大会的协办工作。申报的“面向自然资源统一管理的信息化测绘关键技术与应用”项目获中国测绘学会“2019年测绘科技进步奖”一等奖。

【中国地理信息产业大会】 大会于2019年7月24—26日在珠海举办，由中国地理信息产业协会主办，珠海市人民政府协办，珠海市自然资源局承办，3000人与会。第十二届全国政协副主席罗富和、王钦敏，科技部原部长、中国科学院院士徐冠华，自然资源部总工程师程利伟出席大会。

【土地执法监察】 2019年，珠海市在土地矿产卫片执法检查中，发现违法用地443宗，面积163.23公顷，占用耕地22.71公顷，根据自然资源部计算规则，全市违法占用耕地占新增建设用地占用耕地的比例为2.33%。全年立案查处违法案件41件，其中，土地案件37件，涉及土地面积6.05公顷，罚款57.40万元；矿产违法案件4件，罚款22.00万元。移送公安机关案件17件。全年通过动态巡查及时处置土地违法事件133件，面积31.29公顷，其中耕地3.40公顷。

【矿产资源管理】 2019年，珠海市组织矿产资源总体规划编制实施。根据矿业权设置区划，全市除保留地下热水2个、矿山外矿泉水5个，拟新设建筑用花岗岩矿区4个、回填用砂石黏土矿区8个。全市矿山企业7个（地下热水2个，矿泉水5个）均能按照矿产资源开发利用方案对资源进行科学合理开发，履行矿山地质环境保护义务，及时缴纳相关费用，按照矿业权人勘查开采信息公示要求，及时、准确公开采矿权人开采有关信息，主动接受社会监督。

【城乡规划编制与评优】 2019年，珠海市开展城乡规划编制项目95项，其中市自然资源局开展66项。召开市城乡规划委员会及其专业委员会会议23次，审议议题118个。开展全市优秀城乡规划设计评优工作，《珠海市旅游发展总体规划修编》《对口支援西藏林芝市米林镇综合规划设计与整治提升》等9个项目被评为一等奖，《“大学小镇”与“文化生态”双融合规划实践——〈珠海市高新区A302a、A302b、A307b编制单元（那洲会同—东岸宁堂片区）控制性详细规划〉》《珠海万山海洋开发试验区海岛控制性详细规划》等17个项目被评为二等奖，《珠海富山产业新城总体规划（2016—2020年）》《珠海市西部中心城区总体规划（2015—2030）》等26个项目被评为三等奖。

【规划编研】 2019年，珠海市组织开展《全面对接港澳的公共服务设施、市政公用设施和交通网络体系及设施配置和管理标准专项研究与规划》《宜居导向的珠海市国土空间整体开发强度管控研究与规划》《珠海市中心城区基础测绘数据更新一期项目（国土空间规划建筑物专题数据整合与更新）》等一系列专项规划编制。开展《珠海市香洲区A104d编制单元（九洲商贸中心）控制性详细规划修改》等15项控制性详细规划编制。编制完成《2019年城市重点地区地块城市设计研究》并开展优化完善工作。编制完成《珠海市三灶镇参与式社区规划》《珠海城市空间品质提升行动计划》。制定《珠海市城市设计标准与准则》《珠海城市设计技术标准数字化试点研究》等标准文件。完成《珠海市第二批历史建筑保护规划》《香山古驿道群英故里文化遗产线路——凤凰山古道规划研究》编制。

【国土空间总体规划】 2019年11月，珠海市成立国土空间总体规划编制工作领导小组，印发《珠海市国土空间总体规划（2020—2035年）编制工作方案》。市自然资源局会同各区、各部门开展37项专题研究。完成《珠海市综合交通体系规划（2017—2035）》和《珠海市城市轨道交通线网规划（2017—2035）》中期成果，避免规划和交通“两层皮”现象。启动低效用地再开发、整体开发强度管控研究与规划等重点专项工作。

【第七届全国城乡规划实施学术研讨会暨2019年中国城市规划学会城乡规划实施学术委员会年会】 2019年5月18—19日在珠海召开，以“规划实施与健康城市”为主题，由中国城市规划学会主办，中国城市规划学会城乡规划实施学术委员会、珠海市自然资源局、珠海市规划设计研究院联合承办。来自全国科研机构、规划设计单位、规划管理机构及高等院校的200余位专家和学者与会。珠海就健康城市主题分享了城市建设和城市设计的实践经验。

【地质灾害防治】 2019年，珠海市开展地质灾害隐患排查、搬迁治理、应急值守、信息报送、应急演练、宣传培训。全年新发现隐患点35处，搬迁治理消除隐患点135处，完成整治地质灾害隐患点103处（市民生实事任务的131.1%）。完成《珠海市1∶50000地质灾害详细调查报告》。推进工程建设项目审批制度改革，印发《工程建设项目地质灾害危险性区域评估实施细则》。指导各区开展工程建设项目地质灾害危险性区域评估工作。

【自然保护区】 2019年，珠海市自然保护区9个，总面积6.17万公顷，其中，广东珠江口中华白海豚自然保护区为国家级自然保护区，面积4.6万公顷；广东淇澳—担杆岛自然保护区为省级自然保护区，面积7373公顷；市级自然保护区4个；区级自然保护区3个。

（胡宁溪）

财　税

财　政

【概况】 2019年，珠海市一般公共预算收入完成344.49亿元，比上年增长3.9%，税收收入占比82.4%，收入总量位居全省第六，增幅稳定在合理区间，质量位居全省第二。市级一般公共预算收入128.11亿元，占比37.2%，区级一般公共预算收入216.37亿元，占比62.8%。面对减税降费等财政减收因素影响，全市各级财政部门打破传统思维，依法依规盘活国有资产资源取得成效，国有资源（资产）有偿使用收入增长88.9%，增收8.74亿元。全市一般公共预算支出完成615.74亿元，增长7.5%。全年全市政府性基金预算收入完成433.67亿元，增长12.2%，政府性基金预算支出完成344.39亿元，增长3.4%。

【财政支出】 2019年，珠海市财政部门在支出安排上坚持有保有压、分清轻重缓急，支出结构进一步优化。坚持以政府的“紧日子”保障老百姓的“好日子”，完成全年一般性支出、“三公”经费、大型活动经费压减的目标任务。及时足额保障三大攻坚战相关经费支出，统筹安排教育支出104.2亿元，比上年增长36.4%，安排卫生健康支出39.2亿元，增长23.1%，实现“该紧的紧，该增的增”。注重资金安排的绩效性，开展对上年385个重点项目全覆盖绩效评价，建议取消或调整2020年度预算安排的101个项目，涉及金额21.6亿元，评价结果全部作为预算安排的重要参考依据。

【民生保障】 2019年，珠海市九项民生支出436.1亿元，占一般公共预算支出70.8%。城乡居民医疗保险补贴标准提高至每人每年590元，城乡居民养老保险基础养老金标准提高至每人每月430元，城乡低保提高至每人每月1055元，孤儿基本生活标准提高至每人每月1820元，特困供养人员标准提高至每人每月1688元，重度残疾人护理补贴标准提高至每人每月220元，基本公共卫生财政补贴标准提高至每人每年69元。贯彻落实市委、市政府关于办好十件民生实事的决策部署，全年全市财政累计拨付27.67亿元用于市十件民生实事，推进医疗卫生信息便民服务，提供更加便捷的公交服务，改善陆岛交通，建设长者饭堂，推进农贸市场改造等各项工作任务。持续加大公共文化财政投入，安排博物馆、纪念馆、美术馆免费开放资金，以及市文物保护专项、公共文化服务体系专项、农村放映专项、社区公园建设资金等，推进文化场馆、博物馆、体育场馆等公益性文化体育设施免费开放。

【财政服务大湾区建设】 2019年，珠海市财政部门聚焦突出短板和薄弱环节，着力支持实体经济发展，提升经济创新力和竞争力。加码科技创新财政投入，支持实施科技创新行动计划，加强与香港、澳门科技创新交流合作，全力支撑粤港澳大湾区国际科技创新中心建设。全年全市财政预算安排科技支出48.89亿元，比上年增长7.4%，占一般公共预算支出7.9%。实施大湾区个税优惠政策，印发《珠海市实施粤港澳大湾区个人所得税优惠政策人才认定及财政补贴暂行办法》，成为珠三角九市中第四个公布粤港澳大湾区个人所得税优惠政策的城市，符合条件的境外高端紧缺人才个人所得税税率下降至15%。推进科研领域“放管服”，出台《关于优化财政科研资金管理　提升科研资金绩效的通知》，加快构建以信任为前提的财政科研管理机制，赋予科研项目机构和科研人员更大的人财物自主支配权。提升服务质量，简化财政科研资金投入、拨付以及设备采购流程，建立科研资金绿色拨付通道，确立市级财政科研资金跨境使用机制。落实英才计划资金保障，全年市级财政安排人才专项资金19.64亿元，用于兑现“珠海英才计划”。与职能部门研究拟定《珠海市人才创新创业基金设立方案》，设立首期规模为2亿元的人才基金。

【财政服务经济社会发展】 2019年，珠海市财政部门科学稳健把握逆周期调节力度，落实减税降费政策，用好用足政府债券，盘活存量资金。推动减税降费政策落地落细，应对下行压力，稳定和引导市场预期，保持经济平稳运行，全年减免税费110亿元。向省财政争取到新增地方政府债券资金107.04亿元，筹措低成本建设资金，保障土地储备、重点交通基础设施项目、高校园区建设等方面资金需求，为“稳投资”提供强力支撑。全市存量资金规模从年初的149.45亿元下降至年底的16.62亿元，最大限度发挥沉淀资金的使用效益。多渠道筹措资金，统筹安排46.5亿元用于加快构建以港珠澳大桥为龙头的综合交通体系。

【财政改革】 2019年，珠海市财政部门推出财政“1+N”改革（以市、区财政体制为牵引的一系列系统性改革），在财政重要领域和关键环节取得突破性进展。推进市、区财政体制改革，按照集中财力办大事、增强可持续发展、减少对土地依赖等原则，加快建立市、区财力与事权相匹配的财政制度。推进市级财政预算资金使用审批制度改革，从多方面着手，在原有制度基础上，对项目资金设立、审批、调剂及追加流程进行修订，将财政资金管理权、审批权关进制度的笼子。全面推进预算绩效管理改革，突出抓好财政资源配置效率和有效性，将绩效理念和方法深度融入预算编制、执行、监督全过程，确保资金花在刀刃上。推进市直部门预算编制管理改革，从预算编审体系、编制程序、内容、方法、审核等方面进行系统变革，提高财政预算分配科学性，增强预算统筹分配能力。推进财政国库支付中心改革，优化服务模式，改过去强行退单的“冷监督”为风险提示的“暖服务”。创新投资审核模式改革，实现报审资料“线上预审”，项目“线下审核”，让数据“多跑路”。建立自审与协审结合、复核与审核分离机制，有效防范廉政风险。建立“一个部门对口一个科室”服务机制改革，提升财政服务效能，把方便留给预算单位，把“麻烦”留给自己。推进智慧财政改革，致力打通经济信息孤岛、提升大数据挖掘分析能力，实现财政资金管理“实时在线、全程留痕、全程监督”。

【财政管理】 2019年，珠海市财政部门发挥项目支出预算标准的基础作用，购买社会管理协管员、法律顾问服务等支出严格按标准编制预算。完善科室初审、绩效评审、交叉互审、现场联审的四级审核机制，各审核环节围绕预算安排必要性、可行性、合理性、效益性，通过不同的角度严格审核，精准把关。从严控制预算追加范围，预算追加支出厘清轻重缓急，优先保障上级政策性新增支出和市委、市政府确定的重点支出。从紧把好支出关，建立预算单位支出增减例会制度，从申报预算单位是否合理配置资产、是否贯彻绩效管理理念、是否存在多头申请等角度严格把关，全年调整预算实际增支10.31亿元，比上年减少30.67亿元。市直预算单位专项经费中安排的培训、调研经费预算由市财政统一编制，原则上不安排外市调研培训，节约经费近3220万元。差旅费标准与公务接待标准相衔接，堵塞转嫁负担漏洞，规范公务差旅开支。全年一般性支出压减10%、“三公”经费压减23%，年中预算调整回收统筹财政资金16.26亿元，“过紧日子”思想成为各部门的常态思维。 （吴利锋）

税 务

【概况】 2019年，珠海市税务部门组织税费收入（不含海关代征）1124.63亿元，比上年增长6.4%，增收68.09亿元。其中，税收收入完成878.16亿元，增长3.0%，增收25.30亿元；费金收入完成246.47亿元，增长21.0%，增收42.79亿元。海关代征进口税收86.93亿元，下降14.4%，减收14.68亿元。办理出口产品退税119.10亿元，下降4.0%，减退4.90亿元。组织地方一般公共预算收入300.80亿元，占全市一般公共预算收入比重87.3%，比上年增加2.7个百分点，增长7.3%，增收20.37亿元。

受减税力度不断扩大影响，全年全市国内税收增速呈逐步回落态势，1—4季度税收增幅分别为8.6%、4.5%、3.1%和3.0%，全年增幅创近十年新低，比上年减少5.8个百分点，但仍略高于全省平均增幅（2.8%）0.2个百分点，位居全省第八、珠三角第五。从税收规模比较，全市国内税收总量878.16亿元，在全省排名第六位，列深圳、广州、东莞、佛山、惠州之后，居中山之前。

主要税种中，国内增值税收入352.49亿元，受增值税深化改革政策减收影响比上年增长0.3%；企业所得税收入256.93亿元，主要受研发费用加计扣除、小微企业普惠性税收减免及规模以上工业企业利润低增速影响增长1.8%；个人所得税收入86.65亿元，受落实提高基本减除费用标准、适用新税率及六项附加扣除政策等叠加影响下降15.6%；土地增值税收入70.90亿元，增长56.6%，增收25.62亿元，增速居各主要税种之首，占总税收增量101.3%；契税收入32.64亿元，增长15.3%；城建税收入25.86亿元，下降0.5%。

税务系统挖掘地方税种增收潜力，地方级税收增速明显高于中央级。中央级收入402.55亿元，主要受主体税种低增长或负增长影响比上年下降1.4%；省级收入192.12亿元，增长4.2%，高于中央级增速5.6个百分点；市县级收入283.49亿元，增长8.9%，增幅居各级次之首，高于中央级增速10.3个百分点，高于全省市县级平均增速（2.0%）6.9个百分点，位居全省第二、珠三角第一，仅次于阳江（9.3%）。从税收占地方一般公共预算收入比重来看，税收占比82.4%，比上年增加3.9个百分点，高于全省各市平均值5.2个百分点，位居全省第二，仅次于东莞（82.5%）。

第二产业实现税收348.97亿元，占总税收比重39.7%，比上年下降4.0%；第三产业实现税收528.98亿元，占总税收比重60.2%，比上年增加2.8个百分点，增长8.1%，高于第二产业12.1个百分点。从重点行业看，全市税收规模居前六位的行业税收增幅“三增三减”。其中，随着减税降费对实体经济的减负效应持续加大，制造业实现税收269.21亿元，下降2.4%；受房地产市场较快增长及土地增值税清算收入拉动，房地产业实现税收213.67亿元，增长22.6%，拉动全市国内税收增加4.6个百分点；金融业实现税收93.23亿元，增长3.3%；批发零售业实现税收76.33亿元，受减税政策及部分重点税源减收影响下降8.6%；租赁和商业服务业实现税收67.74亿元，增长5.5%；建筑业实现税收51.02亿元，受上年一次性税源引起的高基数（增长46.6%）影响下降3.5%。

从税收规模看，香洲区367.22亿元、横琴新区188.95亿元，税收均超过百亿元，香洲区主体地位明显，占全市总税收超过四成（41.8%）；金湾区

88.92 亿元、斗门区 81.56 亿元、高栏港区 74.13 亿元、高新区 63.36 亿元，税收规模相近；万山区 14.02 亿元，税收规模相对较小。从税收增幅看，万山区增长 15.5%，受股权转让税收拉动实现较快增长；横琴新区增长 4.6%、斗门区增长 10.6%、高栏港区增长 4.6%、金湾区增长 3.7%，发展势头良好，税收增幅均高于全市平均水平；高新区增长 2.9%，略低于全市平均增幅；香洲区下降 0.3%，与上年基本持平。

是年，高新技术产业开发区税务局办税服务厅被全国妇联授予“全国三八红旗集体”称号，斗门区税务局第二税务分局办税服务厅被授予广东省“巾帼文明岗”称号，市税务局财产和行为税科被授予珠海市“巾帼文明岗”称号。

【减税降费】 2019 年，珠海市落实减税降费政策，增值税改革所有行业均有受益，减税普惠面广，享受地方“六税两费”减征政策的小规模纳税人达 9.23 万户，户均新增减税 3900 元；制造业成为深化增值税改革的最大受益行业，减税户数 88.49 万户次，实现净减税 41.17 亿元，减免税额占总税收减免税额的 42.3%。全年减免税费 110.09 亿元，其中，税收减免 97.32 亿元，社会保险费减免 12.66 亿元，非税收入减免 1100 万元。

【依法治税】 2019 年，珠海市税务部门成立税收业务咨询及决策委员会、重大税费执法（决策）事项审理委员会，健全基层税收执法疑难重大问题集体决策机制。推行“三项制度”（行政执法公示制度、执法全过程记录制度、重大执法决定法制审核制度），上线“行政执法信息公示平台”，开展对税收管理制度、重大税收执法事项和对外签订民商事合同的法制审核。全年审结重大案件 333 件，办理行政复议案件 11 件、行政诉讼案件 5 件。

【税收征管】 2019 年，珠海市税务部门完成金税三期并库上线，完成征管基础数据清理 50 余万条，建立征期大运维保障机制，全年平均申报率达 97.3%，网报率达 97.96%。上线增值税发票管理系统 2.0 版，开展增值税发票专项整治，梳理涉及增值税发票管理风险应对的关键环节 12 个、关键事项 49 个，健全增值税发票管理长效机制。优化企业所得税管控平台指标设置，实现“T+0”实时监控后续管理，调增应纳税所得额 13.39 亿元。

【纳税服务】 2019 年，珠海市税务部门联合商事登记、公安、银行等部门进驻市企业开办服务大厅，实现企业开办“一门式一网通”服务，新办纳税人申领发票 0.5 个工作日内完成。上线掌上税务局，全年税费业务网上办理 41%、自助办理 35.2%、窗口办理 23.8%。优化拓展全程网上办功能，“一次不用跑”事项清单在省局确定的 128 项基础上增加至 189 项，占全部税费事项的 74%。与建行合作上线“银税互联自助办税”项目，覆盖全市 47 个建行网点，首批上线 28 项税费办理功能。上线运行“国际汇税通”系统，对外付汇业务实现企业、外管、银行和税务四方全程网办，办理效率提升 90%。正常退税业务从申报到开具退还书平均时长缩短至 4 个工作日。推动出口退税功能“单一窗口”上线，有效提升跨境贸易便利化水平。车辆购置税实现全流程无纸化申报。压缩税务注销办理时间，税务注销即时办结率达 96.2%，一般流程限时办结率达 98.5%。创新开发应用不动产登记和税收征缴一体化平台，为纳税人节约不动产业务办理时间 80% 以上。

【增值税发票风险管理】 2019 年，珠海市税务部门风险应对入库税款 7.48 亿元。加强增值税发票风险管理，全年涉嫌虚开增值税专用发票 3 户、涉嫌虚开机动车销售发票企业 4 家，涉及金额 1.1 亿元；处置虚开、走逃企业 288 家，涉及金额 3.78 亿元；开展涉嫌接受虚开普通发票风险应对工作，涉及企业 92 家，查补税款 1.45 亿元。

【税收共治】 2019 年，珠海市税务部门在落实减税降费、组织税费收入等全局性工作上构建以政府为主导、全市“一盘棋”的工作机制，在加强土地增值税、环保税、重大建安工程项目、住宿业、个人所得税等管理方面深化与有关部门的合作。与全市 26 个部门共享 132 个专题的数据信息，与市场监管、公安、住建等部门建立数据交换专线，拓展税收共治的广度和深度。

【“智能 + 税务”新体系构建】 2019 年，珠海市税务部门推出多项创新服务

2019 年 1 月 2 日，珠海市首家人智一体赋能型办税大厅启用　（陈　懿　摄）

举措，打造现代化智慧服务新体系，建立“智能+”的多渠道、立体式纳税服务模式，让办税更加快捷高效。创新构建智慧办税模式，实现“以网上办税为主，自助办税为辅，实体办税厅兜底”的办税新模式；推出全国首个能进行人机对话的智能导税机器人“税小易”，集人脸识别、引导咨询、政策宣传、业务推广、自主学习于一身，准确解答涉税疑问、办税流程及税收政策；与百度公司合作打造“税小度”、开发减税降费魔方政策宝库，推出“搜索即服务”“看见即服务”“对话即服务”三大全新服务形式。

【大湾区个人所得税优惠政策落地】2019年，珠海市税务部门配合市财政局研究制定《珠海市实施粤港澳大湾区个人所得税优惠政策人才认定及财政补贴暂行办法》，推动粤港澳大湾区境外高端人才和紧缺人才个人所得税税负差额补贴政策在珠海落地。“珠海英才计划”人才，市级以上重大创新平台的科研团队核心成员和高层管理人员，重点发展产业、重点领域的中层以上管理人员和技术技能骨干等纳入人才认定标准。对于享受珠海市境外高端人才和紧缺人才个人所得税优惠政策财政补贴的申请人，不再重复享受珠海市产业发展与创新人才奖励等市、区同类性质政策待遇，遵循同一人同一事项不重复补贴的原则，提高财政资金使用效益。依托“珠海市财政专项资金申报和管理平台”，实现网上申报，申请人“最多跑一次”甚至“一次不用跑”，最大限度方便纳税人。

【珠海首家人智一体赋能型办税大厅】于2019年1月2日在香洲区投入使用。中心区域设置集约处理中心、虚拟办税体验区、智慧税力服务区、自助终端办税区、电子文书台、智能导税分流区、网络办税区7个模板。纳税人可一厅办理370多项涉税业务，涉及所有办税内容。纳税人可在自助终端机上实现发票业务、社保信息维护与缴费、一手房和二手房申报缴纳优惠备案、车船税、个税业务办理和查询等功能，30台自助终端设备可办理业务范围涵盖窗口业务60%。（张申际）

2019年珠海市分级次分税种税收收入情况

项目	本年收入（万元）	上年同期收入（万元）	增长（%）	增收额（万元）
税费收入	12115579	11581475	4.6	534103
其中：税务部门组织税费收入	11246266	10565396	6.4	680870
一、税收收入合计	9650892	9544692	1.1	106200
（一）税务部门组织税收收入	8781579	8528613	3.0	252966
其中：中央级	4025478	4082419	-1.4	-56940
省级	1921192	1843207	4.2	77985
市区级	2834909	2602987	8.9	231922
其中：市本级	994448	915540	8.6	78908
县区级	1840461	1687447	9.1	153013
1. 国内增值税	3524927	3514880	0.3	10047
其中：直接征收	3020928	2912881	3.7	108047
免抵调库	504000	602000	-16.3	-98000
2. 国内消费税	47742	43595	9.5	4146
3. 企业所得税	2569316	2522825	1.8	46491
4. 个人所得税	866499	1026593	-15.6	-160094
5. 车辆购置税	126688	129474	-2.2	-2786

（续　表）

项目	本年收入（万元）	上年同期收入（万元）	增长（%）	增收额（万元）
6. 环境保护税	1077	863	24.8	214
7. 印花税	71962	70888	1.5	1074
8. 城建税	258595	259790	−0.5	−1195
9. 城镇土地使用税	55809	55437	0.7	372
10. 资源税	7975	6000	32.9	1975
11. 房产税	170950	128882	32.6	42068
12. 土地增值税	709034	452880	56.6	256154
13. 车船税	20150	19342	4.2	808
14. 耕地占用税	22005	10588	107.8	11417
15. 契税	326419	283003	15.3	43416
16. 其他税收（营业税）	2430	3573	−32.0	−1144
（二）海关代征进口税收	869313	1016079	−14.4	−146766
二、社保费收入合计	1986981	1691316	17.5	295665
三、非税收入合计	215109	244393	−12.0	−29283
1. 教育费附加	109591	114005	−3.9	−4414
2. 地方教育附加	73027	75979	−3.9	−2951
3. 文化事业建设费	2786	4200	−33.7	−1414
4. 海上石油矿区使用费	3703	4647	−20.3	−944
5. 税务部门罚没	664	424	56.5	240
6. 残疾人就业保障金	21710	41324	−47.5	−19614
7. 废弃电器电子产品处理基金	658	3773	−82.6	−3115
8. 免税商品特许经营费	2154	0	—	2154
9. 国家留成油上缴	801	0	—	801
10. 堤围费	16	42	−60.9	−26
四、其他收入合计	262596	101074	159.8	161522
1. 工会经费	71008	63685	11.5	7323
2. 职业年金	191588	37389	412.4	154199
出口退（免）税	1190974	1240000	−4.0	−49026

2019年珠海市分行业税收收入情况

项目	本年收入（万元）	上年同期收入（万元）	增长（%）	增收额（万元）
合计	8781579	8528613	3.0	252966
一、第一产业	2133	2043	4.4	90
二、第二产业	3489680	3633204	-4.0	-143524
（一）采矿业	103679	70121	47.9	33558
（二）制造业	2692138	2758036	-2.4	-65898
（三）电力、热力、燃气及水的生产和供应业	183701	276234	-33.5	-92533
（四）建筑业	510162	528813	-3.5	-18651
三、第三产业	5289767	4893366	8.1	396401
（一）批发和零售业	763314	834701	-8.6	-71387
（二）交通运输、仓储和邮政业	100805	94503	6.7	6302
（三）住宿和餐饮业	25219	26256	-4.0	-1037
（四）信息传输、软件和信息技术服务业	187254	168064	11.4	19190
（五）金融业	932297	902119	3.3	30178
（六）房地产业	2136737	1742948	22.6	393789
（七）租赁和商务服务业	677436	642139	5.5	35297
（八）科学研究和技术服务业	162434	140428	15.7	22006
（九）水利、环境和公共设施管理业	4148	5072	-18.2	-924
（十）居民服务、修理和其他服务业	94461	138796	-31.9	-44335
（十一）教育	17860	20460	-12.7	-2600
（十二）卫生和社会工作	7800	10664	-26.9	-2864
（十三）文化、体育和娱乐业	32190	31251	3.0	939
（十四）公共管理、社会保障和社会组织	45890	30741	49.3	15149
（十五）其他行业	101921	105224	-3.1	-3303

2019 年珠海市分区域税收情况

项目	本年收入（万元）	上年同期收入（万元）	增长（%）	增收额（万元）
全市	8781579	8528613	3.0	252966
1. 横琴新区	1889548	1806743	4.6	82805
2. 香洲区	3672192	3681402	-0.3	-9210
3. 斗门区	815550	737160	10.6	78389
4. 金湾区	889206	857662	3.7	31544
5. 万山区	140229	121443	15.5	18786
6. 高新区	633591	615638	2.9	17954
7. 高栏港区	741264	708565	4.6	32699

2019 年珠海市税务系统完成地方一般公共预算情况

项目	本年收入（万元）	上年同期收入（万元）	增长（%）	增收额（万元）
全市财政收入	3008047	2804301	7.3	203746
（一）市本级	1046060	978828	6.9	67232
（二）县区级	1961987	1825473	7.5	136514
1. 横琴新区	578399	533768	8.4	44630
2. 香洲区	365622	346442	5.5	19180
3. 斗门区	299180	262230	14.1	36950
4. 金湾区	275370	249328	10.4	26041
5. 万山区	26091	30659	-14.9	-4568
6. 高新区	174844	161509	8.3	13335
7. 高栏港区	242482	241536	0.4	946

金　融

综　述

【概况】 2019 年，珠海市本外币各项存款余额 9047.24 亿元，比上年增长 19.9%；本外币各项贷款余额 6358.61 亿元，增长 21.4%。证券经营机构股票、基金、债券成交总额 1.51 万亿元，增长 19.66%。全年，保险业实现保费收入 138.12 亿元，增长 13.43%；赔给付支出 39.75 亿元，下降 1.07%。跨境人民币结算业务总量 3432.24 亿元，增长 48.1%。金融业实现增加值 369.16 亿元，增长 15.8%。截至年末，全市银行、证券、保险三类机构 163 个，其中银行业机构 49 个、证券公司 44 家、期货公司 3 家、基金公司 5 家、政策性保险机构 1 家、产险公司 25 家、寿险公司 36 家。

【货币信贷】 2019 年，中国人民银行珠海市中心支行引导辖区法人金融机构加大对实体经济支持力度，法人金融机构新增贷款 331.88 亿元，贷款增速 7.47%；发挥货币政策工具结构优化作用，办理再贴现4707笔，金额35.20亿元，比上年增长58.13%，其中，投向小微企业超过78%，全年支持小微企业融资246家；发放支持小微企业再贷款18.40亿元，支持小微企业融资1400家；增强支持小微和科技企业的能力，指导珠海华润银行成功发行小微企业贷款专项金融债券30亿元及创新创业专项金融债券5亿元；支持珠海大横琴投资有限公司发行粤港澳大湾区内首支创新创业中期票据（注册50亿元），首期募集资金45亿元，以及首支双币种国际标准绿色债券，募集4亿元和4.5亿美元资金，推动创新创业生态建设和符合国际绿色标准的重点项目建设；召开基础利率（LPR）定价工作座谈会，明确LPR定价工作部署，引导金融机构及时完成利率定价基准切换工作，督促金融机构采取各种方式为客户做好宣传解释，确保转换过程平稳有序。

【跨境人民币结算】 2019年，中国人民银行珠海市中心支行推进港珠澳大桥、广东粤澳合作基金、粤澳合作产业园等重点项目跨境人民币结算，助力粤港澳大湾区互联互通。截至年末，累计汇划港珠澳大桥通行费和车票款5.2亿元；广东粤澳合作发展基金的首期200亿元资金全部以人民币汇入，用款156亿元，用于全省基础设施和重点项目建设。以横琴自贸区为平台贸易融资资产、票据资产、融资租赁资产等金融资产跨境转让试点业务，有序推动大湾区金融市场互联互通。截至年末，广东自贸区横琴片区办理贸易融资资产跨境转让人民币结算业务备案银行7家，全年发生业务339亿元；8月，横琴工行分别向工银澳门和工银香港转让该行持有的银行承兑汇票，标志着首批票据资产跨境人民币转让业务在大湾区内率先落地；指导广金中心开展融资租赁资产跨境人民币转让的方案设计，并完成首批拟转让项目清单的筛选。11月26日，珠海上线自由贸易账户（FT账户）系统，促进大湾区内离岸、在岸市场的联动发展，开立账户28户，办理资金划转、结售汇等业务44亿元。

【货币发行及反假货币】 2019年，中国人民银行珠海市中心支行推动创建“珠海市现金服务示范区”，签署“现金服务承诺”银行机构示范区12家，获中国人民银行总行“优秀”评级；丰富“警银合作”模式，举办“银警面对面”系列反假货币交流活动；探索建立珠澳跨境反假货币培训合作机制取得实效。

【支付清算】 2019年，中国人民银行珠海市中心支行推动“Mpay澳门钱包”“澳门中银手机银行”APP在珠海中国银行试点商户分别使用和进行线下扫码支付，指导推动医保中银“一站通”项目开展；发挥政府主导作用推动移动支付便民示范工程的建议被列入珠海市第九届人民代表大会第七次会议议程；强化农村移动支付推广应用，选取桂山岛试点建设全市首个移动支付示范岛。

【账户管理】 2019年，中国人民银行珠海市中心支行推动全国首笔澳门代理见证开立内地个人银行账户试点业务落地，让珠海成为首批澳门代理见证开立内地个人银行账户试点城市之一；取消珠海辖区企业银行账户开户许可。

【征信管理】 2019年，中国人民银行珠海市中心支行推进个人信用报告自助查询代理点推广布置，有对外开放服务自助查询代理点12家；在全国率先推出中征应收账款融资服务平台政采贷线上融资业务，形成珠海模式，制作的相关宣传视频在全国巡回播放。

【国库业务】 2019年，国家金库珠海市中心支库推进跨境人民币电子缴税业务研究及建设；贯彻国家减税降费政策，及时办理小微企业退库业务，全年办理小微企业退库1.7万笔，金额2.5亿元；成功组织辖区代理国库上线运行TCBS（国库会计数据集中系统）系统；完成国库集中支付业务系统电子化项目建设，实现国库支付业务无纸化；开展凭证式国债约定转存、催兑及通兑业务，签订约定转存业务金额482.37万元，催兑到期末兑付国债447.3万元，办理通兑业务1030万元。

【反洗钱监管】 2019年，中国人民银行珠海市中心支行、国家外汇管理局珠海市中心支局与市公安局联合成立全省首个警银汇联合工作室，在探索警银汇三方联合打击经济犯罪新模式上取得突破，破获“2·19”特大地下钱庄案；组织辖区银行机构开展地下钱庄线索排查和协助打财专项行动，加大对地下钱庄线索常态化排查、地下钱庄经营者和交易对手的处罚力度，协助侦查机关“打财断血”，治理ATM设备异常大额取现现象。

【金融消费权益保护】 2019年，中国人民银行珠海市中心支行指导金融纠纷人民调解委员会，首次成功调解法院强制执行阶段金融纠纷案件1件；举办2019年“诚信杯”珠澳大学生金融知识精英挑战赛，推进金融消费者教育。

【国际收支】 2019年，珠海市跨境资金流动总额640.33亿美元，比上年增长15.9%，其中，流入421.21亿美元，增长18.93%；流出471.03亿美元，增长64.55%；逆差49.82亿美元，由上年顺差转向逆差。

【经常项目】 2019年，珠海市货物贸易名录登记企业6835家，外贸进出口总额422.19亿美元，比上年下降14.45%，其中出口239.89亿美元，下降16.27%；进口182.30亿美元，下降11.93%。货物贸易外汇收支总额372.39亿美元，增长16.88%，其中，跨境收入231.06亿美元，增长23.32%；跨境支出141.33亿美元，增长7.71%。

【资本项目】 2019年，珠海市办理外商投资企业存量权益登记3813家，企业参检率85.05%。办理直接投资项下外汇新登记305笔，变更及注销登记459笔，外商直接投资（FDI）入账登记678笔，境外投资（ODI）登记30笔；新登记外商投资企业投资总额69.08亿美元，注册资本60.52亿美元，其中外方注册资本45.40亿美元。境内投资主体新登记境外直接投资总额9.10亿美元。外债新签约登记80笔，登记变更159笔，注销登记107笔，截至年末，珠海辖区外债余额38.27亿美元。办理全口径项下跨境融资业务70笔，金额12.02亿美元，为企业节省融资成本约8000万元；单笔最高意愿外债结汇金额4.47亿美元；企业对外担保36笔，担保责任余额31.54亿美元。全年，珠海跨国公司外汇资金集中收付汇67.4亿美元，下降44.86%，其中，集中收汇33.41亿美元、下降45.08%，集中付汇33.99亿美元、下降44.64%。

【警银汇联合工作室成立】 2019年7月31日，中国人民银行珠海市中心支行、国家外汇管理局珠海市中心支局与市公安局联合成立全省首个“警银汇联合工作室”，标志着警银汇三方联合打击经济犯罪新模式取得突破。制定《珠海市公安局 中国人民银行珠海市中心支行 国家外汇管理局珠海市中心支局警银汇联合工作室工作机制》，明确线索收集与核查、风险排查与防范、资金监测与分析、行政监管与处罚、刑事侦查与打击、法律宣传与教育6项工作职责。建立办案协助、联合行动、情报会商机制，各方在执法办案过程中利用各自资源优势，互相提供支持协助。

【粤港澳大湾区金融纠纷调解合作研讨会】 2019年7月25—26日在珠海举行。会议研究建立粤港澳大湾区金融纠纷调解合作机制，珠江三角洲九市与澳门特别行政区金融纠纷调解组织签署《粤澳地区金融纠纷调解合作框架协议》，内容涉及建立调解合作联络机制、金融纠纷调解合作机制、金融纠纷调解合作研究机制等。

【现金服务“网格化”管理创新】 2019年，中国人民银行珠海市中心支行以现金服务便利化、现金管理规范化、服务质量最优化、群众满意度最大化为目标，创建现金服务示范区，并创新开展“网格化”管理。一个网点负责一个网格。将示范区按照15个网点对应划分为15个网格，分别负责网格内各街道、物业小区、重点单位，并与市场、超市、公交公司、医院、学校等使用现金重点单位建立联系机制。一个网点设立一名网格管理员。定期上门开展反假货币及爱护人民币知识宣传，提供小面额、残损人民币兑换服务，确保格格有服务。一个季度开展一次现金服务满意度测评。及时了解现金服务情况，对连续两次监测不达标的网格管理责任单位发出提示函，有针对性地指导银行机构完善现金服务。

2019年12月19日，“情系澳门 智慧生活——中国银行澳门‘跨境钱包’暨受理业务首发仪式”在珠海市举行 （中国人民银行珠海市中心支行供稿）

【中国银行澳门“跨境钱包”暨受理业务首发】 2019年12月19日，“情系澳门 智慧生活——中国银行澳门‘跨境钱包’暨受理业务首发仪式”在珠海市举行。中国银行联合网联清算有限公司、银联国际有限公司、澳门通股份有限公司率先推出面向澳门居民的跨境移动支付服务“跨境钱包”。澳门居民直接使用“澳门中银手机银行”APP或“MPay澳门钱包”APP，即可在内地中国银行商户覆盖的交通出行、餐饮购物、日常消费、生活服务等多个线下场景轻松扫码支付。 （黎玮茵）

金融管理与服务

【概况】 2019年，珠海市金融业增加值实现369.16亿元，比上年增长15.8%，占GDP比重为10.74%，拉动GDP增长1.56个百分点，对GDP增长的贡献率23.03%。金融业实现税收93.23亿元，占全市财政税收入的10.61%，增长3.3%。全市金融业总资产超1.5万亿元。全市有各类金融机构6762个，其中银行业60个、证券类53个、保险类62个、新兴金融6588个。

【金融合作体系建设】 2019年，珠海市深化金融改革任务，以发展跨境金融为核心，支持澳门发展特色金融，主动融入粤港澳大湾区国际金融枢纽建设，构建“政府、协会、企业”三方联动的工作格局。组织召开2019年珠澳金融合作会议，协助澳门特别行政区政府接待葡语系国家中央银行高管及金融专家到横琴访问。协调粤澳金融管理部门共同为“粤澳跨境金融合作（珠海）示范区”揭牌，提升珠澳金融合作层级；推进金融规则制度衔接，在横琴建设一站式跨境金融综合服务平台；支持横琴出台《关于支持粤澳跨境金融合作（珠海）示范区发展的暂行办法》，提高澳门金融机构进驻横琴的补贴标准和服务水平；签订《珠澳金融合作备忘录——人才培训补充协议》。

【金融领域开放合作】 2019年，珠海市牵头建立健全珠澳金融合作工作小组和推进粤港澳大湾区建设金融专项小组工作机制，统筹全市金融工作力量，加大对澳金融合作力度，形成“机构、资金、人才”全要素融合的良好局面。引进港澳资金融机构，在横琴注册的港澳资金融类企业187家，其中，港资金融类企业160家、注册资本631.65亿元，澳资金融类企业27家、注册资本119.13亿元。支持澳门金融机构开展跨境办公，进驻横琴澳门特色金融服务基地澳资企业14家，进驻横琴智慧金融产业园澳资企业16家。支持珠光集团与央企、澳门工商界在澳门共同发起设立大湾区共同家园投资公司，为两地共建产业、金融项目搭建综合投资平台。推动自由贸易账户（FT账户）在横琴落地实施，推进落实外商投资股权投资企业（QFLP）试点，支持礼达联马（珠海）公司、高瓴天晟股权投资基金等5家试点企业落地，通过试点备案的外资金额达37亿美元。推动全市恢复不动产跨境抵押登记业务，便利澳门居民在珠海置业抵押融资。支持银行机构推出“粤澳共享贷”，向澳门科创青创企业授信1500万，缓解澳资中小微企业境内融资难题。加强对澳门青年创新创业的金融支持，横琴·澳门青年创业谷引进澳门企业项目201家，累计孵化企业项目376家，获得风险投资资金企业20多家，融资额突破4亿元。

【珠港澳金融市场互联互通】 2019年，珠海市推动在横琴建设一站式跨境金融综合服务平台，探索澳门居民横琴金融服务中心建设，在备案的前提下，允许澳门银行和保险机构为在内地的澳门居民提供除实质性销售以外的一站式金融服务。推动跨境保险服务中心建设，为购买澳门保险的内地居民提供保单保全、理赔处理等一站式保险服务。推进以中药材为主要品种的商品交易中心建设，完成康美（广东）中药材交易中心从揭阳到珠海的搬迁变更手续。推进与澳门金融机构共同发起设立合资证券公司，推动澳门跨境电子钱包在全市率先使用，便利澳门居民跨境享受小额便民移动支付服务。支持推广澳门跨境缴费系统，满足澳门居民跨境扣缴水费、电费的需求。

【企业融资扶持】 2019年，珠海市开展商业银行支持实体经济评价，完成社会保险资金分存总规模达359.61亿元，激励引导金融机构加大对中小微企业融资支持；优化上市企业培育机制，拓宽企业直接融资渠道，支持上市企业稳健发展。修订《珠海市企业上市挂牌奖励实施细则》，首次将科创板纳入奖励范围。运用“科技+”搭建市、区两级上市和挂牌后备企业库以及金融机构、中介机构和企业的对接平台，持续加大企业上市培育工作力度；推动金融、科技和产业融合发展，打造金融科技发展高地。推进金融科技产业园区建设，吸引区块链、金融云、金融AI等金融科技企业聚集发展；发挥“四位一体”融资平台作用，全年该平台为中小微企业提供564笔34.98亿元贷款或转贷资金，金额比上年增长137%。

【基金管理】 2019年，珠海市设立中小微企业融资担保基金，加强中小微企业信用供给；出台《珠海市进一步加强中小微企业金融服务若干措施》等政策措施。通过政策鼓励、融资对接、财政资金引导等方式，引导私募股权基金、创业投资资本投资珠海企业。截至年末，私募基金投资实体经济企业173家次，认缴出资129.72亿元。牵线澳门企业参与，推动深创投公司发起设立100亿规模的S基金。设立首期规模达5000万元的人才创新创业投资基金。召开全市基金风险防范专题工作会议，通报基金风险防控工作情况，研究分析基金风险防控要点，及时研判处置横琴某基金公司多只基金逾期未兑付有关风险问题。

【金融风险防控】 2019年，珠海市围绕防控金融风险任务，履行监管职责，提升金融监管水平，确保地方金融稳定。开展互联网金融风险专项整治和防范处置非法集资工作。截至年末，全市网贷机构数和借贷余额规模分别从整改前的20家和近100亿元降到2家和6.65亿元，存量不合规业务存量全部化解，剩余2家网贷机构均停业并申请转型。运用“打非云平台”对全市企业进行监测预警，全年监测企业3.16万家，发现中高风险企业83家次，并开展实地走访，防控风险。

【跨境投融资便利化】 2019年，珠海市出台QFLP试点政策和申请办事指南，成为全省第一个落地QFLP试点政策的地级市。3月，首单银行不良资产跨境转让业务落地。资本项目收入支付便利化改革试点落地，简化资本项目外汇收入支付手续。5月，首家澳资QFLP试点获批，成功引进落地知名投资公司与港资公司合作设立总规模为25亿美元的首家外商投资股权投资基金。广东金融资产交易中心获批开展银行不良资产跨境转让试点业务。

【《珠海市企业上市挂牌奖励实施细则》修订】 2019年，珠海市优化上市企业培育机制，支持上市企业稳健发展。修订《珠海市企业上市挂牌奖励实施细则》，及时将科创板纳入奖励范围，有效提高企业在多层次资本市场融资的积极性和竞争力。多部门联动摸底甄选科创板上市资源，针对不同科创板后备企业的现状实施精准诊断和深度培育。截至年末，全市有境内外上市企业38家，新三板挂牌公司77家，数量位居广东地级市前列。

【澳珠企业家峰会】 2019年10月21日，2019澳珠企业家峰会在珠海举行。会议以“携手发展新兴产业 同心共筑湾区梦想”为主题，通过主题演讲、对话会和经贸考察等系列活动，促进澳珠业界合作，共筑湾区梦想。现场签约澳珠重点合作项目20个，总投资额达198亿元，涉及特色金融、跨境商贸、文旅创意、医养健康等领域。揭牌成立粤澳跨境金融合作（珠海）示范区，提升跨境金融合作示范区的合作层级，深化粤澳、珠澳金融合作。

【上市挂牌公司】 2019年10月16日，华发集团控股的境外公司庄臣控股成功在港交所主板上市，是《粤港澳大湾区发展规划纲要》发布后，在香港成功上市的广东企业控股的境外公司。全年全市新增上市挂牌公司2家。截至年底，

2019年10月21日，2019澳珠企业家峰会在珠海国际会议中心举行，图为特色金融合作高端对话会现场（钟 凡 摄）

全市有境内外上市公司38家，新三板挂牌公司69家。（钟淑清）

银行业

【概况】 2019年，珠海银行业资产负债规模持续增长、结构继续优化。截至年末，全市有银行业金融机构12类60个，营业网点503个，从业人员1.12万人。银行业金融机构资产总额1.04万亿元，比年初增加1534.45亿元，增长17.23%；其中各项贷款余额6343.38亿元，增长21.05%，高于全省（不含深圳，下同）平均增速3.55个百分点，增速全省排名第四。负债总额9990.13亿元，增加1496.86亿元，增长17.6%；其中各项存款余额8676.08亿元，增长19.31%，高于全省平均增速8.99个百分点，全省排名第一。全年处置不良贷款30.11亿元，银行业不良贷款率降至0.89%。

【服务实体经济】 2019年，珠海银行业结合辖区实际，提质增效，扎实服务实体经济。银行业加大对实体经济的信贷投放力度。截至年末，辖内银行业现代产业贷款余额856.33亿元，比年初增长10.67%；市基础设施建设重点项目贷款余额323.33亿元，增长12.89%。推动全市小微企业、涉农企业贷款持续增长。截至年末，辖内小微企业贷款余额1267.05亿元，增长4.85%；涉农贷款余额204.64亿元，增长39.67%。辖内银行业继续落实“七不准”和“四公开”，明确服务收费项目及标准，主动为实体经济减费让利，全年减少服务收费4646万元。

链 接：

七不准 四公开

七不准：不准以贷转存、不准存贷挂钩、不准以贷收费、不准浮利分费、不准借贷搭售、不准一浮到顶、不准转嫁成本。

四公开：收费项目公开、服务质价公开、优惠政策公开、效用功能公开。

【横琴银行业】 2019年，横琴银行业持续发挥持牌机构引领带动作用，实现较快发展。截至年末，横琴自贸片区银行业金融机构26个，营业网点32个，从业人员735人，资产总额突破1500亿元，各项贷款余额874.20亿元，比年初增长36.04%；各项存款余额1144.83亿元，增长29.23%。

【现代金融服务大湾区建设】 2019年，珠海银行业先行先试，以现代金融支持粤港澳大湾区建设。支持湾区基础设施建设。截至年末，辖内银行业金融机构对大湾区基础设施互联互通项目授信总额超1000亿元，其中中国银行牵头的银团对港珠澳大桥整体授信345亿元，累计投放资金超231亿元。推动跨境金融服务便利化。自由贸易账户（FT账户）成功落地珠海市；中国银行横琴分行推出“粤澳共享贷”产品，为13户横琴澳资企业授信超4000万元；工商银行、中国银行横琴分行联动澳门机构开展澳门居民购置横琴物业跨境按揭，从业务开展以来累计办理1192笔3.68亿美元跨境按揭款项结汇。支持澳门产业多元化。辖内银行与境外机构联动，推动境内企业到澳门MOX交易所发行债券；推动首家外商投资股权投资企业（QFLP）试点，由澳门投资者全资设立的礼达联马（珠海）公司在横琴开业。

【普惠金融服务】 2019年，珠海银保监分局推动辖内银行保险机构开展普惠金融工作。组织开展“百行进万企”活动。指导辖内银行机构与小微企业对接，为未获取金融服务支持的小微企业提供授信服务，扩大金融服务覆盖面，缓解小微企业融资难融资贵问题。截至年末，普惠型小微企业贷款余额409.97亿元，比年初增长29.97%，高于各项贷款增速8.92个百分点，辖内法人银行总体完成“两增两控”监管目标。指导银行机构推广“信易贷”业务。引导辖内银行机构创新开发“信易贷”产品和服务，在风险可控基础上，逐步提高中小微企业信用贷款比例，提高金融服务实体经济实效。引导银行业金融机构参与“银税互动”。全年，辖内银行机构通过“银税互动”发放贷款6144笔，金额139.93亿元，比上年分别增长100.38%和57.56%。督促银行机构实现普惠金融业务全覆盖。辖内银行业服务覆盖全市行政村122个，完成农村基础金融服务全覆盖。

【金融消费者权益保护】 2019年，珠海银保监分局推动辖内银行保险金融机构履行社会责任，维护金融消费者合法权益。组织开展侵害消费者权益乱象整治工作。通过机构自查、监管抽查全面整治突出问题。组织开展金融联合宣传教育活动。引导不同消费群体培养正确的金融消费、投资理念，提升金融消费者风险防范意识和对非法金融活动、广告的识别能力。全年，辖内银行保险金融机构开展集中宣教活动431次，受众客户14.14万人；宣教活动进高校6所，在校新生参与活动覆盖率达28.57%；发放宣传资料8.58万份，发送宣传短信5.42万条，发送微信宣传3.74万条。

【金融机构扫黑除恶专项斗争】 2019年，珠海银保监分局督促辖内银行业保险业金融机构开展扫黑除恶专项斗争。开展内部员工涉黑涉恶情况、客户线索摸排。组织辖内法人机构开展黄赌毒及“保护伞”问题专项整治工作，对个别机构进行重点督导，实现扫黑除恶工作督导全覆盖。配合相关单位做好涉黑涉恶账户资金监测和查询、冻结，有效切断黑恶犯罪资金流通渠道。全年，辖内银行业金融机构协助执法机关查冻结扣银行账户238个，涉及金额22.84万元。

【金融机构打击非法集资】 2019年，珠海银保监分局持续加强防范非法集资监管督导。指导辖内银行业金融机构排查大额可疑资金，加强对涉嫌非法集资可疑资金的监测、预警。每月定期收集银行业金融机构排查报告、报表，及时向地方金融监管部门报告并移交相关线索。组织辖内法人银行开展非法集资风险排查整治活动，通过账户监测、业务排查、行为排查等方式，强化机构监测预警工作职责，有效防止外部风险向银行业传染。全年，辖内银行机构累计排查客户16.32万户，排查账户金额3.20万亿元，发现资金流向异常、涉嫌非法集资线索13条，涉及账户17个，涉及交易笔数1.07万笔，交易金额12.26亿元。

【银行业违规行为行政处罚】 2019年，珠海银保监分局开展“巩固治乱象成果促进合规建设”、公司治理内部控制（股东股权管理）、销售行为检查整改“回头看”、违规涉企服务收费现场检查等各类现场检查，重点查处机构在股权与公司治理、员工行为管理、信贷管理、重点风险处置等方面存在的违法违规行为，受行政处罚银行5家，罚款金额140万元，受“双罚”（处罚涉事机构和处罚责任人）处罚高管人员2人。

【工商银行珠海分行】 截至2019年底，中国工商银行珠海分行在珠海辖内有网点50家，员工1133人。资产总额1027.16亿元，比年初增加124.87亿元；负债总额1004.07亿元，增加124.01亿元。各项贷款余额825.17亿元，增加140.09亿元；各项存款余额941.68亿元，增加87.11亿元。全年实现净利润19.1亿元。

【农业银行珠海分行】 截至2019年底，中国农业银行珠海分行在珠海辖内有网点47家，员工968人。资产总额709.5亿元，比年初增加33.55亿元；负债总额699.37亿元，增加34.15亿元。各项贷款余额663.67亿元，增加126.16亿元；各项存款余额685.97亿元，增加37.76亿元。全年实现净利润10.08亿元。

【中国银行珠海分行】 截至2019年底，中国银行珠海分行在珠海辖内有网点45家，员工1028人。资产总额703.66亿元，比年初增加123.46亿元；负债总额689.8亿元，增加122.09亿元。各项贷款余额511.92亿元，增加133亿元；各项存款余额625.74亿元，增加75.84亿元。全年实现净利润5.85亿元。

【建设银行珠海分行】 截至2019年底，中国建设银行珠海分行在珠海辖内有网点48家，员工1064人。资产总额875亿元，比年初增加59.61亿元；负债总额889.29亿元，增加64.66亿元。各项贷款余额716.66亿元，增加73.43亿元；各项存款余额822.21亿元，增加56.66亿元。全年实现净利润15.89亿元。

【交通银行珠海分行】 截至2019年底，交通银行珠海分行在珠海辖内有网点22家，员工589人。资产总额559.92亿元，比年初增加62.43亿元；负债总额548.18亿元，增加60.57亿元。各项贷款余额460.16亿元，增加75.89亿元；各项存款余额521.97亿元，增加52.72亿元。全年实现净利润11.71亿元。

【珠海华润银行】 截至2019年底，珠海华润银行有营业网点91个（其中异地分支机构51家），员工2750人，

2019年6月15日，珠海市银行业协会在柠溪文化广场开展“金融知识进万家”活动 （市银行业协会供稿）

其中异地分支机构员工 1188 人。资产总额 2005.55 亿元，比年初增加 268.95 亿元；负债总额 1849.53 亿元，增加 239.8 亿元。各项贷款余额 1043.44 亿元，增加 170.73 亿元；各项存款余额 1323.22 亿元，增加 174.46 亿元。全年实现净利润 17.19 亿元。

【珠海农商银行】 截至 2019 年底，珠海农商银行有营业网点 102 个，其中乡镇营业网点 68 个，设置在离岸海岛网点 3 个，员工 1327 人。资产总额 603.06 亿元，比年初增加 6.37 亿元；负债总额 551.16 亿元，增加 5.34 亿元。各项贷款余额 279.12 亿元，增加 11.21 亿元；各项存款余额 452.85 亿元，增加 26.74 亿元。全年实现净利润 5.77 亿元。（陈　静）

证券期货业

【概况】 2019 年，珠海市有证券营业部 60 家，比上年增加 4 家；证券公司分公司 6 家，增加 2 家；期货公司 3 家，下辖期货营业部 3 家。证券、期货从业人员 948 人，增加 70 人，增长 7.97%。全年全市证券经营机构股票、基金、债券成交总额 1.51 万亿元，增加 2473.76 亿元，增长 19.66%。其中，股票成交总额 9104.51 亿元，增加 2793.53 亿元，增长 44.26%；证券业资产总额 70.59 亿元，增加 17.92 亿元，增长 34.02%。

【证券期货业协会管理】 2019 年，珠海市证券期货业协会完成会员发展、会费收缴工作，发展新会员单位 4 个；完成协会 2018 年度年审、财务审计工作；召开第四届理事会、第四届监事会第二次会议；完成广东证券期货业协会安排的基金从业资格考试巡考任务。

【金融知识宣传】 2019 年，珠海市证券期货业金融机构开展消费者权益保护宣传活动。“3·15 消费者权益日”开展各种形式的证券期货投资者权益保护宣传活动；协助中国人民银行开展社会治安综合治理及平安金融创建工作；开展“征信助力小微企业与民营企业融资发展”暨“6·14 信用记录关爱日”专题宣传活动；开展庆祝中华人民共和国成立 70 周年征文比赛活动；参与 2019 年广东省“平安金融宣传月”启动仪式，在现场设点布展宣传。（黎玮茵）

保险业

【概况】 2019 年，珠海市有保险机构 62 个，含法人机构 2 个，其中财产险机构 26 个，人身险机构 36 个，各级保险分支机构 152 个，从业人员 2.04 万人。有保险专业中介机构 71 个（含法人机构 9 个），专业中介营业分支机构 109 个。全年实现保费收入 144.02 亿元，比上年增长 12.50%。其中，财产险保费收入 37.86 亿元，增长 5.80%；人身险保费收入 106.15 亿元，增长 15.10%；产寿险赔给付 40.36 亿元，下降 7.37%。

【保险业服务大湾区建设】 2019 年，珠海保险业支持粤港澳大湾区建设。保障湾区重大项目建设。辖内保险机构对接横琴综合开发、横琴科学城建设等大湾区重大项目的承保需求，提供建设风险保障，其中在港珠澳大桥建设中保险业全程参与大桥建设和运营，以专项风险报告向建设单位反馈现场勘查发现的潜在风险及处理建议，以保证保险方式减轻施工企业保险负担，间接降低风险。推动跨境车险服务便利化。开展粤澳两地车和澳门单牌车跨境保险、港珠澳大桥跨境车险服务，全年珠海保险公司承保跨境车 2.32 万辆，保费 4997 万元。创新外币保单业务。横琴人寿创新推出短期意外险外币保单，探索跨境保险新模式。

【“三农”保险】 2019 年，珠海市保险业响应特色农业发展，持续为农业生产、农村建设服务。辖内保险机构探索海浪指数险，率先在全国开展试点；开展特色水果险，全年番石榴险种保费 46.76 万元，赔付金额 25.5 万元；创新“政府政策支持 + 保险融资支农 + 保险风险保障”的“政融保”模式，为农业经营主体台风后复产提供无抵押、低门槛的普惠支农资金 2800 万元。

【“大爱无疆”附加补充医疗保险】 2019 年，中国人寿珠海分公司推进“大爱无疆”项目，助力构建多层次医疗保障体系，有效解决居民“因病致贫”与“因病返贫”问题，重大疾病参保人实际医疗费报销比例提升 26%，通过引入慈善赠药，19 种纳入报销的抗肿瘤自费药费用平均减负率达 91%，精准解决恶性肿瘤参保人医疗负担重的问题。截至年末，“大爱无疆”附加补充医疗保险参保 104.6 万人，占全市基本医保参保人数的 55.05%，全年赔付总支出 7421.99 万元。通过“大爱无疆”系统的搭建，全市实现“基本 + 补充 + 附加补充”一站式联网结算，参保人服务体验得到显著提升。

【保险便民服务】 2019 年，珠海保险机构通过警保联动，推进车辆管理、交通管理、农村劝导站建设等便民功能。共建车驾管服务站 4 个，经交警支队授权代办补（换）领机动车驾驶证、申领六年免检标志、变更联系方式、机动车抵押、解除抵押登记等 8 项车管业务，受理业务 2909 件；共建农村交通安全劝导站 10 个；参与警保联动路面巡查工作保险机构员工 12 人，全年处理警情 6014 件，协助理赔 8750 件。（陈　静）

【保险产品】 2019 年，珠海保险业开展社会综合治理保险业务，承保平沙镇、南水镇、万山区、斗门区和香洲区 5 个区镇，提供风险保障总额 30.5 亿元；开展环境污染责任保险，承保企业 92 家，提供风险保障金 2.29 亿元；推动安全生产责任保险，为 188 家企业提供超 35 亿元的风险保障，每家投保企业获得不少于 800 万元人身伤亡风险保障；截至年末，为 18 家企业 24 个工程的农民工工资支付提供风险保障，提供风险保障金额 1212.44 万元；开展港珠澳大桥跨境车辆保险，对香港、澳门单牌跨境车辆提供保险服务，全年承保车辆 905 辆。

【双保单模式】 2019 年，珠海人保和银行合作的首例双保单（贸易信用保险和企业贷款保证保险）应收账款贸易融资项目落地珠海市。企业可通过投保珠

2019年8月20日，珠海市公安局交警支队与中国平安财产保险股份有限公司，在斗门区白蕉镇白石村举行农村道路交通安全劝导站揭牌仪式

（市保险行业协会供稿）

海人保财险出具的双保单，从银行获得500万元的贸易融资授信额度。该融资模式不需要授信企业提供任何形式的实物资产抵押。贸易信用保险仍然承保企业在出口和国内贸易项下的应收账款风险；企业贷款保证保险则直接承保银行对企业开展应收账款贸易融资的贷款本金风险，支持银行恢复开展免实物资产抵押的保单贸易融资业务。

【保险消费者调解渠道拓展】 2019年，珠海保险协会与市、区法院建立良好合作关系，发挥行业调解委员会调解作用，全年处理"诉调对接"案件40件，达成调解协议31件，未达成调解协议6件，处理中3件，涉案金额830余万元，结案金额380余万元，调解成功率85%。达成调解协议案件中，有27件进行司法确认，结案金额290万元，司法确认案件占比87%。（黎玮茵）

口 岸

口岸管理与服务

【概况】 2019年，珠海市有国家一类口岸10个：拱北口岸、横琴口岸、港珠澳大桥珠海公路口岸、九洲港口岸、高栏港口岸、湾仔轮渡客运口岸、万山港口岸、斗门港口岸、珠澳跨境工业区专用口岸、青茂口岸（在建），二类口岸7个。全市口岸开设旅客出入境通道688条，车辆通道98条；对外开放码头25个，泊位71个。全年口岸出入境人员1.73亿人次，比上年增长12.33%；出入境交通运输工具513.15万辆（艘、架）次，增长18.46%；货运量1.42亿吨，下降2.59%；进出口总值318亿美元，下降13.53%；入境关税环节税99.4亿元，下降10.07%。

【口岸规划建设】 2019年10月26日，第十三届全国人民代表大会常务委员会第十四次会议审议通过《全国人民代表大会常务委员会关于授权澳门特别行政区对横琴口岸澳方口岸区及相关延伸区实施管辖的决定》；新横琴口岸（一期）工程基本完成，12月6日，国家口岸办组织现场检查，新横琴口岸旅检大厅基本具备通关条件。完成港珠澳大桥珠海公路口岸珠澳通道增加货运车辆通行功能和珠澳跨境工业区专用口岸增加供澳门鲜活商品运输车辆入境功能报批工作，车辆通道升级改造项目等工程完工，完成珠澳联合实车测试等准备工作，具备扩大功能通关条件。组织实施拱北口岸应急抢险工程，其中临时出入境风雨连廊抢险工程竣工验收，受损（构）建筑物还建工程基本完工。协调推进青茂口岸建设，解决澳门建设方提出需珠海市协调解决制约项目进展的12个问题，粤方口岸联检楼及连接通道封顶。推进拱北口岸旧建筑物安全隐患整改及通关大厅等配套设施改造项目，完成项目概算备案、施工图设计文件审查、深化设计、项目预算编制等工作。

是年，珠澳两地政府达成在2020年春节前恢复湾仔口岸通关的共识，推进湾仔临时过渡口岸建设工作，向国家口岸办公室申请延长口岸通关时间、增加轮渡班次并获批准。推进九洲港口岸以城市更新方式在原址拆除重建，口岸临时旅检大厅动工。珠海市商务局（市口岸局）与澳门特别行政区土地工务运输局联合牵头开展珠澳口岸协同发展布局规划课题研究工作，课题研究成果获专家评审通过。

【口岸对外开放】 2019年，珠海机场公务机临时口岸获国家口岸办公室批复同意第五次续期开放，时间为3月18日至8月30日；印发《珠海市加快珠海机场口岸对外开放工作方案》，各单位按职责推进工作；完成珠海机场航空口岸对外开放可行性研究报告编制，获专家评审通过。12月5日，港珠澳大桥珠海公路口岸珠澳通道增加货运车辆通行功能获国务院批复同意。珠澳跨境工业区专用口岸临时开放增加供澳门鲜活商品运输车辆入境功能获国家口岸办批复同意，时间为2019年12月2日至2020年6月1日。整合和扩大水域开放，相关请示由省政府上报国务院。推进高栏港烽火海洋码头、高栏国码2个10万吨级泊位以及宝塔石化码头、港务码头、三一重工码头开放工作。加快建设鸡啼门游艇公共查验码头。推进内外贸易航线同船和海上过驳业务。

【通关模式改革创新】 2019年，珠海市和澳门特别行政区两地口岸部门研究推进旅检通道"合作查验，一次放行"查验模式优化，扩大适用人员范围；研究探索横琴新口岸珠澳客货车"一站式"合作查验模式创新、海关小客车查验设备共享等。9月26日，中国（珠海）国际贸易"单一窗口"实现粤港澳大湾区跨界车辆信息管理综合服务平台自动备案，实现粤港澳大湾区跨界车辆部分功能通过综合服务平台“网上办”。10月23日，完成对拱北、横琴口岸车辆“一站式”电子验放系统的过渡期改造，实现粤港澳大湾区跨界车辆多口岸通行，并经车辆“一站式”系统自动验放。协调驻珠查验单位持续简化澳门单牌车出入横琴备案手续，实施小客车机检结果互认参考等，全年澳门单牌车出入横琴17.53万辆次；采取直通放行、预约报关和集中申报等保障供澳门鲜活产品顺畅安全通关，全年供澳鲜活产品7.1万批30.2万吨。

【口岸营商环境优化】 2019年，珠海市制定《珠海市优化口岸营商环境促进通关便利化工作方案》，实施规范和降低口岸收费、提高口岸通关服务水平、加强国际贸易“单一窗口”建设、推动珠港澳口岸通关管理模式改革创新等31项具体措施。全市进口货物整体通关时间6.98小时；出口货物整体通关时间0.76小时；货物进出口整体通关时效位于全国前列。全年全市查验没有问题的集装箱（自然箱）4411个、厢式货柜车5222辆次，免除查验没有问题的集装箱（货物）口岸配套查验服务费用575.91万元，惠及外贸企业5195家（次）。

【中国（珠海）国际贸易“单一窗口”建设】 2019年，中国（珠海）国际贸易“单一窗口”新增项目20个，占总项目数的44.44%，比上年增长1.67倍，其中实现全省首票应用项目8个。全年申报单量396.52万票，其中通行珠海口岸报关单申报单量38.69万票，申报货值319.25亿美元。完成国务院、省、市下达的全口岸覆盖率和应用率100%的目标。截至年底，中国（珠海）国际贸易“单一窗口”上线运行项目45个，总申报单量达1096.21万票，总申报货值579.04亿美元。

【口岸通关服务和管理】 2019年，珠海市口岸局协调做好口岸通关服务和管理工作，口岸服务管理水平有明显提高，完成澳珠企业家峰会、中国国际马戏节等重要活动的嘉宾通关工作；做好口岸安全管理、应急、“三防”（防汛、防风、防旱）等工作，全市口岸通关安全畅顺。（梁　倩）

【反走私综合治理】 2019年，珠海市公安局成立打私支队，制定《打击走私突发事件应急预案》和《关于涉成品油走私违法犯罪举报奖励办法》等制度规章，建立完善工作机制。会同中山市、江门市、阳江市、茂名市公安机关签署《珠中江阳茂五市公安机关打击走私警务合作协议》，开展打击冻品走私、打击整治象牙等濒危物种走私、整治非设关地成品油等重点商品走私等专项行动，加强反偷渡和反走私工作。年内，查获偷渡案件21起118人，走私案件18件，案值约1600万元。

【海防工作】 2019年1月1日，珠海市公安局举行公安边防支队转改官兵集体换装仪式，完成边防转隶工作。完善出海船舶预警机制及与澳门海关的“点对点”联勤机制，加强与海事局、海警局等部门的交流联动，完善涉海案（事）件处置流程规范，强化海防管控。开展海上作业安全宣传教育，协助市海事局开展失联渔船搜救25次，化解多起海上生产作业纠纷，年内接报涉海上、海域报警求助案（事）件133件。开展“国门利剑2019”等专项行动，查获偷渡案件21起118人；审查澳门遣返人员237批836人，查获网上在逃人员41人。落实出海船舶和出海人员备案制度，加强出海船舶和出海人员管理，实时跟进掌握水域治安动态。全年联合相关部门开展清查行动26次，查获“三无”船舶38艘，清理渔蚝排约200公顷，走访无人岛3次，签订治安管理责任书800余份。（邓　涘）

拱北海关

【概况】 拱北海关是直属于海关总署的进出境监督管理机关，关区范围包括珠海、中山2个地级市。截至2019年底，拱北海关在珠海市设有11个隶属海关单位：高栏海关、湾仔海关、九洲海关、万山海关、闸口海关、港珠澳大桥海关、青茂海关、香洲海关、横琴海关、斗门海关和风控分局。全关在职在编约4000人，是一个业务门类齐全的综合性海关。

2019年，拱北海关监管进出口货物4550.6万吨、总值4169.2亿元，分别比上年下降7.9%和1.8%；检验检疫进出境货物23.3万批，增长5.2%；监管进出境运输工具509.8万辆（艘）次，增长18.3%；税收入库131.2亿元；查获各类走私违法案件1.39万件。

【海关服务大局】 2019年，拱北海关推进与港澳海关合作的8个方面25项具体工作。政务信息获中共中央领导批示26条次、署领导批示20条次。做好进出口监测预警工作。编发《拱关统计监测预警分析》222期，其中获《海关要情》采用34篇，获中共中央办公厅、国务院办公厅采用10篇，获党中央、国务院领导批示7篇。规范高效完成重大内外事务活动保障366项。督办推动重点工作落实1700余项。落实《粤港澳大湾区发展规划纲要》，收集服务大湾区建设“金点子”近300个，被海关总署采纳研提支持措施12项，推进具体任务61项。落实香港特别行政区、澳门特别行政区CEPA（内地与港澳关于建立更紧密经贸关系的安排）零关税货物便利通关措施，支持澳门特别行政区“中国钻石与宝石交易所”开展进口毛坯钻石业务。召开涉澳工作座谈会问政问计问需，制订解决专项方案，做好澳门回归祖国20周年保全工作。推进新横琴口岸、青茂口岸“好看好办”具体工作141项。配合推进湾仔轮渡客运口岸复通。深化隶属海关功能化建设，实施“三个一体化”（横琴自由贸易试验片区和珠海保税区监管一体化、青茂口岸和珠海跨境工业区监管一体化、中山市水运口岸监管一体化）和“六个整合”（整合现场综合业务、口岸监管、属地查验、后续监管、企业管理、加工贸易等业务管理）。

【海关服务地方】 2019年，拱北海关靶向施策为珠海定制专门方案，明确任务11项。落实海关总署稳外贸实施意见，细化措施48项，推动珠港澳货栈（西域站）项目落地，助力高栏港综合保税区启动建设。开展关区环澳门口岸货运、旅检监管资源优化整合2项专题调研，推动优化完善关区口岸整体布局。推动跨境电商加快发展，监管清单246.52万票、货值7.74亿元。支持市场采购，申报出口货值116.85亿元，备案企业1316家。支持战略新兴产业发展，力推集成电路制造全程保税监管模式试点落地。制定支持横琴开放建设措施11项。推动粤澳合作产业园首个保税项目横琴大昌行物流中心落地。支持粤澳中医药合作科技产业园重大合作项目建设。实施港澳车辆多口岸通行政策。开展扫黑除恶斗争，向地方移交案件线索2条。

【海关“贴心服务”】 2019年，拱北海关压缩进出口整体通关时间，完成国务院设定目标。推动“单一窗口”建设，主要业务申报应用覆盖率100%。制定落实专项措施8项，推动港珠澳大桥珠澳口岸增设货运功能，解决鲜活水产经港珠澳大桥供应香港受限等问题。实施供港澳食品农产品“直通放行”，支持设立内地供澳门活猪过驳站。助力内地人工养殖大鲵供港贸易。推行进口铁矿检验监管“先放后检”，为企业节省费用约6000万元。落实海关AEO（经认证的经营者）国际互认合作便利措施。推进减税降费，开展全关区口岸乱收费彻底检查2次。7月11日起，暂停珠澳口岸轮胎消毒。做好珠海机场公务机临时口岸开放监管工作。海关“12360”热线获评广东省“巾帼文明岗”称号。

【海关合作开放】 2019年，拱北海关参与建设“智慧海关、智能边境、智享联通”。完善沟通联络机制，与港澳政府部门开展交流互访58次。探索“一国两制”下海关监管“前推后移中优”理念创新。巩固港珠澳大桥珠澳口岸旅客卫生检疫“合作查验、一次放行”创新做法，并复制推广至新横琴口岸、青茂口岸。与澳门海关携手试点旅客行李物品监管“执法互助、便捷通关”。创新横琴口岸监管模式，与澳门海关达成《新横琴口岸珠澳海关监管合作框架》。与澳门特区政署签署供澳花卉苗木“检疫前推，合作监管”合作备忘录；联合探索开展澳门制造食品输入内地“检验前推”，并作为海关总署与澳门行政法务司合作项目。支持澳门多元化发展，配合澳门《金伯利进程国际证书制度》实施。支持澳门CEPA持续健康发展，自2004年以来累计进口澳门CEPA货物3881票，货值4.18亿元，占全国进口澳门CEPA货值40%以上，优惠税款3151.7万元。深化监管执法互认，验放粤港、粤澳“绿色关锁”货物130批次、427批次，逐步拓展至小客车机检结果参考互认。实施粤港海关“跨境一锁”。创新开展港珠澳大桥口岸病媒生物三方联合调查。推动粤澳货物“一单两报”综合服务平台建设。推动香港特别行政区渔护署同意对马匹、鸡苗等非食用活动物经大桥运输通行；力促两地马匹运营企业隔离场改造、香港马匹进口等事宜。

【通关监管】 2019年，拱北海关推广移动查验单兵、智能审图应用，H986设备机检比例达56.5%。打造智慧旅检拱北海关范式，深化旅检智能化监管平台建设。联合深圳海关强化跨境车辆走私风险防控。研发监管拓展应用平台一期，集中展示和监控关区业务运行指标。筑牢检验检疫安全防线，检出传染病确诊病例1194例，截获输入性病媒生物71批次792只，检出有害生物4451种次、不合格进出口食品293批。加强口岸非洲猪瘟防控，检出非洲猪瘟病毒核酸阳性的猪肉及其制品29批次。创新实施进口危险化学品“口岸查验+属地检验”联合监管模式，检验监管进口危险化学品1419批，检出不合格75批。守好意识形态安全“南大门”，查获反动印音制品、散发性宗教宣传品等违禁品3380件。

【后续监管】 2019年，拱北海关实现企业注册备案“多证合一”、企业年报“多报合一”无纸化、网络化，珠海片区新增注册企业975家，累计注册企业9175家。对1100家企业开展金关二期加工贸易管理系统切换，切换率达100%。办结稽核查作业1963起，核查作业办结数位列全国海关第七，稽核查追补税款2.24亿元。组织开展打击洋垃圾和象牙等濒危物种走私专项稽查行动9次，查获河马牙及其工艺制品1.66吨。加强信用管理，强化联合激励、联合惩戒，完成企业认证260家次，动态调整企业海关信用等级788家次。加强知识产权海关保护，查获侵权案件102件。加强异常数据分析监控。强化风险预警，发布预警信息143条，查获异常情事218件。完善跨境电商风险联防联控机制，查获跨境电商渠道走私日化品入境案6件，案值5.1亿元。

【海关缉私】 2019年，拱北海关开展“蓝天2019”“国门利剑2019”联合专项行动。查获案值超千万元刑事大要案38起、重大非涉税案件5件，打掉较大走私团伙64个，获批海关总署缉私局挂牌督办案件13件。强化反走私综合治理，推动地方政府落实主体责任，有效解决涉案运输工具后续处置、海警刑事案件计核税等问题。建立粤澳两地跨境联动缉私执法协作机制，成功破获走私毒品等案件。打击洋垃圾、濒危物种走私，查获洋垃圾走私违法案件13件，涉案洋垃圾2.19万吨；立案查办象牙等濒危物种及其制品走私案件20件，查获沉香1.1吨、刺猬紫檀8000立方米。

【海关征税】 2019年，拱北海关强化税收征管指标考核。推动关税保证保险试点改革，全年办理关税保证保险221份，涉及企业29家，涉及担保金额9.13亿元。推进关区原产地签证业务改革，对关区原产地签证业务实施分片区集约化改革，珠海、中山两市7个签证机构集约为2个。推广原产地证书企业自助打印，全年关区企业采用自助打印方式打印证书1.23万份。推进关区验估工作，全年关区处置验估参数、指令命中报关单2381份，补税1444万元；风险排查处置率100%。完善关区属地纳税人管理。制定《拱北海关属地纳税人管理办法》，完成关区38家重点税源企业“一企一档”精准画像，动态完善关区属地纳税人底账。提升通关便利性，优化营商环境。落实关税线条清理证明事项6项，实施对外贸易经营者备案和

22019 年 4 月，拱北海关集中销毁一批侵权物品 （俞 波 摄）

原产地企业备案“两证合一”。落实总署推广行邮税手机移动支付，实现旅检现场、邮检现场手机移动支付全覆盖。做好关税自报自缴、汇总征税和新一代电子支付等征管方式改革。全年实施海关属地化验 21 票，送检货值 7216.03 万元，鉴定结论与申报不一致 5 份，命中率 23.81%。推进税政调研工作，参与总署原料药税政调研专项工作，向总署上报税政调研建议及报告 17 份，其中优化监管证件管理建议被总署采纳实施，参与总署原料药降税专项工作的 4 项药品降税建议被国务院税委会采纳。通过送政策上门、电话答疑、政策宣讲会等途径，引导企业用好、用足国家优惠政策。落实党中央、国务院减税降费重大决策部署，年内关区企业减少缴纳增值税 18.15 亿元。

【海关科技信息化建设】 2019 年，拱北海关成立科学技术委员会，制定科技发展规划（2019—2021）。获批立项署级科研项目 5 项，验收署级科研项目 11 项。强化实验室技术储备，属地化验送检时间减少约 2 个工作日。建设“海关总署进口固体废物属性鉴定常规实验室”，申请筹建“国家濒危物种检测鉴定重点实验室”“国家质量安全风险验证评价实验室”。拱北海关技术中心获批非洲猪瘟检测初筛实验室，在系统内首次检出非洲猪瘟病毒。制定的纺织行业标准在全国范围实施。完成“护网 2019”网络攻防演习行动任务。加强技术中心电气安全实验室技术能力建设。

（黄孝永）

海 事

【概况】 2019 年，珠海辖区船舶进出港 42.62 万艘次，比上年增长 20.9%；货物吞吐量 2.28 亿吨，增加 10.1%；水路旅客流量 1048.26 万人次，下降 6.9%。全年辖区发生一般等级以上事故 2 起、死亡 2 人、沉船 0 艘、经济损失约 10 万元，与上年相比，水上交通事故 4 项指标（事故宗数、死亡失踪人数、沉船数、经济损失）全面下降。

【水上安全监管】 2019 年，珠海海事局持续开展“平安西江”、浮吊船舶整治及长期脱管船舶专项整治等各类专项行动 27 项，开展珠江口水上交通安全综合整治行动 11 次。开展船舶现场监督 3954 艘次、港口国监督检查 89 艘次和船旗国监督检查 1317 艘次，分别比上年增长 56.6%、27.1% 和 80.9%。清理辖区黑点，整治管理顽疾，有效保障辖区水域安全形势稳定向好。专题研究《港珠澳大桥突发事件应急反应预案》，落实“一桥一预警”电子巡航，做好防止船碰桥宣传提醒工作，强化对内河水域跨河桥梁、架空管线的安全监督。深化航运公司安全监管机制，实施第四批船舶体系化建设，新增安全诚信公司 1 家，完成公司检查 47 家，促成管理公司解除多艘违规挂靠船舶。

【海事服务】 2019 年，珠海海事局全方位服务珠海大交通、黄茅海跨海通道建设及深中通道沉管运输工作。保障万山无人船海上测试场首次测试顺利开展。保障“海洋石油 229”载运海洋油气平台出港。牵头完成庆祝中华人民共和国成立 70 周年焰火晚会、珠海建市 40 周年大型光影焰火秀、2019 年珠海国际龙舟邀请赛等水上交通安全保障。落实自贸区粤港澳游艇自由行政策。固化国际航行船舶联合登临检查机制。在全国率先对外发布实施船舶证书文书“一次通办”便利措施，涉及业务 33 项，到现场办理的次数、时间和上交材料分别比上年下降 75%、72% 和 66%。完成《珠海海事局海事政务服务指南》电子书汇编，实现政务服务事项“一次办”41 项、“就近办”15 项、“马上办”12 项、“网上办”15 项。

【海事应急处置】 2019 年，珠海市首次由市委常委、市政府常务副市长担任搜救总指挥，牵头召开年度全市搜救工作会议，会议达成重要议题 9 项。新增应急管理局、海警局等搜救成员单位，搜救成员单位扩充至 37 家。及时组织搜救行动后评估，配备智能救生装备一批、卫星通信电话 5 部。成功处置救治小型船舶沉没、“瀚星 16”轮机舱失火、“帝威 506”轮沉没等多起影响较大险情，全力搜寻沉没的香港籍流动渔船。修订防台风预案，完善防台风工作指南，分别与澳门、广州、中山、江门等海事部门建立防台风联动机制，斗门海事处防台风指南作为样板在全广东海事部门推广。全年，全市海上搜救中心组织协调水上救助 51 次，涉及遇险 193 人，获救 186 人，人命搜救成功率 96.37%。

【船舶污染防治】 2019 年，珠海海事局联合全市 20 家单位举办油船爆炸起火应急处置桌面演习。落实河长制工作部署，加强船舶污染防治，全面清理船舶涉河湖违法行为。依托智慧城市“绿水青山一张图”项目，实现辖区海域溢油卫星监测和内河饮用水源保护区无人机监控。推进码头船舶生活污水接收装置落地，探索液化天然气罐柜运输监管新模式，建立船舶污染物接收、转运、处置联单制度，做好海域垃圾清理工作。首次举办危防专题工作会议，打好水污染和大气污染防治攻坚战。建立危险化学品水路运输企业信息名录，完成汇总梳理 110 种危险货物信息。与浙江省海事局联合撰写《关于制定货物适用附则 I 和附则 II 的评估和分类导则的建议》提案，经交通运输部审批同意提交国际海事组织（IMO），并派人员赴伦敦参加 IMO 污染预防和应急分委会第六次会议。

【香洲渔港搬迁交通组织】 2019 年 8 月，珠海市关闭香洲渔港渔业功能，海事部门助力香洲渔港功能调整，进驻渔港搬迁服务中心，提供海事专业咨询服务；参加多场交流和培训，详细讲解澳门水道、洪湾水道和交杯沙水道安全航法及防范商渔船碰撞安全知识；配合渔政等部门协调澳门特别行政区海事及水务局，带领渔船从香洲港到洪湾渔港试航，保障航行安全；在洪湾渔港开港前，组织相关单位做好渔港渔船集中出港水上交通安全保障工作。

【粤港澳大湾区首个海岛海上搜救中心成立】 2019 年 9 月 24 日，粤港澳大湾区首个海岛海上搜救中心——珠海市海上搜救中心万山分中心揭牌仪式在桂山岛举行，标志着粤港澳大湾区首个海岛海上搜救中心投入运行，实现珠江口海上搜救组织协调工作重心前移，为粤港澳大湾区建设筑牢海上安全屏障，实现海上搜救靠前指挥，应急救援更快速、更便捷、更有效。在桂山、东澳、万山、外伶仃、担杆等海岛部署救助船艇 15 艘。

【庆祝澳门回归祖国 20 周年烟花汇演水上交通管制】 2019 年 12 月 13 日起，交通运输部海事局在全国范围开展水上交通安全专项监管行动和环澳门水域现场交通安全管控，对进入珠海附近水域的船舶实施专项安全检查、安保检查。12 月 22 日，珠海海事局完成庆祝澳门回归祖国 20 周年烟花汇演水上交通管制各项工作。其间派出执法船艇 14 艘次，执法人员 110 人次，现场检查船舶 14 艘次，制止擅自闯入警戒区船舶 49 艘次，对水域持续实施管制 7 小时，实现该活动水上交通安全管制“零险情、零事故、零伤亡”。（谢 芳）

2019 年 9 月 24 日，珠海市海上搜救中心万山分中心成立 （蒋宗南 摄）

出入境边防检查

【概况】 2019 年，珠海出入境边防检查总站（简称珠海边检总站）下辖拱北、九洲、横琴、湾仔、高栏、万山、斗门、茂盛围、港珠澳大桥、青茂、中山、湛江、江门、开平、新会、台山、阳江、茂名 18 个边检站。主要承担驻地口岸出入境人员、交通运输工具的检查、监护和口岸限定区域管理等职责，囊括海、陆、空边防检查工作任务。全年，检查出入境人员 1.73 亿人次、检查出入境交通运输工具 513.15 万辆（架、艘）次。

【边检信息化建设】 2019 年，珠海边检总站开展信息化建设，针对不同种类出入境人员的实际需求，推出一批便民利民惠民、服务经济社会发展的新举措。研发“一站式车辆通关自动更新系统”，依靠大数据应用，将部分需要人工完成的工作交由系统自动完成，由备案系统自动实现车辆通行有效期延期、车辆通行口岸变更、司机换证、司机换签注等情况，无须到窗口重新备案，为 18 万名备案司机和 10 万车辆带来便利；研发边民通道专用居民身份证读写接口程序，实现湾仔片区村民和横琴村民身份信息快速准确录入，有效提高珠澳小额贸易人员的通关效率；研发“出入境边防检查信息系统辅助查验功能”“快速退出梅沙客户端”等一系列执勤辅助软件，用科技手段减轻民警工作压力，简化工作流程，提升边检服务管理水平；多管齐下提升自助通道效能，在拱北、九洲、跨境工业区口岸增设自助通道视频防尾随设备 200 条，改造自助通道指纹仪 173 条，研究优化自助查验通道执勤登录、解屏及换班方式，实现市区自助通道刷卡登录解屏 367 条，有效提高自助通道通关效率。

【港珠澳大桥口岸管理】 2019 年，港珠澳大桥边检站联合口岸各单位建立一整套车辆查验故障处理机制，推动修复系统问题隐患 47 处，通过港澳复活节、圣诞节等车流高峰期考验，创下单日客流量 11.3 万人次记录，全年验放旅客

1208.8 万人次、车辆 80.1 万辆次。加强澳门回归祖国 20 周年安保工作联动协作，与市公安局成立联合指挥部，组建联合处置小组，在港珠澳大桥东人工岛建立安全检查站，实现安保期间无一人漏管失控、无一起旅客投诉、无一宗负面舆情。强化应急处突常备力量，增加在东人工岛常态化处突警力，口岸人工岛常备应急处突力量，全年开展“小演练”“小测试”“小拉动”260 余次。主动服务温暖湾区旅客，增建旅检通道 37 条，突破高峰疏导的硬件瓶颈，实现珠港出境大厅查验能力翻倍；优化升级珠港跨境学童随车验放便利措施，惠及学童 1.8 万人次；简化救护车辆通行手续，为危重伤病旅客提供便利 59 人次。

2019 年 1 月 1 日，珠海边检总站举行公安边防部队转改官兵集体换装、授衔与入警宣誓仪式 （沈　思摄）

【口岸管控】 2019 年，珠海边检总站强化人证对照和证件鉴别专项工作，开展人证对照、证件鉴别、边检查控、反恐扫黑等专题培训 19 期 2000 余人次，促进基础查验工作更加安全严密。全面排查整改口岸限定区域管理隐患漏洞，修改完善各口岸限定区域管理规定，开展打击粤港、粤澳边界偷渡专项行动，确保国门边境管控安全。全年，检查出入境人员 1.73 亿人次，比上年增长 12.33%；检查出入境交通运输工具 513.15 万辆（架、艘）次，增长 18.46%。

【口岸处突联防工作】 2019 年，珠海边检总站以“一个边检站一个资料库”为原则，建立突发事件应急处置预案基本资料库，指导各边检站研究制定针对特殊情况突发事件“短平快”简化版处置方案和操作流程图，优化口岸应急处突工作预案，提高预案科学性。强化与地方应急相关部门的“联防联控、联合响应”应急处突机制，多次组织多口岸跨部门全要素突发事件应急处置演练。在庆祝中华人民共和国成立 70 周年和庆祝澳门回归祖国 20 周年安保时期，加强粤港澳边境口岸执法执勤协作配合，联合粤港澳三地警方开展沙盘推演，与澳门警方联合举行应对人员车辆冲闯关、查验系统瘫痪等应急演练。在庆祝澳门回归祖国 20 周年安保期间，与港澳出入境管理部门建立出入境管控联络、反恐处突协作、24 小时快速遣返等多项安保协作机制，与市公安局在港珠澳大桥东人工岛共同设置治安检查站，对相关人员实施前置检查，为庆典活动安全顺利举行提供安全稳定的出入境环境。

【边检总站换装授衔】 珠海边检总站根据党和国家机构改革总体部署，于 2018 年 12 月整合接收原珠海市公安边防支队所辖边防工作站 7 个、公安检查站 3 个，以及原广东省公安边防总队所辖中山、湛江、江门、开平、新会、台山、阳江、茂名 8 个边防检查站。2019 年 1 月 1 日，珠海边检总站所属的九洲、湾仔、万山、斗门、中山、湛江、江门、开平、新会、台山、阳江、茂名 12 个边检站，举行公安边防部队转改官兵集体换装、授衔、入警宣誓仪式。

【珠澳边检执法合作】 2019 年，珠海边检总站加强与港澳出入境管理部门等相关单位的执法合作，利用边境联络机制加强与港澳出入境管理部门沟通联络，在重大节假日和敏感节点前开展边境会晤，及时协商客流疏导、口岸管控、应急联动、遣返遣送等事宜，与澳门特别行政区警方签订《横琴口岸珠澳边检执法合作协议》和《港珠澳大桥口岸珠澳边检执法合作补充协议》，明确新横琴口岸开通后珠澳边检执法合作联络机制，共同提高粤港澳口岸通关便利化水平，全力确保粤港澳口岸边境安全稳定。

（叶嘉骏）

城乡建设

综　述

【概况】 2019 年，珠海市妇幼保健院易址建设项目竣工并交付使用。新建市政燃气管道 45 千米，完成 5 万户老旧小区住宅的户外公共燃气管道加建。全市城镇居民天然气气化率超 50%。新建住宅小区全面配套使用管道天然气。建成珠海拱北—澳门青州、珠海横琴—澳门大学 2 条城市燃气管网互联互通。截至年底，珠海市建成地下综合管廊 38.94 千米，投入使用 36.2 千米。建成香山湖公园（一期）、横琴天沐河公园等市政特色公园 6 个和海滨泳场（三期）、梅华文化站公园等城乡社区公园 25 个。建成 20 千米健康步道、40 千米林荫道、32 处繁花节点和多彩立面。新建道路景观绿廊 8 条。新建改建公厕 82 座。

【海绵城市建设】 截至 2019 年底，

2019年1月1日，位于香洲区健民路东侧的香山湖公园（一期）建成开放
（郑蔼芳 摄）

珠海市横琴、金湾、斗门3个海绵城市建设试点区面积51.96平方千米。通过在试点区开展建筑小区、城市道路、公园绿地、河湖水系等不同类别的海绵城市项目试点建设，自2016年至2019年底累计完成投资72.57亿元。12月，国家专家考核组在现场完成对珠海海绵城市建设的绩效考核。（黄毅龙）

【西部生态新城起步区建设】 2019年2月22日，珠海市出台《西部生态新城起步区2019年建设计划》。全年投资111.83亿元，完成年度计划投资的106.48%。其中，市政基础设施项目完成投资49.52亿元，完成年度计划投资的109.36%；公共服务设施项目完成投资24.50亿元，完成105.47%；产城融合项目完成投资25.03亿元，完成104.51%；生态低碳示范工程完成投资2.61亿元，完成90.00%；海绵城市建设项目完成投资9.07亿元，完成105.47%；其他项目完成投资1.10亿元，完成103.77%。

【金湾C片区公共文化中心建成】 2019年10月1日，珠海市金湾C片区公共文化中心建成投入使用。该中心位于金湾中心湖东南侧，用地面积3.7万平方米，地上建筑面积约3万平方米，地下建筑面积2.9万平方米，是集档案和史志收集陈列展示、图书阅览交流及相关服务等配套功能为一体的大型公共服务设施。（王晓霞）

城市建设

【概况】 2019年，珠海市城市管理委员会成员单位扩大至33个部门，印发《珠海市城市管理委员会议事规则》《珠海市城市管理委员会办公室工作规则》等。开展老旧小区专项治理、全市道路标识标牌整治、九洲大道（新昌安酒店至钰海环球段）商铺前改造。提前完成广珠城轨珠海段铁路沿线周边环境综合整治。出台《珠海经济特区城市道路清扫保洁管理办法》《珠海经济特区互联网租赁自行车管理办法》。修订《珠海经济特区园林绿化管理条例》《珠海市园林绿化防灾标准》。印发《珠海市市政设施养护年度费用估算指导标准》。推动全市城管执法系统“律师驻队”试点。市城市管理综合执法局受理来电、来访、来信、上级转办等各类信访事项593件，直接办理各类信访、咨询等386件，转办207件，转办率100%，处理率100%。（何文松）

【园林绿化建设】 2019年，珠海市建成香山湖公园（一期）、横琴新区天沁园、天沐河公园等市政特色公园6个。完成情侣路、人民路、梅华路、港湾大道等57条主干道路树木三轮修剪工作，修剪树木31.89万株。修剪草坪及灌木3022.78万平方米、改造提升绿地面积约300万平方米。野狸岛公园、海滨公园、白莲洞公园、炮台山公园完成改造提升。（黄毅龙 何文松）

【绿道网建设】 2019年，珠海市推动与澳门城市绿道对接，建成绿道网。城市绿道1号线自淇澳岛沿情侣路延伸至横琴，沿线串联唐家、香洲、拱北、湾仔、横琴口岸，实现对接澳门的线位条件。申报《珠海市城市绿道网总体规划（2021—2035年）》规划编制项目，推动新一轮绿道总规编制。

【地下综合管廊建设】 截至2019年底，珠海市在建及建成综合管廊合计53.89千米，立项总投资43.51亿元。其中，建成综合管廊38.94千米，投入使用36.2千米；在建综合管廊14.95千米。（黄毅龙）

【市政设施管理】 2019年，珠海市城市管理综合执法局开展背街小巷专项整治，及时修复破损的市政设施，落实常态化巡查、反馈、督导机制，组织日常巡查52次，发现问题234个，全部反馈并督促各管养单位完成整改。印发《珠海市城市桥梁养护维修中长期规划》，开展巡查检查32次，发现问题333个，全部反馈给管养单位落实整改。审理电费挂账申请19件、接用城市公共照明电源申请33件、路灯迁移拆除13件。整改完成占用盲道的公共自行车站点和服务亭61个，修复公共自行车站点周边部分破损盲道18个。公共自行车用户数量达42.5万人次，比上年增加214.8%。完成全市地下管线普查及信息系统建设项目（第二期）。印发《珠海市地下管线综合管理信息系统使用管理制度》《珠海市地下管线数据成果汇交技术标准》。审批依附于城市道路建设管线杆线申请19件，下达行政许可决定书16份。

【环卫保洁】 2019年，珠海市实施道路清扫保洁分级管理制度，每季度检查并通报各区市容环境卫生业务综合情

况，落实《珠海市环境卫生作业单价指标》《珠海市环境卫生质量标准》《珠海市环境卫生作业服务规范》，加大机械化清扫投入，全市清扫保洁专用车辆432辆，建成区道路可实施机械化清扫总面积3997万平方米，机械化清扫面积为3786万平方米。12月10日，《珠海经济特区城市道路清扫保洁管理办法》经珠海市人民政府九届六十次常务会议审议通过。

【生活垃圾分类】 2019年，珠海市成立以市长为组长的珠海市城乡生活垃圾分类工作领导小组，下设办公室在市城市管理综合执法局。印发实施《珠海市城乡生活垃圾分类实施方案（2019—2021年）》。市级示范小区和各区（功能区）试点开展“互联网＋垃圾分类”，依托智能化垃圾分类设备建立垃圾分类光荣榜和积分兑换奖品制度，部分配备垃圾分类指导员和分类收运车，引导居民正确投放生活垃圾，实现生活垃圾分类收运、暂存和处理。斗门区莲洲镇率先在莲江村、红星村等6个市级乡村振兴样板村开展农村生活垃圾分类试点工作。万山区将港池、渔船生活垃圾纳入生活垃圾分类范畴，定时定点收运，推进单岛垃圾分拣处置场所建设，在实现离岛无害化处理的基础上，探索岛内就地处理方式。

【生活垃圾处理】 2019年，珠海市做好生活垃圾焚烧发电厂污染排放防控、在线联网监控、第三方检测、驻厂监管，向社会开放处理设施，接受市民参观监督。巩固提升农村生活垃圾治理省级验收成果，配备农村保洁员1290人，投入运行垃圾收集点1106个，无害化处理农村垃圾约200吨/日。自2月起垃圾收运覆盖全市各区（不含海岛）。收运车辆20台，开通收运线路23条，日收运约120吨，集中在生活垃圾焚烧厂作无害化处理。全市生活垃圾产生量113.94万吨（3121.54吨/日），城乡生活垃圾无害化处理率100%，其中焚烧处理55%、填埋处理45%。全市运行生活垃圾处理设施3座：市固体废弃物处理中心的西坑尾垃圾填埋场（设计库容1120万立方米）、市垃圾发电厂（设计600吨/日），共同配套渗滤液处理厂（设计1000立方米/日）；西部中信生态环保产业园的环保生物质热电厂（一期）工程。

【违法建设专项治理】 2019年，珠海市围绕“控增量”和“减存量”两条主线，统筹协调推进全市违法建设专项治理工作。全市违法建设治理量162.53万平方米，完成全年任务的121.29%，其中，查处新增违法建筑24.93万平方米、存量违法建筑137.6万平方米。

【建设工程施工噪声污染和施工扬尘专项治理】 2019年，珠海市印发《珠海市建设工程噪声污染和施工扬尘专项治理工作方案》，从6月底至12月底开展专项整治，夜间现场督导检查22次，出动检查人员3.8万人次，检查建筑工地1.11万个。全年立案查处615件，罚款348.91万元。

【涉水执法整治】 2019年，珠海市城市管理综合执法局组织水务执法整治行动3224次，出动执法人员1.09万人次，教育整改公共管理中供水排水违法行为以及向城市河道倾倒废物、垃圾和向城市道路倾倒、排放废水、污水等违法行为491件，立案查处30件，处罚款4.61万元。

【城区大气环境污染管理防治】 2019年，珠海市治理乱抛泥土、垃圾焚烧、油烟扰民、露天焚烧、燃放烟花爆竹、道路遗撒和抛撒等违法行为，出动执法人员35.82万人次，教育整改大气污染类违法行为2908件，立案查处150件，处罚款58.09万元。

【市容环境综合整治】 2019年，珠海市重点整治乱摆卖、乱拉挂、乱张贴、占道经营等违法行为，出动执法人员29.60万人次，教育整改占道经营行为12.09万件、流动商贩11.48万宗、乱堆放1.98万件，立案查处占道经营案件422件、流动商贩1606件、乱堆放421件。执行市容环境整治类罚款3778件，总额47.93万元。

【户外广告整治】 2019年，珠海市开展户外广告专项整治行动，教育整改乱拉乱挂乱设置户外广告设施行为6253件，清理整治及拆除各类户外广告设施、横幅、灯箱1.49万件，面积4.30万平方米；没收横幅和灯箱294条（个），

2019年12月18日，珠海市城乡生活垃圾分类工作动员大会在香洲区星园市场广场召开（市城市管理综合执法局供稿）

立案39件，教育整改乱张贴行为458件。

【数字城管】 2019年，珠海市数字城管提档升级，4月起，推行以积分制为基础的每周专项巡查，完成32项排查工作。11月起，数字城管在全市范围内启动夜间视频巡查、无人机巡查。是年，数字城管对斗门区巡查网格进行优化调整，由莲洲、乾务、斗门3个镇的巡查网格重新划分。全年立案22.87万件，结案21.83万件；其中，民生类案件8.7万件，结案率95.5%；农村生态环境案件2.9万件，结案率93.6%。违法建设信息管理平台试运行，录入违建普查信息3379条。12月19日，珠海市数字城管获评“广东省2019年政务新媒体民生服务精品案例”。

2019年8月19日，唐家水厂改造工程俯瞰图 （谢儒侦 摄）

【便民小市场】 2019年，珠海市设置小微市场，将社区无序乱摆卖的流动菜贩收集归拢，规范管理。市城市管理综合执法局下属市数字化城市管理中心受理小微市场案件860件，结案830件。6月5日，《人民日报》以《便民小市场大家都夸奖》为题报道珠海小微市场规范管理成效。 （何文松）

市政供水与排水

【概况】 2019年，珠海市供水系统以西江磨刀门为界，分主城区和西区两部分，实行全市供水一体化，覆盖城乡。截至年底，珠海水务环境控股集团有限公司拥有原水取水泵站7座，总取水能力486万立方米/日；使用供水水库17座（其中海岛3座），管理水库8座。17座水库总设计库容1.19亿立方米。直径75毫米以上管道长3991千米。拥有拱北、唐家、西城、龙井、乾务、南区等水厂12座，总供水能力128万立方米/日。日均供澳门原水量28万立方米，占澳门原水供应总量的99%。出厂水质全部符合国家《生活饮用水卫生标准》。全年总供水量为5.50亿立方米（含供澳门原水1.02亿立方米）。全市建卡水表77万个。水质综合合格率稳定在99%以上。新的排水管理体系基本形成。

【供水基础设施建设】 2019年，珠海市平岗—广昌原水供应保障工程按计划完成至形象进度81%，其中一次性顶管进2329米的过磨刀门顶管提前4个月贯通，10月与西水东调一期过江管形成互为备用。广南梅供水管工程完成形象进度80%。西区水厂扩建工程通水投用。珠海水控集团投资1.5亿元改造唐家水厂净水处理工艺，年内完工并部分投产。 （方 胜）

【水质监测】 2019年监测全市12个厂144厂次出厂水水质与152条管网水水质。出厂水全年样品合格率100%。管网水全年样品合格率为96.2%，超标项目主要为微生物指标。全市供水综合合格率为99.70%，符合《城市供水水质标准》（CJ/T206—2005）的综合合格率要求（≥95%）。开展农村污水水质调查、污水处理设施运行情况现场核查。

【水环境建设】 2019年，珠海市完成《珠海市城镇污水处理提质增效三年行动方案（2019—2021年）》编制。新建、改建污水管网620.2千米，其中，市政污水管网309.7千米。小区室外污水管网128.6千米、农村污水管网71千米、改造修复110.9千米。完成排水管网清淤741千米，修复排水管网病害3505处。市水务局出台《珠海市建成区黑臭水体治理攻坚战实施方案》《珠海市2019年全面消除黑臭水体技术指引》等，规范有序开展黑臭水体综合治理。全市17条黑臭水体中16条完成“初见成效”评估，完成比例94.12%，完成黑臭水体消除比例达到90%这一年度目标。

【市政排水管理体制机制改革】 2019年，珠海市水务局出台《关于进一步落实〈珠海市排水管理体制机制改革工作方案〉实施意见》《珠海市市政排水管网设施管理养护质量标准（试行）》《珠海市市政排水管网设施管理养护考核办法（试行）》《珠海市市政排水管网设施管理养护经费标准（试行）》和《珠海市排水设施管养经费付费管理办法》等配套管理文件。全市市政排水设施统一规划、统一建设标准、统一管养的新排水管理体系基本形成。 （曾泳桃）

供 电

【概况】 截至2019年底，珠海电网主网有110千伏及以上输电线路1942.43千米、变电站72座、主变压器172台、容量1681.55万千伏安。其中，500千伏变电站2座，主变压器容量400.8万千伏安，500千伏输电架空线路203.07千米；220千伏变电站18座，主变压器容量750万千伏安，220千伏输电架空线路689.96千米、电缆143.85千米；110千伏变电站52座，主变压器容量530.75万千伏安，110千伏输电架空线路667.42千米、电缆238.12千米。配网方面，有10千伏公用线路1054条，公用配电变压器6725台；10千伏用户专线275条，用户专用变压器1.33万台；20千伏公用线路23条，公用配电变压器255台，20千伏用户专线14条，用户专用变压器1096台。7月18日，珠海电网达到全年最高负荷（含澳门）414.5万千瓦，比上年增长8.31%；其中，珠海市329.0万千瓦，增长13.1%。7月8日，对澳门供电达全年最高负荷96万千瓦，增长3.9%。全社会用电量189.91亿千瓦时，增长7.91%。其中，工业用电量107.02亿千瓦时，增长2.69%。珠海供电局第三方客户满意度连续第四年位列广东电网第一，连续第十一年获珠海市政府公共服务公众满意度评价第一，获“中国南方电网公司五一劳动奖状”。珠海供电局“互联网+”智慧能源示范项目通过国家能源局验收，总投资2.71亿元。

2019年10月1日，珠海市庆祝中华人民共和国成立70周年焰火晚会保供电现场（珠海供电局供稿）

【供电保障】 2019年，珠海供电局获广东电网公司“二星平安单位”称号，5名员工获广东电网公司年度安全无差错类专项奖。完成庆祝中华人民共和国成立70周年、澳门回归祖国20周年、珠海建市40周年及央视春晚粤港澳大湾区分会场活动等重大活动保供电任务。全市客户平均停电时间0.3小时，比上年下降52.38%，供电可靠性全国领先，全省排名第一。

【供电服务】 2019年，珠海供电局推进《横琴自贸区供用电规则》落地，实现自贸区用电办理耗时缩减28.3%，为客户减少报装成本投资1.3亿元。在全市全面推广远程渠道应用，实现线上报装办电率100%。降低企业用电成本7.5亿元。推进老旧小区和城中村用电改造。开展老旧小区和城中村用电安全隐患排查以及防洪泵站、排涝水闸等用户安全用电检查，完成整改101处。新建充电站74个、充电桩538条，充电量0.7亿千瓦时，比上年增长170.7%，占广东电网充电总量的55.4%。承办粤港澳三地港口岸电合作推进会，推动建设大湾区港口岸电生态圈。有序推进电能替代业务，完成岸电电量6.66亿千瓦时。

【电网规划与建设】 2019年，珠海供电局完成电网投资21.8亿元。为横琴口岸、青茂口岸、珠机城轨等重点项目建设提供可靠电力供应。按期建成投产220千伏凤凰至拱北线路解口入吉大等6项保底电网工程。打造“互联网+”智慧能源示范项目，面向全市建成首个智慧能源大数据云平台及首个综合能源运营管理平台，在全国首批第一个通过国家能源局验收，获评国家“十大能源互联网示范项目”。全年农村配电网投资1亿元，提前以区为单位实现农村供电三大关键指标（全市农村户均配电变压器容量、综合电压合格率、供电可靠率）达到国家要求，完成国家新一轮农村电网改造升级任务。开展5G基站供电“转改直”试点工作，节约用电成本超过一半。推进横琴先进电力技术示范区建设。促成南方电网公司唯一的新能源研究中心落户横琴。支持海上风能、太阳能等新能源高质量发展。

【对澳门供电】 2019年，珠海电网对澳门供电量49.76亿千瓦时，占澳门全年用电量的83.48%。6月，南方电网对澳输电第三通道工程（珠海段）电缆全线贯通。南方电网送电澳门的输电通道由南北“两条路”变成南北中“三条路”，形成8回220千伏线路主供和4回110千伏线路备用的“8+4”对澳门供电格局，对澳门供电整体能力和可靠性大幅提升。

【海岛用电服务】 2019年，珠海供电局完成大万山岛、桂山岛、东澳岛与大陆电网联网供电资产接收，实现与珠海大陆同城同价，其中居民生活电价最高由每度3.28元降至每度0.61元，保障边防部队及居民生产生活用电需求。

【横琴供电局挂牌】 2019年6月28日，广东电网珠海横琴供电局挂牌，以适应横琴新区对电力供应和用电服务日益增长的需求，提升区域电力营商环境。该局辖区内有220千伏变电站3座、110千伏变电站1座，第4座220千伏变电站（叠泉变电站）建成，管理10千伏配电线路41回、20千伏配电线路40回，公用配电变压器162台，容量10.16万千伏安。（胡皓鹏 施怡）

供 气

【概况】 2019年，珠海市液化石油气供应量10.3万吨，天然气供气总量1.97亿立方米。全市有城镇燃气经营企业13家，其中，瓶装液化石油气经营企业8家、液化石油气库9座、瓶装液化石油气用户34万户；管道燃气经营企业3家，实行特许经营汽车加气站经营企业2家，加气站3座。全年开展燃气行业专项检查243次，发现安全隐患及问题286项，下发整改通知书136份。全年组织开展市级抢险抢修应急演练活动4次。

【老旧小区燃气管道加建】 2019年，珠海市落实民生十件实事，完成约5万户老旧小区住宅的户外公共燃气管道加建。全市供气住宅小区811个，居民用户44.3万户，城镇居民天然气气化率超过50%。 （何文松）

村镇建设

【乡村振兴政策制定】 2019年，珠海市出台《关于对标三年取得重大进展硬任务扎实推动乡村振兴的实施方案》《珠海市深入推进“千村示范、万村整治”工程的行动方案》《珠海市关于扶持乡村产业发展的若干措施（试行）》《关于加强和完善城乡社区治理的实施方案》《关于加强村党组织对村各类组织和各项工作全面领导的意见（试行）》等系列文件，形成目标明确、重点突出、要求具体、内容完备的政策体系。

【乡村产业发展】 2019年，珠海市以现代农业产业园建设为“龙头”，投入创建斗门区白蕉海鲈产业园、金湾区黄鳍鲷产业园等现代农业产业园4个，其中3个纳入省级现代农业产业园，实现“一区一园”总体布局。带动3.35万户农户增收致富，户均增收3.93万元。第一批市财政补助资金6000万元年内下达到各区。发展镇村特色优势产业，涌现白蕉海鲈、莲洲花卉苗木、红旗黄鳍鲷等一批镇村特产。中国水产流通与加工协会等相关专业研究机构组织考察后，于11月7日授予珠海“中国海鲈之都”称号。白蕉镇被认定为省级“一村一品、一镇一业”专业镇。白蕉镇海鲈产业入选2019年国家农业产业强镇示范项目，获中央财政1000万元农业产业强镇资金奖励。斗门镇入选全国第二批特色小镇。岭南大地生态度假区获评首批国家级田园综合体试点项目。十里莲江农业观光园、台湾特色水果农业公园分别被评定为AAAA级和AAA级广东农业公园。

【农村人居环境整治】 2019年，珠海市把规划管理作为乡村振兴的基础性工作，乡村建设规划覆盖率达100%。持续开展村庄清洁行动，全年投入资金8.3亿元，动员干部群众46万人次，清理房前屋后积存垃圾、杂物等112.8万立方米，清理沟渠池塘溪河淤泥及障碍物17.3万立方米，拆除村危旧房（棚）、废弃猪牛栏等5714间，拆除违章建筑、违法违规商业广告及招牌等65.17万平方米，复垦复绿11.48万平方米，推动农村人居环境整治取得阶段性成效。委托第三方开展农村人居环境整治排查，形成2万个人居环境问题图斑台账，逐一销号，全面整治。全市394个自然村100%完成“三清三拆三整治”，80%以上村庄达到干净整洁村标准。持续开展“十村示范、百村建设”行动。推进生活垃圾治理，实现保洁覆盖面、生活垃圾收运率、无害化处理率“三个100%”。全市170个行政村（含涉农社区）有161个行政村和涉农社区实现污水处理设施覆盖，覆盖率达94.7%。全面排查农村厕所底数，各区分别制定《农村卫生厕所“一村一策”实施方案》，改建农村卫生公厕67座，新建卫生公厕73座。对村内公共单位厕所实行规范化开放，全市无害化卫生户厕普及率

2019年珠海市管道天然气居民用户阶梯价格

档次	年用气量（立方米/年）	价格（元/立方米）
第一档	0～300（含300）	3.45
第二档	301～480（含480）	4.14
第三档	480以上	5.18

2019年11月27日，珠海市老旧小区天然气加装施工现场 （陈新年 摄）

100%。斗门区“厕所革命”经验被农业农村部评为全国九大范例之一。

【美丽乡村专项行动】 2019年，珠海市实施“美丽田园”行动，以农田看护房整治为重点，投入3000万元用于在斗门区、金湾区高速公路沿线、看护房集中连片建设等区域开展整治试点和推广工作。实施“美丽河湖”行动，“清漂”方面，清理河流1132千米，清理水面漂浮物3.86万吨；“清淤”方面，清淤河道99条，清淤长度185千米，其中纳入清淤重点的17条黑臭水体均完成底泥污染物清理；“清污”方面，完成380个入河排污口整改，完成全市4个城市水源地入河排污口清理整治；“清障”“清违”方面按照“清四乱”（清理乱占、乱采、乱堆、乱建）专项行动要求完成98%。实施“美丽家园”行动，探索“菜单式”建筑风貌管控，创新民宅建设标准，将农民建房标准由原来的宅基地80平方米建筑层数不超过五层，重新明确为宅基地120平方米建筑层数不超出三层半，解决农村风貌管控历史性问题。实施“美丽廊道”行动，投入1亿多元推动河道沿线村庄人居环境整治大提升；投入1250万元完成珠海机场快速路沿线村庄民居外立面改造；投入2400万元在西部沿海高速公路（珠海段）55千米范围内开展沿交通线、边界线、旅游景区、城市郊区农村人居环境整治。

【乡村振兴样板村打造】 2019年，珠海市开展“十村示范、百村建设”行动，在全市各类型区域选取22个行政村（涉农社区），由市领导挂点、市属国企挂钩帮扶，对标江浙等先进地区，引入高水平战略合作团队，合力打造市级样板村。重点加大对斗门区莲江村、南门村的投入，每村获市、区两级投入不低于3000万元，主要用于“三线（供电、通信、有线电视线路）下地”、雨污分流、村内道路和“厕所革命”等，推动样板村基础设施建设提档升级，示范带动全市美丽乡村建设。截至年底，22个样板村完成“三线下地”、雨污分流、村内道路和“厕所革命”项目建设，成为全市农村人居环境整治的示范和标杆。

【乡村基础设施建设】 2019年，珠海市建设“四好农村路”（建好、管好、护好、运营好），实现50人以上自然村通水泥路，农村公路列养率100%。推进村庄集中供水，市政供水管网覆盖各城镇和农村，实现村村通和户户通。农村电网改造完成投资额9478万元，村居电网供电可靠性、综合电压合格率、户均配变容量三项关键指标均达到年度目标。实现行政村、20户以上自然村的4G网络和光纤接入网络全覆盖，农村百兆用户占比达66%，提前完成2020年目标。斗门区村淘项目开通运营农村淘宝全职服务站48个和特约服务分站70个。建成农村卫生服务中心135个，实现每个行政村至少一个卫生服务中心（卫生站）。完善统一的城乡居民基本医疗保险制度，将参加基本医保二档的城乡居民财政补贴标准提高至每人每年590元，实现省内异地及跨省异地就医直接联网结算上线率达100%。在涉农区设立人才公共户，吸引人才5700人，比上年增长38%。激励农民就业创业，将返乡下乡创业人员纳入创业补贴范围和小微企业小额贷款利息收入免征增值税政策范围。支持农村养老服务设施建设，推行社区居家养老“大配餐”。建立农村留守儿童关爱保护和困境儿童保障工作联席会议制度，对困境儿童实行分类保障。健全社会救助标准自然增长机制，将低保标准由每人每月980元提高至1055元，城乡低保月补差水平居全省前列。强化特困供养，落实自然增长机制，确保特困人员基本生活标准为低保标准的1.6倍，以分类施保的形式强化特困人员基本生活保障，做到应救尽救，应养尽养。

2019年5月17日，全球水产养殖大会在珠海国际会展中心举行。图为大会珠海展馆

（钟 凡 摄）

【农业科技推广成果】 2019年12月10日，珠海市“蝴蝶兰‘多丽’新品种选育及推广应用”和“番石榴优质安全高效标准化生产技术示范推广”2个推广项目分别获“2018年度广东省农业技术推广奖”二等奖和三等奖。

【农村综合改革】 截至2019年底，珠海市涉及农村集体产权制度改革的545个经济组织中，539个完成成员界定及股权量化工作，完成率98.9%，确认农村集体经济组织成员户数6.11万户，成员人数25.89万人；539个经济组织通过组织章程，完成率98.9%。全市基本完成改革试点任务，斗门区获评第二批全国农村集体产权制度改革试点典型单位。

（麦晓琳）

【农村集体土地所有权登记发证数据库更新备案】 2019年，珠海市根据《关于做好2019年农村集体土地所有权登记发证数据库例行更新备案工作的通知》要求，对重新勘界颁发集体土地所有权不动产权证书的集体土地所有权发证数据库进行更新。截至年底，全市颁发集体土地所有权证书1000本，面积417.5平方千米，其中，金湾区379本、面积88.9平方千米，斗门区621本、面积328.6平方千米。

【村庄规划设计】 2019年，珠海市落实农耕型示范村虾山村、水乡型样板村东滘村的村庄整治规划，展开村庄设计工作。出台《珠海市人民政府关于加强我市村民建房风貌管理的通知》。

【乡村绿化美化】 2019年，珠海市对疏残林（残次林）、低效纯松林、低效桉树林进行改造，根据广东省林业局“一个公共休闲绿地、一条绿化景观路、一块庭院绿化示范区、一片水源涵养林”的乡村绿化美化“四个一”要求，推进乡村绿化点建设，提升森林碳储汇功能、森林质量和改善村居生态环境。全年完成碳汇林819.33公顷、中幼林抚育1363.6公顷、沿海防护林建设193.93公顷、乡村绿化美化点9处，乡村景观获得提升。 （胡宁溪）

【“珠海·乡约杯”全国高校乡村住宅建筑设计大赛】 2019年8月9日，由珠海市自然资源局、住房城乡建设局、农业农村局和珠海市斗门区人民政府、高新技术产业开发区管理委员会、万山海洋开发试验区管理委员会联合主办，吉林大学珠海学院承办的“‘珠海·乡约杯’——全国高校乡村住宅建筑设计大赛”揭晓，同济大学、广东理工学院、南京工业大学、吉林大学珠海学院等35所大学的49份设计作品获奖，一等奖空缺，二等奖4名，三等奖6名，优秀奖11名，入围奖28名。

（珠 鉴）

对口支援帮扶

综 述

【概况】 2019年，珠海市落实省内精准扶贫资金3.46亿元。截至年底，实现贫困户退出1.54万户、贫困人口退出4.33万人。对口支援云南省怒江傈僳族自治州，聚焦“两不愁三保障”（稳定实现农村贫困人口不愁吃、不愁穿，保障其义务教育、基本医疗和住房安全），落实财政援助资金3.02亿元，社会帮扶资金1.19亿元。引导8家企业到怒江开展扶贫，建设扶贫车间7个。转移劳动力到广东省就业7397人，帮助贫困人口就近就业1173人。对口支援四川省甘孜藏族自治州理塘、稻城县，划拨资金1.24亿元，重点帮扶危房改造、学校、卫生院及饮水工程，（2015—2019年）累计落实对口支援资金2.33亿元，援建项目44个。对口支援西藏自治区林芝市米林县、米林农场，19个项目全部完成。4月，对口支援的四川甘孜州稻城县通过脱贫考核，实现脱贫摘帽。7月22日，珠海市扶贫干部管延萍获中宣部授予“最美支边人”称号。

【对口扶贫（支援）地区名优特农副产品展销会】 2019年8月25—28日，珠海市组织6家企业参加广东脱贫攻坚展，展示展销珠海市对口扶贫的4个市（州）20个县（市、区、场）特色农产品1000种。11月9—11日，举办“圣洁甘孜·走进珠海”东西部消费扶贫协作暨高原臻品推介展销会，销售额330万元，订单总额5000万元。

【广东扶贫济困日】 2019年6月30日是第十个“广东扶贫济困日”，珠海市扶贫办公室以“决战脱贫攻坚，助力乡村振兴”为主题，组织发动社会各界参与“广东扶贫济困日”活动。全市认捐金额1.14亿元。

省内精准扶贫

【概况】 2019年，珠海市落实扶贫资金3.46亿元。全市累计（2016—2019年）落实帮扶资金19.14亿元。选派干部233人，派驻阳江市、茂名市专职精准扶贫工作。帮扶有劳动力贫困户人均可支配收入达1.44万元，比帮扶前增长2.5倍；帮扶贫困户实现退出1.54万户、贫困人口退出4.33万人、贫困村退出207个，分别占帮扶任务总数的98.9%、99.1%及98.1%。

【产业扶贫】 2019年，珠海市实施产

2019年7月22日，珠海市扶贫干部管延萍获中宣部授予“最美支边人”称号

（苏 琪 摄）

业扶贫增收攻坚行动，促进贫困人口持续稳定增收。截至年底，全市引入530家企业、2.36亿元社会资金到阳江市、茂名市贫困村投资发展特色产业，建成初具规模的扶贫产业基地357个，辐射带动贫困人口3.40万人。全年实现扶贫产品销售2.46亿元，促进贫困户稳定增收脱贫。

【就业扶贫】 2019年，珠海市实施就业扶贫上水平攻坚行动，促进贫困劳动力转移就业。截至年底，为帮扶对象开展劳动力技能、就业培训2.13万人次，帮扶贫困劳动力实现转移就业1.62万人。

【"两不愁三保障"】 2019年，珠海市聚焦帮助阳江市、茂名市贫困村、贫困户实现"两不愁三保障"，推动各项扶贫政策落实。落实困难学生补助9777人、贫困人口参加城乡居民基本医疗保险4.37万人，纳入重特大疾病救助范围3158人、最低生活保障（含五保低保）1.92万人，完成贫困户危房改造6173户。实现贫困村、贫困户饮水安全保障。建设村道硬底化、农田水渠、教育文化生活设施等一批。

东西部扶贫协作与对口支援

【对口支援云南省怒江傈僳族自治州】 2019年，珠海市落实东西部扶贫协作财政援助资金3.02亿元，社会帮扶资金1.19亿元。截至年底，向云南省怒江傈僳族自治州派出帮扶干部23人、"三同计划"（同吃、同住、同劳动）干部53人、专业技术人才262人次。怒江到珠海挂职干部20人。引导8家企业到怒江开展扶贫，建设扶贫车间7个。转移劳动力到广东省就业7397人，帮助贫困人口就近就业1173人，帮助转移到广东以外其他地区就业326人。珠海18个镇、8个行政村、161家企业、55所学校、18所医院和12家社会组织分别与怒江乡镇、村、学校、医院结对，携手开展对口帮扶工作。珠海扶贫工作在国家考核中获得"好"档次。扶贫经验被国务院扶贫办《扶贫信息》刊载推广。

2019年12月9日，广东省第九批援藏工作队米林县工作组（珠海工作组）在米林县甲玛村开展"结对结亲，交流交融"活动 （詹小俊 摄）

【对口支援四川省甘孜藏族自治州理塘县、稻城县】 2019年，珠海市按照省对口支援四川甘孜工作部署要求，重点帮扶理塘县、稻城县危房改造，学校、卫生院建设及饮水工程等基本民生工程。截至年底，落实对口支援资金2.33亿元，援建项目44个。全年在落实省统筹每县4000万帮扶资金的基础上，落实市财政帮扶资金2065万元。4月，稻城县被评为四川省2018年脱贫攻坚先进县，在全省考核中评价为"好"，通过脱贫考核，实现脱贫摘帽。中央电视台对甘孜高原农牧产品与珠海消费市场实现产销有效对接进行专题报道。珠海打造两地平台，构建"前店后厂"的消费扶贫模式被评为全国消费扶贫典型案例，是广东省唯一一例。

【对口支援西藏自治区林芝市米林县、米林农场】 2019年，珠海市负责的"十三五"规划期间对口支援米林县、米林农场13个计划内、6个计划外援藏项目全部完成，第八批、第九批援藏干部于6月完成交接。

【对口支援重庆市巫山县】 2019年，珠海市对口支援重庆市巫山县三峡库区建设，落实支援资金360万元（累计落实对口支援资金3568万元），援建移民小区配套基础设施、道路桥梁、安全饮水、教育卫生、敬老助残、劳动力转移、招商引资等项目64个。 （麦晓琳）

开放型经济

综　述

【概况】 2019年，珠海市外资外贸规模保持全省前列，全市实际吸收外资163.9亿元，比上年增长4.9%，规模位居全省第三；外贸进出口总额2908.9亿元，下降10.4%，规模位居全省第五。招商引资提质增效，新签约重点招商项目134个，投资总额1009.4亿元。企业"走出去"步伐加快，新增对外投资备案项目40个，实际对外投资额1.50亿美元。贸易新业态加快发展，全市实现服务外包执行金额12.8亿美元，增长114.5%。全市纳入海关统计的跨境电商零售进出口总货值9.15亿元，增长440%。

【引进外资】 2019年，珠海市新设外商投资企业1176家，其中，合同利用外资金额1000万美元以上44家。实际利用外资金额24.24亿美元，增长1.3%。

制造业实际利用外资 3.07 亿美元，下降 62.5%；服务业利用外资 21.07 亿美元，增长 42.3%。

对外贸易

【概况】 2019 年，珠海市外贸进出口额 2908.89 亿元，比上年下降 10.4%。其中，出口额 1654.55 亿元，下降 12.3%；进口额 1254.33 亿元，下降 7.8%。进出口额、出口额、进口额在全省分别位居第五、第七、第四。

【出口贸易】 2019 年，珠海市外贸出口额中，一般贸易出口 961.79 亿元，比上年下降 11.2%；加工贸易出口 626.00 亿元，下降 16.3%。外商投资企业出口 748.37 亿元，下降 9.8%；国有企业出口 201.52 亿元，下降 0.6%；集体企业出口 19.73 亿元，下降 2.6%；私营企业出口 684.94 亿元，下降 17.9%。出口商品销往 220 个国家和地区。 （黄中坚）

【珠海企业携新产品参加广交会】 2019 年 4 月 15 日至 5 月 5 日，第一百二十五届中国进出口商品交易会（简称广交会）在广州举行。珠海市交易分团参展企业 180 家，展位 580 个，一批高新技术领域的企业集中亮相，有品牌参展企业 16 家，品牌展位 104 个。珠海格力电器股份有限公司、金品电器有限公司、迈科智能科技股份有限公司、东信和平科技股份有限公司等龙头企业及一批具有自主知识产权、自主品牌和高技术含量的企业参会。10 月 15 日至 11 月 4 日，珠海市 179 家企业参加第一百二十六届广交会，多家参展企业携全新产品亮相，借展会开拓国际市场。珠海市品牌企业展位主要集中在家用电器、电子消费品等展区。格力电器向海外用户推介其全球首创的三缸双级变容积比压缩技术，参展新品率 60%。

【珠海农业无人机系列产品参加广交会受关注】 2019 年 4 月 15—19 日，珠海羽人农业航空有限公司携多功能农业无人机系列产品参加第一百二十五届广交会第一期展会。该公司的“谷上飞”系列多功能农业无人机，具有喷洒、播撒、喷粉、精量直播等功能，实现智能化的农业植保多重应用，成为展会一大亮点。在广交会现场，来自巴西、澳大利亚、东欧和非洲等国家和地区的客商，明确表达了合作意向。公司拥有辅助授粉、仿地飞行、防浪涌药箱技术等 80 多项农用航空器专利技术，产品零部件 100% 国产。 （朱 见）

2019 年珠海市外贸主要出口市场情况表

出口国家或地区名称		出口额（万元）	比上年增长（或下降）（%）	比重（%）
总计		16545543	-12.3	100.0
东盟		1853662	-18.2	11.2
欧盟		2559874	-6.7	15.5
“一带一路”沿线国家和地区		5694069	-18.9	34.4
出口总额列前八位国家		10239639	-15.9	61.9
1	美国	2029058	-26.1	12.3
2	印度	1512872	-39.4	9.1
3	日本	1131640	-5.1	6.8
4	德国	564293	-8.4	3.4
5	印度尼西亚	455781	-31.9	2.8
6	荷兰	425544	4.8	2.6
7	墨西哥	395743	-12.8	2.4
8	越南	334476	-1.3	2.0

2019年珠海市外贸主要出口商品情况表

商品类别	出口额（万元）	比上年增长（或下降）（%）	比重（%）
总计	16545543	-12.3	100.0
机电产品	12992583	-9.9	78.5
高新技术产品	5225786	-21.1	31.6
空气调节器（车用除外）	1307327	3.4	7.9
游戏机及零附件	640911	-17.7	3.9
印刷电路	555304	-8.4	3.4
自动数据处理设备及其部件	277463	3.9	1.7
电视、收音机及无线电信设备的零附件	275348	77.9	1.7
石油气及其他烃类气	273050	36.7	1.7
医药品	268158	11.4	1.6
彩色电视机	263243	-26.0	1.6
通断保护电路装置及零件	263116	10.0	1.6
灯具、照明装置及零件	259817	2.5	1.6
服装及衣着附件	226867	-39.7	1.4
蓄电池	210604	-6.5	1.3
塑料制品	205439	-14.5	1.2
电动机及发电机	202703	5.3	1.2
集成电路	182924	-20.2	1.1
自动数据处理设备的零件	180905	15.5	1.1
汽车零配件	176125	-20.6	1.1
摩托车	172829	34.9	1.0

【进口贸易】 2019年，珠海市外贸进口额中，一般贸易进口664.63亿元，比上年下降7.6%；加工贸易进口266.83亿元，下降28.9%。外商投资企业进口696.90亿元，下降1.5%；国有企业进口208.82亿元，下降19.4%；集体企业进口13.07亿元，下降32.2%；私营企业进口335.54亿元，下降10.5%。进口商品来自139个国家和地区。

2019 年珠海市外贸主要进口市场情况表

进口国家或地区名称		进口额（万元）	比上年增长（或下降）（%）	比重（%）
总计		12543337	-7.8	100.0
东盟		1728393	-5.7	13.8
欧盟		1131072	27.8	9.0
“一带一路”沿线国家和地区		4056022	-13.9	32.3
进口总额列前八位国家		7254346	-13.1	57.8
1	韩国	1165309	-37.3	9.3
2	伊朗	1129998	-35.8	9.0
3	日本	926110	-2.5	7.4
4	美国	894459	2.7	7.1
5	澳大利亚	824086	84.5	6.6
6	新加坡	521045	-12.1	4.2
7	马来西亚	472595	-7.8	3.8
8	巴西	343709	104.5	2.7

2019 年珠海市外贸主要进口商品情况表

商品类别	进口额（万元）	比上年增长（或下降）（%）	比重（%）
总计	12543337	-7.8	100.0
机电产品	5764991	-17.2	46.0
高新技术产品	3995570	-21.8	31.9
集成电路	1918449	-35.2	15.3
原油	1508973	-25.4	12.0
铁矿砂及其精矿	1002230	122.1	8.0
二甲苯	700865	5.5	5.6
石油气及其他烃类气	535114	-1.3	4.3
初级形状的塑料	319515	0.0	2.5
成品油	317869	6.4	2.5

（续 表）

商品类别	进口额（万元）	比上年增长（或下降）（%）	比重（%）
通断保护电路装置及零件	312954	−1.7	2.5
纸浆	228479	23.6	1.8
鲜、干水果及坚果	210771	85.4	1.7
变压、整流、电感器及零件	181959	−8.8	1.5
二极管及类似半导体器件	181018	−9.9	1.4
印刷、装订机械及零件	175013	20.5	1.4
印刷电路	142536	−24.3	1.1
液晶显示板	137082	−10.9	1.1
美容化妆品及护肤品	114820	286.3	0.9
医药品	88497	2.3	0.7
计量检测分析自控仪器及器具	83471	1.8	0.7

民营经济

【概况】 截至2019年底，珠海市实有民营（非公有制）商事主体（含私营企业、个体工商户、农民专业合作社等）33.94万户（含横琴新区），占全市各类商事主体的95.11%。其中，私营企业14.09万户，比上年增长3.02%；个体工商户18.45万户，增长8.86%；农民专业合作社296户，增长6户，在各商事主体中增速最慢。全市商事主体中以个体工商户户数最多，占比51.71%，其次为私营企业，占39.50%。

【私营企业】 2019年，珠海市新登记私营企业1.98万户，注册资本（金）2138.03亿元。截至年底，有私营企业14.09万户，比上年增长3.02%；注册资本（金）2.71万亿元，增长7.17%。私营企业户均资本规模为1924.37万元。

【个体工商户】 2019年，珠海市新登记个体工商户3.24万户，注册资本（金）26.81亿元。截至年底，全市实有个体工商户18.45万户，增长8.86%；投资金额99.48亿元，增长19.18%。个体工商户户均资本增幅较大，为9.48%，其中规模最小的为5.39万元。

【农民专业合作社】 2019年，珠海市期末实有农民专业合作社296户，比上年增长6户，增长率为2.07%。出资总额4.61亿元，增长3.85%。农民专业合作社户均资本规模为155.74万元。

【民营经济行业分布】 2019年，珠海市私营企业主要集中于批发和零售业、租赁和商务服务业、科学研究和技术服务业、建筑业、制造业以及信息传输、软件和信息技术服务业（排在前六名且户数均达到5000户以上）。个体工商户半数以上集中于批发和零售业，此外在住宿和餐饮业以及居民服务、修理和其他服务业也较为集中。

【民营商事主体区域分布】 2019年，珠海市批发和零售业依然是期末实有商事主体分布最为集中的行业，除横琴新区外，在各区均占绝对优势比重，但不同区也呈现出各自的特点：香洲区、万山区的商事主体集中在租赁和商务服务业（分别占11.73%和12.52%），斗门区、金湾区、高栏港区集中在住宿和餐饮业（分别占10.89%、13.48%和11.22%），以及居民服务、修理和其他服务业（分别10.18%、8.48%和10.09%），高新区集中在交通运输、仓储和邮政业（占23.45%），横琴新

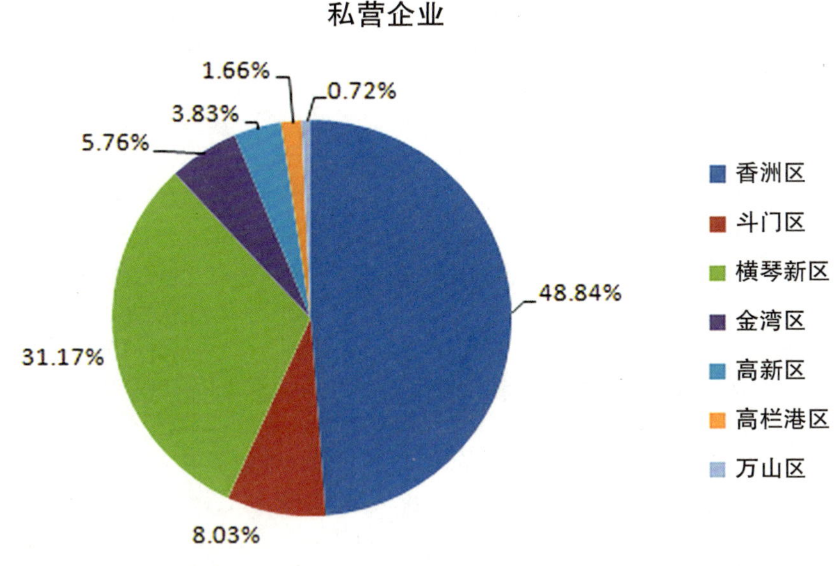

2019年珠海市各区（行政区、功能区）私营企业分布情况

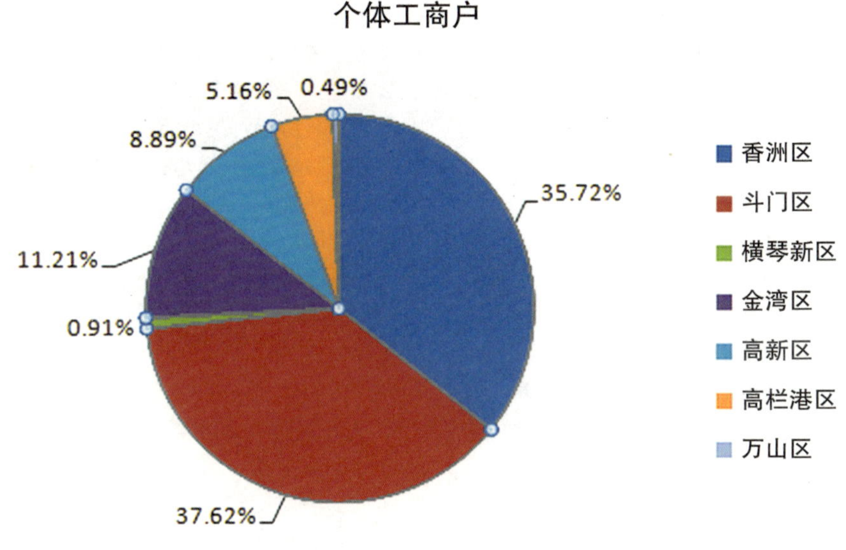

2019年珠海市各区（行政区、功能区）个体工商户分布情况

区在租赁和商务服务业较为突出（占34.00%），其次是批发和零售业及科学研究和技术服务业（分别占21.11%和18.24%）。（张述桐）

海洋产业

综　述

【概况】 2019年，珠海市主要海洋产业总产值1594.3亿元，比上年增长11.54%。其中，海洋渔业22.87亿元、海洋水产品加工业26.95亿元、海洋油气业159.33亿元、海洋船舶工业15.96亿元、海洋工程装备制造业183.61亿元、海洋化工业244.37亿元、海洋药物与生物制品业70.79亿元、海洋工程建筑业111.95亿元、海洋可再生能源利用业2.18亿元、海水利用业86.75亿元、海洋交通运输业38.69亿元、海洋旅游业541.53亿元、海洋技术服务业8.5亿元、海洋信息服务业30.49亿元、海洋科学研究业50.33亿元。

【全国首个地方性海域海岛法规制定】 2019年，珠海市利用特区立法权先行探索，制定出台全国首个地方性海域海岛法规《珠海经济特区海域海岛保护条例》和《珠海经济特区无居民海岛开发利用管理规定》，1月向社会公告，5月1日起施行。《珠海经济特区海域海岛保护条例》是在贯彻国家海域使用管理法、海岛保护法、海洋环境保护法、渔业法等法律基础上，对上位法作补充和细化，结合实际制定的一部海洋生态保护综合性立法；《珠海经济特区无居民海岛开发利用管理规定》建立无居民海岛开发利用项目建设审批管理机制，理顺管理部门在无居民海岛开发利用项目建设审批过程的权力和职责。

【海域海岛保护和开发利用】 2019年，珠海市领海基线以内海域面积6050平方千米，大陆海岸线长224.5千米，大陆自然岸线长度28.64千米，自然岸线保有率12.8%；大小岛屿262个，其中有居民海岛10个、无居民海岛252个。年内，获各级政府批复确权用海8宗，其中省管项目用海1宗，市管用海项目4宗，区（功能区）级用海项目3宗；获省政府批复无居民海岛使用项目1宗。落实省海域使用“放管服”改革工作，出具省管项目用海预审意见1宗、省管填海项目工程竣工验收批复文件2宗；推进海砂开采海域使用权出让工作，选划2块海域作为开展海域使用权市场化出让工作备选砂源。

【国家海洋督察反馈意见整改】 2019年4月，珠海市印发《珠海市人民政府关于印发珠海市贯彻落实国家海洋督察反馈意见整改方案的通知》，成立珠海市落实国家海洋督察整改工作领导小组，牵头推进海洋督察整改落实工作，针对4大类12小类15项整改问题，主要涉及围填海项目审批、执法监管、海洋生态环境保护及例行督察发现的其他问题等，制定整改措施50条。5月，完成迎接省海洋督察整改落实督导组实地核查。7月，省海洋督察整改工作领导小组召开电视电话会议，通报全省整改工作情况，珠海市当期整改完成率

100%，整改工作走在全省前列。12月，期限在2019年年底前的整改措施全部完成。（胡宁溪）

【海监执法】 2019年，珠海市海监部门出动执法船艇1103艘次、航程2.7万海里；执法车辆248辆次、行程9000千米；出动执法人员6334人次，检查海洋工程项目985个次、围填海项目103个次、倾废区203个次、保护区45个次；登临检查倾废船12艘次、采砂船147艘次；检查无居民海岛1615个次；接处海监执法相关投诉举报16宗。新增立案海监案件6件，结案16件，收缴罚款320万元，向广州海事法院申请强制执行采砂案3件。

【渔业资源增殖放流】 2019年，珠海市投入资金175万元，分别在万山区东澳岛人工鱼礁区、斗门区磨刀门附近海域、菱角嘴海域放流斑节对虾、鲷科鱼苗5231.7万尾，促进水生生物多样性。（麦晓琳）

【2019年世界海洋日暨全国海洋宣传日活动】 2019年6月12日，2019年世界海洋日暨全国海洋宣传日广东省主会场活动在港珠澳大桥口岸人工岛举行。由省、市相关单位以及涉海企业，中央及省、市媒体，志愿者，协会，大专院校学生等近1000人参加。活动主题为“珍惜海洋资源保护海洋生物多样性”。活动由“南方+”网上直播平台进行全程现场直播，并举行海洋保护职业体验、咨询解答、主题展览、专家讲座、青少年海洋公开课、海洋生物保护、海洋地质考学等主题宣传活动。（胡宁溪）

港澳流动渔民

【概况】 2019年，珠海市有港澳流动渔船1056艘，总功率39.9万千瓦，港澳流动渔民（含渔工）8112人。全年在内地销售水产品4万吨。联络港澳社团20个，请进港澳流动渔民代表18批次、2319人次。全年办理港澳流动渔民（含渔工）入户手续1048人次，办理渔工备案2571人次、港澳流动渔民证件初审7746本，办理港澳流动渔民保险金额237.9万元，协助理赔金额278.3万元，发放港澳流动渔船2018年度油价补贴2338.2万元。

【港澳流动渔民宣传教育】 2019年，珠海市港澳流动渔民工作办公室（简称珠海市港澳流渔办）加强对港澳流动渔民爱国主义教育，在中央统战工作期刊上介绍港澳统战工作经验。组织港澳流动渔民到河南红旗渠开展国情教育，组织港澳流动渔民青年参加“湾区情，珠海行”活动。休渔期在香港长洲、香港仔和澳门举办“珠海港澳流动渔民安全生产暨反走私培训班”3期，参加培训的港澳流动渔民委员、代表、连心工程联络员223人。支持香港渔民社团组织70艘渔船参加庆祝中华人民共和国成立70周年和庆祝香港回归祖国22周年巡游，支持澳门渔民互助会组织20艘渔船进行“澳门渔船海上大巡游”，庆祝澳门回归祖国20周年。加强反走私宣传教育，印发反走私宣传手册6500册，加大对违规港澳流动渔船处理力度，处理违规港澳流动渔船77艘，其中，开除会籍10艘、留会察看27艘、警告处分40艘。

【港澳流动渔民服务管理】 2019年，珠海市港澳流渔办坚持“情系珠港澳，服务无边界”服务理念，推进“思想大解放、作风大转变、效率大提升”，整治形式主义、官僚主义作风，提升窗口服务水平。协调解决港澳流动渔船政策性渔业保险、港澳流动渔民备案、港澳流动渔船油价补贴结余资金使用等渔民切身利益问题。落实国家惠渔政策，牵头组织发放港澳流动渔船油价补贴，为466艘港澳流动渔船发放2018年度油价补贴资金2338.2万元；发放澳流动渔船2017年度更新改造补助资金789.4万元，上报申请2018年度港澳流动渔船更新改造补助资金525万元。免费为805艘港澳流动渔船安装AIS（船舶自动识别系统）。落实受灾、困难渔民慰问和补助制度，慰问港澳流动渔民，发放困难救助资金105.76万元。提升港澳流动渔船安全信息化水平，开展通信应急演练，台风期间，全市港澳流动渔船无安全事故。落实休渔期各项工作，组织进行休渔的港澳流动渔船691艘，协助办理钓具作业捕捞渔船和辅助船免休渔申请63艘。协助香洲渔港搬迁，符合条件的141艘港澳流动渔船率先完成签约并搬迁。

【港澳流动渔民会务交流活动】 2019年，珠海市港澳流渔办加强与港澳社团联谊交流。1月30日，市相关领导参加庆祝香港渔民互助社成立72周年暨香港仔区渔民联欢晚会。3月6—9日，市

2019年6月12日，2019年世界海洋日暨全国海洋宣传日广东省主会场活动在港珠澳大桥口岸人工岛举行。图为开幕式现场（市自然资源局供稿）

港澳流渔办领导赴港澳中联办、港澳社团交流调研，就加强港澳流动渔民服务与管理、港澳流动渔民参与粤港澳大湾区建设等进行交流探讨。6月6日，市港澳流渔办组织港澳流动渔民参加2019年“全国放鱼日”暨粤港澳大湾区增殖放流活动。8月8日，市港澳流渔办组织党员干部、港澳流动渔民代表到深圳参观“大潮起珠江——广东改革开放40周年展览”。12月16日，市港澳流渔办领导出席“庆祝中华人民共和国成立70周年暨澳门回归祖国20周年澳门渔船海上大巡游”启航仪式。（甘松华）

农业·水利

综 述

【概况】 2019年，珠海市完成农林牧渔业总产值105.31亿元，比上年增长1.6%。其中，农业产值15.71亿元，增长12.0%；林业产值160万元，下降92.1%；牧业产值6.66亿元，下降54.6%，渔业产值74.28亿元，增长10.2%；农林牧渔服务业产值8.64亿元，下降3.2%。

是年，全市种植业总体下降。全年农作物总播种面积1.48万公顷，减少2161公顷，下降12.73%。其中，粮食播种面积4353.4公顷，增长1.37%；蔬菜种植面积7090.67公顷，下降16.79%；水果生产面积5895公顷，下降32.19%。畜牧业产能下降。全年肉类总产量2.05万吨，下降56.4%。其中，猪肉产量1.48万吨，下降58.9%；禽肉产量5696吨，下降43.1%。生猪饲养量19.32万头，下降68.4%。其中，生猪存栏1.52万头，下降91.2%；生猪出栏17.80万头，下降59.4%。渔业生产稳步运行。海洋、内陆捕捞业稳定，渔业经济形势运行平稳，渔业产值74.28亿元，增长10.17%；水产品总产量32.47万吨，增长3.5%；海洋捕捞产量1.34万吨，淡水捕捞1705吨，与上年基本持平。

【农业机械化】 2019年，珠海市拥有农业机械20.93万台（套），农机总动力27.2万千瓦。水稻综合机械化水平93.87%，其中，机耕率98.06%、机收率97.69%、机插率84.45%。全市使用中央、市、区农机购置补贴资金429.85万元，补贴400户农民购买农业机械及机具1.08万台（套）；水稻机械化插秧作业面积3259.38公顷；农用无人机植保作业面积9946.67公顷。

【农机安全监理】 2019年，珠海市拖拉机保有量1615台，其中，大中型拖拉机64台、小型拖拉机1489台、联合收割机62台。拖拉机注册登记1505台，占拖拉机总量93.18%；年度检验606台，年检率40.26%。全市农机驾驶操作持证人员1544人，拖拉机和联合收割机持证率100%。

【农业科技】 2019年，珠海市引进、示范推广农业新品种、新技术。引进推广应用良种20个，包括水稻品种金香丝苗、美香占2号等品种15个，以及彩色油菜品种花油8号、云油双2号、鲜食甜（糯）玉米品种京科甜633、水产品种花斑鳗、黄皮火龙果等；引进推广应用先进适用技术4项，包括水稻“三控”（控肥、控苗、控病虫）施肥技术、花斑鳗与黄鳍鲷套养技术、水稻侧深施肥技术、葡萄产期调节技术。推进信息进村入户工程，指导斗门区、金湾区推进益农信息社建设与验收工作，建设益农信息社95家，覆盖率55.9%。5月8日，广州国家现代农业产业科技创新中心在珠海市举办全省农业科技等资源对接宣讲会，构建全省涉农板块互动、共建、共享的“广东省农业经营主体联盟”大平台。截至年底，参与科技创新中心信息平台企业70家。

【农产品质量安全】 2019年，珠海市构建农产品质量安全监管长效机制。与市市场监管局联合制定《珠海市关于加强食用农产品产地准出和市场准入管理的意见》，推行农产品准出准入机制。制定《2019年珠海市农产品质量安全监测方案》，开展农产品质量安全风险监测和监督抽查。印发《关于推进农产品质量安全追溯工作的通知》，推进国家农产品质量安全追溯平台应用，在平台注册生产企业（家庭农场、合作社）58家。

种植业

【概况】 2019年，珠海市农作物总播种面积1.48万公顷，比上年减少2161公顷，下降12.73%。其中，粮食播种面积4353.4公顷，增加58.93公顷；油料种植面积216.6公顷，减少21.87公顷；蔬菜种植面积7090.67公顷，减少1431.2公顷。全年粮食总产量2.55万吨，增产7.9%；油料产量1012吨，减产3.8%；蔬菜产量14.18万吨，减产14.93%；水果产量9.76万吨，增产24.33%。

【种业建设】 2019年，珠海市以广东省种业中心珠海分中心为平台，围绕园艺作物种业建设，推进展览检测试验综合楼、热带兰花（国际）种业研发中心、园艺作物引种繁育智能温室、园艺作物品种展示区4个重点项目。举办2019广东（珠海）种业博览会，推动种业交流合作和良种推广应用。重点支持建设种业研发基地和生产示范基地，引导基地实行企业化、基地化、标准化生产。通过以点带面，提高全市农业研发能力，提高创新示范带动能力，促进农民持续增收。

【强农惠农政策】 2019年，珠海市落实强农惠农政策，发放农业支持保护补贴3582.71万元，其中，中央资金2047.91万元，市级资金1154.18万元，区级资金380.62万元。发放中央耕地地力保护补贴资金1554万元，补贴标准87.8元/亩。发放中央农机购置补贴资金429.85万元，补贴购置农机具数量1.08万台（套）。种粮补贴909.47万元（市级资金606.31万元，区级资金303.16万元），水稻每造补贴150元/亩，玉米、马铃薯、番薯每造补贴75元/亩。有机稻种植补贴0.5万元，每造补贴50元/亩。机插秧作业补贴280.09万元，每造补贴60元/亩。有机稻种植补贴0.5万元，每造补贴50元/亩。无人机植保作业补贴240.78万元（市级179.77万元，区级61.01万元），水稻、莲藕每次补贴20元/亩，其中，水稻每造最多补贴3

次、莲藕每年最多补贴2次。落实政策性农业保险政策，发放中央、市、区三级保险保费补贴168.02万元，其中，中央补贴65.21万元，市级补贴86.36万元，区级补贴16.45万元。

【农作物绿色防控】 2019年，珠海市实施农药化肥负增长行动。开展主要粮食作物病虫害绿色防控技术（飞行植保统防统治技术）推广，水稻和经济作物莲藕无人机统防统治植保作业面积9949.67公顷，农药利用率达40%以上。推广测土配方施肥技术，发放施肥建议卡1.9万张，举办培训班3次，指导农民科学施肥，降低化肥面源污染，技术覆盖率达95%以上。开展有机肥替代化肥行动，实行使用珠海市商品有机肥推广补贴政策，每吨补贴150元。开展农业废弃物管理和综合利用，出台《珠海市农业投入品包装废弃物回收处置三年（2018—2020年）整治工作方案》，加强固体废弃物处置，提高固体废弃物减量化、资源化和无害化水平。推进秸秆综合利用，全市农作物秸秆综合利用率达95%以上。

【"互联网+三农"信息平台建设】 2019年，珠海市农业农村局推进"三农"信息服务平台建设，全年发送信息301.2万条，服务种养殖户2.5万户。"三农"信息服务平台通过"互联网+"信息渠道，分门别类、有针对性地为全市种养殖户、涉农企业、农业中介组织、农业合作社、家庭农场等提供生产技术、灾前预防、灾后复产、产品销售价格等信息，全年全市农产品畅销，未发生大规模价贱伤农、产品滞销现象。 （麦晓琳）

林　业

【概况】 2019年，珠海市推进森林进城、公园下乡、绿廊串联建设，构建城乡一体化大格局的森林生态网络。全市林业用地面积4.57万公顷，森林覆盖率32.22%。有林地面积3.19万公顷，林木绿化率32.69%，活立木蓄积量236.64万立方米，其中，乔木林蓄积量197.57万立方米；新增碳汇林819.33公顷，完成中幼林抚育1363.6公顷；沿海防护林建设193.93公顷；打造乡村绿化美化点9个。

【林业有害生物防治】 2019年，珠海市以林业有害生物防治目标管理"四率"（林业有害生物成灾率、无公害防治率、测报准确率和种苗产地检疫率）指标为基础，以松材线虫病、薇甘菊防控为重点，落实防治目标责任。印发指导、推动、加强重大林业有害生物防治文件6份，落实防控目标；召开检疫执法协调会，加强松材线虫病疫木监管；加强林业有害生物监测。督促全市春、秋两季检疫性林业有害生物普查工作，全市性巡查3轮，涉及镇（街）15个，有针对性督导调研3次，完成疫情普查1.18万公顷；开展检疫执法专项行动，制定《珠海市松材线虫病疫木检疫执法专项行动方案》，检查13家涉木企业（个人）松木及其制品调出调入情况，发放松材线虫病危害资料和检疫法律法规100余份。

【使用林地审核】 2019年，珠海市严格按照法律法规的规定和办理程序审核林地使用和采伐林木申请，依法行政、主动服务。向省林业局申报办理鹤洲至高栏港高速公路项目、市区至珠海机场城际轨道交通工程、横琴至珠海机场段项目等林地征占用项目35宗，均获省林业局审核审批，审核合格率100%，涉及林地面积93.89公顷。全市审批林木采伐量1.21万立方米，林木采伐未超指标限额，未发生越权审核审批行为。

【野生动植物保护管理】 2019年，珠海市完成陆生野生动物本底调查。加强行业监管，强化野外巡护，检查餐厅20余家，出动人员60人次，拆除捕鸟网1200米，收缴捕兽夹25个。严厉打击违法犯罪行为，行政处罚非法经营利用、猎捕保护野生动物案件6件。成功救护野生动物32只（头）。

【林业执法】 2019年，珠海市开展多项专项执法行动，严厉打击涉林违法犯罪行为。联合森林公安、各区林业部门开展"2019红线行动""绿卫2019"等专项行动。严厉打击破坏森林资源、野外用火等违法犯罪行为，消除林区治安隐患，确保全市林区社会治安秩序的稳定。是年，森林公安立案54件，其中，立刑事案件18件，破案16件，破案率为88.9%；立行政案件36件（其中2件转为刑事案件），办结31件，查处率为86.1%；查处上年立案未办结案件9件。各区整治违法用林，恢复林业用地35.79公顷。

【林业生态保护修复】 2019年，珠海市横琴、万山、唐家湾、平沙4个镇通过省考核，成功申报为省森林小镇。3月19日，在香山湖公园组织开展"携手同植一片绿，共建湾区魅力城"植树活动，参加活动的干部群众400余人，栽种树木1.3万株。

【造林绿化】 2019年，珠海市推进对现有疏残林（残次林）、低效纯松林、低效桉树林的改造，通过人工造林、更新改造、套种补植等措施，持续对中幼林进行抚育，推进乡村绿化点建设，提升森林碳储汇功能、森林质量和改善村居生态环境。全年，全市完成碳汇林819.33公顷、中幼林抚育1363.6公顷、沿海防护林建设193.93公顷、乡村绿化美化点9处，完成省下达的任务。

（胡宁溪）

畜牧业

【概况】 2019年，珠海市促进生猪生产发展，保障市场供应稳定；落实"菜篮子"市长负责制，加快稳定和恢复生猪生产，做好猪肉市场调控准备，推进产销对接，充实冻猪肉储备，防范市场供应短缺和价格异常波动；加强非洲猪瘟疫情防控，落实防控措施，加强猪肉及其制品质量安全监管，落实屠宰环节建立自检制度和官方兽医派驻两项制度，压实屠宰企业主体责任，加大市场监管和违法违规行为打击力度。统筹中央、省、市级动物防疫专项资金310万元，采购消毒药、疫苗等防疫物资，支持养殖场开展非洲猪瘟防控工作。

是年，全市受猪瘟疫情影响，生猪生产大幅下降，家禽养殖效益较好。全年生猪饲养量19.3万头，比上年下降

68.4%，其中出栏17.8万头、存栏1.5万头，分别下降59.4%、91.2%。家禽饲养量324.23万只，下降55.2%，其中存栏112.85万只、出栏211.38万只，分别下降16%、64%。禽蛋产量5394吨，下降39.5%；肉类总产量1.16万吨，下降75.4%。

【生猪稳产保供】 2019年，珠海市面对生猪存栏量大幅下滑、猪价行情连续上涨情况，将最低生猪出栏量10万头作为硬任务、硬指标纳入“菜篮子”市长负责制考核。安排300万元支持广东珠海粮油食品进出口公司斗门猪场等5家畜禽养殖场，进行粪污资源化利用设施建设和标准化改造，增强复产扩产能力，指导斗门炽达实业有限公司申报省级种猪场和规模猪场，进行流动资金贷款贴息10.8万元恢复生产。建立生猪产销对接机制，通过异地建设生产基地、签订购销协议等形式，建立稳定供销联系，实施生猪肉品冷链统一配送，保证肉品品质。

【非洲猪瘟动物疫病防控】 2019年，珠海市巩固非洲猪瘟防控成效，落实各区属地管理、部门监管和企业主体三方责任，落实疫情监测排查报告、突发疫情应急处置、生猪运输和餐厨废弃物监管等防控措施，确保疫情不反弹，增强养殖业信心。坚持疫情日报告制度，实施产地检疫和屠宰检疫，属地政府专门划出1000平方米土地，设置屠宰企业场外非洲猪瘟预检点，严格执行生猪屠宰环节、非洲猪瘟等检验，兽医主管部门采取例行巡查和飞行检查相结合的方式对屠宰企业进行日常监管。对瞒报、迟报疫情导致疫情扩散蔓延的，从严追责问责。落实非洲猪瘟强制扑杀补助政策，及时发放补助资金1445万元。

【生猪肉品统一冷链配送】 2019年，珠海市推行生猪肉品冷链统一配送。6月1日起，横琴新区、香洲区、高新区、保税区、万山区成为全市第一批生猪肉品统一冷链配送区域；9月，生猪肉品统一冷链配送扩大至全市。完成全市135个农贸市场督查以及农贸市场负责人培训，完成25辆生猪冷链车备案。该项工作是防控非洲猪瘟工作创新之举，并在全省推广。

【饲料生产】 2019年，珠海市有饲料加工生产企业28个，产品总量136.26万吨，比上年增长3.7%，其中，配合饲料134.95万吨、浓缩饲料3706吨、预混料9478吨，全年饲料工业总产值94.23亿元。

渔 业

【概况】 2019年，珠海市把准渔业重点关，通过科学布局水产养殖生产空间、推进水产健康养殖、扶持外远海捕捞业发展等措施，推动渔业转型升级，促进渔业高质量发展，实现渔业生产秩序持续稳定。6月6日，举办“全国放鱼日”暨粤港澳大湾区增殖放流活动，以“增殖水生生物资源，共建生态美丽湾区”为主题，增殖放流斑节对虾虾苗2300万尾、黑鲷鱼苗31万尾、黄鳍鲷鱼苗31万尾，完成省下达的增殖放流任务。根据城市规划调整和经济社会发展需要，决定调整香洲渔港渔业功能，8月16日，完成百年香洲渔港搬迁任务。

【现代渔业发展】 2019年6月，珠海市完成编制发布区级养殖水域滩涂规划，对水产养殖生产空间进行合理布局，科学划定禁止养殖区、限制养殖区和养殖区。9月，广东大麟洋海洋生物有限公司半潜式智能化养殖渔场投入使用，在省内率先开展养殖试验。组织指导斗门区长丰水产种苗科技有限公司、龙胜良种鱼苗培育有限公司创建为农业农村部水产健康养殖示范场，截至年底，全市创建示范场9家。完成渔船更新改造29艘，减船转产57艘、功率1238.8千瓦；珠海市东港兴远洋渔业有限公司开拓南太平洋瓦努阿图渔业资源市场，与瓦努阿图农业部签订合作协议，20艘渔船获得当地入渔许可。

【渔政执法】 2019年，珠海市贯彻农业农村部、省渔政总队海洋渔业执法“亮剑2019”“靖海2019”等行动要求，结合扫黑除恶专项斗争、近海乱象整治等行动，加强与市公安、海警、海事、流渔办以及属地政府等有关部门沟通协调。全年出动执法船艇1402艘次、车辆433辆次、执法人员1.02万人次，检查渔船9547艘次，查获渔业违规案件291件，收缴罚款334.5万元。

【西非毛里塔尼亚远洋捕捞】 2019年，珠海市扶持的东港兴远洋渔业有限公司西非毛里塔尼亚远洋渔业项目，捕捞鱼类从最初以沙丁鱼为主，改为以带鱼、鲷鱼、墨鱼、章鱼、鱿鱼等经济鱼类为主，全年渔获捕捞产量达2.2万吨、产值约5000万元。该公司在毛里塔尼亚配套建成占地约1万平方米渔获加工基地1个，将捕获的沙丁鱼加工制成鱼粉、鱼肚、鱼油等产品销往欧洲等地。

2019年8月21日，洪湾中心渔港承接香洲渔港渔业功能，迎来第一批开渔作业渔船回港卸鱼
（陈 成 摄）

【洪湾中心渔港承接香洲渔港渔业功能】 2019年8月16日，珠海市完成香洲渔港搬迁，洪湾中心渔港承接香洲渔港渔业功能。该渔港按照国家级中心渔港建设标准设计，可停泊渔船800艘以上，年渔货卸港量8万吨。渔港首期工程总占地面积72万平方米，其中，港池41.3万平方米，陆域30.7万平方米。工程于2014年8月开始动工建设，2018年12月29日落成开港，建有渔港庇护中心、物资补给中心、冷藏储冰库、拍卖厅、水产交易中心等配套设施，配套服务功能完善，能够满足保障渔船渔民生产生活需求。截至2019年底，洪湾中心渔港进出港渔船2.4万艘次、渔货卸港量3.6万吨，高峰期港内停泊渔船917艘，逐步发展成为珠江口鱼货交易的主要集散地之一，渔港的产业集群效应日趋显现。（麦晓琳）

水　利

【概况】 2019年，珠海市在广东省实行最严格水资源管理制度考核中，指标全部达标。全年用水总量控制值6.84亿立方米，实际值5.76亿立方米；万元国内生产总值用水量控制降幅17%，实际降幅24.9%；万元工业增加值用水量控制降幅17%，实际降幅22.53%；农田灌溉水有效利用系数控制指标0.513，实际值0.590。以上指标均达到《广东省“十三五”实行最严格水资源管理制度考核工作实施方案》要求。

“五清”专项行动成效显著　根据《关于落实推进河湖“五清”专项行动的通知》（“五清”指清漂、清淤、清污、清违、清障），两次高质量完成水面漂浮物集中清理工作，全市清理河流长度1237千米，清理水面漂浮物6.30万吨；清淤河道109条，清淤长度204千米；600个入河排污口中完成整改534个，销号率89.0%。江河湖泊面貌改善明显。

前山河流域水环境改善　把统筹推进前山河流域水环境综合治理作为河长制重点工作。截至年底，现场指挥部完成摸排管网1053千米，重点排水户摸排382个；完成排水管网清淤265千米，局部修复155处，整段修复4037米；12条问题河涌全部进场作业，银林、北山、翠屏排洪渠3条黑臭水体的治理累计进度均为100%，前山河流域水环境得到改善，实现石角咀国考断面数值年平均达到Ⅳ类水标准，北山、银林、翠屏路、造贝和南屏东排洪渠5条黑臭水体实现消除黑臭的目标。

黑臭水体整治“初见成效”比例提升　推进黑臭水体整治。制定实施《珠海市建成区黑臭水体治理攻坚战实施方案》《珠海市2019年全面消除黑臭水体技术指引》，聘请黑臭水体综合整治技术咨询团队，按照系统治理、源头治污的治水理念，组织各区（功能区）持续加快推进黑臭水体整治。全市列入整治任务的黑臭水体17条，完成“初见成效”评估工作的黑臭水体16条，完成比例为94.1%。生态环境部在2019年第二阶段生态环境保护统筹强化监督中，抽查黑臭水体7条，总体评价为“基本消除黑臭”。

【水利补短板项目建设】 2019年，珠海市列入水利补短板项目2宗。白藤大闸重建工程总投资2.52亿元，截至年底，基本完成水下部分施工，完成投资1.63亿元。白蕉联围排涝整治工程总投资4.01亿元，主要建设内容为新建外排泵站4宗、配套河涌清淤22条，总长52.6千米，截至年底，完成投资1.35亿元，完成天生河泵站外围堰施工、河道清淤23.5千米等工程。

【民生水利项目建设】 2019年，珠海市列入民生水利实施方案项目23宗，总投资56.4亿元。截至年底，完成投资38.1亿元，投资完成率64%。其中，建设完成莲洲联围涝区整治、乾务水库除险加固、上横联围和大沙联围、三沙联围和竹银联围、鹤洲北海堤、横琴海堤、淇澳红树林海堤修复等工程；完成先锋岭水库、蛇地坑水库、吉大水库、青年水库、木头冲水库、黄绿背水库、东坑水库、福溪水库、柠檬坑水库、龙井水库、南新水库11座小型水库除险加固；推进建设小林联围涝区整治、白蕉联围排涝整治、黄杨河东堤整治达标、乾务联围海堤达标加固、斗门区白藤大闸重建等工程。

【水利工程安全生产】 2019年，珠海市水务部门加强质量与安全目标管理责任制考核，加大责任追究力度，将安全生产工作纳入诚信管理，提升实效。全年开展安全生产专项检查7轮次，派出检查组20组，出动117人次，对全市在建水利项目开展检查71项次，查出安全隐患34项，完成整改34项；开展质量安全培训2期232人次。

【水政监察执法】 2019年，珠海市水务部门加大河湖执法检查力度，开展河湖执法、河湖“清四乱”（清理乱占、乱采、乱推、乱建）、河湖违法陈年积案“清零”、近海水域乱象整治、集中打击河道非法采砂等各项专项执法行动。全年执法巡查、检查349次，其中，联合执法检查40次，突击检查19次，例行检查290次，出动执法人员1249人次，出动执法车辆225车次，出动执法船101船次，巡查河道长度约7500千米，检查涉砂船只169艘，移送交通执法部门处理运砂船8艘、抓斗船3艘，现场制止违法行为193次，办理水事违法案件49件，罚款194.65万元。

【河长制、湖长制推进】 2019年，珠海市持续推进河长制、湖长制工作，市、区、镇（街）、村（居）四级河长巡河、巡湖2.2万人次。市、区、镇三级河长巡河、巡湖发现问题2118个，落实整改2069个，整改率97.7%。开展河湖“五清”专项行动，全市清理河流1237千米，清理水面漂浮物6.30万吨；清淤河道109条，清淤204千米；按照“清四乱”专项行动有关要求，全部完成207宗问题清理整治，江河湖泊面貌得到明显改善。完成省水利厅下达的河湖管理范围划定工作。完成磨刀门水道珠海段、前山河、广昌涌、洪湾涌、沙心涌、鸭涌河6条市管河道75千米以及金湖、二井湾湿地2个湖泊河湖管理范围的划定工作，并通过省水利厅审核。横琴新区“天沐河+芒洲湿地段”纳入大湾区省级碧道试点。市级碧道试点8个，其中完成项目建设试点5个。2018年度推行河长制、湖长制工作考核中被广东省全面推行河长制工作领导小组评为优秀等次。

【水资源管理】 2019年，珠海市有大小河流（含排洪渠）504条，总长1274千米；湖泊8个，常年水面面积4.76平方千米；水库山塘85个，总库容1.53亿立方米。水资源的构成特点是入境水资源多，本地水资源量少；地表水资源量大，地下水资源量小。平均入境水量1227.29亿立方米，本地水资源量22.27亿立方米，入境水资源是本地水资源量的55.1倍。境内多年平均地表水资源量21.83亿立方米，地下水资源量2.27亿立方米，地表水资源量是地下水资源量的9.6倍，全年全市水资源总量22.12亿立方米。全年总用水量5.76亿立方米，比上年增长1.7%。其中，居民生活用水下降3.2%，工业用水增长0.3%，城镇公共用水增长10.2%，农业用水增长1.8%，生态用水增长27.1%。人均用水量295立方米，下降4.8%。全年农村自来水普及率为100%。9个集中式饮用水水源地水质均达到或优于Ⅲ类。

是年，广东省实行最严格水资源管理制度2018年度考核中，珠海市位列全省第一。12月26日，水利部授予珠海市水务局水资源管理科“全国水利系统先进集体”称号。

【对澳门供水】 2019年，珠江流域出现大面积干旱，珠澳供水依赖的水源地——西江天然来水锐减，给咸期珠澳供水安全带来威胁。为保障珠澳两地供水安全，珠海市提前制定咸期保障珠澳供水安全预案，对日常运行管理、管网维护、水质监测等都做出明确要求；加强与珠江水利委员会、省水利厅的沟通联系和信息交换，上报咸期情况，及时了解上游水情及流域调度情况，科学调整调度方案，实现抢淡概率最大化；加强与水文、海洋等部门会商，及时进行西江来水和咸潮上溯形势的研判，根据流域来水和外江取水条件，合理调节蓄水水库水量分配；建立和完善水质自动监测系统，及时掌握水质动态，与上游水质监测部门对接，建立水质共享机制，防范不合格水质进入供水系统；加强与澳门的沟通，及时通报相关信息；加快推进平岗—广昌原水供应保障工程和广南梅供水管道工程建设；利用电视广告媒体、微博微信新媒体向市民宣传节水知识。

是年，对澳门供水量1.02亿立方米，日均对澳门供水量28万立方米，供水咸度维持在50毫克/升以下（国家标准为低于250毫克/升），对澳门供水质优量足。

【第四条对澳门供水管道工程通水】 2019年10月17日，珠海市第四条对澳门供水管道工程通水。工程建设内容包括新建供水管道15千米（DN1600），扩建洪湾泵站1座（20万立方米/天），概算总投资5.25亿元，于2016年4月25日开工建设，2019年4月完工，2019年6月竣工验收。第四条对澳门供水管道通水后，改变澳门供水原有的单向供水格局，形成更为安全的双向供水，供水能力从50万立方米/天提高至70万立方米/天，大幅提高对澳门供水安全保障率。该工程是《粤澳2011年合作框架协议》项目，被列入《粤港澳大湾区发展规划纲要》。

2019年10月17日，庆祝珠海对澳供水60周年暨第四条对澳供水管道工程通水仪式在珠海市洪湾泵站举行 （市水务局供稿）

【污水管理】 2019年，珠海市水务部门推进污水处理设施设备建设、管理。推进污水处理厂建设和提标改造，完成污水厂扩建2座（10万吨/日），开工新建扩建污水厂4座（18.5万吨/日），完成敏感区域污水厂提标改造8座（36.3万吨/日），动工建设污水厂提标改造4座（15万吨/日）。全市新建改建污水管网620.2千米，完成排水管网清淤741千米，修复排水管网病害3505处。通过公开招标，确定3家企业处理处置东部主城区污泥，协调电厂掺烧干化污泥的技术改造。

【水旱灾害防御】 2019年，珠海市水务部门实施《珠海市水务行业水旱灾害防御体系建设方案》，成立水旱灾害防御工作领导小组，建立汛期值班制度及会商会议制度等指挥体系，落实防汛工作责任制；制定《珠海市水务局水旱灾害防御应急预案》；建立市级44名防汛抢险专家库，通过招标建立施工、设计、监理、造价、勘探等水务抢险救灾队伍库，为防汛抗旱提供支撑，建立健全水旱灾害防御体系，做好汛前、汛中和汛后的防汛检查，做好科学调度。实施《珠海市内涝整治工作方案》，分阶段开展城市水浸点整治，全市81个水浸点建立台账，落实易涝点责任人，制定应急措施。全面推进内涝点整治工作，加大城乡排水设施建设的投入力度，实施动态整治，发现一宗，上报一宗，整治一宗。全年全市内涝点整治任务24处，实际完成18处水浸点整治，在建9处，列入整治计划54处。 （曾泳桃）

工 业

综 述

【概况】 2019年，珠海市拥有规模以上工业企业1290家，规模以上工业总产值4627.76亿元，比上年增长3.3%；规模以上工业增加值1133.54亿元，增长4.0%，工业增加值占GDP比重33.0%，是国民经济重要支柱。分所有制看，国有及国有控股企业规模以上工业增加值356.43亿元，增长4.1%；民营企业规模以上工业增加值392.83亿元，增长5.0%；集体企业规模以上工业增加值0.29亿元，下降31.8%；股份制企业规模以上工业增加值678.06亿元，增长5.8%；港澳台投资企业规模以上工业增加值179.02亿元，增长0.9%；外商投资企业规模以上工业增加值265.46亿元，增长1.7%。分轻重工业看，轻工业规模以上工业增加值384.98亿元，增长10.4%；重工业规模以上工业增加值748.56亿元，增长1.0%。

【工业结构优化】 2019年，珠海市工业结构呈现高端化趋势，现代产业比重进一步提高。先进制造业增加值629.08亿元，比上年增长2.8%，占规模以上工业增加值比重55.5%，比上年提高0.6个百分点。高技术制造业增加值335.46亿元，增长2.6%，占规模以上工业增加值比重29.6%。

【工业主导产业发展迅速】 2019年，珠海市六大主导产业规模以上增加值占全市规模以上工业增加值比重为71%。其中，生物医药、家电电气、石油化工、电力能源等产业实现增长，成为全市工业经济增长主要推动力。生物医药增加值61.05亿元，增长23.6%；家电电气增加值252.42亿元，增长15.2%；石油化工增加值136.51亿元，增长4.0%；电力能源增加值89.29亿元，增长2.0%，电子信息增加值209.04亿元，下降2.1%；精密机械制造增加值56.02亿元，下降13.8%。其中，生物医药增长最快。

【大型企业增长较快】 2019年，珠海市大型企业完成工业增加值512.55亿元，占规模以上工业增加值比重45.2%，比上年增长5.2%；中型企业完成工业增加值335.46亿元，占规模以上工业增加值比重29.6%，增长1.5%；小微企业完成工业增加值285.51亿元，占规模以上工业增加值比重25.2%，增长4.9%。大型企业增速高于中小微企业。

【工业投资增速提升】 2019年，珠海市完成工业投资291.68亿元，比上年增长15.5%。其中，制造业投资199.90亿元，增长9.0%；技改投资144.69亿元，增长12.5%；装备制造业投资128.49亿元，增长11.8%。 （黄　剑）

石油化工产业

【概况】 2019年，珠海市石化产业实现规模以上工业总产值640.42亿元，比上年增长4.1%；增加值136.51亿元，增长4%。其中，化学原料及化学制品制造业增加值70.33亿元，增长5.9%；橡胶和塑料制品业增加值17.56亿元，下降1%；化学纤维制造业增加值12.97亿元，增长13.4%。

【石化产业发展】 2019年，珠海市依托高栏港区石化基地，集聚英国BP、英荷壳牌、美国路博润、韩国晓星氨纶、比利时索尔维、华润聚酯、万华化学、中海油能源发展等国内外120余家知名化工企业，打造精细化工和新材料产业集群，初步形成PTA（精对苯二甲酸）上下游以合成树脂、氨纶、润滑油及添加剂等为主的化工产业链条，进一步拓展烯烃和芳烃产业链条，发展锂电池材料、海洋新材料以及生物降解塑料、高性能纤维等高端精细化工材料。加快建设精细化工和新材料产业项目。年内，珠海恩捷新材料科技有限公司的恩捷锂电池新材料项目启动建设，该项目总投资11亿元，用地规模6.4万平方米，计划投资建设湿法隔膜生产线4条、涂布生产线12条及配套分切设备。珠海市三顺纳米新材料有限公司的三顺纳米新材料项目（二期项目）、碳纳米管项目实现投产，三顺纳米新材料项目（二期项目）主要生产墨烯、碳纳米管，项目总投资约5.5亿元，占地3.2万平方米，年产值约12亿元；碳纳米管项目生产碳纳米管粉体（产能600吨/年）、碳纳米管导电浆料（产能5000吨/年）及碳纳米管复合导电剂粉体（产能1000吨/年），产品主要应用于锂离子电池的先进导电剂。 （柳　源）

电力能源产业

【概况】 2019年，珠海市全社会用电量189.91亿千瓦时，比上年增长7.91%。其中，第一产业用电量8.64亿千瓦时，占全社会用电量比重为4.55%，下降7.6%；第二产业用电量112.86亿千瓦时，占全社会用电量比重为59.4%，下降3.57%，其中，工业用电量107.01亿千瓦时，下降4.95%；第三产业用电量41.78亿千瓦时，占全社会用电量比重为22%，增长10.95%。城乡居民生活用电量26.63亿千瓦时，占全社会用电量比重为14.02%，增长0.4%。

【网电、地方电供购】 2019年，珠海市供购电量184.30亿千瓦时，其中省网电供电量178.98亿千瓦时，比上年增长7.11%。全市有珠海发电厂、珠海金湾发电厂、珠海深能洪湾电厂、望洋电厂（中电投）、依海电厂（中海油）、珠海垃圾电厂、西坑尾沼气电厂、珠海信环环保电厂、珠海桂山海上风电厂、珠海高栏风电厂、碧辟化工余热余压发电厂11家，多家小型光伏发电企业和民用光伏发电电厂，全年累计发电量179.57亿千瓦时，下降12.20%，发电设备年平均利用小时为3555小时，下降12.86%。

【电网建设】 2019年，珠海市电网工程完成投资16.62亿元，完成年度计划投资140.3%。建成投产珠海220千伏凤凰至拱北单回线路解口入吉大站工程、珠海市区110千伏翠香站扩建第三台主变工程、珠海市区110千伏鱼林站扩建第三台主变工程、珠海市区110千伏红山站T接珠海至柠溪线路工程、珠海220千伏凤凰站配套110千伏线路结构完善工程、珠海钰海电厂燃气蒸汽联合循环热电联产项目接入系统工程、珠海220千伏叠泉（金海）输变电工程、珠海环保生物质热电项目二期接入系统工程8项110千伏及以上项目，建成投产110千伏及以上线路81.95千米，建成投产110千伏及以上变电容量31.3万千伏安，建成投产20千伏及以下配网项目和配网线路、配变容量一批，超额完成年度投资任务。

【工业企业“煤改气”工作】 2019年，珠海市落实工业企业“煤改气”相关工作，印发《珠海市大力压减燃煤工作计划》，制定压减燃煤具体工作措施，落实任务分工责任。推进全市工业企业“煤改气”工作和推动热电联产集中供热项目建设，全年规模以上工业综合能源消费量589.65万吨标准煤，比上年下降5.9%。

【清洁能源建设】 2019年，珠海市推动桂山海上风电场、金湾海上风电场、直湾岛LNG（液化天然气）和环保生物质热电工程二期等项目建设。完成光伏发电竞价补贴申报，全市8家光伏发电企业10个项目获得竞价资格，装机总容量2.55万千瓦。落实充电基础设施建设，推进电网建设与电力体制改革，完成对澳门输电第三通道珠海侧建设，开展对澳门供气第二管道项目前期工作。

【油气输送管控】 2019年，珠海市做好油气输送管道保护，制定《关于做好油气输送管道风险点危险源和高后果区识别工作的通知》《油气输送管道风险点危险源和高后果区管控方案》，加强高后果区风险管控，细化管控措施，督促企业落实监管责任。联合相关部门开展油气输送管道保护安全检查，协调解决影响管道安全的隐患问题，督促企业开展管道完整性管理，不定期开展安全生产大检查，组织各能源企业开展应急救援演练工作，全年油气输送管道安全生产零事故。

【成品油市场监管】 2019年，珠海市加强成品油市场供应保障及成品油经营企业安全管理，确保成品油供应稳定。组织开展成品油经营企业年检。结合香洲渔港搬迁，做好香洲渔港4座水上加油站调整搬迁。与公安部门联合开展打击非法经营成品油活动。

【企业参与电力交易】 2019年，珠海市推进企业参与电力市场交易，加强电力安全管理，降低企业用电成本。截至年底，全市取得电力市场准入资格企业454家，交易电量55.73亿千瓦时，企业节约用电成本1.99亿元。牵头组织开展电力安全隐患治理工作，确保电力运行安全可靠。

【海岛高电价民生问题解决】 2019年，珠海市推动万山区桂山海上风电场建设及相关资产移交珠海供电局的工作，完成东澳岛、大万山岛、桂山岛依托桂山海上风电场110千伏送出线路陆岛联网，实现同网同价硬件条件。11月11日，率先在大万山岛实现全岛由市电网供电，居民电价与市区同网同价。（赵　彧）

生物医药产业

【概况】 2019年，珠海市生物医药产业规模以上工业企业总产值169.88亿元，比上年增长20.5%；规模以上工业增加值61.05亿元，增长23.6%。生物医药产业主要集中在生物化学类药物、高新技术医疗器械（设备）以及新型药物制剂三大领域，具有技术和规模双重优势，初步形成以药品制造（联邦制药、丽珠集团、润都制药等）与器械制造（健帆生物、宝莱特、和佳医疗等）为龙头，以产业聚集形态为特征的医药产业集群体系。

【生物医药产业发展】 2019年，珠海市生物医药产业拥有国家级工程技术中心、国家级企业技术中心4个，省级企业技术中心11个。丽珠集团、联邦制药、健帆生物、汤臣倍健、宝莱特、和佳医疗、溢多利、中珠医疗、赛隆药业、润都制药等企业发挥龙头带动作用，生物医药集聚发展态势初步形成。粤澳合作中医药科技产业园科研总部大楼、GMP（药品生产质量管理规范）中试生产大楼及研发检测大楼投入使用，成为具有国际先进水平的专业化公共服务平台。珠海国际健康港依托原广东省医学实验动物中心核心团队、珠海市食药检所、广东省人民医院珠海分院、广东省食药监局、国家食药监总局和中科院自动化所等医疗服务机构，分别着力建设医学动物实验中心、生物医药检验检测中心、临床试验中心、广东省食品药品审评认证分中心、GMP教育培训中心和珠海分子影像创新研究院六大公共平台，为医药企业提供动物实验、检验检测、临床试验等研发全链条服务。10月，生物医药检验检测中心揭牌运营。

【生物医药产业成果】 2019年，丽珠集团通过国家知识产权管理体系认证，系“国家知识产权优势企业”和“国家知识产权示范企业”；“超细微粒制备系统的研制及其在长效药物微球中的应用与产业化”获中国产学研合作创新一等奖；截至年底，拥有有效发明专利240项，其中国际发明专利数41项；有效实用新型专利45项，有效外观专利56项。广东宝莱特医用科技股份有限公司完成产品Hollow Fiber Diayzer（中空纤维透析器）及Dialysis Fluid Filtert（透析液过滤器，或称内毒素过滤器）的CE认证，并取得国际认证机构TüV颁发的CE认证证书；承担国家数字诊疗装备项目1项，省市级技术攻关项目2项；全年申请专利22项，其中发明专利13项；获授权专利10项，其中发明专利6项。珠海健帆生物科技股份有限公司的血液透析设备项目开工建设，该项目引进国外生产技术，建设新一代血液透析器及配套设备的研发、生产基地。汤臣倍健股份有限公司开展百余项新品研发项目，取得9款保健食品注册批准证书及3款备案凭证；新增专利申请63项，其中发明专利28项（中国大陆27项，PCT国际专利1项）；发表科研论文47篇；获第十四届全国营养科学大会颁发“营养促进贡献奖”。（柳　源）

电子信息产业

【概况】 2019年，珠海市电子信息制造业产业规模以上总产值857.86亿元，比上年下降7.9%，规模以上增加值209.04亿元，下降2.1%。规模以上电子信息制造企业249家，增加26家，拥有东信和平与全志科技2家国家级企业技术中心。

【电子信息产业重点公共服务平台】 2019年，珠海市持续加大对电子信息产业及其公共服务体系建设的投入，支持珠海南方软件网络评测中心、珠海南方集成电路设计中心和珠海南方数字娱乐公共服务中心等公共技术服务平台条件建设。

珠海南方软件网络评测中心是广东省和珠海市首批中小企业公共服务示范平台、新型研发机构，主要面向信息产业提供软件、网络和信息安全等质量保证专业测试技术服务40余种，具备提供全球100多个国家认可测试报告的权威资质。年内，评测中心通过广东省中小企业公共技术服务示范平台复核，加入国家工业互联网产业联盟及广东省工业互联网产业联盟（电子信息产业），成为首批广东省2019年度省级科技创新券服务机构，并被认定为国家中小企业公共服务示范平台（广东省共7家）。评测中心为423家企业和智慧城市建设单位提供测试技术服务1145项和技术咨询服务9544人次。其中，助力企业享受国家相关优惠政策的标准符合性测试393项，开展企业招投标需要和拓展市场的验收测试37项，支持企业提高产品质量、技术创新和结构转型等开发过程测试619项，支撑全市智慧城市和信息化项目验收测试96项。

珠海南方集成电路设计服务中心是面向广东省集成电路设计企业提供共性技术支撑服务的省、市两级公共技术服务平台，主要开展EDA软件工具服务、IC测试、产业促进、IC设计、实习实训、集成电路云服务等。年内，该中心通过珠海市新型研发机构资质复审，并新增知识产权2项；完成EDA软件工具Mentor软件的升级采购；完善芯片高低温测试实验室，硬件仿真加速器、射频实验室等建设工作；搭建集成电路云服务平台；IC测试服务16家企业，为企业提供总计139家（次）技术支持服务，各种测试设备服务机时1.04万小时；人才培训15场600人次，实训30人。

南方数字娱乐公共服务中心是广东省现代信息服务业示范基地、珠海市新型研发机构，面向智能制造、新一代信息技术、新媒体、数字娱乐产业提供技术支持服务和专业人才培训服务。该中心服务内容主要包括影视后期制作、可视化工业设计、数字交互内容制作、企业/产品品牌形象包装、三维打印和三维扫描等，服务范围覆盖珠海、深圳、广州、中山、佛山、东莞、江门以及港澳地区。截至年底，该中心累计为全市22家企业提供51项专业技术服务，孵化初创文化科技类企业9家，服务企业340家。全年组织接待高校学生观摩学习交流6场300人次。

【电子信息重点企业】 2019年，珠海市产值在5亿元以上的电子信息制造企业35家，其中，100亿元以上企业1家，10亿元至100亿元企业18家，比上年减少2家。依托越亚半导体、纳思达、方正高密和英诺赛科等企业，发展通信设备、计算机外设及印刷线路板制造业。

（唐锦瑜）

家电电气产业

【概况】 2019年，珠海市家电电气产业规模以上企业实现工业总产值964.38亿元，比上年增长17.2%；工业增加值252.42亿元，增长15.2%。家电电气规模以上工业企业150余家，其中产值超100亿元的企业1家。家电行业拥有院士工作站2个、国家重点实验室1家、国家级技术研究中心2家、国家级工业设计中心1家、机器人工程技术研究开发中心1家、中国WTO/TBT-SPS国家通报咨询中心制冷设备技术性贸易措施研究评议基地1家。家电电气以珠海格力电器股份有限公司为龙头，以小家电配套为产业链支持，形成大中小企业全面发展格局。格力电器以家用空调、中央空调、手机、生活电器、冰箱等为主要产品。飞利浦、德豪润达、双喜电器、日伸电器、科力通电器等公司生产烤炉、微波炉、压力锅、电吹风等上百种小家电产品。格力电工、蓉胜超微线材等生产漆包线。金品创业生产电视机。许继电气、长园电力、欧玛嘉宝、泰坦科技等生产配电开关控制设备。家电电气产业集群初步形成。

【家电电气产业发展】 2019年，格力电器上榜《财富》世界500强名单，研发出全球单机冷量最大的1300冷吨磁悬浮压缩机；牵头组建的广东省能源互联网创新中心被授予省级制造业创新中心；在人民日报社主办的2019中国品牌论坛中，格力电器入选“2019年度中国品牌案例”；格力电器的零边界集成电路有限公司项目开工，这是一家无晶圆厂模式的纯芯片设计类公司，满足格力电器内部及外部客户多领域、多层次应用场景需求。引进珠海双喜电器股份有限公司双喜富山科技园项目，项目投资15亿元，在富山工业园打造具有品牌特色的智能制造科技园区，重点打造新型金属复合材料产业，配合产业发展导入智能制造生态链。珠海英搏尔电气股份有限公司承担广东省重点领域研发计划项目“高性能电动汽车动力系统总成关键技术”。珠海凌达压缩机有限公司参与制定国家标准4项，主导及参与制定行业标准6项。

装备制造产业

【概况】 2019年，珠海市装备制造业增加值418.95亿元，比上年下降1.4%，工业装备投资128.49亿元，增长11.8%。全市装备制造高新技术企业346家，先进装备制造产业领域企业工程中心、技术中心和重点实验室等各类创新平台299个。建设广东省海洋工程装备技术研究所、珠海格力节能环保制冷技术研究中心、中航通飞研究院有限公司等20家装备领域的新型研发机构。年内，国家船舶及海洋工程装备材料质检中心投入使用。

【装备制造产业发展】 2019年，珠海市实施《珠海市推进珠江西岸先进装备制造产业带聚焦攻坚行动计划（2018—2020年）》。立足装备制造业发展实际，对接全省聚焦攻坚行动计划的九大产业，做大做强工作母机制造业、新能源汽车、智能通信设备等优势产业，优化提升机器人、高端海洋工程、通用航空及卫星应用等新兴产业，做精做优高端医疗装备、智能电网设备、高端打印设备及耗材等特色产业。一批新兴企业发展成为装备制造细分领域的单打冠军。珠海格力智能装备有限公司牵头组建的广东省小家电智能制造区域创新中心，被授予省级制造业创新中心；云航智能自主研发的无人驾驶货船"筋斗云0号"成功实现首航；格力智能装备2个项目获2018年中国专利优秀奖；恩捷锂离子电池隔膜占全国市场份额50%，占全球市场份额15%；丽亭RAY智能停车机器人系统运用于北京大兴国际机场。

【第五届珠江西岸先进装备制造业投资贸易洽谈会】 2019年9月20—22日在佛山市举办，珠江西岸8市（珠海、佛山、韶关、中山、江门、阳江、肇庆、云浮）197家企业721件展品参展。珠海市参展企业37家，展品140余件，珠海展区以"智能+"为主题，包括"智生产""智交通智物流"和"智生活"三个板块。会上珠海市组织项目总投资达220.16亿元，其中，超10亿元项目7个，涉及新材料、智能制造等重点领域。现场签约项目3个，包括投资40亿元的三一海洋重工产业园二期项目、投资11亿元的恩捷锂电池新材料项目和投资10亿元的江西志博信电子产业园项目。

（柳　源）

珠海航空产业园

【概况】 2019年，珠海航空产业园实现规模以上工业总产值469.43亿元，比上年增长1.0%；规模以上工业增加值129.10亿元，增长4.7%；新增固定资产投资151.86亿元，增长32.0%。珠海机场旅客吞吐量1228.30万人次，增长9.5%；货邮吞吐量5.10万吨，增长9.9%。全年园区建设工程完成投资16.43亿元，完成年度投资计划103%。协助规划部门推进《三灶北产业园和定家湾产业园控规修编》，完成该项目2018年度资金支付绩效评价，在金湾区2018年度财政支出项目第三方绩效评价报告中获评等级为"良"。会同三灶镇、红旗镇等相关项目单位启动《金湾区内图斑开展生态评估报告和生态修复方案》的编制。配合开展珠海机场总体规划修编工作。以22.64亿元的总价出让滨海商务区北片区11.09万平方米商住用地。完成航空产业园2019年用地报批年度计划2次，涉及项目21项，其中，基础设施项目19项，出让商住用地及旅馆用地2项，项目总用地面积76公顷，新增建设用地面积42公顷。落实并跟踪酒店用地的转建设用地报批1宗，项目总用地面积3.4公顷。

【基础设施建设】 2019年，珠海航空产业园区年度建设工程计划任务28项（含省重点工程1项，市重点工程4项），其中，投产项目3项，续建项目9项，新开工项目5项，预备项目11项。全年计划完成投资额约16.43亿元，完成年度投资计划103%。其中，珠海国际健康港年度计划完成投资额3.6亿元，完成进度产值3.82亿元，完成年度投资计划比例为106%，截至年底，项目产值累计完成进度产值11.43亿元；珠海国际动力港年度计划完成投资额1.5亿元，完成进度产值1.28亿元，完成年度投资计划比例为85%，截至年底，项目产值累计完成进度产值1.69亿元。年内，完成机场东路美化绿化提升工程一期、滨海商务区市政配套工程一期、湖滨路西段道路工程、机场西路至青湾连接线工程、生物医药专区市政配套一期、金海岸大道西端及机场西路升级改造工程等11个项目的竣工验收，完成市政道路20.1千米、排洪渠1.5千米、景观绿化50万平方米。

【招商引资】 2019年，珠海航空产业园组织赴境内外精准招商13次，邀请意向企业来金湾区考察、洽谈，围绕引进高端商业及创新孵化项目等，推动项目落户发展。全年与美国贝尔直升机公司、加拿大艾米利亚航空服务有限公司、俄罗斯顶尖科学家代表团、乌克兰聚英公司、中国航空发动机集团、珠海摩天宇航空发动机维修有限公司等国内外著名企业进行对接，前往香港特别行政区、澳门特别行政区、深圳市、郑州市等地开展产业招商活动。参加相关产业大会，赴广州市、深圳市、北京市等地参加第五届深商全球大会、广东省通航协会、广东省无人机协会会员换届大会等活动，促进多地企业交流合作，推介航空产业园投资环境，提升珠海市航空产业聚集水平。

【高端产业发展】 2019年，珠海航空产业园依托珠海机场和莲洲通用机场，打造"一区两场"临空产业集聚区，发展航空核心产业，结合现有产业基础，提升打造新一代信息技术产业、生物医药、新能源及智能制造三大特色产业集群以及拓展临空现代服务业，包括会展会议、商业商务、融资租赁、临空科技服务、旅游大健康等临空现代服务业，构建形成"1+3+N"的现代临空产业体系。园区航空航天、生物医药和新能源汽车产业的构成分别为34.35亿元、135.02亿元和87.43亿元，三大主导产业占园区工业总产值的54.7%。航空产业规模以上企业15家，其中整机制造企业2家，规模以上工业总产值34.35亿元，比上年增长6.65%。7月3日，经民航空管局批复同意，自6月28日起至8月30日止，临时对外开放珠海机场及进出港航线用于外等级港澳公务机使用。7月4日，金湾无人机试飞场的续期获南部战区空军参谋部航管处批复，为无人机验证飞行提供保障服务。

【中航通飞航空复合材料零部件等4个重点项目落户珠海】 2019年11月28—30日，第四届中国国际复合材料科技大会暨第三届国际复合材料产业科技创新成果技术展览会在珠海市举行。中国工程院14名院士以及中国航天科技集团、航天科工集团、中国中车、中国商飞、中材科技等知名企业参加。促成中航通飞航空复合材料零部件项目、金湾新材料科普基地、金湾新材料创新基地等4个重点项目签约落户珠海。

【首架西锐SR20飞机交付】 2019年12月17日，西锐国内生产线首架SR20飞机由航空工业通飞交付北大荒通用航空有限公司。西锐SR20飞机是西锐飞机设计制造公司生产的一种小型活塞螺旋桨式飞机，采用下单翼设计，机身采用复合材料打造，整机可载4人，作为私人飞机以及初级教练机使用。该架飞机是航空工业通飞并购西锐公司、引进

2019年12月17日，航空工业通飞举行西锐国内生产线首架SR20飞机交付仪式
（杜　昕　摄）

西锐飞机生产线获得民航生产许可证后，签订的首批86架西锐SR20飞机用户订单中生产制造的第一架飞机，是国内首架搭载新款莱康明IO-390-C3B6发动机的西锐SR20飞机。　（郭月秀）

富山工业园

【概况】　2019年，富山工业园作为珠海市实体经济发展的重大平台，打造服务高效、审批便捷、土地集约、环境优美、管理科学的新一代专业化园区，集聚方正科技、杰赛科技、格力电器、青岛啤酒、华润热电、太平洋海洋工程、中国中车等知名企业，新引进双喜科技园、和美精艺、龙宇电子等多个单个投资超10亿元项目，形成新一代电子信息、智能电气、高端装备制造等产业集群。全年完成地区生产总值71.0亿元，比上年增长11.5%（增速排全市第一名）；完成规模以上工业总产值308.1亿元，增长15.1%；完成规模以上工业增加值65.4亿元，增长9.3%（增速排全市第一名）；完成固定资产投资43.6亿元，增长50.3%（增速排全市第一名）；完成一般公共预算收入5.5亿元，增长79.4%（增速排全市第一名）；完成实际利用外资0.37亿美元，增长44.0%（增速排全市第二名）；完成外贸进出口总额42.9亿元，下降18.9%。

【园区建设】　2019年，富山工业园投资20.5亿元，建设富山工业园起步区第一小学、珠海富山工业园智造小镇、园区问题河涌水环境提升项目（一期）、东坑水库排洪渠暗渠改建工程（一期）等项目。加快建设一围片区的一桥一涌十条路（三横七纵）、七星大道北片区11条路、起步区一期市政富城大道以及马山北路、富山大道、富山四路等骨干路网，管网及污水处理厂等市政基础设施完工，互联互通交通格局初现雏形。

【招商引资】　2019年，富山工业园新引进项目30个，投资总额120亿元，预计产值180亿元，创造税收9亿元。其中双喜科技园、龙宇电子、和美精益、威健电路单个项目投资超10亿元，超亿元项目13个。园区重点瞄准新一代电子信息、智能电气、高端装备制造等行业，通过以商引商的方式，打造多层次、多渠道、宽领域的招商引资格局，新增储备项目85个，在谈项目7个，其中华正新材、国能新材、铭裕集团总部、贻贝蛋白、大唐建设总部等多个过亿元项目在推进中。

【土地资源整合】　2019年，富山工业园实现65平方千米建设范围控规全覆盖，新增政府储备土地2.27平方千米，其中一围0.53平方千米、起步区北片区0.93平方千米、荔山村新冲北0.8平方千米。收回闲置土地6宗，面积0.49平方千米。推进招商项目供地工作，起步区住宅用地有华润、宏维、东江环保、富盛、和佳业等6个项目落地。

【产业发展】　2019年，富山工业园新增规模以上工业企业13家，累计102家；新增高新技术企业6家，累计72家；新增世界500强投资企业4家，累计9家；拥有国家级众创空间华南理工大学创新研究院1家。园区初步形成以方正科技、中京电子为引领的新一代电子信息产业，以格力凌达压缩机、凯邦电机为龙头的智能电气产业，以东方重工、格莱利摩擦为代表的高端装备制造产业三大产业集群。

【创新驱动】　2019年，富山工业园新增省级科技创新平台2个，累计32个；新增市级科技创新平台2个，累计37个。园区引导企业加大技术改造投入力度，推动企业设备更新和智能化改造，方正科技、先进电子、凌达、景旺等52家企业进行技术改造备案，全年备案投入资金13.89亿元。

【安全生产】　2019年，富山工业园划拨专项资金1.3亿元，开展火灾隐患专项整治，其中，投资800余万元建成全市首批移动式模块化小型消防站2座（马山小型站和荔山小型站）；投资240万元购买举高喷射消防车和消防无人机；对园区11条11.38千米市政道路开展市政消火栓新建、补建工作，并将消火栓纳入“智慧消防管家”进行定位等。4月17日，通过省考核，成为省第十批挂牌督办火灾隐患重点地区摘牌单位。全年未发生较大以上生产安全事故，无发生伤人、亡人火灾事故，建筑工地零死亡，三防工作实现“三无”（未发生洪涝灾害、无人员伤亡、无水务工程出现险情）目标。

【市人民医院富山分院门诊部建设】　2019年4月29日，珠海市富山工业园管理委员会与市人民医院签署合作协议，共建市人民医院富山分院门诊部，填补工业园及周边地区高水平医疗资源

2019年9月6日，广药白云山化学制药（珠海）有限公司建设项目在富山工业园举行动工仪式　　（朱如阒 摄）

的空缺。该项目建筑面积约2000平方米，建设内容包括门诊部、急诊室、药房等。初期投入3200万元，运营后每年持续投入1700万元。

【广药白云山化学制药（珠海）有限公司项目动工建设】 2019年9月6日，广药白云山化学制药（珠海）有限公司建设项目在富山工业园举行动工仪式。该项目用地0.10平方千米，总建筑面积6.8万平方米，总投资7.3亿元，是2017年以来广东省首个环境影响评价获批的原料药项目。该项目于2018年获广药白云山制药集团立项批准，计划2022年3月竣工投产。（徐敏莹）

建筑业

【概况】 2019年，珠海市有在建房屋和市政工程项目1234个，建筑面积4698万平方米，合同造价2307亿元，施工从业人员8.16万人。危险性较大的分部分项工程145项。起重机械设备2022台。全市有5项工程获国家级优质工程奖（鲁班奖1项、詹天佑奖2项、国家优质工程奖2项），43项工程获省优质工程奖（房建工程22项、市政工程21项），50项工程获市优质工程奖（房建工程27项、市政工程23项）；3项工程工地获评全国AAA级安全文明标准化工地，46项工程工地获评广东省安全生产、文明施工示范工地，57项工程工地获评珠海市安全生产、文明施工示范工地。是年，珠海市成立市绿色高性能混凝土技术协同创新实验室，组建市建筑幕墙与金属屋面工程技术中心。

【建筑市场监管】 2019年，珠海市住房城乡建设局办理建筑资质变更216项，核准建筑业企业资质（含增项和升级）308项。在粤港澳大湾区率先推行建筑业企业资质电子证书，此后不再颁发纸质证书。清理规范工程建设领域保证金并修订相关文件，完善工人工资保证金等4项保留的保证金管理制度和具体办法。完善工人工资分账设置制度管理，保障建筑工人合法利益。全年检查项目124个，下发执法建议书1份、整改通知书39份、扣分通知书23份。整治违规夜间施工，对17个项目的施工单位、监理单位进行诚信扣分。完善建筑业信用评价体系。12月，全市建筑从业人员实名制、劳务用工管理及安全教育综合服务平台上线。

【建设工程质量安全监管】 2019年，珠海市开展建设工程质量安全专项检查和大检查12次，下发暂停施工通知书277份、限期整改通知书520份、动态扣分通知书2927份，警示约谈企业8家，对56人进行动态扣分，实施行政处罚7宗，罚款40.1万元。制定全市统一的质量监督工作标准化实施手册。新办理质量监督手续的453项工程100%签订质量终身责任承诺书；新办理竣工验收备案的302项工程100%设立永久性标牌；新竣工交付使用的房屋市政工程质量一次验收合格率达100%。排查香洲区9个街道办40个社区的老楼危楼293栋，面积约20万平方米。举办建筑施工安全生产管理及特种作业人员培训教育班74期，培训6446人次。安监人员到工地现场为一线作业人员开展安全生产专题讲座1356期，培训6.28万人次；建筑工人岗前安全生产教育和工伤预防培训2.05万人次。全市有421个建筑面积5万平方米以上的在建工地安装视频监控和扬尘监测设备并接入系统。

【建设工程消防验收】 2019年5月，珠海市住房城乡建设局开始承接建设工程消防设计审核、消防验收、备案抽查等职能，成立消防验收窗口1个，2个消防验收小组开展消防验收。全年受理消防验收申请1054项，发出消防验收意见书542份、消防备案通知书175份、消防验收备案凭证263份。处理消防验收咨询和投诉80宗。11月，开始使用内部消防验收审批系统，同步实现与市网上办事大厅对接。

【建筑节能建设】 2019年，珠海市新增节能建筑面积3081万平方米，执行100%节能标准。完成绿色建筑二星标识评审项目80个，建筑面积579.19万平方米。申报绿色建筑运营项目2个，建筑面积6.01万平方米，审查面积921.38万平方米。全年新建民用建筑100%实行绿色建筑标准，其中50%达到二星或以上标准。培育市级建筑节能和绿色建筑（可再生能源应用）示范工程项目17个。获得省级节能减排专项资金补助项目2个。建成珠海城建智慧能源分布式光伏发电一期项目（8.1兆瓦）等项目共10.54兆瓦。新增太阳能光热应用建筑面积1.2万平方米。印发《珠海市2019年建筑节能与绿色建筑目标责任实施方案》，跟踪检查考核绿色建筑目标任务完成情况。发布《珠海市住房和城乡建设局关于全面实施〈绿色建筑评价标准〉（GB/T 50378—

2019）有关事项的通知》，规范全市新绿色建筑标准落实要求。发布实施《珠海市绿色建筑隔声应用技术指南》《珠海市绿色建筑评价导则》，规范行业有序发展。完成《珠海市预制构件厂星级评价标准》《珠海市装配式建筑发展专项规划》课题结题评审。

【建筑节能监管】 2019年，珠海市开展设计单位绿色建筑设计质量、施工图审查机构审查质量、施工现场绿色建筑标准落实情况和装配式建筑在建项目专项检查，覆盖建筑节能、绿色建筑和装配式建筑项目44个。全部设计图纸均按建筑节能标准设计。全年巡检预拌混凝土、新墙材生产企业80次，组织联合专项检查2次；处理预拌混凝土生产企业投诉案3件，散装水泥、预拌砂浆工程应用投诉案16件；处理新墙材应用投诉案38件，发出责令限期整改通知书3份，信用扣分通知书1份，项目现场复查整改率100%。

【建筑节能数据采集与分析】 2019年，珠海市完成120栋建筑能耗统计、18栋建筑能源审计。全市建筑节能能耗监测平台具有一级功能29项、二级功能80项、三级功能124项；有53栋楼宇接入平台，接入楼宇总面积216.9万平方米，监测点位5700个；月均生成能耗汇总数据360万条、实时采集能耗数据4400万条。利用深度数据分析，开展建筑节能宏观形势分析、节能目标评价。完成住建部科技计划项目信息化示范工程验收以及华夏建设科学技术奖申报。

【建筑产业现代化发展】 2019年，珠海市38个装配式建筑项目申请设计阶段技术认定并通过专家评审，建筑面积560万平方米。在建项目34个，建筑面积490万平方米。18个项目通过装配式建筑设计阶段技术认定，建筑面积260万平方米。获得绿色建筑设计标识的民用建筑211个，面积1875万平方米，其中三星级设计标识8个、二星级设计标识138个、运行标识5个。9月，举办装配式建筑“质量月”观摩现场会，发布《珠海市装配式混凝土建筑工程施工图设计文件技术审查要点》《珠海市建筑信息模型设计阶段实施指南》等课题成果。全市3家PC（聚碳酸酯）塑料生产基地，其中2家PC生产企业被评为省级装配式建筑产业基地。

【绿色建材推广】 2019年，珠海市开展“建筑废弃物减排和综合利用研究”和“绿色建材评价管理研究”两项课题研究，探索建筑废弃物减排和综合利用，推广新工艺、新材料、新技术的应用。6月，开展以“倡导绿色建筑，提高人居品质”为主题的建筑领域节能宣传月活动。8月，组织开展《绿色建筑评价标准》（GB/T 50378—2019）新标准的宣传贯彻培训会。

【散装水泥和墙材革新发展应用】 2019年，珠海市具备资质且在产的预拌混凝土企业26家，年生产能力2600万立方米。全年预拌混凝土使用量1300万立方米，预拌砂浆使用量100万吨；散装水泥使用量425万吨，使用率达100%。新型墙体材料行业呈现出系列化、标准化、规范化生产和应用的发展格局。全年受理和审批建设工程项目现场搅拌混凝土行政许可4个，办理预拌混凝土生产企业行政许可3项。组织各类培训9次，内容涵盖绿色建材、建筑节能和绿色建筑、预拌混凝土（砂浆）和新墙材、装配式建筑内容，1800人次参训。

【珠海建设科技院士行】 2019年11月22—23日，由中国工程院土木、水利与建筑工程学部主办，珠海市住房城乡建设局、重庆大学、清华大学、中冶建筑研究总院有限公司共同承办的“珠海建设科技院士行”活动在珠海市举行。杨秀敏、聂建国等15位院士走进珠海市，到横琴自贸片区超高层建筑国际金融中心大厦项目工地现场、横琴规划展览馆、牛头岛沉管隧道生产基地调研；为珠海市打造“粤港澳大湾区珠江口西岸建造业产业高地”及滨海城市海岛建设和海洋开发出谋划策，建议珠海围绕自身定位，加快城市建设新理念、新技术在滨海建筑、海岛开发建设等领域的探索创新和推广运用。

房地产业

【概况】 2019年，珠海市完成房地产开发投资893.36亿元，比上年增加13.50%；房地产项目规划报建面积953.13万平方米，减少11.25%；施工报建1002.03万平方米，减少2.47%；竣工面积554.22万平方米，减少20.35%；预售许可面积567.34万平方米，增加86.74%。新建商品房屋（住宅）交易登记面积425.30万平方米，增加104.19%；金额891.93亿元，增加112.53%。核发房地产开发资质证36宗（其中三级1宗、四级22宗、暂定级13宗）；核发预售许可证（主城区）53宗，面积91万平方米。核拨预售监管资金，全年拨付336宗38.82亿元，解除资金监管122宗61.95亿元。

【房地产市场监管调控】 2019年，珠海市房地产市场总体态势平稳。出台《房地产经纪信用信息管理办法》《房地产市场监督管理办法》。印发《加快建立多主体供给多渠道保障租购并举住房制度实施意见》。7月，珠海市房地产交易监管平台上线运行。出台《2019年珠海市房地产市场秩序专项整治工作方案》，重点关注房地产违规销售、虚假宣传、误导购房人、恶意炒作等。开展针对在售楼盘和中介机构的专项整治行动，全年检查在售楼盘32个、中介机构75个（次），发出责令整改通知书32份。全年召开房地产市场联席会议11次。

【物业管理】 2019年，珠海市住房城乡建设局完善《珠海经济特区物业管理条例》的6个配套文件，组织培训及宣传活动30余场，参加培训3000人次。受理集中交存备案1018宗、退款8宗。全市归集物业专项维修资金25.18亿元。建立物业服务企业与业主委员会行为的诚信管理机制，完成智慧物业管理平台搭建。出台《珠海市业主委员会委员信用信息管理办法》。成立市物业管理行业党委。

（黄毅龙）

不动产登记

【概况】 截至2019年底，珠海市不动产转移登记承诺办结期限为4个工作日、抵押登记2个工作日。抵押权登记“只跑一趟银行、一个工作日办结”，入选广东自贸试验区四周年“投资贸易便利化最佳案例”。全年超过7成不动产抵押登记实现“智能秒办”。11月，恢复不动产跨境抵押登记，解决在珠海置业的港澳居民贷款需求。

【不动产权电子证书】 2019年8月20日，珠海市颁发第一份不动产权电子证书，新增登记同步生成电子证书，记载纸质证书的全部内容，与纸质证书具有同等法律效力，可随时在线查询、下载、打印。全市不动产统一登记以来颁发的纸质证书升级电子证书。全年生成电子证书超50万份。电子证书均可在线查询、下载、打印。

【不动产登记关联业务融合】 2019年8月23日，珠海市在横琴开展“不动产登记+购买公证服务”，设置不动产继承、受遗赠登记专窗，为属地市民提供公证、登记“一窗式服务”。年底，该业务在全市推广，被列为复制推广横琴自贸试验片区第四批改革创新措施。11月，不动产登记与税务“一窗受理”融合升级，任意选择税务、登记办事窗口，现场30分钟内缴税领证。

【不动产登记澳门绿色通道】 2019年3月，珠海市不动产登记中心横琴分中心设立澳门居民不动产登记服务绿色通道，优先为澳门居民办理登记业务，转移登记办理时限压缩至3个工作日，抵押登记、变更登记压缩至2个工作日。推行港澳地区免费EMS邮寄证书服务，实现“只出一次关，最多跑一趟”。12月5日，市不动产登记中心与中国工商银行（澳门）股份有限公司签订合作框架协议，探索在澳门设立珠海不动产登记便民服务窗口，推动珠海市不动产登记向澳门延伸。 （朱颖欣）

交通运输业·邮政业

公　路

【概况】 截至2019年底，珠海市公路通车里程1463.42千米（含高速公路），全市公路密度平均86千米/百平方千米。按行政等级划分：国道131.15千米，省道301.38千米，县道319.09千米，乡道382.07千米，村道329.73千米。按路面类型划分：水泥混凝土路944.36千米，沥青混凝土路519.05千米。按技术等级划分：高速公路167.98千米，一级公路359.83千米，二级公路117.57千米，三级公路427.52千米，四级公路390.52千米。全市有公路桥梁456座12.98万延米，其中，特大桥30座7.34万延米，大桥107座4.59万延米，中桥140座7720延米，小桥179座2765延米。全市有公路隧道9座18处3.78万延米，其中，特长隧道2座4处2.07万延米，长隧道3座6处1.37万延米，中隧道1座2处1325延米，短隧道3座6处2119延米。

【公共道路建设】 2019年，珠海市完成公共道路建设投资40.30亿元。全年完工通车项目10个，包括市政道路（含路面改造）52条、新建桥梁1座、桥梁维修加固3座、公交专用道4条、人行立体过街设施9座。协调各区推进国道、省道、县道改造项目及“四好农村路”（建好、管好、护好、运营好）建设、基本公共交通均等化农村公路建设、农村公路危桥改造项目等工作。

干线路网建设　金琴快线、兴业快线、情侣路南段主线改造及板障山新增隧道工程进展顺利，其中金琴快线北段部分开放通行，板樟山隧道新增隧道工程3条全线贯通；金琴快线北延段工程（一期）、高新互通立交工程、珠海大道（珠海大桥西至泥湾门大桥西段）扩建工程完成前期工作，进入施工阶段；启动高栏港快线、京珠高速连接线快速化改造辅道工程等快速路项目以及珠海隧道、九洲隧道、菱角咀隧道等项目前期工作。

国道省道公路建设　省道S272线白蕉高速至尖峰桥头段、省道S270线南水桥至环岛西路段、省道S268线金唐西路至金峰西路段路面改造基本完工；国道G228线黄杨大道、省道S272线井岸至莲洲北段路面改造前期工作进展顺利。

市政道路建设　珠海大道辅道沥青罩面工程、海滨路改造、景山路升级改造、九洲大道升级改造工程（一期）、第五批和第六批（一期）主城区道路路面改造和美化工程以及新海燕桥、梅界中路市政道路、造贝路北延段等项目完工通车，市妇幼保健院新址配套市政道路工程、后环片区城市基础设施建设项目等进展顺利，按时完成年度投资计划。

交通设施建设　完成海滨路、珠海大道辅道、九洲大道、景山路4条高标准彩色沥青公交专用道，完成市卫生学校南北校区人行天桥、昌盛路（世纪城）人行地道、昌盛路（沿河西路口）人行地道、南湾大道（容闳幼儿园）人行地道、南湾大道（鸿景花园小区）人行地道、南湾大道（旅游码头）人行地道、南湾大道（天一居小区）人行地道、南湾大道（银坑村）人行地道、南湾大道（棠兴酒家）人行地道9座人行立体过街设施和一批小额交通设施建设，推进迎宾路安宁路口和粤华路人行立体过街设施前期工作。

农村公路建设　编制完成2019—2021年全市“四好农村路”建设三年滚动计划，协调各区完成省级年内“四好农村路”建设任务37千米，包括等外路20千米、砂土路8千米、县道X763（升平大道）升级改造9千米及C541灯一二桥、C544东湖村桥、C561黄金桥、X582南门桥4座危桥改造任务；完成市级年内“四好农村路”75千米升级改造及基本公共交通均等化农村公路27千米建设任务。

【路政管理】 2019年，珠海市公路部门出动巡查人员4749人次，巡查天数296天，巡查里程14.06万千米，查处违法案件168件，其中，自行处理139件，告知移交交通综合执法局29件；办理行政许可12件（含大件运输审批2件），完成省交通运输厅交办的大件运输审批公路桥梁及隧道勘验工作 85 件，公路索赔案件 20 件，依法收取路产赔（补）偿费 17.7 万元。

公路路域环境整治　排查公路沿线施工工地，签订现场清扫协议书，强化做好车辆密闭、冲洗等防范措施。联合交警部门进行专项整治，发放违章通知书 35 份，签订协议书 3 份，保持路面清洁。

桥下空间治理　清拆违法广告横幅 2 条，拆除和协助拆除违法广告牌 38 块，清拆板房 1 间，整改不合规限高龙门架 4 处，对桥下无业主的管线进行集中清理，清理管线 700 多米，处理涉桥案件 52 件，消除公路桥梁通行安全隐患。推进桥下空间路政电子巡查监控系统建设，分批建设桥梁电子巡查视频监控系统，以信息化手段提升工作效率。

【公路养护管理】　2019 年，珠海市公路部门统筹全市公路养护工作，对各区公路养护进行培训、考核、检查，全年全市国省道优良路率 89.25%，优等路里程 486.30 千米；农村公路优良路率 85.03%，优等路里程 283.92 千米。

公路养护管理　完成珠海机场高速公路和高栏港高速公路等市属高速公路日常养护、专项整治等管养工作，完成全市 338 千米公路网命名编号调整，指导各区开展连续 5 千米路面状况不达标路段整治，次差路段均纳入提升计划；完成 174 千米县道规划调整方案并开展路线现场调查及数据库更新工作，新建连续式交通量观测站点 3 个。

桥梁维修加固　完成斗门大桥加固工程，完成前山立交桥和淇澳大桥匝道桥梁独柱墩加固工程，推进黄镜门大桥改建、金湾立交挡土墙维修等项目施工，推进上横大桥改建工程、金湾区湖东社区新建路桥工程前期工作。

桥梁专项整治　牵头开展全市三类以上桥梁的整治工作，全面消灭四、五类桥梁，国、省道干线一、二类桥梁占比达 96.6%，全市新发现危桥处治率 100%；推进桥梁防撞建设，制订全市通航大型桥梁防撞设施建设计划，启动和开展珠海大桥防船撞设施和珠海大桥、淇澳大桥、横琴大桥防船撞主动预警系统建设。

桥梁日常养护　开展对管养桥梁和管养隧道日常养护工作，有序开展桥梁经常性检查和定期检查工作，对珠海大桥、斗门大桥等 13 座桥梁和南屏钢便桥、南屏二桥钢便桥、前山大桥北侧钢便桥 3 座钢便桥进行定期检测；开展桥梁高程点布设测量、防雷检测、永久性观测点复测设置、航标更新等工作，确保全面掌控桥梁状况；通过维修桥面铺装、更新桥梁涂装、硬化桥面路肩、桥面加铺沥青等手段，对重点热点桥隧开展精细化养护。

2019 年 9 月 30 日，海燕桥提前开放通行　（黄金明 摄）

【公路安全生产】　2019 年，珠海市公路部门对 27 个在建项目工程开展定期、不定期安全生产检查，加强安全隐患排查，做好在建项目和道路安全隐患整治，派出检查组 607 个 1712 人次，对牵头的建设项目进行安全检查，发现并排除、整改一般安全隐患 1055 处；开展防风、防汛及突发事件应急工作，组织应急演练 5 次，提升应急反应速度和应急保障能力。

【公路安全生命防护工程交工验收】　2019 年 5 月，珠海市公路安全生命防护工程（国、省道部分）通过交工验收，实施路线 8 条，其中，国道 1 条、省道 7 条，实施里程 260 千米。建设内容包括改善行车安全实施的标志标线、护栏、警示桩、减速设施、警示设施以及个别交叉口的交通安全隐患综合整治等，总投资 1322 万元。专业机构编制的实施后评估报告表明：该工程实施效果良好，实施后风险隐患点减少。

【国、省道公路网命名编号调整完工】　2019 年，珠海公路部门牵头在全市范围内实施国、省道公路网命名编号调整工程。项目实施对象为市属高速公路和国道、省道，合计 330 千米，其中高速公路 2 条 54 千米、国道 2 条 75 千米、省道 6 条 201 千米，项目总投资 1093 万元。6 月，完成高速公路和国道建设任务；9 月，完成省道建设任务，各项时间节点达到省、市督办时限要求。

【海燕桥拆除重建并提前开放通行】　2019 年，珠海市海燕桥拆除重建工程采用原址重建方案，起于海燕路、情侣南路相交，终于野狸岛北狸路。设计总长度 370.72 米，其中桥梁总长 280.00 米，桥梁宽度 14.00 米。主要建设内容包括旧桥拆除、施工钢便桥拆除、新建桥梁（含施工钢便桥）、连接道路等工程。海燕桥是市民、游客的重要景观走廊，该工程于 2018 年 8 月动工，原定 2019 年 11 月完工，经过建设者日夜奋战，项目提前于 9 月 30 日开放通行。海燕桥缓解野狸岛及新月桥的交通压力，是野狸岛发生紧急情况下的重要疏散通道。（马沛臻）

2019 年珠海市公路局市政道路项目完工情况表

项目	总投资（万元）	建设内容	代建单位	开工时间	完工时间
上冲检查站南侧用地市政配套道路工程	22560	道路总长 2954 米，其中，城市次干路 1979 米，支路 975 米。建设内容包括：道路、桥涵、污水、雨水、给水、预留沟、电缆沟、照明、绿化景观工程、交通设施、安检设施、通信共同沟工程、预留燃气管位	珠海交通集团	2015 年 10 月	2019 年 3 月
珠海大道辅道沥青罩面工程	14000	道路设计起点始于南屏路口接南湾立交，终点接珠海大桥东侧桥头，包括南琴路连接路段。主要工程内容：机动车道、非机动车道沥青路面加罩、人行道铺装改造、交通标线施划，旧砼路面病害处理，同步提升更换雨水篦等	珠海城建集团	2019 年 2 月	2019 年 6 月
海燕桥拆除重建工程	8000	起点设在情侣路与海燕路的交叉口附近，终点设在野狸岛规划路的交接口，总长度 371 米，其中，桥梁长度 280 米，桥梁宽度 14 米。海燕桥北侧钢便桥拆除工程、野狸岛景观工程施工临时建设用地作为海燕桥施工临时用地，改造临时用地景观纳入海燕桥拆除重建工程	珠海城建集团	2018 年 8 月	2019 年 9 月
第五批道路路面改造及美化工程	31763	项目包含 25 条道路，分别为文园路（银桦路至人民路段）、海虹路、海虹路与沿河路连接道路、蓝盾路南段、北环路、兴柠路、安宁路、香溪路、香柠三街、富柠街、双竹街、胡湾路、桃园路、夏美路、契爷岭二街、翠峰路、联安路、港一路、白莲路、景和街、大姑乪街、园林路（海滨路—景和街）、海洲路、夏湾路、情侣路（度假村酒店—昌盛路）。道路改造总长 21.3 千米，现状宽度 10 ～ 24 米，车道 2 ～ 4 车道	珠海城建集团	2019 年 4 月	2019 年 9 月
海滨路改造工程	12000	位于珠海香洲区，长 2.5 千米，由双向四车道改造为双向六车道，两侧各增加 1 个公交专用道	珠海城建集团	2019 年 1 月	2019 年 7 月
梅界中路市政道路工程	15663	位于上冲片区，东起旅游路，西至沥溪路，道路设计长度 1.6 千米，宽度 36 米，双向 4 车道，为城市主干路，设计车速 40 千米 / 小时	珠海城建集团	2018 年 5 月	2019 年 11 月
九洲大道、景山路升级改造工程（一期）	16509	包括九洲大道、景山路，在原址范围内对道路进行美化更新、升级改造，维持现状断面不拓宽、交叉口形式不变，并对驻澳部队营区内道路升级改造。改造总长度 11.1 千米。商铺前铺装改造面积 4.95 万平方米，驻澳部队营区道路改造面积 3.9 万平方米	珠海城建集团	2019 年 9 月	2019 年 11 月

（续 表）

项目	总投资（万元）	建设内容	代建单位	开工时间	完工时间
造贝路北延段（至珠海边界）道路工程	2100	造贝路北延段（至珠海边界）道路工程规划红线为28米，长254米，接翠屏路，道路等级为生活型主干路	珠海城建集团	2018年9月	2019年12月
主城区第六批道路路面改造及美化工程（一期）	19604	项目涉及20条道路改造，总长11.7千米。建设内容主要包括：机动车道沥青路面加罩、新建非机动车道、人行道铺装改造；拆除新建兴华路跨凤凰河排洪渠桥梁；春风路（蓝盾路—敬业路）段配套完善市政管网；武警营区道路及场地整体提升改造；完善交通安监照明等设施及道路附属设施景观提升等	珠海城建集团	2019年9月	2019年12月
市卫生学校南北校区人行过街专用通道工程	1007	市卫生学校南北校区新建人行过街天桥	珠海城建集团	2018年12月	2019年9月

备注：以预验收为完工节点。

2019年珠海市公路局干线公路建设项目完工情况表

项目	总投资（万元）	建设内容	开工时间	完工时间
淇澳大桥主桥桥面铺装维修工程	514	对桥面病害进行修复，摊铺沥青层，刻画标线	2019年8月	2019年12月
G228线斗门大桥加固工程	1239	维修上部梁板、墩台、盖梁等部位的裂缝、混凝土破损等病害。封闭主桥T构箱梁裂缝，涂抹M40改型环氧砂浆对砼缺陷进行维修加固；灌缝封闭T构拼装缝。对16米T梁肋板底进行粘贴钢板加固。修补人行道护栏破损部分，对错位部分护栏拆除并重建。对桥梁及引道自行车道涂油漆、人行道栏杆及地面涂水泥色地坪漆。更换全桥支座。加固修复桥台锥坡的开裂、破损等病害。更换全桥伸缩缝，桥面铺装坑槽、裂缝维修。西侧桥头引道在水泥路面上罩沥青砼路面，调坡接顺桥头跳车。对桥梁及引道自行车道涂油漆等	2019年9月	2019年12月
全市公路安全生命防护工程（国、省道部分）	1322	改善行车安全实施的标志标线、护栏、警示桩、减速设施、警示设施以及个别交叉口的交通安全隐患综合整治等	2018年2月	2019年5月
全市国、省道公路网命名编号调整工程	1093	全市国、省道公路网命名编号调整，高速公路2条54千米、国道2条75千米、省道6条201千米，合计330千米	2019年5月	2019年9月

备注：以预验收为完工节点。

港 口

【珠海港】 2019年，珠海港新增10万吨级集装箱泊位1个，新增5000吨级、600吨级件杂货泊位各1个。截至年底，全港有泊位168个，其中，生产性泊位160个、非生产性泊位8个，万吨级以上生产性泊位29个，设计年通过能力1.66亿吨，集装箱吞吐能力268万标箱。其中，高栏港区生产性泊位75个，万吨级以上生产性泊位28个，设计年通过能力1.51亿吨，占全港通过能力的91%。全港有干散货泊位22个，年吞吐能力8009万吨；油、气、化工品液体散货泊位44个，年吞吐能力4901万吨；多用途泊位26个，年吞吐能力917万吨、集装箱112万标箱；集装箱专用泊位5个，年吞吐能力156万标箱；件杂货泊位24个，年吞吐能力557万吨；客运及陆岛交通泊位39个，年吞吐能力旅客946万人、货物2万吨。投入运行储罐数量305个，罐容352.2万立方米。

【港口生产】 2019年，珠海港完成货物吞吐量1.38亿吨，比上年增长0.3%。其中，外贸3014万吨，增长3.2%；港口集装箱256万标箱，增长10.8%。旅客吞吐量550万人次，下降33.6%。全港完成煤、油、矿、箱等重点货类1.23亿吨，占全港吞吐量88.5%。其中，煤炭4689万吨，占33.9%；油气化工1738万吨，占12.6%；矿石1531万吨，占11.1%；集装箱4293万吨（256万标箱），占31.0%。西江流域航线完成货物吞吐量4376万吨，增长5.2%。港口铁路专用线发送货物882万吨，增长1.52%。珠海港优化精简部分班轮线路，全年稳定运营集装箱班轮航线59条，其中，国际航线22条，通达日本、韩国、越南等国家和地区；国内沿海航线9条，通往海口、深圳、日照、厦门、大连、连云港、青岛、太仓、湛江、福州、上海、营口、天津、钦州、京唐等全国沿海地区主要港口；西江航线28条，通往贵港、梧州、新会、黄埔、南沙、高明、佛山、小榄、中山、广州、虎门、云浮、肇庆、阳江等西江沿线主要港口。

【港口建设】 2019年，珠海市新开工及续建港口项目11个，完成投资5.16亿元。其中，新开工项目有珠海三角岛码头工程、珠海港万山港区桂山岛陆岛补给码头工程、珠海大万山岛万山湾客运码头工程等。珠海港高栏港区5万吨黄茅海航道（一期）工程、集装箱码头（二期）工程4～6号泊位完成交工验收；珠海港高栏港区15万吨级主航道工程、珠海港高栏港南迳湾作业区宝塔公用5000吨级液体化工品码头工程、珠海港高栏港南迳湾作业区宝塔公用5万吨级液体化工品码头工程完成竣工验收；万山港区十三湾防波堤工程、淇澳岛帆船游艇会游艇码头、珠海航海文化中心公共码头等项目建设进展顺利。

【港口安全】 2019年，珠海港深化安全监管体制改革，编制港口安全审批服务清单，下放日常监管审批，强化审批“事中、事后”监管，打造安全协同高效的港口监管体系。以责任体系和风险管理建设为重点，加强同属地政府、海事、交通执法等部门的联合协作，建立健全属地横向、行业纵向的监管责任体系；落实新建项目安全设施与主体工程同时设计、同时施工、同时投入生产和使用的“三同时”要求，实行港口安全风险分级管控和事故预警预防等差异化管理机制，推动港口企业加强标准化体系和达标应用建设，建立危险货物港口经营人经营资质年度审核机制，促进安全管理体系科学化。以专业人才和应急救援队伍建设为重点，招聘具有化工、安全等专业的坐班专家充实行业安全监管队伍，采取专家授课、现场教学等方式加强对现有安全监管人员的专业技术培训，依托属地政府应急专业力量加强应急救援专业装备配备，强化同消防、环保、卫生部门的沟通和应急救援联动，提升安全管理专业化水平。以安全隐患排查整治为重点，加大现场、专项及联合执法检查力度，继续委托第三方安全机构聘请专家开展隐患排查整治，全年检查企业441家次，排查整改安全隐患1301项。鼓励港口企业加大安全投入，开展安全生产装备技术改造，提升安全管理技术化水平。强化安全生产责任追究、监管执法联动、安全生产诚信等制度化建设，提升安全生产管理制度化水平。珠海港全年未发生生产安全事故。

【港口节能减排】 2019年，珠海港落实《中华人民共和国大气污染防治法》《水污染防治行动计划》等法律法规和省市有关规定，推进“绿色港口”建设。落实船舶排放控制区工作，印发《珠海市全面推进港口岸电建设和使用工作方案（2019—2021年）》，新建港口码头要求配套建设岸电设施，逐步推进码头岸电设施改造，推进高栏国码集装箱码头、港弘码头、鑫和码头等岸电设施改造，港作船舶、公务船舶、客运船舶基本实现靠泊使用岸电。完成全港干散货

2019年2月22日，高栏港区集装箱码头（二期）工程1号泊位（10万吨级集装箱专业泊位）投入试运行 （黄 翔 摄）

码头和煤炭码头防尘抑尘网建设，落实堆场及辅区道路的洒水喷淋等防尘抑尘措施。推进《船舶污染物接收、转运、处置联合监管制度》《船舶污染物接收、转运、处置联单制度》落地，做好近岸海域污染防范工作，打好水污染防治攻坚战。

【高栏港区15万吨级主航道工程】 2019年1月29日通过竣工验收，标志着珠海港拥有珠三角最重量级的主航道。项目为广东省重点工程，总投入9.6亿元，获交通运输部补助资金3.77亿元。项目于2013年12月26日开工建设，是在原有10万吨级主航道基础上进行加深和拓宽，全长16.25千米，航道设计有效宽度为230～290米，通航水深-19米，满足15万吨级集装箱船、散货船以及油船通航需求。

【首艘两万吨"高栏201"号轮完成首航】 2019年5月27日，珠海港首艘自建两万吨散货船"高栏201"号满载着2万吨煤炭驶入珠海高栏港，完成从河北秦皇岛港—高栏港连续航行1450海里的首航任务，标志着珠海港向主动型港口又迈出坚实的一步。"高栏201"号轮是珠海港新建的首艘2万吨级海船，由福建东南造船有限公司建造，4月底完工交付。该船船长158米、船宽22.6米，最大载吨2.05万吨，续航力约400小时，自持力约25天。

【珠海港集团】 2019年，珠海港控股集团有限公司（简称珠海港集团）实施国际化战略、西江战略、物流中心战略、智慧绿色战略，构建港口航运、物流供应链、能源环保、港城建设和航运金融五大业务板块。集团旗下企业122家，包括A股上市公司1家（珠海港股份有限公司）、新三板挂牌企业2家（珠海港信息技术股份有限公司、珠海港昇新能源股份有限公司）和首家AAAAA级物流企业（珠海港物流发展有限公司）等，业务覆盖码头与航运及其配套服务、物流、供应链管理、电力能源、管道燃气供应、环保、码头建设及航道疏浚、软件开发与维护、港城开发及其配套服务、航运金融等行业的投资、营运。与梧州市政府、桂平市政府、鹤山市政府、江门市交通运输局、贵州现代物流产业集团、迁安九江集团等多地政府及企业单位签订战略合作协议；推动万海航线升级，实现韩国直航；打通高栏港往来东北、华北、山东、华东、西南的航线路径，开通华南首条北材南运"鲅鱼圈—珠海"钢材定线班轮；全年完成"一带一路"业务项目17个，覆盖大洋洲、欧洲、亚洲的13个国家；珠海港自有船舶"高栏201""高栏301""高栏101"号万吨级散货船相继投入运营。

是年，珠海港集团完成货物吞吐量1.27亿吨，比上年增长1.77%；完成集装箱吞吐量268.83万标箱，增长13.57%。营业收入突破80亿元，增长38%；资产总额达300亿元，增长17%。4月28日，上海国际航运研究中心发布《2018年全球最具发展潜力集装箱港口排名》，其中珠海港位列全球第七、国内第三；中国港口协会发布的"每货物吞吐吨创造直接价值"和"每货物吞吐吨创造综合价值"两项经济指标，珠海港集团分别以60.89元/吨和61.37元/吨位列全国第五和第六，增幅均居全国第一。

是年，珠海港集团下属企业珠海港通江物资供应有限公司两次远赴非洲为中科院"探索一号"科考船提供境外供油服务，进入中交系统合格供应商行列；珠海港信通过国家ITSS服务标准认证，入选广东联通、广东集成、广东产互等五大行业创新业务合作伙伴；国际贸易"单一窗口"跨境金融服务平台正式上线；收购广西桂平新龙码头；珠海港远洋公司在西江流域开通的驳船航线25条，全年经珠海港转运西江流域的集装箱吞吐量60.72万标箱，增长7.83%；经珠海港转运西江流域的货物吞吐量4375.84万吨，增长5.22%。与上海泛亚和南光物流共同投资运营环通综合物流中心，打造珠江西岸地区最大规模的物流集散平台；港捷联运加入粤港澳大湾区首张"无轨铁路港场网"，

2019年珠海港分货类货物吞吐量统计

分货类货物		单位	吞吐量
集装箱吞吐量		万标箱	256
旅客吞吐量		万人次	550
货物吞吐量总计		万吨	13838
其中	煤炭及其制品	万吨	4689
	石油、天然气及其制品	万吨	1386
	金属矿石	万吨	1491
	其他主要货种（矿建材料）	万吨	1065

2019年珠海港泊位情况统计

泊位长度（米）	泊位个数（个）	泊位年通过能力				
		集装箱吞吐量（万标箱）	旅客吞吐量（万人次）	煤炭及其制品（万吨）	石油、天然气及其制品（万吨）	金属矿石（万吨）
20035	160	268	946	6364	4901	1700

多式联运通道26条，全年涉铁联运集装箱量3.6万标箱，增长62.54%；珠海港首个冷链物流项目——珠海港隆盛洪湾活鲜仓项目投产运营。广东省首艘“油气合一”LNG（液化天然气）加油趸船竣工交付使用；市外贸口岸首家无人闸口洪湾国码智能闸口启用；实现珠澳两地燃气互联互通，保障澳门本岛及氹仔片区天然气多气源供应和应急供气；收购宿州风电场，珠海港昇新能源发展有限公司成为全市首家连续三年进入新三板创新层的国有控股企业；珠海港置业与华发华景公司签署“工业大厦城市更新项目”合作协议。港瑞商业保理公司和港惠融资租赁公司项目投放总金额6.43亿元，全年总营业收入1323万元，净利润785万元，成为集团新的利润增长点。向国家发改委申报10亿元可续期绿色企业债完成首发，是广东省内首支可续期绿色企业债券；旗下珠海港股份完成首次非公开发行A股股票，募资10.2亿元投入航运物流产业，成为首家利用资本市场股权融资投入大湾区重点产业建设的上市公司；珠海港股份有限公司主体及债项评级升级至AA+，获中国上市公司董事会金圆桌奖的“优秀董事会”“最具创新力董秘”称号。

（黄　翔）

航道管理

【概况】 2019年，广东省珠海航道事务中心（简称珠海航道事务中心）辖区位于珠江出海口西岸，濒临南海，管辖鸡啼门、泥湾门、磨刀门3个口门。辖区有内河航道190条676千米、沿海航道28条618千米。维护一线航标153座、二线航标324座。以洪湾水道、十字门水道、澳门内港航道为代表的毗邻澳门的珠澳区界河航道是珠海航道事务中心辖区内的特色航道。维护管理船闸2座，分别为联石湾船闸和石角咀船闸。石角咀船闸位于前山水道珠海与澳门边境处；联石湾船闸位于中山境内，船闸拆除重建工程正在实施中。

【航道建设】 2019年，珠海航道事务中心以高质量推进航道建设为目标，推进磨刀门水道及出海航道整治工程项目进入收尾阶段；推进泥湾门—鸡啼门水道航道工程竣工验收；联石湾船闸工程建设进展有序，并完成年初投资计划。完成磨刀门出海航道开发建设方案项目中期成果审查；签订磨刀门出海航道建设方案研究项目——水下地形测量、水文观测、数学模型研究等项目合同，并完成工作大纲审查。签订斗门航道管理站站房码头工程环境影响评价、防洪评价、堤防达标提升3项合同，完成工程环境影响评价报告表的编制和申报，并取得环保批复意见，完成防洪评价报告编制和申报工作。

【航道养护管理】 2019年，珠海航道事务中心坚持管养并重，加强航道日常养护管理、航道专项工程管理、航道信息化建设。全年辖区内河航道、沿海航道维护水深保证率均达100%，航标维护正常率达100%，船舶联检优秀率及完好率均达100%；加强界河管理；开展航道技术服务，全年出具航道技术审查意见19份；提供技术服务工程36个；配合市政府开展香洲渔港搬迁、磨刀门出海航道航标新设、调整、近海水域乱象整治、临时装卸点清理整治等工作。沿海航道以加大维护里程为目标，加强观测，积累航道回淤基本资料，确保口门航道维护指标经济合理，完成磨刀门出海航道纳入维护范围，新增沿海航道维护里程17千米。加强航道专项工程管理。完成桂山岛1号、2号防波堤灯塔重建项目、市内河航道新增指路牌设施工程、磨刀门出海航道航标设置项目等15个2019年专项工程，年度工程量完成率、年度资金执行率均达到上级要求。加强粤澳区界航道管理养护。是年，完成澳门公共航道及港池航标保养及应急恢复105座；加强与澳门方面的沟通协作，召开粤澳区界航道协调会议及专题会议，针对共同推进粤澳区界航道养护现代化、助力粤港澳大湾区建设等议题与澳门方面进行交流和探讨。加强航道信息化建设，提升航道科技含量。截至年底，新增航标遥测遥控54座、视频监控6处、水位遥测遥报4处、桥梁净高显示3座，实现主要航道航标遥测遥控系统全覆盖、高等级航道上不达标桥梁净高显示全覆盖。配合开展航道规划，适应水运发展新形势。配合省中心开展磨刀门水道航道二期工程的工程可行性研究、白鹤通道航道工程预可行性研究、西江出海口拦门沙整治技术研究、广东省特色航道研究、航道支持保障系统工程等项目。

【航道安全生产监管】 2019年，珠海航道事务中心以抓好航道建设的安全监管为重点，落实安全措施，细化责任，强化现场监督、监管，深化隐患排查治

2019年12月，联石湾船闸重建工程施工现场，船闸闸室及站场基本建成

（朱芮青 摄）

理，全年未发生安全生产责任事故。落实安全生产责任制，逐级签订安全生产责任书；有序组织春运；定期召开安全生产工作例会，加强安全生产宣传教育和培训，落实新进人员岗前三级安全教育培训；制定并落实年度工作计划和检查计划，不定期开展安全工作检查和隐患排查治理；做好防台、防洪等季节性危险天气的防范；加强对联石湾船闸工程等项目的安全监管，定期开展“平安工地”评价考核，确保项目建设安全有序开展。完成航道区域中心应急预案宣传贯彻，并开展安全应急演练。开展防范船碰桥专项治理，开展桥梁净空尺度复核和通航评估，完善全市跨航道桥梁基本信息，对部分未设置桥涵标的桥梁，通过发函、约谈等形式督促桥梁管理单位及时按照相关规定完成桥涵标的设置，确保桥梁和航道安全。

【近海水域乱象整治】 2019年，珠海航道事务中心制定《广东省珠海航道事务中心近海水域乱象整治行动工作方案》《广东省珠海航道事务中心盗挖砂石集中整治计划》；对辖区内的非法渔业设施及疏浚项目进行摸底排查；配合市交通运输局开展近海水域临时装卸点清理整治，对辖区航道保护范围内临时装卸点进行摸排统计，为清理提供技术支持，与市交通运输局、市自然资源局、市水务局、市渔政（海监）支队和海事局联合讨论，形成《推进珠海市近海水域临时装卸点清理整治工作会议纪要》，推进临时装卸点规范化管理；对监管项目进行全面排查，加强航道巡查和自建项目管理。全年航道巡查116次，航行里程2942千米，组织及参与联合巡查监管8次。 （熊 伟）

城市客运交通

【概况】 2019年，珠海市拥有公共汽车2998辆，均为清洁能源汽车；巡游出租汽车3652辆，其中新能源车642辆；网络预约出租汽车4582辆。全年公交总客运量3.9亿人次，比上年增长20.91%，日均客运量107万人次。公路客运量2561.30万人次、货运量9973.64万吨，分别增长0.82%、2.19%；水路客运量559.64万人次，下降13.91%，货运量2908.99万吨，增长3.27%。广珠城际轨道珠海段客运量2497.05万人次，增长7.86%；广珠铁路珠海段货运量881.94万吨，增长1.52%。珠海机场航线通达航点85个，旅客吞吐量、货邮吞吐量和航班起降架次分别完成1228.3万人次、5.1万吨和8.68万架次，分别增长9.47%、9.91%和7.02%。

12月19日，珠海市入选交通运输部、公安部、商务部联合公布的第二批城市绿色货运配送示范工程创建城市名单。

【粤港澳大湾区交通互联互通】 2019年，珠海市开展港珠澳大桥人工岛对外交通整体规划研究，加强大桥与横琴的交通衔接，支撑城市新中心发展；创新港珠澳大桥“软联通”机制，完善港珠澳大桥的运营管理和机制安排，配合国家相关部门推进香港单牌车通过港珠澳大桥入出珠海市，增强大桥辐射作用；加强大桥境内侧运输保障，推进港珠澳大桥珠海口岸客运站有序运营，7条市内专线及珠海机场快线疏导大桥口岸出入境旅客，长途班车客运、旅游客运、跨境及穿梭巴士客运运营安全顺畅。推动珠澳发展极融入国家铁路网，广江珠澳（珠江肇）高铁、广中珠澳高铁、深珠高铁被纳入省发展改革委上报国家发改委的《粤港澳大湾区（城际）铁路建设规划》，研究并协调广州城市轨道18号线延伸至珠海、澳门的规划方案，推动珠海市城市轨道交通规划申报工作。配合推进深珠直连的伶仃洋公路通道前期工作，开展《伶仃洋通道及西延线（珠海段）交通详细规划》编制工作并完成初步成果，推动珠澳发展极与深港发展极之间的高效连通；配合推进黄茅海跨海通道前期工作，推动大湾区经济发展向粤西辐射。推进珠海机场升级改造、改扩建、综合交通枢纽、航空物流园等项目，开展粤港澳大湾区超级枢纽港战略可行性研究并通过结题评审；推进多式联运发展，调整运输结构，开通跨洋洲际集装箱班轮航线，加快完善国际化港口航运网络；推动开通九洲港至深圳机场（福永码头）“水上巴士”航线，深圳宝安国际机场进入珠海“一小时生活圈”。

【交通枢纽建设】 2019年，珠海市市级重点交通项目17个，年度计划安排投资68.75亿元，完成年度投资83.64亿元，年度投资计划完成率121.66%。东西通道建设全面提速，推进香海大桥、洪鹤大桥、鹤洲至高栏港高速公路、金海公路大桥项目建设，启动珠海大道（珠海大桥东至泥湾门大桥西段）扩建工程前期工作。推进南北向通道项目，金琴快线、兴业快线（北段）、兴业快线（南段）项目建设进展顺利，板樟山隧道新增隧道全部贯通。推进轨道交通项目，珠机城际轨道一期工程通过广东省交通运输厅组织的初步验收，二期工程建设加快推进。加快港口码头建设，珠海港高栏港区5万吨黄茅海航道一期工程、集装箱码头二期工程4～6号泊位交工验收，珠海港高栏港区15万吨级主航道工程和珠海港高栏港南迳湾作业区宝塔公用5万吨级、5000吨级液体化工品码头工程竣工验收。珠海机场改扩建工程开工建设，推进综合交通枢纽项目、航空物流园项目前期工作；莲洲通用机场一期投入试运营，并启动二期建设前期工作。

香海大桥 位于珠海大道北侧的东西向交通要道，项目分香海大桥段和香海支线段，路线全长29.81千米，批复概算76.72亿元。年内全线计划投资8.5亿元，年度完成投资11.09亿元，年度投资计划完成率130.47%；截至年底，项目（含翠屏在建段）完成投资39.27亿元，总投资完成率51.18%。

洪鹤大桥 位于珠海大道南侧的东西向交通要道，路线全长9.65千米，批复概算39.75亿元。年内计划投资6亿元，年度完成投资8.22亿元，年度投资计划完成率137.04%；截至年底，项目（含洪湾互通二期）完成投资29亿元，总投资完成率72.96%。

鹤洲至高栏港高速公路 是洪鹤大桥的西延段，起点对接洪鹤大桥终点鹤洲南互通，终点接高栏港高速公路，路线全长34.95千米，总投资85.57亿元。项目分两期组织实施，一期工程于2017年6月开工建设，各标段进入全面施工阶段；6月30日，二期工程进入实质性施工阶段。项目年内计划投资11.5亿元，年度完成投资17.91亿元，年度投资计划完成率155.74%；截至年底，项

2019年，洪鹤大桥的建设者 （郑蔼芳 摄）

号线；鼓励企业、园区、学校等单位集中通勤，开通市技师学院、市一中、市二中、横琴学生、金湾一中、洪湾渔港、清华科技园等上下学和跨境通勤8条通勤专线。春节、清明、五一劳动节等重大节假日和庆祝珠海建市40周年大型光影焰火秀、庆祝中华人民共和国成立70周年焰火晚会、庆祝澳门回归祖国20周年烟花汇演等重要活动期间，开通公交专线，延长公交服务时间，加密公交线路等，满足市民公交出行需求，完成公交接驳、群众疏散任务。推动陆岛交通公交化，扩大船票优惠范围，海岛常住人员乘船5折优惠；珠海市民乘船8折优惠；加大运力投放，淡季航班增加至42个，旺季航班增加至58个。

目完成投资30.75亿元，总投资完成率35.86%。

金海公路大桥工程　位于市区西南部，起自港珠澳大桥珠海连接线洪湾互通枢纽，终于机场高速公路珠海机场西互通，路线总长26.3千米，投资估算总额82.53亿元。横琴二桥开通营运，公铁合建并行段纳入珠机城际二期工程一并实施，于2018年3月16日开工建设，工程进入桩基、承台等下部结构施工，紫竹湾互通至机场互通段高架暂缓实施，剩余公路部分（横琴互通、紫竹湾互通以及横琴二桥高速化改造工程）初步设计修编稿报省交通运输厅审批。年内计划投资3亿元，年度完成投资4.08亿元，年度投资计划完成率136.04%；截至年底，项目（不含横琴二桥部分）完成投资5.51亿元，总投资完成率6.67%。

金琴快线　为南北向的快速通道，起于港湾大道金凤路口，经凤凰山隧道，于梅华西路立交接香海高速至造贝立交，再经新南屏大桥，沿南湾大道至终点接港珠澳大桥连接线，全长13.8千米。项目分港湾大道至梅华立交、造贝立交至珠海大道、珠海大道至北三路等3段推进建设，年内全线计划投资5.1亿元，年度完成投资7.2亿元，年度投资计划完成率141.37%。截至年底，金琴快线港湾大道—梅华立交段完成总体工程量的85%；造贝立交—珠海大道段完成总体工程量的80%；珠海大道—北三路段完成总体工程量的85%。

兴业快线（北段）　呈"Y"字形南北走向，东线起于唐乐路，沿线下穿中山大学、鸡山村；西线起哈工大路，沿线上跨金唐东路。东线、西线以隧道形式穿过凤凰山，合并后经过大镜山社区公园下穿梅华路接兴业路，路线总长17.1千米。该项目是珠海市首个整体以PPP（政府和社会资本合作）模式建设的道路项目，投资、建设和管理主体为珠海兴格投资有限公司。年内计划完成投资10.5亿元，年度完成投资10.54亿元，年度投资计划完成率100.40%。

兴业快线（南段）　南起九洲大道与建业一路交叉口，向北以桥梁形式上跨白莲路，再以隧道形式穿过板樟山，沿着香宁一街、胡湾路、兴业路的地下向北延伸，依次下穿柠溪路、人民路、银桦路后与兴业快线（北段）顺接，线路总长4.79千米。年内完成投资2亿元，年度投资计划完成率100%。

【公共交通发展】　2019年，珠海市推进"公交都市"建设，新开通公交线路22条，其中826线路系列跨区快速公交线路3条；优化调整线路走向及站点、运行时刻表519条次；新增投放线路运营纯电动公交车500辆；支持发展"定制公交"，针对市民需求制定精准化的公交服务，开通"智慧公交"1、2、3

【"智慧绿色"交通建设】　2019年，珠海市开展收费站收费车道、ETC（电子不停车收费系统）门架系统硬件改造，推动ETC发行工作，新增发行ETC超过56万套，超额完成省下达的发行任务。新增投放纯电动公交车500辆。加强对在建交通项目工地检查和问题整治，严格落实扬尘治理措施。开展柴油货车污染防控联合检查，督促指导500余家维修企业完成信息平台的申报，并签订废机油转移处理协议。推进港口岸电改造应用，珠海港口作业船舶、公务船、客运船舶基本实现靠泊使用岸电。开展绿色货运配送试点工作，获评全国第二批城市绿色货运配送示范工程创建城市。高栏铁路公司"专用线综合作业费"对外收费标准大幅度降低，全年为高栏港区海铁联运相关企业减免收费5136万元。发展"智慧交通"，汽车维修电子健康档案系统实现全市一、二类汽车维修企业全覆盖，"基于手机信令的人流流动情况数据采集与解析项目""航展交通运输服务及指挥调度平台""面向危化品运输车辆安全管理平台"3个项目获2019年度广东省智能交通优秀项目案例奖。完成东坑、南湾、上冲、人民西路—海滨路沿线等片区的堵点治理，改善通行秩序，提高通行效率。

【法治交通建设】　2019年，珠海市交通运输局推进法治政府建设工作，启动修订《珠海经济特区出租车管理条例》，落实行政执法公示、执法全过程记录、重大执法决定法制审核等制度，开展国家级标准化试点“珠海市城市客运与交通信息服务标准化”监督检查。开展政务服务“百项疏堵行动”“马上就办”“最多跑一次”，实施普通货物运输车辆“三检合一”（安全技术检验、综合性能检测和环保定期检验依法进行合并）等行政服务创新举措。联合多部门开展近海水域临时装卸点清理整治，清理临时装卸点73处。开展交通运输领域扫黑除恶专项斗争，对重点成员单位开展“回头看”督导检查。与市文明办、市公安交警等部门开展为期半年的出租汽车行业服务质量提升专项行动、出租汽车文明服务九大提升行动等，依法从严查处、取缔违规经营，月百车投诉率从上年月均29%下降至20%以下，全年立案查处交通运输违法违章行为1.05万宗。开展全市高速公路两侧违法广告设施整治行动，清拆违法广告设施37处。开展驾驶员培训机构专项检查，约谈超培训能力上限违规招生的培训机构8家，及时防范化解驾培领域重大风险。

2019年珠海市交通运输生产运行情况

指标	2019年	2018年	同比增长（%）
货运量（万吨）			
铁路	881.94	868.73	1.52
公路	9973.64	9760.34	2.19
水路	2908.99	2816.99	3.27
航空	1.26	1.40	-9.89
货物周转量（亿吨公里）			
铁路	16.06	15.60	2.98
公路	55.58	53.62	3.65
水路	182.06	152.86	19.10
航空	0.226	0.232	-2.69
客运量（万人）			
铁路	2497.05	2315.16	7.86
公路	2561.30	2540.57	0.82
水路	559.64	650.06	-13.91
航空	249.46	219.22	13.79
旅客周转量（亿人公里）			
公路	45.83	45.80	0.08
水路	2.11	2.80	-24.52
航空	40.76	34.94	16.65
机场货邮吞吐量（万吨）	5.10	4.64	9.91
机场旅客吞吐量（万人）	1228.30	1122.07	9.47
运输飞行起降架次（万架次）	8.68	8.11	7.02
航线通达航点（个）	86	73	17.81
平均每周运输航班（班）	1662	1554	6.95
全市完成营业性旅客运输量（万人）	5867.46	5725.01	2.49
全市完成营业性货物运输量（亿吨）	1.38	1.34	2.37

【平安交通建设】 2019年，珠海市交通运输行业开展安全生产大检查、安全生产教育培训，制定《珠海市交通运输企业主要负责人及安全生产管理人员考核管理规定》，定期通报车辆、船舶等运输工具的监测数据，完善安全监管长效机制。举行春运港珠澳大桥珠海口岸入境旅客滞留应急演练、防台风应急演练、“防风险、保安全、迎大庆”港口设施保安暨港口危险货物事故应急演习。完成危险化学品综合治理三年专项行动，开展城市风险点危险源排查防控专项行动、“防风险、保安全、迎大庆”百日攻坚行动、打非治违专项整治等，落实港口危险化学品仓储、道路水路运输、在建交通工程建设、城市公共交通等重点领域风险排查管控及隐患治理，对一批港口、道路运输、公交、巡游出租车企业进行约谈整改，完成春运、庆祝中华人民共和国成立70周年、庆祝澳门回归祖国20周年期间安全生产保障，全年未发生较大及以上安全生产责任事故，全行业安全生产形势持续稳定，连续四年春运实现安全生产零责任事故。

【珠海至深圳机场“水上巴士”航线开通】 2019年4月26日，珠海市九洲港至深圳机场（福永码头）“水上巴士”航线开通。航线单程航程27海里，暂定每天8个航班16个航次往返两地，服务时间从7：30到20：00，基本实现公交化运营。航行时间约60分钟，票价每人次125元。

轨道交通

【概况】 2019年12月6日，珠海市区至珠海机场城际轨道交通拱北至横琴段工程（简称珠机城际一期）通过省交通运输厅组织的初步验收，完成年度投资4亿元，年度投资计划完成率100%。市区至珠海机场城际轨道交通横琴至珠海机场段工程（简称珠机城际二期）进展顺利，完成年度投资10.5亿元，年度投资计划完成率100%。广珠城际轨道珠海段客运量2497.05万人次，比上年增长7.86%；广珠铁路珠海段货运量881.94万吨，增长1.52%；广珠城际新增由珠海首发至北京、湛江的跨线列车2对，珠海至潮汕线延长至梅州1对，由珠海始发开行的跨线列车11对，通达城市64个。现代有轨电车1号线客流总数141.67万人次，日均客流3882人次。年内，推动珠海城市轨道交通规划申报和珠澳发展极融入国家铁路网工作。

【城市轨道交通】 2019年，珠海市现代有轨电车1号线实际运行列次4.32万次，安全运营里程36.15万千米，运行图兑现率95.89%，发车正点率95.41%，客流总数141.67万人次，日均客流3882人次，最高日客运量1.07万人次（3月5日）。加强城市轨道交通运营行业管理和运营安全检查，制定《有轨电车运营安全管理检查方案》《城市轨道交通服务质量评价方案》，完成省交通运输厅组织的城市轨道交通运营安全交叉检查。推动城市轨道交通规划申报，完成城市轨道交通建设规划居民出行调查及客流预测专题研究，深化《珠海城市轨道交通建设规划（2015—2020）》，开展城市轨道交通沿线TOD（以公共交通为导向的城市发展模式）综合开发与轨道设施用地控制规划研究。

【城际轨道交通】 2019年，珠海市配合国家和省发展改革委等相关部门编制粤港澳大湾区铁路网规划和粤港澳大湾区城际铁路建设规划，广江珠澳（珠江肇）高铁、广中珠澳高铁、深珠高铁纳入省发改委上报国家发改委的《粤港澳大湾区（城际）铁路建设规划》中。市交通运输部门完成《珠江肇高铁（珠海段）线站位选址研究》编制中期成果，联合江门、佛山市相关部门开展珠江肇高铁预可行性研究和工程可行性研究。推进深珠直连的伶仃洋通道前期工作，省交通运输厅委托中铁大桥勘察设计院、中铁第六勘察设计院（联合体）开展伶仃洋通道工程方案研究，省发展改革委委托中铁第四勘察设计院开展深珠铁路的工程可行性编制工作，市交通运输部门同步开展《伶仃洋通道及西延线（珠海段）交通详细规划》编制工作，并完成初步成果。深化广州市轨道交通18号线南延项目珠海段线站位方案研究。珠机城际一期、二期有序推进，均完成年度投资计划100%。

【北京西站至珠海跨线列车增开】 2019年7月10日，北京西站增开至珠海的高铁列车，途中停靠石家庄、郑州东、武汉、长沙南、清远、广州南等站，总里程2428千米。北京西—珠海G65/G68次列车每天10：33由北京西站出发，经由京西联络线、京广客运专线下行线运行，当晚21：28到达珠海站，历时10小时55分；珠海发车时间为每天10：11，当晚21：10到达北京西站，历时10小时59分。列车全程票价为二等座932.5元、一等座1470元、商务座2929元。是继2015年11月28日北京西站首次开行至珠海跨线列车后，再次将北京西—广州南G65/G68次高铁列车运行区段调整为北京西—珠海。

【珠海跨线列车直达湛江、梅州】 2019年10月11日，珠海—湛江西跨线列车开通，途中停靠中山、广州南、新会、台山、阳江、茂名等站，总里程548千米，其中，D7126/D7127次列车08：25从珠海站发车，12：58到达湛江西，全程4小时33分；D7125/D7128次列车16：36从湛江西出发，20：43到达珠海，全程4小时7分。同日，珠海—潮汕跨线列车延长至梅州，总里程643千米，途中增停揭阳、揭阳机场、丰顺东，其中G6337/G6340次列车17：06从珠海站发车，22：31到达梅州西，全程5小时25分；G6338/G6339列车11：02从梅州西始发，16：29到达珠海，全程5小时27分。

【珠机城际一期工程启动联调联试】 2019年11月1日7时45分，首列动

2019年，广珠城际轨道珠海段客运量2497.05万人次，比上年增长7.86%。图为列车进珠海站 （蒋训龙 摄）

车组检测车从珠海站开出，标志着珠机城际轨道交通项目一期联调联试正式启动。联调联试期间，将采用高速检测列车等测试设备，测试沿线轨道、接触网、通信、信号等各项设备，并依据测试结果对发现的缺陷进行调整。珠机城际一期从拱北的珠海站延伸到珠海长隆站，全线16.86千米，沿线设置珠海站、湾仔北站、湾仔站、十字门站、横琴北站（金融岛站）、横琴站、珠海长隆站（横琴长隆站）7个站点。（陈清模）

民用航空

【民航运输】 2019年，珠海金湾机场（简称珠海机场）完成旅客吞吐量1228.3万人次、货邮吞吐量5.10万吨、运输航班起降8.68万架次，分别比上年增长9.5%、9.9%和7.0%。全年有30家航空公司运营154条国内航线，航点86个，平均每天进出港航班222架次，有5家航空公司投入21架过夜飞机；新开辟航点17个，新开及优化航线40条。

【机场管理】 2019年，珠海航空城（机场）集团成立珠海机场改扩建及交通枢纽项目建设指挥部，统筹推进两大重点项目建设。11月，改扩建项目一标段航站楼工程动工建设；完成综合交通枢纽项目可研、设计单位招标及初步勘察、项目环评、社稳、节能评估初稿编制。推进机场升级改造项目，全面启用闲置已久的东指廊，并在升级改造过程中实现不停航施工，保障机场正常运营及工程项目进度。

【通用航空】 2019年，珠海莲洲通用机场从建设转为运行。完成机场首期建设任务，完成二期建设项目前期工作计划，并被增补列入2019年省重点建设前期预备项目计划。4月，获颁民航局A1级通用机场使用许可证并投入运营；成功开展机场首次试飞和夜航活动。5月至12月，成功起降6736架次，飞行1885小时，处置无人机黑飞事件5起、周边净空巡视6次。南海第一救助飞行队等首批13家通航企业驻场；开通“广东珠海—海南儋州”省际短途运输航线。珠海通航飞行服务站开展阳江分站区域性实践工作，加快研究设立服务站珠海莲洲分站，探索通过服务站使珠海、阳江、罗定三地机场形成通航飞行服务网，为通航企业提供便利，完善航空城集团通航飞行服务保障系统。

【珠海机场改扩建】 2019年11月29日，珠海机场举行改扩建工程动工仪式。珠海机场改扩建工程是省、市重点建设项目，总投资约48亿元，内容包括兴建T2航站楼、航油系统、空管塔台等设施设备，以及增设内平行滑行道，远期规划建设第二跑道。建成后可满足年旅客吞吐量2750万人次、货邮吞吐量10.4万吨、客机起降19.8万架次的运营需求。

2019年11月29日，珠海机场举行改扩建工程动工仪式（钟　凡　摄）

【首航短途运输航线】 2019年12月31日，珠海莲洲通用机场举行“广东珠海—海南儋州”“珠海—阳江—罗定”短途运输首航仪式，标志着短途运输航线正式开通。发挥通航枢纽的航空资源整合能力，逐步开通珠海至周边城市的空中轨道。（桂子叶）

邮政业

【概况】 2019年，珠海市邮政企业和规模以上快递企业完成业务总量26.54亿元，比上年增长17.71%；业务收入（不含邮政储蓄银行直营业务收入）20.9亿元，增长14.19%。有邮政、快递法人企业69家，备案分支机构280个，末端备案网点429个，快递从业人员7000人。全市快递企业收派件业务总量3.1亿件，增长19.69%。其中，收件1.08亿件，增长10.21%；派件2.02万件，增长25.47%。快递业务收入16.67亿元，增长17.31%。三级邮区中心局1个，投递处理场所32个。全市有邮政标识车辆326辆，其中摩托车146辆、汽车280辆。是年，广东省首次开展快递工程专业技术人才职称评审工作，全市提交评审申请41人。

【邮政服务】 2019年，珠海市邮政寄递业务收入1.82亿元，其中，函件业务收入1.49亿元；包裹业务收入199.73万元；报刊业务收入1038.73万元。

邮政营业场所 全市邮政营业场所69个，其中，营业网点31个、代办网点38个。按城乡划分，城市自办网点12个、代办网点10个，农村自办网点19个、代办网点28个。

邮政终端服务设施 全市有智能包裹箱114组，比上年新增14组。街道邮筒（箱）74个，邮政信报箱（群）850个；在册报刊亭88个，其中在营报刊亭60个。

邮路 全市邮路39条，其中，城市邮路28条、农村邮路11条。单程邮路总长度1248千米，其中，城市单程邮路457千米、农村单程邮路791千米。

投递线路　全市设有投递线路245条，单程投递线路总长度6299千米。其中，城市投递线路148条，单程投递线路长度2190千米；农村投递线路97条，单程投递线路长度4106千米。

【投递服务】　投递时间　2019年，珠海市城市地区每周营业6天及以上，每天营业8小时及以上；乡、镇地区均每周营业5天及以上，每天营业6小时及以上，均达到《邮政普遍服务》标准规定的营业时长。

投递频次　2019年，城市区域日平均投递频次2次，乡、镇人民政府所在地每周投递频次不少于5次，海岛偏远地区每周投递频次不少于3次，均达到普遍服务标准。

建制村通邮　2019年，全市范围建制村直接通邮率100%，未设置村邮站的，通过直接投递到户和转接点投递两种方式实现直接通邮。

省内邮件全程时限　2019年，全市邮政各类邮件全程时均达到《邮政普遍服务》标准。其中，同城普通包裹次日送达，3日内送达100%；同城挂信次日送达93.55%，3日内送达99.22%；同城挂刷邮件次日送达93.24%，3日内送达98.65%。全年抽取3个单位开展《人民日报》当日见报情况检查，见报率100%。

【快递末端投递能力建设】　2019年，珠海市设有丰巢、近邻宝、中邮速递易、日日顺、云柜等智能柜1955组，格口182.71万个。全年快件箱投放量为4113万件，比上年增长54.6%。全市有邮政快递新能源汽车82辆。

【邮政普遍服务监督】　2019年，珠海市邮政管理部门受理并如期办结邮政普遍服务营业场所备案申请110项。其中，暂停办理邮政普遍服务业务14项，暂停办理汇兑业务23项，网点信息变更30项，网点恢复营业及恢复办理43项。

执法检查　邮政管理部门开展邮政普遍服务执法检查248人次，实现全市邮政网点全覆盖。其中，机要通信检查10次，扫黄打非专项检查89次，网点达标检查39次，邮票发行监督检查11次。

社会监督　全市有邮政特邀监督员2人。对热点问题进行及时跟踪和持续监督，及时反馈相关社会监督情况，开展社会监督活动85人次，监督邮政普服网点70个次，监督快递网点22个次，监督邮票发行网点6个次，反馈监督报告56份，走访用户95人。

【快递市场监管】　2019年，珠海市邮政管理部门依法开展快递企业经营许可年审、换证、许可变更、分支机构备案等工作，全年新增许可企业6家，新增末端网点151个。

执法检查　落实“双随机”检查制度，以消防安全、“三项制度”落实、危险化学品、涉枪涉爆、禁毒、扫黑除恶、扫黄打非、非洲猪瘟疫管控等专项工作为重点内容，每月按计划开展执法检查，全年开展执法检查354人次。

宣传教育　全年组织安全管理相关培训、消防演练等约650人次。印制《禁限寄物品目录》《安全生产手册》《邮政快递行业消防安全知识》等一批安全宣传册及海报6800份，下发企业并检查张贴落实情况。

【邮政业消费者申诉受理】　2019年，珠海市邮政管理部门通过“12305”邮政业消费者申诉电话、申诉网站收到申诉1964件，比上年减少488件。涉及邮政服务问题68件，占总申诉量3.5%；涉及快递业务问题1896件，占总申诉量96.5%。确认有效申诉（确定企业责任的）69件，占受理申诉量3.5%。申诉全部妥善处理，为消费者挽回经济损失28.34万元；消费者满意率91.2%，对企业申诉处理结果满意率75%。

【邮政服务农村电商】　2019年，珠海市有邮乐购站点160个，全年“一市一品”农特产品交易额81.7万元，带动电商包裹1.82万个，快包收入9.74万元。通过与斗门、金湾等优质农产品商户合作，拓宽商家销售渠道，搭建全国各地百姓购买本地农产品、特产的平台，本地商家、农户能在邮政线上、线下渠道进行推广、销售。

【邮政服务跨境电商】　2019年，珠海市邮政管理部门与海关、市政府、阿里巴巴及其他企业合作，推动内地“绿色产品”进入澳门的“邮澳通”业务发展，跨境邮件总量2.6万件，实现收入12万元。为跨境电商提供综合物流解决方案，业务产品含跨境电商邮政轻小件（中邮小包、E邮宝）、邮政特快（国际及港澳台EMS、E特快、E包裹）、国际专线（E速宝）、国际快件（中速快件）

2019年6月2日，珠海市举办首套非物质文化遗产纪念邮品发行仪式

（朱　逸　摄）

及海外仓配（中邮海外仓）等。参与市政府相关部门引进跨境电商企业落户珠海的物流衔接和配套工作。

【邮政综合服务平台】 2019年，珠海市邮政管理部门推广“警邮”项目，在全市28个网点铺开，覆盖市区、各大乡镇、海岛等。全年代办车管业务1.93万笔，服务群众1.98万人次。

【珠海市首套非物质文化遗产纪念邮品】 2019年6月2日，珠海市邮政管理局联合市文化旅游广电体育局举办珠海市首套非物质文化遗产代表性名录题材系列纪念邮品发行仪式。该套邮品含明信片和纪念信封，邮品图案为斗门鸭扎包、装泥鱼、水上婚嫁、三灶鹤舞等国家级、省级非物质文化遗产，由珠海画家陈岱青绘画创作。

【《澳门回归祖国二十周年》纪念邮票发行】 2019年12月20日，《澳门回归祖国二十周年》纪念邮票首发式在珠海举行，邮票设计师韩秉华出席仪式并介绍纪念邮票的创作过程和设计感受。该纪念邮票一套3枚，全套邮票面值为3.90元。 （沈小婷 李馨博）

信息业

信息化建设

【概况】 2019年，珠海市出台《推进5G产业发展行动计划（2019—2022年）》，建立推进5G产业发展联席会议制度，推动以5G为代表的新一代信息基础设施建设。全年全市新建4G基站2277座，累计1.37万座；新建5G基站548座，新增100M以上光纤用户19万户，100M以上光纤用户占比89%。

【智慧城市】 2019年，珠海市出台《智慧城市项目立项、建设、运维操作规程》，简化项目立项、建设审批流程。引入中国信息通信研究院作为智慧城市建设的总体规划设计单位，把好项目立项关。新启动“最珠海”“智慧医疗”“智慧工地”等7个项目的立项建设。截至年底，建成并投入运营项目11个，在建设中项目6个，完成前期工作项目10个。

【两化融合】 2019年，珠海市举办多场两化（信息化和工业化）融合管理体系宣传贯彻会议，推动工业企业开展两化融合管理体系贯标试点、达标认定及对标评定。截至年底，全市（历年累计）有902家企业完成两化融合评估诊断和对标工作，74家企业通过国家两化融合管理体系贯标评定，292家企业列入省级两化融合试点，均位居全省前列。

【工业互联网】 2019年，珠海市在电子信息、机械装备、轻工家电、能源、汽车、打印设备耗材、医药等行业树立工业互联网应用标杆示范，强化工业企业数字化转型的意识，推动基于互联网的制造业技术、模式、业态等创新。5月，完成年度工业互联网标杆示范项目入库工作，给予15个工业互联网标杆示范项目1860万元的省、市两级财政资金支持。支持工业企业通过“上云上平台”实现降本、提质、增效、降耗。做好服务券申领、审核、兑现等工作。全年完成61家工业企业“上云上平台”服务券兑现工作，省、市两级财政支持“上云上平台”服务券奖补资金1178.57万元。南方软件网络评测中心组织技术力量对全市电力、石化、装备制造、轨道交通、钢铁、汽车和电子信息等重点领域58家规模以上工业企业的工业控制系统进行全面、系统检查，针对检查发现的个别企业存在的技术防护和应急管理等安全风险，市工业和信息化局指导企业进行整改。8月，全市近200人参加中国工业互联网大会暨粤港澳大湾区数字经济大会。 （彭小军）

数字政府政务服务

【概况】 2019年，珠海市成立“数字政府”改革建设工作领导小组，统筹全市“数字政府”改革建设。召开全市“数字政府”建设工作推进会，印发《珠海市“数字政府”建设工作要点（2019—2020年）》。制定《珠海市市级政务信息化项目管理办法》《关于加快建立区级政务信息化项目统筹管理机制的意见》《珠海市公共数据资源管理暂行办法》《珠海市数据资源服务清单》。创新“抓源头、贯标准”政务大数据管理模式。

【“互联网+政务服务”】 2019年，珠海市40个市直部门、129个区级部门、24个街（镇）、318个村（居）进驻省政务服务网，发布事项1.19万项。市区依申请行政权力事项6664项，84.3%可网上办理，98.36%最多跑一次，59.11%一次不用跑。政务服务网上全市依申请可网办事项接入省统一身份认证平台4831项。市电子证照系统和电子公文交换系统对接省统一电子印章平台，上报电子印章制作申请452个，完成制作47个。电子证照系统开通电子证照目录148种，签发750万张，应用22万次。“粤省事”移动政务服务平台接入珠海高频政务服务事项439个，可领取和使用电子证照54种，实名注册用户超过48万人。全市97%的实体大厅使用“好差评”系统进行评价，办件过程数据质检通过率96.18%，支持物流快递标签占比率84.20%，完成需要交费行政许可支付服务对接率95%。推行“一件事”主题服务，开设政务服务网便民利企专区。

【政务信息化建设管理】 2019年，珠海市审核通过信息化项目79个，其中政府投资信息化项目6个、政府采购信息化项目73个，总金额5.24亿元，涉及信息化金额4.58亿元，核定金额4.25亿元，核减经费0.33亿元。建设统一电子政务外网，接入专线接入单位120余个、单点接入单位60余个和非税接入单位200余个。建设统一政务云，为全市提供550台虚拟机的云计算资源服务，部署工程建设项目审批管理系统和电子公文协同处理系统改造项目，年底实现与省数字政府政务云的纳管对接。建成电子公文系统，联通全市各级各部门，建设移动办公系统，覆盖全市60余个部门。

【政务数据管理】 2019年，珠海市建立以数据资源为核心的政务信息化全流程管理体系，推进项目建设管理从重软硬件向重数据资源转变，开发大数据聚合公共服务平台。建设市政务信息资源共享平台，上联省政务大数据平台，横向联接市级72个部门83个业务系统，下联8个区8个业务系统，覆盖政务服务事项1190余项、推送办件数据量约130万条，向各部门交换共享数据17.21亿次，日均交换数据212万余条。建设数字珠海综合服务平台，实现19个部门的政务数据共享交换，形成约4500个信息项，汇聚数据2296万条，该平台被评为2019年全国网信系统创新案例，在首届数字政府特色评选中获数据应用领先奖。初步建成人口信息库，汇集300余万实有人口的基础信息，法人信息库汇集20余万个法人单位的基础信息，地址库汇集180余万个信息点数据。根据需求从省局申请调用学籍、学位、资质、自然人、法人、信用、红黑榜等数据接口资源近90个，相关接口调用500余次。推进公共数据开放，发布数据集320个。 （许 珺）

无线电管理

【概况】 2019年，珠海市网上办理无线电审批事项146项，指配频点72个，发放电台执照851份。完成更新桂山和拱北小型站项目、石花山航空站建设。对全市高山站、小型站进行检修、维护升级2次。完成对市政府应急无线通信800兆数字集群、市气象局、市人防工程等项目电磁环境监测评估。2月，对受委托的16项省级无线电管理行政职权服务事项进行标准化、规范化更新，完善委托事项。7月，市工业和信息化局牵头组织成立“5G干扰协调联系群”，协调处置5G基站建设与卫星地球站等无线电台（站）干扰。

【无线电监督检查】 2019年，珠海市组织完成辖区内广电、民航、海事、铁路等部门主要频段的频率使用和在用无线电台（站）专项监督检查，未发现擅自使用无线电频率和未经许可擅自设置、使用无线电台（站）等违法行为。全年组织出动87人次排查对民航、铁路和公众移动通信等各类干扰3起。出动监测车96台次，人员336人次，监测时长816小时。全年辖区内没有发现“黑广播”“伪基站”信号源。

【无线电安全保障】 2019年，珠海市出动监测车42台次、人员120人次，完成春运、“两会”、珠海庆祝中华人民共和国成立70周年焰火晚会等重大活动无线电安全保障。组织出动监测车120台次、人员320人次，完成公务员招考、普通高考等各类公开考试的无线电监测保障任务30场。协调澳门邮电局落实珠澳边界公众移动通信网络信号越界覆盖定期测试活动。10月下旬，联合香港通讯事务管理办公室完成港珠澳大桥公众移动通信网络信号越界覆盖测试任务。12月17—20日，在省工业和信息化厅现场调度指挥下，珠海、中山、江门、东莞、河源、肇庆、惠州7市的无线电频谱预备役部队集结珠海，完成澳门回归祖国20周年庆祝活动无线电安全保障任务。

【无线电法规宣传】 2019年9月，珠海市利用全国无线电管理宣传月，开展国家和省无线电管理条例、无线电管理法律法规等无线电管理法规宣传贯彻工作。无线电管理人员到珠海机场候机楼等地，利用移动宣传画栏等形式开展无线电宣传活动，向旅客、市民派发各类宣传手册近400份。利用微信公众平台、网站发布《广东省无线电管理条例》等，提高社会公众对无线电管理工作的认知度，加强全社会对无线电频谱资源的认识和依法用频意识，营造全社会自觉遵守无线电管理法律法规，维护空中电波秩序的良好氛围。 （周小勇）

软件和信息技术服务业

【概况】 2019年，珠海市软件和信息技术服务业实现主营业务收入762.33亿元，比上年增长13.82%。其中，软件业务收入423.67亿元，增长13.65%；集成电路设计行业收入67.5亿元，增长12.58%。集成电路设计业产业规模位列全国第八。全行业实现利润总额40.57亿元，下降20.85%；出口13.11亿美元，增长2.8%；从业人数7.3万人，增长2.82%。行业内新增云洲智能、汇金科技、新德汇、宏桥高科等8家（历年累计21家）企业获得国家信息化与工业化融合管理体系贯标评定证书。新增全志科技国家级企业技术中心。截至年底，行业内拥有省级以上工程中心73个（国家级1个），技术中心37个（国家级2个），国家重点实验室珠海机构1个，博士后工作站及分站11个；行业内拥有高新技术企业323家。新成立中国先进半导体一站式芯片IP及量产中心和珠海先进集成电路创新研究院。珠海市杰理科技股份有限公司的蓝牙音频芯片出货量占全球50%。

【重点软件企业】 2019年，珠海市拥有金山软件、杰理科技、远光软件、东信和平、艾派克等10家营收规模超10亿元的软件企业；拥有全志科技、汇金科技、世纪鼎利、欧比特、同望科技等66家营收规模超1亿元的软件企业；拥有远光软件、金山软件、全志科技、世纪鼎利、欧比特、泰坦能源、宝莱特、和佳医疗、金邦达、纳思达、汇金科技、光库科技、英博尔和宏桥高科等境内外软件业上市公司。

【软件和信息技术服务业财政支持】 2019年7月2日，珠海市印发《珠海市促进实体经济高质量发展专项资金（促进新一代信息技术产业发展用途）管理实施细则》，支持以软件和集成电路为代表的新一代信息技术产业发展，安排省、市两级财政资金1.05亿元。支持集成电路设计环节研发创新，全年对40个单位的66个项目补贴4458万元。继续上年集成电路设计企业流片、购买EDA（电子设计自动化）工具、租用公共技术服务的扶持内容，新增购买IP（知识产权）补贴、集成电路产品晶圆制造和封测服务补贴，支持集成电路产业链联动发展。加快推动集成电路重大项目建设，安排“核高基”市级财政配套资金3908.22万元，支持艾派克微电子、炬芯科技“核高基”国家科技重大项目。支持第三代半导体核心关键环节项目建设，补全补强半导体产业链，提升产业链安全性和自主性，弥补集成电路制造业的短板，以股权投资方式安排省级财政资金8851万元，支持英诺赛科第三代半导体一期产业化扩建项目建设。安排920万元省级财政资金支持信息技术应用创新项目。深化省级4K电视试点示范城市建设，安排1200万元市级财政资金建设10个4K示范社区和10个4K示范村。

【软件和信息技术服务业融资】 2019年，珠海市软件和信息技术服务业企业直接融资能力显著提升。4月，宏桥高科登陆纳斯达克，成为美国证券市场上第一只国际贸易信息科技领域的中概股。11月，金山软件登陆上海证券交易所科创板。

【软件和信息技术服务业与制造业融合】 2019年，珠海市软件和信息技术服务业与制造业进一步深度融合，促进制造业向数字化、网络化和智能化升级。珠海派诺科技股份有限公司、珠海联云科技有限公司、珠海知业科技有限公司等10家企业入选2019年广东省工业互联网产业生态供给资源池。珠海格力电器股份有限公司的“基于大数据平台的中央空调全生命周期管理工业互联网APP应用解决方案”入选国家工信部工业互联网APP优秀解决方案。

【软件和信息技术服务业创新创优】 2019年，珠海市软件和信息技术服务业产品竞争力增强。在第十四届“中国芯”集成电路产业促进大会上，珠海全志科技股份有限公司的“车规级数字智能驾舱平台型专用处理器T7”获评优秀技术创新产品；珠海艾派克微电子有限公司的“打印机耗材SoCUM75601”获评优秀市场表现产品。在中国软件大会上，远光软件的“区块链企业应用服务平台（BPS）”获评软件和信息服务业区块链领域最佳产品。在第九届中国上市公司高峰论坛上，光库科技入选“最具成长性5G产业上市公司”。司迈科技有限公司参与的“微创等离子前列腺手术体系的关键技术与临床应用”项目获国家技术发明奖二等奖。珠海艾派克微电子有限公司的“基于国产32位CPU的集成电路安全芯片”项目、珠海中慧微电子有限公司参与的“智能用电大数据关键技术装置研发及工程应用”项目获广东省科学技术奖科技进步二等奖。珠海迈科智能科技股份有限公司的“数字多媒体智能终端智能工厂试点示范”、珠海格力智能装备有限公司的“六轴工业机器人的研究开发”、广东宝莱特医用科技股份有限公司的“基于云服务平台的血液透析装置的研发应用”等9个项目入选2019年广东省智能制造试点示范项目。

【软件和信息技术服务业合作交流】 2019年，珠海市成立推进鲲鹏产业生态合作工作领导小组，启动与华为技术有限公司合作开展鲲鹏产业生态合作。广东城智科技有限公司与平安集团合作的珠澳城市生活服务平台“最珠海”APP上线。4月9日，香洲区政府与华为技术有限公司签署“人工智能与云计算战略合作协议”。5月，香洲区政府与深圳市腾讯计算机系统有限公司签约，腾讯云启（珠海）基地落户香洲云溪谷数字产业园。

【2019中国（珠海）集成电路产业高峰论坛】 2019年12月13日在珠海国际会展中心举行，逾300位知名专家、学者、企业家和机构代表参加。中国科学院上海微系统与信息技术研究所集成电路项目成果转化及30家珠海集成电路产业重大项目在现场签约。中国先进半导体一站式芯片IP及量产中心、珠海先进集成电路创新研究院揭牌。

（方　慧）

通信业

【珠海电信】 2019年，中国电信股份有限公司珠海分公司（简称珠海电信）宽带、移动、固定电话用户接近150万户，其中移动用户比上年增长8%。4G（第四代移动通信及其技术）网络覆盖率98.6%，在VoLTE（高清通话）用户不断增长的同时，网络指标保持平稳，通过扩容1.8G或2.1G载波、负荷均衡参数的调整优化等措施，解决高校、口岸等热点高负荷区域近300个。运用800M室分透传技术，解决室内无4G覆盖问题。全年新增AP（无线访问接入点）设备700个，全市累计开通AP设备1.3万个。

光网城市建设　2019年，珠海电信全年新建光端口2.7万个，光网覆盖率99.6%，覆盖用户能力180万户，光纤接入用户47万户，占全市宽带接入用户的89.81%；光纤宽带平均速率125M/户，较上年提升37.61M/户，其中100M及以上宽带用户占比84.09%。配合中国电信建成集团政企OTN（光传送网）专网，实现全国128个城市一张网，高带宽专线业务端到端快速开通，满足客户低时延、高可靠要求。建成100GOTN城域传输网络，适应以DC（数据中心）为核心的新一代网络互联网，网络覆盖区县以上区域和重要镇区，配置100G波道24个，满足全市重要网络节点10G以上大带宽上联需求。是年，推出“电信智能宽带”，可提供全系列智能高速网络，通过扩展全场景智能应用及内容娱乐，延伸专家全程定制智能服务。服务承诺“必受理、当日装、当日修、慢必赔、保证快”。全年“当日装”“当日修”成功率均超过95%。

5G建设　2019年，珠海电信为珠海智慧城市应用领域铺设一张超大带宽、超低时延、安全可靠的移动基础网络。在中国电信的“三朵云”（接入云、控制云和转发云）网络架构下，为珠海部署5G边缘计算云，助力珠海构造5G智能化网络，聚焦政务、制造、交通、物流、教育、医疗、媒体、警务、旅游、环保十大垂直行业的重点业务场景，开展5G应用创新实践。采用阶段建设方式，在港珠澳大桥公路口岸开展5G室外站建设、高清视频传输、人脸识别及融合业务，逐步完成港珠澳大桥口岸的5G网络建设。3月，港珠澳大桥公路口岸成为全国首个5G网络试点口岸。4月，珠海电信在港珠澳大桥珠海口岸成功打通珠海首个5G通话，实现5G高清视频电话互通，通话过程音质清澈、画面清晰。5月6日，联合广东省第二人民医院珠海医院完成省内首例医联体“5G+远程超声应用”。5月10日，实现“5G网络＋天通卫星＋无人船”的空天一体无人船巡防应用。5月11日，通过珠海、澳门两地中国电信5G试验网信号，实现中山大学附属第五医院手术实施区与珠海国际会展中心主会场、澳门镜湖医院分会场的三地共享直播，这是全国首例珠澳两地5G远程手术，三地会场2000余名耳鼻喉专家同时收看这场5G远程手术直播。6月6日，中国电信获工业和信息化部颁发的“第五代数字蜂窝移动通信业务”经营许可，取得5G牌照。10月31日，中国电信、中国移动、中国联通、中国铁塔共同启动5G商用；同日，珠海市作为电信5G商用首批开通的50个城市之一，正式推出5G套餐、5G会员权益和5G特色应用。

通信安全保障　2019年，珠海电信完成庆祝中华人民共和国成立70周年焰火晚会、庆祝澳门回归祖国20周年烟花汇演、庆祝珠海建市40周年大型光影焰火秀等40次活动通信保障和应急响应。对实名制重点考核指标的实名登记准确率和人证一致率均达100%。多措并举开展垃圾短信、骚扰电话治理工作，及时核实处置被举报的点对点短信、短信端口，对可疑号码及同一证件号码进行关联关停，全年关停高风险用户4600余个，关停短信功能用户350个。（刘小珠）

【珠海移动】　2019年，中国移动通信集团广东有限公司珠海分公司（简称珠海移动）推动实体渠道融合转型，构建网格运营体系，丰富渠道触点，实现重点商圈100%覆盖。通过考核牵引实体渠道融合销售转型，提高酬金使用效率。通过会员制运营，与企业开展业务合作。推动电子渠道向客户服务主阵地转型。加快基站建设及优化，4G覆盖率全省第二。推进4G网络黑点整治，挖掘优化质差SP，加强客户关怀，实现4G网络满意度“双领先”，是全省3个“双领先”地市之一。开展VoLTE转化攻坚，其中集团用户VoLTE话务占比全省第二。加强传输基础资源储备，加快传输机房建设，实现弱覆盖区域的传送资源补齐。“空间资源数据质量合规率”全省排名由第二十一提升至第五。多项集客资源准确率排名全省前列，开通满意度全省第五，网络原因退单率全省第二低。完成通信中心CR到南屏二机楼的搬迁工作，推进城域网结构扁平化。率先建成横琴新区国际互联网数据专用通道，大幅降低跨境互联网访问时延。

大数据品牌影响力　2019年，珠海移动蜂巢大数据平台入选集团技术部科技成果转化奖励。大数据成果获工信部大数据“星河奖”最佳大数据行业应用奖，连续第三年获此项荣誉。大数据平台规模拓展能力提升。实施包括省交通厅在内的大型项目，得到各级政府和行业认可。大数据平台运营支撑能力提升。通过数据能力API标准化输出和简化评审流程，提高对全省21个地市项目的支撑效率。针对网络资源规划、交通、商圈等行业需求输出大数据报告；建立DT项目专业团队，提升对外DT项目生产支撑能力。

5G建设　2019年，珠海移动推进5G基站建设，完成5G基站开通。联合珠海市政府，承办工信部组织的第二届“绽放杯”智慧城市专题赛。与14家企业签订“5G+大数据”战略合作协议。20个项目参与省公司5G创新大赛，5G智能无人船等3个项目闯入决赛。

通信安全保障　2019年，珠海移动完成庆祝中华人民共和国成立70周年焰火晚会、庆祝澳门回归祖国20周年烟花汇演、庆祝珠海建市40周年大型光影焰火秀等76场重大活动通信保障，保障266天次，为超过270万人次客户提供保障服务。全年安全生产零事故，达成安全管理“五无”（无员工因公责任伤亡，无重大火灾，无安全生产事故，无治安灾害，无刑事案件）目标。（陈惠琴）

2019年9月9日，珠海电信通信保障人员在横琴检修基站　（郭毅杰 摄）

【珠海联通】　2019年，中国联合网络通信有限公司珠海市分公司（简称珠海联通）在香洲区设有营业厅29家。落实国家5G发展战略、中国联通“5G争先”战略和《珠海市推进5G产业发展行动计划（2019—2022年）》，加大5G网络建设及创新应用推广，利用5G、大数据、智能AI、云计算等新技术助力特区“二次创业”，协力完成庆祝中华人民共和国成立70周年焰火晚会、庆祝澳门回归祖国20周年烟花汇演、庆祝珠海建市40周年大型光影焰火秀等重大活动通信保障。珠海联通5G正式商用。2019年，珠海联通落实国家“携号转网”“提速降费”等政策，优化资费套餐，完善服务体系，利用手机营业厅、小程序等应用为广大用户提供便捷服务。

5G建设　2019年，珠海联通5G

网络采用全球通用的3.5G频段和国产华为设备，全年开通5G基站250个，先行覆盖政府、医院、学校、市场监管、口岸、机场、码头、交警、农业、水务、应急等重点行业和场所。推进一批5G创新应用实施，涵盖政府、医疗、执法、制造、教育、交通物流等行业，与格力电器合作的5G智慧工厂中标工信部“2019年工业互联网创新发展工程”。

5G示范应用　2019年3月5日，庆祝珠海建市40周年大型光影焰火秀在珠海大剧院及香洲渔港周边海域举行，珠海联通为活动提供“5G+VR”实景互动直播，有24.6万人次通过珠海联通“5G+VR”直播平台观看。4月15日，珠海联通与华为公司、珠海市人民医院签署战略合作协议，共同打造珠海首家5G智慧医院、全国首个5G智慧医院海岛基地，央视《智造美好生活》栏目为此以《伶仃洋上的5G远程医疗》为题进行专题报道。4月30日，与市工业信息化局在珠海度假村酒店举办珠海市5G行业应用暨工业互联网标杆示范项目发布会，现场与35家政企单位签署5G创新应用战略合作协议。5月23日，与市卫生健康局签署5G创新应用战略合作协议，启动全市5G智慧医疗应用场景全覆盖项目。7月28日，与市公安局合作，在全省率先测试通过边缘云技术。8月16日，中国联通集团与格力电器在珠海签署5G智慧工厂暨全业务战略合作协议。11月23日，与市应急管理局签署5G创新应用战略合作协议。12月22日，澳门特别行政区政府与珠海市人民政府联合举行烟花汇演活动，珠海联通为横琴公安分局负责的观看区域及周边做5G网络覆盖，现场部署5G移动布控球，将前端高清视频通过5GMEC技术接入公安视频专网，为调度指挥及综合治安预判提供支持。

通信安全保障　2019年，珠海联通运用5G、大数据、智能AI、云计算等新技术，完成庆祝中华人民共和国成立70周年焰火晚会、庆祝澳门回归祖国20周年烟花汇演、珠海建市40周年大型光影焰火秀等重要活动通信保障工作。（许国水）

商贸服务业

综　述

【概况】　2019年，珠海市社会消费品零售总额1233.36亿元，比上年增长6.3%。其中，批发业零售额249.71亿元，增长5.8%；零售业零售额825.35亿元，增长5.8%；住宿业零售额32.89亿元，增长5.3%；餐饮业零售额125.41亿元，增长10.8%。化妆品类和日用品类商品保持较快增长，限额以上企业零售额分别增长98.2%和31.2%；粮油食品类和服装鞋帽针纺织品类消费有所回落，限额以上企业零售额分别下降4.4%和6.2%；受油价回落影响，石油及其制品类商品消费保持增速下降13.8%；化妆品类、金银珠宝类和日用品类消费保持较快增长，限额以上企业零售额分别增长92.8%、29.5%和31.2%。汽车类商品增速持续下滑，零售额128.42亿元，下降6.6%；新能源汽车销售增长较快，零售额增长69.3%。家用电器和音像器材类销售增速有所回落，下降9.7%，但能效等级为1级和2级的商品销售增长较快，销售额增长5.6倍。

【夜间经济发展】　2019年，珠海市夜间经济在经济活动中的比重逐步加大，主要集中在主城区香洲区。香洲区各行业夜间营业收入占全天营业收入占比分别为：果蔬批发76%、大型酒楼60%、酒吧咖啡厅45%、百货40%、加油站30%、家用电器销售28%、快餐26%、家居家具销售10%。各大商业百货开展夜间促销活动，提升夜间消费潜力。5月18日，珠海天虹商场开展第三届荧光跑，吸引客流6万余人，比上届增长3.4%，销售增长21.4%，客单量增长18.8%；7月20日，世邦家居举办夜宴九周年活动，客流比上届增长15%，实现销售额达4000万元，增长10%。

> 链　接：
>
> **夜间经济**
>
> 夜间经济是指发生在城市中心区域晚间18：00到次日凌晨6：00阶段，以服务业为主的一种经济活动。

【促消费活动】　2019年，珠海传媒集团等单位持续开展元旦、春季、五一、夏季、中秋、双十一等大型车展活动，全年累计布展时间14天，布展面积超4万平方米，汽车销量达3000余辆，销售额约5亿元。在零售餐饮方面，5月，市商务局开展“家520”购物节促消费活动，组织30余家企业共同策划开展跨界联合营销活动，涵盖家用电器、家居用品、建材、汽车等多个行业，提增商家客流。9月，举办第三届珠海购物节，发动全市各区以及80余家商贸流通企业举办200余场促消费活动。12月，在珠海大剧院广场开展“珠港澳美食旅游文化节”活动，邀请粤港澳（包含珠海本地80余家）餐饮企业参加活动，展示珠港澳特色美食。

批发零售业

【步行商业街区】　2019年，珠海市规模较大、知名度较高的特色街区16处，商业规模约25万平方米。其中，传统商业街区主要有拱北莲花路步行街、斗门井岸步行商业街、仁恒星园商业街3处；以美食为主的商业街区主要有888商业街、水湾路酒吧街、湾仔海鲜街、石花东饮食文化街、拱北宝裕美食街5处；旅游和商业结合的特色步行街主要有斗门旧街、唐家古镇山房路2处；文化和商业结合的创意步行街主要有金嘉创意谷、乐士文化区、北山大院、唐家会同村4处；步行街与商业综合体结合、多业态融合发展的主要有华发商都、富华里2处。

【社区商业发展】　2019年，珠海市连锁社区生鲜便利店发展迅速。截至年底钱大妈社区生鲜便利店累计开设75家；本土企业农民老爹生鲜超市社区店累计开设10家。传统社区便利超市开展生鲜业务经营，华润万家便利超市130家，其中经营蔬菜肉类等生鲜产品店48家、经营水果鸡蛋等生鲜产品店82家。得一超市58家，其中经营生鲜产品店26家。开设广东第一家易捷生鲜超市——中石化易捷便利店（珠海店），经营果蔬粮油肉类水产等上千种产品。

【商业网点建设】 2019年，珠海市商业综合体发展速度显著加快。首个情景式购物公园玖洲道开业，超100个品牌进驻；由120个废旧集装箱体搭建而成的特色集装箱创意商业街区——嗨森里音乐美食广场投入运营；首个艺术型综合商业项目励骏庞都广场开业，总建筑面积14万平方米；文德广场购物中心开业运营。是年，引入宝龙城项目，建设29万平方米旗舰综合体，其中包含近9万平方米体验式购物中心；引入岁宝百货项目，收购总建筑面积47万平方米的祥祺商厦，打造包括购物中心、百货商场及精品超市的岁宝百货广场；引入上海豫园商城，打造独具传统特色的商业综合体。

餐饮业

【概况】 2019年，珠海市餐饮消费市场总体保持平稳运行态势，市场规模不断扩大，餐饮业零售额125.41亿元，比上年增长10.8%。限额以上法人企业零售额27.95亿元，增长8.8%；限额以上个体零售额10.65亿元，增长6.9%；限额以下单位零售额86.80亿元，增长11.9%。全年全市有餐饮单位2.4万家，其中，单位食堂2241家，中央厨房14家，集体配餐单位22家，大型餐馆207家，中型以上餐馆1657家。入驻网络第三方订餐平台的餐饮企业7748家，外卖销售在餐饮企业销售中的占比不断提高，成为餐饮商家的业务增长点。餐饮市场在满足大众化需求的同时，市场不断呈现多元化的特点，个性化、细分化和理性化消费特点日趋明显：外卖、快餐、送餐、街头小食、私房菜、酒吧、咖啡和半成品加工、超市食品的市场越来越大，健康营养美食和绿色餐饮成为重要趋向，市场消费向价格、品位、氛围、服务和品牌文化等综合型方向转变，追求健康营养和环境服务的个性消费成为新时尚。

【珠港澳美食旅游文化节】 2019年12月8—9日，珠港澳美食旅游文化节在珠海大剧院广场举行，现场设置美食展位近100个，汇聚国内外、粤港澳各类美食，吸引客流量达2.3万人次。国家、省、市有关领导以及来自全球各地的500余位嘉宾出席相关活动。

（冼超文）

现代物流业

【概况】 2019年，珠海市交通运输、仓储和邮政业实现增加值53.23亿元，比上年增长9.1%。全市货物运输总量1.38亿吨，增长2.4%。其中，公路运输9973.6万吨，增长2.2%；水路运输2909万吨，增长3.3%；航空运输1.3万吨，下降10.0%；铁路运输881.9万吨，增长1.5%。全市货物运输周转量253.93亿吨公里，增长14.2%。其中，公路55.58亿吨公里，增长3.7%；水路182.06亿吨公里，增长19.1%；航空0.23亿吨公里，下降2.7%；铁路16.06亿吨公里，增长3.0%。

（罗祖娟）

【港口物流】 2019年，珠海港以运输结构调整为主线，发展多式联运，推进高栏港疏港铁路专用线二期工程附属工程、广珠西站物流站场、航空物流园、高栏港综合保税区等重大项目建设；协调港口、铁路、航空、公路货运等经营企业拓展公海、海铁、公铁联运新通道。以实施“一带一路”为重点，拓展港口对外合作，扩展珠海港国际航线，引进中远海运特种运输股份有限公司纸浆船进驻高栏，高栏港巴西进口纸浆业务量进一步提升；推动珠海—非洲国际航线布局，扩大珠海港国际影响力；贵州昌明国际陆港作为“一带一路”重点项目一期工程建成投产，不断拓展珠海港后方腹地，珠海港在辐射中国西南地区和东南亚、非洲等地区的国际物流链建设取得突破。珠海港集装箱班轮航线优化为59条，其中，国际航线22条、国内沿海航线9条、西江驳船航线28条。珠海机场通达航点85个，开通航线154条。全年珠海铁路完成货物到发量882万吨，西江流域驳船支线完成货物吞吐量4376万吨。开展港口收费的清理规范工作，对实行市场调节价的收费项目，督促港口经营单位合理制定收费标准，做到公开透明；开展港口规费征收主体调整工作，将货物港务费、港口设施保安费的征收主体由市港口管理局调整为相关维护单位和经营企业；监督港口经营单位严格落实有关货物港务费、港口设施保安费、集装箱班轮航线及集装箱优惠政策，港口货物港务费、引航费和拖轮费收费自4月起分别降低15%、10%和5%。

（黄　翔）

【珠港澳物流交流合作】 2019年，珠海市对接港澳地区物流组织及团体，紧密联系香港特别行政区贸发局、香港付货人委员会、香港航运物流协会等组织，全年接待160余名港澳及海外地区客商来珠考察，组织本地30余家物流企业参加交流洽谈，开展商业配对活动。推进广东港珠澳供应链公司区域性国际贸易分拨中心珠海项目启动，该项目保税仓分拨业务正式运营。

（罗祖娟）

供销合作社

【概况】 2019年，珠海市供销合作社有市级社1个、区级社2个、基层社13个，所属法人企业23家。全市供销合作社系统领办、参办农民专业合作社21家，农民专业合作社联合社1家；实现销售总额6.36亿元，比上年下降3.35%；费用总额5500万元，下降1.1%；利润总额3200万元，增长194.70%。

【助农服务综合平台】 2019年，珠海市供销合作社推进助农服务示范体系建设，促进小农户与现代农业有机衔接。香洲区供销合作联社助农服务综合平台引入合作者，升级改造南屏镇供销社自有物业，开展农副产品销售和电子商务服务，租用厂房设立冷链物流配送中心，配备冷链配送车5辆、箱式配送车17辆，建有250立方米冷库1个，恒温加工车间3个，半成品打包间1个；与6家农民专业合作社开展业务合作，销售农产品单品130种，主展厅月均销售额约56万元。斗门区助农服务综合平台引入社会资本参与平台建设，以股权投资方式与豪峰农机专业合作社合作，共同建设斗门区供销社助农服务综合平台。经营范围包括农机服务、农机维修、植保无人机飞行服务、农资销售、农业技术咨询、培训服务等服务内容。截至年底，农业机械销售额 15 万元，累计农业机械服务 1666.67 公顷，服务农户 1.1 万家。

【农村互助金融服务】 2019 年，珠海市供销合作社社员资金互助中心股本金由原来的 3100 万元增加至 3800 万元。社员资金互助中心下调利率让利农户，通过市财政资金贴息，最低利率降至年息 5.76%，社员利率偏高的状况得到改善。为涉农企业、农民专业合作社、农民种养农户发放调剂资金周转额 8700 万元，实现利润 300 万元，比上年增长 4.09%，给农户贴息 149.81 万元。

【农业生产资料供应】 2019 年，珠海市供销合作社系统农业生产资料销售 2.06 亿元，农产品销售总额 1.73 亿元。农资经营网络有斗门农资配送中心 1 家、直营店 3 家、农资综合超市 2 家、连锁加盟店 43 家。斗门区供销社做好春耕农资储备，严把农资商品进货质量关，储存化肥 1.01 万吨，保障涉农生产春耕用肥需求；对农资网点进行定期不定期检查、巡查，确保农资供应保质、保供、保价，发现有质量或抬价问题的及时纠正处理，确保农资质量安全。斗门区供销社结合省天禾农资公司在乾务镇新村、莲溪镇东湾村试验加钾平衡施肥项目的成功经验，通过多种形式引导农民接受实施加钾平衡施肥的先进农业新技术，促进斗门区农业增效、农户增收。向农民推广使用有机化肥、生物农药，在源头保障农产品质量和品质，现场发放各类宣传资料 1500 余份，接受群众咨询服务 200 多人次，派发放心肥料 200 份。

【百分百商业有限公司】 2019 年，珠海市供销合作社下属企业百分百商业有限公司实现商品销售总额 1.07 亿元；百分百超市总店有 1 家、配送中心 1 个，连锁经营网点 33 家，其中，货仓连锁超市直营分店 21 家，特许加盟店 12 家。是年，百分百商业有限公司开通“饿了么”“京东到家”线上外卖业务，外卖平台全年销售额约 45 万元，比上年增长 36%；开拓进货渠道，全年新引入供应商 95 家。

【再生资源回收】 2019 年，广东省珠海市物资回收公司经营收入 200 万元，比上年下降 17%；销售总额 6728.15 万元，其中废钢（铁）1379.81 万元、废铜 5273.21 万元、废铝 21.27 万元、废纸 15.44 万元、废塑料 38.42 万元。

【百分百引进“刷脸”消费】 2019 年 4 月，珠海市百分百商业有限公司引进支付宝“刷脸”收银设备，该设备在百分百超市总店和货仓连锁超市直营分店投放 22 家，市民购物时在任意收银台无须携带手机，“刷脸”即可完成支付，提升结账时便捷性、时效性，实现人与钱包或银行卡“合二为一”消费模式。

（钟洁丹）

拍卖·典当业

【拍卖业】 2019 年，珠海市有拍卖企业 45 家（含横琴新区 3 家），比上年增加拍卖企业 5 家。全市拍卖企业注册资本 5.76 亿元，比上年增长 28.88%，从业人员 268 人。全年举行拍卖会 108 场次，拍卖成交总额约 4 亿元，增长 9.19%。其中，房地产拍卖业务大幅减少，成交

2019 年珠海市供销合作社系统经营情况

项目	实绩（亿元）	比上年增长（%）
全系统销售额（统计数）	6.36	-3.35
其中：直属企业	2.09	-8.9
县级及基层社企业	1.04	11.6
全系统购进（统计数）	6.10	-7.86
全系统利润总额	0.32	194.70

2019 年 4 月，珠海市百分百商业有限公司引进支付宝“刷脸”收银设备

（钟洁丹 摄）

额6156.95万元，减少76.65%，占成交总额15.4%；机动车拍卖业务有所减少，成交额179.55万元，减少30.22%，占成交总额0.45%；债权、股权拍卖业务增长迅速，成交额1.23亿元，占成交总额30.65%，增长1125.22%；文物艺术品拍卖业务拓展迅速，成交额1.76亿元，占成交总额44.06%；无形资产2742.30万元，占成交总额6.86%；其他1029.38万元，占成交总额2.58%。（廖 慧）

【典当业】 2019年，珠海市全年持证典当企业29家，注册资金4.8亿元，典当余额2.6亿元。第一批通过年审的典当企业3家，未通过年审的典当企业2家。全年，全市典当企业典当总额4.92亿元，比上年增长48.2%；发生业务2706笔，增长15.4%；资产总额4.25亿元，增长22.7%。机构改革后，典当企业监管职能由市商务局转隶至市金融工作局。（钟淑清）

商贸流通行业管理

【烟草专卖】 2019年，珠海市烟草部门实现税利总额9.25亿元，比上年增长12.5%；销售卷烟9.63万箱，增长8.06%；纳税总额6.25亿元，上缴地方利润8704万元。有卷烟零售户1.1万户。查处各类涉烟违法案件643件，其中，5万元以上案件57件，增长16.33%；查获违法卷烟2051万支，增长0.29%；成功申报国标网络案件1件、省标网络案件2件。

卷烟零售生态环境建设 开展“20支”全零售连锁网络建设，直营店开业6间，合作店开业1间。开展“天价烟”专项自查和集中整治工作，批评教育员工55人次，经济处罚1人。取消电话访销客户，实行全面网上订货。全年客户满意度93%。

市场监管法治化建设 通过“互联网+监管”模式，将全市卷烟零售户100%纳入网格化管理，实施“双随机、一公开”监管。治理违法违规卖烟大户，全年查处40户、责令停业整顿75户、取消经营资格18户，分别比上年增长25%、41%和22%。

文明吸烟环境建设 完成文明吸烟环境课题研究，提出广东省文明吸烟环境的建设标准、管理标准和维护标准。按照“政府支持、烟草合力、社会共建、公益为主”的建设思路，在全市投放户外烟蒂收集器1024个，投建公共吸烟室（亭）10个。（林俊清）

【食盐专营】 2019年，珠海盐业部门落实广东省盐业集团公司制定的“以盐为基，以盐带路，严把盐关，广开盐路”经营方针和“强品牌、提品质、增品种、优服务”营销战略，保障全市食盐市场质量安全、供应稳定。全年销售各类盐产品总量1.24万吨，其中，小包装销售7400吨，主营业务收入2638.28万元，经营净利润118.52万元。全年，香洲区、斗门区、金湾区3个行政区合格碘盐覆盖率分别为90.50%、95.50%和97.50%。严格按照规范管理政府储备盐，储备盐管理费用由市财政局按800元/吨、120万/年的管理费拨付给珠海盐业部门。

机构改革 优化组织架构，明确部门设置职能和岗位人员职责，完善组织架构、修订三定方案、优化管控模式、降低管理成本，优化重组组织架构及人员配置。调整后，中山盐业总公司统筹管理珠海盐业总公司，珠海盐业总公司由原省属二级企业变更为省属三级企业。公司内设职能部门3个，直属单位3个。截至年底，公司在册职工41人，比上年减少5人。

安全生产 坚持安全发展，强化落实“安全第一、预防为主、综合治理”的安全生产工作模式，强化落实企业的主体责任，统一与各直属单位负责人签订安全生产责任书，集中培训一批企业负责安全生产的安全员。建立健全“企业负责、全员参与、源头管控、全过程管理”的约束机制。全年按照职责分工，主体责任落实到位，落实安全生产“一岗双责”制，加强安全生产监督检查，对因措施不力、监督不严、管理不善、工作落实不到位而引发安全生产事故的，严肃追究相关人员具体责任，有效防范一般事故，坚决遏制较大及以上事故的发生。是年，获全省盐业系统安全生产考核评比优秀单位。

辅助巡查 采取主动巡查辅助执法，严防食盐市场管理出现“空档期”“真空期”。加强全市食盐市场监管力量，市市场监管局为盐业公司辅助执法人员办理食盐辅助执法巡查员证33张，比上年增加5张。全年出动巡查人员2466人次，巡查生产经营单位2980家，有效震慑违规违法销售食盐行为，确保食盐市场的安全与稳定。（侯 锐）

【二手车市场】 2019年，珠海市有二手车交易市场24家，比上年增加2家，其中具备转移登记服务功能11家，增加4家。全年，全市二手车交易量7.35万辆，增长34.56%，占全省二手车交易量3.15%，占全国二手车交易量0.5%；交易额50.72亿元，增长41.2%，占全省二手车交易额3.36%，占全国二手车交易额0.54%。全年各季度交易额分别为9.36亿元、13.73亿元、13.28亿元和14.36亿元，第四季度占比为全年最高，达28.3%。交易均价方面，随着人们的消费水平不断提高，对二手车车辆的车况、车龄等要求逐渐提高，选择中高级以上的车型为主，全年车辆平均销售额为6.9万元/台，增长7000元/台。全年二手车市场整体情况趋稳，在“国五”“国六”（国家第五、第六阶段机动车污染物排放标准）切换过程中，受益于珠三角区域“国五”二手车互迁利好政策，二手车市场实现平稳过渡。

【报废机动车回收拆解】 2019年，珠海市通过珠海市物资再生利用有限公司（全市唯一具有报废机动车拆解回收资质企业）回收拆解机动车3425辆，比上年下降53.9%。其中，小型客车1892辆，下降5.4%，占拆解机动车比重为55.2%；大型客车678辆，增长4%，占拆解机动车比重为19.8%；轻型货车365辆，下降34%，占拆解机动车比重为10.7%；中型货车5辆，下降77.3%，占拆解机动车比重为0.1%；重型货车112辆，增长166.7%，占拆解机动车比重为3.3%；摩托车373辆，下降87.8%，占拆解机动车比重为10.9%。全年机动车拆解数量整体上有所减少，减少量主要集中在摩托车、中型货车等中小型车辆，大型车、重型车拆解数量均有增长，汽车拆解回收企业逐步转向

高质量发展。（廖　慧）

会展业

【会议业】 2019年，珠海市举办各类会议3761场，参会总人数62.8万人次，比上年增加12.75%。1000人以上大型会议100场，增长29.8%。其中，3000人以上超大型会议15场，增长50%。会议客商的人均酒店消费额539元，增长8%。会议业经济贡献比率超过展览业，会议业直接经济影响28.55亿元，间接经济效应达43.10亿元，总体经济效应达71.65亿元。大型高端会议汇聚珠海，凸显珠海市会议目的地城市优势。

【展览业】 2019年，珠海市举办各类展览23场，展览总面积28.8万平方米，参展企业3154家，观众32.51万人次。其中1万平方米及以上的展览会15场，专业展览18场，消费展4场，综合展1场。展览业直接经济影响13.09亿元，间接经济效应达19.31亿元，总体经济效应32.40亿元。展览业呈专业化发展，行业总体趋势向好，高端专业展会的带动作用显著。

【品牌会展引进】 2019年，珠海市加强与国内外行业协会的交流合作，引进博鳌亚洲论坛全球经济发展与安全论坛、中国特殊食品合作发展大会（第四届）暨2019国际特殊食品产业展览会、第四届中国国际复合材料科技大会暨第三届国际复合材料产业创新成果技术大会、中华医学会第十三次全国重症医学大会、中华医学会第二十三次全国儿科学术大会等国际性大型会展项目。

【澳珠会展合作】 2019年，珠海市与澳门特别行政区政府经济财政司、澳门贸易投资促进局、澳门展贸协会等澳门相关政府部门及行业协会紧密联系，推动两地会展政策和项目对接，携手举办2019澳珠企业家峰会。华发集团旗下的华金会展公司与澳门博览集团合资设立珠海华濠国际会展公司。

【会展人才培训】 2019年，珠海市开展会展人才培训工作，举办“展会主题策划”“展会知识产权保护、维权及应对策略”“会展风险管理”“会议市场及营销”等会展专题培训12场，参加培训人员超1200人次，进一步提升珠海市会展从业人员综合素质。

【亚太水产养殖展览会暨珠海国际水产品交易会】 2019年5月17—19日，在珠海国际会展中心举行。展出面积1万平方米，展品覆盖从苗种到水产养殖、加工流通的全产业链条，吸引专业观众1.52万人。来自国内27个省、自治区、直辖市的200家展商、14个水产新品种，7个特色展团参展，来自厄瓜多尔、比利时、美国、挪威、意大利、泰国、越南、菲律宾、印度尼西亚、马来西亚、印度、柬埔寨等全球12个国家的100余名海外展商参会、参展和采购。

【中华医学会第十三次全国重症医学大会】 2019年5月23—26日在珠海国际会展中心举办，是国内重症医学领域规模最大的学术会议。著名呼吸病学专家、中国工程院院士钟南山，中国人体器官捐献与移植委员会主任委员、原卫生部副部长黄洁夫，中华医学会副会长李五四等150位国内外重症医学及相关学科行业领军专家、学者出席，近2万名重症医学界知名专家、学者、医护人员以及来自“一带一路”沿线30多个国家的重症医学学术团队参会。

【2019年中国（珠海）国际办公设备及耗材展览会】 2019年10月17—19日在珠海国际会展中心举行。展览会全面升级，布局中国打印机及耗材全产业链生态圈，奔图、映美等超过20家国内打印机企业集中参展，吸引来自100多个国家的450家展商及1.5万名专业观众参加。

【2019澳珠企业家峰会】 2019年10月21日在珠海国际会展中心举行，以“携手发展新兴产业，同心共筑湾区梦想”为主题，举办开幕式、主题演讲、专题对话会等活动14项，粤澳跨境金融合作（珠海）示范区、澳门旅游学院粤港澳大湾区旅游教育合作中心揭牌成立，20个澳珠重点合作项目现场签约，3000人参会。

【第三届“21世纪海上丝绸之路”中国（广东）国际传播论坛】 2019年10月22日在珠海国际会展中心举行。论坛以“大湾区建设助力‘海上丝路’交融”为主题，同时开设“粤港澳大湾区建设的对外传播”“媒体融合助力国际传播创新”和“‘一带一路’建设中的城市形象塑造”3个分论坛，海内外知名专家学者、知名企业负责人及媒体人

2019年5月24日，中国工程院院士钟南山（左二）出席中华医学会第十三次全国重症医学大会（钟　凡　摄）

300 余名嘉宾出席。

【第四届中国国际复合材料科技大会】2019 年 11 月 28—30 日，第四届中国国际复合材料科技大会暨第三届国际复合材料产业科技创新成果技术展览会在珠海国际会展中心举行。中国工程院 9 位国内院士、5 位外籍院士和 3100 名中外复合材料界专家学者与企业代表出席。大会以“复合新材 料定未来”为主题，设置 50 个主题学术分会场、3 个国际会场。展会面积 1.5 万平方米，观众 2 万人次。展览期间设置商业航天产业论坛、复材双创路演、第四届“光威杯”中国复合材料学会大学生创新科技竞赛总决赛等特色会场。上百家企业、实验室展示创新成果与技术。全球首辆碳纤维地铁在展会上亮相。（黄中坚）

2019 年珠海主要会展项目

序号	名称	主办单位	举办日期	举办地点
1	2018 珠港澳国际电玩动漫节	珠海华昇展览有限公司	2018 年 12 月 30 日至 2019 年 1 月 1 日	珠海国际会展中心
2	2019 中国城市停车大会暨中国停车设备年会	中国城市公共交通协会、中国重型机械工业协会停车设备工作委员会	3 月 14—15 日	珠海德翰大酒店
3	2019 年华南医院网络大会	广东省医院协会	3 月 19—23 日	珠海国际会展中心
4	第 287 场中国工程科技论坛——海洋强国发展战略论坛	中国工程院	3 月 28—29 日	珠海国际会展中心
5	2019 年中国医院院长论坛	中国医院协会	3 月 29—30 日	珠海长隆横琴湾酒店
6	2019 年春季亚洲幼教年会暨幼教展览会	中国民办教育协会学前教育专业委员会	4 月 19—21 日	珠海国际会展中心
7	中华医学会第二十五次全国皮肤性病学术年会	中华医学会、中华医学会皮肤性病学分会	4 月 24—28 日	珠海国际会展中心
8	亚太水产养殖展览会暨珠海国际水产品交易会	中国水产流通与加工协会	5 月 17—19 日	珠海国际会展中心
9	中华医学会第十三次全国重症医学大会	中华医学会、中华医学会重症医学分会	5 月 22—26 日	珠海国际会展中心
10	国际保护知识产权协会中日韩三国分会交流会	国际保护知识产权协会中国分会	5 月 31 日至 6 月 1 日	珠海华发喜来登酒店
11	第三届冷原子少体物理国际会议	中科院物理所、清华大学、中国人民大学、中山大学	6 月 7—9 日	2000 年大酒店
12	第四届月球与深空探测国际会议	中国国家航天局、中国科学院	7 月 22—24 日	珠海国际会展中心
13	2019 中国地理信息产业大会	中国地理信息产业协会	7 月 24—26 日	珠海国际会展中心
14	2019 第六届 ANIMA TION SHOW 动漫游戏展	珠海星尚文化传播有限公司	7 月 25—28 日	珠海国际会展中心
15	第三届中国生物诊断高峰论坛	中国医药生物技术协会生物诊断技术分会	8 月 14—16 日	珠海度假村酒店
16	第二届横琴十字门金融周	横琴新区管理委员会、中国社科院“一带一路”国际智库、澳门中国企业协会	8 月 19—21 日	珠海国际会展中心
17	2019 中国（珠海）国际打印耗材行业峰会	珠海再生时代文化传播有限公司	10 月 15—16 日	珠海国际会展中心

（续 表）

序号	名称	主办单位	举办日期	举办地点
18	第十四届中国（珠海）国际办公设备及耗材展览会	珠海再生时代文化传播有限公司	10月17—19日	珠海国际会展中心
19	2019中国特殊食品合作发展大会（第四届）暨2019国际特殊食品产业展览会	中国营养保健食品协会	10月17—19日	珠海国际会展中心
20	2019澳珠企业家峰会	澳门特别行政区政府经济财政司、珠海市人民政府	10月21日	珠海国际会展中心
21	第三届“21世纪海上丝绸之路”中国（广东）国际传播论坛	中央广播电视总台、广东省政府	10月21—23日	珠海国际会展中心
22	中华医学会第二十四次全国儿科学术会议	中华医学会、中华医学会儿科学分会	10月22—27日	珠海国际会展中心
23	中华医学会妇产科学分会第十四次全国妇产科学术会议	中华医学会、中华医学会妇产科学分会	10月28日至11月3日	珠海国际会展中心
24	2019世界自贸区（横琴）论坛	世界自由区组织	10月29日	珠海市粤财皇冠假日酒店
25	SAC潮流汽车展	广州车优会联信息科技有限公司、珠海市会展集团	11月16—17日	珠海国际航展中心
26	2019太空技术和平利用（健康）国际研讨会	中国宇航学会、中国高科技产业化研究会、国际和平联盟（太空）有限公司	11月17—19日	珠海国际会展中心
27	2019中国大学生电动方程式汽车交流及展览	中国汽车工程学会	11月18—23日	珠海国际航展中心
28	CCPM第二届中国精准医疗大会	全国卫生产业企业管理协会精准医疗分会	11月23—25日	珠海度假村酒店
29	第四届中国国际复合材料科技大会暨第三届国际复合材料产业创新成果技术展览会	中国复合材料学会	11月28—30日	珠海国际会展中心
30	第二届粤港澳大湾区中医药传承创新发展大会	广东省中医药局、香港特别行政区政府食物及卫生局、澳门特别行政区政府卫生局、珠海市政府	12月4—6日	珠海长隆横琴湾酒店
31	2019珠海国际工业博览会	广东省机械行业协会、广东亚联展览股份有限公司	12月4—7日	珠海国际会展中心
32	2019年广东（珠海）军民两用技术应用推广对接会	国家国防科工局、广东省政府	12月5日	珠海国际会展中心
33	2019粤港澳大湾区（珠海）国际茶业博览会	广州益武国际展览有限公司	12月5—8日	珠海国际会展中心
34	第三届高端人才珠海创新创业交流大会暨中国海外学子报国行动	中国留学人员回国创业专家指导委员会、人社部留学人员和专家服务中心、广东省人力资源和社会保障厅、珠海市政府	12月6—7日	珠海国际会展中心

（续 表）

序号	名称	主办单位	举办日期	举办地点
35	“粤菜师傅”走向国际——2019“一带一路”粤菜产业发展论坛暨珠港澳美食旅游文化节	珠海市政府、广东省人力资源和社会保障厅、世界中餐业联合会	12月8—9日	珠海大剧院中心广场
36	中国（珠海）集成电路产业高峰论坛	中国科学院上海微系统与信息技术研究所、横琴新区管委会、珠海市工业和信息化局、市国资委	12月12—13日	珠海国际会展中心
37	第五届中国猪业高峰论坛	中国农业机械学会机械化养猪工程分会、东方之珠（珠海）畜牧发展有限公司	12月13—14日	珠海度假村酒店
38	珠海国际设计周	珠海华发集团、北京歌华文化发展集团、香港设计总会、澳门设计中心	12月12—15日	珠海国际会展中心
39	2019华夏医学科技奖颁奖大会暨华夏院士论坛	中国医疗保健国际交流促进会	12月26—27日	珠海电视台演播大厅
40	2019“让世界爱上中国造”高峰论坛	中国机械工业联合会、中国质量协会、科技日报社、珠海市政府、新华社民族品牌工程办公室、珠海格力电器股份有限公司	12月28日	格力电器珠海总部

旅游业

综　述

【概况】 2019年，珠海市接待游客4618.21万人次，比上年增长7.1%，其中，接待入境游客541.14万人次，国内游客4077.07万人次。全年实现旅游总收入541.53亿元，增长16.2%。其中，国际旅游收入16.50亿美元，增长12.4%；国内旅游收入427.53亿元，增长15.9%。全年接待过夜游客2603.90万人次，其中，入境过夜游客341.13万人次。珠海桂山岛申报AAA级景区获批。珠海横琴长隆国际海洋度假区申报省级旅游度假区获批。

【旅游产业规模】 2019年，珠海市纳入统计范围的宾馆饭店平均开房率为62.27%。旅行社组团国内游118.80万人次，出境游57.94万人次。旅行社接待国内游客139.50万人次，接待入境游客89.53万人次。纳入统计范围的景点全年接待游客3000.20万人次。

【入境旅游】 2019年，珠海市接待入境游客541.14万人次，比上年增长5.3%；旅游外汇收入16.50亿美元，增长12.4%。入境游客按客源地分，外国人71.31万人次，增长5.6%；香港游客187.51万人次，增长4.8%；澳门游客198.07万人次，增长6.1%；台湾游客84.26万人次，增长4.5%。

【出境旅游】 2019年，珠海旅行社组团出境游57.94万人次,比上年下降4.1%。其中，香港游14.76万人次，下降25.5%；澳门游14.51万人次，下降14.0%；台湾游0.67万人次，下降22.4%；出国游28.00万人次，增长22.2%。

【国内旅游接待与收入】 2019年，珠海市接待国内游客4077.07万人次，比上年增长7.4%；实现旅游收入427.53亿元，增长15.9%。旅行社组团国内游118.82万人次，增长1.6%。其中，省内游85.06万人次，增长2.4%；省外游33.76万人次，下降0.4%。

【假日旅游】 2019年，珠海市春节、五一和国庆节接待游客总人数683.79万人次，实现旅游收入44.52亿元。其中，春节期间接待游客219.05万人次，增长13.5%；实现旅游收入15.30亿元，增长25.5%。五一期间接待游客193.52万人次，比上年同期增长7.0%（按3天可比口径，下同）；实现旅游收入11.41亿元，增长28.8%。国庆期间接待游客271.22万人次，比上年同期增长7.2%；实现旅游收入17.81亿元，增长12.2%。

（周　靖）

【旅游推广】 2019年，珠海市改版设计旅游形象。主办“珠海人i游珠海·浪漫就在家门口”活动，在“5·19”中国旅游日邀请519名市民分10条线路体验，挖潜市内客源。参与第七届澳门国际旅游（产业）博览会、2019海峡两岸台北夏季旅展和广东国际旅游产业博览会。在澳门举办2019珠海（澳门）旅游推介会及洽谈活动。以“一程多站”旅游产品共同开拓国际客源市场，参加在新加坡举办的“粤港澳大湾区——联线旅游体验”推广活动。组织“庆回归，

澳门同胞游珠海”主题踩线活动，邀请来自澳门社团组织的800名澳门市民和业界代表踩线体验。（高　超）

【旅游合作】 2019年3月1日，珠海市在万山区组织召开“中珠澳”（中山市、珠海市、澳门特别行政区）旅游区域合作联盟工作会议，商定年度中珠澳旅游联盟合作计划。5月6—9日，参加香港旅游发展局组织的香港研学旅行学习交流活动。6月13—16日，组团参加在香港会议展览中心举行的第三十三届香港国际旅游展。加强广深珠区域旅游合作。9月17—25日，组织旅游企业参加广深珠在黑龙江（齐齐哈尔、黑河、哈尔滨）举行的旅游交流和推介活动。做好珠海、中山、江门、阳江旅游联盟轮值主席单位，10月26—30日，组织珠中江阳旅游联盟在郑州、襄阳各举办一场旅游推介活动。

【澳珠旅游协同发展对话会】 2019年10月21日，珠海市组织澳珠旅游协同发展对话会，以“推进资源共享，构筑休闲湾区，共促珠澳旅游协同发展”为主题，邀请中山大学教授保继刚做主旨演讲，业界200人参与对话。

【乡村旅游活动】 2019年，珠海市斗门区开展稻田艺术节、水稻收割节、乡村音乐节、“食乐虾山”客家文化美食节等乡村旅游年系列活动；万山区举办“珠海人游万山”、健身健美比赛、海岛马拉松、海钓比赛等品牌赛事；金湾区开展大型徒步、骑行、皮划艇挑战赛等。（金　璐）

旅游市场监管

【概况】 2019年，珠海市开展对关停涉旅购物商场“回头看”和“再回头”行动，对已经关停的24家涉旅购物商场再次进行现场核查、确认，防止死灰复燃。制定《珠海市文化广电旅游体育局关于开展2019年全市文化旅游体育市场整治行动工作方案》，重点加强对“不合理低价游”、非法港澳游、非法经营旅行社业务等突出问题的整治。珠海、中山两地旅游主管部门签订《珠海、中山共建旅游执法协作联动机制工作方案》，全年两地开展3次联合执法行动。举办广州、深圳、珠海、中山四市旅游市场执法协作交流工作会议，签订《广州深圳珠海中山四市加强旅游市场执法协作机制建设备忘录》。全年吊销2家旅行社经营许可证，提请法院强制执行案件2件。（聂红斌）

【旅游行业培训】 2019年6月22日，珠海市导游服务中心对通过2018年度考试并获得导游资格证书的198名新考导游进行岗前培训。9月11—12日，举办旅游企业安全生产知识竞赛。11月，向全市三星级以上旅游饭店发布最新培训课程（比赛规程），12月初有23家旅游饭店派出近150名一线从业人员参加“规程答疑”培训。12月10—13日，举办珠海市旅游饭店服务技能大赛，有19家宾馆饭店83名一线从业人员分别参加“前厅服务技能竞赛”“客房服务技能竞赛”“餐饮服务技能竞赛”。

【旅游安全管理】 2019年，珠海市根据旅游市场的特点，重点抓好元旦、春节、五一、十一以及暑期等节假日旅游高峰期的旅游安全工作。6月26日上午，在圆明新园演出剧场举办“2019年珠海市旅游安全生产知识培训暨消防突发事故应急处置演练活动”，300多人参加。做好庆祝中华人民共和国成立70周年焰火晚会、庆祝澳门回归祖国20周年烟花汇演酒店安全保障工作。（周　靖）

【旅游投诉处理】 2019年，珠海市受理旅游投诉223宗，涉及1917人，涉及金额93.29万元。其中，投诉旅行社130宗410人，涉及金额56.73万元；投诉酒店8宗9人，涉及金额0.24万元；投诉景点28宗95人，涉及金额6.18万元；外地港澳游回程团购物投诉14宗44人，涉及金额7.74万元；港澳游回程团甩团甩客投诉16宗1087人；其他投诉27宗272人，涉及金额22.40万元。所有投诉全部处理，做到件件有答复，投诉处理率100%。（高　超）

【“6·21”恶性甩团案查处】 2019年6月21日凌晨，港珠澳大桥珠海公路口岸发生一起恶意甩团事件，36名游客被甩滞留口岸，领队、导游逃逸。为查明甩团事件真相，深挖幕后组织者和操纵者，珠海市文化广电旅游体育局联合省文化和旅游厅执法监督处、珠海市公安部门组成联合专案组于8月19日赴辽宁沈阳、抚顺、大连，协同当地执法部门对“6·21”恶性甩团案涉案单位及人员开展调查。经查，当事人违法事实清楚、证据确凿，抚顺市文化旅游和广播电视局对当事人之一抚顺金运旅行社有限公司违法经营行为作出罚款1.2万元的行政处罚；大连市文化和旅游局对另一名当事人大连开心假期港澳同业操作中心工作人员违法行为作出责令改正、罚款6万元的行政处罚。（聂红斌）

旅游设施建设

【宋城项目签约】 2019年9月30日，珠海市政府与宋城集团签署战略合作框架协议。宋城集团计划投资150亿元在斗门区建设珠海宋城演艺度假区项目，打造世界级演艺度假目的地。（高　超）

【乡村旅游特色建设】 2019年，珠海市斗门区建成西堤文化旅游服务咨询中心；万山区完成桂山岛文天祥广场等景观节点建设。经省文化和旅游厅审核，金湾水乡田园生态休闲游、“沐浴清风探幽处，踏遍黄杨接霞来”线路、古道名村寻踪之旅、“碧海银沙、尽享东澳”4条线路被评为首批“广东省乡村旅游精品线路”；斗门区南门村、香洲区南屏镇南屏村入选首批广东省文化和旅游特色村；万山区万山镇被评为（首批）“广东省旅游风情小镇”。（金　璐）

【旅游厕所建设】 2019年，珠海市根据“厕所革命”新三年行动计划，完成省文化和旅游厅下达的新建改建旅游厕所任务，完工率100%。配合省文化和旅游厅进行旅游厕所百度地图上线工作，全年上线率为100%。（周　靖）

·责任编辑：曹　琨　曾维浩·

文 化

教 育

综 述

【概况】 2019年，珠海市有26.10万名学生享受中小学12年免费教育，财政补贴3.97亿元，其中免费义务教育23.65万人，财政补贴3.52亿元。新建华中师范大学珠海附中、凤凰中学、潮联学校等公办学校10所。推进区域协调发展体制机制改革，持续加大人、财、物资源向西部地区的倾斜扶持力度。加强教育交流，与澳门新缔结姊妹学校23对。北京师范大学珠海校区获教育部批准设立。校车标牌办理实现“网上全城通办”。

【教师队伍建设】 2019年，珠海市实施新一轮强师工程行动计划，市财政投入1000万元推进中小学教师专业发展。推进名师培养工程，组织选派300名中小学（幼儿园）骨干教师参加国家级和省级培训项目60余个。评选出第五批珠海市名教师53人、珠海市名师培养对象16人。获评通过正高级教师13人。建立师德档案，实施师德违规行为通报报告制度，开展新教师入职师德专题培训。出台珠海市中小学教师师德考核负面清单，实行师德问题“一票否决制”。成立珠海市教师发展中心。探索实施兼职教研员制度，缓解教科研人员不足的矛盾。市教育局联合市人社局、市财政局等部门印发《珠海市原民办教师和原代课教师发放生活困难补助工作方案》，维护原民办代课教师队伍稳定。

2019年9月2日，新开学的潮联学校入学礼 （关铭荣 摄）

【教育科研】 2019年，珠海市教育局与教育部基础教育课程教材发展中心共建基础教育课程综合改革示范实验区；深化与省教育研究院签订战略合作协议，共同推进珠海教育提质创优。召开全市教育科研工作会议。出台《珠海市基础教育科研发展三年规划（2019—2021）》《珠海市教育科研规划课题管理办法（试行）》《珠海市基础教育教学成果奖励办法》。开展基础教育教学成果奖评审，12项成果获省教育科研规划立项。开展年度“一师一优课、一课一名师”活动，全市获省级“优课”696节，占全省32.3%，位居全省第一。

【素质教育】 2019年，珠海市将思想政治工作贯穿教育教学全过程，出台《珠海市重点资助“马克思主义学院”、高校思政课名师工作室、优秀辅导员工作室管理办法》，完善高校思想政治工作机制。设立格力电器、港珠澳大桥等研学实践教育基地。在第五届教博会上举办“珠海市教育暨德育成果展”。市实验中学获评“全国民族团结进步模范集体”。市第二中学获“2019中国研学实践示范学校”称号。3名学生获评省优秀学生，30名学生获评2019年“新时代好少年”。制定实施《珠海市中小学体育与健康教育发展三年行动计划

（2019—2021年）》。印发《珠海市中小学心理危机预防、预警和干预工作办法》，建立完善学生心理危机工作体系。把劳动教育纳入人才培养全过程。推进“珠海市中小学生航空科普基地”三年培训计划，培训学生9.30万人次。启动“50万+”共同成长计划，开展活动6000余次，受益大中小学生15万人次。

【教育改革创新】 2019年，珠海市推进区域协调发展体制机制改革，研究制定《珠海市西部地区教育振兴攻坚行动计划（2020—2024年）》，持续加大人、财、物资源向西部地区的倾斜扶持力度。推进中小学校长职级制改革，出台《珠海市中小学校长职级津贴实施办法》。推进高中阶段学校考试招生制度改革。

【教育交流合作】 2019年，珠海市与澳门新缔结姊妹学校23对，结对范围首次扩大到学前教育阶段。组织11所中小学校和港澳5所中小学加入“粤港澳中小学音乐教育联盟”。市一中和市艺术高中被推选为联盟牵头单位。与港澳教育行政部门联合开展“走进大湾区，我和我的祖国共成长”珠澳学生研学实践活动、首届珠澳姊妹学校“校长论坛”、第三届珠港澳高中生足球友谊赛以及庆祝澳门回归祖国20周年珠澳中小学联欢晚会。组织教师赴香港考察STEM（科学、技术、工程和数学）教育经验，促进珠海市开展STEM教育的相关研究。印发《推进珠港澳教育融合发展工作方案》。协助推进“澳门新街坊”教育项目。优化政策安排，将港澳人才子女纳入“政策性照顾生”范畴，解决在珠海市工作居住的港澳人员子女入学问题。全市义务教育阶段录取港澳人员子女241人。

2019年新缔结珠澳姊妹学校名单

序号	珠海学校	澳门学校	缔结时间
1	珠海市第三中学	澳门菜农子弟学校	2019年1月23日
2	珠海市香洲区第一小学	澳门妇联学校	2019年4月11日
3	横琴新区第一中学	澳门坊众学校	2019年5月15日
4	横琴新区第一小学	澳门坊众学校	2019年5月15日
5	横琴中心幼儿园	澳门坊众学校	2019年5月15日
6	横琴新区第一小学	澳门妇联学校	2019年5月15日
7	横琴中心幼儿园	澳门妇联学校	2019年5月15日
8	珠海市共乐幼儿园	澳门妇联学校	2019年6月18日
9	珠海市第三中学	澳门新华学校	2019年9月28日
10	北京师范大学（珠海）附属高级中学	澳门新华学校	2019年10月24日
11	珠海市紫荆中学	澳门新华学校	2019年10月24日
12	珠海市第八中学	澳门新华学校	2019年10月24日
13	珠海市香洲区第一小学	澳门新华学校（小幼部）	2019年11月15日
14	珠海市香洲区第十一小学	澳门新华学校（小幼部）	2019年11月15日
15	珠海市香洲区茵卓小学	陈瑞祺永援中学	2019年12月12日
16	拱北小学	圣德兰学校	2019年12月12日
17	北岭小学	圣玛沙利罗学校	2019年12月12日
18	斗门镇南门小学	海晖学校	2019年12月12日
19	珠海市特殊教育学校	路环中葡学校	2019年12月12日
20	斗门区特殊教育学校	启智学校	2019年12月12日
21	珠海市第三中学	氹仔坊众学校	2019年12月12日
22	珠海容闳国际幼稚园	镜平学校	2019年12月12日
23	横琴中心幼儿园	圣安东尼幼儿园	2019年12月12日

【“珠海特区教育”微信公众号】 2019年，“珠海特区教育”微信公众号编发211期、文章606篇，总阅读量550万人次。组织开展线上线下互动活动，推送以“我和我的祖国”为主题的五四青年节视频，获阅读量13万人次。

【依法治教】 2019年，珠海市评估创建依法治校达标校23所。落实合法性审查机制，对44份重大协议、重大决策、重大信访事项答复履行合法性审查程序，涉及合同金额1.34亿元。市教育局牵头完成省政务服务事项管理系统划转调整工作，全局25个政务服务事项纳入实施清单，对社会公众提供服务。出台珠海市教育督导检查和通报制度，完善督政、督学、评估监测“三位一体”的教育督导工作体系。

【校园安全】 2019年，珠海市以政府购买服务的方式，聘请专业保安公司特保人员维护校园安全，聘请消防维保公司定期维护学校消防（电气）设施设备，聘请专业机构对学校危险化学品贮存、使用进行监测、维护。全面加强安全隐患排查，开展交通安全、消防安全、危化品专项检查、校园周边安全隐患排查、防汛防风检查、校园风险点危险源排查等。以做好庆祝中华人民共和国成立70周年、澳门回归祖国20周年等重大节日安全工作为主线，开展“防风险、保平安、迎大庆”专项行动，处置应急事件50件，保障教育系统安全稳定。

【助学帮扶】 2019年，珠海市资助特困家庭子女减免书杂费404人，财政补贴30.71万元；资助学前教育家庭经济困难儿童308人，金额61.45万元；资助普通高中学生2255人，金额451万元；资助中职学生2199人，金额439.8万元；中职学生1.23万人获资助免学费3450.6万元；资助困难家庭子女上大学279人，资助经费169万元。做好双拥共建工作，全年统筹安排军人子女入读公办幼儿园115人，政策性照顾优抚军人子女入读公办中小学122人。

【特殊教育】 2019年，珠海市有特殊教育学校2所，在校生571人，招生97人，毕业50人；教职工211人，其中专任教师146人。市教育局按照“一人一案、分类安置”原则妥善安置残疾儿童。残疾儿童义务教育阶段入学率高于95%。开展融合教育宣传活动，蓝晶灵融合教育支持中心开展自闭症日文艺汇演，市教育局联合市特殊教育指导中心组织开展第二届融合教育活动。

【教育对口帮扶】 2019年，珠海市采取“智志双扶”帮扶模式，在云南怒江傈僳族自治州实施“一堂两班、百校千人”帮扶计划。派出35名中学教师赴云南怒江傈僳族自治州支教，增派援藏教师5人、援疆教师15人。9名教师赴韶关南雄支教。“高精准、深对接、全覆盖”，持续深化对口阳江教育帮扶成效；采取“组团式”帮扶模式，对口支援西藏米林教育事业。做好四川甘孜藏族自治州和三峡库区巫山县教育帮扶工作。推进对口黑龙江省黑河市、四川省广安市和甘孜稻城县教育帮扶工作。

【第五届中国教育创新成果公益博览会】 2019年11月20—23日在珠海国际会展中心举行，展示国内外优秀教育创新成果1788项（含国际项目169项）。其中，联合国教科文组织国际教育局、世界教育创新峰会、国际教育技术协会等国际组织均推荐成果参展。其间举办国内教育热点主题、国际教育创新趋势和社会力量驱动教育创新发展三大系列高峰论坛，吸引来自以色列、芬兰、日本、加拿大、美国等11个国家2万余名观众参加。

2019年7月15日，四川省甘孜藏族自治州学子珠海夏令营开营（吴长赋 摄）

基础教育

【学前教育】 2019年，珠海市有幼儿园346所，在园幼儿8.15万人，招生2.86万人，毕业2.78万人。幼儿园教职工1.29万人，其中专任教师6415人。全市实施学前教育第三期行动计划，市教育局报请市政府成立学前教育专责领导小组，推进公办幼儿园建设，年内通过新建、改扩建、回收等形式新增公办幼儿园7所，新增公办幼儿园学位2460个。出台《珠海市城镇小区配套幼儿园治理工作方案》，推进城镇小区配套幼儿园治理工作。加大普惠性幼儿园扶持力度，落实补贴标准，普惠性民办幼儿园覆盖率达82.6%。

【义务教育】 2019年，珠海市有小学134所，在校生18.20万人，招生3.48万人，毕业2.54万人。学龄儿童净入学率103.85%；小学毕业生升学率97.59%。全市小学专任教师7799人。有初中57所，在校生6.87万人，招生2.48万人，毕业1.97万人。初中专任教师5897人。初中毕业生升学率97.24%。严格执行义务教育免试就近入学制度，全市公办小学录取2.5万人，较上年增加10%；公办初中录取2万人，增加4.7%。根据户籍和人才政策的调整，及时对各学区内户籍人口、常住人口及学位供给情况分析研判。以学生基础性发展素质培养为基本内容，出台《珠海市初中学生综合素质评价实施方案（试行）》，促进学生全面发展。

【普通高中教育】 2019年，珠海市有普通高中20所，在校生3.19万人，毕业9670人，招生1.09万人。普通高中专任教师3250人。高中阶段毛入学率143.80%。市教育局出台《珠海市普通高中质量提升行动计划》（2019——2023年）。是年，珠海市高考成绩位于全省前列，尖子生继续保持全省领先地位，12名考生入围全省文理前50名；全市本科上线率较上年增长5.34%，达73.89%；高分优先投档上线率增长3.36%，达27.60%。

2019 年 9 月 2 日，新建的香洲区健民幼儿园开学（市教育局供稿）

【幼儿园和中小学建设】 2019 年，珠海市新建华中师范大学珠海附中、凤凰中学、潮联学校等公办学校 10 所，改扩建学校 12 所。新增义务教育小学学位 1.31 万个、初中学位 2750 个、普通高中学位 3000 个。华中师范大学珠海附中秋季顺利开学，386 名新生进驻新校园就读。新建、改扩建幼儿园，新增公办幼儿园学位 720 个。

【基础教育课程改革珠海试验区】 2019 年 3 月 28 日，教育部基础教育课程教材发展中心、课程教材研究所与珠海市教育局签订战略合作协议，共建基础教育课程改革珠海试验区，为实现“珠海特色、国内一流、粤港澳大湾区教育高地”目标打下基础。

【珠海市第一届青少年机器人大赛暨珠港澳青少年机器人横琴邀请赛】 2019 年 5 月 11—12 日，珠海市第一届青少年（第二届中小学生）机器人大赛暨珠港澳青少年机器人横琴邀请赛在珠海国际会展中心举办。来自珠港澳 118 所中小学校近 500 支队伍、2000 余名中小学生同台竞技，港澳地区 21 所学校、协会近 200 人参加，学生和家长近 2 万人次到场观赛。

职业教育

【中等职业教育】 2019 年，珠海市有中等职业学校 14 所，在校生 2.83 万人，招生 1.03 万人，毕业 9136 人，教职工 1971 人，专任教师 1614 人。其中，技工学校 5 所，在校生 9802 人，招生 3509 人，毕业 2077 人，教职工 606 人，专任教师 456 人。有普通中专 2 所，在校生 4010 人，招生 1438 人，毕业 1337 人，教职工 215 人，专任教师 127 人。有职业高中 7 所，在校生 1.45 万人，招生 5306 人，毕业 5722 人，教职工 1150 人，专任教师 1031 人。较好完成省教育厅统一部署的高职扩招任务。

【中等职业教育技能竞赛】 2019 年，珠海市教育局出台《珠海市中职学校技能竞赛管理办法》，规范中等职业学校技能竞赛活动，促进技能人才成长。推动职业教育公共实训基地规划建设，形成项目立项建议书。技能竞赛实现新突破，全年省赛获一等奖 35 人；全市 4 个项目代表广东省参加国赛，获一等奖 2 个，二、三等奖各 1 个。

【广东科学技术职业学院】 2019 年，招生 9933 人，毕业 7958 人，在校人数 2.40 万人；7 月被教育部确定为“国家优质专科高等职业院校”；12 月被教育部确定为“中国特色高水平高职专业群建设单位”。入选全国高等职业院校育人成效 50 强。设有计算机工程技术学院（人工智能学院）、商学院、应用外语学院等 16 个二级学院；设有广东省人才研究所、高职教育研究所、电子与信息技术研究所、软科学研究所 4 个科研机构。学院主动服务国家“一带一路”和粤港澳大湾区建设，新设国际合作学院，在校生规模近 500 人，两批学生赴法国深造，先后与法国克莱蒙商学院、德国德累斯顿工业大学、美国北密歇根大学、澳大利亚科廷大学、马来西亚城市大学等签订合作协议。是年，中法合作办学项目获教育部备案。（李日虹）

【珠海城市职业技术学院】 2019 年，招生 2308 人，毕业 2167 人，在校 6241 人。10 月 31 日，全市第一家女大学生服务平台“女生之家”揭牌。学校对接珠海产业布局，设有电子信息、机电工程、旅游管理、物流管理、社会工作和艺术设计等六大专业群，与格力电器、微软、三一重工、珠海港控股集团、华发集团、长隆等 193 家企业开展不同形式的合作，与格力电器合作共建“格力明珠产业学院”，与珠海港控股集团合作共建“珠海港企业大学”，专业直接对接珠海高端产业比例 90%。（李日虹　谢王艳）

高等教育

【概况】 2019 年，珠海市有中山大学珠海校区等高等学校（校区、学院）10 所，全日制本专科在校生 13.92 万人，招生 3.78 万人，毕业 3.80 万人，专任教师 6234 人。在珠高校将学科建设与珠海新兴产业发展相结合，提升服务经济社会发展水平。北京师范大学珠海校区获教育部批准。暨南大学珠海校区引进澳大利亚 Martin · G · Banwell 院士团队项目。完成珠海市重点实验室/重点研究基地、优势学科、协同创新中心、“珠海特聘学者”等验收考核。

【中山大学珠海校区】 2019 年，招生

2530人，毕业1660人，在校人数1.08万人。校区基本形成学士—硕士—博士完整的人才培养体系。设置有中国语言文学系（珠海）、历史学系（珠海）、哲学系（珠海）、国际金融学院、国际翻译学院、国际关系学院、旅游学院、数学学院（珠海）、物理与天文学院、大气科学学院、海洋科学学院、地球科学与工程学院、化学工程与技术学院、海洋工程与技术学院、中法核工程与技术学院、土木工程学院。

2019年10月25日，珠海市第七届微电影创作比赛启动仪式暨北京理工大学珠海学院师生创作拍摄的电影《来日可期》首映式　　（京纳海涛工作室供稿）

【暨南大学珠海校区】 2019年，招生1306人，毕业1396人，在校人数5465人，硕士和博士研究生267人，基本形成完整的人才培养体系。1月14日，暨南大学在珠海校区举行敦聘刘吉臻院士团队暨国际能源学院、能源电力研究中心揭牌仪式。6月22日，暨南大学科技创新园（珠海）主体工程封顶。设有人文学院、翻译学院、国际商学院、包装工程学院、智能科学与工程学院、电气工程学院、国际能源学院、人工智能产业学院8个专业学院，有轨道交通研究院、物联网与物流工程研究院、先进与应用化学合成研究院、能源电力研究中心等多个研究机构，设20个本科专业，涵盖文、经、管、法、工等学科门类。有社会学一级学科硕士学位授权点，国际商务、包装工程、智能信息处理、翻译学4个二级学科硕士学位授权点。拥有12个研究中心（所）和9个综合实验室（内含33个分实验室）。

【北京师范大学珠海分校、北京师范大学珠海校区】 北京师范大学珠海分校　2019年，招生3022人，毕业5998人，在校人数1.94万人，设有文学院、教育学院、管理学院、信息技术学院、不动产学院、物流学院、法律与行政学院、设计学院、艺术与传播学院、外国语学院、工程技术学院、应用数学学院、运动休闲学院以及国际商学部14个学院（部），涵盖八大学科门类的61个本科专业。

北京师范大学珠海校区　2019年4月教育部批准设立，是北京师范大学建设“综合性、研究型、教师教育领先的中国特色世界一流大学”的重要组成部分。是年，招生1203人。

【北京理工大学珠海学院】 2019年，招生5092人，毕业6656人，在校人数2.47万人。设有信息学院、计算机学院、工业自动化学院、航空学院、材料与环境学院、商学院、会计与金融学院、民商法律学院、外国语学院、设计与艺术学院、数理与土木工程学院、布莱恩特学院、中美国际学院、马克思主义学院、荣誉学院、创业学院、继续教育学院、体育部18个专业学院（教学部），有本科专业61个，其中理工科专业34个，专业结构对接通用航空、电子信息、智能制造、软件、化工、集成电路、智能电网、新能源汽车、物联网、大数据、3D（三维）打印等粤港澳大湾区重点发展的支柱产业。3月1日，参加认证的自动化、环境工程、软件工程3个专业全部顺利通过2018年IEET工程及科技教育认证。3月23日，成立智能信息技术研究院。11月27日，腾讯新闻主办的2019“回响中国”教育年度盛典在北京举行，学院以总投票排名第二的成绩上榜“2019年度综合影响力独立学院”。

【吉林大学珠海学院】 2019年，招生8124人，毕业8022人，在校学生3.11万人。11月29日，在2019“新亦求新寻教动能”第十届新华网教育论坛上，以第一名获“2019年度品牌影响力独立学院”称号，并获“思政示范高校”“双创示范高校”等荣誉。有本科专业58个，涵盖经济学、法学、文学、理学、工学、医学、管理学、艺术学、教育学九大学科门类。其中，机械设计制造及其自动化、旅游管理、广告学、英语、网络工程、建筑学、金融学、电子信息科学与技术、计算机科学与技术、物流管理10个专业被广东省教育厅确定为专业综合改革试点专业（特色专业）。

【遵义医科大学珠海校区】 2019年，招生1105人，毕业1400人，在校人数5209人。设基础教学部（基础医学部）、第二临床学院、医学影像学系、口腔医学系、护理学系、生物工程系、外语系、人文社会科学公共教学部（马克思主义学院）8个教学院部系。本科开设有临床医学、口腔医学、医学影像学、护理学、生物工程、药学、英语、商务英语、社会体育指导与管理9个专业。研究生教育涵盖4个学科门类，其中，一级学科硕士学位授权点7个、二级学科硕士学位授权点27个、专业学位授权点4个。建有包括30余家三甲医院在内的实践教学基地72个，与广东省多家医院联合培养临床医学研究生。11月25日，遵义医科大学与澳门科技大学签署教育学术交流合作协议。

【北京师范大学－香港浸会大学联合国际学院】 2019年，招生1634人，毕业1340人，在校6314人。设有工商管理学部、文化与创意学部、人文与社会科学学部和理工科技学部4个学部，下设23个专业方向。师资队伍来自30多个国家和地区，实施全英文教学。9月30日，珠海市副市长阎武向北京师范大学－香港浸会大学联合国际学院校长汤涛院士颁发珠海“英才计划”政策待遇200万元奖励支票。

民办教育

【概况】 2019年，珠海市教育局研究起草《关于鼓励社会力量兴办教育促进民办教育健康发展的实施意见》，以实行民办教育分类管理为突破口，创新体制机制、完善制度设计，加强规范管理、提高办学质量，打造民办教育品牌。

【珠海艺术职业学院】 2019年，招生1503人，毕业1452人，在校4946人。音乐表演专业被列为省财政重点资助建设项目。珠宝首饰工艺及鉴定专业被评为国家级骨干专业。两位学生获2019年度广东大学生技能比赛声乐表演一等奖。学校设有音乐舞蹈学院、艺术设计学院、经济管理学院和文化与旅游学院，开设首饰工艺与设计、专业环境艺术设计、音乐表演及舞蹈表演，以及播音与主持、工商企业管理、旅游管理和商务英语等专业34个，涵盖艺术学、管理学、经济学等五大学科门类。 （李日虹）

2019年珠海市民办教育情况

类别	学校（所）	毕业生（人）	招生（人）	在校生（人）	教职工（人）	专任教师（人）
高等教育	5	23468	19375	86442	5312	3868
普通高中	6	1364	1547	3702	1106	769
中等职业学校	4	1427	1279	3290	429	354
技工学校	4	1174	2086	4834	275	183
初中	14	2442	4990	11367	2287	1758
小学	16	6273	10208	49673	1072	876
幼儿园	300	23262	23082	66771	10607	5216

科学技术

综　述

【概况】 2019年1月21日，珠海市科技创新局成立，是市政府工作部门，下属3个事业单位：珠海市生产力促进中心、珠海深圳清华大学研究院创新中心、珠海（横琴）食品安全研究院。是年，全市647家企业通过高新技术企业认定，总数2203家。拥有省级新型研发机构16个，省级以上创新平台290个。科技型企业孵化器35家，众创空间35家，在孵企业1312家。全市承担国家及省科技专项14个，超额完成5个专项的目标。全年经登记技术合同296项，技术合同成交额35.91亿元，其中技术交易额33.61亿元。全市有省领军人才15人，省级创新创业团队8个，市级创新创业团队78个，市级院士工作站13个。首都科技发展战略研究院和中国社会科学院城市与竞争力研究中心联合发布的《中国城市科技创新发展报告2019》显示，珠海在全国289个城市的科技创新发展指数排名首次跻身十强，地级市排名全国第二。

【科技政策】 2019年，珠海市制定实施《珠海市贯彻落实“省科技创新十二条”政策措施》《珠海市高新技术企业培育专项资金管理实施细则》《珠海市工程技术研究中心管理办法》《珠海市科技创业孵化载体管理和扶持办法》《珠海市产学研合作及基础与应用基础研究项目管理办法》《珠海市社会发展领域科技计划项目管理办法》等，进一步完善科技创新政策体系。统筹推动国家科技成果转移转化示范区、国家自主创新示范区建设。

【科技项目投入】 2019年，珠海市地方财政科技投入48.88亿元，占本级财政支出7.95%。全年下达产业核心和关键技术攻关方向项目资金8300万元，对35个攻关“卡脖子”技术项目予以支持。格力智能装备、赛纳科技等承担的14个项目申报省重点领域研发计划，获1.46亿元经费支持。

【科技金融】 2019年，珠海市科技创新局出台《珠海市科技创业天使风险投资基金管理办法（暂行）》，设立5亿元科技天使基金。截至年底，该基金完成项目投资3家，投资2150万元。实施《珠海市科技信贷和科技企业孵化器创业投资风险补偿金资金管理办法（试行）》，利用2000万元科技信贷风险补偿金，通过在合作银行存入风险补偿金、建立差别化风险补偿制度，推动银行为科技型中小企业提供科技信用贷款。全年有146项科技信贷项目申请备案，推动新增科技信贷总额2.29亿元，资金池放大11.45倍。

【创新主体培育】 2019年，珠海市44家高新技术企业列入高成长创新型企业（独角兽企业）培育库首批榜单。入库企业获研发启动金8000万元。

【孵化育成体系建设】 2019年，珠海市有各类科技企业孵化器35家，其中国家级孵化器10家，在孵中小企业1312

家。截至年底，全市历年累计培育毕业企业691家，其中上市（挂牌）31家，在孵企业累计获得风险投资25.03亿元。粤澳中医药产业园、金湾智造大街获国家级孵化器认定。珠海南方软件园、珠海清华科技园连续第三年获评“优秀（A类）国家级科技企业孵化器”。横琴金融投资集团有限公司承担的“横琴·澳门青年创业谷提质增效建设”项目获省科技孵化育成体系高质量发展专项——“支持粤港澳科技企业孵化器建设与发展”专题100万元立项支持。

【产学研合作】 2019年，珠海市科技创新局出台《珠海市产学研合作及基础与应用基础研究项目管理办法》，以事前立项的形式给予每个项目最高100万元专项资金扶持。对珠海深圳清华大学研究院创新中心、珠海中科先进技术研究院、珠海复旦创新研究院3家重大平台拨付财政资金1.4亿元。全年获批国家重点研发计划项目、国家自然科学基金、广东省科技计划等各类项目233项，其中国家级项目128项、省部级项目50项，获科研经费3.38亿元。与中科院合作共建的横琴先进智能计算平台项目落地实施，实现平台算力116亿亿次/秒。

【科技创新平台】 2019年，珠海市科技创新局出台《珠海市工程技术研究中心管理办法》。已组建工程中心主要涉及家电制造、电子信息（含软件）、光机电一体化、生物医药及医疗器械、新材料、能源技术等高新技术领域。截至年底，全市拥有高水平创新研究院1个，省级技术创新中心1个，省级新型研发机构16个，省级以上创新平台累计达290个，其中，含省级工程技术研究中心284个、国家级重点实验室1个、省级重点实验室4个、省实验室1个。珠海中科先进技术研究院、广东省海洋工程装备技术研究所、珠海复旦创新研究院、中德（珠海）人工智能研究院、珠海市斗门区河口渔业研究所、盈科瑞（横琴）药物研究院有限公司6家科研机构被认定为省级新型研发机构，其中，珠海复旦创新研究院、中德（珠海）人工智能研究院被认定为高水平新型研发机构，分别获省级财政资金支持1000万元。

【科技成果与奖励】 2019年，珠海市登记科技成果39项，均为应用技术类成果。有4个项目获国家科学技术奖、14个项目获广东省科学技术奖。（见下表）

国家科学技术进步奖
证 书
为表彰国家科学技术进步奖获得者，特颁发此证书。
项目名称：海上大型绞吸疏浚装备的自主研发与产业化
奖励等级：特等
获 奖 者：中国铁建港航局集团有限公司
中华人民共和国国务院
2019年12月18日
证书号：2019-J-216-0-01-D14

【科技交流与合作】 2019年3月，珠海横琴新区与澳门大学签约共建横琴·澳门大学产学研示范基地。5月，珠海市与澳门科技大学签署框架合作协议。10月，市科技创新局参加内地与澳门科技合作委员会第十三次会议并做题为《优势互补、突破创新、携手并进，打造澳珠科技创新极点城市》的交流汇报。11月，横琴新区与澳门科技大学签约共建横琴·澳门科技大学产学研示范基地。12月，澳门中药质量研究国家重

2019年度国家科学技术奖珠海获奖名单

序号	获奖项目	获奖单位/个人	奖励等级
1	海上大型绞吸疏浚装备的自主研发与产业化	中国铁建港航局集团有限公司	国家科技进步特等奖
2	大容量高效离心式空调设备关键技术及应用	珠海格力电器股份有限公司　刘华	国家技术发明二等奖
3	微创等离子前列腺手术体系的关键技术与临床应用	珠海市司迈科技有限公司　林敏	国家技术发明二等奖
4	大型飞机研制强度关键技术及应用	中航通飞研究院有限公司	国家科技进步二等奖

2019年度广东省科学技术奖珠海获奖名单

序号	获奖项目	获奖单位	奖励等级
1	光储空调直流化关键技术研究及应用	珠海格力电器股份有限公司 珠海格力节能环保制冷技术研究中心有限公司	省技术发明一等奖
2	跨域多维电子围网关键技术及应用	珠海大横琴科技发展有限公司	省科技进步一等奖
3	移动通信系统高可靠性印制电路关键技术及产业化	珠海方正科技高密电子有限公司 珠海方正科技多层电路板有限公司	省科技进步二等奖

（续 表）

序号	获奖项目	获奖单位 / 个人	奖励等级
4	基于国产 32 位 CPU 的集成电路安全芯片项目	珠海艾派克微电子有限公司	省科技进步二等奖
5	高能量密度聚合物锂离子电池研发与产业化	珠海冠宇电池有限公司	省科技进步二等奖
6	手表外观件表面功能微纳涂层关键技术研究及产业化	珠海罗西尼表业有限公司	省科技进步二等奖
7	复合地层 15m 级大直径盾构隧道建造核心技术及应用	珠海大横琴股份有限公司	省科技进步二等奖
8	荔枝特异性分子标记辅助育种技术创新及新品种选育应用	珠海市现代农业发展中心	省科技进步二等奖
9	多能源互补分布式可再生能源发电微电网技术研究与示范	珠海兴业绿色建筑科技有限公司 珠海兴业新能源科技有限公司	省科技进步二等奖
10	智能用电大数据关键技术、装置研发及工程应用	珠海中慧微电子有限公司	省科技进步二等奖
11	节能环保高性能强夯装备及复杂地基处理关键技术	珠海天力重工有限公司	省科技进步二等奖
12	高性能纤维混凝土的关键技术研究与工程应用	珠海春禾新材料研究院有限公司	省科技进步二等奖
13	药物重要杂环中间体关键技术研究及其产业化示范	珠海联邦制药股份有限公司	省科技进步二等奖
14	新发流感病毒诊断体系构建及纳米检测材料的研发应用	拱北海关技术中心	省科技进步二等奖

点实验室、模拟与混合信号超大规模集成电路国家重点实验室、智慧城市物联网国家重点实验室、月球与行星科学国家重点实验室 4 所国家重点实验室横琴分部揭牌成立。珠海横琴先进智能计算平台澳门分中心揭牌。

【科技人才引进】 2019 年，珠海市参展第十七届中国国际人才交流大会和中国海外人才交流大会暨第二十一届中国留学人员广州科技交流会，承办第十七届中国国际人才交流大会珠海分会场活动——中意创赛和海归博士路演、首届“百名海外博士博士后南粤行”珠海创新创业洽谈会等招才引智活动。35 个团队项目和 1 个人才项目入选立项市创新创业团队和高层次人才创业项目，资助总额 2.35 亿元。认定市级院士工作站 13 个，给予立项资助 1060 万元。为外国高端人才开辟“绿色通道”。截至年底，全市聘请外国人单位 950 家，在珠海市工作的外国人超过 1500 人。7 家单位获科技部 2019 年度“高端外国专家引进计划”立项，获资助经费 300 万元。3 家单位获广东省科技厅 2019 年度“高端外国专家引进计划”立项，获资助经费 33 万元。 （康念辉）

2019 年 10 月 28 日，珠海（国家）高新区“菁牛汇”创新创业大赛在南方软件园举行颁奖典礼，13 个参赛项目团队现场签约落户高新区。图为颁奖现场 （程 霖 摄）

专利与知识产权

【概况】 2019 年，珠海市修订《珠海市专利促进专项促进管理办法》，完善政策强化制度供给。全市专利申请 3.31 万件，比上年增长 6.32%，其中发明专利申请 1.43 万件，增长 8.46%，实用新型专利申请 1.56 万件，外观设计专利申请 3291 件。全市专利授权 1.90 万件，增长 10.98%，其中发明专利授权 3327 件，下降 3.62%，实用新型专利授权 1.30 万件，外观设计授权量 2723 件。PCT（专利合作条约）国际专利申请 561 件。截至年底，全市发明专利有效量为 1.49 万件，增长 26.60%，每万人口发明专利拥有量 78.58 件，位居全省第二，仅次于深圳市。在第四十七届日内瓦国际发明展上，珠海市获金奖 3 项、银奖 1 项。全市 29 项专利入选第二十一届中国专利奖，11 项专利入选第六届广东专利奖。5 月 8 日，珠海市被确定为国家知识产权示范城市（示范时限 3 年）。

【知识产权优势企业认定和考核】 2019 年，珠海市开展“知识产权优势企业”认定和考核，甄选出支柱产业的 10 家骨干企业重点培育。全市 46 家企业获评“广东省知识产权示范企业”，比上年增加 44 家。2 家企业入选“国家知识产权示范企业”，60 家企业入选“国家知识产权优势企业”。

【知识产权保护】 2019 年，珠海市制订《知识产权执法保护专项行动实施方案》，以食品、化妆品、服装、家用电器、眼视光产品、汽车配件和高新技术产品等为重点，开展商标、专利、“春茶”地理标志、2019 年秋季地理标志保护专项行动等知识产权执法专项行动，查处侵犯知识产权案件 45 件。市知识产权局派员进驻部分展会现场，提供企业知识产权咨询和快速维权服务。聚焦专利代理行业发展中存在的“黑代理”“挂证”“代理非正常申请”“以不正当手段招揽业务”等突出问题，开展专利代理行业“蓝天”整治专项行动，出动执法人员 14 人次，检查专利代理机构 11 家，重点抽查专利代理机构 4 家；实地调查核实 3 家，确定涉嫌黑代理服务公司 1 家。

【知识产权宣传】 2019 年，珠海市围绕“4·26 宣传周主题”“第十三届中国专利周（珠海会场）”等宣传活动，开展知识产权进校园、进园区等专题讲座、普法宣传，通过电视台、报纸、LED（发光二极管）显示屏、网站、政企云平台、微信公众号等各种媒介开展知识产权宣传。发放《不可不看的知识产权故事》900 册；接受知识产权法律咨询 220 次；通过网站、政企云平台、微信公众号等新媒介平台推送信息 60 条，推送相关企业 800 家。利用 LED 显示屏等方式，投放“严格知识产权保护，营造一流营商环境”“知识产权助力粤港澳大湾区建设”等知识产权公益宣传语 3800 条次。

【知识产权交流】 2019 年 8 月 5 日，由广东省知识产权研究会与华发七弦琴国家知识产权运营平台共同举办的首届“海丝之路”知识产权创新与合作国际论坛在珠海市举行，来自世界各地的嘉宾 150 人出席。11 月 5—6 日，由国家知识产权局和世界知识产权组织（WIPO）共同主办、广东省市场监管局（省知识产权局）和珠海市人民政府协办的“一带一路”国家知识产权意识提升国际研讨会在珠海市召开，来自中国和“一带一路”沿线国家及相关区域组织知识产权管理部门、世界知识产权组织、媒体、高校、知识产权专业机构的 140 名代表参会。

【知识产权质押融资】 2019 年，珠海市完善知识产权质押融资风险补偿办法，解决中小企业融资难、融资贵问题。全年全市知识产权质押融资 24.37 亿元，位列全省第三。

【首届粤港澳大湾区高价值专利培育布局大赛】 2019 年 1 月 31 日在珠海市启动，收到参赛项目 586 个，涵盖新一代信息技术、高端装备制造、绿色低碳、生物医药、数字经济、海洋经济、现代农业等战略性新兴产业。6 月 30 日，大赛决出金奖 2 项、银奖 6 项、优秀奖 10 项、最佳分析评议奖 5 项、最具投资潜力奖 5 项。28 个奖项获颁现金奖励共 190 万元。 （张述桐）

气 象

【气象现代化建设】 2019 年，珠海市气象探测资源管理平台项目建设完成并投入试运行，实现对 83 个气象探测站点、34 种 176 套气象探测设备的实时监控、信息收集和智能化管理，为全市应急防灾减灾救灾提供监测预警信息化支撑。“风暴潮监测预警项目”监测设施及预报模式建设完成，在沿岸及海岛加密建设潮位和波浪监测站、风暴潮漫堤监测站等。风暴潮灾害预报模式在汛期投入试运行。“珠海市气象防灾减灾工程”和区级精细化气象服务平台建设完成。“珠海市突发事件信息预警发布平台”项目获广东省气象技术进步二等奖。

【气象监测与预报】 2019 年，珠海市发布气象预警信号 246 次，其中，台风预警信号 10 次、暴雨预警信号 88 次、雷暴预警信号 63 次、雷雨大风预警信号 56 次、高温预警信号 13 次、大雾预警信号 5 次、森林火险预警信号 11 次。发布重大气象信息快报 43 期、防灾决策气象短信 128.5 万人次。各类气象服务信息送达公众超 5.5 亿人次。

【气象依法行政服务网上办理】 2019 年，珠海市气象局权责清单合计行政职权 41 项（包括行政许可 3 项、行政处罚 24 项、行政强制 3 项、行政检查 6 项、行政确认 1 项、行政奖励 1 项、其他 3 项），均录入“广东省政务服务事项标准化梳理系统平台”，并将“双公示”产生的数据推送至“信用中国”。全年通过广东政务服务网上受理并出证办结行政许可类政务服务事项 92 项，其中防雷装置设计审核 70 宗、建筑单体 1089 栋；防雷装置竣工验收 22 宗、单体 176 栋。政务服务事项网上可办率达 90%，网上办理深度达Ⅳ级（全程网办）。电子证照开通率 100%。政务服务事项 100% 支持物流服务，实现线上线下一套标准服务。

【气象服务】 2019 年，珠海市围绕“海陆空铁”综合交通基础设施建设、会展旅游等对精细化气象服务的需求，为横琴口岸及综合交通枢纽开发工程、珠海城际轨道拱北至横琴段工程、桂山岛南方海上风电场、长隆海洋王国、三一海洋重工有限公司、万华化学（广东）有限公司、金湾机场等 105 个重大工程或重点企业提供定制化气象保障服务。为珠海通用机场建设、珠海机场改扩建、金海大桥建设、珠海港高栏港区集装箱码头等交通基础设施、重大工程项目开展气候可行性论证服务。为庆祝中华人民共和国成立70周年焰火晚会、庆祝澳门回归祖国20周年烟花汇演等重大活动提供气象服务保障。

【防雷减灾安全监督】 2019年，珠海市强化对74家气象灾害防御重点单位的防灾安全指导和检查，开展防雷装置技术评价、竣工检测和定期检测的建（构）筑物数分别为3238栋、2327栋和1.5万栋，有效降低各类建筑物雷击风险。开展防雷安全隐患排查3676宗。组织全市防雷安全专项执法检查40次，参加省级联合检查3次、市级联合执法检查5次。

【气象合作】 2019年，珠海市气象局与澳门地球物理暨气象局签署“珠澳相控阵天气雷达项目”合作协议。项目采购珠海纳睿达科技有限公司生产的双偏振X波段有源相控阵天气雷达，在全国率先完成该型雷达的组网布局。与澳门地球物理暨气象局开展联合天气会商，为澳门回归祖国20周年系列庆祝活动提供气象保障。与香港、澳门气象部门合作，为港珠澳大桥交通运营安全提供气象保障。

【气象科普宣传】 2019年，珠海市开展气象防灾减灾宣传活动655场，派发宣传资料8万份。运用线上七大平台（微信、微博、抖音、腾讯、优酷、今日头条、网易新闻）向广大市民及访珠旅客提供气象科普宣传，科普覆盖2亿人次。开展“气象科普课堂开讲啦”全国科普日主题活动。

【气象防灾减灾救灾信息协同发布】 2019年，珠海市气象局联合市委宣传部、市网信办、珠海传媒集团及各政务新媒体，共同建立全市信息协同发布机制。市气象局会同市应急管理局、市自然资源局、市水务局等单位，建立恶劣天气下的应急会商机制，通过微信工作群实现即时联动和应急信息共享。落实手机短信全网自主发布，实现移动、联通、电信所有手机（含外地来珠海）用户均可在珠海市接收到预警短信。

【粤港澳大湾区“科学防御台风”学术交流会议】 2019年11月12日在珠海市举行，由珠海市气象学会主办。来自广东省气象局、广东省气象学会、香港特别行政区气象学会、澳门特别行政区气象学会、中山大学、复旦大学、珠海市74家气象灾害防御重点单位、基层单位防灾减灾责任人，企业代表，社区居民代表及珠三角九市气象专家250人参加。广东省气象局专业技术总工程师林良勋、中山大学大气科学学院教授王东海、复旦大学大气与海洋科学系教授王桂华作大会主题报告。（张金清）

2019年11月12日，粤港澳大湾区“科学防御台风”学术交流会议在珠海市举行（市气象局供稿）

防震减灾

【概况】 2019年，珠海市开展防震减灾示范城市创建活动，完成年度及各季度地震趋势分析报告。坚持职权法定原则，对地震行政权力进行全面梳理。应对10月12日广西玉林地震影响，做好震情核实通报、舆论引导和市民安抚工作。举办2019年珠江三角洲地区防震减灾工作联席会议暨2020年度珠江三角洲地区地震趋势会商会。市科技创新局与应急、气象部门联合创建综合减灾示范社区8个，新建地震应急避难场所6处。

【防震减灾科普教育】 2019年，珠海市创建省级防震减灾科普教育基地2个，培训社区地震应急救援志愿者217人。通过举办防震减灾知识专题讲座、防震减灾教育视频放映、防震减灾科普知识展等活动，开展防震减灾科普教育。全市中小学校均开展应急避震常识专题讲座。组织218所中小学放映防震减灾教育视频。康宁社区、水湾社区等社区举办“5·12”防灾减灾日专题宣传活动。印刷《防震减灾基本知识手册》3万册、宣传折页21万张，分发到各中小学校。

【应急避震演练】 2019年，珠海市科技创新局在香洲区康宁社区、斗门区群兴社区与南峰社区、金湾区西城社区等4个社区和香洲区第四小学、香洲区第十二小学、井岸镇第三小学、六乡中学等8所学校开展地震应急疏散演练活动。举办地震应急救援志愿者培训班，在南屏社区、广昌社区、钰海社区、港昌社区、为农社区开展地震应急救援培训5场。（康念辉）

社会科学

【概况】 2019年，珠海市（2019—2020年）哲学社会科学规划项目申报

511 项，比上轮（2017—2018 年）净增 141 项，立项 253 项课题。珠海学者获国家社科基金 2019 年度项目和青年项目立项 19 项，获 2019 年度教育部人文社科研究规划基金和青年基金项目立项 17 项。学术期刊《珠海潮》全年发文章 44 篇。

【粤港澳大湾区建设研究】 2019 年，珠海市社会科学学者围绕粤港澳大湾区建设进行多角度研究，从区域经济、文化交流、生态建设、社会治理、科技创新、教育合作等方面进行探讨，提出粤港澳大湾区建设的问题及其解决路径，与港澳学者开展学术交流。《新时代港澳青少年政治社会化路径研究——以提升国家政治认同为目标》获教育部人文社科研究青年基金项目立项。《市社科联建议加强珠港澳高等教育合作推动我市人才资源聚集》《市社科联关于珠海市建设粤港澳大湾区创新高地的建议》《市社科联建议举办华语电影节助力构建大湾区文化圈》为市委、市政府提供决策参考。

【社会治理研究】 2019 年，珠海市社会治理研究着眼于珠海在社会治理中的具体实践问题，从公共服务建设与创新、社区网格化管理、社会组织发展与培育、健康城市建设、居家养老智慧建设、志愿服务机制等方面进行探讨。《新发展理念下城市社区治理标准化体系建设研究》获教育部人文社科研究青年基金项目立项。《从文化供给侧发力　提升新生代农民工主观幸福感　打造大湾区“幸福之城”》由相关职能部门研究推动。

【珠海地方历史文化研究】 2019 年，珠海市地方历史文化研究主要聚焦在红色文化、非遗文化传承、民俗文化、香山文化研究方面，有理论总结思考，也有具体文献史考。对林伟民的政治思想及其时代价值、苏兆征工人运动思想进行总结；对三灶鹤舞、咸水歌的传承与保护进行研究；对珠海市文化历史名人进行系列动画创作与研究；对香山碑刻文献整理与研究进行立项。陶文好、吕红波、谢庆立编著的《珠海香山文化与国际传播研究》（汉英对照）由复旦大学出版社出版，为外籍人士了解珠海香山文化提供参考。

【容闳与留学文化研究】 2019 年，珠海学者考证容闳访察太平天国南京之行其他同行三人的事迹与两位传教士对此次南京之行的记录和描述，增加容闳太平天国之行的可信度，亦佐证容闳与太平天国、西方传教士和通商口岸的新兴知识分子的互动关系，弥补了学界以往研究容闳与太平天国关系多以容闳自传为史料基础的缺憾。容闳博物馆全年接待来自政务、研学、华侨等团体的访客超 2 万人，获广东省社科普及示范基地称号。

（陈小英）

文化艺术

文艺创作

【概况】 2019 年，珠海市有作家协会、戏剧曲艺家协会、美术家协会、书法家协会、摄影家协会、舞蹈家协会、音乐家协会、影视艺术家协会、民间文艺家协会、文艺评论家协会等 10 个市级文艺家协会。各类会员在国家级重要刊物（展览、展演）发表（入展 / 演出）各类文艺作品 168 篇（幅 / 个）。

【文学】 2019 年，珠海作家、诗人在《人民文学》《中国作家》《诗刊》《十月》《花城》《星星》《北京文学》《作家》等重要刊物发表作品 100 余篇（部、首），出版长篇小说、散文集、诗集、报告文学 30 余部，文学作品获省以上奖项 10 项。其中，曾平标的报告文学《中国桥——港珠澳大桥圆梦之路》获中宣部第十五届“五个一工程”特别奖；陈继明的长篇小说《七步镇》获《十月》长篇小说奖，入选第十六届《当代》长篇小说年度论坛作品；曾维浩的长篇非虚构《一个中国人在中国》入选 2019 年《收获》杂志全国文学排行榜、《北京文学》月刊社主办的“中国当代文学最新作品排行榜”；耿立的散文《祭父帖》获第二届三毛散文奖；卢卫平的诗集《一万或万一》获第四届“中国天水李杜诗歌奖”创作奖；裴蓓的长篇小说《鲲鹏之志》入选 2019 年度中国作家协会重点作品扶持项目。

【戏曲】 2019 年，珠海市创作戏曲作品多部。6 月 21 日，中国戏剧“梅花奖”获得者、粤剧非遗传承人琼霞前往德国布伦瑞克市参加“友好城市艺术节”，在布伦瑞克市小老虎中文学校举办“琼姿霞彩——红派艺术鉴赏讲座”。吴伶创作并主演的情景快板书《草地夜话》入选第二届中国东部优秀曲艺节目展演。何国雄创作、何飞龙演唱的粤曲《斗门家乡美如画》入选第五届“岳池杯”中国曲艺之乡曲艺展演。苑文茜创作，韩笑、高天辉、温姝珺、周欣亚等表演的小品《领导的盆栽怎么剪》入选首届全国原创曲艺小品优秀节目展演。

【美术】 2019 年，珠海美术家和摄影家创作多幅作品。朱建中的水彩画《赤焰蛟龙》、金凡的油画《好日子》、张治华的版画《同舟·渔归》、叶又绿的水彩画《大海荫滋赐民福》入选“第十三届全国美术作品展”。刘文伟、金凡作品入选第八届全国（大芬）中青年油画展。黄剑波作品入选庆祝中华人民共和国成立 70 周年首届中国水彩风景画展。常晓冰作品入选第二十三届全国版画展。朱起明作品入选兰亭雅集 42 人展。周志华、郑楠、黄官强作品入选全国第十二届书法篆刻展。刘茜、唐海燕作品入选全国第六届妇女书法展。徐艳、曾权清作品入选第十一届全国刻字艺术展。张治楚作品入选第二届全国“清远米芾”杯书法篆刻展。朱瑞盛、朱泽辉、胡佐卿作品入选第二十七届全国摄影艺术展。何爱群、周萍作品在 2019 中国（广东）民间工艺博览会上获“岭南杯”银奖。

【电影】 2019 年，珠海导演李凯任执行导演，珠海广播电视台、珠海文广传媒有限公司与中央广播电视总台、港珠澳大桥管理局等单位联合拍摄制作的纪录电影《港珠澳大桥》获中宣部第十五届精神文明建设“五个一工程”优秀作品奖。郑为执导的微电影《与城共舞》获第七届亚洲微电影艺术节优秀导演奖、优秀旅游作品奖。

【音乐】 2019年，珠海市音乐家协会名誉主席王惠然被中国管弦乐协会评为“全国杰出民乐教育家”。李需民作曲的《好上加好》入选“中国当代歌曲创作精品工程”华南地区推荐作品。王瑜波、董亚运、赵秋、李亚秋获第四届“敦煌杯”中国二胡演奏大赛职业重奏组银奖。

【报告文学《中国桥——港珠澳大桥圆梦之路》获第十五届“五个一工程奖”特别奖】 2019年8月19日，中宣部第十五届精神文明建设“五个一工程”作品评选结果公布，珠海作家曾平标创作的长篇报告文学《中国桥——港珠澳大桥圆梦之路》获特别奖。该书由花城出版社出版，描述从20世纪80年代初到2018年，港珠澳大桥的缘起、立项、论证、环评、施工、竣工的全过程，对这座涉及一个经济特区和两个特别行政区的超级工程进行全方位记录。作者从2004年港珠澳大桥前期协调领导小组成立，到大桥竣工通车，14年间辗转京粤港澳各地深入采访方案构想者、项目管理者、大桥建设者等多位亲历的关键人物，真实地还原大桥建设过程。

（陈　菲）

公共文化

【概况】 2019年1月，珠海市落实机构改革方案，设立珠海市文化广电旅游体育局，将原市文化体育旅游局（市版权局）的新闻出版、电影管理职责划入市委宣传部。8月，出台《珠海市文化馆图书馆总分馆制建设工作方案》。全市有市、区级图书馆（文化馆）8个，其中国家一级馆6个。有古元美术馆、珠海画院美术馆、赏心堂美术馆、诚丰美术馆等美术馆，其中，古元美术馆为公立美术馆，全年举办各类艺术展览90个。金湾区图书馆（新馆）、高新区文化中心建成并对外开放。全市有镇（街）综合文化站24个，其中21个达到省一级站标准［17个镇（街）文化站达到省特级站标准］。318个村（居）文化中心100%达到综合性文化服务中心标准。每万人拥有室内公共文化设施面积超1600平方米。全市有登记在册的博物馆10个。全市拥有非物质文化遗产44项，其中，国家级4项、省级12项、市级28项。全市有市民艺术中心54个。

（苗　萍　谢　华　陶　丽）

【社会文化活动】 2019年5月31日至6月1日，珠海市举办第三十一届青少儿艺术花会决赛，囊括舞蹈、戏剧、曲艺、朗诵、器乐合奏、声乐合唱、表演唱、美术、书法等，100余所学校和校外机构选送570个节目和577幅作品参赛，81个节目和60幅作品获奖。7—11月，举办第三十七届滨海之声音乐会暨第五届群众音乐舞蹈花会，决赛中，音乐类专场女声小组唱《都说我们是水姑娘》、独唱《哭番后阿妈》、男声独唱《一路繁华》节目获金奖；舞蹈类专场《湾仔渔街》《愿你归来仍是少年》获金奖。7—12月，珠海市举办市民艺术节，组织歌唱、舞蹈、摄影、诵读等系列赛事，开展惠民演出100场，观众20万人次。香洲区开展“文化香洲·缤纷四季”系列文化活动。金湾区举办航空艺术节、读书节。斗门区举办沙田民歌大赛、水上婚嫁集体婚礼。万山区举办万山群岛民俗文化节。高新区举办会同音乐节。香洲区“文化香洲·缤纷四季”系列文化活动获评广东省2019年度公共文化服务优秀案例。

【图书馆】 2019年，珠海市有市图书馆、斗门区图书馆、金湾区图书馆和香洲区图书馆（乐士馆）4个公共图书馆，其中市图书馆、斗门区图书馆和金湾区图书馆为国家一级馆。全年全市图书馆

2019年5月31日，第三十一届青少儿艺术花会演出现场

（市文化广电旅游体育局供稿）

2019年10月1日，金湾C片区公共文化中心启用

（市文化广电旅游体育局供稿）

接待读者177万人次。举办“粤读越精彩”“我在图书馆”阅读推广系列活动和珠海文化大讲堂、选送优秀展览资源下基层等活动。

珠海市图书馆　占地面积3万平方米，建筑面积1.6万平方米，藏书总量129万册。全年完成新书采购4.2万册，新书上架4.7万册。征集地方文献1469册。征订年度报刊1443种。接待读者107万人次，办理借书证1.60万个。图书外借49.7万册次，11.9万人次。为读者解答各类咨询4.76万例，其中免费远程传递文献4.3万篇。举办展览78场次，其中书画摄影艺术等展览42场次，科普展览（含巡展）13场次，接待参观10万人次。在全市范围内开展“粤读越精彩”全民阅读系列活动，全年举办各类读者活动377场；其中，“我在图书馆”阅读推广系列活动举办86场，并被全国终身学习工作小组评选为“2019年终身学习品牌项目”。

斗门区图书馆　建筑面积3081平方米。全年接待到馆读者27.86万人次。纸质藏书27万册次。新办借书证4860个。文献外借总量14.52万册次。举办各类读者活动174场。

金湾区图书馆　总建筑面积2.86万平方米。全年接待到馆读者42万人次。纸质藏书69.29万册。订阅年度报刊571种。馆内设有电子借阅机8台，其中，少儿电子借阅机3台。全年图书入库18.29万册次。办理借书证9782个。纸质文献外借16.95万册次。举办各类全民阅读推广活动323场次。

【文化馆】　2019年，珠海市有珠海市文化馆（中心馆）、斗门文化馆（总馆）、金湾文化馆（总馆）、香洲文化馆（总馆）及各区分馆，其中，市文化馆（中心馆）、斗门文化馆（总馆）和香洲文化馆（总馆）为国家一级馆。全年全市公共文化场馆免费开放，开展文化艺术培训、讲座、沙龙、展览等有特色、有针对性、群众喜闻乐见的公共文化服务。市文化馆开设市民公益培训25期，培训6000人次；举办美术书法、摄影作品、绘画等大型展览15期；组织策划、参与9项特色非遗活动及赛事。文化馆中心馆联合各总馆、分馆组织策划和承办多种群众文化活动，其中，大型文化活动22场次，“百姓舞台”演出88场次，广场文化活动和送戏上岛下乡、下基层演出36场次。　（苗　萍）

【古元美术馆】　2019年，珠海市古元美术馆举办展览68个，其中，馆内展览60个、馆外巡展8个；组织学术研讨会活动11次；接待参观24万人次；接受参展艺术家和团体捐赠各类艺术作品58件。利用专项经费收藏名家版画作品11件。收到古元的学生曹文汉捐赠的珍藏资料70件（套）（古元亲笔书信和有关文献）、古元的学生郝志国和徐鸣清捐赠的珍藏资料10件（与古元往来书信及请柬贺卡）。

【古元诞辰100周年纪念活动】　2019年8月5日至9月3日在北京市、珠海市举行，由中国美术家协会、中央美术学院主办的《百幅精品　百年回顾——致敬古元暨古元生平与艺术精品展》8月5日在珠海市古元美术馆开幕。展览

2019年8月5日，在古元诞辰100周年系列活动之“百幅精品　百年回顾”展览开幕仪式上，古元的长女古安村（中）为文化艺术机构、中小学代表颁赠《古元美术馆馆藏作品集》

（市文化广电旅游体育局供稿）

含“古元馆藏作品及生平文献展”“古元版画精品展”“古元水彩画精品展”“师恩难忘——曹文汉与古元等艺术名家往来信札、纪念文章暨捐赠文献资料展”四个板块。同期举办纪念古元诞辰100周年系列活动。中国美术家协会主席、中央美术学院院长范迪安，古元的长女、古元美术馆名誉馆长古安村，次女古娟出席开幕式活动。（白　群）

文化遗产保护

【概况】 2019年，珠海市有各级文物保护单位73处。其中，全国重点文物保护单位3处、广东省文物保护单位24处、珠海市文物保护单位38处、区级文物保护单位8处。徐诚斋墓修缮工程和中山纪念亭环境整治工程完工。香洲烈士墓之革命斗争浮雕保护设计方案编制完成。加强不可移动文物活化利用。会同调梅莫公祠建成会同电影小馆。唐家瑞芝唐公祠建成唐家村史馆。会同莫氏大宗祠内的会同村史馆的陈展升级。举办“5·18”国际博物馆日广东主会场活动，来自粤港澳三地的文博人员和支持文博事业的社会各界人士，共同参加“粤港澳文博事业发展成果图片展”“粤港澳大湾区文化遗产游径（广东段）图片展”“文化遗产游径骑行”等活动。开展《珠海市城市历史文化价值特色》《珠海市文化遗产游径专题研究》专项研究。推进粤港澳大湾区文化遗产游径建设。

【博物馆】 2019年，珠海市登记在册的博物馆10个，其中，国有博物馆4个：珠海市博物馆、斗门区博物馆、香洲区博物馆、金湾区博物馆；非国有博物馆6个：罗西尼钟表博物馆、盛宝博物馆、汉东博物馆、东方神韵博物馆、钰海博物馆、中国紫檀博物馆横琴分馆。

珠海市博物馆　截至2019年底，登记在册文物藏品5672件（套），资料品9817件（套），其中，一级文物有清光绪年间唐绍仪“钦差议约全权大臣”银赏牌、民国八年（1919年）“南北议和全权总代表”象牙印等15件；二级文物有民国十六年（1927年）杨匏安烈士手迹《寄小梅》、1909年美国纽约首版容闳英文原著《西学东渐记》等251件；三级文物909件。全年举行重要文物捐赠仪式6场。征集到鲍少游画作74幅，鲍俊、古元、关山月、黎雄才、赵少昂、方成、方人定等书画家代表作品25件（套）。清理并运回唐家唐南路马山古墓群墓碑、拜桌、陶棺材等文物32件。

斗门区博物馆　截至2019年底，登记在册文物藏品5166件（套），其中，二级文物1件（套）、三级文物6件（套）。开展社会教育活动33场次，全年接待观众13.93万人次。

罗西尼钟表博物馆　截至2019年底，登记在册藏品1065件（套），开展社会教育活动100次，全年接待观众37万人次。（陶　丽）

【非物质文化遗产】 2019年，珠海市有44项非物质文化遗产，其中国家级4项（斗门水上婚嫁、装泥鱼、三灶鹤舞、一指禅推拿），省级12项，市级28项。按区（功能区）则为：斗门区19项，金湾区8项，高新区7项，香洲区6项，万山区3项，横琴新区1项。市级以上传承人36人，其中国家级传承人3人（陈福炎、韩竞生、郭幸福），省级传承人12人。有省级传承基地2个，市级传承基地14个。

【第八批非物质文化遗产项目代表性传承人】 2019年6月，珠海市文化广电旅游体育局公布第八批7个项目和代表性传承人7人。至此，珠海市级非物质文化遗产项目代表性传承人有36人。

珠海市第八批市级非物质文化遗产项目代表性传承人情况表

项目	传承人
装泥鱼	黄国富
斗门赵氏家族祭礼	赵承华
斗门水上婚嫁	梁爱群
三灶鹤舞	汤福文
三灶竹草编织	马天宋
淇澳银虾酱	钟爱强
中秋对歌会	唐章雄

【“文化和自然遗产日”系列活动】 2019年6—9月，珠海市举办“文化和自然遗产日”系列活动。6月，在斗门区斗门镇南门村接霞庄的启动仪式上，有非遗项目展演、非遗图片展等。系列活动持续3个月。横琴新区、香洲区、金湾区、斗门区、高新区、万山区与高栏港区均设置分会场。金湾区举办龙舟赛。斗门区组织展演和传习活动。高新区组织“端午祈福巡游”“鸡山牛歌中秋对歌会”。（苗　萍）

文化产业与文化市场

【文化产业】 2019年，珠海市有V12创意产业园、金地动力港、金嘉创意谷、乐士文化区4个市级文化创意产业园区，建筑总面积25.62万平方米，产业集聚效应明显。有吉莲19艺文空间、左右创意园、北山中西文化创意产业基地、珠海东方文化艺术交流与发展基地4个产业特色基地。产业园区和基地吸纳3万人就业。是年，金嘉创意谷通过创建省级文化产业示范园区验收。（陈海燕）

【文化市场监管】 2019年，珠海市开展专项整治行动、“以案施训”活动和“双随机、一公开”（随机抽取检查对象，随机选派执法检查人员，抽查情况和查处结果及时向社会公开）检查行动，出动文化市场执法人员7672人次，检查各类经营场所3378家次。其中，巡查网络文旅经营单位1900家次，清理有害信息400余条；检查娱乐场所213家次、游泳场馆134家次、其他场所252家次；开展营业性演出经营单位约谈116场次，依法制止未经审批演出活动；检查出版物店档319家次、印刷复制企业184家次、网吧376家次，取缔“黑网吧”10家，没收侵权盗版及非法物品2060余件。清拆非法卫星电视地面接收设备13件，没收卫星电视解码器2台。全年受理处置投诉199件，处置回复率100%。查办案件62件，执行罚款42.85万元，没收违法所得1.22

2019年10月23日，话剧《龙腾伶仃洋》在珠海大剧院首演 （市演艺集团供稿）

万元。组织执法业务集中培训2期，参训120人次，开展信息联络员及行业普法宣讲活动6场次，参训1200人次，组织执法考试2场次，印发“执法就在我身边”宣传招贴画3000张，编印22类执法文书2万余张。

【文化市场监管规范执法】 2019年，珠海市在执法检查和案件办理保持“零投诉、零复议、零诉讼”记录。4月19日，珠海市文化执法办理的1宗非法传播影视作品著作权案获评广东省2018年度打击侵权盗版十大案件。10月30日，市文化旅游广电体育局获评2017—2019年度全国文化市场综合执法“规范案卷”办案单位，11月20日获评全国查处重大侵权盗版案件有功单位三等奖，2名执法人员获有功个人三等奖。12月12日获评2018—2019年度全国文化市场综合执法重大案件办案单位。（聂红斌）

【珠海演艺集团】 2019年3月21日注册成立，是集演出、创作、舞美、剧院管理、文化传承、公共服务于一体的综合性大型国有演艺集团，由珠海市文化艺术中心（事业法人）、珠海演艺集团有限责任公司（集团公司）及下辖珠海民族管弦乐团有限责任公司、珠海歌舞团有限责任公司、珠海话剧团有限责任公司、珠海市粤剧团有限责任公司、珠海舞美管理有限责任公司、珠海剧院管理有限责任公司组成，参与管理珠海大剧院、珠海华发中演大剧院、珠海大会堂。截至年底，有专业演员127人。9月27日，承办的“向祖国报告——珠海市庆祝中华人民共和国成立70周年文艺晚会”在珠海大剧院举办。10月23日，为献礼港珠澳大桥通车一周年，在珠海大剧院举行话剧《龙腾伶仃洋》首演暨珠海演艺集团成立揭牌仪式。

（吴慧璇）

文化交流

【概况】 2019年，珠海市报批开展对外和对港澳台文化交流活动56项。组代表团访问友好城市德国布伦瑞克市，举办第三届珠海莫扎特国际青少年音乐周、2019珠海沙滩音乐节、第六届中国国际马戏节、庆祝澳门回归祖国20周年暨2019珠港澳合唱音乐会、珠港澳青少年交流音乐会。珠海大剧院童声合唱团赴香港参加亚太合唱高峰会演出，被授予杰出自信和风格奖。

【粤剧进德国布伦瑞克市】 2019年6月20—24日，珠海市组团访问友好城市德国布伦瑞克市，参加“文化之夜”系列活动。期间举办粤剧推广讲座，加深与德国友城在文化领域的交流合作，促进中华传统艺术的海外传播。

【第三届珠海莫扎特国际青少年音乐周】 2019年9月10—22日在珠海华发中演大剧院举行，来自全球的117名青少年参加。上演32场钢琴和小提琴音乐会，并在社区、校园、市民艺术中心举办惠民公益讲座、沙龙，推广古典音乐艺术。该音乐周由珠海市人民政府与萨尔茨堡莫扎特音乐与表演艺术大学联合主办，珠海华发集团有限公司承办。

【第六届中国国际马戏节】 2019年11月16—23日在珠海横琴长隆举行，由文化和旅游部、广东省人民政府主办，珠海市人民政府、广东长隆集团有限公司承办，来自22个国家和地区的演职人员带来24个精彩节目，演出15场，超4万人次到场观看。11月19日在澳门综艺馆举行以“精彩马戏节，珠澳一家亲”为主题的惠民演出。

【珠港澳合唱音乐会】 2019年12月7日在珠海大剧院举行。香港明仪合唱团、香港欣韵合唱团、澳门蔡高中学合唱团、珠海大剧院合唱团、珠海大剧院童声合唱团参加演出，上演16首经典曲目，1500名观众到场观看。（白　群）

档案工作

【概况】 2019年，珠海市有国家综合档案馆4个（市档案馆、香洲区档案馆、金湾区档案馆、斗门区档案馆），专业档案馆1个（市城市建设档案馆）。专职档案工作人员67人，其中，研究馆员2人、副研究馆员8人、馆员9人。各级综合档案馆馆藏档案59.01万卷（件）。市文件管理中心保存归档文件71万件。全市国家综合档案馆建筑面积5.3万平方米，接收各单位1.31万卷5.13万件纸质档案和5万件原生电子档案进馆，对馆藏1989年度3.08万件档案开展鉴定开放工作，依法开放2024件档案。完成馆藏70万页档案全文数字化，采集高清视频档案7200分钟。深化“放管服”改革，完善“互联网+智慧档案”服务新模式，实现零时差、零距离、“零跑腿”和“最多跑一次”的档案资源共享高效利用。新增政务照片6479张，接待档案、资料利用者1.41万人次，提供档案利用5.22万卷（件）次。全年举办档案专题展览4个，接待参观档案展览超2万人次。

【档案服务】 2019年，珠海市档案馆参与拍摄市委、市政府主要领导重要公务活动360次，拍摄照片3.5万幅。香洲区档案馆收集区重大活动照片2493幅。斗门区档案馆拍摄区重大活动照片250幅。市档案馆对1989年3.08万件馆藏档案开展鉴定开放工作。市档案馆牵头中山市档案馆、江门市档案馆编印《红色珠中江》馆藏红色档案史料选编，为《珠海市40年大事记》《珠海经济特区加强党的领导和党的建设史纪要》《珠海经济特区发展史》提供档案。香洲区档案馆、金湾区档案馆发行《全粤村情·珠海市香洲区　金湾区卷》。市档案局对市大湾区办、横琴自贸区以及产业园区开展档案业务指导和服务，加强对电力、水利、交通等领域22个重大建设项目档案工作的指导和监管力度，专项验收5个重点建设项目。市档案馆率先在全省地市级档案馆建立粤港澳大湾区专题档案数据库，为社会公众提供大湾区内12个档案馆约100万条开放档案。

【档案收集】 2019年，珠海市各级综合档案馆开展馆藏档案资源普查。市档案馆接收新增各类档案2.02万卷，将27类专题32万余件原生电子专业档案整理进馆；协助市纪委到北京、广州、上海、南京等地档案馆查阅收集杨匏安有关档案资料690件，为杨匏安陈列馆展览提供档案史料。采集《珠海新闻》等高清视频档案5475分钟。香洲区档案馆接收档案7051卷（件），金湾区档案馆接收档案2433卷、74件，斗门区档案馆接收档案文件500卷（件）。全市其他各级各类档案馆接收进馆档案及归档文件11.98万卷12.07万件。市档案馆启动港珠澳大桥珠海连接线征地拆迁补偿项目档案接收工作。香洲区档案馆征集“迎接大桥时代”摄影大赛获奖作品73幅、“新中国的记忆——香洲巨变”图片110幅。

【“新中国的记忆”宣传活动】 2019年，为庆祝中华人民共和国成立70周年，珠海市档案局以“新中国的记忆”为主题，安排部署各级档案部门开展系列宣传活动，提前将内容以微展览的形式制作成H5（第五代HTML，HTML即超文本标记语言的英文缩写）动态画册，在“珠海发布”公众号上推送，日阅读量2万人次。市档案馆、市城建档案馆联合举办“珠海城市记忆”图片展，展示珠海改革开放40年城市建设发展变迁。横琴新区举办“新中国记忆——横琴记忆”图片档案巡展，展示珠澳合作成果。香洲区档案局举办“新中国记忆——香洲巨变”图片展。金湾区、斗门区档案馆发动档案员参加“新中国的记忆”征文活动。

【档案育人】 2019年，珠海市在中央档案馆馆藏200余件珍贵档案文献基础上，增加63件当地档案文献，推出“不忘初心、牢记使命”主题教育档案文献展，接待全市500多家单位近2万名党员干部参观学习。香洲区新馆展厅开设“不忘初心、牢记使命”暨“信仰的力量——中国共产党人的家国情怀”主题教育展，从中央档案馆和上海市档案馆、广东省档案馆馆藏中精选240件珍贵档案文献展出。市档案馆协助市委国安办举办“4·15”全民国家安全教育日主题展览，接待600多家单位参观学习；接待香港喇沙书院、苏兆征纪念学校等学校青少年到市档案馆开展爱国主义教育活动。

【主题教育文件材料收集】 2019年，珠海市档案局编制《珠海市“不忘初心、牢记使命”归档范围和档案保管期限表》，与市委“不忘初心、牢记使命”主题教育领导小组办公室联合印发《关于做好“不忘初心、牢记使命”主题教育文件材料收集归档工作的通知》，明确档案收集、整理、移交等事宜，为主题教育文件材料收集齐全、整理规范奠定基础。

【依法治档】 2019年，珠海市档案局对25家涉及机构改革的单位开展专项档案执法调研检查，及时发现和整改存在的问题。香洲区档案局对13家机构改革撤改单位开展档案工作调研检查，对发现的36个问题提出整改意见，督促有关单位完成整改。斗门区档案馆结合升级复查和考核评估工作，对30家区直机关单位开展档案专项行政执法检查。金湾区档案局继续以《金湾区区直单位（镇）档案工作年度检查评估办法》为抓手，巩固档案检查评估常态化，实现档案年检全覆盖。

【档案业务督导】 2019年，珠海市档案局对华发集团、城建集团、九洲控股集团、珠光集团、南光集团等8家企业进行系统业务指导。各集团公司均将下属企业纳入全宗管理，形成企业内部档案管理网络。九洲控股集团开展企业档案整体规划，采取档案服务外包，对下属24家企业各门类档案集中开展规范整理和数字化加工。珠海醋酸纤维有限公司对标广东省企业档案工作一级甲等标准开展档案工作，在新厂搬迁扩建资产评估中，科技档案发挥重要凭证作用，按照《开发利用科技档案所创经济效益计算方法》得出开发利用科技档案所创经济效益近1亿元。

【农村档案规范化建设】 2019年，珠海市档案局与市农业农村局配合，完成各区农村土地承包经营确权登记颁证档案整理和数字化工作。全市各级档案部门协助农业部门做好农村集体产权制度改革档案工作，迎接国家和省的专项考核。4个村（居）被确定为档案工作服务农村基层社会治理国家试点。

【档案业务培训】 2019年，珠海市完善档案网络教育平台，培训珠海、中山、江门三地档案人员6000人次，为澳门南光集团等20家驻澳企业100多名档案人员提供网上业务培训。全年完成近1000名档案员上岗证年审换证工作。香洲区档案局举办2期档案业务培训班，培训220人次，组织30名档案工作人员进行网上培训。金湾区档案局举办全区档案工作宣传活动，培训100多人次。斗门区举办机构改革涉改单位档案管理与处置工作培训、白藤街道机关与社区档案业务培训、白蕉镇机关与村居档案业务培训3期，培训170人次。

【档案安全管理】 2019年，珠海市档案局对全市4个国家综合档案馆和2个专业档案馆组织开展一次全方位、地毯式排查，组织全市各单位进行档案安全自检，建立风险隐患排查台账。针对机构改革、新馆建成投入使用等情况，香洲区档案馆修订完善香洲区档案馆安全保卫制度、香洲区档案馆灾害应急预案等14项档案安管管理制度；金湾区档案局（馆）定期开展档案安全检查，组织全区各单位开展档案安全风险隐患专项排查整治，及时解决档案安全隐患；斗门区档案局（馆）成立专职安全检查工作小组，实行“一日一小查，一周一大查”。

【档案法治宣传】 2019年，珠海市各级档案部门开展宪法学习宣传实施工作，通过进社区宣讲、进校园宣传、门户网站、宣传栏等多个平台宣传宪法，不断强化依法治档。在“12·4”国家宪法日宣传活动期间，通过播放档案法规宣传公益广告、开展现场档案法治宣传咨询活动等方式增强全社会的档案法治意识。

【档案馆舍建设】 2019年11月26日，香洲区新档案馆投入使用。香洲区新馆位于珠海市香洲区春风路999号，总用地面积5630平方米，总建筑面积1.11万平方米的11月29日，金湾区档案馆新馆投入使用。金湾区新馆位于金湾航空城，总建筑面积2.74万平方米，其中，地上4层建筑面积1.45万平方米，地下1层建筑面积1.29万平方米。

【数字档案馆建设】 2019年，珠海市推进全市数字档案馆（室）一体化建设，强化电子文件在线接收及利用，推进OA单位“集中式”和“公文交换”数据接口合并。接收3万余件原生电子文书档案，2万余件原生电子专业档案。通过“数字政府”平台实时共享近3万条馆藏开放档案。金湾区智慧档案馆系统于12月通过终验验收，系统上线试运行中，旧馆系统数据整理和迁移工作完成，开展核验工作。香洲区档案馆系统按照数字档案馆示范馆标准建设，完成数字档案馆一期建设。市档案馆完成馆藏70万页档案数字化工作，馆藏档案数字化比例保持100%。对接收的40万页数字化档案数据进行检查完善。香洲区馆藏档案数字化比例90%，提前完成省馆藏档案数字化任务。斗门区累计完成506万页档案数字化加工，占馆藏总量的68%。珠海醋酸纤维有限公司完善企业电子档案管理系统，完成数字档案资源的自动化管理。该系统对归档电子文件和数字化成果进行OCR（光学字符识别），实现全文检索。

（伍信谊 张晋文）

地方志工作

【概况】 2019年，珠海市出台《关于进一步加强新时代党史地方志工作的实施意见》。1月，承办中国地方志指导小组系列会议。根据《广东省地方志工作条例》和中共广东省委办公厅、广东省人民政府办公厅《关于进一步加强新时代地方志工作的通知》及市级权责清单，清理整合行政许可事项，缩短办理时限5个工作日。5月，开展年鉴质量评价活动。11月，《北山社区志》出版发行。

【全国地方志系列会议在珠海市召开】 2019年1月4—7日，珠海市承办中国地方志指导小组系列会议（含信息方志与数字方志建设工程、系列名志文化工程、地方志学会专家顾问委员会、新时代的方志学与历史学理论研讨等），组织与会嘉宾参观港珠澳大桥，实地考察杨匏安陈列馆、容闳博物馆和会同村等，宣传推介珠海形象和方志成果。来自全国地方志系统信息化工作负责人、中国系列名志文化工程部分评审专家以及中国科学院、中国社会科学院、清华大学、北京大学、首都师范大学等科研机构和高校的专家学者80余人参加会议。珠海地方志工作得到与会领导和专家的肯定。

【史志工作调研创新】 2019年3月12日，珠海市委书记、市人大常委会主任郭永航调研党史和地方志工作，到苏兆征故居陈列馆、淇澳村史馆和淇澳抗英纪念广场，实地了解市党史党性教育基地建设、地情资源保护和开发利用等情况。调研后，市委办、市府办出台《关于进一步加强新时代党史地方志工作的实施意见》，部署完善地方志领导体制、工作机制、队伍建设。出台《珠海市村史馆建设指引》，鼓励、引导和规范区镇街发动有条件的村（社区）建设村史馆，推进珠海方志馆矩阵建设。

【修志编鉴扩面提质】 2019年5月15日，珠海市组织召开全市地方志工作会议，推动《珠海市关于推进修志编鉴

2019年4月25日，《全粤村情》（珠海卷）首发暨全省地情资源保护开发利用现场会在珠海会同村举行 （市地方志办公室供稿）

扩面提质工作的意见》的贯彻落实。珠海市首部中国名村志《北山社区志》出版，并参加全国第三批中国名村志文化丛书首发活动。《珠海经济技术开发区志》通过初审，走在全省10个试点单位前列。《珠海市交通志》完成资料收集进入编纂阶段。《斗门围垦志》进入复审。

【地情资源开发利用】 2019年，珠海市地方志办公室落实《珠海市开发利用自然村落普查资源助力乡村振兴战略工作方案（2018—2020年）》。4月25日，《全粤村情》（珠海卷）首发暨全省地情资源保护开发利用现场会在珠海市召开，市相关部门150人参会，珠海自然村落历史人文资源普查成果获肯定。5月，在唐家湾镇会同村举办全省2019年“多彩乡村”主题教育实践活动启动会。拍摄“多彩乡村”系列微视频，作品获一等奖4个、二等奖3个、三等奖3个、优秀奖2个。全市3个优秀组织单位受省通报表彰。参与省《特色建筑》《历史文化名村》《红色村落》等丛书的编纂工作。《香洲村落》《金湾村情》《斗门百村》《高栏港村情》等特色地情书籍出版发行。

【综合年鉴编纂】 2019年，珠海市完成《珠海年鉴·2019》的编纂出版和《广东年鉴》《粤港澳大湾区年鉴》珠海部分的供稿工作。《珠海年鉴·2019》全书476页，103.7万字，前插彩页32页，设32个类目，全面翔实地反映珠海市社会经济发展的基本情况。《珠海年鉴·2017》在中国出版协会1月公布的第六届年鉴编纂出版质量评比中获综合一等奖，同时获框架设计、条目编写、装帧设计，以及检索、编校质量和出版时效5个分项一等奖。《珠海年鉴·2018》获广东省年鉴质量评价（市级年鉴）二等奖。《香洲年鉴·2018》获广东省年鉴质量评价（县区级年鉴）一等奖。7月，《珠海市情·2019》印刷发行。《香洲年鉴·2019》《金湾年鉴·2019》《斗门年鉴·2019》等行政区年鉴均按规定依时公开出版。

【史志编研】 2019年，珠海市出版发行《珠海概览》，浓缩方志精华，打造珠海记忆，庆祝建市40周年。挖掘中西交流历史文化，编纂完成《珠海商贸史料辑录》。编写《珠澳20年——庆祝澳门回归图册》，记录澳门回归祖国20年来珠澳合作特别是珠海服务澳门产业适度多元化发展的历程。全年编撰出版史志杂志（图书）6期（部），在省、市专业期刊发表史志论文9篇。

【信息化和方志馆建设】 2019年，珠海市制订珠海市地方志数字化工作三年计划，投入20万元，开发“珠海史志数字资源管理平台”，数字化各种志书年鉴及地情出版物61部2000万字。建设珠海史志文献资料中心，整理上架各类史志书籍8000余册。做好市级综合年鉴冠名编纂许可、市级综合年鉴出版许可、市级地方志书冠名编纂许可、市级地方志书出版许可等4项政务服务事项，配合做好“数字政府”工作。9月，按上级部署将珠海地情网迁至珠海门户网站“走进珠海”栏目。参与省情网共建栏目建设，投稿数量位居全省地市第二。珠海方志馆建设项目在市政府常务会议上通过。香洲区、金湾区档案馆（方志馆）新馆开馆。 （吴海华）

新闻出版·广播电视

新闻出版

【概况】 2019年，珠海市新闻出版行政管理完成“告知承诺”“容缺许可”“只跑一次”“好差评”“证照分离”电子证照、社会信用体系建设、行政执法公示等政务服务改革任务，实现申请、审批全程网上办理。6月，启用珠海市网上审批系统。10月，启用广东省政务服务网。全年审批一次性内部资料出版物46宗，审批连续性内部资料出版物27宗；办理印刷企业新设立8家、变更18家、注销3家的相关手续；审批境外一般性出版物来料加工46宗、印件加工备案5宗；受理出版物经营许可业务10宗。 （曾　兵）

【珠海传媒集团有限责任公司】 2019年4月28日挂牌成立，以原珠海报业传媒集团和珠海广播影视传媒集团为基础，整合其他国有传媒类资源组建而成。有员工1400余人，旗下拥有报纸、广播、电视、杂志、网站、新媒体、户外媒体等全媒体生产链条和出版发行、数字印刷、广告经营、新媒体运营、文化产业投资、文化产业园区管理、教育培训、会展服务等文化产业全领域经营板块。是年，党委书记、董事长孙锡炯入选“中国报业深度融合发展十大创新人物”；1件作品获中宣部第十五届精神文明建设“五个一工程”优秀作品奖；2件作品获广东省第十一届精神文明建设“五个一工程奖”；1件作品获中国新闻奖三等奖；1人获广东新闻金梭奖；1件作品获广东新闻奖一等奖；3件作品获广东新闻奖二等奖；6件作品获广东省广播影视奖一等奖；8件作品获广东省广播影视奖二等奖；多件作品获广东省新闻奖、广播影视奖三等奖。

【报纸出版】 2019年，珠海传媒集团有限公司旗下《珠海特区报》《珠江晚报》全年出报365期，编发庆祝中华人民共和国成立70周年、澳门回归祖国20周年、珠海建市40周年、粤港澳大湾区建设等重大主题活动的专题、专版、专栏300个。 （陈素璧　张中定）

【软件正版化】 2019年，珠海市根据机构改革后各单位职能，重新调整市推进使用正版软件工作联席会议，明确各成员单位职责。与珠海金山软件有限公司签署协议，由金山公司通过场地授权的形式为珠海市所有政府机关、事业单位提供正版办公软件WPS Office及升级服务，实现珠海市政府机关、事业单位办公软件正版化全覆盖。举办珠海市市直各机关单位软件正版化工作培训会议、各区软件正版化工作会议及培训班等，提升全市各单位版权保护意识和业务水平。依据“法治广东”考核体系要求，组织开展督导检查，对全市纳入省级重点推进企业使用正版软件工作的15家企业进行全覆盖检查，并抽查全市27家政府机关，推动软件正版化工作持续开展。

【印刷行业】 2019年，珠海市通过印刷企业年度报告的企业341家，其中，出版物印刷企业、数字印刷企业18家。全市印刷企业营业收入138亿元，从业人数1.47万人。规模以上重点印刷企业（年印刷总产值超5000万元）29家，占全市印刷企业比例为11.75%，主营业务为纸包装印刷和其他包装装潢印刷。通过绿色印刷认证的印刷企业3家。企业按照“减量与适度”“无毒与无害”“无污染与无公害”等绿色印刷要求，从环保印刷材料的使用、清洁的印刷生产过程、印刷品对用户的安全性，印刷品的回收处理及可循环利用等环节实施绿色印刷。数字印刷企业（含专营和兼营）4家，总销售额1155.24万元。

【主要图书市场】 2019年，珠海市新华书店销售图书1.02亿元。12月7日，新华书店横琴书笙馆开业。海韵城书笙馆在全国178家参与竞选的书店中脱颖而出，获评2019“年度最美书店”。阅潮书店全年经销图书8万种，客流量110万人次，1月开设南屏店和南水店，6月开设华发山庄店，7月开设国际海岸店，12月开设中山观山水店。文华书城全年图书销售额4913.70万元，图书8万余种。

【版权登记】 2019年，珠海市通过市版权服务中心和横琴知识产权中心开展版权登记服务，实施著作权登记295件，其中，作品274件，软件21件。建立版权维权协调机制，成立珠海市版权维权协调小组，制定《珠海市版权快速维权援助公共服务实施办法（试行）》，明确版权维权协调的流程、办理时限等内容，向社会公众提供版权纠纷解决通道，推进版权登记和保护工作标准化、规范化发展。珠海华旗国视文化传播有限公司创作的歌曲《水蓝色的星球》被省版权局评为广东省2019年度最具价值版权作品。

【版权教育】 2019年，珠海市开展“版权宣传周”活动，印制《版权宣传手册》《著作权登记办事指南》在全市发放。举办“4·26”知识产权保护主题宣传活动，现场为市民普及著作权相关知识，现场受理群众对侵权盗版行为的举报。制作版权宣传展板，在全市选择政府机关、学校、海关等部门巡展。在机场高速沿线、商业街道、景点景区、文化场馆等场所集中刊播版权公益广告宣传片和宣传画。组织学校开展手抄报、主题班会等活动，号召学生尊重知识、保护产权、拒绝盗版。

2019年11月2日，茅盾文学奖得主毕飞宇（对谈席左）在珠海市新华书店书笙馆举行作品分享会 （冯 洁 摄）

【版权保护】 2019年，珠海市查办侵权盗版案件5件，行政处罚22万元，没收侵权物品1200件。其中，查处的斗门向荣加工场侵权案是珠海市企业在生产领域的第一起版权侵权行政处罚案件，该案侵犯知名动漫作品著作权，是典型的涉外著作权保护案件，被列为“2019年度广东省版权十大案件”。

【全民阅读】 2019年，珠海市开展以“悦读·为祖国喝彩”为主题的全民阅读活动，组织开展南国书香节珠海分会场、“世界读书日”“百馆荐书，全城共读”共读半小时、红色经典诵读、全民阅读进学校等系列活动。为全市农家书屋配送图书9068册。高栏港区内珠海市图书馆高栏港分馆和高栏港区平沙分馆实现与市馆的资源共享，一卡通行、通借通还。建成中国建筑第六工程有限公司横琴金融租赁总部大厦项目部图书流动站和北京理工大学珠海学院图书流动站。在全市各强制隔离戒毒所、看守所建立“图书流动站”，创建“曙光”服务品牌，为特殊群体提供阅读服务。

（曾 兵）

广播电视

【广播】 2019年，珠海传媒集团有限公司旗下珠海广播电视台拥有三套广播频率，分别为新闻综合广播“先锋951（新闻频率）”、环保经济频道“交通875（交通频率）”、百岛之声“音乐915（音乐频率）”，均实现全天24小时播出。广播三套频率自办节目49档，其中，周一至周五每天直播节目31档。收听率比上年均有增长。

【电视】 2019年，珠海传媒集团有限公司旗下珠海广播电视台拥有新闻综合频道（ZHTV-1）、公共频道（ZHTV-2）2个电视频道，开设6档常规新闻类节目、5档自办社教类节目、2档联合制作栏目、7个电视剧场栏目和2档专题纪录片展播栏目，引进综艺类节目2档。新闻类节目主要有《珠海新闻》《新闻121》《微评身边事》《贝壳网事》《湾区会客厅》等。通过网络传输的珠海广播电视台为珠海网络电视台，是CUTV

（城市联合网络电视台）成员。

（陈素璧　张中定）

【海岛广播电视信号升级】　2019年，珠海市开展万山岛、桂山岛、东澳岛广电网络信号升级改造。截至年底，3个海岛广播电视信号均采用海底光纤输送并成功联网，岛上1514户进行信号转换，可看有线电视节目190多套，新增时移、回看、点播、政府信息公开、景区景点介绍、台风预警等信息功能，彻底改善海岛广播电视信号传输手段。

【广播电视行业监管】　2019年，珠海市文化广电旅游体育局联合公安、国安、市场监管、无线电管理部门严格查处“黑广播”及非法生产、接收、使用境外卫星电视地面接收设施行为，重点整治居民住宅小区非法卫星接收设备“小耳朵”。全年出动执法312人次，检查电子产品销售场所49家次、宾馆酒店48家次、饭店餐厅28家次、其他场所14家次，拆除非法卫星接收设备13套，没收卫星电视解码器2台。全市未发现“黑广播”“伪基站”。

【安全播出保障】　2019年，珠海市广电系统梳理安全播出、网络安全、安全生产、设施安全存在的问题和隐患，排查安全隐患29项，全部按时间节点完成整改。在重点安全防护期间，广播电视、广播电视网络实施抽查、24小时值班、“零报告”等安全播出制度落实。全市广播电视安全播出无异常、无事故。

（黄善平）

卫生健康

【概况】　2019年1月21日，珠海市卫生健康局揭牌成立。6月26日，珠海市深化医药卫生体制改革工作领导小组发文调整成员，市委书记郭永航担任组长，市委副书记、市长姚奕生任常务副组长，副市长阎武任副组长，领导小组办公室设在市卫生健康局。11月20日，市委全面深化改革委员会第三次会议召开，审议并原则通过《珠海市开展城市医疗联合体建设试点工作方案》和《珠海市人民医院医疗集团建设试点工作方案》。是年，珠海市常住人口出生2.9万人，人口自然增长率10.4‰，出生人口性别比为112.08，出生缺陷发生率23.81‰。全市人均期望寿命82.9岁，超过全国全省平均水平。婴儿死亡率2.15‰，孕产妇死亡率14.65/10万，基本控制在全国、全省平均水平以下。无甲类传染病报告，乙类传染病报告发病率342.98/10万。居民主要健康指标接近发达国家水平。全市拥有各类医疗卫生机构963个，其中，医院44个、基层医疗卫生机构864个、专业公共卫生机构23个，其他卫生机构5个；民营医疗机构617家，占65.9%。全市6所公办三级医院中4所达到三级甲等；24个镇（街）全部设置医院（卫生院、站）；197个社区、124个行政村中有194个社区（占98.48%）、122个行政村（占98.39%）建立医疗卫生服务站（中心），超过90%的村（居）提前实现“15分钟医疗服务圈”标准化建设目标；全市每千常住人口执业医师数、病床数分别达到3.82人、5.06张。紧急医疗救援中心1个，疾病预防控制机构1个，中心血站1个。

【医疗服务】　2019年，珠海市总诊疗1906.71万人次，出院37.02万人次。全市各类疫苗接种率均达95%以上。18岁及以上人口高血压和糖尿病规范管理率分别为66.84%和65.48%，严重精神病障碍患者规范管理率87.03%，达到国家要求。

【基层医疗】　2019年，珠海市卫生健康局联合市民政局、市残联、市医保局分别出台珠海市贫困人口、珠海市残疾人家庭医生签约补助方案。7月，全面启用“健康珠海”家庭医生签约服务系统，实现家庭医生签约服务信息化，签约服务信息实时保存，服务包的履约情况实时更新，居民可通过手机APP与其签约医生实时沟通。全年建立351个家庭医生服务团队，与83.9万名居民签订家庭医生式团队服务协议，签约率47.11%；与31.25万名重点人群签订协议，签约率78.27%。开展国家基层高血压医防融合试点工作，印发《珠海市基层高血压、糖尿病医防融合试点方案》，成立市基层高血压、糖尿病医防融合试点项目专家组。举办高血压医防融合“群雁计划”培训班，培训基层技术骨干176人。派出3批20名基层专科医生参加国家“雄鹰计划”培训。是年，全市人均基本公共卫生服务经费提高至65元/人，拨付市级基本公共卫生服务经费预算1860万元；拨付农村卫生服务中心运作经费1466万元。

【妇幼卫生】　2019年，珠海市成立由市妇幼保健院牵头、全市三级及以下医疗机构（含民营医疗机构）共同参与的“珠海市儿童保健、妇女保健专科联盟”，促进妇幼保健优质资源下沉，提高儿童保健、妇女保健专科整体发展水平。继续推动无创产前基因检测项目（NIPT），依托新型基因检测技术，将疾病预防关口前移，提高出生缺陷综合防治能力。全年为3万名孕妇提供无创产前基因检测服务。

【救治网络建设】　2019年，珠海市卫生健康局成立“五大中心”建设领导小组，制订各救治中心建设方案，带动完善全市救治网络。全市建成中国胸痛中心3家，高级卒中中心2家。建成广东省胸痛中心示范基地1家。首批9家医院纳入“卒中急救地图”、2家医院纳入“胸痛中心急救地图”。启动二级以上公立医院DRG（诊断相关分组）管理。全市14家二级以上医院完成DRG系统联合采购并投入使用。成立首批医院感染、胸痛中心、卒中救治、脊柱外科微创技术、药事管理、中医治未病、血液净化等7家市级质控中心。完成第二批47家市级质控中心评审。建立质控中心管理制度，推进中心管理标准化、规范化。

【日间手术试点】　2019年，珠海市卫生健康局与市医保局联合印发《珠海市日间手术试点工作实施方案（试行）》，推行日间手术模式，分两批推出29个病种、38个术式试点。6家三级医院纳入日间手术试点范围。全年开展日间手术1604例。

【慢性病长期处方】 2019年，珠海市卫生健康局与市医保局联合印发《珠海市慢性病长期处方服务实施方案》，对高血压等12个慢性病病种实施慢性病长期处方管理。全年开具慢性病长期处方3343例。

【互联网护理服务】 2019年，珠海市卫生健康局与市医保局、市市场监管局联合印发《珠海市开展“互联网护理服务”试点工作实施方案》。全市11家试点单位全部在“健康珠海”APP上线。患者通过网络预约享受延续医疗服务和个性化居家护理服务，避免长期住院。全年护理服务109例。

【医疗对口帮扶】 截至2019年底，珠海市派出驻点帮扶医护人员89人次，接收来珠海进修医务人员79人次。诊治门诊患者3.84万人次、住院患者8778人次，开展手术671台。培训帮扶地医务人员5307人次。帮助结对医院新建临床专科8个，指导新适宜技术49项、新项目41项。帮助西藏自治区米林县卫生服务中心通过二级乙等医院评审。捐赠医疗设备价值1.03亿元。

【疾病防控】 2019年，珠海市实现39种法定传染病监测病种覆盖率达到100%，全年无甲类传染病报告，报告法定传染病21种6.50万例，年发病率为3437.92/10万，比上年增长82.83%。印发《珠海市国民营养计划（2019—2030年）实施方案》，开展饮用水、重点食品含碘量状况调查，定期开展碘营养监测，制定差异化碘干预措施，实施精准补碘。市卫生健康局完成慢性阻塞性肺疾病监测任务。全年完成心血管病初筛调查1.35万例，高危对象调查1669例，短期随访338例；初筛调查完成率96.74%，高危调查完成率44.51%，短期随访完成率9.01%。完成肺功能检查585例（任务数为550例），完成率106.4%，其中肺功能质量评级药后A级率85.05%（要求为70%及以上），药后C级率96.91%（要求为90%及以上）。

【珠海市食品安全风险监测信息管理系统建设】 2019年，珠海市卫生健康局完成“珠海市食品安全风险监测信息管理系统”建设。该系统是集食品安全风险监测采样，食品中化学污染物及有害因素和食源性致病菌检测、食源性疾病监测为一体的信息化网络平台，包括门户系统、监测任务管理系统、食品污染物监测系统、食品微生物监测系统、食源性疾病监测系统和系统管理中心等6个子系统。借助移动终端和GPS等设备和信息技术，实现食品样品信息采集、信息管理及统计分析，与国家、省食品安全风险监测信息系统及全市各监测点信息系统对接，实现食品监测和食源性疾病监测网络化管理。

【医疗卫生应急管理队伍建设】 2019年，珠海市成立反恐怖卫生应急专业队伍，包括：涉恐紧急医学救援队伍，传染病类、中毒类、核辐射类、水污染类涉恐事件卫生应急队，涉恐事件心理健康救援队。指定市人民医院和市第五人民医院为中毒类涉恐事件伤员救治医院、中山大学第五附属医院（简称中大五院）为传染病类和核辐射类涉恐事件伤员救治医院。3月，投入1200万元新购全地形救护车1辆、普通涉水救护车5辆、监护型救护车3辆。在4—5月汛期和暴雨期间，出动涉水救护车187次，救治伤病员167人。6月，全市统一部署成立一支由62人组成的海空医疗救援队，包括指挥组、医疗组、护理组、检验组、保障组等。

【医疗卫生应急演练】 2019年，珠海市组织和参加各类应急演练11次。组织珠海、中山、江门三市埃博拉应急处置联合演练。参与拱北海关埃博拉出血热疫情防控应急演练、中国国际马戏节安全保障联合演练。参加全省21个地市突发公共卫生事件应急演练比赛，获第三名。参加广东省部分地市卫生应急演练比赛，获第一名。

【大型活动医疗卫生保障】 2019年，珠海市医疗卫生队伍参加大型活动医疗卫生保障87次，参加保障人员1259人次，出车292辆次。完成珠海市庆祝中华人民共和国成立70周年焰火晚会、珠海建市40周年大型光影焰火秀、央视春节联欢晚会港珠澳大桥分会场等现场医疗卫生保障工作。

【紧急医疗救援】 2019年，珠海市接报并处置公共卫生事件278起，比上年增长36.3%。市紧急医疗救援中心派出救护车3.88万次，下降0.5%；救治3.46万人，增长8.0%。院前死亡人数1376人，增长4.3%。处理事故258宗，下降9.8%，救治665人。

【医疗卫生人才管理】 2019年，珠海市卫生健康局组织市属5家公立医院在长春、兰州、武汉、广州等地设立考点，公开招聘人才，设岗位433个，实际招录签约207人，完成率47.81%，比上年增长近10%。博士、硕士及本科各层次招录签约人数分别为32人、143人和32人，分别增长190.91%、98.61%和10.34%。市卫生健康局安排基层医疗卫生机构本科以下学历的人员到三级医院轮训。开展基层医疗卫生人才填洼计划，举办2轮培训。建立完善家庭医生滚雪球培训制度，培训覆盖所有家庭医生团队，建立市级培训基地4个。完成卫生专业技术资格考试、护士执业资格考试和卫生系列高级实践能力考试的考务工作。珠海考点有3673名考生参加卫生专业技术资格考试，1.30万科次；1151名考生参加护士执业资格考试，2302科次；787名考生参加卫生系列高级实践能力考试。全市171名医务人员申报高级职称评审，通过总人数152人，通过率为89%。

【卫生法治与监督】 2019年，珠海市卫生健康局完成重大行政处罚案件的法制审核26件，完成复议案5件，行政诉讼案7件，协助司法机关审判调解工作1起。全年受理行政许可5171件，发放行政许可4334件，行政许可提前办结率100%。8月，举办“法治新常态下的医与法”专题培训，200人参加。推进卫生健康综合执法规范化建设，组织3期全市集中执法培训。完成全市医疗卫生、公共场所、学校卫生单位以及消毒产品、涉水产品生产企业综合执法任务。执法覆盖率 92.83%。完成各类监督执法专项行动 9 项，发放卫生许可证（许可批件）1649 件，查处违法案件 731 件，罚款 96.37 万元，没收 30.44 万元。全年审定公共场所卫生监督信用“红名单”名单 9 个，公共场所、医疗行业信用“黑名单”4 个。

【公立医院改革】 2019 年，珠海市政府办公室印发《珠海市开展城市医疗联合体建设试点工作方案》《珠海市人民医院医疗集团建设试点工作方案》，珠海市在全省 7 个试点城市中率先启动城市医疗联合体建设国家试点工作，因地制宜探索医联体建设路径，打造医联体建设“珠海模式”。市人民医院医疗集团一体化管理模式初步形成。公立医院综合改革深入开展，市人民医院、中大五院成为省开展现代医院管理制度试点医院，在此基础上全面开展建立健全现代管理制度工作，推动医院管理规范化、精细化、科学化。

【医疗高层次建设】 2019 年，珠海市引进 2 批 22 个高层次卫生团队，包括 4 个全职团队和 18 个柔性团队，拨付高层次卫生团队资助金额 1005 万元。对上年引进的 3 个全职团队和 15 个柔性团队，就工作开展、目标完成、考勤、财政经费使用和单位经费配套等情况完成年度考核。

【社会办医】 2019 年，珠海市落实二级以下医疗机构设置审批与执业登记“两证合一”（设置医疗机构批准书和医疗机构执业许可证两证仅保留后一项）。审批核准新开办 12 家社会办医疗机构，其中，血液透析中心 2 家。

【卫生镇创建】 2019 年，珠海市 15 个镇创建成 13 个国家卫生镇、2 个省卫生镇，实现省级以上卫生镇全覆盖。全市 122 个行政村实现省卫生村普及率 100%。全市有 12 个国家卫生镇完成复审，莲洲镇和万山镇通过省暗访及省级技术评估。

【健康城市建设示范市】 2019 年 6 月，珠海市举办珠港澳健康城市论坛，12 月完成组建健康珠海专家智库并召开成立大会。出版《健康珠海》4 期。介绍珠海市开展健康城市建设的论文《积聚绿色力量，营造健康环境，共建美丽珠海》在健康城市蓝皮书《中国健康城市建设研究报告（2019）》发表。12 月，珠海市被全国爱卫办确定为 2018 年度全国 19 个健康城市建设示范市之一，成为广东省唯一入选城市。

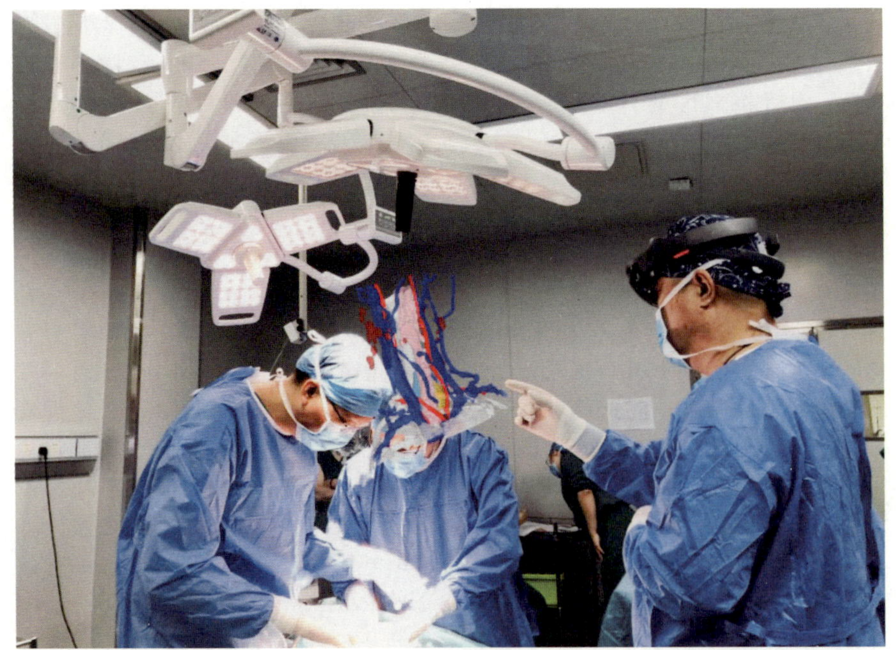

2019 年 8 月 28 日，珠海中大五院教授曹庆东团队借助虚拟三维影像技术为患者切除肿瘤 （赵 梓 摄）

【中医中药】 2019 年 2 月，珠海市斗门侨立中医院创建二级甲等中医医院举办挂牌仪式。9 月，省中医院珠海医院骨伤科被认定为省级中医临床重点专科。省中医院珠海医院肺病科、外科（普外）、康复科、肾病科，市中西医结合医院内分泌科、康复科、妇科被遴选为全省“十三五”中医重点专科建设单位。斗门区侨立中医院针灸康复科被遴选为全省“十三五”中医临床特色专科建设单位。遴选横琴新区（横琴镇）社区卫生服务中心等 10 个镇卫生院（社区卫生服务中心）开展基层中医“治未病”服务平台建设。10 月，举办“珠海市第三届中医药文化宣传周”系列活动。12 月，在横琴新区举办第二届粤港澳大湾区中医药发展创新发展大会。截至年底，全市 100% 的镇卫生院和社区卫生服务中心完成“国医馆”项目建设。

【智慧医疗】 2019 年，珠海市开展卫生健康信息便民“五个一”攻坚行动，完善信息化建设、管理和服务机制体制，初步实现“信息化”向“智慧化”过度。“五个一”包括：“一码通用”，完成居民电子健康码平台建设，在全市二级以上公立医疗卫生机构应用；“一网联通”，市级平台各项功能基本具备，进行数据采集工作；“一键诊疗”，健康珠海 APP 及微信公众号投入使用，功能覆盖就医全流程；“一站会诊”，双向转诊和远程会诊系统完成开发部署，探索 5G 远程会诊；“一体服务”，市人民医院、中大五院、高新区人民医院开展互联网医院探索。

【卫生健康科研】 2019 年，珠海市卫生健康系统有 120 项申报课题在市卫生健康局立项，市科技创新局立项课题 60 项，获广东省卫生厅医学科研基金立项课题 8 项。全市主要医疗卫生单位获国家级医学科技成果 3 项，发表论文 329 篇，独立完成专著 6 部，参加编写专著 19 部。

【卫生健康人才继续教育】 2019年，珠海市卫生健康系统有183人获得全科医师转岗培训合格证书。全市每万人口全科医师数4.35人（省规定为3.00人）。各级医疗卫生机构申报通过国家级16项、省级127项、市级361项继续医学教育项目，合计504项，比上年增长31%。

【卫生健康宣传教育】 2019年，珠海市卫生健康局官方网站总访问量超过100万人次，局官方微博发布信息1000余条，微信发布信息209条。在《健康报》刊发稿件26篇，在《医院管理论坛》发稿55篇。在报刊发布健康科普文章78篇、融媒体发布141篇、珠海电台发布80余次、专家连线报到12次、疾控信息播报48次。市健康体验馆平台接待各类人群18批次387人次。设计各类健康教育传播材料14种，印制各类宣传材料45种1.96万份，发放宣传物品73种5.93万份。组织开展教育讲师团健康素养巡讲，举办讲座191场次，受众2万余人次。

【大湾区医疗卫生交流与合作】 2019年，珠海市人民医院横琴分院启用，市人民医院的“粤港澳大湾区心脏研究学院”项目揭牌运行。12月，市中西医结合医院与粤澳合作中医药科技产业园牵手共建的“粤澳医疗机构中药制剂中心”揭牌。市妇幼保健院的“珠澳妇儿心理研究实习基地”项目揭牌运行。截至年底，儿童心理科接诊香港籍患者10人、澳门籍患者43人。中山大学附属第五医院的“5G远程诊疗合作”项目签署并协调运行，5月11日，珠澳开展全国首例5G远程手术教学。开通港澳人员身份证等有效证件预约诊疗功能。配合落实港澳人员医保政策，落实港澳人员在珠海市就医市民待遇。做好“澳门新街坊”民生配套建设。落实参保澳门居民在横琴就医基本医疗保险就医待遇。建设横琴医保互通试点。与香港建立定期传染病疫情通报机制（月报），向周边城市通报传染病疫情并联合做好登革热等重点传染病防控。市慢性病防治中心与澳门心身医学会联合成立珠澳心理危机干预服务队，与澳门镜湖医院签订《澳门镜湖护理学院与珠海市慢性病防治中心临床学习协议书》。

【职业健康】 2019年，珠海市定期检测用人单位2098家，职业健康体检人数11.17万人。4月25日至5月1日，举办全市“职业病防治法宣传周”活动，在全市开展9场大型宣讲会，1场现场咨询活动，6000人参加。从市人社部门工伤保险基金中安排30万元工伤预防费，对全市2608名用人单位主要负责人、职业健康管理人员和劳动者进行免费培训。完成涉及劳动者10万人，重点企业126家的职业病监测任务。对500名涉及尘毒危害的小微企业劳动者进行免费职业健康体检。全年职业卫生立案处罚45件，罚款11.15万元。

【医养医联体建设】 2019年，珠海市卫生健康局成为全国老龄办启动国家级老年慢病医联体项目的五个牵头单位之一，出台《珠海市老年慢病医养医联体建设实施方案》，启动建设以市人民医院为牵头单位，与横琴新区、高栏港区、万山区组建老年慢病医养医联体；以香洲区第二人民医院、金湾区中心医院、遵义医科大学第五附属医院、高新区人民医院为牵头单位，联合区内基层医疗卫生机构、养老机构等统筹建设老年慢病医养医联体。

【计生服务管理】 2019年，珠海市发放计划生育奖励扶助项目金额8782万元，奖励扶助4.28万人。全面落实国家和省的各项计划生育对象奖励扶助政策，结合珠海实际印发《关于调整珠海市农村部分计划生育家庭奖励标准的通知》，对符合农村部分计划生育家庭奖励条件的对象，由原来每人每月80元提高到150元，实现城乡一体化。计划生育特殊家庭双岗联系人覆盖率100%，家庭医生签约率100%，优先便利就医服务覆盖率100%。

【社会心理服务体系建设】 2019年，珠海市卫生健康局印发《珠海市卫生健康系统社会心理服务体系建设实施方案（2019—2021年）》《关于成立珠海市社会心理服务体系建设试点专家工作组的通知》等系列文件。11月，成立珠海市精神心理卫生协会。12月，开通市级心理援助热线“8120120”，为群众提供心理咨询公益服务，搭建全市社会心理服务平台。建立突发事件心理危机干预救援队，并纳入珠海市应急医学救援队伍管理。针对重点人群开展心理讲座。在大型企业开展心理健康知识宣教，组织企业员工进行心理体检。对强制隔离戒毒人员进行精神状态鉴定。（邓　斐）

体　育

群众体育

【体育基础设施建设】 2019年，珠海市编制《珠海市体育运动场地设施专项规划》。全市新建成社区体育公园18处。市体育中心部分场馆设施设备升级改造。市文化广电旅游体育局采购室外健身路径39套，重点向西部配置，6月全部投入使用。全市社会足球场地105块，每万人拥有足球场地指标处于全国领先水平。基层体育健身设施全覆盖，人均体育场地面积超3平方米，建成“城市10分钟体育健身圈”和“农村5000米体育健身圈”。

【全民健身运动】 2019年，珠海市民健身运动会实现“全年度、全年龄、全项目、全人群”覆盖，125项赛事吸引25万人参与，被省体育局授予“广东省体育产业示范项目”称号。在全国地级市中率先探索体医结合创新发展，把全民健身系统融入“健康珠海”建设体系。全年培训二、三级社会体育指导员650人。24个镇（街）均建有社会体育指导员服务站。全市社会体育指导员5725人，处于全省前列。国民体质监测队伍为市民免费进行体质测试，市和斗门区、金湾区建有国民体质测定和科学健身指导站，全年为5335人进行测试并开出运动处方。8月28日，珠海市获中国帆船帆板运动协会授牌，成为中国帆船发展

联盟城市。（冯玉宇）

【青少年体育交流活动】 2019年7月15日至12月1日，珠海市开展首次全国青少年体育冬夏令营，组织12家俱乐部1396名运动员参加田径、游泳、网球、足球等17个项目的培训。6月30日、7月19日，为迎接澳门回归祖国20周年，在珠海市体育运动学校举办珠澳青少年乒乓球、足球9人制、羽毛球等项目交流活动。11月10日，珠海青少年游泳队前往澳门参加大湾区游泳比赛暨庆祝澳门特别行政区成立20周年活动。11月8日至12月29日，珠海市举办学生运动会，23个学校参加13个项目比赛。

2019年9月28日，珠海网球冠军赛现场（市文化广电旅游体育局供稿）

竞技体育

【珠海运动员国际赛事参赛成绩】 2019年，珠海籍运动员代表国家队参加世界锦标赛，获得金牌2枚、银牌3枚、铜牌1枚、第八名1个。4月27日，在匈牙利举办的世界乒乓球锦标赛中，朱雨玲获女双铜牌。6月1日，在德国杜伊斯堡举办的皮划艇世界杯第二站比赛中，李强获男子划艇双人500米金牌。8月10—17日，在美国加利福尼亚举办的世界青年垒球锦标赛中，王媛获第八名。8月20—25日，在泰国芭提雅举办的龙舟世界锦标赛中，戚鑫获精英公开组500米金牌、精英公开组200米银牌、精英公开组2000米银牌。10月20日，在四川成都，朱雨玲获乒乓球世界杯女单银牌。

【珠海运动员参加第二届全国青年运动会】 2019年2月27日至8月18日，珠海市116名运动员参加第二届全国青年运动会垒球、足球、高尔夫球、皮划艇、激流回旋、水球等6个项目比赛，获得银牌2枚、铜牌3枚、第四名1个、第五名5个、第六名3个。

【珠海运动员参加广东省青少年锦标赛】 2019年7—12月，珠海市554名运动员参加广东省青少年锦标赛25个项目的比赛，获金牌42枚，银牌36枚，铜牌39枚。（皮小军）

体育产业

【概况】 2019年，珠海市举办珠海WTA（国际女子职业网联）超级精英赛、泛珠三角超级赛车节、珠海网球冠军赛等大型赛事活动。组织21家相关单位及各区体育部门代表参加第三十七届（上海）中国国际体育用品博览会。

【珠海WTA（国际女子职业网联）超级精英赛】 2019年10月22—27日在珠海横琴国际网球中心举行，由中国网球协会和珠海市人民政府联合主办。比赛22场，其中，单打15场、双打7场。赛事总奖金242万美元。白俄罗斯选手萨巴伦卡获单打冠军，柳德米拉·基切诺克和安德烈亚·克莱帕奇组合获双打冠军。

【珠海网球冠军赛】 2019年9月23—29日在珠海横琴国际网球中心举行，由中国网球协会和珠海市人民政府联合主办。比赛54场，其中，单打39场，双打15场。赛事总奖金100万美元。比利时组合吉勒/弗列根获男双冠军，澳洲名将德米纳尔获男单桂冠。

【泛珠三角超级赛车节】 2019年，由中国汽车摩托车运动联合会主办的泛珠三角超级赛车节春季（3月23—24日）、夏季（6月15—16日）、秋季（9月14—15日）赛事在珠海国际赛车场举行。赛事吸引500多名车手参与，6万人次入场观看。赛事含赛道英雄—超级跑车组、赛道英雄—壹、赛道英雄—贰、赛道英雄—叁、速度英雄、MINI亚洲挑战赛、杜卡迪（中国）超级杯挑战赛、亚洲雷诺方程式系列赛、雷诺克里欧亚洲系列赛等9项比赛。（陈海燕）

【2019CFA中国之队“世奥杯”珠海国际足球锦标赛】 2019年12月8—14日，在市体育中心举办。赛事由中国足球协会和珠海市人民政府主办，市文化广电旅游体育局与世奥（中国）投资管理有限公司承办。来自中国、哈萨克斯坦、叙利亚、马里4个国家的U-22男子足球队参加比赛。叙利亚获冠军，中国队获亚军，马里获季军，哈萨克斯坦获第四名。（皮小军）

【体育彩票销售】 2019年，珠海市销售体育彩票5.15亿元。全年在线销售网点318个，上缴体育彩票公益金3800余万元。（陈海燕）

·责任编辑：曾维浩·

社　会

民族·宗教

民族事务

【概况】　2019年，珠海市以铸牢中华民族共同体意识为主线，以抓好城市少数民族流动人口服务管理为重点，促民族团结进步创建活动进校园、进企业、进社区。以庆祝中华人民共和国成立70周年为契机，推动建立相互嵌入式社会结构和社区环境。市民族宗教局组织座谈12次、通用语言培训10次、政策宣讲10次、咨询解答150次、走访慰问少数民族同胞200人次，促进各民族交往、交流、交融。

【民族领域和谐稳定】　2019年，珠海市根据机构改革实际，对市、区两级民族宗教工作协调领导小组成员单位及职责进行调整充实，完善区、镇（街）、村（居）三级民族工作网络沟通联络机制，定期交换民族方面有关情况，梳理掌握工作线索，落实民族领域工作，坚持每月、每季度分析研判总结维稳形势。发挥市、区两级民族工作协调领导小组作用，提高处理民族领域问题的能力，维护珠海市民族领域和谐稳定。

【少数民族服务】　2019年，珠海市完善少数民族流动人口信息、少数民族流动人口服务岗、民族团结进步和谐宣传栏等少数民族服务平台，确保各项基本公共服务对少数民族流动人口全覆盖。各社区帮助解决少数民族群众在生产生活、医疗卫生、法律援助等方面的实际困难，为少数民族群众提供便利、贴心的服务。市民族宗教局走访少数民族代表人士，慰问少数民族困难家庭，看望新疆班、西藏班、怒江班等民族班学生。

【民族团结进步创建】　2019年，珠海市紧扣“中华民族一家亲，同心共筑中国梦”总目标，以民族团结进步创建“进校园、进企业、进社区”为重点，开展民族团结特色活动。珠海实验中学被评为全国民族团结进步模范集体，珠海银邮光电技术发展股份有限公司副总裁卢晓晔被评为全国民族团结进步模范个人。

【民族团结进步促进会工作】　2019年，珠海市民族团结进步促进会协助政府做好政策宣传、矛盾化解、牵线搭桥、咨询服务等工作，参与“广东省扶贫济困日”爱心募捐活动。开展对珠海新疆班、西藏班在校师生的节日慰问、困难学生帮扶，组织医疗专家开展“关爱义诊进校园”活动。

【珠海少数民族庆祝中华人民共和国成立70周年暨“我和我的祖国”文艺汇演】　2019年9月16—22日，中共珠海市委统战部、市民族宗教局、市教育局、市民促会主办，以北京师范大学（珠海）附属高级中学、市实验中学、市第四中学、市技师学院、市第一中等职业学校等学校为主体，组织全市少数民族群众参与。9月22日，在北京师范大学（珠海）附属高级中学举行文艺汇演晚会，全市26家单位的嘉宾与少数民族同胞、学校师生900人观看演出。

（杨　扬）

宗教事务

【概况】　2019年，珠海市贯彻落实全国宗教工作会议精神，坚持宗教中国化方向，抓好中央、省宗教工作督查巡视整改工作，开展对全市“和谐寺观教堂”创建工作达标场所“回头看”。制定《平安宗教工作创建考评标准》，推进平安宗教建设。做好佛道教去商业化和民间信仰规范管理工作，印发实施《关于进一步加强我市佛教道教活动场所规范化管理工作方案》。11月28日，举行基督教珠海堂奠基仪式。

【宗教界学习与交流活动】　2019年2月26日，珠海市组织基督教两会班子成员前往江门市开展基督教恳谈交流，与基督教代表人士开展谈心谈话活动。3月中下旬，组织宗教代表人士前往湖南株洲、湘潭、常德、长沙等地开展红色教育活动。4月12日，全国人大代表、市佛教协会会长明生法师组织全体理事会成员传达学习全国两会精神。6月26日，市委统战部举办“全市统一战线庆祝中华人民共和国成立70周年”朗诵征文比赛，宗教界代表人士选送朗诵《腾飞的中华》参加比赛，获一等奖。

引导信教群众依法依规开展宗教活动，学习党的十九大精神及新修订的《宗教事务条例》。

【宗教工作法治化】 2019年，珠海市组织摘编《习近平总书记关于民族宗教问题和民族宗教工作系列重要论述摘编》《宗教政策法规应知应会手册》等学习资料发送全市各级民族宗教干部。制定《“谁执法谁普法”责任清单》。在全市宗教领域开展“宗教政策法规学习月”活动。采取座谈了解、评查卷宗、调阅资料、法律知识测试等方式，对全市各区（功能区）开展一轮民族宗教领域行政执法专项检查。选聘2名律师为市民族宗教局法律顾问。组织3名行政执法人员参加全市行政执法培训考试。落实政务服务“放管服”工作要求，实现市民族宗教局21项行政许可事项100%网上办理。

【宗教界服务社会】 2019年，珠海市宗教界开展公益慈善事业和对外交往活动。发动各民族宗教团体前往养老院、福利院、特殊康复医院及对珠海市新疆班、西藏班困难学生开展送温暖活动。全市民族宗教界投入221万元用于各类公益慈善活动。全市36家单位合作，完成10月30日的第二十二次中韩日佛教友好交流会议服务保障工作。12月31日，经国家宗教事务局同意，由广东省宗教文化交流协会、广东省佛教协会主办，珠海普陀寺承办的“同心同德迎新年”粤港澳佛教界迎新年联谊会，在珠海市普陀寺举行。

【和谐寺观教堂创建】 2019年，珠海市宗教界落实“宪法及法律法规、国旗悬挂、核心价值观、中华传统文化进宗教活动场所”工作倡议。市民族宗教局组织对全市“和谐寺观教堂”创建工作达标的场所组织“回头看”。7月30日，全省佛道教活动场所文明敬香工作现场会在珠海市召开，会上介绍珠海经验。制定《平安宗教工作创建考评标准》，推进平安宗教建设工作；组织宗教活动场所负责人集体学习，加强宗教活动场所规范化管理；指导各宗教活动场所开展消防、反恐应急演练，与各场所负责人签订安全责任书，明确相关职能部门和基层组织依法管理宗教事务的职责。

（黄毓飞）

人力资源·劳动就业

人才队伍建设

【概况】 2019年，珠海市加强人才政治引领吸纳工作，开展“弘扬爱国奋斗精神、建功立业新时代”活动。组织市优秀人才代表赴井冈山干部学院开展首期高层次人才研修活动。落实市领导联系服务人才机制，为联系对象协调解决63项实际问题。推进“珠海英才计划”落地实施。认定新一批高层次人才158名，首次实现全职院士“零”的突破。评定36个市创新创业团队项目，资助金额2.5亿元。落实用人单位对人才评价的自主评价权。全市新引进各类人才4.2万名，比上年增长55.5%。举办第十七届中国国际人才交流大会珠海分会场和第三届珠海高创会等20余场活动。出台《珠海市“英才卡”实施办法（试行）》。收集全市3000家企业人才数据，建立人才大数据平台项目。出台《珠海市实施粤港澳大湾区个人所得税优惠政策人才认定及财政补贴暂行办法》，将各领域急需紧缺人才均纳入政策享受范围。发挥横琴新区政策优势，加大改革创新力度。全国首家内地与港澳合伙联营律师事务所“中银—力图—方氏（横琴）联营律师事务所”开业运营。港澳导游在横琴执业单边认可。市人大常委会通过《珠海经济特区横琴新区港澳建筑及相关工程咨询企业资质和专业人士执业资格认可规定》。开展“琴澳同心·筑梦飞翔”澳门大学生暑期横琴实习计划和“澳门青年学者计划”，加强两地青年人才互动交流。

（刘全觉）

【“珠海英才计划”落实】 2019年，珠海市推进“珠海英才计划”落实落地，出台《珠海市企业新引进专业技术人才、高技能人才、青年人才住房（租房和生活）补贴实施办法》《珠海市“英才卡”实施办法（试行）》等配套办法（全市出台配套实施办法24项）；为企业新引进的中高级专业技术人才、高技能人才、青年人才3040人发放住房（租房和生活）补贴4676.8万元；为378家企业的企业高管、技术研发骨干4218人发放产业发展与创新人才奖励金9258万元；开展人才政策宣讲会23场次，宣讲对象3900人次。

2019年12月26日，珠海“持持创新创业”系列活动暨珠海市创客成果展示交流会项目路演现场

（市科技创新局供稿）

【人才优先引进制度执行情况】 2019年，珠海市实施人才引进核准，确保人才“净流入”，全年引进各类人才4.2万人，比上年增长55.5%。招收培养博士后62人，引进博士230人、硕士2572人、留学回国人员350人。人才资源总量超55万人。4月，智联招聘首次发布的《粤港澳大湾区产业发展及人才流动报告》显示，珠海人才净流入率6.07%，居珠三角首位。

【高层次人才队伍建设】 2019年，珠海市推进实施高层次人才、产业青优人才等市级重点人才工程，实行人才分类评价，推行企业自评试点工作，“一事一议”引进陈大可和汤涛2名顶尖人才、“集中认定”市高层次人才158人；“专家评审+企业自评”产业青年优秀人才249人。

【高技能人才队伍建设】 2019年，珠海市建设高技能人才实训基地“四大实训中心32个实训项目”，开展高技能人才公共实训1.54万人次，建成2个国家级高技能人才培训基地、4个省级高技能人才培训基地、14个市级高技能人才实训（培养）基地，以及1个国家级技能大师工作室、2个省级技能大师工作室、7个市级技能大师工作室、3个市级技师工作站。与澳门有关机构合作共建“内地与澳门人力资源合作培训中心”。全年选拔培育珠海特级工匠4人、工匠84人，每人分别给予60万元、10万元工作津贴。支持企业建立首席技师制度，认定珠海首席技师10名，给予所在企业30万元奖励。在全市高技能人才队伍中，获“全国技术能手”称号9人、享受国务院特殊津贴1人、获“广东省技术能手”称号25人。

【人才交流】 2019年5月29—31日，珠海市举办“珠海·名校人才直通车——2019第二届名校珠海行”活动，邀请北京大学、澳门科技大学等104所高校与250家重点企业对接洽谈，授予北京大学等17所高校“珠海引进大学毕业生合作高校”牌匾。6月18—20日，举办第二届海内外青年博士博士后珠海创新创业洽谈会，吸引16名国家高层次人才、21支港澳及葡语系国家创新创业团队、170余个海外博士博士后人才项目、80余家重点企业、30余家投融资机构及创业园区的参与，30个海外青年博士博士后创业团队现场与珠海市“双博基地”签订孵化服务协议。9—10月，举办“2019年赴外招聘优秀高校毕业生活动”，9条线路覆盖14座城市走进17所高校，组织267家次企业，提供岗位1.10万个，吸引各地高校超过1万人次的学生参会；收到简历3963份，有意向简历达到1436份，现场签约22人。12月6—9日，举办第三届高端人才珠海创新创业交流大会暨中国海外学子报国行活动，吸引逾2000名中高端人才集聚珠海，21个珠澳重点人才创业项目签约落地；举办珠澳大学生就业实习双选会和中高端人才精准对接会，现场达成录用意向超过200人。12月11—14日，举办珠海·技校人才直通车——2019技校珠海行活动，邀请广安、南宁、桂林、黔南州、阳江、茂名等地区的20余所技校老师和60余家重点企业开展技能人才校企对接活动，广西机电技师学院与格力电器签署校企合作协议。在全球范围内遴选出36个优质海外创业项目进行路演对接，最终预评审A类（100万元）资助项目2个，B类（50万元）资助项目3个，C类（15万元）资助项目4个。举办首届高端人力资源服务商展，达成合作意向50余项。

2019年4月16日，2018/2019中意创新创业大赛暨最佳项目路演现场

（市科技创新局供稿）

【留学人员创业资助】 2019年，珠海市开展留学人员创业项目扶持评审工作，对留学人才创业项目给予15万元至100万元资助和最高30万元贴息贷款，对特别优秀的项目给予最高500万元资助。全年择优资助10个已注册公司的项目、5个“预评审”项目，拨付首期资助345万元。完成2018年度留学人员企业场地租金补贴拨付工作，向14家留学人员企业发放场地租金补贴总额39.1万元。累计（历年）吸引8000多名留学人员在珠海创新创业发展，其中，硕士以上学历占比80%以上，创办留学人员企业500余家。4月16日，在第十七届中国国际人才交流大会珠海分会场举行2018/2019中意创新创业大赛暨最佳项目路演。

【博士后工作】 2019年，珠海市打造“以区域性博士后工作站为龙头，企业工作站、分站为支撑，创新实践基地为补充”的博士后工作体系，推进实施“博士后培养”工程。新设博士后创新实践基地10个，新引进博士后62名。截至年底，全市博士后工作站点（工作站、分站、创新实践基地）67个。

公职人员管理

【公务员管理】 2019年，珠海市全面落实《公务员法》《公务员职务与职级并行规定》，有序完成市直162个单位和所有行政区、功能区的职级套改备案工作，稳步推进公务员职级晋升。完成省考录用公务员、2020年度选调生和急需紧缺专业招录公务员、乡镇公务员考试工作。完善绩效考核激励约束机制，出台《市直机关年度绩效考核激励约束办法》，强化单位绩效考评、个人年度考核、违规违纪、问责等结果运用，激励公务员创先争优。着眼服务大湾区建设，聚焦市委、市政府中心工作和重点任务，在北京、上海、深圳等市举办战略性新兴产业、高质量发展、城市精细化管理等6期专题研讨班，开展科级干部任职培训和新录用公务员初任培训4期，以提高干部专业化能力。（刘金觉）

【事业单位岗位审核】 2019年，珠海市核准事业单位岗位设置（调整）方案60个；审核2162名专业技术岗位人员聘用认定材料，其中调整岗位1638人，新进524人；审核177名管理岗位人员认定材料，其中调整岗位113人，新进64人。

【职称制度改革】 2019年，珠海市印发《深化职称制度改革实施方案》，梳理和规范市、区34个职称评委会设置，推进职称评审权限承接和下放，规范全市高校、技师学院等单位承接省下放的职称评审权开展自主评审，培育社会化专业机构和团体承接职称管理的部分职能，强化职称社会化评价，建立职称申报点一站式服务制度。

【鉴定考试】 2019年，珠海市完成各类鉴定考试报名6.28万人次，比上年增长14.8%；组织实施鉴定考试1003场次，考试5.72万人次，增长10.5%，其中：公务员招录笔试9985人、面试465人、军队转业干部考试96人、专业技术资格考试2.61万人次、职业技能鉴定2.06万人次（含高技能人才5165人次）；核发各类资格证书2.46万本。全年港澳考生120人。

就业培训

【就业招聘】 2019年，珠海市城镇新增就业人数4.09万人，就业困难人员实现就业2203人，分别完成年度市目标任务的102.1%和110.2%。截至年底，城镇登记失业率为2.29%，控制在省下达年度目标3%以内，全市就业局势保持稳定。开展精准就业援助，促进重点群体多渠道就业。全年举办高校毕业生专场招聘会103场。收集登记应届离校未就业高校毕业生3323人，跟踪帮扶就业2984人。实施青年就业见习计划。全市青年就业见习基地176家，收集发布见习岗位信息1760个。出台《关于印发珠海市公益性岗位开发管理实施办法的通知》，全市开发申报公益性岗位155个。举办“就业援助月”“就业直通车”等系列招聘活动125场。

【创业促进】 2019年，珠海市优化大众创业环境，促进创业带动就业。全年促进创业3316人，其中促进大学生创业670人，创业带动就业6880人。有创业孵化基地23家，截至年底，历年累计孵化企业（项目）3102家（个），带动就业2.97万人。

【异地务工人员服务管理】 2019年，珠海市开展“南粤春暖”“春风行动”和促进春运期间异地务工人员有序流动就业服务活动，各级人力资源市场举办各类异地务工人员专场招聘会213场，进场招聘企业1.37万家次，提供岗位43.33万个次，达成就业意向5.2万人次。春运期间，市人力资源与社会保障局、市交通局等单位联合举办“平安春运我们同行”关爱异地务工人员宣传服务活动，派发各类宣传资料4.38万份，开展劳动保障法律法规咨询、就业登记咨询416例，服务务工人员5.88万人次。

【职业技能提升培训】 2019年，珠海市在全国首推“企业为主、政府补贴、社会参与”的职业技能精准培训模式，实施重点企业、重点群体精准培训超过1万人次，降低企业培训成本1500万元。实施在岗职工职业技能提升培训计划、“万名大学生学技能”计划、乡村工匠培训计划，年培训各类群体3万人次，其中补贴性培训1万人次以上。全市开展在岗职工培训7057人、重点企

2019年4月20日，珠海市金湾区举办三灶镇2019年“春风行动”金海岸社区“就业困难人员就业招聘直通车”（市人力资源社会保障局供稿）

业职业技能精准培训8611人、省技能晋升培训5992人、企业新型学徒培训1100人。对珠海市高校学生进行职业指导1.59万人、技能培训633人。出台《珠海市支持港澳青年来珠海就业（创业）和技能培训（训练）的若干政策措施》，深化珠港澳技能人才培养合作。

【技工教育】 2019年，珠海市有技工院校5家，招生3509人。各技工院校开设的专业涵盖智能制造设备、船舶与海洋工程、轨道交通、机器人、3D打印、大数据、家电与智能家居等高端产业，紧密对接珠海产业转型升级。设立建成西门子技术（珠海）国际学院。市技师学院被列入广东省10所高水平技师学院建设单位之一，被认定为国家级高技能人才培训基地。2所民办技工学校被确定为广东省重点技工学校。

【创业创新大赛】 2019年，珠海市承办广东“众创杯”创业创新大赛之科技海归领航赛。吸引909个项目参赛，最终遴选出22个省级优秀创业项目，其中，珠海市获金牌1枚、银牌1枚、铜牌4枚。

【大学生创业大赛】 2019年，珠海市举办第六届珠海市大学生创业大赛暨第一届珠澳大学生创业大赛，融合珠海、澳门元素，19所高校的134个项目报名参赛，其中，15个项目来自澳门。通过大赛平台促进珠澳大学生创业人才合作交流。

【“粤菜师傅”工程】 2019年，珠海市实施“粤菜师傅”工程联席会议制度，举办“一带一路”粤菜产业发展论坛暨珠港澳美食旅游文化节。市人民政府与世界中餐业联合会共同打造“国际休闲美食之都”。全国首个“国际粤菜人才培训基地”落户珠海市。建设9个“粤菜师傅”培养基地和4个“粤菜师傅”大师工作室。

【“南粤家政”工程】 2019年，珠海市制订《珠海市落实“南粤家政”工程促进就业实施方案》，实施“南粤家政”技能提升、就业创业、品牌创建、权益保障工程。鼓励各类培训机构、家政服务企业开展保育员、育婴师等家政服务培训，全年培训9555人。9月，市商务局到云南怒江州泸水县、兰坪县开展家庭服务技能培训班各2期，培训贫困劳动力200人。组织家政服务企业赴茂名市、阳春市、怒江州等地开展招聘活动，提供岗位2000个。

劳动关系

【人力资源市场工资指导】 2019年，珠海市建立健全珠海市人力资源市场工资指导价位和企业工资指导线，进行全社会工资分配的宏、微观调节与指导，完善按要素分配的体制机制，促进收入分配合理有序。健全单位职工工资定价和企业人工成本控制信息发布制度。发布珠海市人力资源市场工资指导价位，指导不同行业、不同规模、不同经济类型及不同效益的企业进行工资水平合理定价，为劳动者求职提供工资价位指导；对企业人工成本水平及人工成本投入产出效益情况进行信息发布，指导企业合理控制人工成本。健全企业工资总额增长指导线发布制度。发布企业平均工资增长的基准线、上线和下线，给不同效益企业尤其是国有企业，提供职工工资总额增长的参考依据，全市工资增长基准线7%，工资增长上线（警戒线）为11%。

【企业劳动关系管理】 2019年，珠海市推进企业薪酬和人工成本调查，开展中美经贸摩擦背景下劳动关系调研，搭建珠澳和谐劳动关系示范平台和粤港澳劳动用工纠纷调解处理平台。坚持“预防为主、基层为主、调解为主”方针，提高劳动争议调解率。全年办理劳动人事争议调解2546件，调解成功2340件，调解率91.91%。其中乡镇、街道劳动就业社会保障服务所（中心）争议组织办理2142件，占比84.13%；企业劳动争议调解委员会办理154件，占比6.05%。

【劳动监察执法和权益保护】 2019年，珠海市人力资源社会保障部门开展日常巡查465家次；投诉举报立案575件，处理突发群体性事件5件；向用人单位发出限期改正指令书187份，做出行政处罚决定36宗，社会公布严重欠薪违法案件38件，31家用人单位和13名自然人被列入拖欠农民工工资“黑名单”目录；移送拒不支付劳动报酬罪案件57件，为1.03万名劳动者追发工资等待遇1.27亿元。实现案件数、涉及人数及金额数“三下降”，全市劳资纠纷呈现平稳下行的良好态势，劳动关系总体保持和谐稳定。

【劳动人事争议调解仲裁】 2019年，珠海市坚持属地和便民原则，依法划分市、区仲裁案件受案范围。全市各劳动人事争议仲裁机构立案受理劳动人事争议案件4665件，涉及劳动者6426人次，涉案金额1.44亿元。当期审结案件4564件，其中调解结案1879件，调解率41.17%，裁决结案2188件，裁决率47.94%。裁决结案案件中，一裁终局1240件，裁决率47.94%，终局裁决率56.67%。

社会保障

社会保险

【概况】 截至2019年底，珠海市各项社会保险参保652.28万人次，比上年增加23.92万人次，增长3.81%；1—12月珠海市各项社会保险基金总收入269.52亿元，增长17.11%；基金总支出213.44亿元，增长34.08%，基金当期结余56.09亿元，累计结余621.77亿元。各项社会保险参保和基金运行平稳。

【养老保险】 截至2019年底，珠海市企业职工基本养老保险参保114.78万人，完成省下达任务的104.4%，完成市下达任务的102.8%；城乡居民基本养老保险参保5.37万人。职工养老保险待遇水平连续15年提高，14.5万退休人员参加2019年度基本养老金调整；城乡居民基本养老保险基础养老金从每人每月400元提高至430元，惠及4万人，月人均养老金572元，待遇水平居全省前列。在全省率先试行非珠海市户籍的内地赴澳门务工人员在横琴以灵活就业人员身份参加企业职工基本养老保险，通过加强维护养老保险权益，拓宽澳门吸引内地人才的保障机制，为澳门适度多元发展提供劳动力支撑。做好社会保险扶贫，确保贫困人员应保尽保，将符合规定的人员纳入城乡居民基本养老保险制度，并按月发放城乡居民基本养老保险待遇。

【工伤保险】 2019年，珠海市工伤保险参保人数突破110万人，比上年增长3.63%，创历史新高，工伤保险基金累计结余6.79亿元。降低工伤保险费率，助力实体经济稳健发展。1月，在原工伤保险八类行业基准费率和浮动费率基础上，统一阶段性下调20%；5月1日起，阶段性下调参保单位工伤保险缴费费率35%；7月1日起，全市建设项目工伤保险缴费比例由0.1%下调到0.08%。全年为参保单位减负5768万元。全市新建工程建设项目纳入工伤保险参保范围。截至年底，建筑项目参保超3000个，新开工项目100%参保。

【保险稳岗】 2019年，珠海市落实就业扶持政策，加大援企稳岗力度，失业保险方面为企业减负4.36亿元，其中：发放失业保险稳岗补贴1.06亿元，实施失业保险浮动费率试点为企业减负约8700万元，为受影响企业返还失业保险费2.43亿元。

【社保经办服务】 2019年，珠海市推动经办服务“马上办、网上办、就近办、一次办和一证通办”。政企合作工伤调查新模式加快实现工伤申报零跑腿，失业保险待遇申领实现“一证办、自助办、畅通领”。精简证明和简化办事流程，取消证明材料81项。推进社保经办信息化。做好省集中式系统上线后续完善工作，推进自助服务终端升级改造，再次投入19台自助终端设备和6台移动设备，上线新生儿以母亲名义参保等7项业务自助办理及多项业务自助查询功能；推进网上办事大厅三期建设，实现74项社会服务事项网上办理，其中11项可直接“秒办”。

【社保基金监督】 2019年，珠海市开展社会保险基金管理风险专项检查，组织全部12个单位进行自查，自查档案近3600份；现场检查资料1305份、系统记录800条。发出监督检查报告及风险防控建议书6份。对2018年1月至2019年9月就业创业培训资金使用情况及人力资源和社会保障信息化建设经费补助（扩大失业保险支出）开展专项检查。全年对人社部基金监管软件1.51万条预警信息进行分类筛查和处理。市社保中心核查处理85条问题信息。

（程　斐）

医疗保障

【概况】 2019年1月11日，珠海市医疗保障局成立，是市政府工作部门。是年，珠海市基本医疗保险参保人数197.8万人，比上年增加7.2万人，增长3.78%。城乡居民参加基本医疗保险财政补贴提高至每人每年590元，参保人政策范围内住院费用报销比例90%以上，年度最高支付限额72万元，实际报销比例位居全国前列。全市生育保险参保人数110.6万人，享受待遇9.7万人次。实施附加补充医保“大爱无疆”项目，以每人每年190元的保费，在基本医保和补充医保基础上，构建第三重医疗保障，将19种抗癌药纳入报销范围，对重大疾病患者的高额医疗费用、恶性肿瘤自费项目、个人负担医疗费用、10种重大疾病给予补偿。全年该项目参保104.6万人，支付待遇5831人次，支付总金额7422万元，有效解决重特大疾病患者经济负担。

【澳门居民参加珠海医保试点】 2019年7月1日，珠海市展开常住横琴的澳门居民参加珠海市基本医疗保险试点工作，并在全国首创“政银医”合作模式，实现澳门居民参保“一站通”。该试点在不改变现有政策体系、经办模式的基础上，为澳门居民在横琴学习、生活和就业提供便利和保障。截至年底，澳门居民参保3045人。

【基本医疗保险单位缴费费率下调】 2019年，珠海市阶段性下调基本医疗保险单位缴费费率0.5个百分点。缴费基数下限降低625元。持续实施医疗、生

2019年4月20日，珠海市医保局在香洲区扬名广场举办“医保惠民生·基金共维护”主题宣传活动

（市医保局供稿）

育保险费率下调，全年为企业减负 7.8 亿元。

【医疗救助】 2019 年，珠海市实现困难人群 100% 参保和“一站式”联网结算，在全省率先将基本救助对象纳入补充医疗保险困难群体范畴，实现低保特困人员随时认定、随时参保、随时标识、随时享受救助。困难群体医保待遇提高。取消 2000 元的自付部分补偿起付线，支付比例从原来的 90% 提高到 95%。全年资助困难群体参保 9671 人，资助参保支出金额 351 万元；救助特困人员和低保对象 3.74 万人次，联网结算支出 647 万元；救助基本救助对象 574 人，医疗救助支出 648 万元。

【药品和医疗服务价格管理】 2019 年，珠海市开展公立医疗机构药品跨区域联合集中采购改革，全年节省药品采购成本 1.23 亿元，降幅为 14.17%。自 11 月 1 日起率先在广东省药品电子第三方交易平台开展医用耗材网上集中采购，当年签订合同总金额 5620 万元，采购费用降幅 9.82%。采取建立双渠道供应保障机制、增加医保费用结算方式等措施，落实国家谈判抗癌药政策，全年 17 种抗癌药医保报销 1751 人次，报销 1538 万元。推进跨省异地就医直接联网结算，全市 57 家定点医疗机构全部实现住院跨省异地就医直接联网结算。开展慢性病长期处方服务及日间手术试点等工作，简化就医流程，提升市民就医感受。

【医保基金监管】 2019 年，珠海市基本医疗保险基金总收入 51.43 亿元，比上年增长 5.51%；总支出 55.64 亿元，增长 22.74%；滚存结余 45.42 亿元，减少 4.22 亿元，降幅 8.5%，医保基金总体保持安全平稳运行。市医保局联合市社保中心检查定点医药机构 1633 家，对 150 家进行整改约谈或协议违约处理，追回违约费用 353.12 万元。设立异地就医结算专门工作小组，强化资金流程监管，全面实现参保人在异地联网结算医院发生的医疗费用“零垫支”。

（刁志煌）

社会救助

【最低生活保障】 2019 年 1 月 1 日起，珠海市低保标准由每人每月 980 元提高至 1055 元，特困人员基本生活标准由每人每月 1568 元提高至 1688 元。截至年底，全市城乡低保月补差水平分别达到 1043 元和 1084 元，在册低保对象 5002 户 7104 人，其中特困人员 1015 人。全年按时足额发放低保金 8823.40 万元（含特困供养金 2204.60 万元），确保动态管理下的应保尽保和分类施保，保障困难群众的基本生活。开展以提升“五保”服务水平为宗旨的“暖心行动”，建立党员和村干部联系五保户制度，结对完成率 100%。印发《对珠海市最低生活保障对象购买“大爱无疆”附加补充医疗保险实施方案》，为珠海市户籍的持证低保对象和特困人员购买“大爱无疆”附加补充医疗保险。

【特困供养人员护理】 2019 年，珠海市组织开展特困人员护理等级评估，要求外地居住的全自理特困人员回珠海及时进行评估。居住在附近城市的特困人员，由各区民政部门会同卫健部门上门评估。分散特困人员护理照料工作以各村（居）居家养老服务站为依托点开展评估，并根据评估结果落实特困人员护理补贴政策。引导失能特困人员自愿到养老院集中供养。全年有特困供养人员 1015 人，其中分散供养 806 人，照料护理资金支出 87.76 万元；集中供养 209 人，照料护理资金支出 77.56 万元。

【临时救助】 2019 年，珠海市对（包括符合条件非珠海市户籍人口）因临时性、突发性等各种原因造成基本生活出现暂时困难的人员提供临时生活救助 1780 户次，支出 185.20 万元。

【流浪乞讨人员救助】 2019 年，珠海市有市救助管理站和斗门区救助管理站 2 个救助管理机构，依法救助生活无着流浪乞讨人员，提供临时食宿、急病救治、协助返回、滞留人员寻亲等救助服务。救助流浪乞讨人员 1541 人次。帮助 50 名受助人员寻亲成功，包括未成年人 14 人，老年人 13 人。资助 276 人返乡。在实现滞留人员存量减少的同时，年内寻亲成功率 100%，长期滞留精神障碍人员由年初的 16 人降至 5 人。开展“寒冬送温暖”“夏季送清凉”等专项行动及街面巡查救助工作，市救助管理站出动工作人员 429 人次，外展巡查 143 次，救助流浪人员 73 人次，处理街面救助线索 49 件。

（钟 楠）

住房保障

【概况】 2019 年，珠海市完成保障性安居工程投资 7.93 亿元，发放租赁补贴 843 户 573.05 万元，其中新增发放租赁补贴 309 户，任务完成率 281%。7 月起，低收入住房困难家庭收入准入标准从人均每月 1470 元调整至 1583 元，其他低收入住房困难家庭收入准入标准从人均每月 2341 元调整至 2536 元。

【保障性住房信息系统建设】 2019 年，珠海市完善保障性住房管理信息系统建设，优化轮候分配系统、信息统计使用功能，优化申请人持外地证件的审核认定。市保障性住房管理平台的外网注册用户 1.74 万户。全年经平台递交申请 1.44 万户次，平台总受理公租房申请 8932 户。开展公租房系统贯标建设，实现市保障性住房管理平台与住建部公租房系统数据对接。“珠海住房城乡建设”官方微信实现公租房资格自评、进度查询等功能。与“粤省事”平台对接，公租房资格首次申请、自评、年审、变更、公租房服务进度查询上线地方服务事项清单。

【住房保障制度创新】 2019 年，珠海市制定《珠海市人才安居管理办法》，对符合市人才目录的人才（包括港澳人才）提供货币补贴或实物配置等保障。完成 8 万多套政策性住房和 9 万多条享受住房货币补贴的信息录入。住房保障部门信息查询实现“全城通办”。全年 62 宗新出让商品住房项目用地配建保障性住房和人才住房，配建面积 54.8 万平方米。5 月，珠海市安居集团有限公司揭牌成立。整理、建立市本级移交名册，涉及市级公产房和公租房4207套、建筑面积21.09万平方米。产权单位与市安居集团签订《珠海市住房保障服务中心房产管理权移交协议书》，完成管理权移交。（黄毅龙）

住房公积金管理

【概况】 截至2019年底，珠海市住房公积金期末累计缴存总额659.00亿元，比上年增长14.33%；期末累计缴存余额121.22亿元，增长11.54%；期末累计提取总额537.78亿元，增长14.98%；期末累计发放个人购房贷款总额192.76亿元，增长25.56%，期末累计发放个人购房贷款9.01万笔，增长12.46%；实现增值收益1.73亿元，增长190.13%。出台《珠海市灵活就业人员自愿缴存使用住房公积金办法》，实现灵活就业的港澳台人员和其他灵活就业人员可在珠海自愿缴存公积金，并为符合条件的自愿缴存者提供住房公积金贷款优惠。

【住房公积金缴存】 2019年，珠海市住房公积金新开户单位1911家，新开户职工14.36万人。全年缴存额82.60亿元，比上年增长9.18%，月均缴存额6.88亿元。9月5日，发布《关于调整2019年度住房公积金月缴存限额相关事项的通知》，明确单位及个人的住房公积金缴存比例上限均为12%，下限均为5%；年度职工住房公积金月缴存基数上限为22155元，住房公积金月缴存下限为1720元。全面排查未缴存公积金的企业，促成8家单位开户建缴，25家单位补缴公积金，为490名职工追回欠缴的公积金76.63万元。

【住房公积金提取】 2019年，珠海市有37.85万名缴存职工提取住房公积金70.06亿元，用于个人或其直系亲属的购房、偿还银行购房贷款、租赁住房等住房消费提取和重大疾病、低保家庭子女上学等救助提取，提取金额比上年增长6.95%，月均提取额5.84亿元，提取率为84.82%，切实解决缴存职工的住房困难。

【住房公积金贷款】 2019年，珠海市发放个人住房公积金贷款总额39.24亿元。其中，回购“公转商”贴息贷款15.49亿元；当年发放贷款额23.75亿元，比上年增长60.92%，月均贷款额1.98亿元，个人贷款率为90.05%。支持自住性购房，实施缩短贷款审批时间、异地贷款等惠民政策，发放异地贷款1508笔计2.21亿元。落实珠海市“限购、限贷、价格备案”等调控政策，抑制投资性购房，对拥有2套以上住房的职工家庭停止发放贷款，实行差别化公积金贷款政策。

【住房公积金贷款回收】 2019年，珠海市回收住房贷款9.77亿元，月均回收0.81亿元。期末贷款余额109.15亿元，其中逾期贷款额454.33万元，贷款逾期率0.42‰，低于国家1.5‰的标准值和商业性贷款逾期率。

【公积金人才优惠政策执行情况】 2019年，珠海市落实“珠海英才计划”，支持人才引进工作。市住房公积金管理中心安排珠海圣济生物医药有限公司、珠海（深圳）清华大学研究院创新中心、横琴密达科技有限责任公司、广东中星电子有限公司等高科技企业的100位高层次人才入住华发新城高级人才公寓，安排27名回国创业的留学人员入住恒雅名苑留学回国人员公寓，发放高层次人才公积金贷款863万元。

【住房公积金信息系统建设】 2019年，珠海市住房公积金管理中心推出网上办理离职销户及退休销户“零材料”、单位缴存业务线上办理、聋哑人士“反光识别”认证登录微信公众号办事等便民举措。住房公积金综合服务平台以“优秀”等级通过省住房和城乡建设厅的评审验收；入驻全国首个集成移动政务服务的微信小程序“粤省事”。住房公积金缴存信息查询事项、缴存明细查询事项、贷款信息查询事项、可贷额度计算和部分提取业务均上线提供服务。

【住房公积金大湾区服务】 2019年，珠海市住房公积金管理中心作为粤港澳大湾区信息共享平台试点单位，如期完成接口配置、安装、网络接通等工作，平台上线启动。缴存职工通过授权在平台实时查询，不用再往返异地开具相关证明材料。平台支持省内其他地市的公积金贷款信息查询、公积金缴存证明查询、公积金转移接续信息查询、公积金贷款回执等功能，方便缴存职工异地办理公积金业务。（赖雪琳）

社会福利

【儿童权益保障】 2019年，珠海市对儿童福利机构孤弃儿养育情况、散居孤儿基本生活保障情况、收养工作情况及上年大排查整改情况开展专项整治。将艾滋病病毒感染儿童纳入孤儿基本生活费发放范围，将事实无人抚养儿童单独纳入低保管理。

【儿童福利】 2019年，珠海市有儿童福利机构2家，分别是市社会福利中心和斗门区社会福利中心；有孤残儿童212人，其中，福利机构养育孤弃儿童162人，社会散居孤儿28人，父母抚养艾滋病病毒感染儿童1人，事实无人抚养儿童21名。印发《关于调整珠海市2019年户籍孤儿基本生活标准的通知》，按照上年度城乡居民人均消费支出的增长幅度，全市孤儿基本生活标准调整为每人每月1820元。

【高龄津贴发放】 2019年，珠海市改进高龄老人津贴发放管理模式，升级高龄津贴管理发放系统，对接“粤省事”平台，并通过与公安数据比对，对高龄老人津贴发放情况开展数据比对，确保资金发放及时准确。全市为2.17万名80岁以上老人发放高龄津贴6014万元。

【养老服务机构】 2019年，珠海市出台《珠海市人民政府办公室关于印发珠海市加快推进养老服务发展实施方案的通知》《关于促进居家社区养老服务发展的若干措施》等政策措施。截至年底，全市有养老机构21家（公办9家、公建民营2家、民办10家），收住老年人1542人；社区养老服务设施76处（横琴新区2处、香洲区11处、金湾区15处、斗门区30处、高新区2处、万山区2处、高栏港区14处）；有养老床位4832张（机构养老床位3711张，社区养老床位484张，卫生系统637张）。在建养老机构建设项目4个。

【养老服务质量建设】 2019年，珠海市开展养老院服务质量建设专项行动。市民政局联合市卫生健康局、市市场监管局、市消防支队印发《2019年珠海市养老院服务质量建设专项行动工作方案》，通过开展排查整治、养老机构星级评定、推进养老机构责任保险通报示范项目、推动医养融合等措施提升珠海市养老院服务质量。

【民办养老机构资助】 2019年，珠海市民政部门根据《珠海市民办养老机构资助暂行办法》，开展2018年度民办养老机构资助工作，对符合条件的11家民办养老机构给予床位运营资助及符合条件的2家民办养老机构给予新增床位资助。资助总金额227.42万元（新增床位资助43万元，床位运营资助184.42万元），由市、区按5∶5分担。

【长者饭堂建设】 2019年，珠海市推动社区居家养老配餐服务试点项目，出台市、区两级工作方案，明确试点范围、任务进度及资金保障。全年建成长者饭堂67个，其中，横琴新区2个、香洲区26个、金湾区11个、斗门区16个、高新区6个、高栏港区4个、万山区2个。推动有条件的社区居家养老配餐服务试点拓展日间照料等服务功能。截至年底，全市有80个村（居）长者饭堂（养老服务点），其中横琴新区3个、香洲区31个、金湾区18个、斗门区16个、高新区6个、高栏港区4个、万山区2个。

【老年人能力综合评估】 2019年，珠海市民政局与市卫生健康局联合印发《关于在全市范围开展老年人能力综合评估的通知》，依据国家卫健委医政医管局《关于开展老年护理需求评估和规范工作的通知》相关标准，借助一级以上（含一级）公立医疗机构，在全市范围内开展老年人能力综合评估工作。完成以高龄、失能、失智、低保和空巢、独居、留守等特殊困难老年人为重点对象的户籍老人能力综合评估5430人。

2019年7月19日，珠海市金湾区三灶镇草堂湾社区老人在长者饭堂就餐

（市民政局供稿）

【残疾人“两项补贴”】 2019年，珠海市民政局、市财政局、市残联印发《珠海市残疾人生活补贴和重度残疾人护理补贴制度实施办法》。1月起，全市提高残疾人生活补贴和重度残疾人护理补贴标准，残疾人生活补贴，一档从每人每月220元提高到235元；二档从每人每月200元提高到215元；三档从每人每月180元提高到195元；四档从每人每月160元提高到175元。珠海市残疾人生活补贴最低档标准高于省标准每人每月165元。重度残疾人护理补贴，从每人每月210元提高到220元，并将非重度智力、精神残疾人纳入重度残疾人护理补贴范围。全市发放两项补贴资金7722.64万元，其中，生活补贴4750.66万元，惠及1.96万名残疾人；重度护理补贴2971.98万元，惠及1.15万名残疾人。

【福利彩票】 2019年，珠海市全年销售福利彩票6.04亿元，完成省民政厅下达珠海市的年度销售任务。筹集公益金1.83亿元。

慈善事业

【概况】 2019年，珠海市筹集善款3.08亿元，其中主要包括市红十字会1857.79万元，各区红十字会共1526.59万元，市慈善总会1.67亿元，市扶贫基金会8842.21万元，华发公益基金会1219.95万元，市关爱协会311.9万元。其中，“6·30”广东扶贫济困日筹集善款1.08亿元，新注慈善冠名基金专项款6676.44万元，开展慈善助学、助老、助残、大病救助等各类关爱活动。12月28日，出台《珠海市人民政府关于促进慈善事业健康发展的实施意见》。

【珠海慈善发展论坛】 2019年9月1日，珠海市慈善总会、珠海市华发公益基金会等8家单位联合主办以“互联网时代慈善：工具创新与技术革新”为主题的珠海慈善发展论坛。400余名来自北京、深圳、珠海等市和澳门慈善领域的专家学者、社会组织代表齐聚珠海市，围绕互联网时代慈善工具与技术创新交流观点、碰撞思想，寻找未来湾区慈善合作与发展之路。

【慈善助餐项目启动】 2019年12月3日，珠海市长者饭堂建设暨慈善助餐项目启动工作推进会在金湾区三灶镇海澄村举行。6家企业现场认捐，惠及16个长者饭堂。市民政局和市慈善总会共同启动慈善助餐项目，签署《珠海市居家社区养老服务（长者饭堂）慈善助餐项目合作协议书》，明确规定爱心捐赠主要用于满足居家长者特别是高龄、空巢和生活不能自理等老年群体的配餐服务需求。由市民政局统筹并监督资金的使用情况。长者饭堂每个运营点按每年4万元认捐。 （钟 楠）

收入·消费

城乡居民收入

【概况】 2019年，国家统计局珠海调查队城乡一体化住户调查数据显示，珠海市居民人均可支配收入52495元，比上年增加4388元，名义增长9.1%，扣除价格因素实际增长6.6%，比上年低0.1个百分点。其中，城镇常住居民人均可支配收入55219元，名义增长8.9%，扣除价格因素实际增长6.5%，比上年低0.6个百分点；农村常住居民人均可支配收入29069元，名义增长11.0%，扣除价格因素实际增长8.5%，比上年低0.5个百分点。

工资性收入 2019年，珠海市居民人均工资性收入38658元，比上年增长9.0%，占可支配收入73.6%，是拉动居民收入增长的主要力量。其中，城镇常住居民人均工资性收入40821元，增长8.8%；农村常住居民人均工资性收入20059元，增长10.6%。是年，珠海市陆续出台多项政策促进居民就业及工资性收入提高，如提高企业工资指导线，出台各类鼓励自主创业以及税负减免等相关政策等，对拉动居民工资增长起到积极作用。

经营净收入 2019年，珠海市居民人均经营净收入4571元，比上年增长10.4%，其中城镇常住居民人均经营净收入4695元，增长10.7%；农村常住居民人均经营净收入3505元，增长7.0%。

财产净收入 2019年，珠海市居民人均财产净收入6581元，比上年增长2.1%。其中，城镇常住居民人均财产净收入6953元，增长1.4%；农村常住居民人均财产性收入3382元，增长13.2%。受金融投资市场波动、房租收入增长放慢等因素影响，财产净收入较上年增速有所放缓。

转移性收入 2019年，珠海市居民人均转移性净收入2685元，比上年增长31.0%。其中城镇常住居民人均转移性收入2750元，增长32.2%；农村常住居民人均转移性收入2124元，增长18.4%。养老金、低保金、最低工资水平等各项社会保障标准不断提高，带动居民转移净收入较快增长。

2018—2019年珠海市全体居民人均可支配收入情况比较

指标名称	2019年（元）	2018年（元）	比上年增减（元）	增幅（%）
可支配收入	52495	48107	4388	9.1
一、工资性收入	38658	35472	3186	9.0
二、经营净收入	4571	4140	431	10.4
三、财产净收入	6581	6445	136	2.1
四、转移净收入	2685	2050	635	31.0

【各区居民可支配收入情况】 2019年，珠海市各区居民收入呈现稳步增长态势。其中，香洲区居民人均可支配收入63909元，比上年增长8.7%，绝对值在各区中排名第一。高新区全体居民人均可支配收入50151元，增长8.9%；斗门区全体居民人均可支配收入39044元，增长10.6%，增速在各区排名第一；金湾区全体居民人均可支配收入38406元，增长9.3%；高栏港区全体居民人均可支配收入36768元，增长9.1%。基数低的增速较快。

城乡居民消费

【概况】 2019年，珠海市居民人均消费支出38212元，比上年增长8.9%；城镇常住居民人均消费支出40031元，增长8.7%；农村常住居民人均消费支出22573元，增长10.2%。

【八大类商品和服务消费】 食品烟酒消费 2019年，珠海市居民人均食品烟酒支出11427元，比上年增长6.0%。其中，城镇常住居民人均食品烟酒支出11852元，增长5.9%；农村常住居民人均食品烟酒支出7770元，增长7.0%。居民消费结构逐步升级，食品烟酒类占消费支出比重继续下降，全体居民恩格尔系数为29.9%，其中城镇和农村分别是29.6%和34.4%，三者较上年分别下降0.8、0.8和1.1个百分点。

衣着消费 2019年，珠海全体居民人均衣着支出1589元，比上年增长10.7%。其中，城镇常住居民人均衣着支出1676元，增长10.3%；农村常住居民人均衣着支出841元，增长15.4%。

居住消费 2019年，珠海全体居民人均居住支出9347元，比上年增长6.6%。其中，城镇常住居民人均居住支出9924元，增长6.5%；农村常住居民人均居住支出4390元，增长6.8%。

2018—2019 年珠海市全体居民人均消费支出情况比较

指标名称	2019 年（元）	2018 年（元）	比上年增减（元）	增幅（%）
消费支出	38212	35081	3131	8.9
一、食品烟酒	11427	10775	652	6.0
二、衣着	1589	1436	153	10.7
三、居住	9347	8767	580	6.6
四、生活用品及服务	2153	1933	220	11.4
五、交通通信	5337	4820	517	10.7
六、教育文化娱乐	4743	4150	593	14.3
七、医疗保健	2639	2368	271	11.4
八、其他用品及服务	978	832	146	17.6

生活用品及服务消费　2019 年，珠海市居民人均生活用品及服务支出 2153 元，比上年增长 11.4%。其中，城镇常住居民人均生活用品及服务支出 2249 元，增长 10.7%；农村常住居民人均生活用品及服务消费支出 1332 元，增长 20.8%。

交通通信消费　2019 年，珠海市居民人均交通通信支出 5337 元，比上年增长 10.7%，其中城镇常住居民人均交通通信支出 5478 元，增长 10.4%；农村常住居民人均交通通信支出 4124 元，增长 13.5%。

教育文化娱乐消费　2019 年，珠海市居民人均教育文化娱乐支出 4743 元，比上年增长 14.3%。其中城镇常住居民人均教育文化娱乐支出 5061 元，增长 14.4%；农村常住居民人均教育文化娱乐支出 2001 元，增长 7.7%。

医疗保健消费　2019 年，珠海全体居民人均医疗保健支出 2639 元，比上年增长 11.4%。其中城镇常住居民人均医疗保健支出 2745 元，增长 10.9%；农村常住居民人均医疗保健支出 1724 元，增长 17.2%。

其他用品及服务消费　2019 年，珠海全体居民人均其他用品及服务支出 978 元，比上年增长 17.6%。其中城镇常住居民人均其他用品及服务支出 1046 元，增长 17.1%；农村常住居民人均其他用品及服务支出 391 元，增长 26.5%。

市场物价

【概况】　2019 年，在食品价格大幅拉涨和交通价格负翘尾的双重影响下，珠海市居民消费价格保持温和上涨态势，比上年上涨 2.3%。其中，消费品价格上涨 4.3%，服务价格下降 0.8%。

月环比价格波动较为平稳　从各月价格环比情况来看，全年各月波动幅度不大。其中，一季度受春节影响，CPI（消费者价格指数）环比高开低走，二季度 CPI 平稳运行，三季度受蔬菜瓜果、猪肉等食品价格先后上涨影响，环比涨幅在 1% 左右，四季度随着应季蔬果上市、生猪产能恢复，食品市场供应逐渐恢复，环比涨幅逐月回落。

月同比价格呈阶梯式上涨　从各月价格同比情况来看，除年初受上年基数较高影响、同比仅上涨 0.7% 外，其余各月上涨幅度都超过 1%。7 月后受猪肉价格上涨刺激，各月同比涨幅逐渐扩大，年内涨幅极差高达 4.3 个百分点。

八大类商品和服务价格“六升一降一持平”　从消费类别看，与上年同期比，八大类商品和服务中除交通和通信价格下降 6.9%、其他用品和服务价格基本持平外，其余六大类价格均上涨。其中食品烟酒价格上涨幅度最大，同比上涨 8.9%，医疗保健价格上涨 2.4%，衣着价格涨 1.2%，教育文化和娱乐价格上涨 1.0%，居住价格上涨 0.5%，生活用品及服务价格上涨 0.2%。

猪肉价格全年上涨超五成，拉动食品价格大幅上涨　食品烟酒价格同比上涨 8.9%，拉动 CPI 上涨 2.79 个百分点，是拉动 CPI 上涨的第一大因素。其中，食品价格受猪肉等价格拉涨影响，涨幅最大，累计上涨 12.3%，影响 CPI 上涨 2.43 个百分点。在外餐饮、烟酒、茶及饮料价格分别上涨 3.3%、3.1%、1.7%。构成食品价格的 14 个小类中，除水产品、薯类、豆类和调味品价格下降外，其余 10 类价格均有不同程度的上涨，上涨面超过七成。

医疗保健价格上涨幅度较大　医疗保健价格同比上涨 2.4%，拉动 CPI 上涨 0.15 个百分点，是拉动 CPI 上涨的第二大因素。受上游药品原材料价格上涨影响，中药、西药、滋补保健品价格分别上涨 6.4%、4.7% 和 5.8%，合计拉动 CPI 上涨 0.12 个百分点。

交通和通信价格下降明显　交通和通信价格同比下降 6.9%，是下降幅度最大的一类，拉动 CPI 下降 0.90 个百分点。其中交通、通信价格分别下降 9.3% 和 2.2%。2018 年 11 月 18 日起，珠海常规公交和有轨电车票价全部下调至 1 元 / 人次，受此因素影响，是年珠海交通和通信价格下降明显，负翘尾影响高达 5.2 个百分点。

【CPI 低于全国和全省平均水平】　2019 年，全国和广东居民消费价格分别上涨 2.8% 和 3.4%，分别比珠海市高 0.5 和 1.1 个百分点。在全省 21 个地级以上市中，按 CPI 涨幅由高到低排序，珠海居末位。

（国家统计局珠海调查队）

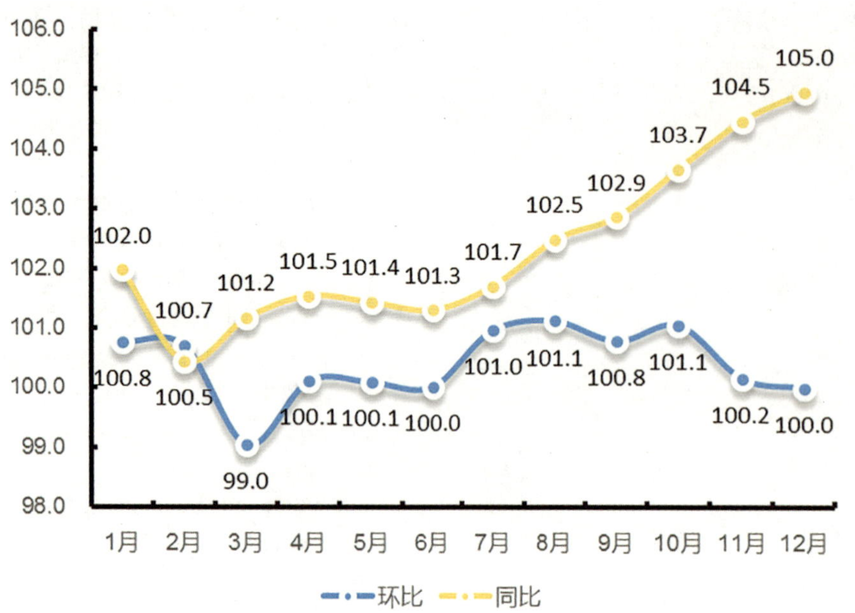

2019 年珠海市居民消费价格走势图

2019 年珠海市 CPI 分类指数一览表

指数	上年同期 =100	涨跌率（%）	对总指数拉动（百分点）
居民消费价格指数（CPI）	102.3	2.3	—
一、食品烟酒	108.9	8.9	2.79
二、衣着	101.2	1.2	0.06
三、居住	100.5	0.5	0.13
四、生活用品及服务	100.2	0.2	0.01
五、交通和通信	93.1	–6.9	–0.90
六、教育文化和娱乐	101.0	1.0	0.11
七、医疗保健	102.4	2.4	0.15
八、其他用品和服务	100.0	0.0	0.00

社会事务

【社会组织登记】 2019 年，珠海市在册社会组织 2456 家，其中市级 1235 家，区级 1221 家。全年办理社会组织注册登记 135 宗，变更登记 254 宗，注销登记 80 宗，其中，市级社会组织名称预先核准 74 宗，章程备案 229 宗，换届备案 200 宗，证书换发补发 31 次，召开座谈提醒会 44 次。全市行业协会商会直接依法登记，社会组织 12 项登记业务实现全城通办，实行容缺受理，取消印章刻制证明，支持首批 6 种电子证照在社会组织审批中应用。82 家市级社会组织进行离任审计和注销审计。加强对社会组织发起人、拟任负责人资格审核，开展成立前座谈会，提醒社会组织依法依规开展活动。截至年底，全市评估获 3A 以上社会组织（有效期内）112 家，其中，AAA 级 22 家、AAAA 级 33 家、AAAAA 级 57 家。

【社会组织党建工作】 2019 年，珠海市（区）社会组织党委覆盖范围内社会组织 1613 家，党组织覆盖 355 家，达到应建尽建要求；通过实地走访、电话联系、个别座谈等方式推动完成建立党建联络员的市（区）级社会组织 1140 家，覆盖率达 92.7%。各基层党组织开展学习讨论、组织生活等 120 多场，参与考学的党员 1200 人。举办基层党组织书记培训班 10 场次，培训基层党组织书记 570 余人次。

【社会组织监督管理】 2019 年，珠海市制订《珠海市社会组织工作联席会议制度》《珠海市市级社会组织法定代表人离任审计指引》《珠海市市级社会组织注销清算指引》《珠海市市级社会组织负责人任前公示制度》《珠海市市级社会组织座谈提醒制度》，规范市级社会组织内部管理，完善社会组织管理制度。对 3 家社会组织作出警告的行政处罚，对 12 家社会组织作出撤销登记的行政处罚。市民政局联合市公安局印发《2019 年珠海市开展打击整治非法社会组织专项行动工作方案》，发现并确认 5 家非法社会组织，劝散 3 家，自行解散 1 家，取缔 1 家。

【社会组织参与脱贫攻坚】 2019 年，珠海市有 49 家社会组织参与脱贫攻坚，落实 61 个项目资金 1071 万元。其中，32 家社会组织参与对口怒江帮扶落实 26 个项目资金 700 余万元，包括 8 家社会组织与怒江 8 个贫困村签订帮扶协议。17 家社会组织参与“社会组织扶百村”专项行动和走近困境留守儿童“牵手行动”，落实 35 个项目资金 371 余万元，超额完成对口阳江市、茂名市 20 个扶贫攻坚项目的总目标。

【社会工作者队伍水平考试】 2019年，珠海市通过国家社会工作者职业水平考试2987人，市社会工作员2534人。截至年底，全市每万人持证率达14.67，位居全省前列。

【社会工作服务】 2019年，珠海市拓宽社会工作服务领域，包括社区、农村、企业、学校、禁毒等。服务对象包含老年人、青少年、单亲母亲、孤儿、流浪儿童、社区矫正人员、外来务工人员等困难人群。建立"社工＋志愿者"模式，形成农村社会工作志愿者队伍30多支，提供农村社区公共服务。是年，香洲区、金湾区、高栏港区共5个社工站被纳入"第二批广东社工双百计划"。印发《珠海市民政局关于做好镇（街）社会工作服务站建设运营示范项目工作的通知》《珠海市第二批广东社工"双百计划"社工招聘现场面试工作方案》，完成社工站社工招聘工作。

【社区治理】 2019年，珠海市制订《关于加强和完善城乡社区治理的实施方案》《珠海市城乡社区治理示范点建设工作方案》，选择46个城乡社区治理示范点，打造可借鉴、可复制、可推广的社区治理和服务创新样板。推进城乡社区协商，在香洲区和斗门区确立示范点社区，建立协商机制。全市建立城市社区协商示范点60个，农村社区协商示范点24个。推进村规民约和居民公约修订。根据省相关要求，印发《珠海市推进村规民约和居民公约修订工作实施方案》，全市完成修订的村规民约64条，居民公约140条。村规民约和居民公约修订完成率63.9%。做好扫黑除恶专项斗争，清理出"三类人员"（受过刑事处罚、存在"村霸"行为和涉黑涉恶等问题的村委会成员）14人，全部清理出村干部队伍。

链 接：

广东省社工"双百计划"

广东省民政厅主办，从2017年起分两批（第一批200个）建设407个镇（街）社工服务站，每个社工站配备3-8名社工，由镇（街）直接聘用、省统一督导。社工立足镇街、深入村居，为有需要的群众、家庭、社区打通民政服务最后一米。以破解全省社会工作区域发展不平衡的瓶颈，推动广东省社会工作全面发展。为民政事业专业化、精细化发展提供人才支撑，同时将社会工作力量与民政服务相结合，更好地为有需求的群众和社区提供专业服务。社工工资由省、市、县民政部门共同投入，每年递增5%，省民政厅每年投入1700万督导经费和1200多万社工站活动经费。省民政厅设立项目管理办公室、各地市设立地区中心，保障"双百计划"健康发展。

2019年10月24日，珠海市香洲区翠香街道举办第六届社区公益项目大众评审活动。图为居民举牌投票 （宋爱华 摄）

【婚姻登记】 2019年，珠海市办理结婚登记11668对，离婚登记6050对，涉外婚姻结婚登记310对，涉外离婚登记96对。

【收养登记】 2019年，珠海市办理收养登记12例，解除收养登记1例。其中，香洲区收养登记4例，解除收养关系1例；斗门区收养登记8例。

【地名审核】 2019年，珠海市审核地名129件，其中建筑物59件，地名70件。开展"双随机一公开"检查工作，建立检查对象名录库并进行动态管理，按照5%比例随机抽取3个检查对象进行涉及核准审核地名管理事项的监督检查。

【殡葬管理与服务】 2019年，珠海市火化遗体8165具，免除珠海户籍居民殡葬基本服务费627人计73.37万元。开展市级殡葬服务机构迁建项目前期工作。开展经营性公墓年检，市区的仙峰山墓园、合罗山墓园和斗门区的大洋山陵园3座经营性公墓均依法经营，年检合格率100%。完成清明祭扫服务保障工作，实现连年"平安清明"目标。清明节小长假期间，接待祭扫市民、港澳台同胞38.12万人，祭扫车辆6.4万辆。建立生态安葬补贴机制，出台《珠海市生态安葬补贴办法》。举行骨灰花坛葬树葬活动，参加群众16户，安葬骨灰47份。举行珠海市第二十三次骨灰海葬活动，参加群众39户，海葬骨灰47份。

（钟 楠）

·责任编辑：曾维浩·

生态环境

综　述

【概况】　2019年，珠海市出台《生态文明建设目标评价考核实施办法》，配套印发《珠海市绿色发展指标体系》《珠海市生态文明建设考核目标体系》。构建珠海市特色GEP（生态系统生产总值）核算体系，开展GEP核算工作。推进生态环境损害赔偿，印发《珠海市生态环境损害赔偿制度改革实施方案》。推进前山河流域涉水企业固定污染源排污许可管理全覆盖。以区域空间生态环境评价为工作平台，开展“三线一单”（生态保护红线、环境质量底线、资源利用上线和环境准入负面清单）编制，建立全地域生态环境分区管控体系。

【生态经济结构】　2019年，珠海市地区生产总值比上年增长6.8%。其中第一产业增加值57.36亿元，增长1.9%；第二产业增加值1528.73亿元，增长4.6%；第三产业增加值1849.79亿元，增长9.2%，三次产业结构为1.7 ∶ 44.5 ∶ 53.8。非生物资源开发型产业为主要产业。

【生态环境维护与治理】　2019年，珠海市开展工地、道路扬尘和工业废气污染治理，构建绿色交通网络，推进VOCs（挥发性有机化合物）控源减排，全市$PM_{2.5}$、PM_{10}平均浓度分别为25微米/立方米和41微克/立方米，年度AQI（空气质量指数）达标率86.6%，空气质量在全国168个重点城市排第十四位。地表水国、省考断面水质持续改善，达到国家考核要求。10个工业集聚区均纳管集中排污。开展前山河水质达标攻坚。实施《前山河流域水环境综合治理攻坚方案（2019—2021年）》，完成前山河流域191个入河排污口专项整治，按照《前山河流域涉水排污许可全覆盖试点工作方案》要求，梳理核发清单184家企业的工作任务全部完成。开展入海排污口排查，核定全市入海排污口为104个。17条黑臭水体（包括完成治理的7条水体）设置监测断面，有16条通过“初见成效”评估。加强全市各水源地标志牌、警示牌和围网设立与维护检查，全年集中式饮用水源地水质100%达标。加大污水处理设施建设力度，截至年底，全市建成污水处理厂17座，包括主城区7座、西部地区7座、海岛3座，总设计处理规模93.43万吨/日。落实《珠海市排水管理体制机制改革工作方案》，探索建立排水设施统一规划、统一建设标准、统一管养的厂网一体化排水管理体系。推进海绵城市试点建设，有海绵城市试点建设项目227个，完工171个。城乡生活垃圾无害化处理率100%，中信环保产业园环保生物质热电工程二期项目土建主体工程完工，西坑尾垃圾填埋场进场道路扩（改）建工程、沥溪垃圾填埋场一期污泥坑原位固化工程进展顺利。推进重点行业企业用地土壤污染状况详查，全市完成344家重点行业企业用地信息采集、风险筛查和质量控制工作，印发《珠海市工业企业地块再开发利用环境管理技术指引》。开展珠海市“绿盾2019”自然保护地强化监督检查专项行动，检查国家级、省级自然保护区的管理责任落实情况。

【生态生活营造】　2019年，珠海市推进“厕所革命”，全市新建和改造公厕82座。构建“森林郊野”“都市特色”“水网湿地”“社区村居”四大公园体系。野狸岛公园景观建设工程获国家城市设计试点城市珠海优秀项目奖。全市完成碳汇林819.33公顷；对疏残林（残次林）、低效纯松林、低效桉树林进行改造，完成抚育1363.6公顷。推进垃圾分类工作，建立联席会议，印发《珠海市城乡生活垃圾分类实施方案（2019—2021年）》，制定配套政策，扩大分类覆盖面，推进横琴新区、金湾区、高新区、万山区4个垃圾分类先行示范区和香洲区梅华街道1个示范街道建设。印发《关于印发加强餐厨剩余物收运处置监管专项整治行动方案的通知》，进行收运处理全覆盖。

【生态文化宣传与教育】　2019年，珠海市开展“市民走进生态珠海”“环保公益交换会”“环保公众日”“珠中江阳中学生环保活动”“环境监测设备参观活动”和“‘12·4’宪法日普法宣传”等系列环保宣传活动，倡导绿色生活方式。推动绿色创建及环保设施向公众开放。全市有4家单位列入全国向公众开放的环保设施和城市污水垃圾处理设施单位名单。截至年底，有“绿色学校”213所、“绿色社区”70个、“环境教育基地”12个。中小学环保宣传教育普及率达到 100%。

环境质量

【空气环境质量】 2019 年，珠海市有效监测天数 365 天（国控站点空气质量由标况评价转实况评价），空气质量达标率 86.6%，比上年下降 4.4 个百分点。其中，189 天空气质量为优，占 51.8%；127 天空气质量为良，占 34.8%；44 天空气质量为轻度污染，占 12.1%；4 天空气质量为中度污染，占 1.1%。在生态环境部公布的全国 168 个重点城市年度空气质量排名中位居第十四位。二氧化硫年日均浓度为 5 微克 / 立方米，比上年下降 16.67%；二氧化氮年日均浓度为 27 微克 / 立方米，下降 3.57%；可吸入颗粒物年日均浓度为 41 微克 / 立方米，上升 2.5%；细颗粒物年日均浓度为 25 微克 / 立方米，与上年持平；臭氧日最大 8 小时平均值第 90 百分位数浓度均值为 167 微克 / 立方米，上升 12.84%；一氧化碳日均值第 95 百分位数浓度均值为 1.2 毫克 / 立方米，上升 33.33%；城市降水 pH 值范围在 4.0 ～ 6.75，酸雨发生率 62.2%，下降 20.8%。

【水环境质量】 2019 年，珠海市水环境质量处于较好水平。对照《地表水环境质量标准》（GB3838-2002），石角咀水闸断面、前山码头断面、南沙湾（两河汇合口）断面水质达到Ⅳ类水质目标；尖峰大桥断面、虎跳门水道河口断面水质为Ⅱ类，优于Ⅲ类水质目标；鸡啼门大桥断面水质为Ⅳ类，未达到Ⅲ类水质目标，超标项目为汞；布洲断面、珠海大桥断面水质均达到Ⅱ类水质目标；鸡啼门大桥断面水质比上年下降 2 个等级，其他水体水质状况与上年持平。大镜山水库、竹仙洞水库 2 个集中式饮用水源地水质类别为Ⅲ类，杨寮水库、平岗泵站、广昌泵站、黄杨河泵站、乾务水库、竹银水库、竹洲头泵站 7 个集中式饮用水源地水质类别为Ⅱ类，集中式饮用水源地水质达到或优于Ⅲ类的比例为 100%。乾务水库、竹银水库水质比上年上升 1 个等级，其他集中式饮用水源地水质状况与上年持平。近岸海域环境质量监测点位增加到 38 个，对照《海水水质标准》（GB3097-1997），21 个点位水质超过Ⅱ类水质标准，Ⅰ类、Ⅱ类水质比例 44.7%。

【声环境质量】 2019 年，珠海市区域环境噪声昼间平均等效声级为 55.9 分贝，比上年下降 0.1 分贝。城市区域环境噪声总体水平等级为三级，评价结果均为一般。道路交通噪声昼间平均等效声级为 67.0 分贝，比上年下降 0.8 分贝。道路交通噪声昼间强度等级为一级，评价结果为好。功能区环境噪声昼间达标率 95%，夜间达标率 65%。

环境保护

【环境保护法制建设】 2019 年，珠海市生态环境局启动《珠海市环境保护条例》《珠海市服务业环境管理条例》《珠海经济特区生态文明建设促进条例》3 部法律的修订工作，并与市工商联联合组织全市企业、商会和行业协会的征求意见会，广泛听取修改意见。

【环境保护规划】 2019 年，珠海市生态环境局开展《珠海市声环境功能区划定方案》修订工作，为加强和规范声环境功能区划分管理工作提供指引。

【环境执法】 2019 年，珠海市组织开展打击环境安全风险点危险源排查防控专项行动、打击违法违规采运海砂专项行动、医疗废物专项检查、非道路移动机械排气污染专项执法检查、进口废物加工利用行业专项执法检查等多项环保专项行动。珠海、中山两市生态环境部门采取人员交叉、异地主导的方式分别于 1 月 17—18 日、3 月 18—31 日、6 月 27—28 日、9 月 3—4 日、11 月 5—6 日、12 月 26 日开展前山河流域跨界污染联合执法检查，两市出动执法人员 100 人，检查企业 115 家次，立案处罚 6 件。全年出动环境执法人员 7790 人次，检查企业 3548 家，作出行政处罚决定 121 宗，罚款 1969.41 万元，实施查封扣押案件 10 件，限产停产案件 10 件，移送行政拘留案件 7 件，移送涉嫌污染环境犯罪案件 6 件。

【重点排污单位自动监控】 2019 年，珠海市完成 87 家重点排污单位自动监控设备安装和联网工作；全市 111 个重点污染源自动监控网点与市污染源在线监控中心实现联网并稳定传输，其中，废水重点污染源 76 个、废气重点污染源 35 个，覆盖工业企业 87 家。

【大气污染防治】 2019 年，珠海市出台《珠海市打赢蓝天保卫战实施方案（2019—2020 年）》，开展“三线一单”（生态保护红线、环境质量底线、资源利用上线和生态环境准入清单）编制，打造以“三线一单”为核心的区域生态环境分区管控体系。严格高耗能、高污染和资源型行业准入条件，全年专项监察中，造纸、水泥、钢铁和陶瓷行业等能耗均低于国家能耗限额标准。14 轮次滚动排查梳理涉“散乱污”企业（场所）1014 家，动态整治销号 996 家，其中纳入省清单企业 100% 整治完成。打造清洁能源体系。推进珠海华丰纸业有限公司 75 蒸吨燃煤锅炉超低排放改造和珠海粤裕丰钢铁有限公司烧结机头脱硝改造。建设市政燃气管道约 45 千米，加建老旧小区住宅的户外公共燃气管道约 5 万户。推进桂山海上风电场二期项目、金湾海上风电场项目、珠海市钰海天然气热电联产项目和富山天然气分布式能源项目建设。清洁能源发电装机容量占全市发电装机总容量 47%。全市集中供热量占实现供热区域供热总规模比例达到 70% 以上。全市煤炭消费总量 498.06 万吨，比上年下降 73.98 万吨。全市获得绿色建筑设计标识的民用建筑 211 个，面积 1875.88 万平方米，其中三星级设计标识 8 个，二星级设计标识 131 个，运行标识 5 个。

【环境空气质量自动监测站建设】 2019 年，珠海市申报新增横琴、三灶 2 个环境空气质量自动监测国控站点，分批建成“珠海市环境空气质量考核网”镇（街）标准站20个，配套设立和风、乾务农村市控点和南港路路边站。全市环境空气质量自动监测站28个、降尘量监测点5个。运用卫星遥感监测成果，立行立改热异常点4宗。初步编制全市重污染天气应急减排清单，在重污染天气黄色、橙色和红色预警等级下各类污染物的减排比例分别满足10%、20%和30%的比例要求。全年发布空气质量预警指引443条，参与珠三角污染天气联防联控4轮次共计33天。

【水污染防治】 2019年，珠海市印发实施《珠海市水污染防治攻坚战2019年工作方案》。基本完成水源保护区隔离防护及界牌设立工作。上年国家饮用水源专项督查发现的23个环境问题经复查未出现“死灰复燃”。推进重污染行业企业绿色生产，认定101家市级清洁生产企业，超额完成省下达的75家清洁生产企业的任务目标，其中自愿清洁生产企业61家，强制性清洁生产企业40家。加强近岸海域污染防治。加强入河排污口规范化管理。开展摸底调查，排查入河排污口600个，其中规模以上入河排污口21个，规模以下入河排污口579个；印发《珠海市入河排污口整治工作方案》，清理整治非法及设置不合理入河排污口，其中无需整治的入河排污口148个，需整治的452个，截至年底，完成整治372个。印发《珠海市近岸海域污染防治实施方案》，规范入海排污口管理，核查并溯源排污口104个，全部完成属性判别。完成57个非法及设置不合理排污口清理整治，对39个排污口每季度开展一次监测。

【地表水环境保护】 2019年，珠海市开展河湖“五清”（清污、清淤、清漂、清违、清障）专项行动和问题河涌（渠）、黑臭水体整治。按照“一河一策”“一库一策”推进地表水环境整治。全市53条问题河涌（渠）中，7条完成整治工程，41条施工，5条开展整治项目前期工作；17条建成区黑臭水体有16条完成“初见成效”评估。

【前山河水质达标攻坚】 2019年，珠海市印发实施《前山河流域水环境综合治理攻坚方案（2019—2021年）》，结合河长制实施流域河渠精细化管理，推进旧村改造和截污纳管工作。加强流域执法监管，流域内涉水企业排污许可管理实现全覆盖，191个入河排污口、87家涉“散乱污”企业（场所）完成整治。流域河涌（排洪渠）监测断面增设到24个，每月进行水质监测并定期将有关情况通报市有关部门和中山市生态环境局。前山河闸群智能联合调度与实时监控系统工程进入施工阶段。

【涉水治污设施建设】 2019年，珠海市拱北水质净化厂（三期），拱北水质净化厂（一期）（二期）改扩建，吉大水质净化厂（一期）、吉大水质净化厂（二期）、香洲水质净化厂（一期）、香洲水质净化厂（二期）、北区水质净化厂（一期）、南区水质净化厂（一期）等8个污水处理厂提标改造完成建设。全年新增区以上污水管网88千米，镇级污水管网277.9千米，改造城镇老旧污水管网34千米，修复排水管网病害3505处。全市120家加油站、468个地下油罐完成加油站地下油罐更新改造。

【水生态扩容提质】 2019年，珠海市实施《绿色生态水网建设规划（2016—2020年）》，规划建设湿地公园11个，其中，建成湿地公园8个，分别为华发水郡省级湿地公园、芒洲湿地公园、三灶大门口湿地公园、黄杨河湿地公园、航空城湿地公园、金湾白藤山湿地公园、南虎湖湿地公园、十里莲江湿地公园；规划建设湿地公园3个，分别为广东珠海横琴国家湿地公园（试点）、淇澳红树林湿地公园、金湖湿地公园；编制全市河湖水系连通专项规划。全年造碳汇林819.33公顷、中幼林抚育1363.6公顷、沿海防护林建设193.93公顷；清理河流1230.51千米，清理水面漂浮物5.32万吨，投入经费3129.96万元。

【土壤污染防治】 2019年，珠海市完成农用地详查分析，基本查明农用地土壤污染状况。在斗门区、金湾区、高栏港区开展受污染耕地安全利用试点面积46.69公顷，效果良好。完成年度受污染耕地安全利用、受污染耕地治理与修复任务。完成343家重点行业企业用地信息采集、风险筛查和纠偏、空间信息整合及土壤污染状况调查阶段成果集成，启动第二阶段初步采样调查。建立经营性土地出让联席会议制度、经营性用地出让管理工作规范，落实土壤污染状况调查评估、风险控制和治理修复等制度。建立并共享疑似污染地块名录信息，生态环境、自然资源、住建三部门开展联合监管。制定实施工业企业地块再开发利用环境管理技术指引。做好土壤污染源头预防，土壤污染重点监管企业签订责任书，建立土壤污染隐患排查制度和实施自行监测；市生态环境局将相关义务纳入排污许可管理。

【固体废物处置】 2019年，珠海市印发《关于进一步规范珠海市危险废物集中处置利用设施建设布局的指导意见》，规范危险废物集中处置项目准入。5月起，市生态环境局开展《珠海市2019年重点企业危险废物规范化管理服务》项目，每季度组织技术单位对全市重点行业、重点企业危险废物规范化管理进行现场技术审核，强化对固体废物管理平台申报数据的查证。全年开展3轮审查360家企业。市生态环境局联合市发展改革局、工业和信息化局等9部门于6月21日印发《珠海市废铅蓄电池污染防治行动方案》；市生态环境局与市公安局等4部门于11月15日联合印发《珠海市加强机动车维修行业和报废机动车回收拆解行业危险废物联合整治工作方案》。开展危险废物摸底调查及规范化管理课题，摸清全市危险废物底数，查清管理漏洞。

【工业危险废物处置】 2019年，珠海市通过广东省固体废物管理信息平台转移危险废物的企业有1200多家，转移危险废物17.66万吨，其中跨市转移9.04万吨，市内转移8.62万吨。主要类别为废矿物油、表面处理废物、含铜废物等。

【医疗废物处置】 2019年，珠海市医疗废物产生量2663.95吨，比上年增长17.36%。医疗垃圾由珠城市容环卫综合服务有限公司收集后，交珠海海宜环境投资有限公司医疗废物焚烧厂焚烧处置，其中，外运至江门市、河源市处理的医疗废物1046.92吨。处置率100%。

【重金属污染防治】 2019年，珠海市生态环境局统筹各区建立全市涉重点行业重点重金属的全口径清单，贯彻落实《广东省重金属污染综合防治"十三五"规划实施方案》有关部署。全年未发生涉重金属突发环境事件和突发公共卫生事件。

【辐射安全管理】 2019年，珠海市生态环境局核发辐射安全许可证（含延续、变更）69个，组织对全市涉放射源、Ⅱ类射线装置的核技术利用单位和医疗行业核技术利用单位进行辐射安全专项检查。全市产生废旧放射源8枚，均按照要求将废旧放射源安全回收（收贮），废旧放射源收贮率100%。

【环境保护督察】 2019年2月28日，广东省第四批第一环境保护督察组向珠海市反馈省环境保护督察意见。珠海市召开4次市委常委会会议、4次市政府常务会、2次市政府党组会和34次市政府专题会、4次市环境保护督察整改工作领导小组会，研究部署督察整改工作。市委、市政府主要领导43次批示，29次到现场检查督导，协调推动前山河整治、污水管网建设、农村生活垃圾分类等。根据中央环境保护督察、省环境保护督察反馈意见制订《珠海市贯彻落实中央环境保护督察"回头看"及固体废物环境问题专项督察暨省环境保护督察反馈意见整改方案》，于4月12日上报广东省人民政府，12月14日获批准。截至年底，2016年中央环境保护督察交办案件44件、2018年中央环境保护督察"回头看"交办案件117件、2018年省环境保护督察组去重后转办案件130件全部办结。

【环境信用评价】 2019年8月8日，珠海市生态环境局通报2018年度企业环境信用评价（市级）结果，其中，"环保诚信企业"11家，比2017年增加1家；"环保警示企业"49家，比2017年增加38家；"环保不良企业"98家，比2017年增加69家。

【环境管理服务】 2019年，珠海市审批建设项目环境影响评价文件494份，备案环境影响登记表1964个。对高栏港快线等9个项目开展环境影响预评估服务。组织核发条件成熟的企业申报核发许可证，完成355家企业许可证的核发，完成年度核发任务。

【农村环境保护】 2019年，珠海市根据《关于下达"十三五"农村环境综合整治目标任务的通知》的工作要求，完成斗门区南青村、光明村、上州村、泥湾村及万山区的万山村农村环境综合整治任务，5个建制村均达到饮用水卫生合格率≥90%、生活污水处理率≥60%、生活垃圾无害化处理率≥70%、畜禽粪便综合利用率≥70%等4项指标要求。高栏港经济区、斗门区分别于6月和8月完成禁养区内畜禽养殖场的清理。印发《关于落实广东省农村生活污水治理攻坚实施方案（2019—2022年）实施意见》《珠海市农村生活污水处理设施日常运维管理办法（试行）》。斗门区委托珠海城投发展有限公司开展农村污水处理站和配套管网提质整改、运营管理。金湾区、高栏港经济区、万山区基本实现行政村（含涉农社区）农村生活污水处理设施全覆盖，农村污水设施基本稳定运行。市生态环境局、市农业农村局于10月24日印发实施《珠海市打赢农业农村污染治理攻坚战实施方案》。是年，全市实施农用无人机统防统治植保作业面积2900公顷次，水稻减少农药用量30%以上，莲藕减少农药用量50%以上，药物利用率提高到40%以上，农药施用总量减少10%以上，提前完成农业农村部提出的在2020年实现农药使用量减少的目标。全市水稻机械化收割达97.69%，秸秆直接还田量1.94万吨，离田利用量200吨，秸秆利用量1.95万吨，综合利用率98.29%。全市规模养殖场粪污处理设施装备配套率100%，年畜禽粪污综合利用率达到90%以上。

【自然生态保护区】 2019年，珠海市生态环境局、市自然资源局、市水务局、市农业农村局、珠海海警局等部门联合开展"绿盾2019"自然保护地强化监督工作，完成珠江口中华白海豚国家级自然保护区、淇澳—担杆岛省级自然保护区等国家级、省级自然保护区自查和实地核查。建立"绿盾2019"专项行动自然保护区问题总台账。对"绿盾2017""绿盾2018"台账中整改、销号情况进行复查。

【第二次全国污染源普查】 2019年，珠海市推进第二次全国污染源普查，完成污染物核算、数据审核和质量核查等。2月获取产排污系数手册初稿，4月印发产排污系数手册（试用版）后，组织各区普查人员学习。5月组织普查技术人员集中开展名录对比。6月组织技术骨干开展产排污核算集中审核。在16个行业3300多家企业中抽取730家进行审核。是年，在全省率先完成产排污核算。

【地表水监测事权上收】 2019年，珠海市推进国家、省地表水环境质量监测事权上收，按生态环境部的要求完成全市5个国考断面水质自动监测站的建设和联网运行，移交第三方运维公司，并开展自动监测数据审核。落实《广东省生态环境监测网络建设实施方案》《关于深化环境监测改革提高环境监测数据质量的实施方案》，南沙湾断面、虎跳门水道河口断面等2个省考断面水质自动监测站完成基础建设，具备仪器设备进场条件。

节能减排

【能源结构调整】 2019年，珠海市印发能耗"双控"（控制能耗强度和能耗总量）工作方案。发展清洁能源，推进桂山海上风电、金湾海上风电、市环保生物质热电工程、钰海天然气热电联产、富山天然气分布式能源、直湾岛 LNG 等项目建设。印发《珠海市大力压减燃煤工作计划》。推动使用新能源汽车，截至年底，全市有公交车 2998 辆，其中新能源公交车 2598 辆，400 辆 LNG 清洁能源公交车作为备用应急车辆。新增充电站 98 个、充电桩 727 个。制订《珠海市“十三五”期间绿色清洁生产工作推行方案》，公布 2019—2020 年实施清洁生产审核重点企业名单，完成 77 家实施清洁生产企业的审核验收。

【主要污染物减排】 2019 年，珠海市主要污染物化学需氧量和氨氮排放主要来源于生活源，推进城镇污水厂的建设和提标改造可进一步削减化学需氧量和氨氮的排放量。按照国家和省的部署推进主要污染物总量减排。拱北水质净化厂（三期）等 8 个提标改造项目完成建设并进水调试。加强对电厂、钢铁厂等重点行业企业的监管。珠海电厂、金湾电厂 4 台燃煤机组的综合脱硫效率均达到 95% 以上，脱硝设施综合效率达到 80% 以上，钢铁厂烧结综合脱硫效率达到 80% 以上。

【绿色交通网络构建】 2019 年 8 月起，珠海市新增或更新的巡游出租车和接入平台的网约车全部使用新能源汽车。全年办证新能源巡游出租车 227 辆、新能源网约车 1233 辆。完成市内包车 60 辆纯电动客车的运力投放许可，新增投入新能源营运货车 100 辆。全年建成公交充电桩 68 座，出租车充电桩 55 座。截至年底，全市有公交充电桩 757 座、出租车充电桩 150 座。港口作业船舶、公务船舶、客运船舶基本实现靠泊使用岸电，珠海金湾机场 17 个廊桥机位岸电覆盖率 100%。

【挥发性有机化合物控源减排】 2019 年，珠海市对 VOCs（挥发性有机化合物）重点控制行业实施“2 倍总量替代”。省级挥发性有机化合物重点企业“一企一策”综合整治完成率提升至 98%，减排 VOCs 约 6800 吨。建成金湾区 VOCs 及恶臭气体污染精准管控系统，该系统作为广东省唯一入选事例被生态环境部选送第二届数字中国峰会。建成高栏港区有毒有害预警系统，全市 19 家涉废气重点排污单位 32 个重点监控站点安装自动监控设施并联网。建立涉 68 家重点企业无组织排放治理管控清单，推进高栏港 17 家企业实施“LDAR 技术（泄漏检测与修复技术）”应用。开展机动车维修行业“绿色涂装”，高于省标准启动全市加油站油气回收在线监测系统建设。

【移动源污染监测管理】 2019 年，珠海市新增 1522 辆营运柴油货车均满足燃料消耗量限值标准。实施机动车国 VI 车用油和排放标准，实施新修订的在用车排放检测方法，新增柴油车 NOX（氮氧化物）检测和汽车 OBD（车载诊断系统）检查内容。查处各类成品油非法经营案件 10 件，收缴成品油 4550 升。抽检柴油车 416 辆，查处不合格 74 辆。投入使用机动车遥感监测系统 2 套，全年监测有效数据超过 652 万条，发现超标数据 9164 条。探索实施“I/M（排放检测与强制维护）”制度，构建生态环境、交通运输数据共享和闭环管理工作机制。严管高排放非道路移动机械禁用区，在全省率先实施机械标识化管理，全市填报系统工程 684 家，对 176 台机械设备核发环保标志和“身份编码”。

【扬尘污染防控】 2019 年，珠海市推动 739 辆参与工程项目泥头车实时动态数据接入 GPS 监管平台。全年开展泥头车联合执法 392 次，查处泥头车超载、撒漏等行为 1369 宗。5 万平方米以上的在建工地扬尘在线监测系统覆盖率达 89.67%。全年实施检查在建项目约 1 万项次，查处不符合扬尘约 1200 项次，停工约 100 项次，各项扬尘隐患完成整改。全年新增投入机械化清扫车辆 110 辆，对城区主干道开展 16 小时深度保洁，机械化清扫率 95%，日均洒水约 8886 千米。全市 4 个煤炭、干散货码头企业堆场均配套建设防风抑尘设施、进行密闭运输系统改造。 （余乐富）

2019 年 9 月 30 日，珠海梅溪充电站投入运营 （珠海城建集团供稿）

·责任编辑：曾维浩·

行政区

香洲区

【概况】 香洲区位于珠海市东部，东与香港隔海相望，南与澳门陆路相连，是唯一与港澳陆桥相连的城区，距广州市中心140千米。香洲区成立于1984年，是珠海市政治、经济、文化、交通和金融中心。2019年，辖拱北、吉大、狮山、翠香、香湾、梅华、前山、湾仔8个街道和南屏镇，有126个社区居委会。行政区域面积555.17平方千米[包括珠海市横琴新区、珠海（国家）高新技术产业开发区、珠海保税区、珠海万山海洋开发试验区]。年末户籍人口67.44万人（不含横琴新区、高新区、万山区、保税区，下同），常住人口100.15万人。

2019年，香洲区耕地面积124.22公顷，基本农田面积47.67公顷。林地面积6435.01公顷，森林覆盖率39.6%，活立木蓄积量46.51万立方米。城镇人均公园绿地面积20.92平方米。重要矿产资源有石料、石英砂以及多种类型的黏土矿、高岭土矿。重要海洋资源有海岛111个、具有捕捞价值的鱼类以及品种较多的壳类、贝类、藻类等水产资源近200种。

香洲区属亚热带海洋性气候，依山傍海，风景秀丽。区内有珠海渔女、石景山、海滨公园、圆明新园、梅溪牌坊、日月贝、港珠澳大桥、香山湖公园等特色旅游景点，以及20多处全国、省、市级文物保护单位，如列为全国重点文物保护单位的陈芳家宅，以及杨氏大宗祠、石溪摩崖石刻群等。辖区有全国年出入境人次最多的陆路口岸——拱北口岸。有一大批在中国近代史上扮演重要角色的人物，如中国第一个留美学者、著名教育家容闳，清朝驻夏威夷王国第一任商董、领事陈芳，华南地区第一位马克思主义传播者杨匏安，中国第一个世界冠军容国团，文学家苏曼殊，版画家古元等。

【经济社会发展】 2019年，香洲区地区生产总值1542.93亿元，比上年增长7.1%；三次产业比为0.0 : 38.2 : 61.8。相关数据见附表。

2019年珠海市香洲区国民经济发展情况表

指标	单位	绝对值	比上年增长（%）
地区生产总值	亿元	1542.93	7.1
第一产业增加值	亿元	0.67	-10.1
第二产业增加值	亿元	588.54	4.8
工业增加值	亿元	533.08	6.5
第三产业增加值	亿元	953.71	8.6
人均地区生产总值	万元	15.91	0.4
规模以上工业总产值	亿元	1391.73	6.3
规模以上工业增加值	亿元	347.11	7.2
固定资产投资	亿元	505.76	-1.4
社会消费品零售总额	亿元	899.60	6.4
外贸进口总额	亿元	400.34	-24.9
外贸出口总额	亿元	518.25	-16.6
实际利用外资	亿美元	1.41	-68.3
一般公共预算收入	亿元	41.10	7.3
一般公共预算支出	亿元	76.64	20.4
城镇居民人均可支配收入	元	63909	8.7

2018—2019 年珠海市香洲区社会事业情况表

指标	单位	2018 年	2019 年
普通中学	所	24	24
普通中学在校学生	万人	3.38	3.58
小学	所	55	56
小学在校学生	万人	9.37	9.72
九年义务教育巩固率	%	100.54	100.49
医院、卫生院	所	2	2
医院、卫生院床位	张	500	500

注：普通中学 24 所包括九年一贯制学校 7 所，十二年一贯制学校 1 所。

【产业发展】 制造业 2019 年，香洲区规模以上工业总产值 1391.73 亿元，比上年增长 6.3%；完成工业投资 44.26 亿元，增长 12.5%。实现工业技改投资 39.29 亿元，增长 1.5%，紫翔电子柔性线路板、晨新科技全自动上料贴附机等 36 个工业技改项目完工。格力电器首次进入世界 500 强。持续开展信息化与工业化融合贯标，通过国家体系贯标评定企业 19 家。推动高端制造业发展，格力智能装备“六轴工业机器人的研究开发”等2个项目获评省级智能制造示范项目。

服务业 实现增加值 953.71 亿元，比上年增长 8.6%，服务业对经济增长的贡献率达 69.2%，拉动 GDP 增长 4.9 个百分点。金融产业实现增加值 187.35 亿元，增长 17.5%。以信息技术和金融业为主体的现代服务业占服务业的比重达 60.6%。度假村酒店新主楼建成，海印又一城、十字门华发商都等重点服务业项目竣工，珠海市金融科技中心、香港满记集团中国总部基地等项目封顶。加快楼宇经济发展，强化挂点服务，开展联合招商，截至年底，全区运营中商务楼宇 132 栋，新建成进入招商环节的商务楼宇 7 栋，在建商务楼宇 23 栋。

对外开放 全年实际吸收外资 1.41 亿美元，引进和新增实际吸收外资 1000 万美元以上外资项目 2 个，引入优质内资项目 120 个。引进总投资 170 亿元的世茂港珠澳合作创新基地项目以及总投资50亿元的凤凰谷项目。选取智能制造、供应链及供应链金融、跨境电商和专业服务 4 个产业方向作为招商引资重点，新引进德凌、先导智能等超亿元项目 7 个，滴滴珠江西岸总部等高端服务业项目 9 个。深化深圳、香港驻点招商，举办珠海香洲与“一带一路”国际经贸交流暨招商推介会香港专场等大型活动，引进亿乐谷科技、天瑞供应链等深、港项目落户。

工业园区和科创小镇 南屏科技工业园扶持智能制造装备产业发展，年内引进智能制造装备企业 10 家。引入华为珠海人工智能创新中心，带动园区传统企业向数字化、信息化发展。总投资 3.6 亿元的人才公寓和邻里中心项目封顶，可提供 322 套人才公寓和“一站式”商业文化生活服务。白沙头市政配套等 6 个基础设施项目完工。完成重点项目建筑面积 14 万平方米，其中再生时代打印耗材交易中心、雷特科技、杰理科技项目竣工。赛纳总部信息研究院和香洲科技创新中心项目于年底动工建设。志美电子等 20 家企业改扩建工程动工，其中三井金属等 9 个项目竣工。工业园有规模以上工业企业 142 家，规模以上工业总产值 923.67 亿元，比上年增长 10.4%。

前山商贸物流中心于 2019 年 11 月 29 日更名为香洲区三溪科创小镇发展中心。科创小镇有规模以上工业企业51家，实现工业总产值 71.95 亿元，比上年增长 1.1%；规模以上批发零售企业 78 家，销售额 99.04 亿元，下降 0.8%；规模以上服务企业 10 家，营业收入 3.85 亿元，下降 16.8%。

【创新驱动发展】 提升创新能力 2019 年，香洲区投入科技专项扶持资金 1822 万元，开展高新技术企业树标提质工程，全区高新技术企业总数 732 家，占全市的 33.1%。全年有效发明专利 9082 件，PCT 国际专利申请 435 件。支持企业开展核心技术攻关，格力电器大容量高效离心式空调设备关键技术及应用、中航通飞研究院大型飞机研制强度关键技术及应用分别获 2019 年国家技术发明二等奖、国家科学技术进步二等奖；东信和平、溢多利等 12 家企业获 2 项国家级、3 项省级、7 项市级重点领域研发立项；新增格力精密模具、飞马传动等 2 家省级企业技术中心，省级以上技术创新平台达 141 家。艾派克凭借网络通信安全芯片获 2019 年度物联网新技术突破奖。是年，香洲区被评为“国家知识产权强县工程试点区”。

集聚创新人才 落实“珠海英才计划”，全年发放奖励金 8351.64 万元。搭建引才平台，举办第四届“百名博士硕士走进香洲”人才交流对接会、第六届技能人才校企合作洽谈会、3 期“美丽香洲·高校行”校企对接活动以及 3 期“香山智荟”人才沙龙。新引进各类人才 1700 多名，其中国家级领军人才 1 名，省级创新创业团队 1 个，市级创新创业团队和高层次人才创业项目 6 个；新增格力建筑节能、九通水务水处理等 5 个市级院士工作站。出台“香山人才计划”，上线香山人才申报系统，筹集配租 95 套人才公寓，解决人才在住房保障、子女入学等方面困难和问题。

建设创新载体 成立香洲区科技创新促进中心，为创新发展提供服务。三溪科创小镇首期项目“格创·集城”用地完成招拍挂。引进腾讯云启创新中心、华为人工智能中心等项目，为区内人工智能企业提供专业孵化载体及平台资源。华灿工场（珠海）进驻香洲。

【城市管理】 市容市貌 2019 年，香洲区拆除违法建筑 23.71 万平方米，清理违法用地 18.13 公顷。处罚夜间施工案件 398 宗。处置辖区废弃车辆 192 辆。梳理香洲区水浸黑点 34 处，年内完成整治16处。继续抓“门前三包、入室经营”问题，年内教育整改各类市容违法案件5995件，立案查处131件。完善共享单车企业运维考核和区域定点投放管理，清退ofo退市遗留单车、废旧弃置单车5万辆，加强新入市青桔单车的监查管理。推进重点区域市容改造，完成拱北口岸地下通道改造项目以及湾仔海鲜街、情侣路、珠海大道等综合整治和绿化提升工程。营造城市夜间景观，实施南湾互通立交、情侣南路、九洲大道及前山河两岸和7个重要街区灯光亮化工作。投入1.9亿元，完成48个背街小巷环境整治工程。是年元旦，香山湖公园项目一期滨湖休闲区开放迎客；总投资8300万元的香山湖二期项目基本建成。总投资8.87亿元的城市阳台项目动工。

路网建设　维护市政公共设施，年内修复市政道路路面4万平方米，更新维护路灯部件2800处、处理路灯故障1200宗。

【社会民生】 2019年，香洲区全年民生支出63.79亿元，比上年增长23.1%，占公共财政预算支出83.2%。

就业与社会保障　新增就业2.16万人，城镇登记失业率为2.33%。城镇职工参加养老保险51.11万人，参加失业保险52.00万人，城乡居民养老保险参保率达到99%。城乡居民医疗保险、基本养老金财政补助标准分别提高至每人每年590元、每人每月430元。辖区内低保、重残等特困人群1212人全部纳入社会保险范围。

社会救济　城乡居民最低生活保障标准提高至每人每月1055元，残疾人生活津贴和重度残疾人护理补贴分别提高至每人每月235元、220元。全年发放低保金1956.54万元，临时救济金28.96万元，医疗救助金86.97万元，涉法涉诉救助金52.99万元，残疾人“两项补贴”2583.06万元。继续加强住房保障工作，分配公租房322套。

社区养老　梅华街道长者服务中心（原名梅华社区养老服务中心）、拱北社区养老服务中心分别于9月、10月投入使用，截至年底，香洲区运营中养老服务中心有6所。依托社区养老服务中心和日间照料中心，开展社区居家养老配餐服务试点，新增华发、茂盛等27处长者饭堂，截至年底，9个镇（街）运营长者饭堂31处，每天有约1000位长者享受到长者饭堂配餐服务。全区享受“一键通”免费或半价服务的老人达9.90万人次，投入经费约350万元。全年提供社区居家养老上门服务1.45万人次，投入经费约32万元。全年发放高龄津贴2396.44万元。12月30日，总投资4.5亿元的区社会福利中心动工。

教育　全年教育投入32.99亿元，比上年增长38.2%，占全年一般公共预算支出43.0%。潮联学校、云峰小学投入使用。凤凰中学、容国团小学新建工程和广生小学、造贝学校扩建工程加快建设。是年3月1日起，全区公办小学提供校内课后服务。清理无证幼儿园31所，消除安全隐患。继续维护校园安全，投入1900万元专项资金，为学校、幼儿园配备420名校园特保。强化教育内涵发展，继续办好教师教学比赛和班主任能力大赛，举办全区STEM比赛、少儿花会、运动会，促进学生全面发展。

卫生健康　建设“健康香洲”，启动医联体试点和专科联盟建设。“国家级慢性病综合防控示范区”通过国家组验收。辖区内74家社区卫生服务机构全部完成中医标准化建设，实现中医药一站式服务100%全覆盖。完备家庭全周期服务，为全区8万余名60周岁以上户籍老年人购买“老年人意外伤害综合保险”项目，计生特殊家庭关怀帮扶覆盖率及进度均达100%，青春健康教育项目成功打造2个省级俱乐部，成为2019年全省唯一国家级项目点，惠及1万多名青少年及家长。持续优化公共卫生服务水平，人均基本公共卫生服务项目经费标准提高至66.32元。

食品安全　坚持对53家农贸市场、8家大型超市重点食用农产品实施每日快检，全年开展快检13.41万批次，总合格率98.8%。推动全区689家持证餐饮服务单位实现“明厨亮灶”，建设覆盖率75%。是年，香洲区食品加工中心封顶。

文体事业　实施文化惠民工程，香湾、梅华市民艺术中心建成，截至年底，全区有市民艺术中心7个。“文化香洲·缤纷四季”系列活动被列入第三批广东省公共文化服务体系示范项目创建名单，被评为“广东省公共文化服务优秀案例”。打造“香洲艺术大课堂”等大型公益惠民文化活动，各类文艺作品获全国奖项16个、省级奖项38个。打造“遇见你，香洲”全新旅游品牌，创新推出“探寻香洲美景”等系列活动。加强文化遗产保护传承，完成中山纪念亭、徐诚斋墓、容闳故居等3处文物修缮工作。北山社区获评“中国名村”。成功举办省第五届风筝锦标赛、区长杯六球争霸赛等系列文体活动。是年，容闳博物馆、香洲区档案馆分别于5月17日、11月26日投入使用。

2019年3月23日，第四届“文化香洲·缤纷四季”系列活动启动仪式在情侣南路中草坪举行（香洲区供稿）

【城市更新】 旧工业区改造 2019年，香洲区坚持规划先行，鼓励连片改造，香洲北工业区和香洲科技工业园的连片更新改造基本确定启动区域。汇基商务大厦和新苏豪财富广场建成，利腾、金力湾等11个在建项目按计划建设，新增维也纳酒店、勇达、精中表业等3处旧厂房改造项目动工建设。

旧村改造 东桥、翠微2个旧村改造项目确认实施主体资格，联安旧村改造项目确认开发企业资格，洪湾旧村改造项目动工建设，银坑旧村改造项目完成拆除工作。

老旧小区整治 年内投入2.76亿元完成白莲新村等15个老旧小区整治提升项目。按照“先民生后提升”原则和“小区提出申请、政府审核统筹、街道组织实施、物管及时跟上”模式，开展新一轮14个老旧小区整治提升工作。

【公办幼儿园建设】 2019年，香洲区坚持将公办幼儿园建设作为头号民生工程来抓，制订“新建一批、扩建一批、回租一批、移交一批、补公一批、规范一批”的思路。好景、海愉、格力广场、里程、三湾、岱山、旅游、白云、云峰、海前、中盛、梅界、金桔、浙商、东大凯威、佳兆业等总投资7.2亿元的16所公办幼儿园年内动工建设，达成香洲公办园三年建设计划首年目标。是年，健民、文盛等2所公办幼儿园投入使用，海湾幼儿园完成移交。

【农贸市场改造提升】 2019年，香洲区推进农贸市场改造升级，南泰、吉莲、北山、广富、南坑、前山、柠溪、为农市场，以及铭海农副产品批发市场等首批纳入改造的9家老旧农贸市场完工，其中，南泰市场作为全市第一家智慧型农贸市场，于8月3日投入使用。前山社区、钰诚、华丽、梅溪、广昌等5家便民服务疏导点年内完成整治。

【前山河治理】 2019年，香洲区投入前山河流域水环境专项治理经费6.2亿元，推进源头排水整顿、中端管网疏通、末端水质修复全流程综合治理工作。开展源头系统排查，逐一排查流域内460个排水大户，完成摸排427户。开展雨污水管网清淤及病害修复，年内完成管网清淤265千米，其中前山、拱北污水处理厂的污水主干管系统及南湾片区污水系统全部完成清淤。建设污水管网，完成新建、改建管网109千米。按照“一河一策”整治105国道排洪渠等12条问题河涌，完成排洪渠清淤23.5千米、清淤总量5.9万立方米。北山、银林、翠屏等3条黑臭水体整治初见成效，前山河石角咀国考断面水质年平均达到Ⅳ类水标准。

【香洲渔港搬迁】 2019年7月10日，香洲渔港正式启动整体搬迁，并于8月16日完成。至此，该港口不再具有渔船停泊补给、鱼货交易以及其他渔业配套服务功能。始建于1958年的香洲渔港完成历史使命，400多艘渔船分流至洪湾中心渔港及其他渔港。 （曹雅锐）

2019年7月，启动搬迁的香洲渔港 （香洲区供稿）

金湾区

【概况】 金湾区位于珠海市西南部，2001年4月4日经国务院批准成立，土地面积268.85平方千米。2019年，辖红旗、三灶两镇，年末户籍人口11.11万人，常住人口23.94万人。耕地面积2653公顷，粮食播种面积64.8公顷，粮食产量331吨。林地面积4117公顷，森林覆盖率24.31%，活立木蓄积量23万立方米。重要矿产资源有石料、矿泉水、地热水、金属矿。重要海洋生物资源有浮游植物、浮游动物、底栖生物、游泳生物等，是全国黄立鱼之乡。主要旅游景点有汤臣倍健透明工厂等。

【经济社会发展】 2019年，金湾区实现地区生产总值339.10亿元，比上年增长7.6%；三次产业比为1.4∶68.0∶30.6。相关数据见附表。

【产业发展】 2019年，金湾区研究与试验发展经费占地区生产总值比重3.2%，规模以上工业企业100%设立研发机构，有效专利申请量3462件，比上年增长21.3%。推出金湾产业人才“1+7”新政（《关于进一步加强金湾区创新驱动发展产业人才队伍建设的若干措施（试行）》及7个配套文件，涵盖工作津贴、购房补贴、租房生活补贴、技术技能提升奖励、博士后生活安家补贴、高层次人才奖励补贴等方面），全区产业人才库超过4800人，增长44.6%，有高层次人才72人，院士工作站、博士后工作站（分站）6个，外籍技术专家224人。打造科技创新平台，全区有市级以上技术中心115个，工程技术中心79个，国家科技型中小企业400家，高新技术企业302家，独角兽企业6家，国家级孵化器2个，省级新型研发机构3个，众创中心4个。

加快聚集创新要素 金湾智造大街

2019 年珠海市金湾区国民经济发展情况表

指标	单位	绝对值	比上年增长（%）
地区生产总值	亿元	339.10	7.6
第一产业增加值	亿元	4.82	-3.9
第二产业增加值	亿元	230.66	7.7
工业增加值	亿元	195.94	4.8
第三产业增加值	亿元	103.61	7.8
人均地区生产总值	万元	18.13	-1.0
农林牧渔业总产值	亿元	7.71	10.4
固定资产投资	亿元	285.16	48.3
社会消费品零售总额	亿元	60.84	5.9
外贸进口总额	亿元	45.76	-31.8
外贸出口总额	亿元	220.64	-13.2
实际利用外资	亿美元	1.80	4.5
一般公共预算收入	亿元	30.19	11.36
一般公共预算支出	亿元	59.67	14.77
全体居民人均可支配收入	元	38406	9.3

2018—2019 年珠海市金湾区社会事业情况表

指标	单位	2018 年	2019 年
普通高校	所	5	5
普通高校在校学生	万人	7.04	7.20
中等职业学校和技工学校	所	0	1
中等职业学校和技工学校在校学生	万人	0	0.24
普通中学	所	4	4
普通中学在校学生	万人	0.53	0.57
小学	所	13	13
小学在校学生	万人	1.50	1.65
医院、卫生院	所	7	7
医院、卫生院床位	张	781	781
群众艺术馆、文化馆	座	1	1
公共图书馆	座	1	1

被认定为国家级科技企业孵化器，珠海国际健康港签约入驻生物医药项目 14 个，珠海国际动力港实验楼主体工程完工，广东省首个视频国家工程实验室创新中心揭牌成立，华慧光电等 6 家研发企业落户新材料研究院。

增强企业创新能力 珠海蓝图控制器科技有限公司打破自行车变速器国际技术垄断，珠海瑞思普利生物制药有限公司获第三届“龙门创将”中国赛区一等奖。

拓宽产业载体 运用亩产效益评价机制，收回闲置或低效土地 73.68 公顷，盘活老旧厂房 2.3 万平方米，清退低效企业 5 家，新增工业用地占新增建设用地比重 66.8%。

完善园区产业配套 完成三灶北产业园、定家湾产业园等控制性详细规划修订，健全航空产业园、联港工业区等重点园区道路、水电、排污等基础设施配套，推进供热管网一期工程、珠海国际健康港配套动力中心工程、海上风电接入系统等能源保障工程建设。

开展全产业链精准招商 新引进建筑业总部项目 3 个、现代服务业项目 4 个、航空产业项目 8 个、创新医药类项目 5 个，推动全球顶尖药品和医疗研发机构药明生物项目落户。全年动工项目 46 个，投产项目 18 个，总投资超过 140 亿元；亿元以上装备制造业项目中，新引进 11 个、新开工 12 个、新投产 7 个。

【创新驱动发展】 2019 年，金湾区围绕精简行政审批、优化营商环境、激励创业创新、深化商事制度改革及改善社会服务等 5 个领域，推出改革措施 37 项。出台发展软环境建设工作方案、推进审批服务便民化措施 21 条，工商执照、税务登记、组织机构、社保登记等“24 证合一”备案事项扩大至 106 个，企业开办时间、建筑许可证办理时间分别压减至 1 个、98 个工作日以内。创新打造“8·4·3”模式：政府投资项目审批时间压缩至 80 个工作日以内，社会投资项目审批时间压缩至 40 个工作日以内，带方案出让土地及小型社会投资项目审批时间控制在 30 个工作日以内。率先试行重大项目“标准地”（在完成区域评估的基础上，带着固定资产投资强度、亩均税收、单位能耗标准、单位排放标准、容积率等指标出让的国有建设用地）改革，推行企业投资项目审批代办协办的“代办员”服务制度，项目落户效率大幅提高。编制“数字政府”建设总体规划，推动2058个政务事项实现“马上办、网上办、就近办、一次办”，1221个事项实现“全城通办”，6个行政审批事项实现“秒批”。建立财政资金扶持政策平台，为企业提供“一站式”政策咨询和申报服务。搭建政银企融资对接平台，帮助23家企业获1.22亿元贷款。营商环境改革成效凸显，成为广东省唯一获“中国营商环境建设示范区”称号的县区。建设质量强区，131家企业、464个产品被编入《金湾优质产品推荐目录》，116家企业主动公开产品标准和服务标准847项，得理乐器获广东省人民政府质量奖。落实国家减税降费部署和各项惠企政策，新增减税降费超过9亿元，全年新登记各类市场主体5068户，比上年增长14.2%。

【基础建设与更新】 2019年，金湾区超额完成新城建设投资计划，其中，金湾航空新城核心区、珠海西部生态新区B片区、航空产业园滨海商务区分别完成年度建设投资23.22亿元、32.18亿元和25.09亿元，分别增长17.1%、19.1%和23.1%。支持珠海金湾机场改扩建、鹤港高速等重大交通项目建设，珠海金湾机场旅客吞吐量突破1200万人次，货邮吞吐量达5万吨。新建成湖滨路等市政道路19条，升级改造广安路等市政道路12条，建成人行天桥2座，全区硬底化路网总里程达655千米，道路内畅外联水平提高。珠海市建筑面积最大的图书馆、现代化综合档案馆相继开馆，金湾路沿线阅享馆、跃动馆、悦览馆3个文化休闲主题场馆建成开放，建成3座“24小时城市书屋”。新一批高品质住宅小区建成，邻里中心、甲级写字楼、国际公寓、街区商场等城市配套增多。编制全区城市更新专项规划，改造完成旧城镇、旧厂房和旧村庄“三旧”项目25个、用地面积181.54平方米，盘活金海大厦等“烂尾楼”项目9个。投入1.3亿元完成水利工程建设项目8个，投入3300万元完成市政设施管养项目12个。开展全区排水管网健康度检查和雨污混接普查，完成重点管道清淤检测324千米，城市水浸黑点持续减少。建成充电站点40个、充电桩233台，新加建完成7000户老旧小区住宅燃气管道。清理整治城市违法建筑减存量20.78万平方米，市政设施完好率96%以上，69个小区配备垃圾分类智能设施，全区生活垃圾分类覆盖率100%。

【社会民生】 2019年，金湾区安排九项民生支出46.63亿元，比上年增长37.6%，占一般公共预算支出78.2%。促进就业，发放就业创业补贴1900余万元，建成区人力资源实体市场，创业孵化基地达6家，孵化创业项目125个。优质教育资源增加，虹晖小学等4所学校建成使用，新增小学学位3690个、初中学位600个，公办园及普惠性民办园幼儿在园比例79.9%。出台公办中小学编制外教师管理办法，启动区教师发展中心建设，教师队伍服务管理水平提升。全区一体化医疗信息平台投入使用，金湾中心医院与各镇卫生院、21个农村卫生服务站构建成为紧密型医疗联合体，分级诊疗机制同步形成。金湾中心医院心血管学科、快速反应急危重症学科体系建设取得重大突破，冠脉CTO介入技术迈入国际先进行列。康养服务质量提高，居家养老服务信息平台投入使用，建成居家养老服务站15个、长者饭堂18座，13个医养综合服务体投入运营。社会保障增强，城乡居民基本养老保险覆盖率100%，工伤预防与工伤保险参保水平位居全市前列，困境儿童基本医疗保险实现全覆盖。加强特殊人群救助救济，建成保障性公租房4945套，发放各类特困补助资金1032.33万元，城镇和农村人均救助补差水平分别为1055元和1107元，均高于广东省、珠海市标准。新建成大门口湿地公园等大型文体公园3座、全民健身广场3座、社区体育公园18座，社区15分钟健身圈覆盖率95%。举办自行车公开赛、50千米徒步等全民健身活动20余场次，开展各类文化惠民活动195场次，惠及群众3万人次。创新推出“玉姐调解工作室”等5项精准公共法律服务，区、镇、村三级退役军人服务体系实现全覆盖，海澄村“1+1+N”社区治理模式（以党建为引领、法治为保障，整合民政、教育、卫健、文体、残联等多项公共服务于一体）得到全市推广。建成5个全年共享型食品快检室，全区800人以上大型食堂、餐馆和全部学校食堂实现“明厨亮灶”智慧监管。粮食安全保障和应急物资储备水平走在全市前列，物价总水平保持稳定。

2019年1月1日，金湾区三灶镇大门口湿地公园对外开放。图为公园的湖上栈桥
（熊　鑫　摄）

【中国黄立鱼之乡】 2019年12月5日，中国水产流通与加工协会授予金湾区“中国黄立鱼之乡”称号。金湾区位于咸淡水交界处，海域广阔，自然饵料丰富，为黄立鱼养殖提供优越的自然条件，依托特色资源优势，形成“精养”和“混养”两种独特养殖模式，生产的黄立鱼鳍下叶鲜黄、鱼鳞光亮、鱼肉香滑细嫩，获得“广东省名优农产品”“珠海市十大名优产品”称号，并注册“金湾黄立鱼”商标。形成苗种繁育、养殖示范、仓储物流、冷链配送、加工贸易的产业格局。黄立鱼产业实现一、二、三产业融合发展，经济效益与社会效益显著。

【区政府获改革成就奖】 2019年11月，在由人民日报社指导，环球时报、环球网主办的2019环球趋势大会上，金湾区人民政府获“2019年度改革成就奖”（优秀营商环境示范案例奖），是全省唯一获此殊荣的地区。金湾区建有全国首个基于政务大数据平台的环境分析系统，对标世界银行关于开办企业、办理施工许可、获得电力供应等10个营商环境评价指标，结合金湾实际情况增加劳动力市场、交通物流2个特色指标，创建金湾区“10+2”营商环境评价模型；建立工业企业用地效益综合评价体系，在珠海市率先推行“标准地”出让制度；出台《关于优化营商环境推进审批服务便民化的21条措施》《2019年金湾区公共服务质量提升专项行动方案》等，从“减材料、减环节、减时间、减费用”出发，打造“宽进、快办、严管、便民、公开”政务软环境。

【广东省小型微型企业创业创新示范基地】 2019年6月，金湾智造大街获评“广东省小型微型企业创业创新示范基地”。金湾智造大街是金湾区旧工业厂区改造更新、产业转型升级的代表性项目，也是金湾区发展创新驱动的重点工程。项目总面积6.8万平方米，涵盖智造大街众创空间、科技企业孵化器和产业加速器三大核心载体，包括企业研发中心、企业试制车间、园区展示中心及公共配套资源等。截至年底，金湾智造大街培育高新技术企业39家，超过企业总数的1/3，累计总产值突破9亿元，孵化器有108家智能制造企业落户孵化。园区引入金融、创投、管理咨询、科技申报、法律事务所等产业服务机构，为入驻企业提供全方位的孵化服务。以“工业互联网+智能制造+金融”为抓手，通过引进智能硬件、物联网、工业机器人、无人机等新业态，重点孵化培育与“中国制造2025”计划相关的创新型企业和创新型人才。

【广东省党史教育基地】 2019年8月26日，金湾区林伟民与中国早期工人运动史迹陈列馆被中共广东省委党史研究室评选为“广东省党史教育基地”，是珠海市3个省级党史教育基地之一。林伟民与中国早期工人运动史迹陈列馆于2017年开馆，占地面积3700平方米，建筑面积4005平方米。陈列馆一层为林伟民简介、生活时代背景及其成就展示；二层为中国早期工人运动史迹陈列馆，展示中国早期工人运动图片、文字和实物等。陈列馆每年接待4万多人次参观学习。 （赵颖梅）

斗门区

【概况】 斗门区位于珠海市西部，磨刀门至崖门之间，2001年撤县建区。总面积674.8平方千米。2019年辖井岸镇、白蕉镇、斗门镇、乾务镇、莲洲镇5个镇和白藤街道办事处，101个村民委员会，28个居民委员会。年末总户数10.10万户，户籍人口39.70万人。耕地面积1.93万公顷，粮食播种面积4122.6公顷，粮食产量2.55万吨。林业用地面积1.27万公顷，森林覆盖率24.55%，活立木蓄积量83.41万立方米。

斗门区“二山三水五分田”，低山突屹，平原宽广，孤丘众多，水道交错，河涌密布，滩涂淤积，浮露迅速。基本农田保护面积1.92万公顷，占全市72.53%。境内东北部低于西南部，山丘边缘冲积地带高于江河两侧沉积平原。区内10条主干河道总长135.83千米，面积1.65万公顷。有地穴矿泉矿、地下矿泉水等重要矿产资源。地下水资源蕴藏量0.5亿立方米（其中浅层500万立方米），开发利用244.1万立方米，占蕴藏量5%，占斗门区年用水量0.5%左右，绝大部分水质良好。有大弹涂鱼（即花鱼、泥鱼）、棘头梅童鱼（即黄皮鱼）、蜥形副平牙鰕虎鱼（即白鸽鱼）等海洋资源。

【经济发展】 2019年，斗门区地区生产总值427.41亿元，三次产业比为：9.7 ∶ 49.0 ∶ 41.3。相关数据见附表。

【体制改革】 2019年，斗门区完成政府系统机构改革，组建政府部门20个。推广“一门式一网式”政务服务，区级政务大厅86%事项实现综合受理，超过500个事项实现“全城通办”，超过90%事项实现“最多跑一次”。制定工程建设项目审批制度改革实施方案，再次压缩政府及社会投资项目审批、商事主体设立登记时间，企业开办商事登记平均用时为全市最快。

是年，深化“放管服”改革，编制区级权责清单3869项、政务服务事项实施清单993项、监管事项检查实施清单259项。拓展政府智能综合管理平台，上线运行政务信息资源共享平台。

【跨境电商】 2019年，受中美贸易摩擦和印度进口关税提高等因素影响，斗门区外贸进出口严重下降。为稳定外贸工作，挖掘外贸新增长点，发展外贸新业态，斗门区落实海关协管员增配，扶持广丰跨境电商和国际快件业务发展，推进广丰物流保税物流中心（B型）及货运车检场的申报工作；协助深化广丰物流与京东国际的业务合作，扩大合作业务量和范围；协调海关提高通关完成率，促进广丰跨境电商贸易便利化。2019年，广丰物流跨境电商零售进口总票数约245万票，较2018年增长5倍；年内进口总额约9亿元人民币，较2018年增长6倍。跨境电商进口占全市份额99.7%。根据海关总署跨境电商统一版系统统计，2019年“双十一”购物节当天，拱北关区跨境电商直购进口业务申报单量全国第一，广丰物流跨境电商直购进口业务企业申报单量全国第一。

【创新驱动发展】 2019年，斗门区启

2019年珠海市斗门区国民经济发展情况表

指标	单位	绝对值	同比增长（%）
地区生产总值	亿元	427.41	5.0
第一产业增加值	亿元	41.41	-3.0
第二产业增加值	亿元	209.68	-0.1
第三产业增加值	亿元	176.33	15.5
人均地区生产总值	万元	8.45	-1.3
规模以上企业工业总产值	亿元	804.02	0.1
农林牧渔业总产值	亿元	81.26	-1.5
固定资产投资（自年初累计完成投资）	亿元	269.76	22.1
社会消费品零售总额	亿元	148.40	6.3
外贸进出口总额	亿元	415.96	-28.2
外贸出口额	亿元	271.20	-28.6
实际吸收外商直接投资	万美元	12382	23.3
一般公共预算收入	亿元	32.44	13.7
一般公共预算支出	亿元	57.77	15.2
全体居民人均可支配收入	元	39044	10.6

2018—2019年珠海市斗门区社会事业情况表

指标	单位	2018年	2019年
中等职业学校和技工学校	所	3	2
中等职业学校和技工学校在校学生	人	3139	2143
普通中学	所	19	20
普通中学在校学生	人	16410	17216
小学	所	39	42
小学在校学生	人	41714	44239
九年义务教育巩固率	%	127.5	暂无
卫生机构	所	16	15
医院、卫生院床位	张	2512	2142
群众艺术馆、文化馆	个	1	1
公共图书馆	个	1	1
博物馆	个	1	1
档案馆	个	1	1
体育场馆	个	1	1

动科技创新三年行动计划，新增高新技术企业认定30家，累计123家。加速培育科技创新平台，截至年底，有以精实测控、汉胜科技为代表的省级以上技术中心、工程中心25家；以鹏辉能源、钧兴机电为代表的市级技术中心、工程中心42家；在建和完成创建省级以上标准化示范试点20个，占全市40%。

推动科技企业孵化器提质增效，开展区级科技孵化器运营考核及房租补贴工作；推动新青港湾众创空间加快建设。截至年底，全区区级以上孵化器2个，在孵企业46家，比上年增加8家；孵化面积2.11万平方米，新增孵化面积300平方米。斗门河口渔业研究所获2019年省级新型研发机构认定。

【生态新城建设】 2019年，斗门推进生态新城36个项目，完成投资33.74亿元。斗门科创中心封顶，富元商业综合体开工建设。香海大桥实现主体阶段性合龙，双湖路特大桥主墩建设完成95%，莲洲通用机场一期建成投入运行并开通短途运输航线，珠峰大道升级改造工程基本完工，白蕉大道路面改造实现主线通车，连桥路主干道改造完成。新增及改造绿地面积63万平方米。“一河两岸”滨水长廊逐步搭建，黄杨河湿地公园对外开放，尖峰山公园二期基本建成，10个社区公园陆续投入使用。通过国家海绵城市考核。盘活皇家花园等4个“烂尾楼”项目。铺建住宅小区公共燃气管网覆盖1.5万户，城区10条市政道路沥青罩面工程完工。井岸影剧院改造升级为斗门礼堂。

【乡村振兴】 2019年，斗门区获评“中国最美休闲度假旅游名区”；入选2019全国村庄清洁行动先进县，“厕所革命”经验入选全国农村厕所革命九大典型范例；助力珠海获评“中国海鲈之都”。新增市级以上农业龙头企业7家、省级以上示范合作社3家、省级示范家庭农场1家、粤港澳大湾区“菜篮子”生产基地13家，强竞农业获农业产业化国家重点龙头企业认定，禾莱园家庭农场是广东省唯一入选全国家庭农场典型案例。基本完成农村集体产权制度改革，入选第二批全国农村集体产权制度改革试点典型单位名单。制定《斗门区农村集体资产交易管理细则》，线上交易系统上线。

专业镇建设　区财政资金投入1000多万元，支持“一镇一业、一村一品”建设，逐步形成突出亮点的农业基地。斗门镇、白蕉镇、乾务镇3个镇入选2019年全国综合实力千强镇，斗门镇入选第二批全国特色小镇，莲洲水产小镇入选第二批省级特色小镇培育库，莲洲镇石龙村（石龙苗木）、白蕉镇昭信村（海鲈鱼）获评全国“一村一品”示范村。7月7日，白蕉镇海鲈养殖项目入选2019年国家农业产业强镇示范项目，10月6日，白蕉镇获评2019年省级“一镇一业、一村一品”专业镇。莲洲镇获评“中国黄沙蚬之乡”。

农业品牌建设　出台和修订《斗门区农产品质量认证、农业品牌名牌奖励办法》《斗门区关于支持和促进农民专业合作组织发展的实施方案》《斗门区发展农业龙头企业实施方案》等政策。年内新增省名牌产品（农业类）7个，全区累计创建省级名牌产品（农业类）42个，无公害、绿色、有机产品127个。白蕉海鲈入选中国农业品牌目录2019农产品区域公用品牌，斗门区因白蕉海鲈获评省级特色农产品优势区。

一二三产业融合　2019年，斗门区十里莲江农业观光体验园获评为AAAA级广东农业公园，全区有省休闲农业与乡村旅游示范点7个。承办珠海市“中国农民丰收节”，展示斗门“三农”工作新面貌。截至年底，全区接待游客922.1万人次，比上年增长8.48%；旅游总收入15.37亿元，增长8.82%。继续发展农村电子商务网络，设有阿里巴巴农村淘宝区级服务中心及117家农村淘宝服务站（含特约服务站）。

生态农业　截至年底，斗门区生态农业园有国家级和省级农业龙头企业8家，市级农业龙头企业29家，由龙头企业带动的国家级、省级农业示范基地20个，主要养殖海鲈、禾虫、蛋鸡，种植火龙果和花卉作物，出产特色农产品包括白蕉海鲈、莲洲禾虫、十亿人火龙果、顺明鸡蛋、横山鸭扎包等。8月16日，仙泉湖生态鱼登上中央电视台农业农村频道《致富经》栏目；24日，斗门田园综合体在中央电视台新闻频道《新闻直播间》播出。

【社会民生】　2019年，斗门区九项民生支出44.64亿元，比上年增长22.3%，占一般公共预算支出77.1%。城乡居民基本医疗保险财政补助标准提高至每人每年590元，城乡居民基本养老保险基础养老金标准提高至每人每月430元。社区居家养老服务实现全覆盖，16处长者饭堂正式运营。8个农贸市场实施标准化升级改造。区、镇（街）、村（社区）三级退役军人服务保障体系基本建成。就业形势总体稳定，新增城镇就业8269人，登记失业率2.28%。华中师范大学珠海附属中学、珠峰实验学校和齐正小学建成招生。市第二中医院综合楼竣工验收。各类生产安全事故同比下降42.9%，全年无发生食品药品安全事故。深入开展扫黑除恶专项斗争，推进“飓风2019”等专项行动，违法犯罪总警情下降41.9%。黑臭河涌PPP项目（政府与社会资本合作项目）年内进入收尾阶段，8条黑臭河涌基本消除黑臭现象。斗门产业新城PPP项目年内签订合同，进入执行阶段。

2019年，斗门镇上洲村用不同颜色水稻种植出多个创意水稻图案，吸引众多游客来此打卡。图为手挥魔法棒的“小猪佩奇”　（郑蔼芳　摄）

【老有所养】　社区居家养老服务　2019年5月，斗门区通过政府购买社工服务方式为全区经济困难失能、高龄老人提供居家养老服务，实现经济困难老年人居家养老服务全区域覆盖。截至年底，全区投入服务经费306.67万元，服务人数1263人。斗门区综合养老服务中心和乾务镇养老服务中心的日常运营引入专业社工机构，为区域内有需要的老人提供养老服务。

医养结合养老服务　各镇卫生院与社会福利中心、民办养老机构及居家养老服务站点签订医疗服务合作协议，每周安排2名以上医护人员到相应站点服务，实现医疗卫生全覆盖。各镇卫生院为养老机构的老人开通绿色通道，优先安排就诊、检查、住院等，并免费提供“120”出车服务。年内，各医疗卫生机构到养老机构开展健康知识培训99次，巡诊410次，转诊服务5次，为老人免费体检2690人次，建立健康档案219人。

老年福利制度　实施高龄老人津贴制度，全年为80周岁以上7617名老人发放高龄老人津贴1954.5万元。

长者饭堂建设　社区居家养老配餐服务试点工作被列入2019年市、区十件民生实事之一。截至年底，全区运营长者饭堂16个，实现全区覆盖，其中，井岸镇4个、白蕉镇5个、斗门镇2个、莲洲镇2个、乾务镇2个、白藤街道1个；登记就餐老人1367人，全年用餐9196人次，投入资金约9.20万元。长者饭堂主要由社工机构、村干部管理，通过餐饮企业配餐。

【公共文化服务体系示范区创建】 2019年，斗门区被列入第三批省级公共文化服务体系示范区创建名单，成为珠海市首个创建区。年内，推进5个乡村文化礼堂示范点建设和8个文化中心升级改造。区博物馆完成展厅及广场升级改造，藏品实行三维数字化浏览。区图书馆推出“斗图+”在线办证微信小程序。制作安装一批道路指示标识及城市小品设施，西堤文化旅游服务咨询中心对外服务。新建健身路径25条、社区体育公园10个，人均体育用地面积2.9平方米，超过全国、全省人均面积。

【农村产权制度改革】 2019年6月3日，斗门区委常委扩大会议审议通过集体产权制度改革的制度性文件：《珠海市斗门区农村集体经济组织成员资格认定指导意见》和《珠海市斗门区农村集体经济组织股份制改革指导意见》。文件明确三大原则：一是不能超越法律法规，包括不能剥夺“外嫁女”及其子女的合法权益；二是在职在编的公务员以及事业单位工作人员不能享受集体经济组织收益分配；三是股权分配采取“量化到人、固化到户、户内共享”的管理模式实行固化，固化期原则上不少于10年。在此指导下，斗门区加快建立符合市场要求的农村集体经济运营新机制，切实保障农村集体经济组织成员权益，全区近22万农民获益。

【质量强区建设】 2019年4月1日，斗门区出台《珠海市斗门区区长质量奖管理办法》，8月启动首届区长质量奖申报评定工作，16家企业申报参评，凯邦电机、冠宇电池等4家企业获奖。年内，斗门区在建和完成创建省级以上标准化示范区、示范试点20个，占全市40%；主导或参与制定国际、国家、行业和省地方标准87项，团体（联盟）标准7项，其中企业参与制定的国际标准数量突破4项。由珠海汉胜科技股份有限公司主导制定的同轴通信电缆国际标准于年内发布，实现珠海主导制定IEC国际标准零的突破。珠海凌达压缩机有限公司获“全国质量奖”，并被评为“全面质量管理推进40周年杰出推进单位”。

【“四好农村路”建设】 2019年，斗门区建成21条54千米“四好农村路”，形成斗门区行政村、自然村水泥路和公共交通全覆盖，打造城乡共美立体化交通系统；投入1.08亿元为132条210多千米农村公路安装路灯。

【文物和非遗项目发展】 2019年，斗门区建立区、镇、村三级文物保护管理体系和不可移动文物档案库，推动莲洲镇西安码头泵站、中共南门乡党支部旧址等文物修缮项目；推行不可移动文物及文物保护单位的免费开放，保护与利用并重，加强文化旅游融合。全年新增市级非遗传承人4名，区级非遗传承人3名；新增秘制重壳蟹、斗门鸡仔饼、莲溪豆沙月饼、乾务炒藤鳝等区级非遗项目4项。

2019年2月17日，珠海（斗门）第十五届民间艺术大巡游在井岸镇举行。图为“龙腾祥年方阵”
（斗门区供稿）

【第十五届民间艺术大巡游】 2019年2月17日，以“新时代、新斗门、新征程”为主题的珠海（斗门）第十五届民间艺术大巡游在斗门区井岸镇举行。包括斗门水上婚嫁等6个国家级非遗项目、乾务飘色等4个省级非遗项目在内的36个节目1500余名演员参加巡演，现场观众逾10万，观看在线直播网友600多万。

【珠海莲洲通用机场投入运营】 2019年4月，珠海莲洲通用机场（简称莲洲机场）获民航中南地区管理局颁发的A1级通用机场使用许可证，并投入运营。莲洲机场位于斗门区莲洲镇西滘村西北侧，是珠海航空产业园区的配套基础设施和广东省重点项目之一，也是国内首座政企合建的通用机场，主要开展应急救援、飞行培训、通用航空展览、航空摄影和测量、灾害监测等业务，并提供飞机组装、飞机试飞、飞机展销、飞机维修维护、私人飞机托管及加油等服务。截至年底，南海第一救助飞行队等17家通航企业落户莲洲机场；机场保障6736起降架次，飞行小时1885小时，保障飞行人数1523人。5月1—4日，莲洲机场举办航空嘉年华活动，包括机场参观、飞行体验和飞行员培训、泛珠三角航空运动技术交流会、模拟机体验等，活动期间累计飞行140架次，参加活动人数达1000人。

【华中师大珠海附中开学】 2019年9月9日，坐落于斗门区的华中师范大学珠海附属中学举行新校舍启用仪式暨2019年秋季开学典礼，40位教职工和378名学生开启新的校园生活。华中师范大学珠海附属中学按照国家级示范性普通高中标准建设，从建设到开学，仅用时670多天。（钟育娴）

·责任编辑：潘杜鹃·

经济功能区

珠海市横琴新区

【概况】 珠海市横琴新区位于珠海市南部，珠江口西岸，总面积106.46平方千米。毗邻港澳，与澳门隔河相望，距离香港34海里，是国内唯一直接与港澳陆桥相通的国家新区。拥有保存完好的海洋、森林、湿地三大生态系统，环岛岸线长50千米。主要旅游景点有长隆国际海洋度假区、星乐度露营小镇等，是继海南和福建平潭之后获批的第三个国际性旅游岛。截至2019年底，横琴户籍人口1.45万人，非户籍人口6.79万人，总人口8.24万人。

2019年是横琴开发建设10周年。10年间横琴累计实现固定资产投资2908亿元，建成立体交通网、地下综合管网、供排水网、绿色电网、信息网和集中多联供能源网等“六网”工程，初步形成现代化新城框架，具备对澳合作的良好条件。

2019年全区生产总值401.24亿元，比上年增长8.9%。其中：第一产业增加值0.16亿元，下降10.2%；第二产业增加值74.26亿元，增长12%（工业增加值3.88亿元，下降17.5%）；第三产业增加值326.82亿元，增长8.2%。固定资产投资471.99亿元，下降17.51%。社会消费品零售总额19.89亿元，增长6.2%。外贸出口额242.52亿元，增长193%；实际利用外商直接投资15.33亿美元，增长45.1%。地方一般公共预算收入63.95亿元，增长9.4%。

【港澳融合发展】 *促进澳门经济多元发展成效初显* 2019年，横琴新区新增澳资企业833家，累计登记注册澳资企业2232家，覆盖国民经济行业17个门类，主要涉及商务服务、休闲旅游、文化创意、医药健康、特色金融、科教研发、仓储物流等领域。年内粤澳合作产业园供地项目1宗，面积2.2万平方米。截至年底，横琴历年实际对澳门供地32宗（其中粤澳合作产业园项目25宗），面积4.43平方千米（粤澳合作产业园项目1.38平方千米）。

支持港澳企业跨境办公 出台《关于鼓励澳门企业在横琴跨境办公的暂行办法》（其中明确“香港企业在横琴租用办公楼宇跨境办公可参照本办法执行”）及其《实施细则》，鼓励港澳企业在横琴跨境办公。截至年底，跨境办公企业有37家，租用办公空间约1万平方米。3月1日，开通琴澳跨境通勤专线，每日往返26个班次，乘客可预约免费乘车；截至年底，运载乘客10.9万人次。

加快推进“澳门新街坊”项目建设 珠澳双方明确“澳门新街坊”项目占地面积18万平方米，项目土地向澳门公营机构进行出让。项目仅面向澳门居民，直接挂钩澳门的教育、医疗等社会福利，采取限地价、限房价方式真正惠及澳门百姓。珠澳双方分别成立专责小组，对项目竞买人资格、住宅购买者资格、公益性配套设施的方案等达成一致意见。

支持澳门青年在横琴创业就业 出台《关于进一步支持澳门青年在横琴创新创业的暂行办法》，为港澳青年创新创业提供资金扶持与服务保障；出台《横琴新区关于加快推进澳门投资项目建设的若干措施》《横琴新区促进澳门中小企业发展办法（试行）》等专项政策，着力解决澳企办公、融资、人才和通关等难题；持续开展创业大讲堂、澳门青年创业训练营、青年创新创业成果展暨项目对接会等活动，帮助港澳青年了解内地市场、政策，提升能力；给获首届横琴科技创业大赛冠军的澳门人何国涛“普强AI汽车芯脑”项目发放1亿元无偿研发资助。2019年，横琴·澳门青年创业谷（含创意谷）孵化港澳项目35个（澳门项目33个，香港项目2个）。截至年底，横琴·澳门青年创业谷（含创意谷）累计孵化港澳项目251个（澳门项目229个，香港项目22个）；累计培育和引进高新技术企业48家；24家企业获风险投资资金，融资额突破4.36亿元。

参与广珠澳科技创新走廊建设 支持澳门大学、澳门科技大学在横琴设立产学研示范基地，引进澳门4所国家重点实验室在横琴设立分部。联合澳门科技发展基金会启动第二届横琴科技创新创业大赛。开通横琴新区国际互联网数据专用通道。与中科院合作共建先进智能计算平台，并用专线联通澳门大学。

配合澳门特色金融业发展 出台《横琴新区支持粤澳跨境金融合作（珠海）示范区发展的暂行办法》，年内14家澳门金融企业入驻。自由贸易账户在横琴实施。横琴人寿发布首款跨境医疗保险产品，中国银行首发粤澳共享贷。

大横琴投资公司同步在港澳发行40亿元债券，是大湾区首支双币种国际绿色债券。中国人民银行支持澳门中国银行用户在内地商户进行线下扫码支付。截至2019年底，横琴港澳资金融类企业186家，其中澳资金融类企业27家，注册资本119.13亿元。

支持澳门世界旅游休闲中心建设　横琴国际休闲旅游岛建设方案获批，旅游业纳入15%企业所得税优惠目录。与澳门特别行政区旅游局签订旅游合作备忘录，共建世界级旅游目的地。澳门旅游学院粤港澳大湾区旅游教育合作中心在横琴设立。创新方·狮门娱乐天地和国家地理探险家中心等文旅项目建成运营。开通横琴环岛旅游专线，横琴游客服务中心和全域旅游地图投入使用，琴澳旅游服务保障体系加快完善。

拓展港澳人士执业生活学习空间　290名港澳导游及领队获横琴执业资格。21名建筑领域专业人士和8家港澳企业递交在横琴执业申请。澳门街坊会联合总会广东办事处横琴综合服务中心成立，首批4名澳门社工横琴执业获确认。全国首个跨境服务创新平台“琴澳通”发布。开展常住横琴的澳门居民参加珠海基本医疗保险试点，392名澳门居民办理参保。“跨域视频调解机制”处理跨境消费投诉23件，为澳门消费者挽回经济损失636.36万元。横琴中小学与澳门学校建立友好学校、缔结姊妹学校。在横琴就读的港澳学生有106人。推进粤澳信息港建设，建设与澳门趋同的互联网环境。与中国法律服务（澳门）公司合作设立“服务专窗”，满足澳门企业及居民办理公证的需要。建立港澳中小企业法律服务互动中心，为港澳资背景中小企业提供定向、精准的法律服务。创新“自贸区博士后工作”新模式，探索境内外博士后培养合作新机制。

加强文化交流促进民心相通　举办珠港澳草地滚球、琴澳网球嘉年华、粤港澳高校网球邀请赛、2019横琴天沐河名校赛艇邀请赛等赛事；开展澳门大学生暑期实习、游学等活动；联合澳门旅游局举办迎接澳门回归祖国20周年珠澳联合烟花汇演、珠澳青少年交响乐“快闪”、交流音乐会等活动，促进民心相通。

【改革创新】粤澳融合改革创新　2019年，横琴新区推出琴澳跨境办公试点、在琴澳门居民参珠海医保、跨境公共服务平台、“澳企专区”网页等12方面68项改革创新举措，探索粤澳深度融合新模式，优化营商环境，加快形成全面开放新格局。“供电服务新模式”入选2019年全国自贸区最佳实践案例，“跨境对澳合作新模式”等5项案例入选广东自贸区4周年最佳创新案例。

建设人才高地　推进横琴全国人才管理改革试验区和粤港澳人才合作示范区建设，入选市高层次人才20名，市青年优秀人才14名，市级创新团队4家；完善引进人才租房和生活补贴暂行办法，向3096人发放补贴2425.26万元。依照大学生“先落户、后就业”政策引进3866人。加大人才项目投资扶持，向10家企业发放天使投资4540万元，向3位院士、53位高层次人才拨付扶持资金1.06亿元，向博士站单位和个人发放奖励资助448万元。

扩大对外开放　实行准入前国民待遇加负面清单管理制度，落实外资准入“一口办理”模式。粤港澳物流园引进海仓科技等多家跨境电商企业，打造区域性国际贸易分拨中心。开展中拉经贸交流合作，中拉经贸合作园入园企业17家，出租率达76.8%。举办“2019智利企业家中国横琴行”活动。推进粤港澳创新圈和横琴中拉经贸产业园、中拉国际创新中心建设。

推进金融业改革创新　发布横琴金融指数，为区域和行业设定可量化标准。广东金融资产交易中心落地首单银行不良资产跨境转让业务。浦发银行横琴分行上线中国（珠海）国际贸易“单一窗口”跨境金融服务，为跨境贸易供应链参与方提供优质便利服务。

创新跨境车辆管理　2019年，向1884辆澳门机动车发放入出横琴资格，截至年底，资格有效期内车辆1610辆。全年澳门单牌车出入境超15万辆次。2019年11月29日起，对澳门单牌车发放电子临时入境机动车牌证，车牌的有效期从原来的3个月延长至1年。推动省市相关部门研究制定香港单牌车入出横琴的政策措施。

【基础设施建设】省市重点项目　2019年，横琴新区安排市重点项目55项，总投资2639.33亿元，年度计划投资182.97亿元（其中省重点项目9项，计划投资68.63亿元）；年内完成投资282.95亿元，投资完成率154.6%（其中省重点项目完成投资123.01亿元，年度投资完成率179.2%）。年内竣工投产8项，其中3项提前建成。年内计划新开工的项目开工率100%。

基础设施工程　全区年内安排基础设施工程21项，建成市政道路32千米，隧道掘进10.1千米，年内完成投资112.2亿元，年度投资完成率123.65%。横琴口岸及综合交通枢纽具备通关条

链　接：

2019年横琴优秀案例

全国自贸试验区最佳实践案例1项：“供电服务新模式”。

全省复制推广经验9项：创建自然人一人式税务档案、不动产登记业务便民模式、“互联网＋海关”功能拓展、“一企一策”监管模式、“零跑动”政务服务模式、跨境电商货物“先放行入区、后理货确认”、商事纠纷“掌上”调解服务、涉港澳纠纷法律查明实施平台、知识产权快速维权平台。

广东自贸试验区4周年最佳创新案例5项：城市智慧化社会治理新模式、“跨境”对澳合作新模式、全省率先上线不动产登记“互联网＋金融服务”新模式、构建知识产权“五环节一平台”新机制、广东粤澳合作发展基金签约落地。

（姚雪培）

件，广珠城际机场延长线拱北至横琴段建成。彩虹路、环岛北路下立交工程建成通车。天羽道隧道主体结构贯通。大横琴山隧道、洪鹤大桥、金海大桥、金琴高速等重点工程加快建设。

产业工程成投资核心主导　全区年内安排在建重点产业工程32项，实现房建项目封顶86栋，新增建筑面积185万平方米，完成投资161.28亿元。汽车营地星奇塔无动力乐园和特色住宿单元开业；横琴岛剧院投入使用；香洲埠一期具备开业条件；创新方·狮门娱乐天地和国家地理探险家中心开业运营；中国紫檀博物馆横琴分馆启幕；横琴新区国际互联网数据专用通道落地。与中科院合作共建国家智能计算机研究开发中心（横琴）。

一体化区域加快建设　南湾大道、情侣南路、十字门隧道、杧洲隧道、黑白面将军山隧道等交通设施建设有序推进。城市新中心保障房、保税区第一小学、十字门小学等配套项目开工建设。开展生态环境整治修复，一体化区域水环境综合治理工程、洪湾港北片区填筑及市政基础设施工程加快推进。“三旧”改造新增实施改造指标52万平方米，完成改造指标28.5万平方米。

与澳门合作项目增长明显　全区年内安排与澳门合作重点项目15项。金汇国际广场（澳门健康谷）基本建成。大昌行物流中心投入运行；励骏庞都广场试营业；万象世界项目（一期）交付使用；灏怡财富中心、信德横琴口岸服务区A03地块开发项目、臻林山庄等项目基本建成；金源国际广场等澳门在建产业项目全面封顶。

城市功能日臻完善　中影国际影城、新华书店书笙馆、凯悦酒店等投入使用。首都师范大学横琴伯牙小学开学。珠海市人民医院横琴医院建成开业。加快建设广州医科大学附属第一医院横琴医院、横琴国际生命科学中心，启动5个高水平专科医院建设。全区在建重点民生保障工程13项。

【制度建设】　地方立法先行先试　2019年，横琴新区成立《珠海经济特区横琴新区条例》前期准备工作领导小组，完成条例修订系列材料并报送市司法局。参与市人大就相关法规进行的港澳调研等工作，推动地方立法为制度创新重点工作服务。9月27日，《珠海经济特区横琴新区港澳建筑及相关工程咨询企业资质和专业人士执业资格认可规定》经市人大常委会审议通过。

探索金融制度创新　出台《横琴新区外商投资股权投资企业试点认定备案管理办法》，首家QFLP（合格境外有限合伙人）试点企业落地。出台《横琴新区关于促进供应链金融发展的扶持办法》，鼓励供应链金融专业化经营，促进供应链金融业态发展。出台《横琴新区关于支持粤澳跨境金融合作（珠海）示范区发展的暂行办法》《横琴新区金融及金融服务类企业集中办公区域管理办法》，为区内金融企业落地做好保障服务。印发《横琴新区防范和处置非法集资标准化处置流程工作机制》《横琴新区非法集资举报奖励办法实施细则》。出台《横琴新区进一步促进私募投资基金业发展扶持办法》和《横琴新区企业上市挂牌专项扶持办法》，完善针对私募基金和上市挂牌企业的扶持政策。3月5日，横琴新区金融服务中心更新《横琴智慧金融产业园入园申请指南》，进一步规范入园流程和审核材料。

推进全区信用体系建设　年内推出的全国首个跨境信用平台“信易得”，获评2019年“新华信用杯”全国优秀信用案例。截至年底，平台入驻商家308家，其中澳门诚信店276家、横琴诚信店28家。开展《横琴企业信用分类监管模型研发及制度设计》课题研究。完成信用横琴网一期改造升级，加快推进信用横琴网二期改造升级。出台实施《关于建立横琴新区信用承诺制度的实施方案》，与澳方联手，成立横琴新区国际知识产权保护联盟，引导建立琴澳诚信公约制度、信用承诺制度及签订互信互认的诚信公约。

【生态建设】　2019年，横琴新区加快推进海绵城市试点项目建设，完成国家部委的验收考核，海绵城市覆盖横琴全岛、保税区、洪湾片区一体化区域。横琴新区上报试点项目94个，海绵设施计划总投资51.49亿元。截至年底，项目开（完）工率为100%，完工项目91个，施工在建项目3个，累计完成投资46.87亿元，完成总投资的90.91%。建成天沐河公园、天沁园公园等市政特色公园2个，城乡社区公园1个，健康步道3千米，繁花节点和多彩立面4处，景观绿廊1条。天沐河以及芒洲湿地段纳入大湾区省级碧道试点。完成环岛东路等主干道景观全面提升、临澳一侧灯光美化工程。高标准建成公厕8座。持续开展旧村居环境提升整治，除洋环村外其余8个自然村改造项目基本完成。

2019年12月15日，横琴首座艺术型商业综合体——励骏庞都广场开业。图为励骏庞都广场夜景　（张　婷　摄）

开展生活垃圾分类试点工作。完成近海水域非法渔业清理整治工作。富祥湾海堤修复工程完成。新建改建污水管网52.4千米，完成排水管网清淤90.8千米、修复病害656处。是年，横琴镇获评“广东省森林小镇”。

【招商引资】 招商选资服务重点产业 2019年，横琴新区重点加强与澳门优势产业合作，引进澳门经济局跨境电商领域合作机构澳门易享科技网络有限公司、港珠澳供应链管理有限公司，在粤港澳物流园区投资建设“区域性国际贸易分拨中心”项目，引进广药集团并推动项目落户粤澳合作中医药科技产业园。截至年底，签署合作协议、框架协议的产业用地项目12个，签署合作协议、框架协议非用地项目5个。

大力引进金融机构 年内新增融资租赁企业641家，注册资本合计1127.98亿元；商业保理企业38家，注册资本合计32.61亿元；交易平台5家，注册资本合计5亿元；小额贷款机构3家，注册资本合计8.1亿元；融资担保企业2家，注册资本合计4亿元。引进省内首家外资独资的私募基金管理人迈德瑞投资管理有限公司，以及银华资本、深创投S基金、高瓴资本旗下珠海明骏合伙企业、伊利集团旗下私募基金管理人等知名企业，完成康美交易中心迁入登记工作。截至年底，横琴新区有金融和类金融企业6565家，注册资本达1.09万亿元；私募基金管理人545家，管理基金规模2856.83亿元；私募基金1259只，管理基金规模3245.64亿元。

政策优势促进总部经济发展 完成2018年度总部企业认定及奖励：58家企业被认定为横琴新区2018年度总部企业，奖励总额1.95亿元。梳理与新区有合作协议的重点企业，检查其落实协议承诺情况，奖励企业59家，合计金额1.6亿元。完成其他政策扶持奖励金额8027万元。

精准服务产业楼宇招商 开展产业项目办公楼宇资源调研，出台“一楼一策”，利用产业楼宇载体资源促进招商引资。出台《横琴新区促进办公楼宇和产业园区配套商业发展暂行办法》及申报指南，起草《横琴新区鼓励企业上岛办公暂行办法》。

多渠道宣传 举办2019粤澳跨境电商交流会、2019智利企业家中国横琴行活动、澳珠企业家峰会专业服务对话会、横琴旅游产业招商推介会（上海站）等宣传推介活动，扩大横琴引资影响力。

【园区服务】 推进粤澳合作产业园开发建设 2019年，横琴新区召开12次“政企面对面”工作例会，协调解决困难问题。截至年底，产业园出让土地2.43平方千米，签订合作协议项目28个，取得建设用地并开工建设项目24个。已供地项目投资总额达792.7亿元，7个项目主体工程封顶，大昌行物流中心、励骏庞都广场开业。产业园余下的2.57平方千米土地空间，实施项目联合评审机制。成立澳门特区政府主导、横琴新区配合的横琴发展澳门项目评审委员会，重点瞄准战略性新兴产业和高端服务业，在全球范围内吸引高端技术和高层次创新人才落地。全年受理澳门项目申请86个，召开项目评审会4次，听取路演推介项目48个。全面暂缓非澳门项目用地审批，收回0.81平方千米未开工或进度缓慢项目用地，优先为涉澳项目供地。

粤澳合作中医药科技产业园建设加快推进 截至年底，粤澳合作中医药科技产业园GMP（药品生产质量管理规范）中试大楼通过中国及欧盟GMP官方认证，研发检测大楼、科研总部办公大楼和孵化区等配套设施建成投入运营，健康养生示范基地和中药提取大楼待投入运行；中医药科技创意博物馆、主题文化街、人才公寓等项目封顶。年内产业园新注册企业56家，其中澳门企业15家；新引进广药集团、天士力、丽珠圣美等43家企业，涉及中医药、保健品、医疗器械、医疗服务、生物医药等领域，康美药业、以岭药业、盈科瑞（横琴）药物研究院等重点项目入驻运营。产业园获国家级科技企业孵化器认定。开通产业园业务绿色通道，出台实施《横琴新区关于支持粤澳合作中医药科技产业园发展的专项措施》。联合澳门高校建设粤港澳大湾区中医药科技成果转化基地。逐步做实中医药产品海外注册公共服务平台（横琴），拓展名优企业及中小型企业入园，促进重点项目入园后的发展，促进澳门企业与国内中医药行业的交流发展。产业园累计注册企业167家，实际签约入驻企业66家，通过产业园平台培育的澳门企业42家，占总注册数量的25.2%。实际签约入驻澳门企业13家，占总入驻企业数量的19.7%。

金融产业园区建设取得初步成效 年内完成横琴智慧金融产业园软装优化，更新优化《横琴智慧金融产业园入园申请指南》，细化工作流程和审核要点。及时兑现租金扶持资金，全年财政扶持资金达440万元。截至年底，横琴智慧金融产业园一期约7000平方米办公空间100%签约，引进澳发科技等18家优质企业，初步形成金融科技集聚新载体。粤澳跨境金融合作（珠海）示范区于10月21日揭牌。大西洋银行横琴分行、礼达联马（珠海）股权投资管理有限公司、珠海莱茵能源装备融资租赁有限公司等17家涉澳跨境金融企业或机构等入驻。

【“双自联动”】 搭建投融资对接平台 2019年，横琴新区联合高新区举办“双自（横琴自贸试验片区和高新区自主创新示范区）联动”银企对接会2期，举办横琴“金谷汇”投融资对接活动5期，促进横琴新区创投机构、金融机构与高新区科技企业深度对接，引导金融更好地服务实体经济。

科技扶持政策支持企业发展 利用自创区支持创新政策推广，支持自贸区科技型企业发展和重大科技创新平台建设。完善横琴新区科技扶持政策体系。

共享产业公共技术服务平台 建立统一的新型研发机构培育发展目录，围绕主导产业培育组建新型研发机构。2019年新认定省级新型研发机构2家：盈科瑞（横琴）药物研究院，珠海复旦创新研究院。

实施开放的人才激励政策 推进自贸区国家人才管理改革示范区、粤港澳人才合作示范区建设。在自创区工作的港澳居民人才、高层次创新创业人才享受港澳居民人才个税优惠、横琴新区特殊人才优惠以及横琴“人才绿卡”优惠。探索境外高层次人才来珠海创新创业便利化措施。支持外国留学生在中国高等院校硕士毕业后，直接在自贸区、自创区自主就业或创新创业。

建立知识产权纠纷多元解决机制 设立知识产权快速维权援助中心，发挥自贸区知识产权巡回法庭作用，探索知识产权司法保护新模式。发挥自创区知识产权仲裁机构作用。推动自贸区知识产权仲裁中心、内地与港澳合伙联营律师事务所等拓展对自创区科技企业的服务范围和服务领域。

【珠澳合作开发横琴】 2019年12月20日，习近平总书记在庆祝澳门回归祖国20周年大会上指出：“当前，特别要做好珠澳合作开发横琴这篇文章，为澳门长远发展开辟广阔空间、注入新动力。”国家发改委随后指出，国家发改委会同有关方面积极支持在横琴设立粤澳深度合作区，构建粤澳双方共商共建共管的体制机制，优化“分线管理”政策，探索在民商事法律适用、贸易等领域深化改革扩大开放，打造与国际规则高度衔接的营商环境，助力澳门经济适度多元发展。

【国际休闲旅游岛方案获批】 2019年4月1日，国务院批复同意《横琴国际休闲旅游岛建设方案》；4月18日，国家发改委官方网站公布《建设方案》。横琴成为继海南和福建平潭之后获批的第三个国际性旅游岛。横琴国际休闲旅游岛界定为横琴岛及所辖海域，土地面积106.46平方千米。《建设方案》明确横琴发展定位、建设目标、建设原则和重点任务，在全面分析横琴国际休闲旅游岛建设发展的内外部条件的基础上，从空间布局、基础建设、产业发展、保障措施等方面提出具体工作安排，并在进一步扩大开放、投融资和税收、金融、用地用海、人才政策等方面给予扶持。

【全省首部港澳企业和专业人士到内地执业的地方性法规】 2019年12月1日，《珠海经济特区横琴新区港澳建筑及相关工程咨询企业资质和专业人士执业资格认可规定》施行。这是全省首部明确引进港澳企业和专业人士到内地直接执业服务的地方性法规，也是珠海通过地方立法将国家最新改革措施予以法制化的先行先试探索。《粤港澳大湾区发展规划纲要》明确要求扩大内地与港澳专业资格互认范围，推动内地与港澳人员跨境便利执业，在深圳前海、广州南沙、珠海横琴建立港澳创业就业试验区，试点允许取得建筑及相关工程咨询等港澳相应资质的企业和专业人士为内地市场主体直接提供服务。珠海市率先运用经济特区立法权，出台该规定。截至年底，有6家澳门建筑企业、9位港澳专业人士获得备案认可书。

【常住横琴的澳门居民试点珠海医保】 2019年7月1日，珠海市启动“常住横琴的澳门居民参加珠海基本医疗保险”改革试点，着力解决常住横琴（含横琴、保税区、洪湾一体化区域）的澳门居民的基本医疗保障问题，探索和落实国家对在内地居住港澳台居民的社保决策。截至年底，有392名澳门居民办理参保。

【澳门对横琴口岸澳方口岸区实施管辖】 2019年10月26日，全国人大常委会表决通过《全国人民代表大会常务委员会关于授权澳门特别行政区对横琴口岸澳方口岸区及相关延伸区实施管辖的决定》。澳门特别行政区政府以租赁方式取得横琴口岸澳方口岸区及相关延伸区的使用权，租赁期限自有关区域启用之日起至2049年12月19日止。租赁期限届满，经全国人民代表大会常务委员会决定，可以续期。决定旨在促进实现澳门与珠海之间基础设施的互联互通，为两地交通运输、人员往来和经贸活动提供便利。 （姚雪培）

2019年7月4日，首批澳门居民在横琴新区综合服务中心领取“澳门居民参加珠海医保社会保障卡” （张 婷 摄）

珠海（国家）高新技术产业开发区

【概况】 珠海（国家）高新技术产业开发区形成“一区多园”格局，其中唐家湾主园区（以下简称主园区）位于珠海市北部，京珠高速、粤西沿海高速、广珠城际轨道等主要交通设施贯穿其中，与香港、深圳隔海相望。2019年，主园区下辖1个镇（唐家湾镇），总面积139平方千米。

唐家湾镇是中国历史文化名镇，历史名人辈出，民国首任内阁总理唐绍仪、工人运动领袖苏兆征、首任清华学校（清华大学前身）校长唐国安、洋务运动先驱唐廷枢、著名版画家古元、粤剧名家唐涤生等名人均出自唐家湾；历史文化遗产丰富，有唐家古镇、会同古村等古建筑群，有唐绍仪私家园林共乐园、中西合壁的栖霞仙馆、承载着中国人民抗英胜利历史的淇澳白石街及众多珍贵的名人故居，被誉为“中国近代名人故里”“岭南百年文化古镇”。主要旅游景点有罗西尼工业旅游园区、淇澳岛（苏兆征故居、白石街抗英遗址、古炮台遗址），唐家古镇（唐家共乐园、唐家三庙），会同古村（会同电影小馆、栖霞仙馆）等。

2019年，“一区多园”实现营业总收入3035亿元，比上年增长8%，综合评价排名在国家高新区中上升至第二十二位。“天琴计划”进入太空试验阶段，成功发射国家立项的第一颗空间引力波探测技术试验卫星。省海洋实验室128项国家级、50项省部级科研项目深入开展。发明专利拥有量1.11万件，增长12%。年内新增高企101家，总数达979家，占全市44%。主园区新增上市企业1家，总数16家，占全市42%；12家企业入选市独角兽企业培育库，占全市44%；培育中小科技企业427家，占全市32%。主园区新经济发展态势强劲，软件和集成电路产业预计规模达64亿元，比上年增长28.5%；生物医药与医疗器械产业产值达54.5亿元，连续三年保持20%以上增长。新增规模以上工业企业40家。主园区实现生产总值260.9亿元，增长8.0%；规模以上工业增加值94.4亿元，增长3.1%；固定资产投资211.8亿元，增长27.7%；社会消费品零售总额78.7亿元，增长5.2%；一般公共预算收入19.5亿元，增长17.9%；实际吸收外商直接投资完成全年目标；外贸进出口降幅收窄。2019年高新区政府工作报告部署的7个方面150项具体工作，148项有力落实、2项持续推进；九项民生支出42.19亿元，占一般公共预算支出88.7%，增长23.6%。十项民生实事16项具体任务，8项全部完成，8项按计划推进。

【创新驱动发展】 2019年，珠海高新区创新能力加快提升。雷达探测、智能控制、航天卫星、光通讯和医疗器械等科技领域涌现出一批在国际并跑甚至领跑的新技术、新产品。7家企业参与制定修订12项国家标准和8项行业标准。5个项目获评广东省重大科技专项。创新人才加速集聚。新增院士工作站3个，引进培育院士3名。新建博士后创新实践基地6个，引进博士后科研人才17名。新引进海外高层次人才7名。全区有高端人才213名，占全市28%。创新主体增量提质。新增省级新型研发机构2家，新晋省级企业技术中心5家。101家科技企业入驻珠海智慧产业园先导区港湾1号，总投资近23亿元的中科院生物健康产业化基地、上富电技产研基地、银河表计、万佳安等4个项目落地北围集聚区。健强医疗、高瑞特医疗等4家企业入驻智能制造孵化加速基地。

创新生态环境进一步优化。落实高新区管理体制改革，制定协同创新、科技金融等11项科技扶持政策，落实科技创新、人才引进等奖补资金6.6亿元。整合清理206万平方米产业用地，完成土地收储6.6万平方米。南方软件园、清华科技园连续三年获评优秀（A类）国家级孵化器，新奥林加速器动工建设。高新区产业发展投资基金新增投资辖区项目12个，投资额4.53亿元。新增天使投资项目11个，投资额4500万元。“成长之翼”助贷平台新增授信5.2亿元。动工新建海岸新寓、惠景嘉府、惠景怡轩3个英才社区，建成菁英公馆人才公寓。落实减税降费超9亿元。312项审批事项“一站一窗一次”办结。政务服务事项网上可办率达81%，“最多跑一次”事项占比97.6%。开展“听企业家讲”33场次。举办大数据国际论坛、“菁牛汇”创新创业大赛，汇聚国际国内近1000个科技创新项目团队。

2019年珠海高新区国民经济发展情况表

指标	计量单位	绝对值	比上年增长（%）
地区生产总值	亿元	260.9	8.0
规模以上工业总产值	亿元	336.8	-8.3
规模以上工业增加值	亿元	94.4	3.1
固定资产投资额	亿元	211.8	27.7
社会消费品零售总额	亿元	78.7	5.2
外贸进出口总额	亿元	378.8	-19.5
其中：外贸出口	亿元	303.6	-20.4
外贸进口	亿元	75.2	-15.5
实际吸收外商直接投资	亿美元	1.8	-8.5
一般公共预算收入	亿元	19.5	17.9
一般公共预算支出	亿元	47.6	15.7

【港澳创新合作深化】 2019年，珠海高新区港澳青年“1元创业空间”拓展至1万平方米，落地创新创业项目23个。新建港澳人才创业孵化梦工场。港澳高校与辖区重点企业、新型研发机构科研合作持续深化，陆续建成空间大数据、人工智能、海洋科技等领域5个技术研究院、联合实验室。筹建总规模1亿元的港澳青年创新创业基金。10名港澳科技顾问推荐引进港澳科技项目27个。开展科技、医疗和教育等领域创新人才交流2000多人次，搭起高新区与港澳人才共育、资源共享的“连心桥”。

【基础设施建设】 2019年，珠海高新区“三纵三横”主干路网初具雏形，情侣北路中大段、金环路全线贯通，金琴快线、高新互通立交、金琴快线北延线、兴业快线北延线等快速通道工程按期推进，京珠高速连接线快速化改造、金唐东路二期建设等重点项目前期工作扎实开展。微循环路网加快完善，南围、科技创新海岸等片区8条市政道路建成通车，3条道路获评2019年度广东省优良样板工程，北围、金鼎、前环等8个片区16条市政道路动工建设。系统优化区域公交线路，清华科技园等园区通勤服务获改善。占地8.3万平方米的宝龙城商业综合体动工建设，后环邻里中心工程完成前期准备。唐家湾镇获评“广东省森林小镇”。高新区创建国家生态工业示范园区通过考核验收；完成凤凰山54.2公顷碳汇林改造，森林覆盖率达50.47%；启动银坑半岛改造提升工程；改造提升下栅检查站区域1.15万平方米绿化景观；新建后环公园等20万平方米文体公园；完成长南迳古驿道修缮；优化提升滨海岸线，开放唐家湾沙滩。“古道探幽、绿道骑行、沙滩漫步”成为群众生活新时尚。

【生态建设】 2019年，珠海高新区污染防治攻坚战取得关键进展。投入5.8亿元开展水污染、水资源、水安全、水环境、水生态和水域岸线“六水共治”。鸡山、东岸排洪渠黑臭水体完成整治，建成两岸碧道4.1千米。永丰佛迳水库排洪渠、官塘水北排洪渠等5条问题河涌水质达V类标准。在全市率先完成重点海域蚝排清理，清理“三无”船只108艘，清理非法禽畜养殖场所1.17万平方米，拆除违法建筑9.1万平方米。新建改建污水管网101千米、一体化污水处理设施4座、排水泵站2座。完善杨寮水库饮用水源保护。落实扬尘防治“六个100%”，“高新蓝”成为日常景象。完成22家重点企业土壤污染排查。持续推进人居环境绿化、美化、亮化和净化。完成情侣北路南段、金峰西路等市政干道绿化改造。完成南方软件园、港湾1号等建筑群和情侣北路7千米路段灯光夜景改造。“厕所革命”经验做法被推荐上报农业农村部，17个社区、10个公共景区实现“AAA”标准公厕全覆盖。11个住宅小区开展垃圾分类，73座环保垃圾屋投入使用，28台垃圾回收智能设备装设完成。

【社会民生服务】 2019年，珠海高新区教育卫生服务再上新水平。金鼎中学、珠海中山大学附属中小学获部级优课3项、省级优课8项；全区新增小学学位1080个、幼儿园学位450个，东岸、前环和宁堂片区3所幼儿园完成建设。投入258万元继续实施“小病基本免费，大病救助兜底”政策，惠及居民7.8万人次；免费实施适龄儿童窝沟封闭和户籍长者接种肺炎、流感疫苗项目，惠及居民近6000人次；与省第二人民医院合作搭建“远程医疗”数字医院；通过国家卫生镇复审和国家慢性病综合防控示范区现场考核。落实乡村振兴战略，投入1000余万元完成村道硬底化改造、停车场配套等46项惠民工程；旧村更新取得突破性进展，银坑138户居民搬迁安置区奠基动工。新时代文明实践中心、高新区市民艺术中心、珠海市图书馆高新区总馆投入使用。完善社会救助体系和社区养老服务，出台被征地农民家庭中重度残疾人员生活救助办法，6个社区长者饭堂投入运营，金鼎养老院地块系列项目建设按计划推进。完成集体经济组织换届和产权改革，全区16家公司制集体经济组织全年资产总额增长3961.85万元，增长率7.05%；营业收入总额增长1795.97万元，增长率21.84%。年内，高新区获全国“七五”普法中期先进区，唐家湾镇司法所获评“全国模范司法所”，15个社区和5家企业成功创建广东省民主法治示范社区（企业）。

【一区多园管理体制改革】 2019年8月，珠海市委、市政府印发《关于完善珠海国家高新区管理体制推动高质量发展的若干意见》，在市级层面，成立由市政府主要领导任组长的领导小组，全面加强领导、谋划和政策与资金支持；在高新区层面，统筹产业规划、创新要素、人才服务、建设标准和品牌打造，坚持问题导向，深入推进体制机制改革，着力破解制约高新区“一区多园”发展的瓶颈障碍，形成各园区联动和区域协调发展的新格局。12月，由市科技创新局和各分园区相关负责同志兼任高新区党委委员的高新区“一区多园”党委会议召开，会议审议设立高新区高质量发展专项资金、科技创新投资基金，以及园区考核、品牌打造等议题，推动改革落实。相关改革举措获科技部火炬中心和省科技厅肯定。是年，珠海高新区在全国169个国家高新区中综合评价排名升至第二十二位，比上年前进4位，达到历史新高。

【5G+医疗健康应用】 2019年5月6

2019年5月6日，珠海高新区人民医院与广东省第二人民医院超声科实现远程超声会诊 （高新区供稿）

日，珠海高新区人民医院（广东省第二人民医院珠海医院）举行广东省首例医联体5G+远程超声、5G+应急救援发布会暨5G智慧医院应用签约仪式，与广东省第二人民医院超声科实现远程超声会诊和远程超声示范教学。

【政务数据共享平台建设】 2019年6月30日，高新区政务数据共享平台（二期）投入使用，建成人口（包含人才专题）、法人、公共信用基础数据库。截至年底，平台对接省市工商、民政、公安、水务、社会事业、不动产登记等10个政务数据资源，接入共享营业执照、不动产权电子证书、个人及企业完税证明等35类电子证照，形成高新区电子证照库。接入高新区在校生、港澳在校生见习补贴申报系统、共有产权房申请业务系统、新引进青年人才租房补贴系统、产业发展与创新人才奖励等业务系统，可自动调用核查证照材料，避免企业、群众重复提交资料。

【高新区党群服务中心揭牌】 2019年9月27日，珠海高新区党群服务中心（高新区市民艺术中心）揭牌，首展“壮丽70年　南粤谱新篇”庆祝中华人民共和国成立70周年广东发展成就图片展在一楼展览厅开展。中心主馆建筑面积6400平方米，拥有数字文化体验厅、展览厅、多功能厅、亲子活动室、粤剧表演厅、图书馆、非遗教习室、录音室、党校培训室及各类公益文艺培训、排练厅等，配置7000平方米文化广场，设有室外风雨舞台、休闲广场、2个篮球场、1个足球场、105个地面停车位。

【“菁牛汇”创新创业大赛】 2019年8月1日至10月28日，2019珠海（国家）高新区“菁牛汇”创新创业大赛在南方软件园举办。大赛吸引海内外502个项目参赛，52个项目进入决赛，涵盖软件和集成电路设计、移动互联网、人工智能、机器人、生物医药与医疗器械等多个领域。24个创业团队和企业获奖，13个项目团队现场签约落户珠海高新区，3个项目团队签订投资意向书。（龙丽丽）

珠海保税区

【概况】 珠海保税区位于珠海市主城区南部，紧靠湾仔口岸，东与澳门隔水相望，位处港珠澳大桥桥头堡，毗邻横琴新区和十字门中央商务区，于1996年11月经国务院批准设立，1999年封关运作，是珠江口西岸唯一的保税区。面积3平方千米，预留发展用地2.89平方千米。保税区主要有保税加工、保税物流、国际贸易等主要功能，区内企业在海关监管、外汇管理、税收等方面与非保税区相比享有一定的优惠政策。

珠澳跨境工业区于2003年12月经国务院批准设立，2006年12月正式运行，由珠海市和澳门特别行政区分别填土造地形成，总占地面积0.4平方千米，其中，珠海园区0.29平方千米、澳门园区0.11平方千米。园区之间由自然水道隔离，开设专门口岸通道连接，分别由珠海市人民政府、澳门特别行政区政府管理。珠海园区实行“保税区＋出口加工区出口退税政策+24小时通关专用口岸”优惠政策。

2019年，珠海保税区地区生产总值59.89亿元，比上年增长1.5%；规模以上工业增加值40.77亿元，增长1.5%；社会消费品零售总额5.78亿元，增长4.9%；固定资产投资、实际吸收外商直接投资、外贸进出口的总量和增速均创历史新高。固定资产投资额60.5亿元，增长18.5%；实际吸收外商直接投资0.72亿美元，约为上年的5.2倍；外贸进出口总额210.46亿元，增长25.4%。

【对港澳合作】 2019年，区域性国际贸易分拨中心和香港嘉里物流落户珠海保税区粤港澳物流园，“珠港澳货栈”“港珠澳海陆空多式联运”业务落地。截至年底，保税区累计引进物流企业119家，港资项目136个。珠澳跨境工业区澳资企业占园区企业总数50%，澳资企业占园区高新技术企业总数80%，澳资业主约占园区已建成及在建项目总数70%，澳资企业占园区产业孵化基地入驻企业总数60%。

【一体化发展】 2019年，珠海保税区完成《珠海保税区新中心核心区地下空间开发利用建设规划》，推进保税范围

2019年珠海保税区国民经济发展情况表

指标	单位	绝对值	比上年增长（%）
地区生产总值	亿元	59.89	1.5
第二产业增加值	亿元	32.52	1.5
规模以上工业增加值	亿元	40.77	1.5
第三产业增加值	亿元	27.37	1.5
规模以上工业总产值	亿元	184.19	7.2
固定资产投资	亿元	60.5	18.5
社会消费品零售总额	亿元	5.78	4.9
外贸进口总额	亿元	136.08	27.6
外贸出口总额	亿元	74.38	21.4
实际利用外资	亿美元	0.72	417.6

注：保税区无常住人口，不核算人均地区生产总值。保税区财政没有独立核算的金库，以区统计报表统一口径，财政预算收入及支出统计数据统一在市级反映。

区979万平方米控规修编。全面启动“三横五纵”交通路网建设，南湾大道、情侣南路、十字门隧道、黑白面将军山隧道、杧洲隧道工程开工。推进珠海国际民用航空标准服务研发及培训中心、华发新经济总部大厦等34个重点项目。保税区第一小学、十字门小学动工建设，城市新中心保障房1、2号楼竣工并交付使用。

【产业发展】 2019年，珠海保税区航空配套、信息技术、生物医药和商贸服务四大“保税+”产业不断壮大，全年营业收入占园区规模以上企业总营业收入超过90%。航空配套产业全年营业收入破百亿元，增速达22.1%。电子信息和生物医药产业产值完成64.11亿元，占园区工业总产值1/3以上。二、三产业比达54.3 ∶ 45.7，现代物流、战略性新兴产业成为第三产业新的增长点。跨境电商产业不断发展，怡速供应链、港珠澳电子商务等电商企业先后入驻，截至年底，17家企业入驻跨境电商产业孵化基地。

【创新驱动发展】 2019年，珠海保税区全年工业投资、技改投资和装备制造业投资分别增长51.9%、77.3%和33.5%。兑现各类产业扶持资金1.04亿元，研发经费占GDP比重达4.3%，位居全市第二。推动全区近七成工业企业完成技术改造，园区高新技术企业累计达31家，省级创新平台10个，市级技术中心（工程中心）20个。

【营商环境】 2019年，珠海保税区梳理政务服务事项实施清单344项，105个事项实现综合受理，186项实现“全城通办”。推行审批服务“四办”，实现“马上办”75项，“网上办”52项，“就近办”329项，“一次办”105项，近80%事项实现“最多跑一次”。制定引才育才政策，引进各类人才754名，兑现人才奖励1745万元。全区安全生产形势持续保持稳定，未发生危害社会稳定的重大事件，群众安全感不断增强。

【（1210）监管场所通过海关验收】 2019年6月17日，由珠海保税区管委会投资1000万元建设的珠澳跨境工业区珠海园区跨境电商网购保税（1210）监管场所通过海关验收，至此，保税区兼具（1210）和（9610）两种监管方式。监管场所总面积约3300平方米，分报关服务大厅、普通货物查验区、“1210”查验区3个区域。其中“1210”查验区占地1300平方米，设两条进出口X光机分拣系统、监控指挥中心、查验房及查扣仓库。7月4日，监管场所首批货物通关。 （彭美苑）

2019年7月4日，珠澳跨境工业区珠海园区跨境电商网购保税（1210）监管场所首批货物通关 （保税区供稿）

链 接：

（1210）和（9610）

海关监管方式代码。（1210）全称保税跨境贸易电子商务，简称保税电商。适用于境内个人或电子商务企业在经海关认可的电子商务平台实现跨境交易，并通过海关特殊监管区域或保税监管场所进出的电子商务零售进出境商品。（9610）全称跨境贸易电子商务，简称电子商务，适用于境内个人或电子商务企业通过电子商务交易平台实现交易，并采用“清单核放、汇总申报”模式办理通关手续的电子商务零售进出口商品。 （珠 鉴）

珠海万山海洋开发试验区

【概况】 珠海万山海洋开发试验区（简称万山区）位于珠海市东部，是中国第一个地方性海洋综合开发试验区。2019年辖桂山、担杆、万山3个建制镇7个行政村。年末户籍人口3120人，常住人口5400人，户籍人口自然增长率7.1‰，常住人口自然增长率1.13‰。

万山区地处珠江入海口，东邻香港，西接澳门，中心区域为珠江口国际锚地，有大西、大濠等6条国际著名水道纵横其间，是珠江三角洲乃至华南腹地出入南海、通向世界的咽喉要道。全区林地面积7059公顷，森林覆盖率66.27%，活立木蓄积量4.53立方米。海域面积4567平方千米，海岛岸线长296.62千米。渔业资源丰富，万山渔场是全国著名渔场，有经济价值的鱼类200多种、贝类68种、虾蟹61种、海藻18种，区内设有国家级中华白海豚保护区、省级猕猴保护区、市级珊瑚保护区和国际游艇垂钓区。土特产有鲍鱼、狗爪、桂山沙蚬、海参、海胆、花螺、将军帽、苦螺、龙须菜等。主要旅游景点有外伶仃岛、东澳岛、桂山岛、万山岛等。

2019年，万山区地区生产总值54.84亿元，比上年增长6.0%；固定资产投资22.01亿元，增长30.1%；政府投资8.14亿元，增长150%；实现税收收入2.64亿元，增长4.9%。

2019年9月28日，在万山区首届海洋婚典活动上，来自全国各地的70对新人向中华人民共和国70周年华诞献礼 （万山群岛旅游公司供稿）

【海岛旅游业发展】 2019年，万山区继续加大海岛旅游宣传推广力度，先后在杭州、北京、长沙、哈尔滨举办“湾区门户·秘境万山”发布会。3月18日启动“珠海人游万山”特色主题活动，举办健身健美比赛、海岛马拉松、海钓比赛等品牌赛事。9月27—29日，70对新人在东澳岛举办“心系祖国、爱在珠海、情定万山”海洋婚典。是年，万山镇入选首批广东省旅游风情小镇，外伶仃岛、东澳岛国家AAAA级旅游景区通过复审。随着航班投放力度加大、大湾区市场拓展、海岛酒店和民宿蓬勃发展，海岛接待游客人数、过夜游客人数、旅游综合收入均创历史新高。全年海岛接待游客62.4万人次，比上年增长23.6%；过夜游客54万人次，增长22.9%；海岛旅游综合收入4.43亿元，增长35.3%。

【创新驱动发展】 2019年3月20日，全国首个“5G智慧海岛远程智能操控系统”在万山群岛首测成功。5月8日，珠海市蓝湾珊瑚研究中心挂牌，为政府重大海洋发展决策提供智力支持。6月30日，国内首个深远海半潜式波浪能养殖网箱“澎湖号”交付，7月在桂山镇海域投产。12月15日，云航智能研发的自主航行货船“筋斗云0号”在东澳岛首航成功。是年，桂山海上风电场项目一期31台风机完成安装并投入使用，项目二期动工。

【基础设施建设】 2019年，万山区纳入珠海市政府投资三年投资计划的49个项目中，桂山岛陆岛补给码头工程等31个项目开工建设，桂山岛十三湾防波堤、万山岛万山湾客运码头、东澳岛客运大楼等8个项目基本建成。是年，建成贯通道路4条，修建、升级道路35千米，海岛交通微循环基本实现。固定航班由28个增至58个，“说走就走”的海岛之旅成为现实。桂山岛、东澳岛、万山岛电力实现与珠海市区同网同价，电价降幅达80%，海岛生产生活成本大幅降低。

2019年珠海市万山区国民经济发展情况表

指标	单位	绝对值	比上年增长（%）
地区生产总值	亿元	54.84	6.0
固定资产投资	亿元	22.01	30.1
社会消费品零售总额	亿元	13.75	5.0
外贸进口总额	亿元	49.23	82.4
外贸出口总额	亿元	4.92	-80.4
实际利用外商直接投资	万美元	1348	98.8
一般公共预算收入	亿元	3.03	-16.2
一般公共预算支出	亿元	5.49	-12.8

【招商引资】 2019年，万山区整合区镇招商资源，采取“走出去”“请进来”的方式，开展招商推介活动19场，对接实体项目29个，引进企业259家。成功引进全市第一家股权投资基金企业——珠海高瓴天晟股权投资基金合伙企业。

【生态建设】 2019年，万山区全面落实工地扬尘污染防治“六个100%”，完成海岛“散乱污”企业排查和整治清零。大万山岛污水处理站、东澳岛东澳湾污水处理设施建成投运，全区实现有居民海岛污水处理全覆盖。年内完成各岛旧垃圾堆场存量垃圾整治复绿工作和非正规垃圾堆放点整治销号任务，启动大万山岛生活垃圾在岛就地处理试点项目，推动垃圾无害化、减量化、资源化。东澳岛建成空气监测站，外伶仃岛建成负离子检测站，测得海岛空气负离子浓度达每立方厘米2000个以上，达到天然氧吧水平。是年，桂山镇桂海村人居环境整治评分在全市22个乡村振兴样板村中排名第一，全区7个村全部达到省定干净整洁村标准；万山镇成功创建“广东省森林小镇”，外伶仃村获“广东美丽乡村特色村”称号；万山渔港入选“广东十佳最美渔港”。

【开放合作】 2019年，万山区加强与港澳及珠三角其他城市龙头企业的交流合作，协同澳门天然气有限公司推动直湾岛LNG接收站项目纳入粤港澳大湾区三年行动计划重点项目库。全力推动亚太航空不断拓展海岛直升机业务。与广东省航运集团、深圳航运集团合作，开拓海岛至港澳、深圳水上航线，促进海岛与大湾区城市互联互通。主动对接“一带一路”倡议，与瓦努阿图共和国卢甘维尔市、库克群岛共和国进行国际合作互动。

【园区服务】 2019年，万山海洋科创小镇入选广东省发展改革委省级特色小镇培育库以来，吸引云洲智能无人船测试场、海洋功能食品研发中心、智慧海洋院士站等公司及科研院所和社团进驻，一批大型无人机测试场、人工智能中医药数据中心等项目在洽谈中，海洋科技创新小镇的聚集效应、品牌效应初步显现。选定锦塘湾作为科创小镇的核心园区，加快推进大万山岛万山湾客运码头、直升机停机坪、环岛公路、大水坑水库分级扩容工程、望渔台公园等项目建设，完善基础设施、景观配套、发展配套。

【5G智慧海岛远程智能操控系统】 2019年3月20日，依托中国移动在港珠澳大桥珠海口岸建设的5G网络，中国移动广东公司珠海分公司携手中兴通讯、珠海智慧控股集团有限公司等合作伙伴，在万山群岛调通全国首个“5G智慧海岛远程智能操控系统”，将珠海海岛众多高清视频监控终端与陆地指挥中心系统无缝对接，实现对珠海海岛的智慧化运营和管理。

【珠海市海上搜救中心万山分中心】 2019年9月24日在桂山岛揭牌。珠海市海上搜救中心万山分中心是粤港澳大湾区首个海岛海上搜救中心，在桂山、东澳、万山、外伶仃、担杆等海岛部署救助船艇15艘，负责万山群岛海域海上搜救的统一组织协调工作。珠海万山群岛有105座岛屿，海域面积4567多平方千米，位处珠江入海口，大西、大濠等6条国际水道纵横其间，是珠江三角洲乃至华南腹地出入南海、通向世界的咽喉要道。每天过往该水域的各类船舶4000艘次以上，年通航量达到150多万艘次。且万山群岛是传统渔场，水上运输、旅游、捕捞、施工作业频繁，台风等灾害性天气频发，海上险情事故时有发生，海上应急搜救工作责任重大。中心的成立实现珠江口海上搜救工作重心前移。 （唐任超 邢吟北）

珠海经济技术开发区（高栏港经济区）

【概况】 珠海经济技术开发区（又名高栏港经济区，简称高栏港区）位于珠海市西南端，2019年辖南水、平沙两个镇，由高栏、南水两个半岛和三角山、荷包、大杧等18个海岛及黄茅海东部沿岸陆域和海域组成，开发总面积380平方千米。年末户籍人口7.25万人，常住人口13.62万人。

国家一类对外开放口岸、全国沿海主枢纽港珠海港的主体港区——高栏港位于珠海高栏港区内。高栏港是珠三角建港条件最好的港口之一，距离国际主航道仅1海里，建港岸线68千米。截至2019年底，高栏港区有生产性泊位75个，万吨级以上生产性泊位28个，设计年通过能力1.51亿吨，占全港通过能力的91%。高栏港实现货物吞吐量1.29亿吨，增长0.6%，其中集装箱吞吐量211万标箱，增长14%。高栏港区的气候属于亚热带海洋性季风气候，夏长冬短，日照充足，雨量充沛，海洋温泉资源和海岛旅游资源丰富，拥有海泉湾度假村、荷包岛、飞沙滩等著名旅游景点。高栏岛宝镜湾摩崖石刻距今约4000年，可辨别的石刻岩画5处7幅。

高栏港区地势平坦，粮食播种面积125公顷，粮食产量1153吨。林地面积0.74万公顷，森林覆盖率30.2%，活立木蓄积量21.51万立方米。重要矿产资源有钨矿、建筑用花岗岩、地热水和矿泉水等；海产资源丰富，盛产鱼、虾、蟹、蚝、贝等，有广东省连片最大的罗非鱼无公害养殖示范基地。区内由国务院农业部、国台办批准设立的广东省首个台湾农民创业园是台湾农业企业在珠三角的投资热土。

2019年，全区生产总值349.55亿元，比上年增长6.1%。三次产业比为1.9∶79.8∶18.3。高中阶段教育毛入学率47.7%；九年义务教育巩固率100%。参加城镇职工基本养老保险6.86万人，覆盖率98%；参加城镇职工基本医疗保险7.33万人，覆盖率98%。

【六大产业新格局】 2019年，占高栏港区GDP总量74.5%的工业经济完成总产值1172亿元，比上年增长4.7%；实现规模以上工业增加值271.04亿元，增长2.6%，占全市比重24.3%；轻工业和重工业分别实现增加值23.30亿元和247.74亿元，增长7.2%和2.2%。产业转型升级实现新突破，在原有的海洋工程装备制造、高端精细化工和新材料、清洁能源和现代港口物流“3+1”产业体系基础上，新增电子信息、家用电器两大产业板块，形成六大支柱产业新格局。重大项目支撑引领作用凸显，纳入市重点建设项目34项（省重点项目6项），实现投资73.58亿元，完成年度计划的127.97%，其中恩捷一期、烽火科技一期、中海福陆三期投产，钰海电力、利安隆、台湾见龙、大东树脂等项目加快建设。

【创新驱动发展】 2019年，高栏港区创新驱动能力持续增强。高技术产业完成产值35亿元，比上年增长54.3%；全年培育百亿企业3家、十亿企业26家，有效发明专利数461件，增长27.7%。全区有省级新型研发机构1家，省级以上企业研发中心36家（新增2家），市级企业研发中心51家（新增7家）；有科技孵化器2家，众创空间1家，在孵企业63家（新增5家），高企数量112家（新增3家）。广东省海洋工程

2019 年珠海市高栏港区国民经济发展情况表

指标	单位	绝对值	比上年增长（%）
地区生产总值	亿元	349.55	6.1
第一产业增加值	亿元	6.58	78
第二产业增加值	亿元	279	4.6
工业增加值	亿元	260.35	2
第三产业增加值	亿元	63.9	9.2
人均地区生产总值	万元	25.66	-2.7
规模以上工业总产值	亿元	1167.53	4.7
固定资产投资	亿元	139.95	17.1
社会消费品零售总额	亿元	6.44	6.5
外贸进口总额	亿元	275.92	-3.3
外贸出口总额	亿元	146.07	9.6
实际利用外资	亿美元	1.78	-54.6
一般公共预算收入	亿元	26.16	3.3
一般公共预算支出	亿元	31.13	6.5
城镇居民人均可支配收入	元	36768.3	9.1
农村居民人均纯收入	元	23810	10

装备技术研究所被评为广东省新型研发机构；珠海醋酸纤维有限公司获 2019 年度“广东省政府质量奖”，是全省十家获此殊荣的企业之一；珠江钢管（珠海）公司和珠海长先新材料公司获 2019 年度“国家知识产权优势示范企业”称号。

【产城融合发展】 2019 年，高栏港区新引进华润三期、万通新材料等亿元以上项目 25 个，总投资超 120 亿元，在谈项目 46 个，总投资超 600 亿元。总投资 90 亿元的纳思达激光打印机高端设备装备智能制造产业园和 50 亿元的景旺电子科技（珠海）有限公司高多层和 HDI 产业化项目在建设中。完善园区配套。完成恒基达鑫边坡抢险治理、珠海大道绿化改造示范段、升平大道改造等项目 61 个，完成投资 7.03 亿元。提升城市精细化管理水平。加快基础设施互联互通。15 万吨级主航道、5 万吨级黄茅海航道一期工程、10 万吨级集装箱码头二期 4～6 号泊位完成验收。香港—珠海贸易便利电子平台通过香港创新科技署审核并批准立项；综合保税区建设稳步推进，综合服务楼及查验检疫设施完成 95%，市政道路完成 99%，中联拉美和华发物流仓储项目进驻；支持澳门企业参与高栏港调峰电源、钰海天然气热电联产二期等项目建设。完成全区违建普查；全面开展水浸黑点整治，落实“一点一方案”，完成平沙镇紫园路排水管改造、南水镇海安旧村小型强排站建设等 4 项工程；启用南水新客运站，新开公交跨区域专线 2 条、微循环线路 3 条，优化加密线路 2 条。平沙新城建设提速：14 条市政道路及对外交通 4 条道路全面动工，文楼路、铭恩路等 8 条市政道路建成，立新路、启航路等实现通车，中心公园景观工程、生态公园加快推进，平沙九年一贯制中小学启动建设。

【社会事业建设】 2019 年，高栏港区增强民生保障，全年九项民生支出 18.75 亿元，比上年增长 5%。发放各类生活保障金、救助金、优抚对象补贴等约 2653 万元，落实就业专项资金约 1567 万元，城镇新增就业 2304 人，城镇登记失业率控制在 2.27%。完成南水镇中心小学、大海环教学点改扩建工程；建成高栏港教育云平台；实现校内课后服务全覆盖；学校食堂“互联网＋明厨亮灶”比例达 100%。《区域课程集群行动方案构建和实践》项目获省、市基础教育成果一等奖，实现全区教育成果奖零的突破。卫生健康水平明显提升。珠海市第五人民医院获全市二级公立医院绩效评价第一，其胸痛中心获评国家级基层胸痛中心；国家基层卫生食品安全示范区建设成效持续巩固提升，居民健康素养水平从 2017 年 10.2% 上升到 2019 年 37.59%。

【乡村振兴】 2019 年，高栏港区乡村振兴战略成效初显，完成高标准基本农田建设和永久基本农田储备区划定；全面开展“三清三拆三整治”，清理拆除违章建筑及乱搭乱建设施 3.2 万平方米，下金龙片区违建乱象得到彻底整治；推进“厕所革命”，完成升级改造 10 座，新建 16 座；加强农村生活污水治理，7 个村（居）生活污水纳入市政污水管网；加快推进农房报建工作，完成房屋确权 171 宗。全年区农民人均纯收入 2.38 万元，增长 10%。

【三大攻坚战】 2019 年，高栏港区加强政府性债务管理，完善政府债务监管机制，实现政府债务全口径管理和动态监控。改善大气环境，推进重点石化及化工企业 VOCs（挥发性有机化合物）

在线监控系统建设，建成化工园区有毒有害气体预警体系，实施重点监管企业综合整治“一企一策”，16家省级重点监管企业完成综合整治，23家市级重点监管企业完成方案编制及专家评审。是年，全区环境空气质量优良率86.76%。推进水污染防治，河涌实现河长全覆盖，15条河域整治工程进展顺利；石化区专业污水处理厂土建工程完成60%；开展清违清障、“清四乱”和清漂专项行动，改善河湖水体环境。加快土壤污染防治，完成区重点工业企业数据采集核准及农用地土壤污染状况核查，对101家重点行业企业土壤污染现状进行调查，与3家重点企业签订责任书。提升固体废物管理水平，固体废物综合利用处置中心开展前期工作，珠海中盈环保工业废物综合处置项目建设进展顺利。是年，港区获评中国绿色园区和中国绿色化工园区。深入推进脱贫攻坚，完成对口帮扶高州市11个贫困村扶贫人员轮换，对口怒江州贡山县东西协作扶贫全面铺开；阳江产业帮扶工作进展顺利；与黑河边境合作区和逊克县对口合作工作扎实推进。

2019年1月29日，珠海港高栏港区15万吨级主航道工程竣工。图为主航道码头（高栏港区供稿）

【平安港区建设】 2019年，高栏港区委托中国安科院对化工园区进行风险评估，危化品重大危险源在线监测及事故预警系统建设进展顺利，344家企业中322家开展双重预防体系建设，300家启用双重预防信息系统。平沙派出所以“民警+”模式打造“枫桥经验”珠海版，被评为广东省“岭南示范公安派出所”；严格落实吸毒人员、涉毒场所打击和管控措施，辖区户籍吸毒人员实现“零增长”；推进扫黑除恶专项斗争，全年破获涉黑恶案件16件。

【高栏港区15万吨级主航道工程验收】 2019年1月29日工程通过竣工验收。（详见P206“高栏港区15万吨级主航道工程”）

【珠海景旺项目动工】 2019年10月12日，景旺电子科技（珠海）有限公司高多层和HDI产业化项目在高栏港区举行动工仪式，该项目占地15.7万平方米，总投资50亿元，设计年产高密度印制电路板300万平方米，柔性线路板200万平方米。

【东方13-2CEPB平台】 2019年4月2日，国内第二大海洋油气平台——东方13-2CEPB平台在珠海高栏港区由中海福陆重工有限公司总装完工装船。该平台是为中国南海的东方13-2气田群建造的中心平台，浮托重量为1.72万吨，总体建造尺寸为长115米、宽46米、高96米，为高温高压燃气综合处理平台。该平台的全部设计和建造工作均由国内自主设计研究完成，其中主要工艺设备自主程度达到95%以上。

【“医养结合”典型经验】 2019年，平沙镇社会福利中心“公办医管，医养结合”的养老服务新模式入选国家卫健委全国医养结合典型经验，是广东省十例入选经验之一，也是珠海市唯一一例。截至年底，高栏港区60岁以上老人1.41万人，老龄化率达19.28%，高于全市13.5%的平均水平。平沙镇社会福利中心所在的沙美社区，是珠海市著名的长寿村，90岁以上老人32人，百岁老人1人，80岁以上老人占该村老人的比例达22.8%。平沙镇社会福利中心前身是平沙镇敬老院，始建于1982年，2008年7月更名为珠海市平沙镇社会福利中心，主要接收由政府兜底的城镇“三无”老人和农村“五保”老人。2014年5月，平沙镇创新管理模式，由珠海市第五人民医院全面接管社会福利中心，从环境设施、人事财务、医疗护理、康复保健、均衡营养、心理干预、精神文化、安全防范、后勤保障等方面提供服务，并形成常态性管理机制，为全市养老服务业探索医养结合开创先河。2015年11月被珠海市确定为首家“公办医管，医养结合”试点单位，有效发挥医疗机构的专业优势，集养老、老年护理、医疗康复为一体，让老人足不出户，在“家”享受专业照料和健康服务。

【岭南示范公安派出所】 2019年，珠海市公安局高栏港分局平沙派出所被广东省公安厅评为“岭南示范公安派出所”。该所采用“民警+社区”“民警+群众”“民警+科技”等“民警+”模式，辖区总警情数、违法犯罪警情数、侵财类警情数连续五年下降，平沙镇平安指数始终保持珠海镇街前列。

（于丛丛）

·责任编辑：潘杜鹃·

人　物

全国五一劳动奖章获得者

袁长林　1972年9月出生，1996年7月毕业于徐州师范大学，2004年9月起在珠海市第一中学任教，中共党员。在18年班主任工作中帮助后进生思想品行转变成效突出，热心资助后进生完成学业，所带班级多次被评为“文明班”，转化200多人，转化率93.4%。获教育界以及学生家长的一致好评，被评为2007—2008年珠海市先进教育工作者。2008年被评为珠海市第一中学高考特别贡献教师。2009年、2012年、2015年、2018年均被评为“感动一中”人物。被评为2010—2011年珠海市先进教师、2011年珠海市青年骨干教师、2010—2011年广东省中小学骨干教师优秀学员、2015年南粤优秀教师。2016年任珠海市教师工作室主持人，被评为珠海市名教师。2017年获广东省五一劳动奖章。多次参加送教下乡、教育帮扶工作。帮助提升珠海对口帮扶阳江、云南怒江傈僳族自治州教学水平。2018年任广东省名教师工作室主持人，被评为特级教师。2019年5月，获全国五一劳动奖章。

广东省五一劳动奖章获得者

柳慧文　女，大学本科学历，1977年10月出生，1997年4月入职南方航空公司珠海分公司，从事空乘工作，勤奋踏实、认真努力。为全国青年文明号“明珠示范组”号长，带领班组完成国家领导人等要客专包机保障任务；落实基础、基层、基本功工作。协同开展乘务员技能大赛、应急演练等岗位练兵活动。在航班中推行贴心服务：做老年旅客的好儿女、儿童旅客的好阿姨、伤残旅客的好护士、特殊旅客的好帮手、外地旅客的好向导；为创“空中之家”服务品牌、“一带一路”、大湾区建设贡献力量。参与抗震救灾、雪灾物资运送等重要运输工作；多次沉着冷静救护航班中突发疾病的旅客，使客人转危为安；负责处理的数百起旅客投诉，调解实现100%满意率。连续获“感动客舱”百佳乘务长、“百佳”五星乘务长、南航集团先进职工、第九届珠海市劳动模范等荣誉；被聘为第四届珠海市劳动模范协会理事会理事。2019年5月，获广东省五一劳动奖章。

杨先昭　1986年9月出生，2008年毕业于湖南大学后，一直从事设备设计、制造、测试工作。进入珠海运泰利公司后，2016年，主导知名穿戴手表品牌的成品测试夹具研发设计，共5个工站，解决多个测试难题。2017—2018年，主导知名笔记本的主板功能测试夹具的研发设计，共5种类型机种，单机价值达30万，总产值超过1亿，有多项技术创新和突破。2017年，参与长园集团6σ DMAIC的改善活动，使夹具的维修率从42.8%降到0.8%。2018年，主导摄像头光学测试夹具的自动化升级研发项目，由过去的手动测试升级为转盘自动控制测试，将交付周期由4周缩短至2周以内。作为核心人员，主导多个研发项目的设计，形成技术文档，获得专利。2019年5月，获广东省五一劳动奖章。

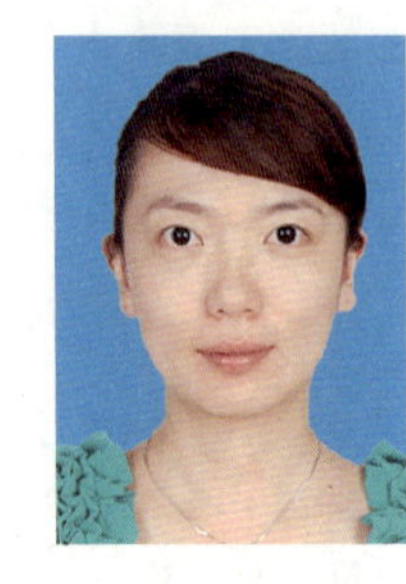

孙媛媛　女，1982年12月出生，中共党员，大学本科学历，珠海威丝曼股份有限公司行政经理、工会主席、第十三届全国人大代表。自2010年到威丝曼股份有限公

司后，多次被公司评为优秀员工、A级员工，获得最佳客户服务奖、最佳执行力奖等。2012年担任公司工会主席，长期坚持帮扶困难职工。积极发动员工为家属患重大疾病的员工募捐。帮助百名困难职工参与职工互助保障计划。公司工会2014年获评“广东省模范职工之家”，2015年被评为广东省先进集体。个人积极参政议政。2018年全国“两会”期间发表《一名基层人大代表的履职日记》得到一致好评。2015年被评为香洲区优秀志愿者。2016年公司工会获评珠海市“工人先锋号”荣誉称号，2018年个人获评香洲区优秀共产党员，当选为第十三届全国人大代表。2019年5月，获广东省五一劳动奖章。

何仲春 1978年3月出生，1997年考入湖南工程学院，主修机械机电一体化专业。2000年毕业后进入广东泰科电子有限公司，从一名普通技术工人逐步成长为技术员、工程师、高级工程师、技术经理直至技术团队领头人，任集团公司全球注塑卓越运营委员会和技术委员会成员，为公司数千台规模的注塑提供技术和管理支持。2015—2017年带领泰科注塑团队对注塑技术进行改造，为4G通信和发展中的5G通信提供坚实可靠的连接解决方案。编写泰科公司专业技术人员培养教材《精密注塑技术手册》《精密注塑管理手册》，合计30余万字。2016年，带领注塑部精密模修班组获评“广东省模范职工小家”“珠海市工人先锋号”。2018年，带领注塑部精密模修班组获评“全国模范职工小家”。2018年，获“珠海匠心人物人才奖”。2019年5月，获广东省五一劳动奖章。

龚永红 1977年10月出生，2001年毕业于三峡大学，珠海欧比特宇航科技股份有限公司副总经理。先后主持公司嵌入式操作系统、人工智能芯片、OVS-1卫星数据应用等项目的研发工作。所主持在研的“高性能嵌入式人工智能芯片”项目处于国际先进、国内领先水平。作为卫星大数据处理应用团队的核心人员，参与“珠海一号”遥感星座建设、运营与应用项目，其中参与研发的项目“32位嵌入式税控机处理器”获2008年珠海科技进步一等奖；参与开发的“微小卫星电子系统一体化技术研究”项目获国防科学技术进步奖三等奖。2015年，获评“珠海市高层次人才”。2017年，入选“珠江人才计划首届本土科研团队”。2018年，参与研发的项目“珠海一号”卫星（OVS-1）空间信息平台获地理信息科技进步奖二等奖。2019年5月，获广东省五一劳动奖章。

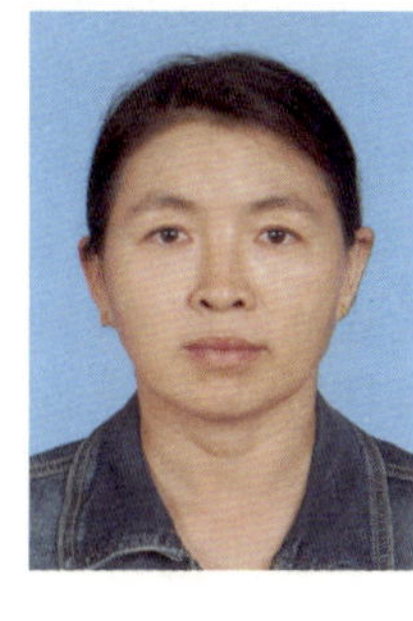

张美连 女，1975年11月出生，高中学历，中共党员，任珠海市香洲区市容环境管理中心拱北清扫队清扫班长。2003年3月开始从事环卫工作，爱岗敬业、勤勤恳恳、任劳任怨。2017年台风“天鸽”和2018年台风“山竹”袭击珠海时，带领班组顶风冒雨展开突击清理。获评“珠海市优秀外来工”“城市管理工作先进个人”。所在班组获“全国五一巾帼标兵岗”、全国“巾帼文明岗”。个人被住房和城乡建设部评为“全国优秀环卫工人”。2017年被推选为中国共产党广东省第十二次代表大会代表。2019年5月，获广东省五一劳动奖章。

单鸿 1963年12月出生，中共党员，医学博士、教授、主任医师、博士研究生导师，中山大学名医，中山大学附属第五医院院长，介入医学科主任，兼任广东省分子影像学工程研究中心主任，中山大学介入医学影像学科带头人。任中国医院协会影像中心管理分会副主任委员，中国医师协会放射医师分会及介入医师分会副会长，担任《中华介入放射学》电子杂志总编辑。以肿瘤及血管病的介入治疗和肝脏疾病的分子影像学为研究方向。获得国家自然基金委、卫计委和广东省20余项重点或面上项目的课题资助。《酸性微环境靶向的交联多层脂质体清除肝癌细胞和癌干细胞的研究》获批2016年国家自然科学基金重点国际（地区）合作研究项目。主编出版《临床介入诊疗学》《现代血管解剖学——介入放射学动脉图谱》《肝脏移植影像学》等多部学术专著。《不同性质门脉高压症综合介入治疗的临床系列研究》获2005年教育部提名国家科技进步奖一等奖。2006年，获教育部科学技术进步奖一等奖（第一完成人）。2011年，获广东省科学技术奖一等奖（第一完成人）。2014年获“中山大学名医”称号。2016年获“广东省特支计划杰出人才”（南粤百杰）称号。2019年5月，获广东省五一劳动奖章。

代敏 女，1980年10月出生，中共党员，西北政法大学法学专业毕业，2002年7月参加工作，2005年8月被任命为助理审判员。任珠海市香洲区人民法院审判员、审判委员会委员、家事少年审判庭庭长。政治立场坚定，业务素质过硬，清正廉洁，爱岗敬业。在香洲区法院反家暴和家事审判改革试点工作中作出突出贡献。2011年，记个人三等功，获院办案优秀嘉奖、院调解能手嘉奖，公务员考核优秀。2012年，记个人二等功，被评为珠海市法院系统优秀共产党员，获珠海市“三八红旗手”称号。2013年，记个人二等功。2014—2015年，获院办案优秀嘉奖、院调解能手奖。2016年，受最高人民法院通报表扬，被评为珠海市法院系统优秀共产党员。2017年，由省高院给予个人一等功。2018年，受最高人民法院“全国法院家事审判工作先进个人”表彰，获最高院授予“全国优秀法官”称号。2019年5月，获广东省五一劳动奖章。

（许建东）

全国三八红旗手

侯雪梅　女，1967年11月出生，大学本科学历，无党派人士，丽珠医药集团股份有限公司研究院首席科学家、第十一届国家药典委员会委员、第十三届广东省人大常委会委员。承担14项国家发改委、科技部“十三五”和“十二五”重大专项等，取得新药证书16项，申请发明专利30项，其中9项获美国、欧洲、日本等国授权。带领团队研发出中国消化领域第一个1.1类专利新药艾普拉唑肠溶片，全球首家上市，填补国内空白，2014年获选“国家重点新产品”。以第一完成人获国家科技进步二等奖、广东省科技进步一等奖。2017年注射用艾普拉唑钠获批上市，改写同类药的用药方案。获国务院特殊津贴，入选国家百千万人才工程，当选全国第十二次妇女代表大会代表、广东省特支计划杰出人才。2019年3月，获“全国三八红旗手”称号。

全国巾帼建功标兵

许凤梅　女，1970年11月出生，硕士研究生，中共党员，珠海市横琴新区妇联主席。牵头与澳门妇联开展各项民生融合活动，推动澳门居民在横琴试点参加珠海医保、横琴学校与澳门2所学校缔结为姊妹学校。推动澳门街坊会联合总会广东办事处横琴综合服务中心运营、首届粤港澳大湾区妇女创新创业大赛在横琴成功举办、首个“粤港澳大湾区妇女创新创业基地”落户横琴。在她的带领下，横琴新区创各级巾帼文明岗20余个，“妇女之家”项目100%覆盖社区。横琴妇联以实际行动为横琴的开发建设贡献巾帼力量。家庭被评为广东省“五好文明家庭”。个人获评“广东省三八红旗手”“广东省防治高致病性禽流感工作先进工作者”。2019年3月，获“全国巾帼建功标兵”称号。

梁美容　女，1970年4月出生，高中学历，中共党员，珠海市斗门区白蕉镇昭信村村委、支委、村妇联主席。2013年创办珠海市进才水产养殖专业合作社兼任法人，2014年当选昭信村“两委成员”。2014年，所办合作社被珠海市妇联授予“‘康乃馨’帮扶困难妇女创就业基地”“珠海市巾帼创业示范基地”，2016年被评为珠海市“市级示范社”。2014—2019年，个人（家庭）先后被选（评）为广东省妇女第十二次代表大会代表、广东百户“最美家庭”之一、广东省“三八红旗手”、珠海市第九届人大代表、广东省科普惠农兴村“带头人”、第十一届“全国五好家庭”之一、广东省第十三次妇女代表大会代表。2019年3月，获“全国巾帼建功标兵”称号。

广东省三八红旗手

邱俊华　女，1972年出生，1993年参加工作，大学本科学历，学士学位，任前山街道办副主任、街道妇联主席，广东省妇女第十三次代表大会代表。积极开展前山街道和下属各社区的妇联工作，作为广东省唯一一个全国扩大基层组织成员试点单位负责人，组织前山街道妇联和社区妇联进行“会改联”工作。建立前山街道妇儿发展公益基金，发挥前山特色，与港澳妇女交流促进共同发展。在党建带妇建、妇建服务党建的原则下，大大提高基层妇联组织影响力、凝聚力、战斗力。2019年3月，获“广东省三八红旗手”称号。

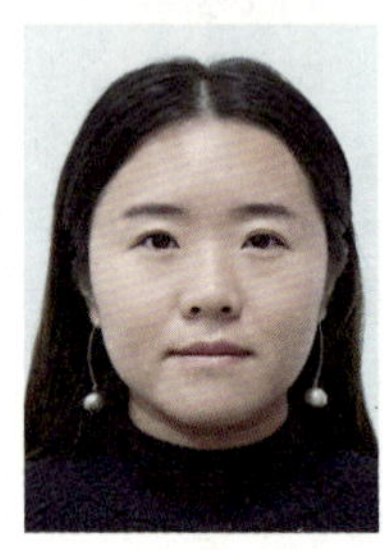

郑　宽　女，1983年2月出生，九三学社成员，硕士研究生，四维时代联合创始人，中德（珠海）人工智能研究院国际合作总监，北京理工大学珠海学院设计与艺术学院客座教授。2014年底从德国回国创立四维时代网络科技有限公司，为国内三维数字化领域的开创性企业。珠海市女企业家协会副理事长、广东省妇女第十三次代表大会代表、珠海市第九届人民代表大会代表。2017年，获评“广东省优秀女企业家”。2018年8月，获评“第十二届粤港澳大湾区青年领袖”。2019年3月，获“广东省三八红旗手”称号。

李　翔　女，1979年5月出生，硕士研究生，九三学社成员，珠海小可乐科技有限公司CEO，横琴新区新的社会阶层人士联合会会长，横琴新区妇女联合会副主席。连续三年获九三学社珠海市委员会颁发的“参政议政”奖项。2015年，所创办的小可乐科技有限公司入驻横琴创意谷，成为珠海重点培育公司之一。公司多次获得“充电设施行业杰出贡献企业与新锐企业”等奖项，申请发明专利等知识产权90余项，注册商标30个，遍布全球30个国家和地区。2018年获

“珠海市香洲区高端产业人才”称号。2019年3月，获“广东省三八红旗手”称号。

张翠华 女，1967年12月出生，大专学历，珠海市第九届政协委员，广东省妇女第十三次代表大会代表，珠海市女企业家协会会长，广东省女企业家协会副会长，珠海宝顿服饰有限公司董事、总经理。在改革浪潮中彰显巾帼风采，服务女性创业，带领女企业家回馈社会，践行公益。组织女企业家承担社会责任，长期对接帮扶单亲特困母亲、渐冻人兄弟，参与珠海市对口帮扶精准扶贫，资助近千人次，募集社会爱心捐款捐物累计价值400多万元。所负责协会连续四年被评为“广东省先进协会”。个人两次获广东省“优秀女企业家”和“省创业楷模”称号。2019年3月，获“广东省三八红旗手”称号。

金焕 女，朝鲜族，1973年4月出生，硕士研究生，中共党员，珠海市高层次人才，广东省高等职业教育专业领军人才培养对象，现任珠海城市职业技术学院党委委员、组织（统战）部部长。从事职业教育24年以来，矢志求实创新、模范履行职责，带领团队建设物流管理省级重点专业和港口航运管理省级品牌专业，主持完成国家、省、市级科研课题，成果丰硕，为教育事业做出突出贡献。2016年当选为中共珠海市第八次党代会代表。2019年3月，获“广东省三八红旗手”称号。

詹珊群 女，1995年5月出生，共青团员，大学本科学历。2017年12月与团队开发“高密度绿色蟹宅养殖系统”项目，致力于打造绿色高品质的珠海本土青蟹。采用工业化生产，实现集约高效可持续发展的现代超前农业生产方式，创建科技化养殖，集高效、环保、智能、经济于一体的智能养殖模式，打造健康绿色的珠海本土水产品和地域性手信品牌。2018年1月成立自营的电商平台——朴食生鲜。2018年7月，作为联合创始人，创建珠海横琴朋智科技有限公司。公司以智能创新、环保低碳、节能减排、绿色生态和敢于探索为理念，专注研究水产养殖行业的改造升级。2019年3月，获“广东省三八红旗手”称号。

（贾传恩）

逝世人物

毛存英（1940年1月—2019年2月） 河北宁晋人，1964年10月加入中国共产党，1965年9月在湛江地委组织部参加工作。1967年3月至1974年2月先后在湛江地区军管会宣传组、湛江地区革委会政工组工作。1974年3月至1980年3月在湛江地委组织部干部科任副科长、科长。1980年4月至1984年9月在湛江市人民法院、中级法院任副院长。1984年9月至1988年3月在珠海市委组织部任副部长。1988年3月至1998年4月先后在珠海市人民检察院任副检察长、党组副书记，检察长、党组书记。1998年4月至2003年5月在珠海市人大常委会任副主任、党组成员、党组副书记。珠海市第二次、第三次党代会代表、市委委员，珠海市第四次党代会代表，珠海市第三届、第四届、第五届人民代表大会代表。退休后参加珠海市关心下一代工作委员会的工作，2003年6月至2006年2月任常务副主任，2006年3月至2012年9月任执行主任，2012年10月起任市关工委名誉主任。

谢金雄（1934年11月—2019年5月） 广东电白人，1951年8月在广州南方大学学习。1952年6月至1954年4月，先后在珠江海岛管理处、珠海县渔政队、东莞九区土改队工作。1954年4月至1956年6月在珠海县前山区委任委员、团委书记。1956年6月至1958年9月在珠海县湾仔镇委任副书记。1958年9月至1962年12月在暨南大学中文系学习。1963年1月至1972年5月，先后任珠海县委办副主任、五七干校学员、斗批改宣传队队长、革委办事组组长。1972年5月至1985年1月，先后任佛山地区文化局科长、副局长，佛山市文化局局长。1985年1月至1986年11月任珠海市委副秘书长。1986年11月至1989年4月任珠海市政府副市长、特区管委会副主任。1989年4月至1994年2月任珠海市委常委、宣传部部长。1994年3月至1996年3月任珠海市人大常委会副主任、党组副书记。1991年2月至2000年11月担任珠海市第一届作家协会主席。 退休后参加珠海市关心下一代工作委员会的工作，2000年8月至2012年9月任第二主任，2012年10月起任市关工委名誉主任。

（市委老干部局）

·责任编辑：曾维浩·

统计资料

珠海市地区生产总值各行业增加值
（2018—2019 年）

指标名称	计量单位	2018 年	2019 年	2019 年比 2018 年增减（%）
地区生产总值	万元	32167798	34358867	6.8
总计中：第一产业	万元	540967	573634	1.9
第二产业	万元	14508241	15287332	4.6
第三产业	万元	17118590	18497901	9.2
总计中：农林牧渔业	万元	576740	612857	2.2
工业	万元	12580235	13123970	4.1
建筑业	万元	2054111	2294918	8.2
批发和零售业	万元	2842947	3016440	4.9
交通运输、仓储和邮政业	万元	689373	532332	9.1
住宿和餐饮业	万元	650791	682329	4.3
金融业	万元	3187515	3691642	15.8
房地产业	万元	2376471	2577847	17.8
人均地区生产总值	元	175949	175533	–0.2

注：地区生产总值按现行价格计算，增长速度按可比价计算。

珠海市户籍人口及变动情况

（2018—2019 年）

指标名称	计量单位	2018 年	2019 年	2019 年比 2018 年增减（%）
一、年末家庭总户数	户	340504	355023	4.3
二、年末户籍人口	人	1273963	1332854	4.6
其中：男性	人	636604	662105	4.0
女性	人	637359	670749	5.2
其中：农业人口	人	0	0	--
非农业人口	人	1273963	1332854	4.6
三、出生人口	人	20750	20785	0.2
其中：男性	人	10922	10969	0.4
女性	人	9828	9816	-0.1
四、出生率	‰	16.85	15.95	-0.9
五、死亡人口	人	4472	4101	-8.3
六、死亡率	‰	3.63	3.15	-0.5
七、自然增长率	‰	13.22	12.80	-0.4
八、人口迁入	人	78416	53087	-32.3
九、人口迁出	人	10912	9685	-11.3
十、流动渔民人口	人	8540	8200	-4.0

珠海市工业主要情况

（2018—2019 年）

指标名称	计量单位	2018 年	2019 年	2019 年比 2018 年增减（%）
一、工业企业单位数	个	9281	8534	-8.0
（一）规模以上工业企业	个	1236	1388	12.3
1. 按轻重工业分				
（1）轻工业	个	444	490	10.4
（2）重工业	个	792	898	13.4
2. 按经济类型分				

（续　表）

指标名称	计量单位	2018 年	2019 年	2019 年比 2018 年增减（%）
（1）国有企业	个	1	0	-100.0
（2）集体企业	个	1	1	0.0
（3）股份合作企业	个	0	0	--
（4）股份制企业	个	364	443	21.7
（5）港澳台投资企业	个	279	290	3.9
（6）外商投资企业	个	200	192	-4.0
3. 按企业规模分				
（1）大型企业	个	65	61	-6.2
（2）中型企业	个	244	239	-2.0
（3）小微型企业	个	927	1088	17.4
（二）规模以下工业企业	个	8045	7146	-11.2
二、工业总产值（现价）	万元	46701281	48432478	3.5
（一）规模以上工业企业	万元	44813397	46469873	3.3
1. 按轻重工业分				
（1）轻工业	万元	14602733	15549836	9.4
（2）重工业	万元	30210664	30920037	0.8
2. 按经济类型分				
（1）国有企业	万元	3018	0	-100.0
（2）集体企业	万元	12999	8638	-33.4
（3）股份合作企业	万元	0	0	--
（4）股份制企业	万元	19415712	19719233	6.0
（5）港澳台投资企业	万元	6887054	6707063	-0.6
（6）外商投资企业	万元	12867638	14216707	-0.2
3. 按企业规模分				
（1）大型企业	万元	20076180	20140339	0.5
（2）中型企业	万元	10942559	11330695	3.8
（3）小微型企业	万元	13794658	14998840	7.3
（二）规模以下工业企业	万元	1887884	1962605	8.8

珠海市地方一般公共预算收支情况

（2018—2019 年）

指标名称	计量单位	2018 年	2019 年	2019 年比 2018 年增减（%）
一、地方一般公共预算收入	万元	3314702	3444865	3.9
（一）税收收入	万元	2602804	2840068	9.1
1. 增值税	万元	846414	875539	3.4
2. 企业所得税	万元	495019	506690	2.4
3. 个人所得税	万元	205319	173301	-15.6
4. 城市维护建设税	万元	259628	260429	0.3
5. 房产税	万元	128881	170951	32.6
6. 印花税	万元	70888	71962	1.5
7. 土地增值税	万元	226440	354517	56.6
8. 契税	万元	283004	326418	15.3
（二）非税收入	万元	711898	604797	-15.0
二、地方一般公共预算支出	万元	5725211	6157366	7.5
（一）一般公共服务	万元	583116	756504	29.7
（二）公共安全	万元	448428	494634	10.3
（三）教育	万元	764116	1042080	36.4
（四）科学技术	万元	455217	488867	7.4
（五）文化体育与传媒	万元	95900	104464	8.9
（六）社会保障和就业	万元	718813	776435	8.0
（七）医疗卫生	万元	318184	391843	23.1
（八）节能环保	万元	115662	208439	80.2
（九）城乡社区事务	万元	1260272	1110776	-11.9
（十）农林水事务	万元	206851	231961	12.1
（十一）住房保障	万元	68117	6165	-90.9
（十二）交通运输	万元	101921	88945	-12.7

珠海市农业主要情况
（2018—2019 年）

指标名称	计量单位	2018 年	2019 年	2019 年比 2018 年增减（%）
一、农林牧渔业总产值（现价）	万元	1002544	1053060	1.6
其中：农业	万元	132929	157143	12.0
林业	万元	2086	162	-92.1
畜牧业	万元	115381	66569	-54.6
渔业	万元	665900	742826	10.2
农林牧渔服务业	万元	86248	86360	-3.2
二、农林牧渔业增加值（现价）	万元	576174	616253	3.7
其中：农业	万元	91425	108079	12.0
林业	万元	1600	125	-92.1
畜牧业	万元	49873	28786	-54.6
渔业	万元	397673	443614	10.2
农林牧渔服务业	万元	35603	35649	-3.2
三、农作物播种面积	亩	254704	222289	-12.7
（一）粮食	亩	64417	65301	1.4
其中：稻谷	亩	59523	60076	0.9
旱粮	亩	2410	2196	-8.9
薯类	亩	1780	2325	30.6
其中：番薯	亩	1575	2060	30.8
大豆	亩	506	474	-6.3
（二）经济作物	亩	40168	36314	-9.6
其中：花生	亩	3529	3249	-7.9
木薯	亩	26	74	184.6
甘蔗	亩	297	200	-32.7
其中：糖蔗	亩	0	0	--
（三）其他农作物	亩	150119	120674	-19.6

（续 表）

指标名称	计量单位	2018 年	2019 年	2019 年比 2018 年增减（%）
其中：蔬菜	亩	127828	106360	–16.8
果用瓜	亩	14065	6503	–53.8
青饲料	亩	6287	5991	–4.7
四、农作物总产量				
（一）粮食	吨	23639	25510	2.1
其中：稻谷	吨	21720	23629	8.8
旱粮	吨	1434	1210	–15.6
薯类	吨	1687	2625	55.6
其中：番薯	吨	1507	2270	50.6
大豆	吨	124	113	–8.9
（二）经济作物	吨	2068	2270	9.8
其中：花生	吨	1047	1004	–4.1
木薯	吨	37	58	56.8
甘蔗	吨	979	1200	22.6
其中：糖蔗	吨	0	0	--
（三）其他农作物	吨	191437	155312	–18.9
其中：蔬菜	吨	166668	141828	–14.9
果用瓜	吨	11774	5921	–49.7
青饲料	吨	12995	7563	–41.8
五、水果实有面积	亩	130395	88427	–32.2
（一）柑、橘、橙	亩	2253	2084	–7.5
（二）香（大）蕉	亩	11075	8291	–25.1
（三）菠萝	亩	35	65	85.7
（四）荔枝	亩	54751	41685	–23.9
（五）龙眼	亩	9661	6015	–37.7
（六）其他水果	亩	52620	30287	–42.4

（续　表）

指标名称	计量单位	2018 年	2019 年	2019 年比 2018 年增减（%）
六、水果总产量	吨	78455	97641	24.5
（一）柑、橘、橙	吨	1324	1422	7.4
（二）香（大）蕉	吨	16910	19462	15.1
（三）菠萝	吨	2	82	4000.0
（四）荔枝	吨	7325	4390	-40.1
（五）龙眼	吨	2772	1661	-40.1
（六）其他水果	吨	50122	70624	40.9
七、畜牧业生产情况				
（一）年末生猪存栏量	头	173188	15176	-91.2
（二）全年生猪出栏量	头	438087	178028	-59.4
（三）三鸟饲养量	万只	706.56	438.37	-38.0
（四）猪肉总产量	吨	36126	14833	-58.9
（五）牛肉总产量	吨	22	9	-59.1
（六）禽肉总产量	吨	10003	5696	-43.1
（七）禽蛋总产量	吨	8980	5759	-35.9
八、水产品生产情况				
（一）水产养殖面积	亩	385457	374886	-2.7
1. 海水养殖	亩	213658	203858	-4.6
2. 淡水养殖	亩	171799	171028	-0.4
（二）水产品总产量	吨	313635	324761	3.5
1. 海洋捕捞	吨	20278	15408	-34.0
2. 海水养殖	吨	84477	89518	6.0
3. 淡水捕捞	吨	1755	1705	-2.8
4. 淡水养殖	吨	207125	218130	5.3

注：农业总产值和增加值指标同比增长按可比价计算。

珠海市社会消费品零售主要情况
（2018—2019 年）

指标名称	计量单位	2018 年	2019 年	2019 年比 2018 年增减（%）
社会消费品零售总额	万元	9321011	9962987	6.9
一、按销售单位所在地分				
（一）城镇	万元	8491441	9017910	6.2
（二）乡村	万元	829570	945077	13.9
二、按行业分组				
（一）批发业	万元	3952828	4182092	5.8
1. 限额以上企业	万元	471238	519776	10.3
2. 限额以下企业及个体户	万元	3481590	3662316	5.2
（二）零售业	万元	4294033	4543087	5.8
1. 限额以上企业	万元	2916835	2982074	2.2
2. 限额以下企业及个体户	万元	1377198	1561013	13.3
（三）住宿业	万元	241434	260548	7.9
1. 限额以上企业	万元	219599	230884	5.1
2. 限额以下企业及个体户	万元	21835	29664	35.9
（四）餐饮业	万元	832716	977260	17.4
1. 限额以上企业	万元	340101	368329	8.3
2. 限额以下企业和个体户	万元	492615	608931	23.6

注：2019 年比 2018 年增长是用 2019 年月度统计口径范围可比的 2018 年社会消费品零售总额计算所得。

珠海市固定资产投资主要情况（2019 年）

指标名称	计量单位	2019 年	2019 年比 2018 年增减（%）
一、固定资产投资总额	万元	19718790	6.1
（一）按构成分			
1. 建安工程	万元	12052331	9.5
2. 设备工器具购置	万元	1263264	15.6
3. 其他费用	万元	6403195	-1.2
（二）按三次产业分			
1. 第一产业	万元	14993	19.4
2. 第二产业	万元	2908379	15.2
3. 第三产业	万元	16795418	4.6
（三）按行业分			
1. 农林牧渔业	万元	28734	-2.6
2. 采矿业	万元	267713	15.7
3. 制造业	万元	1998975	9.0
4. 电力、燃气及水的生产和供应业	万元	650156	41.4
5. 建筑业	万元	0	--
6. 交通运输、仓储和邮政业	万元	1120630	-47.1
7. 信息传输、软件和信息技术服务业	万元	98567	47.0
8. 批发和零售业	万元	32009	27.0
9. 住宿和餐饮业	万元	190831	21.6
10. 金融业	万元	0	--
11. 房地产业	万元	9579321	13.6
12. 租赁和商务服务业	万元	1652901	-18.6
13. 科学研究和技术服务业	万元	245136	38.0
14. 水利、环境和公共设施管理业	万元	2373284	14.8
15. 居民服务、修理和其他服务业	万元	26753	32.9
16. 教育	万元	418222	62.0
17. 卫生和社会工作	万元	208842	49.0
18. 文化、体育和娱乐业	万元	282255	38.8
19. 公共管理、社会保障和社会组织	万元	544461	62.3
二、新增固定资产	万元	6220772	-41.6

珠海市房地产主要情况
（2018—2019年）

指标名称	计量单位	2018年	2019年	2019年比2018年增减（%）
一、房地产开发投资来源与投向				
（一）房地产开发完成投资额	万元	7870920	8933618	13.5
1. 按构成分				
（1）建筑工程	万元	3945825	4382450	11.1
（2）安装工程	万元	418319	361522	-13.6
（3）设备工器具购置	万元	22487	57788	157.0
（4）其他费用	万元	3484289	4131858	18.6
2. 按工程用途分				
（1）住宅	万元	4615793	5648297	22.4
（2）办公楼	万元	951875	1360561	42.9
（3）商业营业用房	万元	570630	742827	30.2
（4）其他	万元	1732622	1181933	-31.8
（二）新增固定资产	万元	1981254	2388236	20.5
（三）本年购置土地面积	平方米	97827	1044492	967.7
（四）本年资金来源合计	万元	18812716	23789135	26.5
上年末结余资金	万元	7095679	7071469	-0.3
本年资金来源小计	万元	11717037	16717666	42.7
1. 国内贷款	万元	3384036	2673483	-21.0
2. 利用外资	万元	48575	94371	94.3
3. 自筹资金	万元	2353870	4768833	102.6
4. 定金及预收款	万元	4689536	6865322	46.4
5. 个人按揭贷款	万元	703562	2188478	211.1
6. 其他资金	万元	537458	127179	-76.3
（五）各项应付款	万元	2692521	2663782	-1.1
二、房地产开发施工、竣工面积及销售情况				
（一）施工面积合计	平方米	34191837	36461067	6.6

（续 表）

指标名称	计量单位	2018 年	2019 年	2019 年比 2018 年增减（%）
1．住宅	平方米	19046175	19221934	0.9
2．办公楼	平方米	4857928	6367985	31.1
3．商业营业用房	平方米	3677255	3857826	4.9
4．其他	平方米	6610479	7013322	6.1
（二）新开工面积合计	平方米	5982767	7125487	19.1
1．住宅	平方米	2877054	3459304	20.2
2．办公楼	平方米	1047777	1600394	52.7
3．商业营业用房	平方米	703005	751175	6.9
4．其他	平方米	1354931	1314614	-3.0
（三）待售面积合计	平方米	1880474	2811516	49.5
1．按用途分				
（1）住宅	平方米	933874	1547677	65.7
（2）办公楼	平方米	216906	363822	67.7
（3）商业营业用房	平方米	392542	411334	4.8
（4）其他	平方米	337152	488683	44.9
2．按时间分				
（1）一年以下	平方米	466802	850103	82.1
（2）一至三年	平方米	1005819	1413413	40.5
（3）三年以上	平方米	407853	548000	34.4
（四）商品房竣工面积	平方米	2670636	3015744	12.9
1．住宅	平方米	1891720	1701001	-10.1
2．办公楼	平方米	147121	424091	188.3
3．商业营业用房	平方米	186742	315393	68.9
4．其他	平方米	445053	575259	29.3
（五）商品房竣工价值	万元	1868574	1807643	-3.3
1．住宅	万元	1357654	980070	-27.8
2．办公楼	万元	86717	208169	140.1

（续 表）

指标名称	计量单位	2018 年	2019 年	2019 年比 2018 年增减（%）
3. 商业营业用房	万元	176875	267588	51.3
4. 其他	平方米	247328	351816	42.2
（六）商品房销售面积	平方米	3015758	4376130	45.1
1. 按用途分				
（1）住宅	平方米	2207463	3867191	75.2
（2）办公楼	平方米	501442	330017	–34.2
（3）商业营业用房	平方米	186851	104612	–44.0
（4）其他	平方米	120002	74310	–38.1
2. 按房源分				
（1）现房	平方米	494200	1035957	109.6
（2）期房	平方米	2521558	3340173	32.5
（七）房地产开发企业主要财务指标				
1. 流动资产	万元	53026392	61802799	16.6
2. 固定资产原价	万元	1183241	1171641	–1.0
其中：累计折旧	万元	231635	240687	3.9
3. 资产总计	万元	63302901	74691478	18.0
4. 负债合计	万元	48812713	57646444	18.1
5. 所有者权益	万元	14490188	17045034	17.6
6. 实收资本	万元	6658442	8251556	23.9
7. 主营业务收入	万元	6121522	6094338	–0.4
8. 主营业务成本	万元	3459799	3660479	5.8
9. 主营业务税金及附加	万元	685997	729304	6.3
10. 其他业务利润	万元	25605	11710	–54.3
11. 利润总额	万元	1681697	1162200	–30.9
12. 本年应付职工薪酬	万元	217763	234719	7.8
13. 应交所得税	万元	304400	270131	–11.3

珠海市交通运输邮电主要情况
（2018—2019 年）

指标名称	计量单位	2018 年	2019 年	2019 年比 2018 年增减（%）
一、运输业				
（一）货运量	万吨	13447	13766	2.4
1．公路	万吨	9760	9974	2.2
2．水路	万吨	2817	2909	3.3
（二）货物周转量	万吨公里	2223114	2539270	14.2
1．公路	万吨公里	536184	555781	3.7
2．水路	万吨公里	1528606	1820586	19.1
（三）客运量	万人次	5725	5868	2.5
1．公路	万人次	2541	2561	0.8
2．水路	万人次	650	560	–13.9
（四）旅客周转量	万人公里	929961	990482	6.5
1．公路	万人公里	457966	458327	0.1
2．水路	万人公里	27974	21114	–24.5
（五）港口吞吐量				
1．货物进出港量	万吨	13799	13838	0.3
2．旅客进出港量	万人次	829	550	–33.6
（六）机动车拥有量				
1．民用汽车	辆	624168	691188	10.7
（1）客车	辆	573568	635540	10.8
其中：大型	辆	9399	9207	–2.0
小型	辆	562553	624838	11.1
（2）货车	辆	48329	53039	9.7
其中：重型	辆	9743	11256	15.5
中型	辆	1394	1516	8.8

（续　表）

指标名称	计量单位	2018 年	2019 年	2019 年比 2018 年增减（%）
轻型	辆	37186	40261	8.3
微型	辆	6	6	0
2. 其他机动车	辆	75162	75329	0.2
其中：摩托车	辆	72602	72530	-0.1
（七）船拥有量				
1. 机动船	艘	195	178	-8.7
	吨位	293391	337344	15.0
	客位	7363	9006	22.3
2. 驳船	艘	4	2	-50.0
	吨位	4306	2642	-38.6
二、邮电业务总量	万元	1985782.33	3158098.26	59.0
（一）邮政业务总量	万元	225457.10	265394.40	17.7
函件	万件	4361.64	2885.01	-33.9
包件	万件	3.78	5.39	42.6
快递业务量	万件	9774.74	10773.05	10.2
订销报纸累计份数	万份	1858.34	1790.63	-3.6
订销杂志累计份数	万份	175.56	172.16	-1.9
（二）电信业务总量	万元	1760325.23	2892703.86	64.3
电话用户	万户	58.42	66.11	13.2
移动电话用户（含智能卡）	万户	367.90	386.90	5.2
其中：3G 移动电话	万户	25.40	11.68	-54.0
4G 移动电话	万户	311.15	338.17	8.7
互联网宽带接入用户数	万户	107.27	112.01	4.4

珠海市对外经济主要情况
（2018—2019年）

指标名称	计量单位	2018年	2019年	2019年比2018年增减（%）
一、对外经济贸易				
（一）设立企业数	个	3973	1176	-70.4
其中：外商直接投资	个	3973	1176	-70.4
（二）合同外资额	万美元	753703	998099	32.4
其中：外商直接投资	万美元	753703	998099	32.4
（三）实际外资额	万美元	239193	242420	1.3
其中：外商直接投资	万美元	239193	242420	1.3
二、外贸出口总值	万元	18869690	16545543	-12.3
其中：机电产品	万元	14426452	12992583	-9.9
高新技术产品	万元	6623071	5225786	-21.1
（一）按贸易性质统计				
1. 一般贸易	万元	10826410	9617937	-11.2
2. 加工贸易	万元	7475870	6260005	-16.3
来料加工	万元	1012587	826383	-18.4
3. 其他贸易	万元	567410	667602	17.7
（二）按企业性质统计				
1. 内资企业	万元	10574530	9061838	-14.3
（1）国有企业	万元	2027594	2015169	-0.6
（2）集体企业	万元	202482	197292	-2.6
（3）私营企业	万元	8344455	6849377	-17.9
2. 外商投资企业	万元	8295160	7483705	-9.8
（1）中外合作企业	万元	12030	9830	-18.3
（2）中外合资企业	万元	965913	922180	-4.5
（3）外资企业	万元	7317217	6551695	-10.5
三、外贸进口总值	万元	13607233	12543337	-7.8

（续 表）

指标名称	计量单位	2018 年	2019 年	2019 年比 2018 年增减（%）
其中：机电产品	万元	6960613	5764991	-17.2
高新技术产品	万元	5110925	3995570	-21.8
（一）按贸易性质统计				
1．一般贸易	万元	7191650	6646309	-7.6
2．加工贸易	万元	3751038	2668277	-28.9
来料加工	万元	818302	617151	-24.6
3．其他贸易	万元	2664545	3228751	21.2
（二）按企业性质统计				
1．内资企业	万元	6533256	5574333	-14.7
（1）国有企业	万元	2589590	2088236	-19.4
（2）集体企业	万元	192793	130723	-32.2
（3）私营企业	万元	3750873	3355374	-10.5
2．外商投资企业	万元	7073977	6969005	-1.5
（1）中外合作企业	万元	2878	2253	-21.7
（2）中外合资企业	万元	2091907	2191655	4.8
（3）外资企业	万元	4979192	4775097	-4.1

珠海市旅游接待主要情况
（2018—2019 年）

指标名称	计量单位	2018 年	2019 年	2019 年比 2018 年增减（%）
一、接待过夜旅游人数	万人次	2452.62	2603.90	6.2
（一）入境游客	万人次	325.97	341.13	4.7
1. 外国人	万人次	52.66	55.26	4.9
2. 中国香港同胞	万人次	116.31	120.95	4.0
3. 中国澳门同胞	万人次	93.69	99.03	5.7
4. 中国台湾同胞	万人次	63.31	65.89	4.1
（二）内地（大陆）游客	万人次	2126.65	2262.77	6.4
二、涉外宾馆酒店				
（一）酒店数	家	68	60	-11.8
1. 五星酒店	家	8	8	0.0
2. 四星酒店	家	8	7	-12.5
3. 三星酒店	家	49	42	-14.3
4. 二星酒店	家	3	3	0.0
5. 一星酒店	家	0	0	--
（二）客房数	间	10197	9465	-7.2
（三）床位数	张	16150	14696	-9.0
（四）客房出租率	%	62.38	62.27	-0.1
三、旅行社组团游客人数	人次	1773848	1767400	-0.4
（一）内地（大陆）游	人次	1169419	1188044	2
1. 省内游	人次	830521	850632	2.4
2. 省外游	人次	338898	337412	-0.4
（二）出境游	人次	604429	579356	-4.1
1. 中国香港	人次	198013	147587	-25.5
2. 中国澳门	人次	168659	145108	-14.0
3. 中国台湾	人次	8595	6673	-22.4
4. 其他国家和地区	人次	229162	279988	22.2
四、口岸出入境人数	万人次	15219	17144	12.6

珠海市就业主要情况

（2018—2019 年）

指标名称	计量单位	2018 年	2019 年	2019 年比 2018 年增减（%）
一、年末从业人员数	人	1646146	1611702	–2.1
（一）第一产业	人	58893	59678	1.3
（二）第二产业	人	665405	649835	–2.3
（三）第三产业	人	921848	902189	–2.1
二、城镇非私营单位从业人员	人	776015	760784	–2.0
（一）国有经济	人	90667	78743	–13.2
（二）集体经济	人	5437	2780	–48.9
（三）其他经济	人	679911	679261	–0.1
三、城镇非私营单位从业人员工资总额	万元	6655294	7639686	14.8
（一）国有单位	万元	1121680	1316949	17.4
（二）集体单位	万元	59649	19270	–67.7
（三）其他单位	万元	5473965	6303467	15.2
四、城镇非私营单位从业人员平均工资	元 /（人·年）	86216	99967	15.9
（一）国有单位	元 /（人·年）	125148	166835	33.3
（二）集体单位	元 /（人·年）	107302	68552	–36.1
（三）其他单位	元 /（人·年）	80887	92362	14.2
五、城镇非私营单位在岗职工平均工资	元 /（人·年）	87032	100878	15.9
（一）国有单位	元 /（人·年）	126494	170543	34.8
（二）集体单位	元 /（人·年）	110006	68740	–37.5
（三）其他单位	元 /（人·年）	81497	92966	14.1

珠海市科技、教育、文化和卫生主要情况
（2018—2019年）

指标名称	计量单位	2018年	2019年	2019年比2018年增减（%）
一、科技				
（一）研究与试验发展（R&D）人员	人	36310	41067	13.1
（二）研究与试验发展（R&D）经费内部支出	亿元	92.15	108.31	17.5
占地区生产总值（GDP）比重	%	2.86	3.15	0.3
（三）专利申请量	项	31167	33137	6.3
（四）专利授权量	项	17090	18967	11.0
其中：发明专利申请授权量	项	3452	3327	–3.6
二、教育				
（一）学校数	所	560	585	4.5
1. 普通高等学校	所	10	11	10.0
2. 成人高等学校	所	1	1	0.0
3. 中等职业学校	所	9	9	0.0
4. 技工学校	所	4	5	25.0
5. 普通中学	所	75	77	2.7
6. 小学	所	124	134	8.1
7. 幼儿园	所	335	346	3.3
8. 特殊学校（教育）	所	2	2	0.0
（二）在校学生数	人	528489	532219	0.7
1. 普通高等学校（不含研究生）	人	138957	139291	0.2
2. 成人高等学校	人	15762	--	--
3. 中等职业学校	人	18962	18493	–2.5
4. 技工学校	人	8202	9802	19.5
5. 普通中学	人	94983	100614	5.9
6. 小学	人	172071	181989	5.8
7. 幼儿园	人	79055	81459	3.0

（续　表）

指标名称	计量单位	2018 年	2019 年	2019 年比 2018 年增减（%）
8. 特殊学校（教育）	人	497	571	14.9
（三）毕业生数	人	122869	129810	5.6
1. 普通高等学校（不含研究生）	人	35166	38049	8.2
2. 成人高等学校	人	--	--	--
3. 中等职业学校	人	6803	7059	3.8
4. 技工学校	人	2272	2077	-8.6
5. 普通中学	人	27388	29364	7.2
6. 小学	人	23449	25385	8.3
7. 幼儿园	人	27734	27826	0.3
8. 特殊学校（教育）	人	57	50	-12.3
三、文化				
（一）艺术表演团体	个	6	5	-16.7
（二）公共图书馆	间	4	4	0.0
（三）图书馆图书总藏量（纸质）	万册（件）	183.86	242.89	32.1
（四）文化站	间	24	24	0.0
（五）群众艺术馆、文化馆	间	4	4	0.0
（六）博物馆	个	2	2	0.0
四、广播电视事业				
（一）广播电视台	座	2	2	0.0
（二）广播电视发射台	座	2	2	0.0
（三）广播覆盖率	%	100	100	0.0
（四）电视覆盖率	%	100	100	0.0
（五）有线电视入户数	万户	57.14	54.27	-5.0
五、新闻出版				
（一）全年出版报纸	种	3	3	0.0

（续 表）

指标名称	计量单位	2018 年	2019 年	2019 年比 2018 年增减（%）
（二）全年出版杂志	种	3	3	0.0
六、卫生				
（一）卫生机构	个	838	936	11.7
其中：医院、卫生院	个	45	44	-2.2
卫生院	个	12	12	0.0
社区卫生服务中心（站）	个	118	118	0.0
门诊部（所）	个	129	163	26.4
村卫生室	个	137	134	-2.2
专科疾病防治院（所、站）	个	1	1	0.0
疾病预防控制中心（防疫站）	个	1	1	0.0
卫生监督所（中心）	个	3	0	-100.0
妇幼保健院（所、站）	个	2	2	0.0
（二）卫生机构在岗职工数	人	22168	23690	6.9
其中：卫生技术人员	人	18430	19773	7.3
（三）卫生机构床位数	张	9899	10233	3.4
（四）入院人数	人	331892	370865	11.7
（五）出院人数	人	331251	370166	11.7
（六）病床周转率	次 / 年	34.11	37.41	3.3

（市统计局）

文献·法规

珠海市2019年国民经济和社会发展计划执行情况与2020年计划草案的报告

——2020年6月9日在珠海市第九届人民代表大会第八次会议上

珠海市发展和改革局局长　于思浩

各位代表：

受市人民政府委托，我向大会报告珠海市2019年国民经济和社会发展计划执行情况与2020年计划草案，请予审议，并请市政协委员和列席人员提出意见。

一、2019年国民经济和社会发展计划执行情况

2019年以来，我市坚持以习近平新时代中国特色社会主义思想为指导，全面贯彻党的十九大和十九届二中、三中、四中全会以及中央经济工作会议精神，深入学习贯彻习近平总书记视察广东重要讲话和重要指示批示精神，认真落实省委十二届六次、七次、八次全会，市委八届六次、七次全会精神，按照市政府工作报告的有关部署，在市人大及其常委会的监督指导下，坚持稳中求进工作总基调，贯彻新发展理念，统筹推进稳增长、促改革、调结构、惠民生、防风险、保稳定各项工作，落实“六稳”工作要求，保持经济社会平稳健康发展，市九届人大七次会议确定的年度计划执行情况总体较好。

（一）经人大批准的经济社会预期目标完成情况

——全市地区生产总值完成3435.89亿元，同比增长6.8%，基本实现年度目标；

——规模以上工业增加值完成1133.54亿元，增长4.0%，低于年度目标6.0个百分点；

——固定资产投资完成1971.88亿元，增长6.1%，低于年度目标3.9个百分点，高于经市委市政府批准调整后的目标1.1个百分点；

——社会消费品零售总额完成1233.36亿元，增长6.3%，低于年度目标1.7个百分点；

——外贸进出口总额完成2908.89亿元，下降10.4%，低于年度目标10.4个百分点；

——实际吸收外商直接投资完成24.24亿美元，增长1.3%，高于年度预期目标1.3个百分点；

——一般公共预算收入完成344.49亿元，增长3.9%，高于调整后目标0.9个百分点；

——居民消费价格指数上涨2.3%，低于年度控制目标0.7个百分点；

——全年城镇登记失业率2.29%，低于年度控制目标0.71个百分点；

——全年城镇新增就业人数4.09万人，高于年度控制目标1.09万人。

（二）计划执行的主要情况

1. 支持澳门产业多元发展迈出坚实步伐

牢记习近平总书记重要指示精神，优化横琴工作重点，全力支持澳门产业多元发展。横琴新增澳资企业833家、累计达2232家。粤澳跨境金融合作（珠海）示范区、中药材现货交易中心成功落户。FT自由贸易账户、合格境外有限合伙人（QFLP）政策试点在横琴实施，首个粤澳共享贷、首款跨境医疗产品、首单公募公司债券发行。横琴·澳门青年创业谷获评“港澳青年创新创业基地”，港澳导游及领队、建筑领域专业主体可在横琴执业，常住横琴的澳门居民可参加珠海基本医保。

2. 改革开放不断向纵深推进

重点领域改革继续勇立潮头。横琴自贸区落地57项制度创新成果，1项入选全国自贸区最佳实践案例。政府系统机构改革顺利完成。营商环境持续优化，商事登记平均用时缩短至0.3天，金湾区获评“中国营商环境示范区”。区域性国际贸易分拨中心落地。成功举办“21世纪海上丝绸之路”国际传播论坛、澳珠企业家峰会。扎实推进与黑河市对口合作，开通黑河—郑州—珠海航线。新引进人才4.2万名，新增常住人口13.26万人，常住人口增幅位于全省首位。

3. 发展新动能培育成效显著

深入实施“实体经济新十条”等惠企政策，出台进一步支持实体经济高质量发展政策措施。格力电器首次进入世界500强，13个10亿元以上项目开工建设，16个重点项目竣工投产，308家规上工业企业完成技术改造。先进制造业增加值、高技术制造业增加值占规模以上工业比重同比分别提高0.7、0.3个百分点。高新技术企业总数达2203家，获批成为国家知识产权示范城市。科技创新发展指数进入全国十强。现代服务业占服务业比重同比提高6.6个百分点，金融业占地区生产总值比重首次超过10%。

4. 珠江西岸交通枢纽建设全面提速

投资对优化供给结构的关键作用有效发挥。全市重点建设项目完成投资736.34亿元，完成年度计划的131.3%，56个计划开工项目全部开工建设。广江珠澳（珠江肇）、广中珠澳、深珠高铁纳入粤港澳大湾区（城际）铁路建设规划。高铁通达城市达64个，珠海市区至珠海机场城际轨道一期基本具备通车条件。港珠澳大桥口岸出入境累计达1617.3万人次。珠海机场全年旅客吞吐量完成1228.3万人次，增长9.5%。莲洲通用机场一期建成并投入运营。

5. 城乡协调发展格局加快形成

城市功能品质提升日新月异。建成6个市政特色公园，完成50条道路升级改造工程，新增27公里碧道，动工建设城市阳台，建成首批5G基站。完成125个海绵城市建设项目，通过国家海绵城市现场绩效考核，全市自然村全部完成“三清三拆三整治”，斗门区“厕所革命”经验入选全国九大范例。东澳、桂山、大万山岛居民用电历史性实现与全市同网同价。土地利用计划执行情况良好，共使用涉及新增建设用地报批的各项指标602.6公顷，省下达指标210.9公顷基本全部使用完毕。

6. 民生保障和社会治理水平持续提升

九项民生支出436.1亿元、增长8.8%，占一般公共预算支出的70.8%。城镇登记失业率保持在2.29%的较低水平。基本养老保险基础养老金由每人每月400元提高至430元。基本医疗保险年度财政补贴由550元/人提升至590元/人。城乡低保、特困人员基本生活标准进一步提高。落实社会救助保障标准与物价上涨挂钩联动机制，价格临时补贴惠及14.4万人次。积极应对市场猪肉供应价格上涨，及时增加政府储备冻猪肉600吨。新建改建学校22所，新增公办幼儿园学位2460个。获评健康城市建设示范市。扫黑除恶攻坚战深入推进，安全生产形势总体稳定。

（三）计划执行存在的问题

2019年，我市坚持推动经济高质量发展，扎实推进重点领域改革工作，坚持在稳增长中改善民生，经济社会发展取得积极成效，但依然存在一些问题和弱项：

一是经济平稳增长的基础不牢。工业、投资、消费、外贸进出口等指标未能完成年度预期目标。实体经济发展仍面临较多困难，产业转型升级步伐亟待加快。投资活力不足、结构不优。消费规模偏小，商业氛围不浓、人气不旺，与珠江口西岸核心城市的定位不匹配。稳外贸稳外资难度持续加大。

二是推动高质量发展任重道远。珠澳合作开发横琴这篇文章亟待加速破题，支持澳门产业多元发展的政策有待加快落地实施。自主创新能力与先进地区仍有差距，人才吸附能力不强，激发创新活力动力的体制机制尚未健全。营商环境仍需优化，民营企业和中小企业扶持服务力度有待进一步增强。

三是民生保障仍有短板和弱项。对照高质量全面建成小康社会要求，部分领域与人民群众的期盼仍有差距。就业结构性矛盾依然存在。学前教育、义务教育学位供给与人口规模增长不相适应，医疗资源总量不足、分布不均。民主法治建设有待加强。城市功能不完善不充分，城市管理精细化水平有待提升。

二、2020年经济社会发展的总体思路和预期目标

（一）发展环境

从宏观环境看，受全球疫情冲击，世界经济严重衰退，产业链供应链循环受阻，国际贸易投资萎缩，各类风险叠加冲击世界经济稳定增长，国际货币基金组织（IMF）预计2020年全球经济将收缩3%。从国内形势看，新冠肺炎疫情对全年经济发展带来明显不利影响，一季度全国经济出现负增长，生产生活秩序受到冲击。国内消费、投资、出口下滑，就业压力显著加大，企业特别是中小微企业困难凸显，金融等领域风险有所积聚。另一方面，我国统筹推进疫情防控和促进经济社会发展，有效促进了保供稳价和复工复产，经济发展表现出坚强韧性和巨大潜能。从珠海情况看，受疫情影响，2020年我市经济下行压力加大，黄金机遇和风险挑战并存。习近平总书记亲自谋划、亲自部署、亲自推动粤港澳大湾区和深圳先行示范区两大国家战略，是珠海的最大机遇、最大动力。《粤港澳大湾区发展规划纲要》将珠海与澳门一起定位成大湾区的重要极点。省委要求我们建设成为粤港澳大湾区重要门户枢纽、珠江口西岸核心城市和沿海经济带高质量发展典范。中央和广东省对珠海发展寄予厚望，为珠海改革发展增添诸多重大利好，进一步坚定了我们抢抓机遇、化危为机，奋力推动经济特区“二次创业”加快发展的信心。

（二）总体思路

2020年国民经济和社会发展计划总体思路是以习近平新时代中国特色社会主义思想为指导，全面贯彻党的十九大

和十九届二中、三中、四中全会以及中央经济工作会议、全国两会精神，深入学习贯彻落实习近平总书记重要讲话和重要指示批示精神，贯彻落实省委十二届九次全会和市委八届八次全会精神，聚焦省委“1+1+9”工作部署、“一核一带一区”战略布局和市委“四大任务”，紧扣全面建成小康社会目标任务，统筹推进疫情防控和经济社会发展工作，在常态化疫情防控前提下，坚持稳中求进工作总基调，坚持新发展理念，坚持以供给侧结构性改革为主线，坚持以改革开放为动力推动高质量发展，坚决打好三大攻坚战，扎实做好“六稳”工作，全面落实“六保”任务，坚定实施扩大内需战略，奋力夺取疫情防控和经济社会发展“双胜利”，确保全面建成小康社会和“十三五”规划圆满收官。

（三）主要预期目标

优先促发展稳就业保民生，坚决打赢三大攻坚战，高质量全面建成小康社会；城镇新增就业3万人，城镇登记失业率控制在3%以内；居民消费价格涨幅3.5%左右；固定资产投资增长15%；进出口促稳提质；居民人均可支配收入增长与经济增长基本同步；主要污染物排放量继续下降，努力完成“十三五”规划目标任务。

三、2020年国民经济和社会发展重点工作

（一）优先稳就业保民生，打赢全面建成小康社会收官战

做好就业服务与社会保障工作。实施促进就业十条2.0版，着力促进重点群体稳定就业，对就业困难群体实施托底帮扶就业。全面开展重点群体职业技能提升培训，推进“广东技工”“粤菜师傅”“南粤家政”工程。强化困难群众的兜底保障，进一步提高城乡居民基础养老金、医保财政补助、重度残疾人护理补贴标准。继续实施社会救助保障标准与物价上涨挂钩联动机制。加大住房保障力度，筹集各类保障性住房1.2万套。提高养老服务水平。完善居家社区养老服务体系，养老服务设施覆盖100%城市社区、90%农村社区，持续推进“长者饭堂”建设。

健全优质公共服务体系。推动东西部基础教育均衡发展。新建和改扩建10所中小学，新增学位1.19万个。建成幼儿园20所，新增学位7380个。加快健康城市建设，启用市妇幼保健院南院区，加快建设市人民医院北二区科研综合楼、市慢性病中心，新增公立医院床位1480张。补齐基层公共文化设施建设短板，建成市博物馆与规划馆，启动古元美术馆改扩建，改造提升市体育中心。

提高社会治理水平。加强公共卫生体系建设，完善公共卫生立法。加强疾病预防控制体系建设，提升农村、社区等基层防控能力，深入开展爱国卫生运动。发挥镇街基层社会治理主体作用，推进城乡社区治理示范点建设。推进信访工作改革创新，完善社会矛盾纠纷多元化解机制。深入推进平安珠海建设。继续开展扫黑除恶专项斗争，依法打击各类犯罪。积极推进全国禁毒示范城市创建工作。深化城乡社区警务，打造标杆社区警务室。健全出租屋长效管理制度机制。推进建设市应急指挥中心。深入开展安全生产专项整治，坚决防范和遏制重特大事故发生。持续推进消防安全“三个十万”工程，建设消防综合培训基地。

高质量打好三大攻坚战。打赢脱贫攻坚战，做好对口怒江东西部扶贫协作，深化对口阳江、茂名精准扶贫和帮扶阳江产业共建，推进对口支援藏区库区各项工作，扎实推进与黑河市对口合作。加强和巩固生态优势。深入实施前山河流域综合治理项目，重建前山河石角咀水闸，新建污水管网180公里、维修整治120公里，全面消除建成区黑臭水体。加强垃圾分类管理和宣传，建设4个垃圾分类先行示范区和2个示范镇街。全力防范化解金融、房地产、政府债务等领域风险。

（二）做好珠澳合作开发横琴这篇文章，建设粤港澳大湾区澳珠发展极点

加强政策扶持和制度创新。加快推进粤澳深度合作区建设，构建粤澳双方共商共建共管的体制机制。探索在贸易等领域深化改革扩大开放，打造与国际规则高度衔接的营商环境。优化横琴“分线管理”政策，推动实现“一线放开、二线管好，人货分离、分类管理”。积极探索港澳自由贸易港部分制度在横琴延伸。修编横琴总体发展规划。

促进新兴产业协同发展。依托粤澳合作产业园、粤澳合作中医药科技产业园和澳门4所国家重点实验室横琴分部等平台，加快引进一批澳资企业和项目，做大做强中药材现货交易中心。充分发挥横琴先进智能计算中心等创新平台作用，吸引集聚一批科创项目和人才团队。大力建设粤澳跨境金融合作（珠海）示范区，支持符合条件的澳门金融机构在横琴开展跨境金融业务。高标准建设横琴国际休闲旅游岛，促成中国国际高品质消费博览会落地。

丰富珠澳合作内涵。推动在横琴口岸实行“合作查验、一次放行”，探索“单边验放”。推进横琴与澳门跨境税务服务体系、跨境人民币电子缴税、跨境“税融通”服务等三项探索。加快建设“澳门新街坊”。推动澳门教育、医疗、社保等民生配套延伸到横琴。确保平岗—广昌原水供应保障工程、广南梅供水管道工程年内具备通水条件。完成鸭涌河整治。

（三）积极有效应对疫情冲击，促进经济平稳运行

发挥投资关键支撑作用。实行重点项目挂图作战，推动项目建设扩容提速。安排年度重点建设项目477个，年度计划投资1661亿元，力促71个项目建成投产、175个项目开工建设。安排市政府投资建设项目93个，年度计划投资155.55亿元。加快建设香海大桥、洪鹤大桥（鹤港高速公路）、金海大桥东西三条通道，力争洪鹤大桥在今年航展前通车。推进建设金琴快线、兴业快线、机场北快线南北三条快线，确保金琴快线今年通车。完成情侣路南段主线改造，建成板樟山新增隧道，动工建设珠海隧道。谋划推进新型基础设施建设，建设5G基站6000座，新建充电桩700个。

加快促进消费回补和潜力释放。出台专项扶持政策，支持商贸、文化、体育、旅游等各类企业复工复产复市。组织实施好消费券政策，提振消费信心。推动汽车及家电消费提质升级。提升拱北、九洲港等口岸环境品质，支持特色商业街改造升级。加快社区连锁便利店发展。推进金湾华发商

都、优特商业广场等一批商业综合体项目建成开业，打造一批特色夜间经济区。

扎实做好稳外贸工作。积极培育外贸龙头企业，对重点企业实施“一企一策”帮扶。围绕支持企业增订单稳岗位保就业，加大信贷投放，支持出口产品转内销。积极做好中国国际进口博览会参展组展工作，依托博览会平台进一步扩大进口。大力发展外贸新业态。积极推动区域性国际贸易分拨中心业务上规模。加快高栏港综合保税区封关验收，推进斗门B型保税物流中心申报。大力推进跨境电商综试区建设。

（四）推进更高水平的改革开放，营造稳定公平透明可预期的营商环境

全面深化重点领域改革。稳步推进市属国企市场化改革，完善支持民营经济改革发展的机制。深化“放管服”改革，推动更多微观审批管理权限交由各区。推进要素市场化配置改革，确保各类企业平等获取要素。认真落实《优化营商环境条例》，出台《关于珠海经济特区优化营商环境的决定》，开展营商环境专项整治。落实减税降费、减免租金、金融支持等政策，进一步降低企业负担，新增减税降费超过100亿元。推进政务事项跨境办、秒批办、免证办服务。深化商事制度改革、“一址多照”登记注册改革。持续推进工程建设项目审批制度改革。

扩大对外开放合作。落实外商投资法及配套法规，增强外资企业在珠海发展的信心。抓好外资大项目落地，推动摩天宇第二厂区、飞利浦（珠海）新工业园区等项目加快建设。以高新区为主平台，谋划建设深珠合作示范区，积极承接深圳的产业外溢。推动建设珠江口西岸高端产业集聚发展区。

（五）加快构建现代产业体系，打造粤港澳大湾区经济新引擎

推动制造业高质量发展。深入实施工业企业“十百千”计划、支持实体经济高质量发展等政策，建设制造强市。加快格力电器总部、格力高栏产业园等项目建设。推动109个重点工业项目加快建设。实施“小升规”奖励，新增120家规模以上工业企业，推动300家规模以上工业企业开展技改。加快建设斗门智能制造产业园、香洲科技创新中心、“三溪”科创小镇建设，改造提升富山、南屏、新青、三灶等工业园区。

加快战略性新兴产业集聚。出台专项政策，加快培育集成电路、生物医药、新材料、新能源、高端打印设备等5个千亿级现代产业集群。促进集成电路产业补链稳链强链控链。夯实生物医药产业链基础，加快推动金湾国际健康港二期等项目。推进高栏港中国绿色新材料产业园高质量发展，推动新能源汽车产业链向上下游延伸。支持高端打印设备产业做大做强，加快建成纳思达激光打印机智能制造产业园首期工程。大力发展数字经济，支持5G、物联网、人工智能、区块链与本市产业融合应用。

提升现代服务业发展水平。加快创建国家全域旅游示范区，加快建设长隆国际海洋度假区（二期）、宋城演艺度假区、凤凰谷生态旅游区等项目，推进香山迎宾馆建设。打造珠江西岸国际物流枢纽，加快粤港澳物流园、空港国际智慧物流园项目建设，改造提升香洲旧渔港。加快发展文创产业，做优做强金嘉创意谷等文创产业集聚区。办好第十三届中国国际航空航天博览会、博鳌亚洲论坛全球经济发展与安全论坛首届大会、第七届中国国际马戏节等会展和赛事活动。

（六）积极参与“两点两廊”建设，构筑珠江西岸科技创新高地

加强科技创新开放合作。推动落实与澳门大学、澳门科技大学合作框架协议，继续推动澳门国家重点实验室横琴分部的建设。鼓励港澳地区国家重点实验室与我市合作、在我市设立分支机构。支持我市创新主体联合港澳机构开展技术研发，共同承接或申报国家、粤港澳科技专项。发挥南方海洋科学与工程广东省实验室（珠海）等平台作用，鼓励世界知名高校、科研机构在珠海设立研发机构。推进复旦创新研究院、电机与控制院士工作站等创新平台建设。推进建设粤港澳大湾区科技创新成果交易平台，积极承接广深港澳创新资源外溢，支持科技成果来珠海转化。

加快创新平台载体建设。实施高新技术企业树标提质行动，继续培育引进一批高成长创新型企业。鼓励企业建立研发机构，争取新增一批省级企业技术中心。加快推动格力电器广东省局域能源互联网创新中心建设。大力推动中山大学“天琴计划”、横琴先进智能计算平台等建设，争取更多的国家、省级创新平台落户珠海。扶持格力电器、纳思达、健帆生物等企业建设一批国家级、省级科研平台。

促进科技创新要素聚集。进一步落实“珠海英才计划”，用好用足粤港澳大湾区个人所得税优惠政策，新增引进一批人才。鼓励在珠高校创新发展，支持开设人工智能、生物医药、新能源等专业学科。健全市、区两级政府投资引导基金体系，引导私募基金加大对我市产业投入。加快建设国家知识产权保护中心。

（七）提升城市功能品质，建设珠江口西岸核心城市

加快基础设施互联互通。设立专门机构，加快广江珠澳、广中珠澳高铁、广州地铁18号线延伸至珠澳项目前期工作。推进广珠城轨延长线一期正式运营，加快二期（横琴至机场段）项目建设，与深圳共同推进伶仃洋通道规划建设，加快建设黄茅海跨海通道。推进珠海机场改扩建、机场综合交通枢纽建设，加快珠海机场总规修编，继续推进国际口岸开放。加快莲洲通用机场二期建设。完善口岸基础设施，实现新横琴口岸通关，力争完成青茂口岸建设，重建九洲港口岸。

提升城市精细化建设管理水平。加快新一轮国土空间规划编制，推动横琴、保税区一体化区域加快发展，推进西部生态新城建设，进一步拓展城市发展格局。加快建设一批公园和公共建筑。完成香山湖公园、金湖公园建设，改造提升海天公园，建成城市阳台一期。继续推进情侣路“一带九湾”改造提升。启动“三馆合一”的科技馆、图书馆、艺术馆选址、设计工作。完善城市更新政策体系，扎实推进“三旧”改造工作。统筹抓好香洲北工业区、香洲科技工业园、唐家第一工业区等旧工业区连片改造，推动夏湾农贸市场等旧城镇改造，加快推进香洲翠微、东桥等旧村改造。新增“三

旧”改造167公顷、完成133公顷。

深入实施乡村振兴战略。以龙头企业和重点项目为牵引，大力发展富民兴村产业。推动粤港澳大湾区“菜篮子”基地建设，推动港珠澳现代农业示范园和四大现代农业产业园等项目，推进“一村一品、一镇一业”，创响一批特色产品品牌。积极发展现代渔业，推进建设洪湾渔港水产品产业园，完成非法渔业设施清理整治任务。加快建设现代化生猪养殖场。推进“千村示范、万村整治”工程，开展“五美”专项行动，积极推动美丽乡村建设。完善海岛水利、电网、电缆基础设施，实施海岛渔村更新改造，推进精品海岛旅游开发项目，打造大湾区旅游度假目的地。

（八）压实压紧计划实施主体责任

做好各区各部门督办、协调、服务和指导工作，将年度预期目标分解下达各区各部门，加强对各区各部门指标完成、政策落实、重点项目建设情况的督查督办，纳入各区各部门经济社会发展综合评价和绩效考核体系，合力推动全市经济持续增长、社会和谐稳定。完善检查监督机制。发挥纪委监委、审计、统计等部门作用，及时查找问题、提出解决措施。完善计划实施的公众参与和民主监督机制，拓宽公众参与渠道，及时公开计划实施情况，主动接受社会监督，确保高质量完成全年发展目标任务。

各位代表，2020年是全面建成小康社会决胜之年，也是珠海经济特区成立40周年，我们将继续在市委、市政府的坚强领导下，在市人大、市政协的监督指导下，进一步压实责任、主动作为、真抓实干、攻坚克难，确保全面完成经济社会发展各项任务，为做大做强澳珠发展极点、全面建成小康社会、推动珠海“二次创业”做出新的更大贡献，以优异成绩庆祝珠海经济特区建立40周年！

珠海市2019年主要指标完成情况与2020年预期目标表

主要指标	2019年				2020年	
	完成数		预期目标		预期目标	
	增速	总量	增速	总量	增速	总量
1. 地区生产总值（GDP）（亿元）（%）	6.8	3435.89	7.5左右	—	—	—
2. 人均GDP（万元）（%）	—	17.5	6	15.3	—	—
3. 服务业增加值占GDP比重（%）	—	53.8	—	50	—	—
4. 规模以上工业增加值（亿元）（%）	4	1133.54	10	—	—	—
5. 一般公共预算收入（亿元）（%）	3.9	344.49	3	342.6	—	—
6. 居民消费价格指数（%）	2.3	—	3	—	3.5	—
7. 社会消费品零售总额（亿元）（%）	6.3	1233.36	8	1254	—	—
8. 固定资产投资额（亿元）（%）	6.1	1971.88	5～10	1816.6	15	2267.7
9. 外贸进出口总额（亿元）（%）	-10.4	2908.89	正增长	—	—	—
10. 实际吸收外商直接投资（亿美元）（%）	1.3	24.24	正增长	—	—	—
11. 全体居民人均可支配收入（元）（%）	9.1	52495	8	—	与经济增长基本同步	
12. 城镇登记失业率（%）	—	2.29	—	3	—	3
13. 城镇新增就业人数（万人）	—	4.09	—	3	—	3
14. 年末总人口（万人）	7	202.37	4.4	190	—	—
15. R&D经费支出占GDP比重（%）	—	2.88		3.0	—	3.0
16. 单位GDP能耗下降率（%）★	0.55	—	3	—	待省下达	

（续 表）

主要指标	2019 年				2020 年	
	完成数		预期目标		预期目标	
	增速	总量	增速	总量	增速	总量
17. 能源消费总量（万吨标煤）★	—	589.7	—	500	待省下达	
18. $PM_{2.5}$ 浓度（微克 / 立方米）★	—	25	—	≤ 29	—	≤ 29
19. 二氧化硫排放量对 2015 年下降率（%）★	8.7	—	8.7	—	待省下达	
20. 化学需氧量排放量对 2015 年下降率（%）★	17	—	17	—	待省下达	

1. 带★标志为约束性目标，其余为指导性目标。2019 年固定资产投资增速预期目标经市委市政府批准，调整为 5% ～ 10%。
2. 除固定资产投资以外，其他主要经济指标不再下达 2020 年预期增速目标。
3. 因 2020 年将开展全国人口普查，年末总人口目标暂不下达。

2019 年珠海市人大常委会制定、修订的地方性法规

法规名称	性质	通过时间	施行时间
珠海经济特区前山河流域管理条例	修订	2019 年 1 月 19 日珠海市第九届人民代表大会常务委员会第十九次会议通过	
珠海经济特区生态文明建设促进条例	修订	2019 年 1 月 19 日珠海市第九届人民代表大会常务委员会第十九次会议通过	
珠海市人民代表大会常务委员会关于市人民政府机构改革涉及珠海地方性法规规定的行政机关职责调整问题的决定	制定	2019 年 3 月 29 日珠海市第九届人民代表大会常务委员会第二十次会议通过	2019 年 3 月 30 日起
珠海经济特区横琴新区港澳建筑及相关工程咨询企业资质和专业人士执业资格认可规定	制定	2019 年 9 月 27 日珠海市第九届人民代表大会常务委员会第二十三次会议通过	2019 年 12 月 1 日起
珠海经济特区禁毒条例	制定	2019 年 9 月 27 日珠海市第九届人民代表大会常务委员会第二十三次会议通过	2019 年 12 月 1 日起
珠海经济特区园林绿化条例	制定	2019 年 9 月 27 日珠海市第九届人民代表大会常务委员会第二十三次会议通过	2020 年 1 月 1 日起
珠海经济特区防台风条例	制定	2019 年 11 月 29 日珠海市第九届人民代表大会常务委员会第二十五次会议通过	2020 年 2 月 1 日起

2019 年珠海市人民政府颁布的政府令

名称	令号	通过时间	施行时间
珠海市人民政府关于修改《珠海经济特区建设工程招标投标管理办法》有关条款的决定	第 124 号	2019 年 7 月 10 日珠海市人民政府九届四十九次常务会议审议通过	2019 年 9 月 1 日起
珠海经济特区城市道路清扫保洁管理办法	第 125 号	2019 年 12 月 10 日珠海市人民政府九届六十次常务会议审议通过	2020 年 2 月 1 日起
珠海经济特区互联网租赁自行车管理办法	第 126 号	2019 年 12 月 10 日珠海市人民政府九届六十次常务会议审议通过	2020 年 2 月 1 日起

2019 年珠海市人民政府规范性文件统一编号登记表

序号	名称	统一编号	施行时间
1	珠海市人民政府关于印发珠海经济特区物业管理条例实施细则的通知	ZFGS–2019–01	自 2019 年 3 月 15 日起实施，有效期至 2024 年 3 月 14 日
2	珠海市人民政府关于印发珠海洪湾中心渔港港章（试行）的通知	ZFGS–2019–02	自 2019 年 4 月 18 日起施行，有效期 3 年
3	珠海市人民政府关于印发珠海市“英才卡”实施办法（试行）的通知	ZFGS–2019–03	自 2019 年 7 月 1 日起实施。试行 1 年后，根据执行实际情况进行修改、补充
4	珠海市人民政府关于常住横琴的澳门居民参加珠海市基本医疗保险试点有关问题的通知	ZFGS–2019–04	自 2019 年 7 月 1 日起试行，有效期 3 年，视试点情况在全市范围内推广
5	珠海市人民政府关于印发珠海市房地产市场监督管理办法的通知	ZFGS–2019–05	自 2019 年 6 月 26 日起施行，有效期 5 年
6	珠海市人民政府关于调整我市城乡居民最低生活保障标准和特困供养人员基本生活标准的通知	ZFGS–2019–06	2019 年 1 月 1 日起
7	珠海市人民政府关于印发珠海市加强科技企业孵化器用地管理意见（试行）的通知	ZFGS–2019–07	自 2019 年 8 月 1 日起施行，有效期 3 年
8	珠海市人民政府办公室关于废止珠海市科学技术奖励办法的通知	ZFGS–2019–08	2019 年 8 月 5 日起
9	珠海市人民政府关于印发珠海市城市更新项目地价计收办法的通知	ZFGS–2019–09	自 2019 年 9 月 12 日起施行，有效期至 2024 年 9 月 11 日
10	珠海市人民政府关于印发珠海市国有建设用地地价管理规定的通知	ZFGS–2019–10	自 2019 年 10 月 1 日起施行，有效期至 2024 年 9 月 30 日
11	珠海市人民政府关于公布珠海市 2019 年国有农用地使用权基准地价的通知	ZFGS–2019–11	自 2019 年 10 月 1 日起施行，有效期至 2022 年 9 月 30 日
12	珠海市人民政府关于公布珠海市 2019 年国有建设用地使用权基准地价的通知	ZFGS–2019–12	自 2019 年 10 月 1 日起施行，有效期至 2022 年 9 月 30 日

·责任编辑：曾维浩·

附 录

珠海市机构改革方案

（2019 年 1 月 11 日）

根据《中共中央关于深化党和国家机构改革的决定》《深化党和国家机构改革方案》《关于地方机构改革有关问题的指导意见》和《广东省关于市县机构改革的总体意见》，结合实际，制定珠海市机构改革方案。

一、机构改革的总体部署

以习近平新时代中国特色社会主义思想为指导，全面贯彻党的十九大和十九届二中、三中全会精神，深入贯彻落实习近平总书记视察广东重要讲话精神，认真贯彻落实习近平总书记关于深化党和国家机构改革的重要论述，牢固树立政治意识、大局意识、核心意识、看齐意识，坚持和加强党的全面领导、坚持以人民为中心的发展思想、坚持社会主义市场经济改革方向、坚持优化协同高效、坚持以法治方式推进改革、坚持在中央的统一领导下充分发挥地方积极性。

认真贯彻落实中央和省确定的改革目标和任务要求，中央明确的改革任务坚决落实，主要机构设置同中央和省保持基本对应，坚决维护党中央集中统一领导和国家法制统一、政令统一、市场统一。以推进机构职能优化协同高效为着力点，改革机构设置，优化职能配置，理顺职责关系，市区主要机构设置同中央和省保持基本对应。深化转职能、转方式、转作风，提高效率效能，全面推进体制机制创新，积极构建系统完备、科学规范、运行高效的机构职能体系，促进各方面改革有机衔接、协调联动，发挥改革整体效应，为推动珠海经济特区“二次创业”加快发展、开创珠海发展新局面提供有力的体制机制保障。

深化机构改革，要在党中央集中统一领导和省委具体部署下，由市委负总责，不折不扣落实好各项改革任务。

二、调整优化市级党政机构和职能

（一）对应中央和省级机构改革，调整优化相应机构和职能

1. 建立健全和优化市委对重大工作的领导体制机制

（1）组建市监察委员会。落实党中央关于深化监察体制改革的部署，将市监察局、市预防腐败局的职责，以及市人民检察院查处贪污贿赂、失职渎职及预防职务犯罪等反腐败相关职责整合，组建市监察委员会，同市纪律检查委员会合署办公，履行纪检、监察两项职责，实行一套工作机构、两个机关名称。

不再保留市监察局、市预防腐败局。

（2）组建市委审计委员会，作为市委议事协调机构。市委审计委员会办公室设在市审计局。

（3）组建市委教育工作领导小组，作为市委议事协调机构。市委教育工作领导小组办公室设在市教育局。

（4）将市委全面深化改革领导小组改为市委全面深化改革委员会，作为市委议事协调机构。市委全面深化改革委员会办公室设在市委政策研究室。

（5）将市委全面依法治市工作领导小组改为市委全面依法治市委员会，作为市委议事协调机构。市委全面依法治市委员会办公室设在市司法局。

（6）将市委网络安全和信息化领导小组改为市委网络安全和信息化委员会，作为市委议事协调机构。市委网络安全和信息化委员会办公室为市委网络安全和信息化委员会的办事机构，作为市委工作机关，对外加挂市互联网信息办公室牌子。

（7）将市委外事工作领导小组改为市委外事工作委员会，作为市委议事协调机构。市委外事工作委员会办公室为市委外事工作委员会的办事机构，作为市委工作机关，与市外事局合署办公。

2. 加强市委职能部门的统一归口协调管理职能

（1）市委组织部统一管理市委机构编制委员会办公室。将市机构编制委员会改为市委机构编制委员会，作为市委议事协调机构。调整优化市委机构编制委员会领导体制。市委机构编制委员会办公室为市委机构编制委员会的办事机构，承担市委机构编制委员会日常工作，作为市委工作机关，归口市委组织部管理。

（2）市委组织部统一管理公务员工作。将市人力资源和社会保障局承担的有关公务员管理职责划入市委组织部，对外加挂市公务员局牌子。

（3）市委宣传部统一管理新闻出版和电影工作。将市文化体育旅游局（市版权局）的新闻出版、电影管理职责划入市委宣传部，对外加挂市新闻出版局（市版权局）牌子。

（4）市委统一战线工作部统一管理民族宗教事务工作。将市民族宗教事务局并入市委统一战线工作部，对外加挂市民族宗教事务局牌子。市民族宗教事务局列入市政府工作部门序列，不计入机构限额。将市委统一战线工作部（市侨务局）的海外华人华侨社团联谊等职责划归市归国华侨联合会行使。

3. 新组建和优化职责的机构

（1）组建市自然资源局。将市国土资源局的职责，以及市发展和改革局的配合组织编制主体功能区规划职责，市住房和城乡规划建设局的城乡规划管理职责，市海洋农业和水务局的海洋资源管理职责，市市政和林业局的林业管理职责，相关部门的水、森林、湿地等资源调查和确权登记管理职责及自然保护区、风景名胜区、自然遗产管理职责等整合，组建市自然资源局，加挂市海洋局牌子。市自然资源局在区设分局，实行市以下垂直管理体制。

不再保留市国土资源局。

（2）组建市生态环境局。将市环境保护局的职责，以及市发展和改革局的应对气候变化和减排职责，市国土资源局的监督防止地下水污染职责，市海洋农业和水务局的编制水功能区划、排污口设置管理、流域水环境保护、监督指导农业面源污染治理、海洋环境保护职责等整合，组建市生态环境局。市生态环境局在区设分局，实行市以下垂直管理体制。

不再保留市环境保护局。

（3）组建市农业农村局。将市海洋农业和水务局（市委农村工作办公室）的农业农村、渔业渔政管理及农田水利建设项目管理职责，以及市发展和改革局的农业投资项目、市财政局的农业综合开发项目、市国土资源局的农田整治项目管理职责等整合，组建市农业农村局，加挂市扶贫开发办公室牌子。市委农村工作办公室设在市农业农村局。

不再保留市海洋农业和水务局。

（4）将市文化体育旅游局更名为市文化广电旅游体育局。

（5）组建市卫生健康局。将市卫生和计划生育局的职责，以及市民政局的老龄工作职责，市安全生产监督管理局的职业安全健康监督管理职责等整合，组建市卫生健康局。市老龄工作委员会的日常工作由市卫生健康局承担。

不再保留市卫生和计划生育局。

（6）组建市退役军人事务局。将市民政局的退役军人优抚安置职责，市人力资源和社会保障局的军官转业安置职责，以及军队有关职责等整合，组建市退役军人事务局，按中央有关改革部署实施。

（7）组建市应急管理局。将市安全生产监督管理局的职责，以及市政府办公室的应急管理职责，市公安局的消防管理职责，市民政局的救灾职责，市国土资源局的地质灾害防治职责，市海洋农业和水务局的水旱灾害防治职责，市市政和林业局的森林防火职责，市科技和工业信息化局的震灾应急救援职责，防汛抗旱防风、减灾、抗震救灾、森林防火等指挥部（委员会）的职责等整合，组建市应急管理局，按中央有关改革部署实施。

不再保留市安全生产监督管理局。

（8）重新组建市司法局。将市司法局、市法制局的职责整合，重新组建市司法局。

不再保留市法制局。

（9）优化市审计局职责。将市发展和改革局的重大项目稽察职责，市财政局的本级预算执行情况和其他财政收支情况的监督检查职责，市政府国有资产监督管理委员会的国有企业领导干部经济责任审计和国有企业监事会职责等划入市审计局。

（10）组建市市场监督管理局。将市工商行政管理局、市质量技术监督局、市食品药品监督管理局（市食品安全委员会办公室）的职责，以及市科技和工业信息化局（市知识产权局）的专利管理职责，市发展和改革局的价格监督检查和反垄断执法职责，市商务局的经营者集中反垄断相关职责等整合，组建市市场监督管理局，加挂市知识产权局牌子。市食品安全委员会的日常工作由市市场监督管理局承担。

不再保留市工商行政管理局、市质量技术监督局、市食品药品监督管理局。

（11）组建市医疗保障局。将市人力资源和社会保障局的城镇职工和城乡居民基本医疗保险、生育保险职责，市发展和改革局的药品和医疗服务价格管理职责，市民政局的医疗救助职责等整合，组建市医疗保障局。市医疗保障局在区设分局，实行市以下垂直管理体制。

（12）理顺市档案局（市档案馆）职责。将市档案局的行政职能划入市委办公室，市委办公室对外加挂市档案局牌子。市档案馆作为市委直属事业单位。

不再保留与市档案馆合并设立的市档案局。

（13）组建市政务服务数据管理局。将市政务服务管理局的职责，以及市政府办公室的政务信息化建设管理职责，相关机构的政务数据资源管理利用职责等整合，组建市政务服务数据管理局，统一负责政务服务管理、“互联网＋政务服务”、政务数据管理、公共资源交易管理等工作。

不再保留市政务服务管理局。

（14）按照中央有关部署，配合做好国税地税征管体制改革。

4. 不再设立的机构

（1）不再设立市社会治安综合治理委员会及其办公室、市委维护稳定工作领导小组及其办公室，有关职责交由市委政法委员会承担。

（2）将市委防范和处理邪教问题领导小组及其办公室职责交由市委政法委员会、市公安局承担。

（二）与中央和省级机构基本对应的其他机构和因地制宜设置的机构

1. 与中央和省级机构基本对应的其他机构

市委办公室、市委政策研究室、市直属机关工作委员会、市委巡察工作领导小组办公室作为市委工作机关；市政府办公室、市发展和改革局、市教育局、市科技创新局、市工业和信息化局、市公安局、市民政局、市财政局、市人力资源和社会保障局、市住房和城乡建设局、市交通运输局、市水务局、市商务局、市政府国有资产监督管理委员会、市统计局、市金融工作局、市信访局作为市政府工作部门。其中：

（1）重新组建市委政策研究室。将市委政策研究室的职责和有关机构的统筹、指导、协调体制改革工作职责等整合，重新组建市委政策研究室。

（2）优化市发展和改革局职责。将市科技和工业信息化局、市民政局、市商务局等部门的组织实施重要物资和应急储备物资收储、轮换和日常管理职责，市科技和工业信息化局的有关电力能源管理、节能管理职责，以及相关机构的公共机构节能管理职责划入市发展和改革局。将市粮食局更名为市粮食和物资储备局，仍在市发展和改革局挂牌。

（3）组建市科技创新局。将市科技和工业信息化局的科学技术、地震管理等相关职责，以及市人力资源和社会保障局的外国专家管理职责等整合，组建市科技创新局。

（4）组建市工业和信息化局。在市科技和工业信息化局的工业和信息化相关职责基础上，组建市工业和信息化局。

不再保留市科技和工业信息化局。

（5）将市口岸局（市海防与打击走私办公室）的有关打击走私职责划入市公安局。

（6）组建市住房和城乡建设局。将市住房和城乡规划建设局的住房和城乡建设职责，市市政和林业局有关市政设施、园林绿化、市容环境卫生、城市照明、城市燃气、城市地下空间综合利用等方面的规划设计、建设职责，以及市人民防空办公室的人防工程建设质量监督管理相关职责整合，组建市住房和城乡建设局。

不再保留市住房和城乡规划建设局。

（7）优化市交通运输局职责。将市发展和改革局的综合交通建设管理相关职责，以及相关机构的公路管理、道路运输管理等行政职能划入市交通运输局。

（8）组建市水务局。将市市政和林业局的防洪排涝、供水、节水、市政排水、污水污泥处理等职责，以及市海洋农业和水务局的水务管理等职责整合，组建市水务局。

（9）重新组建市商务局。将市商务局的职责，以及市口岸局除海防与打私外的职责整合，重新组建市商务局，保留市口岸局牌子。

不再保留单设的市口岸局。

（10）将市信访局由在市委办公室挂牌调整为市政府工作部门。

2. 因地制宜设置的机构

市委军民融合发展委员会办公室、市委台港澳工作办公室、市委老干部局、市委机要和保密局作为市委工作机关；市城市管理和综合执法局作为市政府工作部门。其中：

（1）组建市委国家安全委员会，作为市委议事协调机构。市委国家安全委员会办公室设在市委办公室。

（2）组建市委军民融合发展委员会，作为市委议事协调机构。市委军民融合发展委员会办公室为市委军民融合发展委员会的办事机构，作为市委工作机关。将市科技和工业信息化局的国防科学技术工业管理职责，市人民防空办公室的相关职责，市口岸局（市海防与打击走私办公室）的有关指导协调海防管理、控制和海防基础设施建设工作、协助查处有关海防案件职责，以及相关机构的航展管理职责等划入市委军民融合发展委员会办公室，对外保留市人民防空办公室牌子，对外加挂市航展局牌子。

不再保留单设的市人民防空办公室。

（3）组建市委台港澳工作办公室。将市委统一战线工作部（市委台湾工作办公室、市政府台湾事务局）的台湾事务管理职责，市外事局（市港澳事务局）的港澳事务管理职责整合，组建市委台港澳工作办公室，对外加挂市台港澳事务局牌子。

（4）组建市推进粤港澳大湾区建设领导小组，作为市委议事协调机构。市推进粤港澳大湾区建设领导小组办公室设在市发展和改革局。

（5）将市委老干部局由在市委组织部挂牌调整为市委工作机关，归口市委组织部管理。

（6）组建市委机要和保密局。将市委办公室（市委保密委员会办公室、市国家保密局、市委机要局、市密码管理局）的机要、保密管理职责整合，组建市委机要和保密局，对外加挂市国家保密局、市密码管理局牌子，归口市委办公室管理。

（7）组建市城市管理和综合执法局。将市城市管理行政执法局的职责，以及市市政和林业局的城市管理有关职责整合，组建市城市管理和综合执法局。

不再保留市城市管理行政执法局、市市政和林业局。

（8）不再保留市社会工作委员会。

改革后，共设置党政机构46个。党委机构16个，其中，纪检监察机关1个，工作机关15个。政府工作部门30个。（详见附件）

三、统筹推进其他各项改革

（一）深化市级人大、政协机构改革和群团组织改革

1. 深化市人大机构改革。发挥人大及其常委会在立法

工作中的主导作用，加强人大对预算决算、国有资产管理等的监督职能，健全人大组织制度和工作制度，完善人大专门委员会设置，更好发挥其职能作用。在整合相关专门委员会职责的基础上，组建市人大社会建设委员会。将市人大内务司法委员会更名为市人大监察和司法委员会，增加配合深化监察体制改革、完善监察制度体系、推动实现党内监督和国家机关监督有机统一方面的职责。

2. 深化市政协机构改革。推进人民政协履职能力建设，加强人民政协民主监督，优化政协专门委员会设置，更好发挥其作为专门协商机构的作用。在整合相关专门委员会职责的基础上，组建市政协农业和农村委员会。

3. 深化群团组织改革。贯彻落实中央和省关于群团改革工作的部署要求，继续推进群团组织改革创新。推动群团组织增强政治性、先进性、群众性，着力解决“机关化、行政化、贵族化、娱乐化”等问题，优化群团机构设置，完善管理模式，创新运行机制，坚持眼睛向下、面向基层，将力量配备、服务资源向基层倾斜。促进党政机构同群团组织功能有机衔接，支持和鼓励群团组织承担适合其承担的公共服务职能，增强群团组织团结教育、维护权益、服务群众功能，更好发挥群团组织作为党和政府联系人民群众的桥梁和纽带作用。

（二）深化市委市政府直属事业单位改革和承担行政职能事业单位改革

推进市委市政府直属事业单位改革，按照精干高效原则设置市委市政府直属事业单位。按照中央和省部署，全面推进承担行政职能的事业单位改革，除行政执法机构外，完全、主要和部分承担行政职能的事业单位，均纳入改革实施范围。在全面清理行政职能的基础上，按照能转职能的不转机构、确需转机构的实行综合设置的原则，区分情况推进改革。将承担行政职能的市委市政府直属事业单位并入相关党政机构，将承担行政职能的部门所属事业单位的行政职能回归机关。行政职能剥离划转后，余下职能任务饱满的，可继续保留原事业单位，重新明确其职责任务和类别。改革后，除行政执法机构外，不再保留或新设承担行政职能的事业单位，保留设置的事业单位，名称不再称“委、办、局”。衔接主管部门及其职责调整情况，同步划转和改革部门所属事业单位。

（三）深化综合行政执法改革

按照中央和省的部署，深化行政执法体制改革，统筹配置行政执法职能和执法资源，全面梳理、规范和精简执法事项，相对集中行政处罚权、行政强制权。按照省的改革部署，切实推进市场监管、生态环境保护、文化市场、卫生健康领域行政执法体制改革，继续完善交通运输、农业、城市管理等领域行政执法体制改革。市场监管、农业领域由区级执法，市级负责执法监督；文化市场、交通运输领域由市级统一执法；生态环境保护领域由市级统一执法，实行市以下垂直管理。

1. 改革市场监管综合执法体制。整合工商、质监、食品、药品、物价、反垄断、商标、专利、商务、盐业等执法职责和队伍，组建市场监管综合执法队伍。市市场监督管理局内设执法监督机构。

2. 改革生态环境保护综合执法体制。整合环境保护和国土、农业、水务等部门相关污染防治和生态保护执法职责和队伍，统一实行生态环境保护执法。衔接中央有关省以下生态环境机构监测监察执法垂直管理制度改革试点工作，完善市、区生态环境部门管理体制。市生态环境局设生态环境保护综合执法机构，统一负责全市生态环境执法工作，并在各区设置分支机构，实行市以下垂直管理体制。

3. 深化文化市场综合执法体制。市文化市场综合执法队伍统一负责行使全市文化、文物、出版、广播电视、电影、旅游市场、体育等行政执法职责，并在各区设置分支机构。

4. 完善交通运输综合执法体制。在前期先行先试基础上，继续完善交通运输综合执法体制。市交通运输局设交通运输综合执法机构，统一负责全市执法工作，并在各区设置分支机构。

5. 完善农业综合执法体制。在前期先行先试基础上，继续完善农业综合执法体制。市农业农村局内设农业综合执法监督机构。渔政执法队伍调整由省实行垂直管理，继续集中行使海洋监察、海岛管理、渔政管理、渔港监督、渔船监督检验、海洋环境保护等执法职责，并建立与农业农村、自然资源、生态环境等部门间的协调工作机制。

继续推进城市管理综合执法体制改革，实行城市管理综合执法重心下移，属地管理。整合公共卫生、医疗卫生、计划生育、中医药、职业安全健康等监督执法职责和队伍，组建卫生综合监督行政执法队伍，统一行使卫生与健康执法职责。

根据不同层级政府的事权和职能，按照减少层次、整合队伍、提高效率的原则，大幅减少执法队伍种类，合理配置执法力量。推动整合同一领域或相近领域执法队伍，实行综合设置。允许各区结合本地实际，组建跨部门跨领域综合行政执法队伍，并建立健全综合执法主管部门、相关行业管理部门、综合执法队伍间协调配合、信息共享机制和跨部门、跨区域执法协作联动机制。

推进执法力量向基层和一线倾斜。在锁定行政执法编制的基础上，建立完善体现综合执法特点的编制管理方式，逐步规范综合执法队伍人员编制管理。可通过政府购买服务等方式，补充有关辅助人员，建立健全网格化管理机制。完善执法程序，严格执法责任，做到严格规范公正文明执法，推进全市行政执法标准化、信息化建设，加强执法监督，不断提高执法水平。

（四）深入推进基层政权建设和审批服务便民化改革

深入推进基层政权建设。要进一步理顺市区权责划分，加强市的统筹协调，夯实基层基础，继续推进强区放权工作，压减政府部门权责清单事项数量，进一步下放经济社会管理事项，尽可能将资源、服务、管理放到区级。重点强化区级政府社会管理、公共服务职能，相应加强社会管理、民生保障部门，让区级政府在服务保障群众需求上有更大作为。整合审批、服务、执法等职能，充实工作力量，构建简约高效的基层管理体制。

按照《中共中央关于深化党和国家机构改革的决定》有关要求，深化镇街行政管理体制改革。充分发挥镇街党委（党工委）领导核心作用，加强党的全面领导，强化党组织的统筹协调功能，夯实党在基层的执政基础。镇街工作重心要转到加强党的建设和公共服务、公共管理、公共安全上来。优化机构和职能配置，整合机构编制资源，在机构限额内统筹设置党政办、组织办、经济服务办、社会事务办等综合性办公室，完善镇街组织架构体系。以区镇权责清单管理为抓手，理顺区镇职责关系，优化事业站所管理体制，加强镇街对事业站所的统筹管理。推动机构编制资源向镇街倾斜，区级事业单位改革调整出来的编制用于充实镇街工作力量，使镇街有人有权有物，保证镇街事情镇街办、镇街权力给镇街、镇街事情有人办。加快转变镇街政府职能，强化服务功能，大力推进审批服务标准化和集中办理，全面推行审批服务“马上办、网上办、就近办、一次办”。深化镇街综合行政执法体制改革，整合各类执法队伍、职责，实现“一支队伍管执法”；整合优化基层治理网格，实现“多网合一、一员多能”，提升基层监管执法服务能力。

深入推进审批服务便民化改革。把机构改革同深化简政放权、放管结合、优化服务改革有机结合起来。加强权责清单管理，有效规范和约束行政权力运行。持续开展“减证便民”行动，减少盖章、审核、备案、确认等各种繁琐环节和手续。加快推进部门政务信息联通共享，着力提升“互联网＋政务服务”水平。推进供水、供电、供气等人民群众经常打交道的公共事业部门便民化改革，最大限度方便企业群众办事。

（五）强化机构编制管理刚性约束

强化党对机构编制工作的集中统一领导。全面清理限额外行政机构，规范管理合署办公机构、挂牌机构、临时机构、派出机构、议事协调机构及其办事机构。党政机构合署办公的，实行一套工作机构、两个机关名称。挂牌机构不得设为实体机构。合署办公机构、挂牌机构不增加领导职数。议事协调机构一般不单设办事机构，具体工作由相关部门承担。联席会议不挂牌子、不刻公章、不单独行文。临时机构要在阶段性、临时性任务完成后及时撤销。精简整合规范各类派出机构。统一规范内设机构规格和名称，加大内设机构综合设置力度，综合性内设机构不超过内设机构总数的三分之一。整合归并的党政机构，综合性内设机构合并为一套，业务机构要根据工作的内在联系进行重新设计和整合，该精简的精简，该加强的加强。

强化编制总量控制，严禁擅自增加编制种类、超编进人、超职数配备领导干部。统筹使用各类编制资源，加大部门间、地区间编制统筹调配力度，打破编制分配之后地区所有、部门所有、单位所有的模式。全面清理取消擅自设置的机构和岗位、擅自配备的职务。严格控制编外聘用人员，从严规范适用岗位、职责权限和各项管理制度。坚决整治上级部门通过划拨经费、项目审批、考核督查、评比表彰等方式，要求下级增设机构、提高规格、增加人员编制或领导职数等“条条干预”行为。加大机构编制违法违纪行为查处力度，切实维护机构编制管理的严肃性和权威性。

四、组织实施

（一）加强组织领导。在省委的领导下，市委负责具体实施市区机构改革工作。市委深化机构改革工作领导小组具体负责全市机构改革的组织领导、总体设计、统筹协调和督促落实，各区各部门要相应建立领导和协调机制，组建工作专班，明确责任主体和工作进度，抓好本地区本部门机构改革组织实施工作。各级党委主要负责同志要当好改革的“施工队长”，认真研究解决改革遇到的突出问题，协调解决重大事项，督促改革有序推进。

（二）细化工作进度。坚持蹄疾步稳、紧凑有序推进改革。市级机构改革在2019年1月底前基本完成；区级机构改革在2019年3月底前基本完成。

（三）稳妥有序推进。全面贯彻“先立后破、不立不破”原则，有组织、有步骤、有纪律推进机构改革，把握好改革发展稳定关系，确保机构改革期间各项工作连续稳定，防止出现空档期。深入做好思想政治工作，密切关注干部职工思想动态，稳定好干部职工队伍，做到思想不乱、工作不断、队伍不散、干劲不减，保证改革期间各项工作连续稳定。谋划和统筹做好相关政策研究及保障工作，明确涉改部门领导班子调整配备、人员转隶、资产划转、集中办公、富余人员安排、离退休干部管理服务等方面的具体措施和办法。研究涉改部门的机构编制职数框架，为部门组建和制定“三定”规定打好基础。要加强宣传和舆论引导，凝聚改革共识，坚定改革信心，为改革顺利开展营造良好环境。

（四）严明纪律规矩。按照中央、省的要求，严格执行机构改革政治纪律、组织纪律、机构编制纪律、干部人事纪律、财经纪律、保密纪律。党委（党组）主要负责同志要当好第一责任人，对中央和省明确的改革任务要坚决落实到位，涉及机构变动、职责调整的部门，要服从大局，确保机构、职责、队伍按要求按时限调整到位，不允许迟滞拖延，不允许搞变通，不允许突击提拔和调整干部。严肃查处机构改革过程中的违规违纪和“条条干预”问题。将机构改革实施情况纳入重大决策部署督察任务和巡察范围，进行督促检查。市委将对各区机构改革适时开展评估和督察，确保改革任务顺利完成。

附件：

1. 中共珠海市委机构设置表
2. 珠海市人民政府机构设置表

附件 1

中共珠海市委机构设置表

- 纪律检查委员会监察委员会机关
- 办公室
- 组织部
- 宣传部
- 统一战线工作部
- 政法委员会
- 政策研究室
- 全面深化改革委员会办公室（设在政策研究室）
- 全面依法治市委员会办公室（设在市司法局）
- 国家安全委员会办公室（设在办公室）
- 网络安全和信息化委员会办公室
- 外事工作委员会办公室
- 机构编制委员会办公室
- 军民融合发展委员会办公室
- 审计委员会办公室（设在市审计局）
- 教育工作领导小组办公室（设在市教育局）
- 农村工作办公室（设在市农业农村局）
- 台港澳工作办公室
- 市推进粤港澳大湾区建设领导小组办公室（设在市发展和改革局）
- 直属机关工作委员会
- 巡察工作领导小组办公室
- 老干部局
- 机要和保密局

说明：

珠海市委设置纪检监察机关 1 个，计入机构限额的工作机关 15 个（设在相关部门的市委议事协调机构的办事机构不纳入机构限额）。其中，纪律检查委员会与监察委员会合署办公，实行一套工作机构、两个机关名称；办公室挂市档案局牌子；组织部挂市公务员局牌子；宣传部挂市政府新闻办公室、市精神文明建设委员会办公室、市新闻出版局（市版权局）牌子；统一战线工作部挂市民族宗教事务局、市侨务局牌子；网络安全和信息化委员会办公室挂市互联网信息办公室牌子；军民融合发展委员会办公室挂市人民防空办公室、市航展局牌子；台港澳工作办公室挂市台港澳事务局牌子；机要和保密局挂市国家保密局、市密码管理局牌子。

附件 2

珠海市人民政府机构设置表

- 办公室
- 发展和改革局
- 教育局
- 科技创新局
- 工业和信息化局
- 公安局
- 民政局
- 司法局
- 财政局
- 人力资源和社会保障局
- 自然资源局
- 生态环境局
- 住房和城乡建设局
- 交通运输局
- 水务局
- 农业农村局
- 商务局
- 文化广电旅游体育局
- 卫生健康局
- 退役军人事务局
- 应急管理局
- 审计局
- 国有资产监督管理委员会
- 市场监督管理局
- 统计局
- 医疗保障局
- 金融工作局
- 城市管理和综合执法局
- 信访局
- 政务服务数据管理局

说明：

珠海市人民政府设置工作部门30个。其中，发展和改革局挂粮食和物资储备局牌子；自然资源局挂海洋局牌子；交通运输局挂港口管理局牌子；农业农村局挂扶贫开发办公室牌子；商务局挂口岸局牌子；市场监督管理局挂知识产权局牌子。外事局与市委外事工作委员会办公室合署办公，不计入机构限额；民族宗教事务局列入政府工作部门序列，不计入机构限额。

市直党政群机关名称及简称

（括号内为机构简称）

一、党委系统

（一）中共珠海市纪律检查委员会珠海市监察委员会机关

（市纪委监委机关）

（二）工作机关和设在相关部门的市委议事协调机构的办事机构

中共珠海市委办公室

（市委办公室）

中共珠海市委组织部

（市委组织部）

中共珠海市委宣传部

（市委宣传部）

中共珠海市委统一战线工作部

（市委统战部）

中共珠海市委政法委员会

（市委政法委）

中共珠海市委政策研究室

（市委政研室）

中共珠海市委全面深化改革委员会办公室

（市委改革办）

中共珠海市委全面依法治市委员会办公室

（市委依法治市办）

中共珠海市委国家安全委员会办公室

（市委国安办）

中共珠海市委网络安全和信息化委员会办公室

（市委网信办）

中共珠海市委外事工作委员会办公室

（市委外办）

中共珠海市委机构编制委员会办公室

（市委编办）

中共珠海市委军民融合发展委员会办公室

（市委军民融合办）

中共珠海市委审计委员会办公室

（市委审计办）

中共珠海市委教育工作领导小组办公室

（市委教育办）

中共珠海市委农村工作办公室

（市委农办）

中共珠海市委台港澳工作办公室

（市委台港澳办）

市推进粤港澳大湾区建设领导小组办公室

（市大湾区办）

中共珠海市直属机关工作委员会

（市直机关工委）

中共珠海市委巡察工作领导小组办公室

（市委巡察办）

中共珠海市委老干部局

（市委老干部局）

中共珠海市委机要和保密局

（市委机要和保密局）

（三）加挂（保留）牌子的机关

珠海市档案局

（市档案局）

珠海市公务员局

（市公务员局）

珠海市人民政府新闻办公室

（市新闻办）

珠海市精神文明建设委员会办公室

（市文明办）

珠海市新闻出版局

（市新闻出版局）

珠海市民族宗教事务局

（市民族宗教局）

珠海市侨务局

（市侨务局）

珠海市互联网信息办公室

（市互联网办）

珠海市人民防空办公室

（市人防办）

珠海市航展局

（市航展局）

珠海市台港澳事务局

（市台港澳事务局）

珠海市国家保密局
（市保密局）
珠海市密码管理局
（市密码管理局）

二、政府系统

（一）工作部门

珠海市人民政府办公室
（市政府办公室）
珠海市发展和改革局
（市发展改革局）
珠海市教育局
（市教育局）
珠海市科技创新局
（市科技创新局）
珠海市工业和信息化局
（市工业和信息化局）
珠海市民族宗教事务局
（市民族宗教局）
珠海市公安局
（市公安局）
珠海市民政局
（市民政局）
珠海市司法局
（市司法局）
珠海市财政局
（市财政局）
珠海市人力资源和社会保障局
（市人力资源社会保障局）
珠海市自然资源局
（市自然资源局）
珠海市生态环境局
（市生态环境局）
珠海市住房和城乡建设局
（市住房城乡建设局）
珠海市交通运输局
（市交通运输局）
珠海市水务局
（市水务局）
珠海市农业农村局
（市农业农村局）
珠海市商务局
（市商务局）
珠海市文化广电旅游体育局
（市文化广电旅游体育局）
珠海市卫生健康局
（市卫生健康局）
珠海市退役军人事务局
（市退役军人事务局）
珠海市应急管理局
（市应急管理局）
珠海市审计局
（市审计局）
珠海市人民政府国有资产监督管理委员会
（市国资委）
珠海市市场监督管理局
（市市场监管局）
珠海市统计局
（市统计局）
珠海市医疗保障局
（市医保局）
珠海市金融工作局
（市金融工作局）
珠海市城市管理和综合执法局
（市城市管理综合执法局）
珠海市信访局
（市信访局）
珠海市政务服务数据管理局
（市政务服务数据管理局）

（二）合署办公的机构

珠海市外事局
（市外事局）

（三）加挂（保留）牌子的机关

珠海市粮食和物资储备局
（市粮食和储备局）
珠海市海洋局
（市海洋局）
珠海市港口管理局
（市港口管理局）
珠海市扶贫开发办公室
（市扶贫办）
珠海市口岸局
（市口岸局）
珠海市知识产权局
（市知识产权局）

三、人大常委会机关

珠海市人民代表大会常务委员会办公室
（市人大常委会办公室）
珠海市人民代表大会常务委员会法制工作委员会
（市人大常委会法工委）

珠海市人民代表大会常务委员会监察和司法工作委员会

（市人大常委会监察司法工委）

珠海市人民代表大会常务委员会财政经济工作委员会

（市人大常委会财政经济工委）

珠海市人民代表大会常务委员会城市建设与环境资源工作委员会

（市人大常委会城市建设环境资源工委）

珠海市人民代表大会常务委员会农村农业工作委员会

（市人大常委会农村农业工委）

珠海市人民代表大会常务委员会教育科学文化卫生外事华侨宗教工作委员会

（市人大常委会教育科学文化卫生外事华侨宗教工委）

珠海市人民代表大会常务委员会社会建设工作委员会

（市人大常委会社会工委）

珠海市人民代表大会常务委员会选举联络人事任免工作委员会

（市人大常委会选联工委）

四、政协机关

中国人民政治协商会议珠海市委员会办公室

（市政协办公室）

中国人民政治协商会议珠海市委员会提案委员会

（市政协提案委）

中国人民政治协商会议珠海市委员会经济委员会

（市政协经济委）

中国人民政治协商会议珠海市委员会农业和农村委员会

（市政协农业农村委）

中国人民政治协商会议珠海市委员会科教文卫体委员会

（市政协科教文卫体委）

中国人民政治协商会议珠海市委员会社会和法制委员会

（市政协社会和法制委）

中国人民政治协商会议珠海市委员会文史资料委员会

（市政协文史资料委）

中国人民政治协商会议珠海市委员会港澳台侨与外事委员会

（市政协港澳台侨与外事委）

中国人民政治协商会议珠海市委员会人口资源环境委员会

（市政协人口资源环境委）

五、法院、检察院机关

珠海市中级人民法院

（市中院）

珠海市人民检察院

（市检察院）

六、民主党派和工商联机关

中国国民党革命委员会珠海市委员会

（市民革）

中国民主同盟珠海市委员会

（市民盟）

中国民主建国会珠海市委员会

（市民建）

中国民主促进会珠海市委员会

（市民进）

中国农工民主党珠海市委员会

（市农工党）

中国致公党珠海市委员会

（市致公党）

九三学社珠海市委员会

（市九三学社）

台湾民主自治同盟珠海市支部委员会

（市台盟）

珠海市工商业联合会

（市工商联）

七、群团机关

珠海市总工会

（市总工会）

中国共产主义青年团珠海市委员会

（团市委）

珠海市妇女联合会

（市妇联）

珠海市科学技术协会

（市科协）

珠海市社会科学界联合会

（市社科联）

珠海市文学艺术界联合会

（市文联）

珠海市残疾人联合会

（市残联）

中国国际贸易促进委员会珠海市分会

（市贸促会）

珠海市红十字会

（市红十字会）

索 引

说 明

一、本索引款目按汉语拼音字母（同音字按声调）顺序排列。
二、文中的类目题、分目题黑体字标明，其余用宋体字排印。
三、索引款目后的数字表示内容所在的页码，数字后的英文字母（a、b、c）表示栏别（即版面 1、2、3 栏）。
四、同一主题内容在文中多处出现的，在其款目后用不同的页码标明。
五、本索引对《特载》《年度关注》《大事记》《人物》《统计资料》《文献·法规》等类目不作内容主题分析。

A

安全播出保障 246a
安全生产 198c
安全生产建设推进 57c
安全生产执法监察 153a
安置帮教 132b
澳门产业多元十字门中央商务区 146a
澳门大学 - 华发集团联合实验室揭牌 146b
澳门对横琴口岸澳方口岸区实施管辖 283c
澳门回归祖国 20 周年汇演水上交通管制 173b
《澳门回归祖国二十周年》纪念邮票发行 214a
澳门经济适度多元发展 117c
澳门居民参加珠海医保试点 256c
澳珠会展合作 222a
澳珠旅游协同发展对话会 226a
澳珠企业家峰会 165c 222c

B

八大类商品和服务消费 260c
百分百商业有限公司 220a
百分百引进“刷脸”消费 220b
版权保护 245c
版权登记 245b
版权教育 245b
保险便民服务 168c
保险产品 168c
保险稳岗 256a
保险消费者调解渠道拓展 169a
保险业 168b
保险业服务大湾区建设 168b
保障性住房信息系统建设 257c
报废机动车回收拆解 221c
报告文学《中国桥——港珠澳大桥圆梦之路》 238a
报纸出版 244c
北京理工大学珠海学院 231b
北京师范大学 - 香港浸会大学联合国际学院 232a
北京师范大学珠海分校 231a
北京西站至珠海跨线列车增开 211b
备案审查 120a
边检信息化建设 173c
边检总站换装授衔 174b
便民小市场 177a
殡葬管理与服务 263c
博士后工作 253c
博物馆 240a
不动产登记 201a
不动产登记澳门绿色通道 201a
不动产登记改革 139b
不动产登记关联业务融合 201a
不动产权电子证书 201a
步行商业街区 218c
部队建设 137c

部门间协调机制建立 68c

C

CPI 低于全国和全省平均水平 261c
财税 156a
财政 156a
财政服务大湾区建设 156c
财政服务经济社会发展 156c
财政改革 157a
财政管理 157a
财政支出 156b
参政议政 87b
餐饮业 219a
残疾人“两项补贴” 259c
残疾人发展环境建设 111a
残疾人服务设施和基层基础建设 111a
残疾人教育扶助 110a
残疾人就业服务 110a
残疾人康复服务 110b
残疾人文体活动 110c
残疾人组织联络 110c
产城融合发展 290a
产学研合作 233a
产业发展 198c 270a 272c 287a
产业扶贫 181c
常住横琴的澳门居民试点
珠海医保 283c
成品油市场监管 195a
城际轨道交通 211a
城区大气环境污染管理防治 176c
城市安全风险管控 152c
城市更新 272a
城市管理 270c
城市轨道交通 211a
城市建设 54c 175b
城市客运交通 208a
城市社会治理基础单元改革 67b
城乡规划编制与评优 155b
城乡建设 174c
城乡居民收入 260a
城乡居民消费 260c
城乡协调发展格局加快形成 46b
出境旅游 225b
出口贸易 183a
出入境边防检查 173c
船舶污染防治 172c
创想梦主题活动 103c
创新创业活动周 103c
创新驱动 54b 198c 270c 273c
275c 284b 287a 288a
289c
创新主体培育 232c
创业创新大赛 255a
创业促进 254b
慈善事业 259c
慈善助餐项目启动 260a
从严管党治党 137a
从严治团 99a
促消费活动 218c
村镇建设 179b
村庄规划设计 181a

D

“大爱无疆”附加补充医疗保险 168c
大案要案 127b
大气污染防治 265c
大数据审计 147b
大数据应用于产业用地绩效审计 147c
大湾区个人所得税优惠政策落地 159a
大湾区医疗卫生交流与合作 249a
大型活动医疗卫生保障 247b
大型企业增长较快 194b
大学生创业大赛 255a
档案安全管理 242c
档案法治宣传 243a
档案服务 242a
档案工作 241c
档案馆舍建设 243a
档案收集 242a
档案业务督导 242c
档案业务培训 242c
档案育人 242b
党的纪律建设 70c
党的建设推进 52b
党的十九大精神学习贯彻 58a
党的思想建设 69c
党的政治建设 69b
党的组织建设 70a
党的作风建设 70b
党风廉政和作风建设 55b
党史编研 74c
党史工作 74b
党史工作新格局 75b
党史宣教 74c
党外代表人士队伍建设 65a
党外知识分子和新的社会阶层人士
统战 63c
党校 73a
党校教学 73c
党校科研 74a
地表水环境保护 266a
地表水监测事权上收 267c
地方机构改革 68a
地方立法 119a
地方志工作 243b
地名审核 263c
地情资源开发利用 244a
地下综合管廊建设 175c
地质灾害防治 156a
第二次全国污染源普查 267c
第九届珠澳合作发展论坛 118c
第六届中国国际马戏节 241c
第三十五届青少年科技创新大赛 104c
第十五届民间艺术大巡游 278c
第四次全国经济普查完成 149a
第四届中国国际复合材料
科技大会 223a
第四条对澳门供水管道工程通水 193b
第一届特约监察员聘请会议 89b
典当业 221a
电力能源产业 194c
电视 245c
电网规划与建设 178b
电网建设 194c
电影 237c
电子信息产业 195c
电子信息产业重点公共服务平台 196a

电子信息重点企业 196b
调查研究 65a
东方 13–2CEPB 平台 291b
东西部扶贫协作与对口支援 182a
斗门区 275b
督查机制改革 65c
对澳门供电 178c
对澳门供水 193b
对港澳合作 286c
对口帮扶工作推进 58a
对口扶贫（支援）地区农副产品展销会 181b
对口支援帮扶 181b
对口支援理塘县、稻城县 182b
对口支援林芝市米林县、米林农场 182b
对口支援怒江傈僳族自治州 182a
对口支援重庆市巫山县 182b
对台工作 115c
对台宣传 116c
对外贸易 183a
对外宣传 62c
多党合作 63b

E

儿童福利 258c
儿童权益保障 258c
二手车市场 221c
“21 世纪海上丝绸之路”中国（广东）论坛 222c

F

发展规划编制 143a
发展规划管理 143a
法律服务 132c
法院 130a
法治 119a
法治公安建设 127a
法治建设推进 56a
法治交通建设 209c
法治统计 148c
法治宣传 132c
法治政府建设 123c
反不正当竞争执法 152a
反腐败国际追逃追赃 88c
反洗钱监管 163b
反走私综合治理 170b
泛珠三角超级赛车节 250b
方言 35c
防雷减灾安全监督 236a
防震减灾 236c
防震减灾科普教育 236c
房地产市场监管调控 200c
房地产业 200c
“放管服”改革 67a
非公经济领域统战 64b
非居民管道燃气价格降低 148a
非物质文化遗产 240b
非物质文化遗产项目代表性传承人 240b
非洲猪瘟动物疫病防控 191a
风景名胜 35b
孵化育成体系建设 232c
服务实体经济 166a
辐射安全管理 267a
福利彩票 259c
妇女创就业服务 101c
妇女交流合作 102c
妇女普法维权 102a
妇女组织建设 101b
妇幼卫生 246c
富山工业园 198a

G

改革创新 280b
改革开放向纵深推进 45a
改革谋划推进 65b
改革要点宣传 65c
概貌 32
干部队伍建设 58c
干部培训 73a
港澳创新合作深化 284c
港澳工作 117b
港澳流动渔民 188b
港澳流动渔民服务管理 188c
港澳流动渔民会务交流活动 188c
港澳流动渔民宣传教育 188b
港澳企业和专业人士到内地执业法规 283b
港澳青年在珠创新创业 118b
港澳融合发展 279b
港口 205a
港口安全 205b
港口建设 205b
港口节能减排 205c
港口生产 205a
港口收费标准降低 148b
港口物流 219b
港珠澳大桥口岸管理 173c
高层次人才队伍建设 253a
高等教育 230c
高端产业发展 197c
高技能人才队伍建设 253a
高栏港区 15 万吨级主航道工程 206a 291a
高龄津贴发放 258c
高新区党群服务中心揭牌 286a
革命遗址大普查 75a
个体工商户 186b
各类用地升级改造 143a
各区居民可支配收入情况 260c
工程建设项目审批制度改革 139a
工会阵地建设 98c
工会组织建设 97b
工贸行业安全监管 152c
工伤保险 256a
工商银行珠海分行 167b
工业 194a
工业互联网 214b
工业结构优化 194a
工业企业“煤改气”工作 195a
工业投资增速提升 194b
工业危险废物处置 266c
工业主导产业发展迅速 194a
公安 125b
公办幼儿园建设 272a

公共安全监管 126b
公共道路建设 201b
公共服务保障 145b
公共交通发展 209b
公共投资审计 147a
公共文化 238b
公共文化服务体系示范区创建 278a
公共文明水平提升 48a
公共资源交易 85b
公积金人才优惠政策执行情况 258b
公立医院改革 67c 248a
公路 201b
公路安全生产 202c
公路安全生命防护工程交工验收 202c
公路养护管理 202a
公民思想道德建设 47b
公平竞争审查制度全覆盖 141a
公务员管理 254a
公益诉讼检察 128c
公职人员管理 254a
拱北海关 170b
“共享芬芳·共铸小康”仁美书画展 111b
供电 177c
供电保障 178a
供电服务 178a
供气 179a
供水基础设施建设 177b
供销合作社 219c
古元诞辰 100 周年纪念活动 239c
古元美术馆 239c
固体废物处置 266c
广播 245c
广播电视 245c
广播电视行业监管 246a
广东扶贫济困日 181c
广东科学技术职业学院 230b
广东省党史教育基地 275b
广东省小型微型企业创业创新示范基地 275a
广告市场监测 152a
广药白云山化学制药（珠海）公司动工 199a
归侨侨眷参政议政 107a
归侨侨眷政策落实 115b
规范性文件管理 125a
规划编研 155c
轨道交通 211a
国、省道公路网命名编号调整 202c
国防动员 135c
国际化标准体系建设 150c
国际经贸展览组织管理 111b
国际商事法律服务 111c
国际收支 163c
国际休闲旅游岛方案获批 283a
国家海洋督察反馈意见整改 187c
国库业务 163b
国内旅游接待与收入 225b
国企法治建设 144b
国企市场化改革 144a
国企薪酬改革 141b 144a
国税地税征管体制改革 142c
国土空间总体规划 155c
国有“僵尸企业”处置 144b
国有企业发展 144b
国有企业上市发展 144b
国有资产监督管理 143c
国有资产监管 145a
国资国企改革 141a

H

海岛高电价民生问题解决 195b
海岛广播电视信号升级 246a
海岛旅游业发展 288a
海岛用电服务 178c
海防工作 170b
海关“贴心服务” 171a
海关服务大局 170c
海关服务地方 170c
海关合作开放 171a
海关缉私 171c
海关科技信息化建设 172a
海关征税 171c
海监执法 188a
海绵城市建设 174c
海事 172b
海事服务 172c
海事应急处置 172c
海燕桥拆除重建并提前开放通行 202c
海洋产业 187a
海洋资源 33b
海域海岛保护和开发利用 187c
航道安全生产监管 207c
航道管理 207a
航道建设 207a
航道养护管理 207b
和谐警民关系构建 126c
和谐寺观教堂创建 252a
河长制、湖长制推进 192c
横琴供电局挂牌 178c
横琴台商总部大厦建设协调 116b
横琴新区、保税区、洪湾片区一体化发展推进 66a
横琴银行业 166b
红十字宣传 113b
红十字志愿服务 113b
洪湾中心渔港承接香洲渔港渔业功能 192a
后勤保障 138a
后续监管 171b
“互联网＋三农”信息平台 190a
“互联网＋政务服务” 214c
互联网护理服务 247a
户外广告整治 176c
华中师大珠海附中开学 278c
环境保护 265b
环境保护督察 267a
环境保护法制建设 265b
环境保护规划 265b
环境管理服务 267b
环境空气质量自动监测站建设 265c
环境信用评价 267a
环境执法 265b
环境质量 265a
环卫保洁 175c
挥发性有机化合物控源减排 268b
会议业 222a
会展人才培训 222a

会展业 222a
婚姻登记 263c
混合所有制改革 141a 144b
货币发行及反假货币 163a
货币信贷 162c
获第十五届“五个一工程奖”特别奖 238a

J

机场管理 212a
机构编制 68a
机构编制改革运行评估 68c
机构编制管理方式创新 69b
机构编制管理制度规范 69a
机构编制资源配置优化 69a
机关党建 69b
机关基层党组织创新事例展 70c
机制体制改革 134a
基本市情 32a
基本医疗保险单位缴费费率下调 256c
基层党组织和党员队伍建设 59b
基层法治基础建设 131c
基层社会治理 122c
基层医疗 246b
基础建设与更新 274a
基础教育 229c
基础教育课程改革珠海试验区 230a
基础设施建设 197b 280c 284c 288b
基金管理 165b
吉林大学珠海学院 231b
疾病防控 247a
计量和认证认可管理 150c
计生服务管理 249b
纪检监察 88a
纪检监察体制改革 88b
技工教育 255a
技术创新方法培训与推广 103b
祭奠革命先烈活动 138c
绩效管理改革 142c
暨南大学珠海校区 231a
家电电气产业 196b
家电电气产业发展 196c
家庭文明建设 102c
假日旅游 225c
监察体制改革 67c
监管职能转变 144a
检察 127c
检察改革深化 129c
减税降费 158a
建设工程消防验收 199c
建设工程质量安全监管 199b
建设银行珠海分行 167c
建设用地管理 154c
建置沿革 32a
建筑产业现代化发展 200a
建筑节能监管 200a
建筑节能建设 199c
建筑节能数据采集与分析 200a
建筑市场监管 199b
建筑业 199a
健康城市建设示范市 248b
鉴定考试 254a
交通枢纽建设 208c
交通银行珠海分行 167c
交通运输业·邮政业 201b
教师队伍建设 227b
教育 227a
教育对口帮扶 229b
教育改革创新 228a
教育交流合作 228a
教育科研 227c
教育资源配置专项改革 67b
接访服务 84b
节能减排 267c
金融 162a
金融风险防控 165b
金融管理与服务 164b
金融合作体系建设 164c
金融机构打击非法集资 167a
金融机构扫黑除恶专项斗争 167a
金融领域开放合作 164c
金融消费权益保护 163c
金融消费者权益保护 166c
金融知识宣传 168a
金湾C片区公共文化中心建成 175a
金湾区 272c
紧急医疗救援 247c
进口贸易 184a
近海水域乱象整治 208a
经济 139
经常项目 163c
经济发展 275c
经济功能区 279
经济和社会发展 44a
经济监督管理 139a
经济建设推进 53c
经济社会发展 269c 272c
经济体制改革 139a
经济责任审计 147b
“菁牛汇”创新创业大赛 286a
精神文明建设 47b
精神文明建设推进 54a
警银汇联合工作室成立 164a
竞技体育 250a
九三学社珠海市委员会 95a
救治网络建设 246c
就业扶贫 182a
就业培训 254b
就业招聘 254b
决策咨询 65b 105a
军事 135a
军事训练 137a

K

开放合作 289a
开放型经济 182c
考核评估机制改革 65c
科技成果与奖励 233b
科技创新平台 233b
科技交流与合作 233c
科技金融 232c
科技人才引进 234b
科技项目投入 232c
科技型企业发展 141c
科技政策 232c
科普能力建设 104b

科学技术 232b
空气环境质量 265a
控告申诉检察 129b
口岸 169a
口岸处突联防工作 174a
口岸对外开放 169c
口岸管控 174a
口岸管理与服务 169a
口岸规划建设 169b
口岸建设和开放 142a
口岸通关服务和管理 170a
口岸营商环境优化 142b 170a
跨境电商 275c
跨境电商综合试验区建设 142b
跨境人民币结算 163a
跨境投融资便利化 165c
快递末端投递能力建设 213a
快递市场监管 213b
矿产资源 33b
矿产资源管理 155b
困难家庭帮扶 102c
困难职工帮扶 98a

L

劳动关系 255b
劳动关系协调 97c
劳动监察执法和权益保护 255b
劳动竞赛和劳模管理服务 97c
劳动人事争议调解仲裁 255c
老干部“两项待遇” 71c
老干部工作 71a
老干部工作“三项建设” 71a
老旧小区燃气管道加建 179a
老年人能力综合评估 259b
老有所养 277c
理论工作 60b
历史文化 33c
立法工作机制完善 119c
立法制度建设 124a
廉洁宣传教育 89a
廉政建设 131b
两岸青年香山文化体验之旅 117a
“两岸一家亲”文化交流营 117a
“两不愁三保障” 182a
两化融合 214b
林业 190a
林业生态保护修复 190c
林业有害生物防治 190b
林业执法 190b
临时救助 257b
岭南示范公安派出所 291c
留学人员创业资助 253c
流浪乞讨人员救助 257b
六大产业新格局 289c
“6·21”恶性甩团案查处 226b
路政管理 201c
旅游安全管理 226b
旅游厕所建设 226c
旅游产业规模 225a
旅游行业培训 226b
旅游合作 226a
旅游设施建设 226c
旅游市场监管 226a
旅游投诉处理 226b
旅游推广 225c
旅游业 225a
绿道网建设 175c
绿色建材推广 200b
绿色交通网络构建 268b

M

慢性病长期处方 247a
矛盾纠纷化解 120b
美丽乡村专项行动 180a
美术 237c
民办教育 232a
民办养老机构资助 259a
民风民俗 34c
民航运输 212a
民生保障 156b
民生服务创新 127a
民生领域侵害群众利益突出问题整治 89a
民生水利项目建设 192b
民事行政检察 128c
民事审判 130b
民营经济 186a
民营经济发展 141b
民营经济行业分布 186b
民营商事主体区域分布 186c
民用航空 212a
民主党派和工商联 89b
民族 35c
民族·宗教 251a
民族领域和谐稳定 251a
民族事务 251a
民族团结进步创建 251b
民族团结进步促进会工作 251b
民族宗教统战 63c

N

纳税便利化改革 139c
纳税服务 158b
“南粤家政”工程 255a
能源结构调整 267c
农产品质量安全 189b
农村产权制度改革 278a
农村档案规范化建设 242c
农村互助金融服务 220a
农村环境保护 267b
农村集体土地所有权发证数据库更新 181a
农村人居环境整治 179c
农村综合改革 180c
农机安全监理 189b
农贸市场改造提升 272b
农民专业合作社 186b
农业·水利 189a
农业机械化 189a
农业科技 189b
农业科技推广成果 180c
农业生产资料供应 220a
农业无人机参加广交会受关注 183c
农业银行珠海分行 167c
农作物绿色防控 190a

P

拍卖·典当业 220c

拍卖业　220c
批发零售业　218c
品牌会展引进　222a
平安港区建设　291a
平安交通建设　210c
平安珠海创建　121c
破产案件处置机制建设　140c
普惠金融服务　166c
普通高中教育　229c

Q

企业参与电力交易　195b
企业劳动关系管理　255b
企业融资扶持　165b
企业用电成本降低　147c
气候　33a
气象　235b
气象防灾减灾救灾信息协同发布　236b
气象服务　235c
气象合作　236a
气象监测与预报　235c
气象科普宣传　236b
气象现代化建设　235b
气象依法行政服务网上办理　235c
前山河水质达标攻坚　266b
前山河治理　272b
强戒管理　133c
强农惠农政策　189c
侨胞接待　115c
侨界扶贫济困　107c
侨界文化交流　107b
侨联海外联谊　108a
侨商企业服务　107b
侨务　115b
侨乡侨情　34c
青联扶贫　108b
青联服务　108b
青联改革　108a
青联统战　108c
青年创新创业　99c
青少年机器人大赛　104c
青少年思想政治引领　99b
青少年体育交流活动　250a
清洁能源建设　195a
区政府获改革成就奖　275a
全国地方志系列会议在珠海市召开　243b
全国高校乡村住宅建筑设计大赛　181a
全国人口普查台港澳和外籍人员试点调查　149a
全国首个地方性海域海岛法规制定　187c
全面深化改革推进　53b
全民健身运动　249c
全民阅读　245c
群团组织　97b
群众体育　249c
群众性精神文明创建活动　48a

R

人才队伍建设　60a　252b
人才交流　253b
人才优先引进制度执行情况　253a
人大、政协工作推进　57c
人大代表工作　79a
人大监督　78b
人大立法　78a
人道救助　112c
人口　33a
人力资源·劳动就业　252b
人力资源市场工资指导　255b
人员转隶安置　68b
日间手术试点　246c
容闳与留学文化研究　237b
融资平台建设　140a
入境旅游　225b
软件和信息技术服务业　215b
软件和信息技术服务业财政支持　215c
软件和信息技术服务业创新创优　216a
软件和信息技术服务业合作交流　216b
软件和信息技术服务业融资　216a
软件和信息技术服务业与制造业融合　216a
软件正版化　244c

S

三大攻坚战　290c
“三防”建设　154a
“三农”保险　168b
“三献”工作　113a
散装水泥和墙材革新发展应用　200b
扫黑除恶工作　120c
扫黑除恶专项斗争　125c
森林渔港火灾救援管理　153c
商贸服务业　218b
商贸流通行业管理　221a
商事制度改革 139a　149c
商事主体信用监管　149c
商业网点建设　219a
上市挂牌公司　165c
少数民族服务　251a
社会　251
社保基金监督　256b
社保经办服务　256a
社会办医　248b
社会保险　255c
社会保障　255c
社会福利　258c
社会工作服务　263a
社会工作者队伍水平考试　263a
社会救助　257b
社会科学　236c
社会领域制度建设　122b
社会民生　271a　274b　277b
社会民生服务　285b
社会事务　262a
社会事业建设　290c
社会文化活动　238c
社会稳定工作推进　56b
社会心理服务体系建设　123b　249b
社会治理　126a
社会治理“五大工程”　123b
社会治理参与　100a
社会治理多元参与　123a
社会治理工作加强　47a
社会治理体制改革　122a

社会治理研究 237a
社会组织 36c
社会组织参与脱贫攻坚 262c
社会组织党建工作 262c
社会组织登记 262a
社会组织监督管理 262c
社科成果 105b
社科类社会组织管理 105a
社科普及 105b
社区矫正 132a
社区科普活动 104b
社区商业发展 218c
社区治理 263b
涉黑涉恶腐败和“保护伞”
查办 89a
涉侨事务管理 115c
涉水执法整治 176b
涉水治污设施建设 266b
审查调查 88c
审计 146b
审计服务 147c
审计改革 146c
审计机制 146c
审计整改 147b
生活垃圾处理 176a
生活垃圾分类 176a
生态环境 264
生态环境维护与治理 264a
生态建设 281c 285a 288c
生态经济结构 264a
生态生活营造 264c
生态文化宣传与教育 264c
生态文明建设推进 56a
生态新城建设 276c
生物医药产业 195b
生物医药产业成果 195c
生物医药产业发展 195b
生猪肉品统一冷链配送 191a
生猪稳产保供 191a
声环境质量 265b
省内精准扶贫 181c
施工噪声污染和施工扬尘治理 176b
“十四五”规划编制 143b
石化产业发展 194b
石油化工产业 194b
实体经济发展蹄疾步稳 45b
食品安全风险监测信息管理系统 247a
食品安全管理 151b
食品卫生工作推进 57b
食盐专营 221b
史志编研 244a
史志工作调研创新 243c
使用林地审核 190b
“世奥杯”珠海国际足球锦标赛 250c
世界海洋日暨全国海洋宣传日 188a
市、区权责划分 68c
市场价格监管 147c 152a
市场监督管理 149b
市场物价 261b
市场准入限制放宽 140c
市关工委工作 72b
市纪委八届四次全会 88a
市九届人大常委会会议 76a
市九届人大七次会议 75c
市民热线服务 85b
市人民医院富山分院门诊部建设 198c
市容环境综合整治 176c
市树、市花与市鸟 36a
市委八届六次全会 49a
市委八届七次全会 49b
市委台港澳工作领导小组全体
会议 116a
市委外事工作委员会第一次会议 115a
市政府常务会议 79b
市政府工作会议 81c
市政供水与排水 177a
市政排水管理体制机制改革 177c
市政设施管理 175c
市政协常务委员会会议 85c
市政协九届三次会议 85c
市政协主席会议 86b
事业单位岗位审核 254a
收费目录清单管理 148a
收入·消费 260a
收养登记 263c
首航短途运输航线 212c
首架西锐 SR20 飞机交付 197c
首艘两万吨“高栏 201”号轮完成
首航 206a
数字城管 177a
数字档案馆建设 243a
“数字政府”改革建设 67a
“数字政府”建设 140a
数字政府政务服务 214b
双保单模式 168c
双拥共建 136a 138b
“双自联动” 282c
水旱灾害防御 193c
水环境建设 177b
水环境质量 265a
水利 192a
水利补短板项目建设 192b
水利工程安全生产 192c
水上安全监管 172b
水生态扩容提质 266b
水污染防治 266a
水政监察执法 192c
水质监测 177b
水资源 33b
水资源管理 193a
税收共治 158c
税收征管 158a
税务 157b
司法改革 131b
司法行政 131c
私营企业 186a
思想政治建设 135b
思想政治建设 136a
“四风”整治 88c
“四好农村路”建设 278b
“四种形态”运用 88c
饲料生产 191b
宋城项目签约 226c
素质教育 227c

T

台胞台商服务 117b
台港澳工作 115c

台港澳及海外联谊 87c
台港澳及海外统战 64c
台商公益活动 116c
台湾民主自治同盟珠海市支部委员会 95c
台湾青年实习就业创业 116c
台湾青年文化之旅 117a
特困供养人员护理 257b
特殊教育 229a
特种设备安全监督管理 151a
体育 249c
体育彩票销售 250c
体育产业 250b
体育基础设施建设 249c
体制改革 65b 275c
停车收费规范管理 148b
通关监管 171b
通关模式改革创新 169c
通信业 216b
通用航空 212b
统计 148c
统计服务 148c
统计改革 149a
统一战线 63b
统一战线工作推进 56c
投递服务 213a
投资管理 143a
投资建设项目管理体制机制改革 66b
图书馆 238c
土地储备开发 154c
土地市场 154c
土地执法监察 155b
土地资源 33a
土地资源整合 198b
土壤污染防治 266b
退役军人服务保障体系建设 138c
退役军人培训与就业创业服务 138b
退役军人社保接续 138b
退役军人事务 138a

W

外事 113c
外事・侨务 113c
网电、地方电供购 194c
网络市场监管 151c
网络宣传平台建设 102a
危险化学品安全监管 153a
违法犯罪打击 126a
违法建设专项治理 176b
卫生法治与监督 247c
卫生健康 246a
卫生健康科研 248c
卫生健康人才继续教育 249a
卫生健康宣传教育 249a
卫生镇创建 248b
未成年人检察 129a
未成年人思想道德建设 48b
位置和面积 32a
文化 227
文化产业 240c
文化产业与文化市场 240c
文化发展体制改革 62b
文化馆 239b
“文化和自然遗产日”系列活动 240c
文化交流 241b
文化教育卫生水平提升 46c
文化市场监管 240c
文化市场监管规范执法 241a
文化事业 61c
文化遗产保护 240a
文化艺术 237b
文件文稿起草 65b
文史宣传交流 87c
文物和非遗项目发展 278b
文学 237b
文艺创作 105c
文艺创作 237b
文艺惠民与文艺志愿者服务 106c
文艺交流 105c
文艺评奖及文艺品牌活动 106a
“我和我的祖国”文艺汇演 251b
乌拉圭主题推介会 111c
污水管理 193c
无线电安全保障 215b
无线电法规宣传 215b
无线电管理 215a
无线电监督检查 215a
五一“心连心”特别节目录制 98c
武警广东省总队执勤第二支队 136a
武警广东省总队珠海支队 137b
5G+ 医疗健康应用 285c
5G 智慧海岛远程智能操控系统 289a
物业服务收费管理 148b
物业管理 200c

X

西部生态新城起步区建设 175a
西非毛里塔尼亚远洋捕捞 191c
戏曲 237c
闲置地管理 155a
现代服务业加快发展 45a
现代金融服务大湾区建设 166c
现代物流业 219b
现代渔业发展 191b
现金服务“网格化”管理创新 164a
乡村产业发展 179b
乡村基础设施建设 180b
乡村旅游活动 226a
乡村旅游特色建设 226c
乡村绿化美化 181a
“乡村振兴”美丽田园样板打造 67a
乡村振兴 276c 290c
乡村振兴样板村打造 180b
乡村振兴政策制定 179b
香洲区 269a
香洲渔港搬迁 272b
香洲渔港搬迁交通组织 173a
消费者权益保护 152b
校园安全 228c
协商议政 86c
新闻出版 61c
新闻出版・广播电视 244b
新闻出版 244b
新闻宣传 60c
新型政商关系构建 142a
“新中国的记忆”宣传活动 242a
信访 84a

信访督查工作 84c
信访法治建设 85a
信访复查复核 84c
信访工作组织实施 84a
信访形势研判 84b
信息化测绘 155a
信息化和方志馆建设 244b
信息化建设 214a
信息业 214a
信用环境优化 139c
刑事检察 128b
刑事审判 130a
刑事诉讼监督 129b
行政复议和应诉 124a
行政区 269
行政区划 33a
行政审判 130c
行政事业性收费规范 148a
行政执法监督 125a
修志编鉴扩面提质 243c
畜牧业 190c
宣传 60b
学前教育 229c
寻找“珠海好青年”主题活动 101a
巡察工作 89a

Y

烟草专卖 221a
严重精神障碍患者救治救助 121c
焰火晚会应急保障 154c
扬尘污染防控 268c
养老保险 255c
养老服务机构 258c
养老服务质量建设 259a
药品、医疗器械、化妆品安全管理 151c
药品和医疗服务价格管理 257a
野生动植物保护管理 190b
夜间经济发展 218b
一区多园管理体制改革 285c
一体化发展 286c
医保基金监管 257a
医疗保障 256b
医疗对口扶帮 247a
医疗废物处置 266c
医疗服务 246b
医疗高层次建设 248a
医疗救助 257a
医疗卫生人才管理 247c
医疗卫生应急管理队伍建设 247b
医疗卫生应急演练 247b
“医养结合”典型经验 291b
医养医联体建设 249b
依法治档 242b
依法治教 228a
依法治市 123c
依法治税 158a
(1210）监管场所通过海关验收 287b
移动源污染监测管理 268c
以横琴为主平台推动珠澳深度合作 66a
义务教育 229c
异地务工人员服务管理 254c
因公赴港澳审批办证系统升级 119a
音乐 238a
银行业 166a
银行业违规行为行政处罚 167b
引进外资 182c
印刷行业 245a
营商环境 287b
营商环境改革 139a
营商纠纷多元化解机制 140b
应急避震演练 236c
应急管理 152b
应急管理培训 154b
应急管理宣传科普 154a
应急救护培训 112c
应急救援 112b
应急支援与预案管理 153b
应急指挥信息化建设 154a
优抚政策落实 138c
邮政服务 212c
邮政服务跨境电商 213c
邮政服务农村电商 213c
邮政普遍服务监督 213a
邮政业 212c
邮政业消费者申诉受理 213b
邮政综合服务平台 214a
油气输送管控 195a
友好（交流）城市缔结 114b
幼儿园和中小学建设 230a
渔业 191b
渔业资源增殖放流 188a
渔政执法 191c
预算编制改革 142c
园林绿化建设 175b
园区服务 282b 289a
园区建设 198b
“粤菜师傅”工程 255a
粤港澳大湾区“科学防御台风”交流会议 236b
粤港澳大湾区高价值专利培育布局大赛 235b
粤港澳大湾区和横琴自贸区仲裁制度 134b
粤港澳大湾区建设 117c
粤港澳大湾区建设服务保障 129c
粤港澳大湾区建设研究 237a
粤港澳大湾区交通互联互通 208b
粤港澳大湾区金融纠纷调解合作 164a
粤港澳大湾区科技交流 103a
粤港澳大湾区立法推进 119b
粤港澳大湾区首个海岛海上搜救中心 173b
粤剧进德国布伦瑞克市 241b

Z

再生资源回收 220b
造林绿化 190c
增添正能量活动 72a
增值税发票风险管理 158c
展览业 222a
战备训练 135c
长者饭堂建设 259b
账户管理 163b
招商引资 197b 198b 282a 288c
征信管理 163b

证券期货业　168a
证券期货业协会管理　168a
政策跟踪审计　147a
政策研究　65a
政党及基层交流　116b
政法工作　120a
政法工作推进　57a
政府定价经营服务性收费目录清单　148a
政府法律顾问工作　124c
政府信息管理　83c
政务服务　85a
政务服务管理　85a
政务数据共享平台建设　286a
政务数据管理　215a
政务信息公开　83b
政务信息公开监督保障　83c
政务信息化建设管理　214c
政务信息平台建设　83c
政务信息依申请公开　83b
政务信息主动公开　83b
政协民主监督　87a
政治　49
支付清算　163b
知识产权保护　235a
知识产权保护和应用　140b
知识产权交流　235b
知识产权强市建设　150b
知识产权宣传　235a
知识产权优势企业认定和考核　235a
知识产权质押融资　235b
知识产权仲裁调解理论研讨　134b
执法司法工作　121a
执行工作　131a
执勤训练　137c
执勤战备　136b
职称制度改革　254a
职工服务　98a
职工合法权益维护　97c
职务犯罪检察　128c
职业技能提升培训　254c
职业健康　249b
职业教育　230b
植被和生物资源　33c
志愿服务　99c
制度建设　281b
质量安全监管　151a
质量强区建设　278b
质量强市战略实施　150a
治安防控体系建设　126a
智慧城市　214a
“智慧绿色”交通建设　209c
智慧新警务建设　127a
智慧医疗　248c
智利企业家中国横琴行　112a
“智能＋税务”新体系构建　158c
中等职业教育　230b
中等职业教育技能竞赛　230b
中国（珠海）国际办公设备及耗材展览会　222c
中国(珠海)国际贸易“单一窗口”　170a
中国（珠海）集成电路产业高峰论坛　216b
中国城市规划学会乡规划实施学术会 156a
中国地理信息产业大会　155b
中国共产党珠海市委员会　49a
中国共产主义青年团珠海市委员会　99a
中国国际贸易促进委员会珠海市分会　111b
中国国民党革命委员会珠海市委员会　89b
中国黄立鱼之乡　275a
中国教育创新成果公益博览会　229b
中国民主促进会珠海市委员会　92b
中国民主建国会珠海市委员会　91c
中国民主同盟珠海市委员会　90c
中国农工民主党珠海市委员会　93a
中国人民政治协商会议珠海市委员会　85b
“中国心·粤澳情——启动之行·珠海”启动礼　109b
中国银行澳门“跨境钱包”　164b
中国银行珠海分行　167c
中国致公党珠海市委员会　94a
中航通飞航空复合材料零部件重点项目落户珠海　197c
中华人民共和国成立70周年和澳门回归祖国20周年活动　47b
中华人民共和国成立70周年文艺活动　106c
中华医学会第十三次全国重症医学大会　222b
中山大学珠海校区　230c
中小投资者权利保护　140c
中央和省重要精神传达学习贯彻　49c
中医中药　248c
种业建设　189c
种植业　189c
仲裁　134a
仲裁交流与合作　134c
仲裁与司法协调机制建设　134c
重大活动安保　125c
重大项目投资建设　145c
重点地区整治　121c
重点排污单位自动监控　265c
重点人群科普　104a
重点软件企业　215c
重点项目建设提速增效　45c
重点项目投资　143b
重金属污染防治　267a
重要工作　49c
重要会议　49a
重要会议　79b
重要领域立法　119a
珠澳边检执法合作　174b
珠澳大学生红十字应急救护知识技能赛　113c
珠澳合作交流　145c
珠澳合作开发横琴　283a
珠澳青年庆祝澳门回归祖国20周年　100b
珠澳深度合作迈出坚实步伐　44b
珠澳统计合作　149b
珠港澳高层访问　117c
珠港澳工会交流活动　98c
珠港澳合唱音乐会　241c
珠港澳金融市场互联互通　165a

珠港澳经贸合作 142b
珠港澳美食旅游文化节 219b
珠港澳青年交流合作 100b
珠港澳青年交流品牌活动 118a
珠港澳青少年机器人横琴邀请赛 230a
珠港澳物流交流合作 219c
珠海（国家）高新技术产业开发区 283c
珠海（横琴）妇女创新创业孵化基地成立 102c
珠海 WTA（国际女子职业网联）超级精英赛 250b
珠海保税区 286b
珠海城市职业技术学院 230c
珠海传媒集团有限责任公司 244c
珠海慈善发展论坛 259c
珠海地方历史文化研究 237a
珠海电信 216b
珠海港 205a
珠海港集团 206a
珠海国际水产品交易会 222b
珠海航空产业园 197a
珠海华润银行 167c
珠海机场改扩建 212b
珠海建设科技院士行 200b
珠海经济技术开发区（高栏港经济区） 289b
珠海景旺项目动工 291a
珠海警备区 135a
珠海跨线列车直达湛江、梅州 211c
珠海老年教育 72b
珠海莲洲通用机场投入运营 278c
珠海联通 217c
珠海莫扎特国际青少年音乐周 241b
珠海农商银行 168a
珠海企业携新产品参加广交会 183b
珠海市残疾人联合会 109c
珠海市妇女联合会 101a
珠海市工商业联合会 96c
珠海市归国华侨联合会 107a
珠海市海上搜救中心万山分中心 289a
珠海市横琴新区 279a
珠海市红十字会 112a
珠海市科学技术协会 103a
《珠海市企业上市挂牌奖励实施细则》修订 165c
珠海市青年联合会 108a
珠海市人民代表大会 75c
珠海市人民政府 79b
珠海市社会科学界联合会 104c
珠海市首套非物质文化遗产纪念邮品 214a
珠海市文学艺术界联合会 105b
珠海市总工会 97b
珠海市组织机构及负责人 36
“珠海市最美退役军人”评选 138c
珠海首家人智一体赋能型办税大厅 159c
珠海台湾青年之家挂牌 117a
“珠海特区教育”微信公众号 228a
珠海万山海洋开发试验区 287c
珠海网球冠军赛 250b
珠海演艺集团 241a
珠海移动 217b
珠海艺术职业学院 232a
“珠海英才计划”落实 252c
珠海与南太平洋岛国交流合作 113c
珠海与欧美国家交流合作 115a
珠海与友好（交流）城市交流合作 114c
珠海运动员参加第二届全国青年运动会 250a
珠海运动员参加广东省青少年锦标赛 250a
珠海运动员国际赛事参赛成绩 250a
珠海至深圳机场“水上巴士”航线开通 210c
珠海仲裁委员会互联网金融仲裁平台 135a
珠机城际一期工程启动联调联试 211c
珠江西岸先进装备制造业投资贸易洽谈会 197a
珠台经济文化交流合作实施细则 116b
珠台经贸 116a
珠中江三市应急救援联动协作机制 154b
主题教育文件材料收集 242b
主题科普活动 104a
主要图书市场 245a
主要污染物减排 268a
助农服务综合平台 219c
助学帮扶 229a
住房保障 257c
住房保障制度创新 257c
住房公积金大湾区服务 258c
住房公积金贷款 258b
住房公积金贷款回收 258b
住房公积金管理 258a
住房公积金缴存 258a
住房公积金提取 258a
住房公积金信息系统建设 258b
专利与知识产权 234c
专项审计 146c
装备制造产业 196c
装备制造产业发展 196c
资本项目 163c
资源环境审计 147b
资源配置体制机制改革 66c
自然保护区 156a
自然生态保护区 267c
自然资源管理 154c
自然资源调查和确权 155a
宗教 35c
宗教工作法治化 252a
宗教界服务社会 252a
宗教界学习与交流活动 251c
宗教事务 251c
综合保障 135c
综合保障 137a
综合经济实力跃上新台阶 44b
综合年鉴编纂 244a
综治“中心＋网格化＋信息化”建设 121b
综治领导责任制落实 121b
组织 58a
最低生活保障 257b
遵义医科大学珠海校区 231c